田端到・加藤栄の
種牡馬事典
しゅぼばじてん
2021-2022

は じ め に

『田端到・加藤栄の種牡馬事典2021-2022』をお届けします。1992年の春に創刊して以来、今年でちょうど30冊目だそうで、そう言えば1冊目が出版されたのはメジロマックイーンとトウカイテイオーの対決で盛り上がった春の天皇賞の直後だったっけと、懐かしい記憶がよみがえってきたりもします。

ちなみに1991年のリーディングサイヤーは、1位ノーザンテースト、2位トウショウボーイ、3位モガミ。今や伝説の種牡馬ばかりですが、ノーザンテーストは現在も多くの種牡馬の血統表にその名を見つけることが出来ますし、モガミはモーリスの母系で存在感を示しています。トウショウボーイも父系は途絶えてしまいましたが、21年のサウジダービーを勝ったピンクカメハメハの祖母の父はトウショウボーイです。今も多くの現役馬にその血が脈々と受け継がれています。

そして本年度版の表紙は、ゴールドシップに登場してもらいました。21年のオークス優勝馬ユーバーレーベンを送り出し、種牡馬ランキングも急上昇。血統表にはメジロマックイーンもノーザンテーストもいます。30年目の区切りにふさわしい名馬です。

一部の熱烈なゴルシ・ファンを表紙で釣ろうとしているんじゃないか、などと勘繰ってはいけません。

内容は今年度もあまり変わっていません。データの集計期間は、2016年から21年6月末までの5年半。新種牡馬に関しては8月末まで。コロナ禍のため、著者の馬産地取材はかなわず、各スタリオンの関係者コメント取材は主にリモートで行いました。

そんな中、いくつか新しいデータも取り入れています。各種牡馬ごとの騎手成績を「上位人気」と「人気薄」で分けたランクなどは、興味深い結果が出ています。また、近年は各種牡馬の「競馬場別の成績」の重要性が高まっており、このデータをより詳しく、グラフも使って見やすくしました。

ただし、種牡馬データは詳しく分けるほど良いというものでもなく、細かく分けすぎると、例外的なノイズが目立ってしまうマイナスもあります。

まず全体の傾向をおおざっぱにつかみ、個々の産駒の特徴は各馬の戦績を見てつかむ。そして個々の特徴をつかむことで、それが種牡馬全体の傾向をより的確に把握することにつながる。そんな見方で本書を参考にしてください。

田端 到

欧州の大種牡馬ガリレオが21年7月20日に他界しました。享年23歳です。英愛の首位種牡馬に就くこと11年連続を含む計12回。父サドラーズウェルズの持つ英愛最多首位種牡馬記録にあと2回と迫っています。後継種牡馬としてはフランケルがその地位を築きつつあるどころか、ガリレオの英愛最多記録に立ちはだかる存在となっています。

日本では死して尚、ディープインパクトが盤石な体制を敷いています。それでも局地的にみればエピファネイアをはじめ、ドゥラメンテ、モーリス、新種牡馬ドレフォンら非SS系の新進気鋭の種牡馬が気を吐いています。

外国供用種牡馬では、これまで日本で走った産駒が非力なスプリンターばかりだったキングマンがNHKマイルCのシュネルマイスターを、同じく日本での産駒が目立たなかったノーネイネヴァーが宝塚記念2着のユニコーンライオンをそれぞれ出しています。日本供用種牡馬ですが、ドバウィ系にとって不毛地帯だった日本でマクフィが重賞勝ち馬を出しました。

血統は今後、多様化が進むと睨んでいます。それでなければ面白くありません。血統を知れば知るほど、より一層と競馬に熱中せずにはいられない時代の到来です。

加藤 栄

本書の読み方

進化の完成形

本書は、2017年版以降、大幅なグレードアップを行っており、2020年版からはさらに実践的な内容とした。2021年版もそれを踏襲しつつさらにバージョンアップ。馬券に直結する各種データを多く盛り込んでいる。

●大好評、ヒット連発の"特注馬"

1ページ以上で掲載している種牡馬のなかでも筆者特薦の"特注馬"を紹介している。これまでもヒット＆ホームラン連発の大好評企画、ぜひマークされることをお勧めする。

●産駒距離別芝／ダート別勝ち鞍グラフ

読者の方々のリクエストにより復活。産駒の芝／ダート適性、距離適性、早熟度がひと目で把握できる。

用語解説

●用語の説明

馬名の前の＊印は、本邦輸入馬をあらわす。なお、本文およびデータ解説中の＊は省略した。

レース名のステークスはS、カップ（一部チャレンジ、チャンピオン）はC、トロフィーはT、ハンデはHと略記してある。また、BCはブリーダーズ・カップを表す。

距離の、メートルはM、ファロン（ハロン）はFと略記してある。イギリスやアメリカはファロン制。フランスはメートル制。1Fは約200メートル、8Fで1マイル（約1609メートル）。日本では1F＝200メートルで定着している。

インブリード、クロスとは近親交配のことで、同じ意味で使っている。父系とラインも同じ意味で使っている。なお、1/2P以上で紹介している種牡馬の血統表の下に、5代までの血統表にあらわれるクロスを表記した。たとえば"Mahmoud 5・4×4"は、Mahmoud が父方の5代前と4代前に、母方の4代前にあらわれることを意味する。

また、母系と言った場合、正確には母から母と血統表の一番下をさかのぼるが、「母系の血が重い」といった表現では、母の血統そのものを指している場合もある。一応、区別するために母の血統を指すときは「母方」としている。

産駒完全データ

●データ／対象・集計期間

産駒のデータは「中央競馬の平地レース」を対象としている。種牡馬ランキングも平地レースのもので、障害レースは含んでいない。

データ集計期間は2016年1月1日より2021年6月末まで。産駒の傾向はその種牡馬の年齢とともに変化するので、古いデータは採用していない。

また、新種牡馬の産駒のデータに関しては、2021年8月末までを集計している。

産駒データの着度数は、「○-○-○／○」は「1着数 - 2着数 - 3着数／総出走数」を表す。また、主に【クラス別成績】で見られる「○-○-○-○」は「1着数-2着数-3着数-4着以下数」を表す。"／"と"-"で異なるのでご注意を。

●データ解説

主だったデータ、グラフにはコメントを付した。データ、グラフの解説、理解の一助になると同時に、【勝利へのポイント】と併せ読むことで、レース検討の具体的な指標となる。

●コース特徴別勝ち鞍グラフ

産駒のコース適性がひと目でわかるグラフ。種牡馬の適性によって芝とダートに分け、芝の「**直線長い**」は東京・京都外・阪神外・中京・新潟外の合計勝利数、「**急坂**」＝中山・阪神・中京の合計勝利数、「**直線平坦**」＝京都・福島・新潟・小倉・函館・札幌の合計勝利数、「**内・小回り**」＝中山・阪神内・京都内・新潟内・福島・小倉・函館の合計勝利数、「**外・大回り**」＝東京・阪神外・京都外・札幌の合計勝利数、「**洋芝**」＝札幌・函館の合計勝利数、「**1600m以下**」＝全場1600m以下の勝利数をそれぞれ表している。

ダートの「**直線長い**」＝東京・中京の合計勝利数、「**急坂**」＝中山・阪神・中京の合計勝利数、「**直線平坦**」＝京都・福島・新潟・小倉・函館・札幌の合計勝利数、「**直線短い**」＝札幌・函館・福島・小倉の合計勝利数、「**重不良**」＝重・不良馬場の合計勝利数、「**1700m以上**」＝全場1700m以上、「**1600m以下**」＝全場1600m以下の勝利数の勝利数を表している。

「**条件別・勝利割合**」の「**穴率**」とは「5番人気以下の勝利数」の全勝利数に対する割合、芝・ダそれぞれの「**道悪率**」は「稍重・重・不良馬場での勝利数」の全勝利数に対する割合、「**平坦芝率**」は「京都＋福島＋新潟＋小倉＋函館＋札幌の芝の勝利数」の全芝勝利数に対する割合、「**晩成率**」は「3歳9月以降の勝利数」の全勝利数に対する割合、「**芝広いコース率**」は「京都・阪神・新潟の外回り＋東京＋中京の芝の勝利数」の全芝勝利数に対する割合を表す。

●競馬場別成績

競馬場別成績の棒グラフは産駒による1着数、連対数、3着内数を表す。芝は緑、ダートは茶で、それぞれ最も濃い色が1着数。その1着数に2着数を足した連対数がその次に色の濃い部分。さらにその連対数に3着数を足したものが最も薄い色となる。

なお、グレード格付けされていない重賞・葵SはGⅢとして扱う。

種付け料／ファミリー・ナンバー

2021年度種付け料の後の記号は、FR／不受胎、流産、死産の場合、翌年も同じ種牡馬に種付けできる権利付き、受／受胎確認後支払い、生／産駒誕生後支払い、不受返／不受胎時返還、不生返／死産、流産等の場合返還（全て単位は万円）。なお、各種牡馬の種付け料にはいくつかのバリエーションがあるケースも多く、詳しくはその種牡馬の繋養スタリオン、JBISのHP等をご確認いただきたい。

なお1ページ以上で掲載する種牡馬の血統表には、生産に携わる方々、牝系に注目している読者のみなさまから要望の多かった、種牡馬自身およびその父のファミリー・ナンバーを血統表に掲載している。

大好評!! 巻末データ

2021、2022年の主場となる東京・中山・阪神・中京4場の、芝・ダート別の種牡馬成績ベスト10を「～1600」と「1700～」に分けて掲載しており、コース形態による種牡馬の傾向が顕著にうかがえる。勝利数のみならず、連対率や重賞勝ち数にも注意して活用いただきたい。

また、ランク50位までの種牡馬については、巻末に短・マイル率、芝率、平坦芝率などのほか、芝広いコース率などのユニークなランクを掲載している。さまざまな活用法が可能な強力データと自

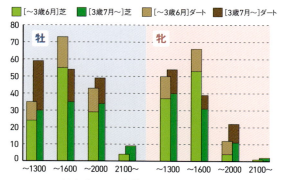

▲ロードカナロア産駒
距離別芝／ダート別勝利数グラフ

負している。

●1ページに6頭紹介している項の"能力適性表"の表記

距離＝〜1200M向き　マ＝1400〜1600M向き
中＝1700〜2000M向き　長＝2100M〜向き

　以上のような4段階と、産駒がどちらかのタイプに出るという意味で"短マ"、"マ中"、あるいは"中長"とに分けている。"短中"は、芝1600Mの勝ち鞍は少ないが、短距離と中距離の勝ち鞍が多いタイプ。もちろんこれは目安で、距離適性のみならず、以下の項目においても母系によってそれぞれの適性が大きく左右されることは言うまでもない。

馬場＝芝芝＝ダートは明らかに不向き。芝＝どちらかと言えば芝向き。万＝どちらが得意とは特に言いにくい、あるいは、どちらもこなす。ダ＝どちらかと言えばダート向き。ダダ＝芝は明らかに不向き。

性格＝堅＝成績にムラが少なく、堅実に走るという意味と、レース上手の賢い馬が多いという意味の両方。普＝平均的。狂＝気性が悪く、人気薄で突っ込む穴タイプが多い狂気の血統。

成長力＝早＝どちらかと言えば早熟タイプで、2歳戦から3歳戦前半が稼ぎどき。普＝ごく普通。強＝デビュー時から活躍するが、古馬になってまた一段と成長するタイプ。晩＝晩成型。3歳時よりも、古馬になってからのほうがいいタイプ。

海外のレース体系について

〈イギリス〉

　3歳クラシックは、2000ギニー（芝8F）、ダービー（芝12F）、セントレジャー（芝14.5F）。2000ギニーは皐月賞に相当するが、マイルとあって、日本ほどダービーとのつながりは少ない。菊花賞に相当するセントレジャーは、凱旋門賞を目標とする3歳馬にとって余計な一戦と揶揄された時期もあったが、最古のクラシックとしての重きは保っている。牝馬は1000ギニー（芝8F）とオークス（芝12F）。

　短距離路線はキングズスタンドS（芝5F）、ゴールデンジュビリーS（芝6F）、3歳限定のコモンウェルスC（芝6F）のロイヤルアスコット開催3レースと初夏のジュライC（芝6F）が主要。

　マイル路線は、ロイヤルアスコット開催の3歳戦セントジェームズパレスS（芝8F）、夏のクイーンアンS（芝8F）を経て、夏のサセックスS（芝8F）で3歳、古馬の一流マイラーが激突する。

　中距離路線の最高峰は7月末のキングジョージ6世＆クインエリザベスS（芝12F）。欧州各国の強豪が参戦する。本書では"キングジョージ"と略記している。7月初旬のエクリプスS（芝10F）は3歳馬と古馬の一流どころが初対決。夏のインターナショナルS（芝10.5F）にはマイルや12F路線からの参戦がある。

　長距離はロイヤルアスコット開催のゴールドC（芝20F）から17年にGI格上げのグッドウッドC（芝16F）が主要路線。

　シーズン終盤のチャンピオンズデー開催ではチャンピオンS（芝10F）、クイーンエリザベス2世S（芝8F）、チャンピオンズスプリントS（芝6F）、牝馬限定のチャンピオンズフィリーズ＆メアズS（芝12F）のGIが組まれ、シーズンの各路線を締める。

　2歳はデューハーストS（芝7F）とレーシングポストT（芝8F）がクラシックに直結。牝馬はフィリーズマイル（芝8F）。

　なお、イギリスの距離表記は、計測方法を変えての再計測により、コースによって若干の変更が生じたため、本書全てにおいておおよそとする。

〈アイルランド〉

　3歳クラシックは愛2000ギニー（芝8F）、愛ダービー（芝12F）。愛セントレジャー（芝14F）は古馬にも開放され、豪メルボルンCのステップ戦的位置づけ。牝馬は愛1000ギニー（芝8F）、愛オークス（芝12F）。

　中距離路線は秋の愛チャンピオンS（芝10F）に注目。強豪が揃い、凱旋門賞の重要ステップ戦でもある。

　2歳は牡馬がナショナルS（芝7F）、牝馬がモイグレアスタッドS（芝7F）。ここで好走すると、英、仏のGIへ挑む。

〈フランス〉

　3歳クラシックは、仏2000ギニー（牡馬限定。芝1600M）。仏ダービー（芝2100M）は05年から距離短縮により、400M距離延

長となったパリ大賞（2400M）の重要度が増している。3歳牝馬は仏1000ギニー（芝1600M）、仏オークス（芝2100M）。

　スプリント路線はアベイユドロンシャン賞（芝1000M）、マイル路線はムーランドロンシャン賞（芝1600M）がシーズン最後のGI。

　中距離路線は、ガネー賞（芝2100M）、サンクルー大賞（芝2400M）を経て、欧州競馬の総決算、凱旋門賞（芝2400M）で締めくくる。

　2歳馬は凱旋門賞当日のジャンリュッククラガルデール賞（芝1600M）、牝馬のマルセルブーサック賞（牝、芝1600M）が重要。

〈ドイツ〉

　3歳クラシックは独ダービー（芝2400M）と独オークス（芝2200M）がGI格付け。混合GIは秋のバーデン大賞（芝2400M）が最重要。凱旋門賞のステップ戦ともなる。

〈アメリカ〉

　3歳クラシックは、ケンタッキー・ダービー（ダート10F）、プリークネスS（ダート9.5F）、ベルモントS（ダート12F）。5月上旬から6月上旬にかけて行われる。サンタアニタ・ダービーをはじめ、4月上旬までの○○ダービーは各地区の代表決定戦で、弥生賞などに該当する。三冠後は"真夏のダービー"トラヴァーズS（ダート10F）を目指す。

　3歳牝馬の最初の目標はケンタッキー・オークス（ダート9F）。その後は、東西に分かれる。アラバマS（ダート10F）はトラヴァーズSの牝馬版。

　84年にブリーダーズC（以下BC）が創設されると、BCの結果が年度代表馬を含む各部門の最優秀馬の行方を左右するようになった。開催時期は10月下旬から11月上旬。BCはクラシック（3歳上、ダート10F）をメインに、ターフ（3歳上、芝12F）、マイル（3歳上、芝8F）、スプリント（3歳上、ダート6F）、ディスタフ（3歳上牝、ダート9F）、フィリー＆メアターフ（3歳上牝、芝11F）、ジュヴェナイル（2歳牡、ダート8.5F）、ジュヴェナイルフィリーズ（2歳牝、ダート8.5F）の従来の8レースに加え、07年以降に加わったダートマイル（3歳上、ダート8F）、フィリー＆メアスプリント（3歳上牝、ダート7F）、ジュヴェナイルターフ（2歳牡、芝8F）、ターフスプリント（3歳上、芝5.5F）、ジュヴェナイルフィリーズターフ（2歳牝、芝8F）の13走がGI格付け。根幹距離以外は開催競馬場によって多少の距離変更がある。

〈カナダ〉

　カナダ三冠はカナダ産限定。ダービーに相当するクイーンズプレート（オールウェザー10F）から始まり、プリンスオブウェールズS（ダート9.5F）、ブリーダーズS（芝12F）と続く。秋のカナダ国際（芝12F）は欧州からの遠征馬も多い。

〈ドバイ〉

　ドバイワールドCデーは各レースに世界各国からの参戦があり、競馬のオリンピックといった趣。10年に新設のメイダン競馬場に舞台を移し、これまでのダートがオールウェザーで行われるようになったが、15年からは再びダートへ回帰。GIはドバイワールドC（ダート2000M）、ドバイシーマクラシック（芝2410M）、ドバイターフ（芝1800M）、ドバイゴールデンシャヒーン（ダート1200M）、アルクオズスプリント（芝1000M）。GIIはゴドルフィンマイル（ダート1600M）、UAEダービー（ダート1900M）、ドバイゴールドC（芝3200M）。

〈香港〉

　春のクイーンエリザベス2世C（芝2000M）、チャンピオンズマイル（芝1600M）、チェアマンズスプリントプライズ（芝1200M）と12月の香港C（芝2000M）、香港マイル（芝1600M）、香港ヴァーズ（芝2400M）、香港スプリント（芝1200M）は国際競走として定着している。

〈オーストラリア〉

　11月のメルボルンC（芝3200M）が最大のレース。ただ、ハンデ戦のため、専門家筋は10月末のコックスプレート（芝2040M）を重視する。ダービーは各地で行われている。ゴールデンスリッパーS（芝1200M）は世界最高賞金の2歳戦。14年からシーズン終盤の4月にザ・チャンピオンシップス開催として2週にわたってドンカスターマイル（芝1600M）、クイーンエリザベスS（芝2000M）などのGIが多数組まれている。

初心者のための父系入門

その1 サンデーサイレンス系

サンデーサイレンス産駒は94年に2歳デビュー。得意なのはスローペースから鋭い瞬発力を繰り出す競馬スタイル。「上がり3ハロン」の速さが、それまでの血統とはまるで違った。特に芝1600から芝2400Mに強さを発揮した。

サンデー系はその後、父系を拡大し、この正統な後継者がディープインパクトとステイゴールド。この2種牡馬の産駒は、ダートと芝1200M以外の距離のGIをほとんど勝ち、ディープ産駒は直線の長いコース（東京など）が得意。ステイ産駒は直線の短いコース（中山など）を得意とする特徴がある。

ディープの後継はキズナやディープブリランテ、ステイの後継はオルフェーヴルやゴールドシップ。個々の馬について、得意な競馬場を見つけよう。

サンデー系の中には1200から1800Mの短い距離を得意とするグループもある。ダイワメジャー、フジキセキ、キンシャサノキセキ、リアルインパクトなど。

このマイラー型は2歳戦に強いという早熟性が長所で、軽快なスピードが武器。末脚をためないほうがいい馬も多く、また、内枠の得意な馬が多いという傾向もあるから、枠順成績をチェック。

サンデー系の中にはダートを得意とするグループもある。ゴールドアリュール（その仔スマートファルコン、エスポワールシチー）、ネオユニヴァース（その仔ヴィクトワールピサ）、カネヒキリなど。

3歳までは芝で走る馬も出るが、次第にダート向きになっていく。このグループは、タイムの遅い良のダートに強い馬と、タイムの速い重のダートに強い馬を見分けるのが、馬券のポイント。

その2 トニービンを持つ種牡馬

トニービン産駒は92年に2歳デビュー。距離が延びてから台頭するスタミナ豊富な馬が多く、直線の長い東京コースの芝1800から2400Mを得意とした。これは末脚を長く使えるという長所を持つためで、反面、加速するのに時間がかかるため、馬群の内が苦手だったり、スローペースからの上がり勝負は不発も多かった。現在、直系子孫はジャングルポケットくらい。展開に左右されるため、穴が多い。

ハーツクライ（父サンデー×母父トニービン）はサンデー系であると同時に、トニービンの特徴を色濃く持つ。すなわち、スタミナ豊富。いい脚を長く使うが、一瞬の反応は遅い。展開によってハマったり、ハマらなかったり。狭いコースや馬群の内が苦手で、広いコースが得意など。

ルーラーシップ（父キンカメ×母父トニービン）もキンカメ系であると同時に、トニービンの特徴を受け継ぐ。新種牡馬ドゥラメンテやラブリーデイも、このグループに入るかどうか注目。

その3 ロベルト系

もとはブライアンズタイム、リアルシャダイ、グラスワンダーなど、90年代や00年代にGIを勝ちまくった父系。三冠馬ナリタブライアンや、名ステイヤーのライスシャワーなど、長距離戦における強さが抜群で、ダートや道悪にも強さを発揮した。

現在はスクリーンヒーロー、モーリス、シンボリクリスエス、エピファネイア、タニノギムレットなどの種牡馬がロベルト系。マイルの得意な馬も多い。

エピファネイア産駒のデアリングタクトのような超大物がときどき出るのも魅力で、モーリスもこれだ。サンデー系は一流牝馬から一流馬を出すが、ロベルト系は無名の牝馬から一流馬を出すという面白い違いもある。一瞬の脚の勝負より、締まった流れに強い。

ブライアンズタイムの血を持つ馬は今ではダートの中長距離が得意で、フリオーソや、エスポワールシチー（父サンデー系×母父ブライアンズタイム）の産駒がこれに当てはまる。

その4 キングマンボ系

キングカメハメハやエルコンドルパサーの父がキングマンボ。この2頭はどちらも現役時代に芝1600Mと芝2400MのGIを勝ったように、距離適性の広い融通

性を持ち、代表産駒も短距離馬から長距離馬、ダートの鬼までバラエティに富む。好位からの差しで安定した競馬をする馬の多さも長所。現役最強牝馬アーモンドアイはこの父系だ。

キングカメハメハの後継だけでも母系によってタイプが分かれ、マイル前後の得意な産駒が多いロードカナロア、中長距離の得意な産駒が多いルーラーシップ、エイシンフラッシュ、ワークフォース、ダートの得意な産駒が多いベルシャザール、ホッコータルマエなど。

適性条件は様々でも、あまり強さを感じさせない勝ち方の馬が昇級戦ですぐ通用する、といった父系の共通点がある。好調馬を買いたい。

その5　ミスタープロスペクター系（キングマンボ系以外）

アメリカのダート競馬で繁栄して、80年代から90年代にフォーティナイナー、アフリート、ジェイドロバリーなど多数の種牡馬が輸入された父系。もともとはダートの1000から2000Mが得意だった。小回りコースの多い地方競馬にも強い。

現在は、ダート馬が中心のサウスヴィグラス（短距離型）、アイルハヴァナザー（中距離型）に、芝の短距離馬が多めのアドマイヤムーン、スウェプトオーヴァーボード、芝ダート兼用の中距離型エンパイアメーカー、ダンカークなど。

新しいトレンドとしてヨーロッパで成功をおさめているドバウィの系統のモンテロッソやマクフィも、芝ダート兼用のマイラー型だ。

その6　サドラーズウェルズ系

かつて世界の競馬を席巻したのがノーザンダンサー系。その中でも特にイギリスやフランスなど、欧州の芝2400Mに圧倒的な実績を残し、現在もガリレオを中心に繁栄する「スタミナ父系」がサドラー系だ。オルフェーヴルやエルコンドルパサーが凱旋門賞にあと一歩と迫った時も、最後に立ちはだかったのはサドラー系の欧州ホースだった。

ただし、サドラー系が強さを発揮するのは、コースに起伏があり、タイムも遅めの競馬。平坦に近いコースで、タイムの速い日本競馬には本質的に向かない。そんな中、たまにテイエムオペラオーやメイショウサムソンのような中長距離のスーパーホースが出る。

現在、日本で供用されている直系の種牡馬はケープブランコ、メイショウサムソン、ローエングリンなど。このほか、母系に入っているサドラーの血にも注目したい。

例えば「母系にサドラーを持つディープインパクト産駒」は大物っぽく見えて人気を背負いやすいが、高速馬場の切れ味比べでは勝負どころの反応が鈍く、特に牡馬は不発が多い。向くのはタフな馬場の持久戦だ。

その7　ダンチヒ系（ダンジグ系）とストームキャット系

こちらもノーザンダンサー系の枝。当初はどちらも「スピード」の代名詞で、産駒もスプリンターやマイラー中心だったが、代を経て距離をこなす一流馬も多数出るようになった。基本イメージは「スピードのダンチヒとストームキャット。スタミナのサドラー」だ。

これも直系の種牡馬だけでなく、むしろ母系に入った場合の影響力に注意したい。例えば「母系にダンチヒやストームキャットを持つディープインパクト産駒やハーツクライ産駒」は、勝負どころの加速が速く、GIホースが多数出ている。

ディープ×ダンチヒ系の代表馬に、サトノダイヤモンド、ロジャーバローズ、ジェンティルドンナなど。ディープ×ストームキャット系の代表馬に、キズナ、エイシンヒカリ、ラキシスなど。

現在、ダンチヒ系の直系種牡馬にはハービンジャーがいるが、母系の血で注目すべきはダンチヒとデインヒル。この血が入ることで高速馬場に強い馬が生まれたり、大跳びのディープ産駒やハーツ産駒が軽いピッチ走法になるイメージだ。

一方、ストームキャット系の直系種牡馬はヘニーヒューズ、ヨハネスブルグ、エスケンデレヤなど。これら直系の産駒は2歳戦とダートの1600M以下に強い。

キズナ（父ディープ×母父ストームキャット）の産駒が、ディープ産駒よりダートもこなし、2歳戦から走るのもストームキャットの影響だろう。

目　　次

▶ 馬名のあとの青色の数字とアルファベットは、折り込みの種牡馬系統表での、その馬の位置の目安です。地図の要領でお探しください。なお、馬によっては系統表に掲載できなかったため、その馬の父、あるいは父系の位置を示している場合もあります。
▶ 種牡馬の掲載順は、**2021年に産駒をデビューさせる新種牡馬**、以下、**トップ種牡馬25頭**、**注目の有力種牡馬**、**海外の種牡馬**の順になっております。

ア

馬名	位置
アーネストリー	3C ・203
アイアムインヴィンシブル	2E ・242
アイファーソング	3B ・ 31
*アイルハヴアナザー	3B ・139
アグネスタキオン	4C ・219
*アグネスデジタル	2B ・203
アサクサキングス	2D ・203
*アジアエクスプレス	5E ・196
アスカクリチャン	2B ・218
アッミラーレ	4C ・203
アドマイヤオーラ	4C ・203
アドマイヤコジーン	1C ・203
アドマイヤジャパン	5C ・218
アドマイヤドン	2B ・218
アドマイヤマックス	5C ・204
アドマイヤムーン	3B ・161
アドラーフルーク	3E ・242
アニマルキングダム	3C ・242
*アフリート	2B ・219
*アポロキングダム	4B ・204
*アポロソニック	2E ・204
アメリカンファラオ	2B ・188
*アメリカンペイトリオット	2E ・ 20
*アルデバランII	4B ・204
アルマンゾル	2B ・242
アロゲート	1B ・230
アロマカフェ	5C ・218
アンクルモー	1C ・230
アンライバルド	5C ・204
イクシードアンドエクセル	3E ・242
イスラボニータ	4C ・ 14
イフラージ	2B ・242
インヴィンシブルスピリット	2E ・243
イングリッシュチャンネル	4B ・243
イントゥミスチーフ	4E ・231
ヴァーミリアン	3B ・174
ヴァイオレンス	3E ・243
ヴァンキッシュラン	5C ・ 30
ヴァンセンヌ	5C ・204
ヴィクトワールピサ	5C ・ 98
*ヴィットリオドーロ	3E ・205
ウィルテイクチャージ	1B ・243
ウインバリアシオン	3C ・200
ヴェラザーノ	4C ・243

馬名	位置
*ウォーエンブレム	4B ・219
*ウォーターリーグ	1E ・218
ウォーフロント	2E ・243
エアフォースブルー	2E ・244
*エイシンアポロン	5E ・205
エイシンサンディ	3C ・218
エイシンヒカリ	5C ・201
エイシンフラッシュ	4B ・137
エーシンシャラク	4C ・ 31
*エーシントップ	5E ・ 31
*エーシンフォワード	5E ・205
エキストラエンド	5C ・205
*エスケンデレヤ	5E ・168
エスポワールシチー	5C ・166
エピファネイア	2C ・ 66
*エルコンドルパサー	3B ・219
*エンドスウィープ	2B ・219
*エンパイアメーカー	2B ・150
オアシスドリーム	3E ・244
オウケンブルースリ	2C ・205
オウケンマジック	3C ・218
オーシャンブルー	4C ・205
オーストラリア	4E ・244
オーソライズド	3E ・244
オーブ	2C ・244
*オールステイ	2E ・206
オナーコード	2C ・244
*オペラハウス	2E ・220
オルフェーヴル	4C ・ 46
オレハマッテルゼ	5C ・218

カ

馬名	位置
カープディエム	5E ・245
カーリン	4B ・245
*カジノドライヴ	2C ・159
カネヒキリ	4C ・206
カラヴァッジオ	5E ・245
カリフォルニアクローム	1C ・245
ガリレオ	3E ・231
カルストンライトオ	1E ・206
ガルボ	5C ・218
カレンブラックヒル	4C ・156
カンパニー	2C ・206
ガンランナー	1B ・232
キズナ	5C ・ 62
キタサンブラック	4C ・ 12

馬名	位置
キトゥンズジョイ	3E ・232
キャプテントゥーレ	4C ・206
キャメロット	3E ・233
キャンディライド	1B ・233
キングカメハメハ	4B ・ 50
*キングズベスト	4B ・146
キングヘイロー	3D ・206
キングマン	3E ・234
ギンザグリングラス	5A ・218
*キンシャサノキセキ	4C ・ 74
クオリティロード	2B ・245
クラシックエンパイア	2B ・245
*グラスワンダー	3C ・207
グランデッツァ	4C ・207
グランプリボス	2C ・207
クリーンエコロジー	4B ・207
クリエイターII	1C ・202
グレイレジェンド	3B ・ 31
クレスコグランド	3C ・218
グレンイーグルス	4E ・246
*クロフネ	1E ・ 94
*ケイムホーム	3B ・207
*ケープブランコ	3E ・207
ケンダルジャン	1C ・246
ゴーストザッパー	1E ・246
ゴールスキー	5C ・218
ゴールデンホーン	2E ・234
ゴールドアリュール	5C ・ 78
ゴールドシップ	4C ・118
ゴールドヘイロー	4C ・208
*ゴスホークケン	5E ・208
ゴドリー	5E ・ 31
コパノリチャード	4C ・208
コパノリッキー	5C ・ 24
*コマンダーインチーフ	2D ・220
コメート	4C ・218
コンスティチューション	1C ・246
*コンデュイット	1D ・208

サ

馬名	位置
*サウスヴィグラス	3B ・102
*サウンドボルケーノ	5E ・208
サクラオリオン	3B ・208
サクラゼウス	2C ・218
サクラバクシンオー	2C ・220
サクラプレジデント	5C ・209

8

サクラユタカオー 2C ・220	スペシャルウィーク 4C ・221	トーセンラー 4C ・191
ザサンデーフサイチ 3C ・209	スマートファルコン 5C ・148	トーセンレーヴ 4C ・ 31
サダムパテック 4C ・209	セレスハント 3B ・218	トーセンロレンス 4C ・213
サッカーボーイ 1A ・220	セントラルバンカー 3B ・248	トーホウジャッカル 4C ・213
サトノアラジン 5C ・ 25	ゼンノロブロイ 3C ・170	ドーンアプローチ 3E ・249
サドンストーム 4B ・ 31	ソーユーシンク 4E ・248	*トニービン 1C ・222
サニングデール 1E ・218	ゾファニー 3E ・248	ドバウィ 3B ・238
*ザファクター 2E ・ 18	**タ**	*トビーズコーナー 2E ・213
*サマーバード 1B ・246	ダークエンジェル 3D ・248	トランセンド 5C ・175
サムライハート 5C ・209	*タートルボウル 4D ・142	ドリームジャーニー 3C ・145
サンカルロ 2C ・209	*タイキシャトル 4C ・212	ドリームバレンチノ 4C ・ 31
*サンデーサイレンス 4C ・220	タイセイレジェンド 4B ・212	*ドレフォン 5E ・ 16
サンライズペガサス 5C ・209	タイムパラドックス 3C ・212	**ナ**
シーザスターズ 2E ・235	ダイワメジャー 4C ・ 58	ナイキスト 1C ・238
シーザムーン 2E ・246	タニノギムレット 3C ・212	ナカヤマフェスタ 3C ・214
*シニスターミニスター 2C ・141	*ダノンゴーゴー 4B ・212	ナサニエル 4E ・239
シビルウォー 4B ・210	ダノンシャーク 4C ・212	ナムラタイタン 3B ・218
ジミークリード 3B ・247	ダノンシャンティ 4C ・171	ニホンピロアワーズ 3D ・218
ジャイアンツコーズウェイ 5E ・247	ダノンバラード 4C ・192	ニューアプローチ 3E ・239
*ジャイアントレッカー 5E ・218	*ダノンレジェンド 1A ・197	ニューベイ 3B ・250
ジャスタウェイ 3C ・ 90	タピット 1C ・237	ネオユニヴァース 5C ・147
シャマーダル 5E ・235	ダブルスター 2C ・218	*ノヴェリスト 3A ・138
シャラー 3E ・247	*ダンカーク 1B ・144	*ノーザンテースト 3D ・222
ジャングルポケット 2C ・160	*ダンシングブレーヴ 2D ・221	ノーネイネヴァー 5E ・250
シャンハイボビー 4E ・247	ダンスインザダーク 3C ・221	*ノボジャック 1E ・214
シユーニ 1E ・236	*チーフベアハート 2E ・221	**ハ**
ジュンツバサ 4C ・ 31	*チチカステナンゴ 1C ・218	ハーツクライ 3C ・ 42
ショウナンカンプ 2C ・210	チャーチル 4E ・249	*ハードスパン 2E ・240
ジョーカプチーノ 4C ・182	ディープインパクト 4C ・ 34	バーナーディニ 2C ・250
シルバーステート 5C ・ 22	ディープスカイ 4C ・181	ハーバーウォッチ 3D ・250
シルポート 2D ・210	ディープブリランテ 5C ・140	*ハービンジャー 3E ・ 82
シングンオペラ 3E ・210	ディーマジェスティ 5C ・ 29	ハイアーゲーム 3C ・218
*シンボリクリスエス 2C ・163	テイエムオペラオー 3E ・221	パイオニアオブザナイル 2B ・250
スウィフトカレント 4C ・210	テイクチャージインディ 2C ・249	ハイランドリール 4E ・250
*スウェプトオーヴァーボード 3B ・158	*ディスクリートキャット 5E ・195	*パイロ 1C ・110
スキャットダディ 5E ・247	ディストーテッドユーモア 3B ・249	ハヴァナゴールド 3E ・251
スクエアエディー 4B ・247	*ティンバーカントリー 2B ・221	ハクサンムーン 3B ・214
スクリーンヒーロー 3C ・ 86	*デインヒル 2E ・222	*バゴ 3C ・106
*スクワートルスクワート 2B ・210	テオフィロ 3E ・249	ハットトリック 4C ・251
スズカコーズウェイ 5E ・211	デクラレーションオブウォー 2E ・237	パドトロワ 3B ・214
スズカフェニックス 5C ・211	デュランダル 5C ・222	*バトルプラン 2B ・184
スズカマンボ 4C ・211	トウカイテイオー 5A ・222	パレスマリス 4B ・251
スターリングローズ 2B ・211	トウケイヘイロー 4C ・213	*バンデ 3E ・214
*スタチューオブリバティ 5E ・211	トゥザグローリー 4B ・167	バンブーエール 2B ・214
ステイゴールド 3C ・136	トゥザワールド 4B ・187	ピヴォタル 1E ・251
*ストーミングホーム 4B ・211	ドゥラメンテ 4B ・122	ヒストリカル 5C ・ 31
*ストリートセンス 4B ・236	トゥワーリングキャンディ 1B ・249	ビッグアーサー 2C ・ 26
ストロングリターン 2C ・183	トーセンジョーダン 2C ・194	ヒラボクディープ 5C ・ 31
*スニッツェル 3E ・248	トーセンファントム 5C ・213	ヒルノダムール 5C ・215
スパイツタウン 2B ・176	トーセンブライト 3C ・213	ファーストサムライ 5E ・251
スピルバーグ 5C ・193	トーセンホマレボシ 5C ・169	ファストネットロック 3E ・251
スプリングアットラスト 1E ・248	トーセンモナーク 4C ・218	*ファスリエフ 1E ・218

*ファルブラヴ	5D・222			
*フィガロ	4E・215			
フェデラリスト	2B・218			
フェノーメノ	4C・185			
*フォーティナイナー	2B・223			
フサイチセブン	4B・215			
フサイチリシャール	1E・215			
フジキセキ	4C・223			
*ブライアンズタイム	3C・223			
プラクティカルジョーク	4E・252			
ブラックタイド	4C・114			
*ブラックホーク	1E・223			
フランケル	3E・153			
フリオーソ	3C・173			
*プリサイスエンド	2B・215			
*ブレイヴストローマン	1D・223			
*ブレイクランアウト	4B・215			
ブレイム	2C・252			
*フレンチデピュティ	1E・223			
フロステッド	1C・252			
プロトニコ	5E・252			
ヘインズフィールド	3B・252			
*ベーカバド	2E・165			
*ヘニーハウンド	5E・216			
*ヘニーヒューズ	5E・70			
ペルーサ	3C・216			
ベルシャザール	4B・178			
ボアゾンブラック	3B・31			
ポイントオブエントリー	3C・252			
ポストポンド	3B・253			
ホッコータルマエ	4B・198			
*ホワイトマズル	2D・216			

マ

*マイネルラヴ	3B・224
マインシャフト	2C・253
*マクフィ	3B・190
*マジェスティックウォリアー	2C・143
*マスクゾロ	4B・31
マスタークラフツマン	3E・253
マツリダゴッホ	5C・152
マヤノトップガン	3C・224
マリブムーン	2C・253
マルゼンスキー	1D・224
マンハッタンカフェ	4C・151
ミッキーアイル	5C・189
ミュゼスルタン	4B・216
ミリオンディスク	2B・218
*ミルジョージ	1D・224
メイクビリーヴ	3B・240
メイショウサムソン	3E・164
メイショウボーラー	4C・155
メジロダイボサツ	4C・218
メジロマックイーン	5A・224
メダーリアドロ	3E・241
モアザンレディ	4C・253
モーリス	3C・126
モティヴェーター	3E・253
*モンテロッソ	3B・162

ヤ

ユニオンラグス	4D・254
*ヨハネスブルグ	5E・149

ラ

*ラニ	1C・27
ラブイズブーシェ	5C・216

ラブリーデイ	4B・199
リアルインパクト	4C・154
*リアルシャダイ	2C・224
リーチザクラウン	4C・180
リオンディーズ	4B・130
リヤンドファミユ	4C・216
ルアーヴル	3C・254
ルースリンド	3B・217
ルーラーシップ	4B・54
ルッキンアットラッキー	4B・254
*ルックスザットキル	4E・31
レイヴンズパス	2B・241
レッドスパーダ	4C・217
レモンドロップキッド	4B・254
ローエングリン	2E・177
*ロージズインメイ	4C・172
ローズキングダム	4B・179
*ロードアルティマ	3B・217
ロードカナロア	4B・38
ローレルゲレイロ	3D・217
ロゴタイプ	2E・28
ロジユニヴァース	5C・217
ロペデヴェガ	5E・254
ロンロ	5C・254

ワ

*ワークフォース	4B・157
ワールドエース	5C・186
*ワイルドラッシュ	5C・217
ワイルドワンダー	3C・218
ワンアンドオンリー	4C・30
ワンダーアキュート	4D・218

特別収録 種牡馬系統表

はじめに	3
本書の読み方	4
初心者のための父系入門	6
2021年産駒デビューの新種牡馬	11
トップ種牡馬25頭	33
注目の有力種牡馬	135
海外の種牡馬	225
海外馬券について	226
欧米リーディング・サイアー2020	255
2020年度 中央平地競走サイアー・ランキング	256

必見DATA 条件別・マルチ種牡馬ランキング

主要4場種牡馬ランク・ベスト10	258
短距離マイル率ランキング／芝率ランキング／穴率ランキング／晩成率ランキング	262
芝道悪率ランキング／ダート道悪率ランキング 平坦芝率ランキング／芝広いコース率ランキング	263

●ランクおよびその資料／(社)日本軽種馬協会 JBIS Search 提供
表紙画／ゴールドシップ by 小畠直子

2021年
産駒デビューの
新種牡馬

キタサンブラック
KITASAN BLACK

他馬のスタミナを削る競馬で王者に君臨

2012年生　鹿毛　初年度登録産駒83頭　2021年種付け料▷受胎確認後300万円（FR）

現役時代

　中央20戦12勝。主な勝ち鞍、菊花賞、天皇賞・春（2回）、ジャパンC、大阪杯、天皇賞・秋、有馬記念。
　新馬から3連勝でスプリングSを勝ち、皐月賞はドゥラメンテの3着、ダービーはハイペースを追いかけて14着。主戦は北村宏司、血統も地味なためか人気になりにくく、セントライト記念を4角先頭の強い内容で勝ってもなお「母父サクラバクシンオーでは3000Mは厳しい」との声が多く、菊花賞は5番人気に。
　菊花賞。キタサンブラックの通過順は5-5-10-8。動いているように見えるが、そうではない。好位の内でじっと動かずに我慢し続けた結果、他馬がめまぐるしく動き、キタサンの通過順が変わっただけだ。直線では最内を突き、前を行くリアファルをつかまえ、猛追するリアルスティールを抑えてクビ差1着。最初のGⅠトロフィーを手に入れた。表彰式では馬主の北島三郎が、公約通りに『まつり』のサビを熱唱した。
　北村宏負傷のため、以降は乗り替わり、有馬記念3着の後、翌年の大阪杯から武豊が主戦ジョッキーに。
　16年天皇賞・春。1枠からハナを切ると先頭を譲らず、カレンミロティックとのせめぎあいを制し、芝3200を逃げ切り。この4歳時は「逃げのキタサンブラック」として、宝塚記念3着、ジャパンC1着、有馬記念2着。逃げて他馬のスタミナをそぎ落とし、持久戦に持ち込む王者の競馬で新境地を開いていく。
　5歳を迎え、完成形を示したのが17年天皇賞・春。ハイペースの2番手から悠々と押し切り、3分12秒5の超レコード。ディープインパクトの記録を1秒近く更新した。さらに秋の天皇賞は不良馬場の中、後方から差す展開で辛勝。ラストランの有馬記念は6度めの白い帽子で逃げ切り。GⅠトロフィーは7つになり、暮れの中山にフルコーラスの『まつり』が響いた。

POINT	GIを7勝の新時代ステイヤー
	サブちゃんの『まつり』でおなじみ
	朝日杯FSよりホープフルS向き

血統背景

　父ブラックタイドは2004年のスプリングS1着、きさらぎ賞2着、07年の中山金杯3着。ディープインパクトの全兄として有名。

　母シュガーハートは不出走。祖母オトメゴコロは中央4勝。半兄にショウナンバッハ（中日新聞杯2着、AJCC3着）、近親にアドマイヤフライト（日経新春杯2着）、オトメノイノリ（フェアリーS3着）。

　キタサンブラックはリファール4×4のクロスを持ち、これはディープインパクト産駒の代表馬にも多く見られる成功パターン。

代表産駒

　イクイノックス、ドグマ、コナブラック、サウンドクレア。

　初年度の登録産駒83頭。21年8月までに中央競馬で4頭が勝ち上がり、4勝すべて芝1800という共通点がある。地方競馬ではウンが勝ち上がり。

関係者コメント

　「種牡馬となっても皮下脂肪が少なく、アスリートのような外見は、サイズこそ違えど、祖父に当たるサンデーサイレンスによく似ています。初年度産駒は自身の現役時の姿をイメージして配合が行われた世代でもあり、真価を発揮してくるのは、距離の幅が出てきてからになりそうです。

　見た目にも分かる体質の良さが受け継がれたこともあるのか、どの馬も順調に調整が進んでいます。初年度から父のような大物が現れても、不思議ではありません」（社台スタリオン、21年8月）

特注馬

　イクイノックス／ホープフルS有力。母シャトーブランシュはマーメイドSを勝ったキングヘイロー代表牝馬。半兄ヴァイスメテオールもラジオNIKKEI賞勝ち。

　コナブラック／一族にフサイチコンコルド、ヴィクトリー、アリストテレスなど。春のトライアルの時期の道悪に合いそうな血統。小回りの中距離向きか。

ブラックタイド 黒鹿 2001	＊サンデーサイレンス Sunday Silence	Halo
		Wishing Well
	＊ウインドインハーヘア Wind in Her Hair	Alzao
		Burghclere （2-f）
シュガーハート 鹿 2005	サクラバクシンオー	サクラユタカオー
		サクラハゴロモ
	オトメゴコロ	＊ジャッジアンジェルーチ
		＊ティズリー （9-g）

Lyphard 4×4、Northern Dancer 5×5・5

種付け年度	種付け頭数	血統登録頭数	種付け料
2020年	92頭	－	400／受・FR
2019年	110頭	81頭	400／受・FR
2018年	130頭	83頭	500／不受返・FR

キタサンブラック産駒完全データ

●最適コース
牡馬／中山芝2000、小倉芝1800
牝馬／小倉芝1800、新潟芝1800

●クラス別成績

新馬	牡馬:1-0-1／6	牝馬:1-0-2／7
未勝利	牡馬:0-0-1／2	牝馬:0-0-1／2
オープン	牡馬:0-1-0／1	牝馬:0-0-0／1

●距離別成績

〜芝1200	牡馬:0-1-1／3	牝馬:1-0-3／6
芝1400	牡馬:0-0-0／0	牝馬:0-0-2／2
〜芝1600	牡馬:0-0-0／0	牝馬:1-0-0／4
芝1800	牡馬:0-0-0／3	牝馬:2-2-0／5
ダート	牡馬:1-0-1／3	牝馬:0-0-1／1

●人気別回収率

1人気	単123%・複103%	4-1-2／8
2〜4人気	単51%・複85%	1-2-1／8
5人気以下	単0%・複189%	0-0-3／17

●枠順別連対数

1〜3枠／3回		4〜6枠／3回		7、8枠／2回

勝利へのポイント

芝の稍重【2-0-2-1】

　中央競馬では8月までに16頭デビューし、小倉芝1800と新潟芝1800で4頭が勝ち上がり。最初から勝ち鞍がすべて芝1800というのは、種牡馬データを30年集計して初めて見るくらい異例なこと。現役時代そのまま、長めの距離に向くタイプだ。

　新潟芝1800で大物感たっぷりな勝ち方をしたイクイノックスは、3番手から上がり34秒5。ほかも落ち着いた流れに折り合い、鋭い切れ味で差してくる馬が多い。前半のペースが速くなった時の課題はありそうだが、ざっくり言って朝日杯FSよりホープフルS向き。桜花賞より阪神芝2000の忘れな草賞向き。稍重の結果が優秀なので、時計のかかる馬場に合う馬も出るだろう。小倉の好成績は小回りコースへの適性も示す。

　門別のダ1700を楽勝した地方馬ウンも含め、母か祖母シアトルスルー系の勝ち上がり率が高い。

Newcomer #02

イスラボニータ
ISLA BONITA

フジキセキ産駒最後の、そして最強の後継者

2011年生　黒鹿毛　初年度登録産駒114頭　2021年種付け料▷受胎確認後150万円(FR)

現役時代

　中央25戦8勝。主な勝ち鞍、皐月賞、セントライト記念、マイラーズC、阪神C、共同通信杯、東京スポーツ杯2歳S。ダービー2着、マイルCS2着。

　クラシックを前に引退した名馬フジキセキ。産駒も長い間クラシックを勝てずにいたが、2011年生まれのラストクロップの中に、最強で最後の後継者がいた。

　蛯名正義を鞍上に東京芝1600の新馬を完勝。新潟2歳Sは出遅れて、ハープスターの2着に追い込む。いちょうSから連勝が始まり、東スポ杯2歳Sをレコード勝ち、休養後の共同通信杯も好位から差して3連勝。1戦ごとに走りが上手になっていき、安定感が増す。

　14年皐月賞はトゥザワールドに次ぐ2番人気。白い帽子の2番から好スタートを切ると、内で折り合いつつ、中団の外へ持ち出す巧みな位置取り。4角では大外に進路を取り、トゥザワールドに弾かれる場面もあったが、ひるまず、一気に抜け出して1馬身1/4の差をつけてクラシックタイトルを戴冠した。

　ダービーは単勝2.7倍の1番人気。血統的な距離不安もささやかれる中、3番手に折り合う。そのまま直線に向いても蛯名の手綱は動かず、持ったまま。外からワンアンドオンリーが並びかけ、加速開始。2頭の一騎打ち。蛯名と横山典弘、ふたりの名騎手の叩き合いはワンアンドオンリーに軍配が上がった。

　秋はセントライト記念を制し、古馬相手の天皇賞・秋でスピルバーグの3着。その後は勝てない時期が続き、4歳のマイルCS3着、5歳のマイルCS2着など。この間に父フジキセキ死亡のニュースもあり、種牡馬入りを待望されたが、陣営は6歳を迎えても現役にこだわった。そして6歳のマイラーズCで久々の勝利。安田記念とマイルCSは敗れて大願ならずも、阪神Cをレコード勝ち。重賞6勝目で最後を飾った。

POINT	フジキセキ産駒悲願のクラシック戴冠 芝1600と芝1800で好調。中距離タイプ? 軽快な先行スピードは父譲り

血統背景

父フジキセキは4戦無敗、朝日杯3歳Sと弥生賞の勝ち馬。サンデーサイレンスの初年度産駒で種牡馬としても大成功し、後継にキンシャサノキセキなど。

母イスラコジーンは米国2勝。芝8.5Fのリステッドを勝ち、シーザリオが勝ったアメリカンオークスで逃げを打った。近親に特記すべき活躍馬はいない。

母の父コジーンは85年BCマイル優勝。グレイソヴリン系。日本でもアドマイヤコジーン（安田記念）やロープデコルテ（オークス）の父として知られる。

イスラボニータは父フジキセキにとって16世代目の産駒にあたり、ラストクロップでもある。皐月賞勝ちは産駒初めてのクラシック勝利だった。

代表産駒

ニシノレバンテ（ダリア賞5着）、プルパレイ。

初年度の登録産駒は114頭。地方競馬を含めると8月27日までに33頭が出走、5頭が勝ち上がった。

関係者コメント

「小柄ながら大跳びの走りは産駒にも伝えられたようで、その中から2歳戦をレコードで勝利する馬（プルパレイ）も現れました。産駒たちは現役時の父を彷彿とさせるように肩の出が良く、それが豊かなスピード能力の源ともなっているのでしょう。

フジキセキの後継種牡馬としては、唯一のクラシックウイナーであり、古馬になっても能力の衰えを知らなかった丈夫さも受け継がれているはずです。産駒には祖父、父から続くGIタイトルを期待したくなります」（社台スタリオン、21年8月）

特注馬

プルパレイ／半兄サトノゴールド。兄はセン馬になっている馬が複数いるので気性面に注目。

ニシノレバンテ／母はダート短距離で活躍。近親もダート馬が多く、ダート替わりも走れるはず。

ミスボニータ／未勝利の芝1800でデビューして2着。折り合いに問題なく、現時点で牝馬の代表格。

フジキセキ 青鹿 1992	*サンデーサイレンス Sunday Silence	Halo
		Wishing Well
	*ミルレーサー Millracer	Le Fabuleux
		Marston's Mill (22-d)
*イスラコジーン Isla Cozzene 鹿 2002	コジーン Cozzene	Caro
		Ride the Trails
	イスラムヘレス Isla Mujeres	Crafty Prospector
		Lido Isle (4-n)

In Reality 4×5

種付け年度	種付け頭数	血統登録頭数	種付け料
2020年	122頭	―	150／受・FR
2019年	142頭	106頭	150／受・FR
2018年	170頭	114頭	150／受・FR

イスラボニータ産駒完全データ

●最適コース
牡馬／新潟芝1600、東京芝1800
牝馬／函館芝1200、新潟芝1800

●クラス別成績

	牡馬	牝馬
新馬	1-1-3／14	0-0-0／6
未勝利	1-0-0／2	0-2-0／6
オープン	0-0-0／1	0-0-0／0

●距離別成績

	牡馬	牝馬
～芝1200	1-0-0／5	0-1-0／7
芝1400	0-0-0／1	0-0-0／1
～芝1600	1-1-1／7	0-0-0／1
芝1800～	0-0-2／3	0-1-0／3
ダート	0-0-0／1	0-0-0／0

●人気回収率

1人気	単70%・複32%	1-0-0／4
2～4人気	単44%・複84%	1-2-2／9
5人気以下	単0%・複29%	0-1-1／16

●枠順別連対数

1～3枠／3回	4～6枠／2回	7,8枠／0回

勝利へのポイント

芝1600【1-1-1-4】、芝1800【0-1-2-3】

中央競馬で8月までに21頭デビューし、福島芝1200と新潟芝1600で2頭が勝利。フジキセキの父系としては物足りないスタートだ。それでもプルパレイは新潟マイルの2歳レコードを記録。3着以内に入った馬は7頭いて、悪くない。

新馬戦は【1-1-3-15】に対して、デビュー2戦目は【1-1-0-4】。一度使われて良化した馬が目につき、意外と仕上がり早のスピードタイプは少ないのかもしれない。距離面でも、芝1200が思ったほど良くなく、芝1600で好調。芝1800も早くも3頭が馬券になっている。フジキセキのイメージで見るより、ダービー2着を忘れずに。

先行力はあり、穴になるのは短い直線コースを押し切るタイプだろう。追って伸びるのか、手応えの割に伸びないのかを、まず見極めたい。ダートは1戦しか走ってないが、血統的には走れる。

Newcomer
#03

ドレフォン
DREFONG

2、3歳時に2着馬につけた22馬身差が物語るスピード野郎

2013年生　鹿毛　アメリカ産　初年度登録産駒127頭　2021年種付け料▷受胎確認後300万円（FR）

現役時代

　北米で通算9戦6勝。主な勝ち鞍、BCスプリント（GⅠ・6F）、キングズビショップS（GⅠ・7F）、フォアゴーS（GⅠ・7F）。

　西海岸のB.バファート厩舎に所属。2歳10月のデビュー戦5着も2戦目から翌3歳のBCスプリントまで5連勝。未勝利戦とアローワンス競走の2戦とも逃げ切っての楽勝。トラヴァーズSの短距離版キングズビショップSも逃げ切り、重賞初制覇をGⅠで果たした。ぶっつけで挑んだBCスプリントはマゾキスティックとの先行争いを直線で制し、同馬に1馬身1／4差をつけての勝利だった。マゾキスティックはレース後の薬物検査陽性反応により後に失格の裁定が下された。ここまで2着馬につけた着差の合計は22馬身3／4。

　4歳時も現役を続け、夏のビングクロスビーSGⅠで復帰。ここは3連勝中の上がり馬ロイエイチとの対戦に注目が集まったが、スタート直後の周回コースとの合流地点で内によれて落馬競走中止。馬はそのまま逸走。先行するロイエイチを外に膨らませる悪さまでしでかした。勝ったのは内を突いたランサムザムーン。ロイエイチは2着。勝負事にアヤは付物だが、次走のフォアゴーSで払拭。先手を取っての4馬身勝ち。2連覇を狙ったBCスプリントは単勝2倍台の圧倒的人気だったが、スタートで行き脚が付かずに中団追走のまま流れ込んだだけの6着に終わった。勝ったのは3番人気ロイエイチ。同馬は翌年もBCスプリントを制覇する。3着のマインドユアビスケッツは17年、18年のドバイゴールデンシャヒーンを連覇している。

　競走中止に、2度の敗戦が先手を取れなかったデビュー戦と2度目のBCスプリント。「加速力と短距離のスピードはワールドクラス」と、おらが国が世界一を自負するアメリカ人は言いそうだ。

| POINT | ストームキャット系時代の到来か
2歳序盤戦を席巻
芝からダート替わりは買い |

血統背景

　父ジオポンティ。シャドウェルターフマイル、アーリントンミリオンなど芝のマイル、中距離GⅠ7勝。祖父テイルオブザキャットは本邦輸入種牡馬ヨハネスブルグと同父系、同牝系。

　母の半兄にアクションディスデイ（BCジュヴェナイルGⅠ）。同牝系にスターキャッチャー（愛オークスGⅠ）。母の父ゴーストザッパーはBCクラシックなどGⅠ4勝。産駒にミスティックガイド（ドバイワールドCGⅠ）。前記ヨハネスブルグを祖父とする米三冠馬ジャスティファイの母の父でもある。

代表産駒

　ジオグリフ（札幌2歳S）、カワキタレブリー（クローバー賞3着）、フェズカズマ、ユキノオウジサマ、ハイアムズビーチなど、第4回中山2日、第5回中京2日終了時点の勝ち馬は10頭。母父SS系が6頭、祖母父SS系が2頭。非SS系の2頭はともにダート1800で勝ち上がった。自身アウトクロス馬は半数の5頭。ドレフォン自身、特に母は異系色が濃く、それが多様な産駒を出せる血統的な下地になると推測する。

関係者コメント

　「初年度産駒は、2歳戦からロケットスタートを見せてくれています。産駒の走りを見ていると、自身が活躍していたスプリント戦よりも、さらに距離を延ばして良さそうな印象を受けます。今後は2歳GⅠだけでなく、桜花賞やNHKマイルCにも産駒が名を連ねてくることでしょう。足腰の良さを後押ししている肢勢の良さは、馬産地でも高い評価を受けているだけでなく、繁殖牝馬を所有する馬主の方からも交配の申し出が相次いでいます」（社台スタリオン、21年8月）

特注馬

ジオグリフ／揉まれた時でも精神的な強さがあるか。もはやドレフォン産駒にとっては取り越し苦労か。

コンシリエーレ／半姉に関東オークスのエスメラルディーナ。最初の目標は同じ川崎の全日本2歳優駿。

ユキノオウジサマ／祖母はリマンド3×3。もう一度チャンスを下さい。再び中距離で大穴を出します。

ジオポンティ Gio Ponti 鹿　2005	テイルオブザキャット Tale of the Cat	Storm Cat
		Yarn
	チペタスプリングズ Chipeta Springs	Alydar
		Salt Spring　(2-g)
エルティマース Eltimaas 鹿　2007	ゴーストザッパー Ghostzapper	Awesome Again
		Baby Zip
	ネイジェカム Najecam	Trempolino
		Sue Warner　(1-n)

Raise a Native 5・4(父方)

種付け年度	種付け頭数	血統登録頭数	種付け料
2020年	186頭	—	300／受・FR
2019年	204頭	125頭	300／受・FR
2018年	207頭	127頭	300／受・FR

ドレフォン産駒完全データ

●**最適コース**
牡馬／札幌芝1800、新潟芝1800
牝馬／中山芝1600、東京芝1400

●**クラス別成績**
新馬	牡馬:5-1-1／16	牝馬:1-2-1／22
未勝利	牡馬:0-1-1／4	牝馬:0-0-0／11
オープン	牡馬:0-0-1／3	牝馬:0-0-0／0

●**距離別成績**
〜芝1200	牡馬:1-1-1／7	牝馬:0-1-1／14
芝1400	牡馬:0-0-0／2	牝馬:1-0-0／6
〜芝1600	牡馬:0-0-1／3	牝馬:0-0-0／5
芝1800〜	牡馬:2-0-1／4	牝馬:0-0-0／3
ダート	牡馬:2-1-0／7	牝馬:0-1-0／5

●**人気別回収率**
1人気	単28%・複32%	1-1-0／7
2〜4人気	単70%・複55%	4-2-2／27
5人気以下	単493%・複100%	1-1-2／22

●**枠順別連対数**
1〜3枠／5回	4〜6枠／4回	7,8枠／1回

勝利へのポイント

9月12日現在、新馬／8勝、未勝利／2勝

　2年連続首位種牡馬にケンタッキー・ダービー2連覇とストームキャット系が隆盛を極めている北米。日本でもストームキャット系時代の到来かと予感させられるほどの際立つ活躍だ。2歳の早い段階から走るのは驚かないが、かかり気味に先行してもそのまま押し切るというストームキャット系らしく勝つ一方、馬群を割って抜け出すストームキャット系らしからぬ末脚で勝利する産駒がいる。しかし、そこはストームキャット系。短、マイル、中の各距離で勝ち鞍を上げているが、芝1800はジオグリフが2勝。スピードを活かせる短、マイルが最適で、ジオグリフは規格外なのかの見極めは必要だろう。9月に入って2週間だけで5勝の固め打ち。現時点で成長力に関して論じるのは時期尚早。ストームキャット系を追いかけ続けるのはためらうが、未勝利2勝は芝→ダート転向組。

ドレフォン DREFONG

Newcomer #04

ザファクター
THE FACTOR

米国の快速血統ウォーフロントの血がスピードの要因

2008年生　芦毛　アメリカ産　初年度登録産駒117頭　2018年帰国

現役時代

　北米、UAEで通算13戦6勝。主な勝ち鞍、マリブS（GⅠ・7F）、パットオブライエンS（GⅠ・7F）、レベルS（GⅡ・8.5F）、サンヴィセンテS（GⅡ・7F）、サンカルロスS（GⅡ・7F）。

　西海岸のB.バファート厩舎に所属。デビュー2戦目の2歳未勝利6Fを逃げ切り圧勝。勝ち時計は1分06秒98のトラックレコード。これは21年7月末現在も破られていない。3歳になると西海岸のサンヴィセンテS、中西部地区のレベルSとも逃げ切って優勝。しかし、中西部地区のクラシック最終ステップ戦アーカンソー・ダービーは本命に推されるも、先手を取れず3番手から後退して7着に終わった。この後は短、マイル路線を歩み、アーカンソー・ダービー以来、4ヶ月ぶりの出走となったパットオブライエンSを逃げ切ってGⅠ初制覇。続くエンシャントタイトルSGⅠが4着、BCダートマイルGⅠも8着に敗れたが、シーズン最後の3歳GⅠ、マリブSを1分19秒89で逃げ切った。

　4歳も現役を続け、初戦のサンカルロスSを制すると、ドバイへ遠征してのドバイゴールデンシャヒーン。レースはメイダン競馬場のオールウェザーが合わなかったのか、スタートから行き脚が付かず、後方からの追走を余儀なくされ、直線差を詰めただけの6着に終わった。勝ったのはクリプトンファクター。2着は前年のスプリンターズS4着のロケットマン。

　帰国後はトリプルベンドHGⅠが他馬より4ポンド以上のハンデを背負って2着。ビングクロスビーSも2着となり、この一戦を最後に現役を退いた。

　勝ち鞍の全てが逃げ切りか早め先頭に立っての押し切り。北米のオールウェザーは4戦してパットオブライエンSの1勝。オールウェザーが苦手ではないが、ダートでのスピードが持ち味だったのだろう。

	ダンジグ Danzig	Northern Dancer
ウォーフロント War Front 鹿　2002		Pas de Nom
	スターリードリーマー Starry Dreamer	Rubiano
		Lara's Star　(4-r)
	ミスワキ Miswaki	Mr. Prospector
グレイシャスネス Greyciousness 芦　1995		Hopespringseternal
	スケーティングオンシンアイス Skatingonthinice	Icecapade
		Rain Shower　(10-c)

Mr.Prospector 5×3、Nearctic 4×4、Native Dancer 5×5・5

種付け年度	種付け頭数	血統登録頭数	種付け料
2020年	－	－	－
2019年	－	－	－
2018年	166頭	117頭	200／不受返・不生返

POINT

スピードを武器に北米GI2勝
勝ち距離は1200以下に集中
先行から差しの脚質転換に注意

血統背景

　父ウォーフロントは同馬の項を参照。産駒に新種牡馬アメリカンペイトリオット。

　母系は近親にキーパーオブザスターズ（ゲイムリーSGⅠ）。母の父ミスワキはガリレオの母の父。

代表産駒

　サンノゼテソーロ、ライバーバード、北米でシストロン（ビングクロスビーSGⅠ・6F）、ノーテッドアンドクオーテッド（シャンデリアSGⅠ・8.5F）。

　海外産は出走馬5頭のうち4頭が母父ミスプロ系で、残りの1頭はミスプロのクロスを持つ。北米では非ミスプロ牝馬との配合でGI馬が出ているが、スピードを活かすにはミスプロを持った牝馬との配合が良い。

関係者コメント

　「ウォーフロントの血を引く馬のなかでもスピードがあるということで、ザファクターを導入しています。

　スピード豊かな短距離向きの血統なので気の強い仕上がり早タイプを想像される方が多いと思いますが、実はザファクター自身は非常に穏やかでおっとりした馬なんですよ。私もオーストラリアからの輸送に同行したんですが、非常に手のかからない優等生で、なにごともなさすぎてあっという間にリース期間を終えて帰ってしまったというイメージです（笑）。本当に穏やかな馬でした。産駒もその性格を受け継いだのか、気性的な問題があるという話は聞かないです。

　また、ザファクター自身が3歳の後半から身が入ってきた馬で、成長力のあるタイプ。短距離系の種牡馬にしてはちょっと珍しいタイプかもしれません。マル外として日本に入っている産駒もどちらかというと古馬になってから走っていますし。2歳の早い時期から走るというよりも、これからに期待です。ブリーズアップセールでは父譲りのスピードを見せていますし、このスピードと成長力を活かした活躍に期待したいですね」（日本軽種馬協会、21年9月）

特注馬

サンノゼテソーロ／渋った馬場を苦手とするが、パンパンの良馬場もひといき。時計のかかる中山の良馬場。

ザファクター産駒完全データ

●最適コース
牡馬／中山ダ1200、中京芝1400
牝馬／福島ダ1150、新潟芝1600

●クラス別成績

新馬	牡馬：0-0-0／9	牝馬：0-1-0／12
未勝利	牡馬：0-0-0／6	牝馬：1-1-1／10
オープン	牡馬：0-0-0／3	牝馬：0-0-0／0

●距離別成績

〜芝1200	牡馬：0-0-0／2	牝馬：0-1-0／7
芝1400	牡馬：0-0-0／1	牝馬：0-0-0／4
〜芝1600	牡馬：0-0-0／5	牝馬：0-1-1／2
芝1800〜	牡馬：0-0-0／5	牝馬：0-0-0／0
ダート	牡馬：0-0-0／2	牝馬：1-0-0／7

●人気別回収率

1人気	単0%・複0%	0-0-0／0
2〜4人気	単0%・複87%	0-1-1／4
5人気以下	単248%・複63%	1-1-0／33

●枠順別連対数

1〜3枠／1回	4〜6枠／0回	7,8枠／2回

勝利へのポイント

全11勝のうち、〜1200／9勝、1400／2勝

　日本での初年度産駒は8月末現在、牝馬のダ1150の1勝があるのみだが、先に走った海外産も2歳時は1勝に留まった。北米では2歳GI勝ち馬もいれば5歳になってGIを制した馬もいる。晩成ではないが、緩やかに成長する血統とみるのが正解か。短〜中距離で活躍馬輩出の北米と対照的に、日本は1200以下に勝ち鞍が集中し、最長勝ち距離が1400と明らかに短距離向き。ミスプロ牝馬との交配によりスピード化に拍車がかかったと思われる海外産とは別に、母がSS系等の日本産馬の距離適性を吟味する必要はある。それでも芝はマイル、ダートは1800がかつかつ。海外産の出世馬サンノゼテソーロとライバーバードとも当初は先行力を武器としていたが、次第に差し脚を身につけ、クラスを突破している。ブリンカー使用も共通する。日本産に対しても参考材料になるだろう。

アメリカンペイトリオット
AMERICAN PATRIOT

ゴム毬のような走りを見せたウォーフロントっ仔

2013年生　鹿毛　アメリカ産　初年度登録産駒108頭　2021年種付け料▷産駒誕生後150万円

©Darley

現役時代

　北米、イギリスで通算14戦5勝。主な勝ち鞍、メイカーズ46マイルS（GⅠ・8F）、ケントS（GⅢ・9F）。セクレタリアトS（GⅠ・10F）3着。

　東海岸のT.プレッチャー厩舎に所属。終始一貫して芝レースに出走した。デビューは遅く3歳1月。3戦目に未勝利を脱し、続くアメリカンターフSGⅡは10着に終わったが、クレーミング競走を制して挑んだケントSは中団からの差し切りを決め、1分47秒19のトラックレコードで優勝した。この後はアーリントンミリオンの3歳馬版セクレタリアトSでビーチパトロールの3着があるものの、勝ち鞍を挙げられず、9戦3勝で3歳シーズンを終えた。

　4歳時は初戦のクレーミング競走を制すると、GⅠ路線へ向かい、春の重要マイル戦、メイカーズ46マイルSはケントS同様に中団から末脚を伸ばし、逃げ込みを図るハートトゥハートをクビ差かわして優勝した。勝ち時計は1分34秒70。

　次走は英国へ遠征。前年には北米調教の牝馬テピンが制しているロイヤルアスコット開催の古馬マイルGⅠクイーンアンSに挑んだ。テピンに続く、史上3頭目の北米古馬によるロイヤルアスコット開催制覇を狙ったが、米国同様に末脚勝負に賭けるも11着に終わった。勝ったのは2走前のドバイターフでヴィブロスの3着だった本命馬リブチェスター。先手を取って逃げ切ったもの。良馬場の勝ち時計は1分36秒60。スピードを持ち味とするアメリカンペイトリオットには馬場が合わなかったか。

　北米帰国後はマイルGⅠ2戦に出走。フォースターデイヴHが最下位の6着。シャドウェルターフマイルSが10着。これを最後に現役を引退。翌18年からダーレー・ジャパンで繋養することを米メディアが伝えた。

ウォーフロント War Front 鹿　2002	ダンジグ Danzig	Northern Dancer	
		Pas de Nom	
	スターリードリーマー Starry Dreamer	Rubiano	
		Lara's Star	(4-r)
ライフウェルリヴド Life Well Lived 鹿　2007	ティズナウ Tiznow	Cee's Tizzy	
		Cee's Song	
	ウェルドレスド Well Dressed	Notebook	
		Trithenia	(8-h)

Seattle Slew 5・5（母方）

種付け年度	種付け頭数	血統登録頭数	種付け料
2020年	86頭	—	150／生
2019年	109頭	75頭	150／生
2018年	154頭	108頭	150／生

POINT

人気沸騰のウォーフロント系
マイルを中心に牡馬は中距離も
中山芝1600は得意そう？

血統背景

　父ウォーフロントは同馬の項を参照。

　母ライフウェルリヴドはウェルアームド（ドバイワールドCGⅠ）の全妹。三代母はシンボリクリスエスの母の全妹。母の父ティズナウはインリアリティ系。

代表産駒

　勝ち上がったブレスレスリー、ボンクラージュの2頭とも母にSS系を持つ。

関係者コメント

　「次世代にどの種馬が成功するかと考えたときに、日本ではサンデーサイレンス系の牝馬が多く、これに合うサイアーラインがキーワード。アメリカの芝のサイアーラインとなるとウォーフロント抜きには考えられませんが、そのなかでも本馬に注目したのはサイズ。サンデー系はきれいなタイプが多く、配合には馬格、身体の幅、筋肉量が多い方が種付けしやすいだろうと。本馬はかなり大きな馬で、見るからにパワフル。骨量があっていかにもアメリカの馬という印象ですが、歩かせると動きにとても柔軟性がある。一見、身体はダート馬っぽい体型をしているんですけど、動きはものすごくしなやかでスピード感満点。現役時代もストライドの大きな、ゴム毬のような走りをしていました。柔軟性に優れているのもサンデー系牝馬に合うのではないかと。

　産駒は育成の段階から評判になっておりまして、身体は総じてお父さんに似て出ていまして、雄大かつパワフル。調教が進むごとに背中がものすごく良いということで、多くの育成場の方からアメリカンペイトリオットは相当走るぞという評価をいただいています。総じて身体が大きく、本格化は3歳になってからだと思います。2歳の時期は身体を支えるだけの基礎体力ができていない状況かと思いますので、使いながら基礎体力がついていって結果を残すという傾向が出てくると思います」（ダーレー・ジャパン、21年9月）

特注馬

ボンクラージュ／新馬戦は小倉2歳Sを制するナムラクレアらを破っての勝利。抑えは利きそうだ。

アメリカンペイトリオット産駒完全データ

● **最適コース**
牡馬／東京芝1400、中山芝1600
牝馬／新潟芝1600、中京芝1400

● **クラス別成績**

新馬	牡馬:0-0-0／7	牝馬:2-1-4／16
未勝利	牡馬:0-0-1／2	牝馬:0-0-1／10
オープン	牡馬:0-0-0／0	牝馬:0-0-1／1

● **距離別成績**

～芝1200	牡馬:0-0-0／1	牝馬:0-1-6／13
芝1400	牡馬:0-0-1／3	牝馬:1-0-0／3
～芝1600	牡馬:0-0-0／2	牝馬:1-0-0／9
芝1800～	牡馬:0-0-0／1	牝馬:0-0-0／1
ダート	牡馬:0-0-0／0	牝馬:0-0-0／0

● **人気別回収率**

1人気	単0%・複55%	0-0-1／2
2～4人気	単0%・複118%	0-1-5／12
5人気以下	単406%・複90%	2-0-1／22

● **枠順別連対数**

1～3枠／1回	4～6枠／1回	7,8枠／1回

勝利へのポイント

牝馬の小倉芝1200【0-1-2／5】

　8月末現在、2頭の牝馬が勝ち上がり、ともに逃げ切りだった。勝利頭数だけをみれば少ないが、新潟芝1600と中京芝1400の新馬戦での勝利は秀逸。単なる仕上がりが早いスピード血統ではないことが窺え、牡馬の一流マイラーが出ることも期待できる。とはいえ、2、3着馬も大半が牝馬で、ミッキーアイル産駒の足元へも寄りつけないが、未勝利ながらひまわり賞3着のイールテソーロなど、小倉芝1200で好走している。

　北米産にしてミスプロを持たない希有な種牡馬で、なおかつ異系色の濃い血統構成でもあり、配合牝馬によって産駒の特徴は異なりそうだ。マイルを中心とするが、牡馬は中距離もこなすと予想する。まずは先行力を武器に、中山の芝1600でひと仕事を期待する。生産地の評価は高く、21年は186頭と過去4年で最多の種付け頭数とのこと。

シルバーステート
SILVER STATE

騎手、調教師が今も絶賛する未完の大器

2013年生　青鹿毛　初年度登録産駒116頭　2021年種付け料▷受胎確認後150万円(FR)

現役時代

中央5戦4勝。主な勝ち鞍、垂水S、オーストラリアT。重賞勝ちはなし。

2歳7月の中京芝1600でデビュー。後にヴィクトリアマイルを勝つアドマイヤリードの2着に敗れるが、2戦目の未勝利戦・中京芝1600をレコード勝ち。鞍上は福永祐一。管理したのは藤原英昭調教師。

10月の京都芝2000の紫菊賞では、単勝1.1倍の断然人気に応えて、3番手から上がり32秒7の末脚を繰り出して完勝。ムチひとつ使わず、持ったままで翌年のクラシックに名乗りを上げた。

しかし、予定していた共同通信杯の前に左前脚の屈腱炎を発症。長い長い休養期間に入る。

1年7ヶ月のブランクを経て、復帰戦は4歳5月のオーストラリアT（京都芝1800）。ここもスローペースからあっさりと逃げ切り、3勝目。

続く1600万条件の垂水S（阪神芝1800）は、エテルナミノル、タッゴウゲキなど、後に重賞を勝つことになる馬が揃った好メンバー。それでもシルバーステートの一強態勢は変わらなかった。単勝1.6倍に応えてスタートから先手を取ると、ペースを落とすことなく11秒台のラップを刻み、上がり33秒5でまとめて楽々と逃げ切り。またしてもムチなし。1分44秒5の勝ちタイムはタイレコードで、少しでも追っていればレコード更新の走りだった。

その後、再び屈腱炎を発症。復帰はかなわず、底を見せないまま、5戦4勝で引退となった。

全戦で手綱をとった福永は、ワグネリアンやコントレイルでダービーを勝った後も「シルバーステートは別格だった。エンジンが規格外だった」と発言しており、このエピソードが伝説めいた"シルバーステート最強説"を作り出している。

POINT
新種牡馬戦線トップを走る注目サイヤー
福永絶賛! ディープ産駒の幻の大器
血統構成はスタミナ十分。距離延びても

ディープインパクト 鹿 2002	*サンデーサイレンス Sunday Silence	Halo
		Wishing Well
	*ウインドインハーヘア Wind in Her Hair	Alzao
		Burghclere (2-f)
*シルヴァースカヤ Silverskaya 黒鹿 2001	シルヴァーホーク Silver Hawk	Roberto
		Gris Vitesse
	ブブスカイア Boubskaia	Niniski
		Frenetique (16-g)

Hail to Reason 4×4、Northern Dancer 5×5

種付け年度	種付け頭数	血統登録頭数	種付け料
2020年	165頭	—	120／受・FR
2019年	157頭	91頭	100／受・FR
2018年	191頭	116頭	80／受・FR

血統背景

　父ディープインパクトは同馬の項を参照。

　母シルヴァースカヤはフランスのGⅢ、ロワイヨモン賞とミネルヴ賞の勝ち馬。バゴが勝った2004年の凱旋門賞で8着。シルバーステートの半兄にセヴィル（豪GⅠザメトロポリタン）。

　母の半姉デインスカヤはGⅡアスタルテ賞の勝ち馬。その仔シックスセンス（京都記念）はディープインパクトの皐月賞で2着、ダービーで3着。

　母のシルヴァーホークはロベルト系。日本ではグラスワンダーの父として知られる。

代表産駒

　ベルウッドブラボー（ダリア賞）、コムストックロード（新潟2歳S4着）、リトス。

　シルバーステートの評判は、種付け料の推移でもわかる。2018年は80万円、19年は100万円、20年は120万円、21年は150万円と年々アップしている。

関係者コメント

　「現役時は5戦のみですが、福永騎手が能力を高く評価していたこともあって、初年度から190頭以上の繁殖牝馬が集まりました。この戦績の馬としては異例ですね。ディープインパクトの後継としては馬格に恵まれているのも良かったと思います。

　産駒も気性の悪いところはなく、競馬が上手。芝1200から2000Mまで、そして道悪も苦にせず走るなど幅広い条件で結果を出しているのは種馬としてのポテンシャルの高さでしょう。総じて基礎能力が平均より高い印象です。前でも後ろでも競馬ができる、器用な馬が多い。今後は特定の条件でというよりも幅広い活躍を期待したいですね」（優駿スタリオン、21年9月）

代表産駒

ベルウッドブラボー／祖母テンシノキセキは芝1200の重賞を制したスピード母系。母父ヨハネスブルグで急坂も問題ないか注目。東京芝1400のオープン合う。

メリトクラシー／新馬を逃げ切り、函館2歳Sで大敗後に、ノド鳴りの手術。母父はダンジグ系の豪州短距離王者で、休み明けから走れるが、波はあるかも。

シルバーステート産駒完全データ

●最適コース
牡馬／阪神芝2000、新潟芝1400
牝馬／新潟芝1600、函館芝2000

●クラス別成績
新馬	牡馬:0-2-1／11	牝馬:3-2-1／14
末勝利	牡馬:1-0-1／7	牝馬:2-1-0／8
オープン	牡馬:1-0-0／1	牝馬:0-1-0／4

●距離別成績
〜芝1200	牡馬:1-0-0／4	牝馬:2-1-1／12
芝1400	牡馬:1-0-1／2	牝馬:1-1-0／5
〜芝1600	牡馬:0-0-0／4	牝馬:1-0-0／6
芝1800〜	牡馬:0-2-1／9	牝馬:1-2-0／3
ダート	牡馬:0-0-0／0	牝馬:0-0-0／1

●人気別回収率
1人気	単107%・複82%	2-1-0／4
2〜4人気	単97%・複92%	4-4-2／19
5人気以下	単76%・複47%	1-1-1／22

●枠順別連対数
1〜3枠／5回	4〜6枠／5回	7,8枠／3回

勝利へのポイント

芝1400【2-1-1-3】、芝2000【1-1-1-0】

　21年の新種牡馬戦線の目玉としてトップを快走する。8月までに中央競馬で25頭がデビューして6頭が勝利。ベルウッドブラボーは新潟芝1400のダリア賞を先行抜け出し、そこで負かしたコムストックロードは新潟2歳Sで小差の4着。マイラー型かと思いきや、牝馬のロンが函館芝2000で2歳レコード（ただし、初施行の参考記録）。

　芝1200／3勝、芝1400／2勝というデータだけ見ると、スピード型の印象もあるが、血統構成はディープ×ロベルト系×ニジンスキー系でスタミナの血を内包し、ディーマジェスティとも近い。距離が延びて成績の落ち込むタイプではないだろう。芝2000も安定している。短距離で勝っている馬は母父ストームキャット系や母父ダンジグ系が中心で、母系によって幅広い活躍馬が出そうだ。

　6番人気の連対が2つあり、どちらも新馬戦。

シルバーステート SILVER STATE

コパノリッキー
COPANO RICKEY

単勝2万円の穴馬から、
押しも押されもせぬダート王者へ

POINT
- 逃げを武器にGIを11勝した砂の王者!
- 砂の主流血統ゴールドアリュール後継
- 地方競馬の新種牡馬ランキング1位

ゴールドアリュール 栗 1999	*サンデーサイレンス Sunday Silence	Halo
		Wishing Well
	*ニキーヤ Nikiya	Nureyev
		Reluctant Guest（9-h）
コパノニキータ 栗 2001	*ティンバーカントリー Timber Country	Woodman
		Fall Aspen
	ニホンピロローズ	*トニービン
		ウェディングブーケ（1-o）

2010年生　栗毛　初年度登録産駒138頭
2021年種付け料▶受胎確認後150万円（FR）／産駒誕生後200万円

現役時代

　中央と地方交流33戦16勝。主な勝ち鞍、フェブラリーS（連覇）、JBCクラシック（連覇）、帝王賞、マイルChS南部杯（連覇）、東京大賞典などダートGIを11勝。
　初のGI出走は4歳のフェブラリーS。抽選で滑り込み、16頭中の16番人気だったが、田辺裕信が2番手から抜け出してホッコータルマエを破り、単勝2万馬券の大穴。センセーショナルなダート新王者の誕生だった。田辺もこれが初のGIタイトル。
　この年、かしわ記念とJBCクラシックも制して、ハイペースの逃げ先行から粘り込む戦型が確立されてゆく。5歳で武豊に乗り替わり、フェブラリーSとJBCクラシックを連覇。中京のチャンピオンズCは2年連続で人気を裏切るも、ダートの王道ビッグレースを次々にコレクションしていった。
　最後の一戦は、新記録のGIの11勝目がかかった7歳の東京大賞典。5日前に同じヤナガワ牧場生まれのキタサンブラックが、引退戦の有馬記念を勝ったばかりの中、田辺の巧みな手綱で逃げ切り。7枠13番という最初のフェブラリーSと同じ橙色帽子の勝利に、Dr.コパ・オーナーのオレンジの服が映えた。

血統背景

　父ゴールドアリュールはフェブラリーS、東京大賞典などを制したサンデー産駒のダート王者。
　母コパノニキータは中央ダート3勝。半弟コパノチャーリー（阿蘇S）。母の父ティンバーカントリーはプリークネスSの勝ち馬で、父としてアドマイヤドンなどを出した。

代表産駒

　ラブミードール、ブリュットミレジメ。
　8月末までに中央競馬0頭、地方競馬9頭が勝ち上がり。地方ではDr.コパ・オーナー所有のラブミードールが、門別の中央認定競走の新馬勝ち1号になるなど、2021新種牡馬ランキングの1位を走る。

コパノリッキー産駒完全データ

●最適コース
牡馬／札幌ダ1700、小倉ダ1700
牝馬／新潟ダ1200、小倉ダ1000

●クラス別成績

新馬	牡馬：0-0-1／7	牝馬：0-1-1／3
未勝利	牡馬：0-1-0／3	牝馬：0-0-0／2
オープン	牡馬：0-0-0／1	牝馬：0-0-0／1

●距離別成績

～芝1200	牡馬：0-0-0／1	牝馬：0-0-0／1
芝1400	牡馬：0-0-0／0	牝馬：0-0-0／0
～芝1600	牡馬：0-0-0／0	牝馬：0-0-0／0
芝1800～	牡馬：0-0-0／3	牝馬：0-0-0／0
ダート	牡馬：0-1-1／7	牝馬：0-1-1／5

●人気別回収率

1人気	単107%・複82%	0-1-0／1
2～4人気	単0%・複100%	0-0-1／3
5人気以下	単0%・複50%	0-1-1／13

●枠順別連対数
1～3枠／1回　　4～6枠／1回　　7、8枠／0回

勝利へのポイント

ダート1700【0-1-1-1】

　勝ち鞍はまだないが、牡馬はダート1700の2着と3着が1回ずつ。牝馬はダート1200以下の2着と3着が1回ずつある。地方では勝ち馬9頭が短距離中心に計13勝をあげている。現役時代のイメージ通りで良いだろう。ゴールドアリュールの後継は、スマートファルコンとエスポワールシチーが先例の産駒を出しており、そちらも参考に。
　コパノリッキー自身、母系はティンバーカントリー×トニービン×リアルシャダイという重厚なスタミナ血脈なので、持久力の心配はなく、むしろスピード競馬への適応力や、一瞬の反応が課題になりそう。母父サウスヴィグラスやヨハネスブルグなどのスピード母系との相性がいい。
　芝も1800や2000の4着があり、ダート血統と決めつけて無視しないこと。叩かれて上昇するズブい馬が出ている。道悪はダートも芝もプラス。

サトノアラジン
SATONO ALADDIN

末脚一閃の安田記念。
アラジンの次なる願いは……

2011年生　鹿毛　初年度登録産駒77頭
2021年種付け料▷受胎確認後100万円（FR）

POINT
- 6歳で安田記念を差し切ったGIマイラー
- ディープ×ストームキャットの成功配合
- 芝2000の勝ち鞍と菊花賞の善戦もあり

ディープインパクト 鹿 2002	*サンデーサイレンス Sunday Silence	Halo
		Wishing Well
	*ウインドインハーヘア Wind in Her Hair	Alzao
		Burghclere (2-f)
*マジックストーム Magic Storm 黒鹿 1999	ストームキャット Storm Cat	Storm Bird
		Terlingua
	フォピーダンサー Foppy Dancer	Fappiano
		Water Dance (16-h)

Northern Dancer 5×4・5

現役時代

中央26戦8勝、香港3戦0勝。主な勝ち鞍、安田記念、京王杯スプリングC、スワンS。

当歳のセレクトセールで1億3650万円。500キロを超える大型馬で、新潟芝1600の新馬勝ち。ラジオNIKKEI杯2歳Sでワンアンドオンリーの3着、共同通信杯でイスラボニータの3着と、世代上位の能力を示すも、春のクラシックには出走できず。秋は神戸新聞杯4着、菊花賞6着。先行しても後方一気に徹しても、展開がハマらないと勝ち切れない難しさがあった。

マイル路線に転向してからは差し脚が安定し、4歳のエプソムC2着、富士S2着を経て、マイルCSはルメールを背にモーリスの4着に食い込む。

5歳になると川田将雅を主戦に迎え、京王杯SCを上がり32秒台の切れ味で快勝。しかし安田記念は届かず4着。秋もスワンSは差し切るが、マイルCSは1番人気で5着。どうしてもGIになると届かない。

6歳の17年安田記念。ロゴタイプが引っ張るハイペースの後方で末脚をため、直線で炸裂。府中の緑のじゅうたんを上がり33秒5で外から差し切り、ついにアラジンの魔法のランプの願いがかなった。

血統背景

父ディープインパクト×母父ストームキャットはリアルスティール、ダノンキングリー、ラヴズオンリーユーと同じ。
母マジックストームはモンマスオークス（米GIII・ダ9F）の勝ち馬。全姉ラキシスはエリザベス女王杯、大阪杯の勝ち馬。全妹フローレスマジックは福島牝馬S2着。

代表産駒

レディバランタイン、ビップシュプリーム。
「今年もシャトルサイアーとして出国するなど、海外からも高い評価を受けています。父譲りの骨格の良さもさることながら、安田記念の走りに証明されたスピード能力も、産駒が証明してくれるはずです」（社台スタリオン、21年8月）

サトノアラジン産駒完全データ

● 最適コース
- 牡馬／福島芝1800、新潟芝1800
- 牝馬／新潟芝1800、小倉芝1200

● クラス別成績

新馬	牡馬：0-0-0／8	牝馬：1-1-2／9
未勝利	牡馬：0-0-2／5	牝馬：0-0-1／1
オープン	牡馬：0-0-0／0	牝馬：0-0-0／0

● 距離別成績

～芝1200	牡馬：0-0-0／2	牝馬：0-1-2／5
芝1400	牡馬：0-0-0／0	牝馬：0-0-1／1
～芝1600	牡馬：0-0-0／0	牝馬：0-0-0／1
芝1800～	牡馬：0-0-1／8	牝馬：1-0-0／3
ダート	牡馬：0-0-1／1	牝馬：0-0-0／0

● 人気別回収率

1人気	単0％・複0％	0-0-0／0
2～4人気	単106％・複46％	1-0-2／6
5人気以下	単0％・複260％	0-1-3／17

● 枠順別連対数

1～3枠／1回　4～6枠／0回　7,8枠／1回

勝利へのポイント

全成績【1-1-5-16】

8月末までに17頭がデビューして1勝。新潟芝1800の新馬で、レディバランタインが逃げ切りの1勝。あとは札幌芝1200や小倉芝1200、福島芝1800などで2着や3着がちらほら。集計期間後の9月に入り、小倉芝1200でタムロキュラムンが先行差し1着の大穴をあけたほか、ダ1200とダ1800の勝ち馬が登場。ダートは走りそうだ。

現時点で早くも3着の多さが目立つところに、特徴が表れている。上位には来るが伸び切れず、芝向きの切れ味は甘い。芝1800の出走数が最も多く、5着以内が5回。GIマイラーの割には短距離に積極的に使われる感がなく、快速タイプではなさそう。ただし芝1200の結果が悪いわけではなく、人気薄の2、3着が何発かあらじん。短距離の牝馬に注意しつつ、全体ではダ1800や芝2000くらいに合う馬も多いのかも。ワイド向き。

Newcomer #09

ビッグアーサー
BIG ARTHUR

5歳の高松宮記念で初重賞制覇の晩成スプリンター

2011年生　鹿毛　初年度登録産駒110頭
2021年付け料▶受胎確認後100万円 (FR)

POINT
- 短距離王の後を継ぐGIスプリンター！
- 母系はヨーロッパのスタミナ血脈
- スロー先行できるマイル以上にも注目

サクラバクシンオー 鹿 1989	サクラユタカオー	*テスコボーイ
		アンジェリカ
	サクラハゴロモ	*ノーザンテースト
		*クリアアンバー (4-m)
*シヤボナ Siyabona 鹿 2005	*キングマンボ Kingmambo	Mr. Prospector
		Miesque
	レリッシュ Relish	Sadler's Wells
		Reloy (10-e)

Northern Dancer 4×5·4、Special 5·5(母方)

ビッグアーサー産駒完全データ

●**最適コース**
牡馬／新潟芝1600、福島芝1200
牝馬／小倉芝1200、新潟芝1200

●**クラス別成績**
新馬	牡馬:2-1-1／16	牝馬:0-0-0／4
未勝利	牡馬:0-0-1／7	牝馬:0-0-0／1
オープン	牡馬:0-0-0／1	牝馬:0-0-0／0

●**距離別成績**
～芝1200	牡馬:1-1-2／16	牝馬:0-0-0／3
芝1400	牡馬:0-0-0／1	牝馬:0-0-0／1
～芝1600	牡馬:1-0-0／4	牝馬:0-0-0／0
芝1800～	牡馬:0-0-0／0	牝馬:0-0-0／0
ダート	牡馬:0-0-0／3	牝馬:0-0-0／1

●**人気別回収率**
1人気	単0%・複60%	0-0-1／2
2～4人気	単113%・複72%	2-1-1／9
5人気以下	単0%・複0%	0-0-0／18

●**枠順別連対数**
1～3枠／2回　　4～6枠／1回　　7,8枠／0回

勝利へのポイント

芝1600【1-0-0-1】芝1200【1-1-2-15】

　筋骨隆々で売ったサクラバクシンオー後継のスプリンターだけに、2歳の短距離から勝負と思われたが、8月までの勝ち鞍は福島芝1200と新潟芝1600のふたつ。スピード抜群の内容ではなく、20頭デビューして、逃げた馬は1頭だけ。現状、牝馬が不振で、芝1200の4着が最高着順だ。
　むしろ2回しか出走してない芝1600で、トウシンマカオが新馬を完勝したことが特筆される。ビッグアーサー自身の母系はキングマンボ×サドラーズウェルズという欧州のスタミナ型。同じサクラバクシンオーの後継グランプリボスも、産駒がスピード競馬で不振、代表産駒は芝のステイヤーという現状を記しておこう。距離延長に注目。
　ダートは出走4頭が、すべて大敗。地方競馬では3頭が勝ち上がり、走れないことはないだろうが、あまり得意ではなさそう。小回り向き。

現役時代

　中央14戦8勝、香港1戦0勝。主な勝ち鞍、高松宮記念、セントウルS。
　3歳4月の遅いデビュー。2戦目はそこから10ヶ月後。軌道に乗るまで時間はかかったが、芝1200を無傷の5連勝でオープン入り。藤岡康太が主戦だった。
　そこからは重賞の戦い。北九州記念2着、京阪杯2着、阪神C3着など、勝ち切れない成績が続くも、5歳になった16年。高松宮記念で福永祐一に乗り替わると、1番人気に応えて1分6秒7のレコード勝ち。4番手からミッキーアイルを差し切り、アルビアーノを封じて、短距離の王座に就いた。
　5歳秋はセントウルSを逃げ切り、スプリンターズSは単勝1.8倍の大本命に支持される。しかし、1枠1番から抑える競馬をしたところ、内のポジションで自由が利かず、直線でもどん詰まりの12着。福永自身が「最低の騎乗」とミスを認める結果になり、レッドファルクスが勝利した。
　次走の香港スプリントは、ムーアの騎乗で10着。故障明けの翌年、スプリンターズSは果敢な先行策をとったが6着。レッドファルクスの連覇を許した。

血統背景

　父サクラバクシンオーは、93、94年のスプリンターズSを連覇。種牡馬入りした産駒にショウナンカンプ（高松宮記念）、グランプリボス（朝日杯FS）など。近代日本競馬を発展させたテスコボーイ（代表産駒トウショウボーイ）の父系の存続が、本馬に懸かる。
　母シヤボナは英国0勝で、ヌレイエフとサドラーズウェルズの近似3×2を持つ。3代母リロイは米国の芝GIを2勝、ヴェルメイユ賞2着。

代表産駒

　ウインモナーク、トウシンマカオ。8月末までに中央競馬2頭、地方競馬3頭が勝ち上がり。

Newcomer #10 ラニ

LANI

ヘヴンリーロマンスが産んだ、米三冠挑戦のガキ大将

2013年生　芦毛　アメリカ産　初年度登録産駒84頭
2021年種付け料▷受胎確認後50万円（FR）

POINT
**アメリカ三冠に挑んだ白い暴れ馬！
母は天皇賞・秋、兄はJBCクラシック
地方競馬で産駒が多数勝ち上がり！**

タピット Tapit 芦 2001	プルピット Pulpit	A.P. Indy
		Preach
	タップユアヒールズ Tap Your Heels	Unbridled
		Ruby Slippers（3-o）
ヘヴンリーロマンス 鹿 2000	*サンデーサイレンス Sunday Silence	Halo
		Wishing Well
	*ファーストアクト First Act	Sadler's Wells
		Arkadina　（13-c）

Mr. Prospector 4・5（父方）、Northern Dancer 5×4

ラニ産駒完全データ

●最適コース
牡馬／阪神ダ2000、中山ダ1800
牝馬／東京ダ1400、阪神ダ1200

●クラス別成績
新馬	牡馬 0-0-0/1	牝馬 0-0-0/3
未勝利	牡馬 0-0-0/0	牝馬 0-0-0/0
オープン	牡馬 0-0-0/0	牝馬 0-0-0/0

●距離別成績
～芝1200	牡馬 0-0-0/0	牝馬 0-0-0/0
芝1400	牡馬 0-0-0/0	牝馬 0-0-0/0
～芝1600	牡馬 0-0-0/0	牝馬 0-0-0/0
芝1800～	牡馬 0-0-0/0	牝馬 0-0-0/1
ダート	牡馬 0-0-0/0	牝馬 0-0-0/3

●人気別回収率
1人気	単0%・複0%	0-0-0/0
2～4人気	単0%・複0%	0-0-0/0
5人気以下	単0%・複0%	0-0-0/4

●枠順別連対数
1～3枠／0回　　4～6枠／0回　　7、8枠／0回

勝利へのポイント
地方競馬の新種牡馬ランク3位（8月末）

　地方競馬で走る馬が多く、そちらでは27頭デビューして6勝。中央競馬では4頭デビューして0勝。まだ掲示板内もなく、適性は語りにくい。
　気性の激しいエーピーインディ系プルピットのラインだとすれば、パイロが参考になる。突然逃げて穴になったり、内枠苦手で外枠得意な馬がいたり、脚抜きのいいダートで浮上する馬がいたり。現役時代の気性が受け継がれているなら、あまり安定して走るタイプではないだろうから、どこで穴をあけるのかという目で観察したい。
　「心肺機能が高く、どれだけ調教してもへこたれなかった」「骨格がしっかりして元気のいい産駒が出ている」という種牡馬展示会でのコメントがあり、スタミナと丈夫さは持っているようだ。
　芝で走る馬は少数派と思われ、ほぼダート専用の血統。ダ1800中心に、ダ1400もヒモに注意。

現役時代
　中央11戦2勝、アメリカとUAEで6戦1勝。主な勝ち鞍、UAEダービー（GⅡ・ダ1900M）。ベルモントS3着（米GⅠ・ダ12F）。
　2005年の天皇賞・秋を松永幹夫騎手で制した牝馬ヘヴンリーロマンスは引退後、米国で繁殖入り。そこへタピットを種付けして産まれた芦毛馬は、日本に輸入されて松永幹夫厩舎に預けられた。これがラニだ。
　京都ダ1800と東京ダ1600で2勝の後、ドバイのUAEダービーに遠征。このGⅡを制してポイントを獲得し、次走より米国三冠に挑戦。ケンタッキー・ダービー9着、プリークネスS5着、ベルモントS3着（1着はクリエイター）。上々の結果を残しつつ、それ以上に話題を集めたのは現地メディアにクレイジーホースと報じられたヤンチャな所業の数々だった。
　「調教の際に暴れてラチを蹴破った」「カリフォルニアクロームと金網越しに吠え合って勝利した」ほか、馬っ気を出して立ち上がる写真や、ゴジラのように吠える動画がSNSにアップされたりもした。
　帰国後はテンに付いていけず、人気を裏切るレースが多かった。4歳でドバイワールドC8着。

血統背景
　父タピットは同馬の項を参照。
　母ヘヴンリーロマンスは天皇賞・秋、札幌記念、阪神牝馬Sの勝ち馬。秋天の優勝後、鞍上の松永幹夫が馬上から、天皇陛下に敬礼した場面でも有名。
　半兄アウォーディー（JBCクラシック）、半姉アムールブリエ（エンプレス杯）。ダート重賞馬が並ぶ。

代表産駒
　8月末までに中央競馬の勝ち馬なし。地方競馬では6頭が勝ち上がっている。初年度登録産駒84頭。
　中央に入厩する産駒の半数近くは、現役時代と同じノースヒルズ＆前田ファミリーの所有馬。

Newcomer
#11

ロゴタイプ

LOGOTYPE

安馬ながらGI3勝!
お値段以上の大活躍

2010年生　黒鹿毛　初年度登録産駒58頭
2021年種付け料▷受胎確認後80万円 (FR)

POINT
皐月賞と安田記念を制した高速マイラー
サドラー系シングスピールの貴重な父系
洋芝を押し切るオープン馬が登場!

ローエングリン 栗 1999	シングスピール Singspiel	In The Wings
		Glorious Song
	*カーリング Carling	Garde Royale
		Corraleja (4-p)
ステレオタイプ 鹿 2002	*サンデーサイレンス Sunday Silence	Halo
		Wishing Well
	スターバレリーナ	Risen Star
		*ベリアーニ (8-k)

Halo 4×3、Northern Dancer 5×5

ロゴタイプ産駒完全データ

●最適コース
牡馬　中山芝1800、阪神芝2000
牝馬　札幌芝1500、札幌芝1200

●クラス別成績
新馬　　　　牡馬:0-0-1／3　　牝馬:1-0-1／7
未勝利　　　牡馬:0-0-0／1　　牝馬:0-0-0／6
オープン　　牡馬:0-0-0／0　　牝馬:0-0-0／0

●距離別成績
〜芝1200　　牡馬:0-0-1／1　　牝馬:1-0-1／9
芝1400　　　牡馬:0-0-0／0　　牝馬:0-0-0／1
〜芝1600　　牡馬:0-0-0／0　　牝馬:1-0-0／4
芝1800〜　　牡馬:0-0-0／0　　牝馬:0-0-0／0
ダート　　　牡馬:0-0-0／0　　牝馬:0-0-0／0

●人気別回収率
1人気　　　　単0%・複130%　　　0-0-1／1
2〜4人気　　単330%・複70%　　　1-0-0／3
5人気以下　　単220%・複97%　　　1-0-1／14

●枠順別連対数
1〜3枠／0回　　4〜6枠／0回　　7、8枠／2回

現役時代

　中央28戦6勝、UAEと香港2戦0勝。主な勝ち鞍、朝日杯FS、皐月賞、安田記念、スプリングS。
　社台グループオーナーズの募集価格は総額1000万円。父ローエングリンが地味な種牡馬だったこともあり、お手頃価格の安馬だった。田中剛厩舎。
　村田一誠の手綱で函館芝1200の新馬を勝ち上がり。5戦目のベゴニア賞からデムーロに乗り替わると、東京芝1600をレコード勝ち。覚醒の快進撃が始まる。
　12年の朝日杯FS、13年のスプリングS、皐月賞まで、別馬のような4連勝でクラシックを制覇。好位からの抜け出しと、高いスピード性能には安定感があり、皐月賞ではエピファネイアを負かした。
　2番人気のダービーは距離の限界か、キズナの5着に敗退。以降は長く勝ち星から遠ざかるも、6歳の安田記念で単勝3690円の逃げ切りを決めて復活。田辺の思い切った騎乗で3年ぶりのGⅠ勝利を飾った。
　翌年、7歳になった安田記念も前半57秒1のハイペースで逃げてサトノアラジンの2着。父ローエングリンと同じく中山記念とも相性が良く、4歳で3着、5歳で2着、6歳で7着、7歳で3着している。

血統背景

　父ローエングリンは中山記念（2回）、マイラーズC（2回）、宝塚記念3着。ローエングリンもロゴタイプもレコード勝ちを記録した共通点がある。
　母ステレオタイプは園田のダート2勝。
　祖母スターバレリーナは93年ローズS1着、エリザベス女王杯1番人気9着。近親にパドトロワ（キーンランドC、スプリンターズS2着。種牡馬）、グランパドドゥ（中日新聞杯）、アンドゥオール（東海S）。

代表産駒

　ラブリイユアアイズ（クローバー賞）。8月までに中央競馬で1頭、地方競馬で3頭が勝ち上がり。

勝利へのポイント

札幌芝1500のオープン／1勝

　勝ち馬は少ないが、牝馬ラブリイユアアイズは札幌芝1200の新馬と、札幌芝1500のクローバー賞を連勝。オープン勝利を果たした。札幌の洋芝を4角先頭から押し切ったクローバー賞のレースぶりは、ロゴタイプの現役時代を彷彿させた。
　そのほか、芝1200の新馬で3着した馬が2頭。産駒の戦績をながめて気付くのは、上がり35秒台、36秒台の末脚が大部分を占めること。ためて鋭い切れ味を使うタイプではなく、好位や中団からこのくらいの上がりで間に合うかどうか。たぶん東京より中山の芝、阪神外回りより内回りが合う。
　「ロゴタイプ自身は2歳チャンピオンでしたが、決して多いとは言えない初年度産駒から、早々と2歳オープン馬が誕生しています。種付けしやすい価格設定で、来年以降の交配頭数も増えていきそうです」（社台スタリオン、21年8月）

Newcomer #12

ディーマジェスティ DEE MAJESTY

「お利口さんで操縦性が高い」
近年稀にみる最強世代の最強伏兵馬

2013年生 鹿毛 初年度登録産駒45頭
2021年種付け料▷受胎確認後100万円（FR）

POINT
- 皐月賞を後方一気で1分57秒9!
- 牝系は欧州の名血で大物産駒の期待あり
- 短距離も走れるが本領は距離延びてから

ディープインパクト 鹿 2002	*サンデーサイレンス Sunday Silence	Halo
		Wishing Well
	*ウインドインハーヘア Wind in Her Hair	Alzao
		Burghclere (2-f)
エルメスティアラ 鹿 1998	*ブライアンズタイム Brian's Time	Roberto
		Kelley's Day
	*シンコウエルメス Shinko Hermes	Sadler's Wells
		Doff the Derby (4-n)

Hail to Reason 4×4, Northern Dancer 5×4

ディーマジェスティ産駒完全データ

●最適コース
牡馬／福島芝1200、札幌芝1800
牝馬／函館ダ1000、福島芝1200

●クラス別成績
新馬　　牡馬:0-2-1／8　　牝馬:0-1-0／7
未勝利　牡馬:1-0-0／4　　牝馬:1-0-0／3
オープン　牡馬:0-0-0／0　　牝馬:0-0-0／0

●距離別成績
～芝1200　牡馬:1-1-0／7　　牝馬:0-1-0／4
芝1400　　牡馬:0-0-1／2　　牝馬:0-0-0／0
～芝1600　牡馬:0-0-0／0　　牝馬:0-0-0／0
芝1800～　牡馬:0-1-0／3　　牝馬:0-0-0／0
ダート　　牡馬:0-0-0／0　　牝馬:0-0-0／0

●人気別回収率
1人気　　単56%・複83%　　　1-1-0／3
2～4人気　単152%・複195%　　1-2-0／4
5人気以下　単0%・複252%　　　0-0-1／15

●枠順別連対数
1～3枠／2回　　4～6枠／1回　　7,8枠／2回

勝利へのポイント

芝→ダート替わり【1-0-0-0】

デビュー前に破格のタイムを記録する馬が現れて、一部関係者の間で「スクリーンヒーローのブレイク前に似ている」という声も聞かれたほど。現状まだそこまでの活躍は見せていないが、大物が出ても不思議のない血統背景は持っている。

シルバーステートに似たディープ×ロベルト系の配合。現時点ではなぜか1200以下に出走する馬が多く、勝ち鞍は福島芝1200と函館ダ1000。もっと長い距離向きだろうと思いたくなるが、それだけ軽いスピードを見せているのか。ホッカイドウ競馬で評判になったバラオブバーゼイ（母父ダンスインザダーク）もダート短距離で苦戦している。

札幌芝1800の新馬で2着したディープレイヤーは母がトウカイテイオー×カツラギエース。こういう中長距離型の本格派を期待しつつ、ダ1400やダ1800の穴を実戦的に狙っていくのが正解か。

現役時代

中央11戦4勝。主な勝ち鞍、皐月賞、セントライト記念、共同通信杯。日本ダービー3着。

祖母シンコウエルメスの物語から始めよう。イギリスダービー馬ジェネラスの半妹として輸入された同馬は、1戦0勝の後、調教中に骨折。安楽死処分の話が出る中、藤沢和雄調教師の嘆願によって大手術が行われ、命はつなぎとめられた。その20年後、孫にあたる牡馬が大仕事をやってのける。それが二ノ宮敬宇厩舎に預けられたディーマジェスティだ。

15年、デビュー3戦目の東京芝2000で勝ち上がると、共同通信杯を蛯名正義の騎乗で中団から差し切り。

16年皐月賞は、サトノダイヤモンド、リオンディーズ、マカヒキが3強と呼ばれ、本馬は8番人気。当日の中山は強風が吹き荒れ、向こう正面は向かい風のコンディション。速いペースで先行した馬たちが直線で伸びを欠く中、後方14番手から豪快に突き抜けた。蛯名は「すべてうまくいった。お利口さんで操縦性が高い」と、会心の騎乗を振り返った。

ダービーは3着。セントライト記念1着から向かった菊花賞は4着だった。

血統背景

父ディープインパクトは同馬の項を参照。
母エルメスティアラは不出走。祖母の半兄ジェネラス（英ダービー）、祖母の全妹イマジン（英オークス）、近親にタワーオブロンドン（スプリンターズS）、オセアグレイト（ステイヤーズS）。欧州のGI馬がズラリと並ぶ名牝系。

代表産駒

シゲルファンノユメ、ワンエルメス。
8月末までに中央競馬2頭、地方競馬1頭が勝ち上がり。
ホッカイドウ競馬の能力検査でハイレベルのタイムを叩き出す馬が登場するなど、馬産地で評判になった。

ヴァンキッシュラン VANQUISH RUN

夢なかばでケガに泣いた
欧州的ディープの良血馬

2013年生　黒鹿毛　初年度登録産駒9頭
2021年種付け料▷PRIVATE

ディープインパクト 鹿 2002	*サンデーサイレンス Sunday Silence	Halo
		Wishing Well
	*ウインドインハーヘア Wind in Her Hair	Alzao
		Burghclere (2-f)
*リリーオブザヴァレー 鹿 2007	ガリレオ Galileo	Sadler's Wells
		Urban Sea
	ペニゲイル Pennegale	Pennekamp
		Gale Warning (4-r)

Lily of the Valley

Northern Dancer 5×4

現役時代

　中央8戦3勝。主な勝ち鞍、青葉賞。

　母はフランスのGIホース、母父ガリレオというディープ産駒の良血で、当歳のセレクトセールの落札価格は1億9950万円。

　新馬戦は単勝1.4倍の2着。いかにも欧州のスタミナ血統らしく、堅実ながら勝ち切れない。しかし、4戦目で京都芝2000を勝ち上がると、1着降着をはさみ、芝2400のアザレア賞と青葉賞を連勝。実質4連勝で一気にGIIホースとなった。

　青葉賞は残り7Fからペースアップするロングスパート戦を、好位から完勝。レッドエルディストやレーヴァテインを負かす強い内容だった。

　続く16年ダービーは内田博幸の騎乗で6番人気。中団に待機したが伸びず、マカヒキの13着に敗れる。その後、屈腱炎を発症。これが最後のレースになった。

血統背景

　父ディープインパクト×母父ガリレオの組み合わせは、スノーフォール（21英オークス）、サクソンウォリアー（18英2000ギニー）などと同じ。

　母リリーオブザヴァレーはオペラ賞（仏GI・芝2000M）、クロエ賞（仏GIII・芝1800M）など重賞3勝。母の弟ムブタヒージはオーサムアゲインS（米GI・ダ9F）、UAEダービー（GII・ダ1900M）。全妹リリーピュアハートは忘れな草賞3着。

代表産駒

　トーセンヴァンノ（コスモス賞、札幌2歳S3着）。中央競馬では8月までに2頭デビュー、1頭がオープン勝ち。地方競馬でも、盛岡の重賞勝ち馬ギャレット（若鮎賞・芝1600）が出ている。侮れない。産駒のほとんどはトーセンの島川オーナーの自家生産馬。

POINT
- **ディープ×ガリレオの欧州母系!**
- **タフな馬場やスタミナ勝負向き**
- **少ない産駒の中から2歳オープン馬!**

ワンアンドオンリー ONE AND ONLY

息の長い末脚が炸裂
橋口師の悲願を叶えたダービー馬

2011年生　黒鹿毛　初年度登録産駒14頭
2021年種付け料▷受胎確認後50万円（FR）

ハーツクライ 鹿 2001	*サンデーサイレンス Sunday Silence	Halo
		Wishing Well
	アイリッシュダンス	*トニービン
		*ビューパーダンス (6-a)
ヴァーチュ 鹿 2002	*タイキシャトル Taiki Shuttle	Devil's Bag
		*ウェルシュマフィン
	サンタムール	Danzig
		*アンブロジン (A4)

Halo 3×4、Northern Dancer 5×4

現役時代

　中央31戦4勝、UAE2戦0勝。主な勝ち鞍、日本ダービー、神戸新聞杯、ラジオNIKKEI杯2歳S。

　新馬戦は10番人気12着。2歳時はラジオNIKKEI杯を7番人気で制して、6戦2勝。エリートの経歴ではなかったが、距離延びて徐々に台頭した。

　3歳から横山典弘とコンビを組み、弥生賞はトゥザワールドとハナ差の2着。皐月賞は1枠1番が仇となり、最後方からイスラボニータの4着。

　14年ダービー。今度は1枠から内の5番手につけ、直線はイスラボニータと一騎打ち。父ハーツクライ譲りのスタミナと長い末脚を生かして、ダービー馬となった。手掛けた橋口弘次郎調教師はダンスインザダーク、ハーツクライ、リーチザクラウンなどでダービー2着が4度あり、悲願の1着に「泣いてもええんかな」と、報道陣の前でつぶやいた。

　秋は神戸新聞杯を制するも、菊花賞は1番人気で9着。翌年ドバイシーマクラシック3着がある。

血統背景

　父ハーツクライ。2014年はヌーヴォレコルトがオークスを、本馬がダービーを制して「東京芝2400で能力を全開するハーツ産駒」が天下に認知された。

　母ヴァーチュは中央3勝。3代母アンブロジンの仔に、ノーリーズン（02皐月賞）、グレイトジャーニー（04シンザン記念）などのノースヒルズ牝系。

代表産駒

　中央競馬で8月までに3頭デビューして、勝ち馬なし。アトラクティーボが新潟ダ1800で3着。

　地方競馬では高知のダ800の新馬をフィールマイラヴが制して、これが産駒の勝ち上がり1号。

POINT
- **ハーツクライ産駒の日本ダービー馬!**
- **母系に快速タイキシャトルの血**
- **ダートの中距離も走れる血統背景**

トーセンレーヴ　TOSEN REVE

2008年生●サンデーサイレンス系

```
┌ディープインパクト      ┌Caerleon
ビワハイジ              └アグサン
```

33戦8勝／12エプソムC、11プリンシパルS
初年度登録産駒7頭

母ビワハイジは95年の2歳女王で、エアグルーヴを負かしたGIマイラー。半姉にブエナビスタ（桜花賞、オークス、ジャパンCなど）という超良血馬。青葉賞3着、ダービー9着の後、4歳でエプソムCを勝利した。7歳で有馬記念6着もある。トーセンの島川オーナーの自家種牡馬で、産駒はすべてエスティファーム生産。芝の中距離で切れ味を使う。

距離	中長	馬場	芝	性格	堅	成長力	晩

ポアゾンブラック　POISON BLACK

2009年生●ミスタープロスペクター系

```
┌マイネルラヴ          ┌チーフベアハート
サンライトチーフ        └サンライトコール
```

33戦12勝／14エニフS、14マイルChS南部杯2着
初年度登録産駒12頭

園田の兵庫ダービー2着の後、中央入りして阪神ダ1400のエニフS1着、盛岡ダ1600のGI南部杯でベストウォーリアの2着。マイネルラヴ産駒らしく、中山芝1200のオープン特別勝ちもある。2021年の新馬戦が門別で始まるや、初産駒が2着、1着。軽快なスピードと早熟性を発揮している。ダート馬中心だろうが、ローカルの短距離なら芝でも要注意。

距離	短マ	馬場	ダ	性格	普	成長力	早

マスクゾロ　MASK ZORRO

2011年生●ミスタープロスペクター系

```
┌Roman Ruler          ┌Giant's Causeway
Saravati              └Our Dani
```

16戦7勝／16シリウスS
初年度登録産駒7頭

アメリカ生まれの外国産馬で、阪神ダ1800のシリウスSや、中京ダ1800のジュライCなど、ダート中距離を7勝。現役時代の馬体重は530キロ以上を誇った。父ローマンルーラーはハスケル招待H（米GI・9F）を勝ち、産駒は米国のベルモントSや、アルゼンチンのGIを勝利。その父フサイチペガサス（ケンタッキーダービー）からつながるダート父系。

距離	マ中	馬場	ダダ	性格	普	成長力	普

ルックスザットキル　LOOKS THAT KILL

2012年生●ストームキャット系

```
┌Wildcat Heir         ┌Two Punch
Carol's Amore         └Lady Bering
```

23戦9勝／16アフター5スター賞
初年度登録産駒6頭

南関東公営を中心に走り、ダート短距離で9勝。大井重賞のアフター5スター賞（ダ1200）を逃げ切るなど、スピードが武器だった。16年の東京スプリントでコーリンベリーの5着がある。父ワイルドキャットエアは米国のダート6FのGIホース。その父フォレストワイルドキャットの日本での代表産駒にエーシンフォワード（マイルCS）。2歳戦向き。

距離	短マ	馬場	ダ	性格	普	成長力	早

新種牡馬　Newcomer

その他の1行種牡馬

アイファーソング（父ソングオブウインド）	ダ1800の重賞アンタレスS2着。父はエルコンドルパサー産駒の菊花賞馬という貴重父系。
エーシンシャラク（父タイキシャトル）	エイシンヒカリの半兄。芝とダートの1200m中心に活躍。近親スマイルカナ。宮崎で供用。
エーシントップ（父テイルオブザキャット）	京王杯2歳SとNZTを勝って、13年NHKマイルCは1番人気7着。鹿児島で供用。
グレイレジェンド（父トワイニング）	中山ダ1800の1000万特別を勝った程度だが、祖母オグリホワイトはオグリキャップの半妹。
ゴドリー（父ヘニーヒューズ）	エスケンデレヤの半弟で同父系。父が輸入される前の外国産馬で、新潟ダ1800の500万特別を勝利。
サドンストーム（父ストーミングホーム）	京阪杯2着、高松宮記念4着などのスプリンター。半兄ラッキーナインは香港の短距離王。
ジュンツバサ（父ステイゴールド）	15年セントライト記念3着、菊花賞は石橋脩でキタサンブラックの10着。母系はスピード型。
ドリームバレンチノ（父ロージズインメイ）	芝1200重賞を2勝、高松宮記念2着の後、地方ダートGIのJBCスプリントを制覇。
ヒストリカル（父ディープインパクト）	毎日杯を差し切ったほか、中距離芝重賞の2、3着多数。半兄カンパニー。登録産駒は1頭。
ヒラボクディープ（父ディープインパクト）	13年の青葉賞1着、ダービーは穴人気を集めるもキズナの13着。登録産駒は1頭のみ。

31

2022年に産駒がデビューする新種牡馬12頭

サトノクラウン
父／マルジュ

●15年の弥生賞1着、皐月賞6着、ダービー3着。時計のかかる芝が得意で、道悪の京都記念を連覇。香港ヴァーズはモレイラで欧州トップ級のハイランドリールを負かし、5歳で稀重の宝塚記念も制した。父マルジュはラストタイクーン父系、英ダービー2着。全姉ライトニングパールは英GI馬。

| 初年度登録産駒 | 123頭 | 2021年種付け料 | 150万円 |

サトノダイヤモンド
父／ディープインパクト

●当歳セールで2億4150万円。皐月賞3着、ダービー2着、菊花賞1着、有馬記念1着。16年クラシックの中心的な存在だった。4歳の凱旋門賞は15着。母マルペンサはアルゼンチンのGIを3勝の名牝。母父オーペンは仏GIモルニ賞の勝ち馬でダンジグ系。産駒はセールの高額馬が続出している。

| 初年度登録産駒 | 91頭 | 2021年種付け料 | 300万円 |

シャンハイボビー
父／ハーランズホリデイ

●ブラジルやチリで既に多数のGI馬を出して成功、産駒は芝もダートも走っている。現役時代は12年のBCジュヴェナイルなど、米国の2歳重賞を3勝したマイラー。父の日本での代表産駒にアルビアーノ（スワンS）、エスメラルディーナ（関東オークス）。仕上がりの早いストームキャット系。

| 初年度登録産駒 | 66頭 | 2021年種付け料 | 200万円 |

タリスマニック
父／メダーリアドロ

●フランスの中長距離重賞で2、3着を重ね、17年のBCターフ（米GI・芝12F）をデルマー競馬場のレコード勝ち。この時の2着がビーチパトロールだった。父メダーリアドロは米国のサドラー系の名種牡馬。牝系はディープインパクトと同じバーグクレアのファミリー。香港ヴァーズ2着も。

| 初年度登録産駒 | 68頭 | 2021年種付け料 | 180万円 |

デクラレーションオブウォー
父／ウォーフロント

●代表産駒に仏2000ギニーのオルメド、豪メルボルンCのバウアンドデクレアなど、種牡馬実績は豊富。1年リース供用だったザファクターに続く、軽種馬協会繁養のウォーフロント産駒。現役時代は英国の8Fと10.3Fの芝GIに勝ち、BCクラシック3着。日本の産駒にデュードヴァン（青竜S）。

| 初年度登録産駒 | 88頭 | 2021年種付け料 | 230万円 |

ビーチパトロール
父／レモンドロップキッド

●セクレタリアトS、アーリントンミリオンSなど、米国の芝10Fと12FのGIを3勝。父レモンドロップキッドは1999年のベルモントSを勝った、米国におけるキングマンボの代表産駒。ただし、日本で走ったレモンドロップキッド産駒はほとんどダートのマイルから中距離馬。芝適性に注目。

| 初年度登録産駒 | 87頭 | 2021年種付け料 | 80万円 |

ファインニードル
父／アドマイヤムーン

●18年の高松宮記念とスプリンターズSを制覇。同年に短距離GIをふたつ勝ったのはロードカナロア以来だった。ほかにセントウルS連覇など芝1200重賞を5勝。アドマイヤムーン後継としてダーレー・ジャパンが力を注ぎ、ゴドルフィンの良血牝馬にも種付けされている。母父はミルリーフの系統。

| 初年度登録産駒 | 63頭 | 2021年種付け料 | 250万円 |

ベストウォーリア
父／マジェスティックウォリアー

●14、15年のマイルChS南部杯（交流GI盛岡ダ1600）を連覇。プロキオンSも連覇した砂のマイラー。フェブラリーSでゴールドドリームの2着など、GIの2着も4回ある。本馬の活躍が父マジェスティックウォリアー導入の契機になった。最初の2シーズンの種付け数は計300頭を超える人気。

| 初年度登録産駒 | 92頭 | 2021年種付け料 | 30万円 |

マインドユアビスケッツ
父／ポッセ

●近年、短距離およびダート向きの種牡馬導入に精力的な社台スタリオンのパワー型スプリンター。ダ1200のドバイゴールデンシャヒーン連覇のほか、BCスプリントでドレフォンの2着など。父ポッセも母父トセットも、クロフネと同じデピュティミニスターの父系。産駒が芝も走れるかに注目。

| 初年度登録産駒 | 102頭 | 2021年種付け料 | 200万円 |

ミッキーロケット
父／キングカメハメハ

●16年の神戸新聞杯2着、菊花賞5着。勝ち馬はサトノダイヤモンド。4歳で日経新春杯を制し、その後は古馬王道路線の脇役の存在だったが、5歳の宝塚記念でワーザーの追撃を抑えて優勝。鞍上の和田竜二は17年ぶりのGI勝利だった。母は英GIナッソーSの3着。5代母の全姉にトリリオン。

| 初年度登録産駒 | 64頭 | 2021年種付け料 | 50万円 |

リアルスティール
父／ディープインパクト

●3代母は名牝ミエスク。祖母はキングマンボの全妹。全妹ラヴズオンリーユーはオークス馬。血統表にひとつの傷もない、掛け値なしの良血ディープインパクト産駒。15年の皐月賞2着、ダービー4着、菊花賞2着の後、芝1800の16年ドバイターフをムーア騎乗の優勝で箔をつけた。毎日王冠1着も。

| 初年度登録産駒 | 110頭 | 2021年種付け料 | 250万円 |

レッドファルクス
父／スウェプトオーヴァーボード

●16、17年のスプリンターズSをデムーロの騎乗で連覇。ほかに高松宮記念3着、安田記念3着、京王杯SC1着など。父の父は早世したエンドスウィープで、同じ父系の種牡馬にアドマイヤムーン、サウスヴィグラス、パドトロワなど。軽快なスピードを伝えるライン。母の全姉にスティンガー。

| 初年度登録産駒 | 80頭 | 2021年種付け料 | 80万円 |

トップ種牡馬
25頭

2020 RANK
1
ディープインパクト
DEEP IMPACT

種牡馬ランク　2020年度／第1位　2019年度／第1位　2018年度／第1位

空飛ぶ七冠馬。サンデーを超えた!?

2002年生　鹿毛　2019年死亡

現役時代

　中央、仏で14戦12勝。重賞勝ちは順に、弥生賞、皐月賞、ダービー、神戸新聞杯、菊花賞、阪神大賞典、天皇賞・春、宝塚記念、ジャパンC、有馬記念。

　新馬は4馬身、若駒Sは5馬身。武豊が軽く手綱を動かすと、ぐっと馬体を沈み込ませ、4コーナー手前から馬群の外を流れるように進出。またたく間に他馬を置いてけぼりにしてしまう。のちに「空を飛んでいるみたい」と形容された、そのバネの利いた軽やかな走りと身のこなしは、たちまち耳目を集めた。

　皐月賞はスタートで体勢を崩しながらひとまくり、シックスセンスに2馬身半。ダービーは後方15番手から上がり33秒4で、インティライミに5馬身。ゴール後はスタンド前ですましてポーズをとってみせた。無事に夏を越した菊花賞も、上がり33秒3でアドマイヤジャパンに2馬身。前に馬を置いて我慢させる菊花賞前の調教など、陣営の労は逐一伝えられたが、まるでハラハラしない無敗の三冠達成。三冠の単勝配当は順に、130円、110円、100円。菊花賞の元返しは大事件だ。

　古馬相手の有馬記念も軽く突破すると見られたが、先行策に出たハーツクライをとらえることができず、2着敗退。小回りの中山はギア全開が難しいのか。

　4歳になると一段と安定感を増し、春の天皇賞はリンカーンに3馬身半、宝塚記念はナリタセンチュリーに4馬身。そして渡仏、06年凱旋門賞に挑む。日本から多数のツアーが組まれ、大応援団が駆けつけるなか、ディープインパクトと武豊はいつもと違う先行策に出る。欧州の馬場を意識したと思われる積極勝負だったが、ゴール前で伸びず、レイルリンクの3着入線。後日、禁止薬物が検出され、失格処分となった。大騒動になるも、真相はうやむやのまま。帰国後、ジャパンカップと有馬記念を危なげなく連勝。霧は晴れたか。

POINT

- 欧州でも名馬登場、世界を圧する瞬発力!
- 「前走1着」は大舞台でも波乱の目に
- 1番人気が不振な距離は芝1400と芝2200

血統背景

父サンデーサイレンス。ディープインパクトの誕生日は父と同じ3月25日。ディープ誕生の02年に急逝したという、神秘的な巡り合わせもある。

母ウインドインハーヘアは英オークス2着の後、妊娠した状態でアラルポカル（独GI・芝2400M）に優勝。全兄ブラックタイド（スプリングS）、近親レイデオロ（ダービー）、ゴルトブリッツ（帝王賞）。

祖母バーグクレアの孫にウインクリューガー（NHKマイルC）。3代母ハイクレアはエリザベス女王の持ち馬で英1000ギニー、仏オークス優勝。一族にナシュワン、ネイエフ、ミルフォードなど名馬多数。

母父アルザオはイタリアGIIIエリントン賞勝ち。種牡馬として主に英・愛のGIホースを多数輩出。

代表産駒

コントレイル（20三冠）、ジェンティルドンナ（12・13ジャパンC）、ショウナンパンドラ（15ジャパンC）、フィエールマン（19・20天皇賞・春）、ディープブリランテ（12ダービー）、キズナ（13ダービー）、ロジャーバローズ（19ダービー）、サトノダイヤモンド（16菊花賞）、シンハライト（16オークス）。

産駒解説

ジェンティルドンナ、サトノダイヤモンド、ミッキーアイルは母父ダンジグ系。キズナ、ラキシス、サトノアラジン、リアルスティールは母父ストームキャット。跳びのしなやかなディープが、これらのスピード母系と配合されると、反応の速さと機動力を得て、大舞台に強さを発揮する馬が生まれる。

関係者コメント

「日本で誕生したスノーフォールが欧州GIの3連勝を果たし、凱旋門賞でも本命視されています。未だにセリ市場でも中心的な存在となっており、今年のセレクトセール1歳セッションでも数少ない産駒たちが注目を集めていました。

それだけに当歳以降の産駒たちがいなくなるのは、ただただ寂しいです。先日の7月30日の命日にもたく

*サンデーサイレンス Sunday Silence 青鹿 1986	ヘイロー Halo	Hail to Reason
		Cosmah
	ウィッシングウェル Wishing Well	Understanding
		Mountain Flower (3-e)
*ウインドインハーヘア Wind in Her Hair 鹿 1991	アルザオ Alzao	Lyphard
		Lady Rebecca
	バーグクレア Burghclere	Busted
		Highclere (2-f)

種付け年度	種付け頭数	血統登録頭数	種付け料
2020年	—	—	—
2019年	24頭	6頭	4000／Private
2018年	206頭	109頭	4000／Private

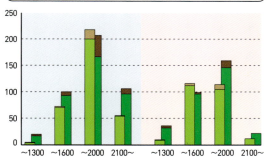

産駒距離別芝／ダート別勝ち鞍グラフ

さんのお花をいただきました。いずれはファンの方もお参りに来られるような場所を作りたいと考えています」（社台スタリオン、21年8月）

特注馬

マジックキャッスル／阪神で行われるエリザベス女王杯は、母父ロベルト系の本馬にチャンス。

カレンブーケドール／天皇賞・秋は割引き。中距離のスピード戦はとまどいそう。コントレイルを買いたい。

ポタジェ／母系はパワー型で、高速の東京より、内回りに向くタイプと見る。阪神や中山の芝2000に合う。

コントラチェック／「今なら中山以外でも買えるのでは?」と欲を出さず、中山のターコイズSで狙い。

ディープインパクト産駒完全データ

競馬場別成績

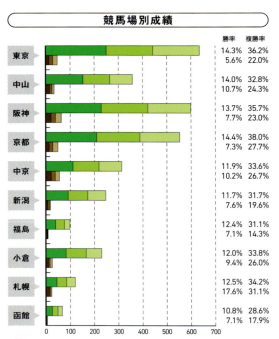

競馬場	勝率	複勝率
東京	14.3% / 5.6%	36.2% / 22.0%
中山	14.0% / 10.7%	32.8% / 24.3%
阪神	13.7% / 7.7%	35.7% / 23.0%
京都	14.4% / 7.3%	38.0% / 27.7%
中京	11.9% / 10.2%	33.6% / 26.7%
新潟	11.7% / 7.6%	31.7% / 19.6%
福島	12.4% / 7.1%	31.1% / 14.3%
小倉	12.0% / 9.4%	33.8% / 26.0%
札幌	12.5% / 17.6%	34.2% / 31.1%
函館	10.8% / 7.1%	28.6% / 17.9%

🐎 勝率ダウンは函館、福島、新潟の芝

勝利数上位コース

順位	コース	着度数
1位	東京芝1600	80-50-55／495
2位	阪神芝1800外	73-51-52／427
3位	東京芝1800	71-47-52／449
4位	阪神芝1600外	57-52-52／476
5位	京都芝1800外	54-47-38／335

🐎 直線の長い東京と阪神外回りを勝つ

距離別成績

	距離	着度数	複勝率
芝	～1200	62-65-45／682	25.2%
芝	1400	81-75-72／769	29.6%
芝	～1600	290-233-230／2164	34.8%
芝	～1800	340-242-234／2132	38.3%
芝	2000	277-263-219／2094	36.2%
芝	～2400	150-126-107／1046	36.6%
芝	2500～	34-40-34／377	28.6%
ダ	～1300	9-9-9／148	18.2%
ダ	～1600	16-28-29／307	23.8%
ダ	～1900	78-48-64／763	24.9%
ダ	2000～	14-13-10／139	26.6%

🐎 牡馬の芝1800、芝2000、芝2400は高率

コース特徴別勝ち鞍グラフ

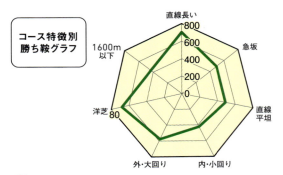

🐎 瞬発を活かせる舞台なら安泰

得意重賞ベスト3

阪神牝馬S	5-3-2／23
ダービー	5-2-2／28
弥生賞	5-1-0／11

不得意重賞ワースト3

中山金杯	0-0-0／8
シルクロードS	0-0-0／7
アーリントンC	0-0-0／5

🐎 阪神外回りの牝馬重賞は断然

馬場状態別成績

	状態	着度数	複勝率
芝	良	986-838-744／7235	35.5%
芝	稍重	153-141-130／1302	32.6%
芝	重	78-49-58／569	32.5%
芝	不良	17-16-9／158	26.6%
ダ	良	79-49-61／841	22.5%
ダ	稍重	20-26-20／258	25.6%
ダ	重	11-9-19／153	25.5%
ダ	不良	7-14-12／105	31.4%

🐎 芝の良馬場ベストも道悪は悪くない

1番人気距離別成績

	距離	着度数	複勝率
芝	～1200	23-16-5／85	51.8%
芝	1400	33-23-13／120	57.5%
芝	～1600	149-64-47／388	67.0%
芝	～1800	167-86-57／462	67.1%
芝	2000	140-82-63／427	66.7%
芝	～2400	72-36-19／194	65.5%
芝	2500～	18-10-2／45	66.7%
ダ	～1300	0-0-0／3	0.0%
ダ	～1600	8-7-6／32	65.6%
ダ	～1900	20-9-9／70	54.3%
ダ	2000～	5-3-0／15	53.3%

🐎 人気馬ダウンは芝1200、1400、2200

DEEP IMPACT

血統別騎手ベスト5（3番人気以内）

	騎手	着度数	勝率	複勝率
1位	C.ルメール	148-108-69／533	27.8%	61.0%
2位	川田将雅	134-68-49／381	35.2%	65.9%
3位	M.デムーロ	95-50-35／327	29.1%	55.0%
4位	福永祐一	84-56-47／310	27.1%	60.3%
5位	武豊	58-47-30／252	23.0%	53.6%

🐎 勝率ダントツは川田、特にGⅡとGⅢ

クラス別成績

	芝 着度数	勝率	ダ 着度数	勝率
新馬	153-86-72-284	25.7%	1-1-3-8	7.7%
未勝利	293-245-168-1106	16.2%	45-24-27-220	14.2%
1勝	332-291-286-1801	12.3%	46-48-50-433	8.0%
2勝	169-170-160-1014	11.2%	17-20-24-241	5.6%
3勝	89-78-80-524	11.5%	7-3-7-73	7.8%
OPEN(非L)	27-15-19-177	11.3%	0-2-1-30	0.0%
OPEN(L)	18-20-19-119	10.2%	0-0-0-9	0.0%
GⅢ	64-62-55-412	10.8%	0-0-0-10	0.0%
GⅡ	53-45-45-267	12.9%	0-0-0-2	0.0%
GⅠ	36-32-37-341	8.1%	1-0-0-4	20.0%

🐎 芝の新馬は驚異の勝率26パーセント

条件別勝利割合

穴率	14.3%	平坦芝率	39.8%
芝道悪率	20.1%	晩成率	47.3%
ダ道悪率	32.5%	芝広いコース率	57.1%

🐎 芝広いコース率と晩成率が高い

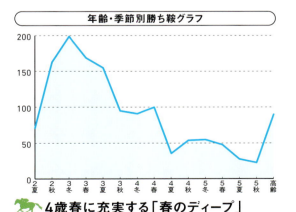

🐎 4歳春に充実する「春のディープ」

※「春」＝4、5、6月。「夏」＝7、8、9月。
「秋」＝10、11、12月。「冬」＝1、2、3月。高齢＝6歳以上。

血統別騎手ベスト5（4番人気以下）

	騎手	着度数	勝率	複勝率
1位	浜中俊	14-12-21／153	9.2%	30.7%
2位	北村友一	13-18-19／166	7.8%	30.1%
3位	福永祐一	13-17-18／213	6.1%	22.5%
4位	吉田隼人	11-2-8／99	11.1%	21.2%
5位	和田竜二	10-11-12／144	6.9%	22.9%

🐎 浜中が小倉と阪神で穴を連発

勝利へのポイント

中9週以上の重賞、生産者別の複勝率
ノーザンファーム／41%、それ以外／28%

21年前半のGⅠは伏兵がよく走った。ダービーのシャフリヤールと大阪杯のレイパパレは4人気、安田記念のダノンキングリーは8人気、ヴィクトリアマイル2着のランブリングアレーは10人気。「前走1着なのに人気がない馬」は狙い目だ。

▶**長い直線コースで好調馬を買え**

近走着順のいい好調馬を買うのがセオリー。しばらく不振の実績馬より、上昇馬を評価すること。重賞勝ちが多いのは、東京と阪神の外回り。直線の短い福島、函館は低調だ。以前は中山も苦手な部類だったが、馬場傾向の変化により、外枠の差し馬がよく届く。中山重賞は8枠の馬が特注。

▶**母父で得意コースを見抜け**

母系によっても適性は判断できる。母父ストームキャット系は東京重賞に強く、19年のダービーとオークスの連対4頭中3頭がこれ。母父エーピーインディ系は阪神と中山に強く、京都重賞は苦手。母父サドラー系は一瞬のエンジンのかかりが遅いため、高速芝で不振の一方、長い脚を使え、道悪や英国の芝に強い。スノーフォール（母父サドラー系）が東京芝2400で強いのか、見たい。

目安として、母系がスピード型なら加速が速く、内枠や短い直線も平気。母系がスタミナ型なら加速に助走が必要で、差し馬は外枠が好成績。

▶**ゆったりローテーション得意**

得意ローテも重要。休み明けから走る馬、叩き2戦目に変わる馬など、ツボを見つければおいしい馬券になる。レース間隔をゆったり取るノーザンファーム・ローテに向き、間隔を詰めるローテは反動が出やすい。4歳春に再充実の傾向あり。

▶**ダートの人気馬なら条件戦の1800**

ダートで人気馬が比較的安定しているのは中山、新潟、中京の1800。1、2番人気の勝率が2割に満たないのは阪神、東京、福島のダート。今さらダ1200の人気馬に手を出すのは避けるべき。

ロードカナロア
LORD KANALOA

種牡馬ランク　2020年度／第2位　2019年度／第3位　2018年度／第7位

香港スプリントを2年連続で圧勝！ キンカメ産駒の最強スプリンター

2008年生　鹿毛　2021年種付け料▷受胎確認後1500万円（FR）

現役時代

　国内17戦11勝、香港2戦2勝。主な勝ち鞍、スプリンターズS（2回）、高松宮記念、安田記念、香港スプリント（2回）、阪急杯、京阪杯、シルクロードS。

　数多くの名スプリンターを育てた安田隆行調教師の下で、早くから芝1200に絞って使われた。3歳から明け4歳まで、京阪杯、シルクロードSなど5連勝。高松宮記念は同厩舎のカレンチャンの3着に敗れて連勝ストップするも、夏に立て直しをはかり、鞍上も福永祐一から岩田康誠に乗り替わり。

　12年スプリンターズSは大外枠を引き、いつもより後ろの位置からのレースを強いられたが、カレンチャンを差して1分6秒7のレコード。岩田のトントン乗りが決まり、短距離界のトップに立つ。

　次のターゲットは香港スプリント、沙田競馬場の芝1200。海を司る神にちなんだ馬名から、地元新聞に「龍王」と表記されたロードカナロアは楽々と抜け出し、並み居る香港の強豪を制圧した。

　5歳になると完成期を迎え、もはや敵なし。高松宮記念は単勝1.3倍でレコード勝ち。マイル挑戦の安田記念も、中団の外から差し切って二階級制覇。直線で外にヨレて、2着ショウナンマイティが不利を受ける結果に批判もあったが、再び5連勝。

　セントウルS2着をはさみ、スプリンターズSを単勝1.3倍で勝利。ハクサンムーンを捕まえ、サクラバクシンオー以来の連覇を飾る。

　さらに圧巻だったのが、ラストランの香港スプリント。危なげなく抜け出すと、直線は差が開くばかり。ストライドごとに他馬が置いていかれ、ゴールでは5馬身の差が付いていた。このとき本馬にちぎられた馬たちが、翌年、世界各国の短距離GIを次々に制覇したというオマケも記しておこう。

POINT

 2歳から勝ちまくる優等生マイラー！
 高速馬場は大歓迎のレコード血統
内枠、軽ハンデ、休養明けの大駆け！

血統背景

父キングカメハメハは04年の日本ダービー馬。後継種牡馬に本馬のほか、ルーラーシップ、ベルシャザール、ドゥラメンテ、リオンディーズなど多数。

母レディブラッサムは中央5勝（芝3勝、ダ2勝）。半兄ロードバリオスは六甲Sの勝ち馬。

祖母サラトガデューはベルダムS（米GI・ダ9F）、ガゼルH（米GI・ダ9F）の勝ち馬。

六代母サムシングロイヤルはセクレタリアトやサーゲイロードの母。本馬の母はセクレタリアト＝シリアンシーの全きょうだいクロス3×4を持つ。

代表産駒

アーモンドアイ（18・20ジャパンC、19・20天皇賞・秋、19ドバイターフ、18牝馬三冠）、ステルヴィオ（18マイルCS）、サートゥルナーリア（19皐月賞）、ダノンスマッシュ（20香港スプリント、21高松宮記念）、ダイアトニック（19スワンS）、ファンタジスト（18京王杯2歳S）。

産駒解説

GI勝ちの3頭はそれぞれ、母系3代目にヌレイエフ、フェアリーキング、サドラーズウェルズと、スペシャル牝系の種牡馬を持つのが共通点。

また、獲得賞金上位の中で母系にサンデーサイレンスを持たない馬を探すと、ダノンスマッシュ、アンヴァル、イベリス、エイシンデネブと、芝1200の得意な馬ばかり並ぶのは興味深い。

関係者コメント

「アーモンドアイなどの活躍もあって、産駒はバラエティに富んでいる印象も受けますが、やはり、スプリント戦における適性の高さは明らかです。種付け料がアップしたことも関係して、近年ではより配合が吟味されてきた。世代を問わずに産駒の層も厚く、次代のチャンピオンサイアーに最も近い存在とも言えるでしょう。牧場でも存在感だけでなく、立ち振る舞いなどを含めて、年を重ねるごとに王様化してきました。

2400Mになると距離不安説が出ますが、カナロア

キングカメハメハ 鹿 2001	キングマンボ Kingmambo	Mr. Prospector
		Miesque
	*マンファス Manfath	*ラストタイクーン
		Pilot Bird (22-d)
レディブラッサム 鹿 1996	ストームキャット Storm Cat	Storm Bird
		Terlingua
	*サラトガデュー Saratoga Dew	Cormorant
		Super Luna (2-s)

Northern Dancer 5・5×4

種付け年度	種付け頭数	血統登録頭数	種付け料
2020年	181頭	—	2000／受・FR
2019年	250頭	182頭	1500／受・FR
2018年	307頭	216頭	800／不受返・FR

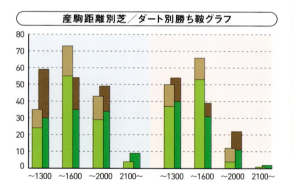
産駒距離別芝／ダート別勝ち鞍グラフ

産駒はどんな距離でも"ため"が利いて、ラストの600Mだけ全力で走るような競馬ができる。追走にエネルギーを使わず、消耗しないから距離をこなせるんです」（社台スタリオン、21年8月）

特注馬

フォーテ／ハイペースを粘るダート馬。関東遠征はさっぱりで、関東戻りの阪神や中京のダートがいい。

レッドルゼル／重賞連覇の多い父だから根岸Sを待つ。地方の深いダートは合わない可能性もあり要観察。

ゴールドギア／後方から外しか回せない馬。東京のAコース特注。昨年と同じ、頭数少なめの田辺騎乗で。

ロードカナロア産駒完全データ

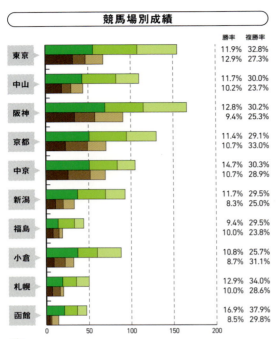

競馬場別成績

競馬場	勝率	複勝率
東京	11.9%	32.8%
	12.9%	27.3%
中山	11.7%	30.0%
	10.2%	23.7%
阪神	12.8%	30.2%
	9.4%	25.3%
京都	11.4%	29.1%
	10.7%	33.0%
中京	14.7%	30.3%
	10.7%	28.9%
新潟	11.7%	29.5%
	8.3%	25.0%
福島	9.4%	29.5%
	10.0%	23.8%
小倉	10.8%	25.7%
	8.7%	31.1%
札幌	12.9%	34.0%
	10.0%	28.6%
函館	16.9%	37.9%
	8.5%	29.8%

🐎 勝率トップ3は函館、中京、札幌の芝

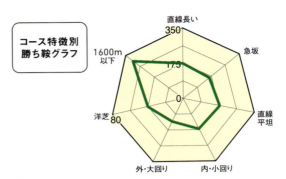

コース特徴別勝ち鞍グラフ

🐎 小回りのマイル以下で無類の強さ

得意重賞ベスト3

シンザン記念	2-0-0／6
セントウルS	1-1-1／5
京王杯SC	1-1-2／7

不得意重賞ワースト3

今のところなし

🐎 同一重賞の連覇や連続連対が多い

勝利数上位コース

	コース	着度数
1位	小倉芝1200	28-17-19／233
2位	東京芝1400	23-18-15／153
3位	阪神芝1600外	21-12-16／182
4位	東京芝1600	18-17-16／177
5位	阪神芝1400	18-7-18／139

🐎 芝1200から芝1600はどこも勝ち星量産

馬場状態別成績

		着度数	複勝率
芝	良	293-240-215／2463	30.4%
	稍重	79-50-37／514	32.3%
	重	21-25-15／227	26.9%
	不良	6-5-2／54	24.1%
ダ	良	99-78-92／968	27.8%
	稍重	30-35-28／349	26.6%
	重	31-18-17／217	30.4%
	不良	13-11-10／150	22.7%

🐎 芝の稍重、ダートの重は成績優秀

距離別成績

		着度数	複勝率
芝	～1200	131-94-81／943	32.4%
	1400	71-50-51／578	29.8%
	～1600	103-86-72／873	29.9%
	～1800	40-47-29／447	26.0%
	2000	38-35-28／321	31.5%
	～2400	12-6-5／72	31.9%
	2500～	4-2-3／24	37.5%
ダ	～1300	67-64-59／603	31.5%
	～1600	58-36-44／500	27.6%
	～1900	48-42-41／554	23.6%
	2000～	0-0-3／27	11.1%

🐎 芝2200以上の高率にも注目

1番人気距離別成績

		着度数	複勝率
芝	～1200	53-32-23／168	64.3%
	1400	28-13-11／92	56.5%
	～1600	39-21-22／134	61.2%
	～1800	18-13-3／58	58.6%
	2000	16-8-4／43	65.1%
	～2400	7-3-0／15	66.7%
	2500～	1-0-1／3	66.7%
ダ	～1300	25-18-10／68	77.9%
	～1600	17-10-7／56	60.7%
	～1900	18-10-9／58	63.8%
	2000～	0-0-0／3	0.0%

🐎 ダート1300以下の1番人気は盤石

ロードカナロア　LORD KANALOA

LORD KANALOA

血統別騎手ベスト5（3番人気以内）

	騎手	着度数	勝率	複勝率
1位	C.ルメール	53-32-15／153	34.6%	65.4%
2位	北村友一	34-17-20／110	30.9%	64.5%
3位	川田将雅	27-24-12／111	24.3%	56.8%
4位	福永祐一	24-7-7／75	32.0%	50.7%
5位	松山弘平	23-9-6／76	30.3%	50.0%

🐎 ルメールの重賞と新馬は逆らうな

血統別騎手ベスト5（4番人気以下）

	騎手	着度数	勝率	複勝率
1位	池添謙一	11-2-2／60	18.3%	25.0%
2位	三浦皇成	8-8-4／83	9.6%	24.1%
3位	北村友一	6-4-7／60	10.0%	28.3%
4位	斎藤新	6-3-3／46	13.0%	26.1%
5位	藤岡康太	5-5-13／72	6.9%	31.9%

🐎 池添の単勝回収率なんと500％超え

クラス別成績

	芝 着度数	勝率	ダ 着度数	勝率
新馬	59-51-34-307	13.1%	9-5-5-46	13.8%
未勝利	111-111-90-731	10.6%	73-69-71-575	9.3%
1勝	91-65-61-571	11.5%	54-37-39-372	10.8%
2勝	54-37-41-200	16.3%	22-22-22-127	11.4%
3勝	28-13-19-151	13.3%	9-4-5-58	11.8%
OPEN（非L）	9-9-2-49	13.0%	4-3-4-22	12.1%
OPEN（L）	9-9-7-54	11.4%	1-0-1-10	8.3%
GⅢ	18-12-5-100	12.9%	1-2-0-9	8.3%
GⅡ	9-8-7-58	11.0%	0-0-0-1	0.0%
GⅠ	12-5-3-49	17.4%	0-0-0-2	0.0%

🐎 芝もダートも「2勝クラス」効率良し

勝利へのポイント

芝重賞の勝率、1枠／23％、8枠／6％
重賞40勝中、前走6着から9着／6勝

アーモンドアイ引退後、マイラー種牡馬の色が濃くなった印象。芝1200と芝1600の「産駒のどれかが来る感」が強力だ。複数の産駒から選択するヒントは、芝1200なら内枠を優先。芝1600なら距離短縮馬を優先。ただし、基本は距離問わぬ万能型。芝とダートどっちも走る兼用型もいる。

▶**穴は軽ハンデや内枠、休養明け！**
軽快なスピードと、機敏に馬群を突ける操縦性を持ち、好位差しの走りは安定感が高い。以前は「前走着順のいい馬を素直に買うべき」「重賞で来るのも前走4着以内が大部分」と書いたが、最近は掲示板の外から巻き返す重賞の穴も多い。軽ハンデの一変や、内枠替わり、短期リフレッシュ後の休み明けの鉄砲駆けをマークしたい。

▶**着差は接戦でも昇級緒戦から走る理由**
4連勝でキーンランドC勝利のレイハリアや、CBC賞レコード勝ちのファストフォースなど、「下のクラスの勝ち方がこれでは、昇級して苦しいだろう」と思われた馬が、タイムも内容もアップグレードしながら、クラスの壁を突破して上昇する。キンカメ産駒も強さを感じさせないまま連勝する馬がいるが、そのスプリンター版だ。無駄のない走りができるため、見た目は接戦でも、内容は余力十分なことがある。勢いに乗ろう。

▶**牡馬の芝2200以上は馬券妙味あり**
牝馬は芝1800以上になると、2、3着が増える。直線平坦コースで成績アップし、距離短縮も狙い目。牡馬は芝2200以上の回収率が高いから、距離延長が嫌われていたら買い。道悪もこなす。
芝の重賞は1枠を筆頭に内枠が優秀。外枠は1着が減るので、2、3着のヒモにしたい。タイムの速い勝負は大歓迎で、レコード決着に強い。ダートはレッドゼルの根岸S1着、ミッキーワイルドのプロキオンS2着など。激走が多いのはダ1400とダ1200。休み明け2戦目の穴が目立つ。

条件別勝利割合

穴率	19.0%	平坦芝率	45.0%
芝道悪率	26.8%	晩成率	42.6%
ダ道悪率	42.8%	芝広いコース率	44.0%

🐎 芝の道悪率は高め、不良もOK

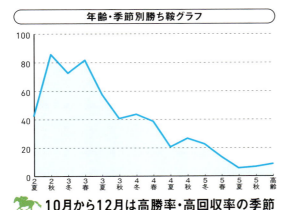

年齢・季節別勝ち鞍グラフ

🐎 10月から12月は高勝率・高回収率の季節

※「春」＝4、5、6月。「夏」＝7、8、9月。
「秋」＝10、11、12月。「冬」＝1、2、3月。高齢＝6歳以上。

2020 RANK
3
ハーツクライ
HEART'S CRY

種牡馬ランク　2020年度／第3位　2019年度／第2位　2018年度／第3位

有馬＆ドバイSC優勝。ディープに土をつけた唯一の日本調教馬

2001年生　鹿毛　2021年引退

現役時代

国内17戦4勝、海外2戦1勝。主な勝ち鞍、有馬記念、ドバイシーマクラシック（GI・2400M）、京都新聞杯。ダービー2着、宝塚記念2着、JC2着。

新馬、若葉Sを勝ち、皐月賞14着の後、京都新聞杯を差し切り。ダービーは後方17番手から外を鋭く伸びたが、前にはキングカメハメハがいた。後方一気しかできないため、自分でレースをつくれない弱点が付きまとう。菊花賞では1番人気に祭り上げられるも7着。その後も追い込んで届かずを繰り返し、宝塚記念でスイープトウショウの2着などが精一杯だった。

05年秋、ルメールと新コンビを組み、新境地を切り開く。ジャパンCでは内を突き、ラスト100Mでウィジャボードを弾き飛ばしながら、隙間をこじ開けて猛追。アルカセットと並んでゴール。ハナ差の2着で大魚は逸するも、タイムはレコードを上回る2分22秒1。

続く有馬記念はディープインパクト一色のムード。脚質から中山不向きと見なされ、単勝17.1倍の伏兵扱いも、スタート後、多くの者が評価の不当に気付く。3番手をすいすいと先行する新生ハーツクライがそこにいた。直線でコスモバルクを捕まえ、先頭に立つ。ディープも大外から伸びるが、いつもの迫力はない。無敗馬の勝利を信じて疑わぬファンに、現実の厳しさを教えるかのように完勝。中山にため息が満ちた。

5歳になると海外へ。ドバイシーマCでは意表を突く逃げの手に出てスローに持ち込み、軽く追っただけの楽勝。同じ橋口厩舎のユートピアもゴドルフィンマイルを制して、ドバイはジャパン・デーに。さらに英国の最強馬決定戦キングジョージ6世&QESでも、凱旋門賞馬ハリケーンラン、ドバイワールドC馬エレクトロキューショニストと、壮絶な名勝負を演じて3着。世界クラスの実力を示した。

POINT

- マイルで鍛えて中長距離で覚醒!
- 広い東京や阪神の持久戦で本領発揮
- 近年は小回りの人気馬も安定感あり

血統背景

父サンデーサイレンス×母父トニービン。

母アイリッシュダンスは95年の新潟記念、新潟大賞典の勝ち馬。全兄アグネスシラヌイ(6勝)。半妹の仔にオメガハートランド(フラワーC)、オメガハートロック(フェアリーS)。

3代母マイブッパーズの一族にノンコノユメ(フェブラリーS)、ミッキーアイル(マイルCS。種牡馬)、ラッキーライラック(阪神JF)、アエロリット(NHKマイルC)、ダイヤモンドビコー(ローズS)、ステラマドリッド(エイコーンS)など。

代表産駒

ジャスタウェイ(14ドバイDF)、リスグラシュー(19コックスプレイト、19有馬記念)、シュヴァルグラン(17ジャパンC)、ワンアンドオンリー(14ダービー)、ヌーヴォレコルト(14オークス)、タイムフライヤー(17ホープフルS)、サリオス(19朝日杯FS)、アドマイヤラクティ(14コーフィールドC)。

産駒解説

サリオスの祖母の父は99年ジャパンCにも出走したタイガーヒル。「祖母の父ダンジグ系」は、ワンアンドオンリー、ヌーヴォレコルト、マイスタイル、ロジクライとも共通する成功パターンだ。

軽いスピードタイプの牝馬と相性が良く、代表産駒の母は現役時代に短距離やマイルで活躍した馬が多い。母父ネイティヴダンサー系のほか、母系にボールドルーラーを持つ馬も合う。

関係者コメント

「長きにわたって活躍してくれましたが、今年のセレクトセールの前に種牡馬引退を発表しました。生産者の皆さんからも、惜しいという声をいただいています。背中や腰の筋力に衰えは見えていますが、馬自身は非常に元気です。現在は余生を過ごせるような厩舎で管理されており、悠々自適に生活しています」

距離適性が長めなので、当初は良くなるまで時間のかかる産駒が多かった。でも、マイラータイプの母に

*サンデーサイレンス Sunday Silence 青鹿 1986	ヘイロー Halo	Hail to Reason
		Cosmah
	ウィッシングウェル Wishing Well	Understanding
		Mountain Flower (3-e)
アイリッシュダンス 鹿 1990	*トニービン Tony Bin	*カンパラ
		Severn Bridge
	*ビューパーダンス Buper Dance	Lyphard
		My Bupers (6-a)

種付け年度	種付け頭数	血統登録頭数	種付け料
2020年	71頭	―	1000／受・FR
2019年	180頭	130頭	800／受・FR
2018年	174頭	112頭	800／不受返・FR

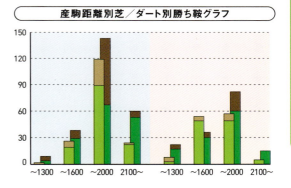

産駒距離別芝／ダート別勝ち鞍グラフ

付けても距離は持つとわかり、クラシックに間に合う馬が増えました。ハーツの仔は脚長で、背中も長めに出る傾向がありますが、体形的にコロっとした牝馬に付けると、背中が伸びすぎない子供が生まれるんです」(社台スタリオン、21年8月)

特注馬

ヴィクティファルス／コテコテの欧州ステイヤー配合。ダイヤモンドSから阪神大賞典へ行って欲しい。

シュリ／馬番5番以内は5戦5勝。きっちりレース間隔あけて内枠ひくと強い。ローテ詰めると良くない。

ロードゴラッソ／21年は外枠と距離不足で凡走続きも、元々2000以上の上がり37秒台で走る馬。復活警戒。

ハーツクライ産駒完全データ

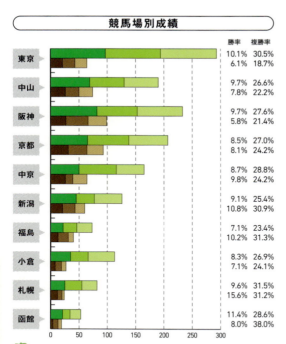

競馬場別成績

	勝率	複勝率
東京	10.1% / 6.1%	30.5% / 18.7%
中山	9.7% / 7.8%	26.6% / 22.2%
阪神	9.7% / 5.8%	27.6% / 21.4%
京都	8.5% / 8.1%	27.0% / 24.2%
中京	8.7% / 9.8%	28.8% / 24.2%
新潟	9.1% / 10.8%	25.4% / 30.9%
福島	7.1% / 10.2%	23.4% / 31.3%
小倉	8.3% / 7.1%	26.9% / 24.1%
札幌	9.6% / 15.6%	31.5% / 31.2%
函館	11.4% / 8.0%	28.6% / 38.0%

芝の複勝率1位は東京、最下位は福島

勝利数上位コース

		着度数
1位	東京芝1800	25-22-26／252
2位	中山芝2000	25-20-20／228
3位	京都芝2000	22-15-13／172
4位	中京芝2000	21-27-19／238
5位	阪神芝2000	21-21-16／197

ランク外では新潟芝1600が高勝率

距離別成績

		着度数	複勝率
芝	～1200	24-32-34／383	23.5%
	1400	33-39-37／370	29.5%
	～1600	94-80-97／969	27.4%
	～1800	113-99-112／1170	27.7%
	2000	152-151-137／1586	27.7%
	～2400	67-71-69／715	29.0%
	2500～	28-26-40／338	27.8%
ダ	～1300	17-23-22／280	22.1%
	～1600	27-34-38／474	20.9%
	～1900	130-124-106／1366	26.4%
	2000～	15-18-10／227	18.9%

ダート1700は穴場。札幌と函館に注目

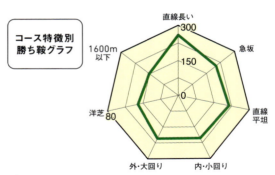

コース特徴別勝ち鞍グラフ

外回り向きか、小回り向きかを見極める

得意重賞ベスト3

ダイヤモンドS	4-2-2／16
アルゼンチン共和国杯	3-2-0／18
ジャパンC	2-0-2／10

不得意重賞ワースト3

皐月賞	0-1-0／15
愛知杯	0-1-0／13
菊花賞	0-1-0／13

東京芝1600と東京芝2400で重賞計13勝

馬場状態別成績

		着度数	複勝率
芝	良	384-402-413／4312	27.8%
	稍重	90-67-76／814	28.6%
	重	28-22-30／302	26.5%
	不良	9-7-7／103	22.3%
ダ	良	117-122-101／1408	24.1%
	稍重	42-43-39／537	23.1%
	重	19-26-19／241	26.6%
	不良	11-8-17／161	22.4%

500キロ以上の大型馬は重不良で不振

1番人気距離別成績

		着度数	複勝率
芝	～1200	8-9-7／43	55.8%
	1400	11-7-4／29	75.9%
	～1600	35-15-14／101	63.4%
	～1800	47-24-14／133	64.4%
	2000	63-43-22／185	69.2%
	～2400	23-13-10／72	63.9%
	2500～	7-2-7／24	66.7%
ダ	～1300	4-6-3／19	68.4%
	～1600	1-4-7／23	52.2%
	～1900	51-31-18／145	69.0%
	2000～	3-5-0／20	40.0%

芝1400と芝2000の1番人気が優秀

HEART'S CRY

血統別騎手ベスト5（3番人気以内）			
	騎手	着度数	勝率	複勝率
1位	C.ルメール	60-43-30-90／223	26.9%	59.6%
2位	川田将雅	36-23-12-52／123	29.3%	57.7%
3位	武豊	21-18-17-42／98	21.4%	57.1%
4位	M.デムーロ	19-22-21-44／106	17.9%	58.5%
5位	戸崎圭太	19-17-15-48／99	19.2%	51.5%

🐎 **ルメールに乗り替わりの下級条件は買い**

血統別騎手ベスト5（4番人気以下）			
	騎手	着度数	勝率	複勝率
1位	田辺裕信	7-12-6-87／112	6.3%	22.3%
2位	松山弘平	7-10-11-108／136	5.1%	20.6%
3位	岩田康誠	7-7-11-96／121	5.8%	20.7%
4位	池添謙一	7-5-7-75／94	7.4%	20.2%
5位	浜中俊	6-9-1-53／69	8.7%	23.2%

🐎 **東の田辺、西の松山で波乱**

クラス別成績				
	芝 着度数	勝率	ダ 着度数	勝率
新馬	52-61-54-305	11.0%	4-4-2-36	8.7%
未勝利	147-130-137-1065	9.9%	72-82-68-607	8.7%
1勝	144-145-158-1044	9.7%	68-68-62-622	8.3%
2勝	80-71-81-622	9.4%	29-31-38-323	6.9%
3勝	33-32-45-369	6.9%	8-8-3-105	6.5%
OPEN(非L)	12-12-6-96	9.5%	5-2-0-57	7.8%
OPEN(L)	8-1-7-55	11.3%	0-3-2-6	0.0%
GⅢ	17-17-16-165	7.9%	3-1-1-22	11.1%
GⅡ	10-19-11-160	5.0%	0-0-0-2	0.0%
GⅠ	8-10-11-115	5.6%	0-0-0-3	0.0%

🐎 **ダートは3勝クラスが壁になる馬も**

条件別勝利割合		
穴率	18.4%	平坦芝率	41.8%
芝道悪率	24.8%	晩成率	49.3%
ダ道悪率	37.9%	芝広いコース率	50.6%

🐎 **長い直線で能力全開の芝広いコース率**

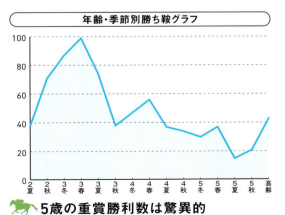

年齢・季節別勝ち鞍グラフ

🐎 **5歳の重賞勝利数は驚異的**

※「春」＝4、5、6月。「夏」＝7、8、9月。
「秋」＝10、11、12月。「冬」＝1、2、3月。高齢＝6歳以上。

勝利へのポイント

21年1月〜6月の重賞4勝はすべて中山
重賞の牝馬、芝1600／13連対、芝2400／0連対

リスグラシューやジャスタウェイの覚醒に代表される、強くなるととことん強くなる振り幅と成長力が長所。20年が最後の種付けになった。

▶**2歳から王道を行くマイラー増加**

以前は「GⅠ勝ちが全部東京」というトニービン譲りの特徴で知られ、広いコース向きの、反応の鈍い中長距離馬が多かった。が、弱点を補う配合が浸透して、俊敏な馬が増え、安定マイラーも急増。素質馬は2歳から王道路線を歩む。21年前半は中山金杯、京成杯など重賞4勝すべて中山！と、小回りでズブかった姿はもはやない。

▶**小回りOKか、広いコース向きか**

とはいえ、本質はスタミナ豊富でエンジンの掛かりが遅い持久型。ダンジグやストームキャットなどのスピード母系のサポートがないと、勝負どころでもたついたり、スローの上がり勝負にモロかったり、逆に前半が速いと末脚をなくしたり。

小回りや内伸び馬場を苦にしないタイプか、長い直線で加速がつくタイプかを見分けたい。脚を余さず乗るのが難しいため、外国人騎手が乗った時しか好走できない馬もよくいる。騎手に注目。

▶**長距離重賞で真価を発揮**

ステイヤーとして開花すると、ダイヤモンドS、春の天皇賞、ジャパンCなどで活躍。菊花賞は不振でも、古馬の春天なら連対例は多数。ジャスタウェイやリスグラシューも若い時期はマイルを走っていたが、最後は芝2400や2500で強かった。

牝馬の全体傾向、重賞勝ちは芝1600が中心。芝2000重賞は2着どまり、芝2400重賞は連対なし。

▶**ローカルダートは先行馬をチョイス**

ダートもオープン馬が出て、勝ち鞍の7割はダ1800とダ1700。ローカルの小回りではタイムフライヤーのような差し馬がアテにならず、スワーヴァラミスのような先行型が好調だ。芝の重不良は大型馬の成績が下降。良は大型馬ほど好成績。

2020 RANK 4
オルフェーヴル
ORFEVRE

種牡馬ランク　2020年度／第4位　2019年度／第9位　2018年度／第13位

凱旋門賞制覇にあと一歩と迫ったステイ×マックイーンの三冠馬

2008年生　栗毛　2021年種付け料▷受胎確認後350万円 (FR)

現役時代

　国内17戦10勝、フランスで4戦2勝。主な勝ち鞍、皐月賞、ダービー、菊花賞、有馬記念（2回）、宝塚記念、スプリングS、神戸新聞杯、大阪杯、フォワ賞（2回）。凱旋門賞2着（2回）、ジャパンC2着。

　新馬勝ちの後、池添謙一を振り落とす気の悪さを見せ、京王杯2歳Sも鞍上とケンカして大敗。しばらく折り合い優先の時期が続き、スプリングSで2勝目をあげる。2011年3月の東日本大震災の影響で、皐月賞は東京開催。後方一気の型を磨いてきたオルフェーヴルにとって、長い直線は追い風となる。狭い隙間を突き抜けて1着。馬体を沈み込ませながら加速する迫力は、名馬誕生を予感させた。

　ダービーは不良馬場のなか、他馬と接触する場面もあったが、ウインバリアシオンを突き放して優勝。夏を越えると操縦性が高まり、菊花賞を圧勝して三冠達成。有馬記念でも古馬を一蹴して6連勝。

　ところが、4歳の阪神大賞典でやらかす。逸走して一旦止まりかけ、再びレースに復帰するも2着。天皇賞・春もリズムに乗れないまま11着に惨敗。

　フォワ賞1着をステップに向かった12年凱旋門賞。直線、またたく間に外から先頭に立つ。ほぼ優勝を手にしたかと思われたが、内へ斜行し、スミヨン騎手が追いづらくなったところへ地元の牝馬ソレミアが強襲。栄冠寸前でクビ差の負けをくらう。

　翌年もフォワ賞1着から同じローテを組んだが、重い馬場に伸びが見られず、トレヴに離された2着。池江師は「去年は凱旋門賞の扉を寸前で閉められたが、今年は扉に手をかけることもできなかった」と完敗を認めた。引退戦の5歳有馬記念は、2着に8馬身差の独走劇場。大震災の年の三冠馬は、波乱万丈の競走生活を、盤石の安心感で締めくくった。

POINT

- 長距離ベストも1400以下の活躍見逃せず
- 繊細なメンタル。若駒の1番人気は不安定
- 気性成長の古馬はためて差して大仕事！

血統背景

父ステイゴールドは同馬の項を参照。

母オリエンタルアートは中央3勝。全兄ドリームジャーニー（宝塚記念、有馬記念、朝日杯FS）、全弟リヤンドファミュ（若駒S）。ノーザンテースト4×3のクロスを持つ。

母父メジロマックイーンは91年、92年の天皇賞・春連覇、90年菊花賞優勝の名ステイヤー。

本馬の誕生にあたっては、当初は母にディープインパクトが交配されるも不受胎が続き、ステイゴールドに変更されたというエピソードがある。

ステイゴールド 黒鹿 1994	*サンデーサイレンス Sunday Silence	Halo
		Wishing Well
	ゴールデンサッシュ	ディクタス
		ダイナサッシュ (1-t)
オリエンタルアート 栗 1997	メジロマックイーン	メジロティターン
		メジロオーロラ
	エレクトロアート	*ノーザンテースト
		*グランマスティーヴンス (8-c)

ノーザンテースト 4×3

代表産駒

エポカドーロ（18皐月賞）、ラッキーライラック（20大阪杯）、サラス（マーメイドS）、オーソリティ（20AR共和国杯）、ジャスティン（20東京盃）、オセアグレイト（20ステイヤーズS）、ラーゴム（18きさらぎ賞）。

種付け年度	種付け頭数	血統登録頭数	種付け料
2020年	165頭	—	300／受・FR
2019年	52頭	32頭	400／受・FR
2018年	136頭	79頭	500／不受返・FR

産駒解説

エポカドーロとラッキーライラックとバイオスパークは、母父フォーティナイナー系が共通。エポカドーロとサラスは、母系にシアトルスルーを持つのが共通。米国のスピード母系との配合馬が、先行力を活かしてクラシックでも活躍した。

母父シンボリクリスエスとの配合では、オーソリティやエスポワールら持久力のあるタイプが出る。

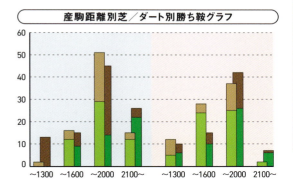

産駒距離別芝／ダート別勝ち鞍グラフ

関係者コメント

「自身が得意とした芝の中長距離だけでなく、ダートでの活躍も目立つようになってきました。父を彷彿とさせる元気さに加えて、古馬になっても息の長い活躍を続ける丈夫さは、馬産地でも高い評価を受けています。配合的にもストームキャットやフレンチデピュティなどとのニックスが分かってきて、父の良さがより産駒に反映されてくるようになりました。今後は重賞級の大物が続々と出てくると思います。

以前は、デビュー前の調教で動いて1番人気になったのに来ないという例もたびたびありましたが、長めの距離でじっくり走れれば元気にマクってくるし、夏に連勝して秋のGIの伏兵と呼ばれる馬も出る。精神的に我が強く、気に入らないと走る気をなくしたり、馬込みを嫌がったりするので、若いうちから管理すると良くないようです」（社台スタリオン、21年8月）

特注馬

ソーヴァリアント／マジックキャッスルの半弟。重賞級は間違いない。兄姉は2400以上の良績ないが、さて。
オーソリティ／道中が緩む長距離は強いが、GIになると緩まずに凡走という成績。ダイヤモンドS待ち。
ジャスティン／昨年版「外枠が先手取りやすい」はカペラSでハマった。21年は内枠で敗戦続きも外枠なら。

オルフェーヴル産駒完全データ

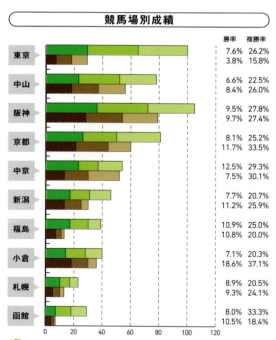

東京のダートはなぜか成績大幅ダウン

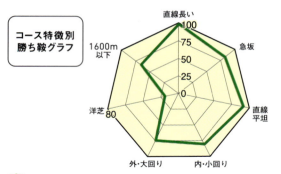

条件に囚われず、各馬の適性を掴むのが大切

得意重賞ベスト3

エリザベス女王杯	2-0-0／3
きさらぎ賞	1-1-0／4
ステイヤーズS	1-1-0／3

不得意重賞ワースト3

菊花賞	0-0-0／5
フラワーC	0-0-0／4
福島牝馬S	0-0-0／3

牝馬は芝1400〜2200、牡馬は芝1800以上

馬場状態別成績

		着度数	複勝率
芝	良	148-136-152／1776	24.5%
	稍重	34-32-25／379	24.0%
	重	14-23-13／167	29.9%
	不良	6-7-5／63	28.6%
ダ	良	74-82-57／811	26.3%
	稍重	39-33-25／318	30.5%
	重	11-7-17／166	21.1%
	不良	10-9-11／113	26.5%

芝の重・不良は複勝率5％の上昇

勝利数上位コース

1位	阪神ダ1800	20-19-11／149
2位	小倉ダ1700	12-8-5／70
3位	新潟ダ1800	10-9-4／85
4位	中京芝1400	10-2-2／27
5位	中山ダ1800	9-12-17／149

中京芝1400は勝率37％、複勝率52％！

距離別成績

		着度数	複勝率
芝	〜1200	11-10-15／218	16.5%
	1400	20-12-12／171	25.7%
	〜1600	35-35-35／470	22.3%
	〜1800	44-54-41／546	25.5%
	2000	50-59-57／641	25.9%
	〜2400	29-21-25／235	31.9%
	2500〜	13-7-10／104	28.8%
ダ	〜1300	26-21-20／236	28.4%
	〜1600	19-19-18／281	19.9%
	〜1900	80-81-64／789	28.5%
	2000〜	9-10-8／102	26.5%

芝2200以上で高率、3000以上はトップ級

1番人気距離別成績

		着度数	複勝率
芝	〜1200	2-2-1／11	45.5%
	1400	6-1-2／15	60.0%
	〜1600	14-8-7／54	53.7%
	〜1800	21-12-5／56	67.9%
	2000	19-13-12／65	67.7%
	〜2400	14-8-3／32	78.1%
	2500〜	6-3-1／12	83.3%
ダ	〜1300	7-3-4／21	66.7%
	〜1600	7-9-0／28	57.1%
	〜1900	30-21-12／104	60.6%
	2000〜	1-0-1／5	40.0%

芝2500以上の1番人気【6-3-1-2】

ORFEVRE

血統別騎手ベスト5（3番人気以内）

	騎手	着度数	勝率	複勝率
1位	C.ルメール	20-19-7-34／80	25.0%	57.5%
2位	川田将雅	17-9-10-22／58	29.3%	62.1%
3位	M.デムーロ	12-8-7-14／41	29.3%	65.9%
4位	福永祐一	12-7-7-18／44	27.3%	59.1%
5位	戸崎圭太	11-10-5-24／50	22.0%	52.0%

🐎 **ルメールの芝長距離、川田のダ中距離**

血統別騎手ベスト5（4番人気以下）

	騎手	着度数	勝率	複勝率
1位	藤田菜七子	4-4-2-38／48	8.3%	20.8%
2位	石川裕紀人	4-2-3-39／48	8.3%	18.8%
3位	岩田望来	3-4-5-28／40	7.5%	30.0%
4位	西村淳也	3-4-3-27／37	8.1%	27.0%
5位	和田竜二	3-3-4-55／65	4.6%	15.4%

🐎 **藤田菜七子が福島と新潟で激走**

クラス別成績

	芝 着度数	勝率	ダ 着度数	勝率
新馬	25-23-36-288	6.7%	3-3-5-48	5.1%
未勝利	70-94-81-861	6.3%	65-70-53-470	9.9%
1勝	51-35-30-321	11.7%	44-28-31-360	9.5%
2勝	24-21-25-131	11.9%	12-21-13-104	8.0%
3勝	12-4-12-42	17.1%	6-8-5-31	12.0%
OPEN（非L）	3-2-0-10	20.0%	3-1-0-10	21.4%
OPEN（L）	1-3-2-19	4.0%	0-0-2-4	0.0%
GⅢ	6-8-4-50	8.8%	1-0-1-5	14.3%
GⅡ	5-6-3-36	10.0%	0-0-0-0	—
GⅠ	5-2-2-33	11.9%	0-0-0-1	0.0%

🐎 **「3勝クラス」は芝もダも異例の高率**

条件別勝利割合

穴率	22.3%	平坦芝率	45.0%
芝道悪率	26.7%	晩成率	38.7%
ダ道悪率	44.8%	芝広いコース率	48.5%

🐎 **芝道悪率、ダート道悪率ともに高め**

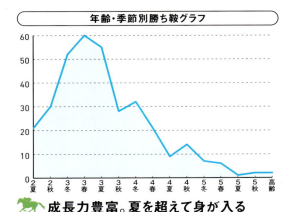

🐎 **成長力豊富。夏を超えて身が入る**

※「春」＝4、5、6月。「夏」＝7、8、9月。
「秋」＝10、11、12月。「冬」＝1、2、3月。高齢＝6歳以上。

勝利へのポイント

中京芝1400【10-2-2-13】
東京ダ1600の1番人気【0-0-0-7】

アル共和国杯→ステイヤーズS→ダイヤモンドSと続く、秋冬の長距離路線は持ち場だ。その合間にダ1200のカペラSも勝ったりするところが、いかにもオルフェーヴル。折り合いに課題がなければ無尽蔵のスタミナを誇る一方、制御が難しく、1400以下の短距離をぶっ飛ばして走力の高さを活かす馬もいる。どんな条件が揃えば能力を出せるのか、出せないのか、そっちを考えたい。

▶**新馬と重賞の1番人気は慎重に**
1年目から皐月賞1着、桜花賞2着。春のクラシックを賑わせた一方、新馬や重賞の1番人気があっけなく沈む例が多発。デリケートな気性、幼さからくる集中力のなさが、取捨を難しくさせる。

評判馬に2歳から飛びつくのは危険だが、気分を損ねずに走れるなら潜在能力は高い。ラッキーライラックが古馬になって適性距離を拡げたのも代表モデル。気性が成長した古馬は、ためて差す競馬が安定感アップ。外しか回せない差し馬は少頭数が合い、馬群を壁にしたほうが折り合える馬は内枠が合う。スローからロングスパートの得意な馬と、ワンペース向きの馬の見分けも大事だ。

▶**3勝クラスの昇級馬を狙え！**
成長力を馬券に活かすツボとして「3勝クラス」が特注。3歳11月から4歳の時期に、下から上がってきた馬がこのクラスですぐ馬券になる。芝ダートを問わず、3勝クラスの昇級馬を狙え。

▶**東京ダートの人気馬は不振**
芝の勝率が高いのは中京、福島、阪神。開催時期も関係あるだろうが、ローカルは全般に得意。

驚異の成績を残す中京芝1400や、1番人気が全敗している東京ダ1600など、理屈がわからない"特異コース"もちらほら。芝の重不良は得意。

ダ1800では止まるのに、ダ1700は走る馬がいるから、ローカルはこれも注意。芝→ダ替わりや、中1週〜中3週の詰まったローテも穴を生む。

キングカメハメハ
KING KAMEHAMEHA

種牡馬ランク　2020年度／第5位　2019年度／第6位　2018年度／第2位

変則二冠を連続レコードで制覇。現代競馬の申し子

2001年生　鹿毛　2019年死亡

現役時代

　中央8戦7勝。主な勝ち鞍、日本ダービー、NHKマイルC、神戸新聞杯、毎日杯。

　"マツクニ・ローテ"と呼ばれる変則ローテーションがある。NHKマイルCからダービーへ。「頂点に立つ馬は2400Mでも1600Mでも結果を残さなければならない」という信念のもと、01年にはクロフネが、02年にはタニノギムレットがこの難関に挑んだ。しかし、どちらも両GIをぶっこ抜くまではいかず、松田国英調教師の描いた理想の絵図は未完のままだった。

　ギムレットの2年後、キングカメハメハが現れる。新馬、エリカ賞を連勝するも、京成杯ではズブさを出して3着。この敗戦が松田国師に決断をさせる。「中山は合わない。皐月賞は回避する」。重馬場のすみれSと毎日杯を先行策で連勝。1戦ごとに反応速度が速くなり、馬が変わっていく。牙を研ぎ、時を待った。

　2004年NHKマイルC。強かった。強すぎた。小雨混じりのなか、安藤勝己が安全策で外を回ったにもかかわらず、1分32秒5の超絶レース・レコード。2歳王者コスモサンビームに5馬身差をつける圧勝だった。

　反動が心配された中2週のダービーも独壇場となる。地方競馬の期待を一身に背負うコスモバルクや、皐月賞馬ダイワメジャーがハイペースを掛かり気味に追いかけるなか、中団で待機し、4角で早くも前をつかまえに行く。最後方から強襲したハーツクライを封じて、2分23秒3のダービー・レコード。危なげなく変則二冠を達成し、松田国師の悲願成就。カメハメハ大王の玉座着任により、ついに理想の絵図は完成を見た。

　秋は天皇賞へ進む予定が発表されたが、神戸新聞杯を制した後に屈腱炎が判明。3歳秋の頓挫はクロフネやタニノギムレットと同じ道であり、革命に伴う代償までは克服できなかった。

POINT
- 操縦性の良さでGⅠ奪取！ 叩き2戦目特注
- 内枠を利して上がり2ハロン勝負を制す！
- ダート王や短距離王など母系の良さを引き出す

血統背景

父キングマンボは名牝ミエスクの仔で、仏2000ギニーなど英仏のマイルGⅠを3勝。代表産駒にエルコンドルパサー（ジャパンC、NHKマイルC）、アルカセット（ジャパンC）、キングズベスト（英2000ギニー。エイシンフラッシュとワークフォースの父）、スターキングマン（東京大賞典）、レモンドロップキッド（ベルモントS）など。

母マンファスは英国0勝。半兄ザデピュティ（サンタアニタ・ダービー）、半妹レースパイロット（フローラS2着）。5代母Aimeeはアグネスデジタルの4代母で、ブラッシンググルームの祖母。母系にはブレイクニーやミルリーフなど重厚なスタミナの血を持つ。

代表産駒

ドゥラメンテ（15ダービー）、レイデオロ（17ダービー）、ロードカナロア（13香港スプリント）、ローズキングダム（10ジャパンC）、ラブリーデイ（15天皇賞・秋）、アパパネ（10牝馬三冠）、レッツゴードンキ（桜花賞）、チュウワウィザード（20チャンピオンズC）、ホッコータルマエ（13・14東京大賞典）、リオンディーズ（15朝日杯FS）。

産駒解説

近年は母の父としてGⅠを制圧する。ワグネリアン、ブラストワンピース、インディチャンプ、そしてデアリングタクトにソダシ。父ディープインパクトや父エピファネイアと、キンカメ牝馬の相性が良い。

父としても、牝馬三冠のアパパネ、牡馬二冠のドゥラメンテのほか、各部門のチャンピオンを輩出。短距離王者のロードカナロア、中距離王者のラブリーデイ、ダート王者のホッコータルマエ、2歳王者のローズキングダムなど、母系の良さを引き出す名種牡馬だ。

関係者コメント

「骨格や運動能力にも長けていたからこそ、これほどの産駒成績を残せたのでしょう。勤勉で頑張り屋だった気持ちも産駒たちに受け継がれています。

繁殖牝馬によって長距離をこなしたり、短距離馬に出たり、ダート馬に出たり、万能性ではディープインパクトもかなわない。後継種牡馬も増え、ドゥラメンテ以外にも、ホッコータルマエの仔はタルマエらしく、ラブリーデイの仔はラブリーデイらしく、あらゆるタイプに広がっています」（社台スタリオン、21年8月）

キングマンボ Kingmambo 鹿 1990	ミスタープロスペクター Mr. Prospector	Raise a Native
		Gold Digger
	ミエスク Miesque	Nureyev
		Pasadoble (20)
*マンファス Manfath 黒鹿 1991	*ラストタイクーン Last Tycoon	*トライマイベスト
		Mill Princess
	パイロットバード Pilot Bird	Blakeney
		The Dancer (22-d)

Northern Dancer 4×4

種付け年度	種付け頭数	血統登録頭数	種付け料
2020年	ー	ー	ー
2019年	ー	ー	ー
2018年	122頭	75頭	1200／Private

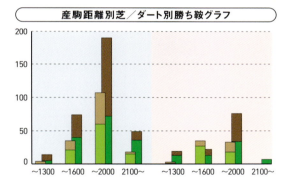
産駒距離別芝／ダート別勝ち鞍グラフ

特注馬

ヴァイスメテオール／芝の稍重と不良で3戦3勝。中山金杯はピッタリに思えるが、もっと志は高いか。

ヒートオンビート／スローの長距離、一桁馬番がいい。叩いた後の、冬の芝2200重賞に合いそう。

ハヤヤッコ／展開次第の差し馬になってきた。もともとは中山と新潟のダートで、上がりかかると走る馬。

キングカメハメハ産駒完全データ

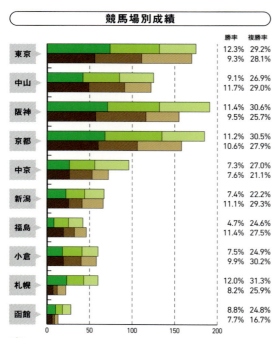

競馬場別成績

競馬場	勝率	複勝率
東京	12.3% / 9.3%	29.2% / 28.1%
中山	9.1% / 11.7%	26.9% / 29.0%
阪神	11.4% / 9.5%	30.6% / 25.7%
京都	11.2% / 10.6%	30.5% / 27.9%
中京	7.3% / 7.6%	27.0% / 21.1%
新潟	7.4% / 11.1%	22.2% / 29.3%
福島	4.7% / 11.4%	24.6% / 27.5%
小倉	7.5% / 9.9%	24.9% / 30.2%
札幌	12.0% / 8.2%	31.3% / 25.9%
函館	8.8% / 7.7%	24.8% / 16.7%

🐎 高勝率は東京、札幌、阪神の芝

勝利数上位コース

順位	コース	着度数
1位	中山ダ1800	44-38-25／315
2位	京都ダ1800	37-26-30／306
3位	阪神ダ1800	36-31-21／324
4位	東京ダ1600	25-27-31／268
5位	東京芝1800	23-16-11／152

🐎 勝利数は芝＜ダート。ダ1800は穴多い

距離別成績

	距離	着度数	複勝率
芝	～1200	19-25-20／306	20.9%
	1400	19-20-18／254	22.4%
	～1600	82-80-68／763	30.1%
	～1800	83-76-68／761	29.8%
	2000	101-92-90／942	30.0%
	～2400	44-39-36／450	26.4%
	2500～	14-17-18／192	25.5%
ダ	～1300	21-14-19／342	15.8%
	～1600	65-76-67／777	26.8%
	～1900	212-174-158／1875	29.0%
	2000～	26-23-27／288	26.4%

🐎 芝もダートも1700から2000の中距離安定

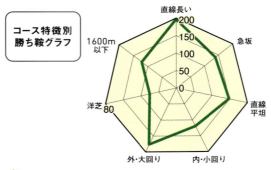

コース特徴別勝ち鞍グラフ

🐎 操縦性高いオールラウンダー

得意重賞ベスト3

重賞	着度数
日経新春杯	4-0-2／16
金鯱賞	3-1-3／16
中山牝馬S	3-1-1／12

不得意重賞ワースト3

重賞	着度数
天皇賞・春	0-0-0／17
阪神牝馬S	0-0-0／10
大阪杯	0-0-1／17

🐎 秋の高速馬場より冬の低速馬場向き

馬場状態別成績

	状態	着度数	複勝率
芝	良	287-263-236／2825	27.8%
	稍重	47-51-58／543	28.7%
	重	17-30-18／230	28.3%
	不良	11-5-6／70	31.4%
ダ	良	175-168-175／2005	25.8%
	稍重	77-76-54／726	28.5%
	重	50-34-23／344	31.1%
	不良	22-9-19／207	24.2%

🐎 ダートの稍重・重で複勝率アップ

1番人気距離別成績

	距離	着度数	複勝率
芝	～1200	5-4-6／27	55.6%
	1400	9-7-6／33	66.7%
	～1600	37-22-12／114	62.3%
	～1800	39-19-11／103	67.0%
	2000	43-28-18／137	65.0%
	～2400	17-7-6／54	55.6%
	2500～	5-6-2／22	59.1%
ダ	～1300	3-1-1／13	38.5%
	～1600	22-16-5／69	62.3%
	～1900	87-43-35／241	68.5%
	2000～	5-5-4／23	60.9%

🐎 芝2200～2400の1番人気ちょいダウン

KING KAMEHAMEHA

血統別騎手ベスト5（3番人気以内）

	騎手	着度数	勝率	複勝率
1位	C.ルメール	81-42-24-88/235	34.5%	62.6%
2位	川田将雅	38-24-22-58/142	26.8%	59.2%
3位	戸崎圭太	34-15-17-47/113	30.1%	58.4%
4位	M.デムーロ	32-25-19-60/136	23.5%	55.9%
5位	福永祐一	30-26-17-68/141	21.3%	51.8%

🐎 **ルメール断然もGⅢでは信頼感なし**

血統別騎手ベスト5（4番人気以下）

	騎手	着度数	勝率	複勝率
1位	大野拓弥	9-11-10-87/117	7.7%	17.1%
2位	和田竜二	9-10-6-108/133	6.8%	14.3%
3位	田辺裕信	8-3-10-61/82	9.8%	13.4%
4位	松山弘平	6-8-6-79/99	6.1%	14.1%
5位	内田博幸	6-7-6-69/88	6.8%	14.8%

🐎 **ダートの大野、芝の和田竜が穴の双璧**

クラス別成績

	芝 着度数	勝率	ダ 着度数	勝率
新馬	28-32-26-166	11.1%	7-7-7-50	9.9%
未勝利	88-56-62-585	11.1%	87-68-63-517	11.8%
1勝	94-105-92-634	10.2%	122-109-103-811	10.7%
2勝	61-58-58-447	9.8%	60-42-45-508	9.2%
3勝	34-33-27-269	9.4%	28-31-34-300	7.1%
OPEN(非L)	14-17-13-122	8.4%	12-18-9-116	7.7%
OPEN(L)	5-7-2-38	9.6%	2-5-2-30	5.1%
GⅢ	20-21-17-145	9.9%	5-5-6-50	7.6%
GⅡ	15-12-15-125	9.0%	0-1-1-10	0.0%
GⅠ	3-8-6-108	2.4%	1-1-1-8	9.1%

🐎 **未勝利クラスはダートの回収率が高め**

条件別勝利割合

穴率	19.2%	平坦芝率	41.2%
芝道悪率	20.7%	晩成率	58.9%
ダ道悪率	46.0%	芝広いコース率	54.1%

🐎 **ダート道悪率が高く、良より上積み**

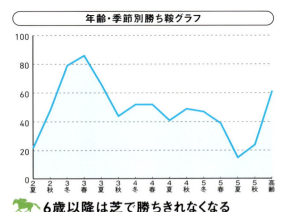

🐎 **6歳以降は芝で勝ちきれなくなる**

※「春」=4、5、6月。「夏」=7、8、9月。
「秋」=10、11、12月。「冬」=1、2、3月。高齢=6歳以上。

勝利へのポイント

5歳まで／勝率11%、6歳以上／勝率2%
前走6着以下の馬のGⅠ【0-2-0-35】

　ホウオウアマゾンのアーリントンC、ヴァイスメテオールのラジオNIKKEI賞と、21年はGⅢで活躍。ドバイワールドCの2着も忘れちゃいけない。重賞の内枠に良績が多く、20年はクルーガーのダービー卿CT、ダイワキャグニーのエプソムCなど。ミッキーロケットの宝塚記念も、内枠からロスなく立ち回ったキンカメらしい勝利だった。

▶**学習能力の高さで各条件に適応**
　短距離王から中距離王、ダート王まで、各カテゴリーの王者を輩出。学習能力が高く、使われる条件に合った走りを身につけていく。2歳から完成度が高く、新馬→特別を連勝する馬が多数。

▶**自在性があるから展開に恵まれる**
　レイデオロのダービー優勝の際、道中で動いたルメールの騎乗が称賛されたが、あの操縦性の良さ、自在性がキンカメ最大の武器。ラブリーデイやアパパネなど、派手な強さを感じさせないまま、連勝を続ける馬が多いのもこの能力ゆえ。「展開や相手に恵まれただけだろう」と甘く見ると、何度でもやられる。レースの上手さを加点したい。

▶**穴は芝の和田竜二、ダートの大野**
　騎手データが面白い。人気馬はルメール断然、GⅠやGⅡも強いが、GⅢは不振。試し乗りか。人気薄は芝の和田竜二とダートの大野が双璧だ。

▶**GⅠは休み明け惜敗からの2戦目狙い**
　GⅠは通算23勝。このうち前走6着以下は0勝。前走4着以内が22勝を占める。休み明けちょい負け→2戦目全力が得意ローテ。前走惜敗馬を狙え。

▶**冬の京都で勝ち星を量産、夏に弱い馬も**
　マイラーは好位で流れに乗り、高速タイムもお任せ。中長距離馬はスローで安定感はあり、タフなスタミナ勝負は危ない。ロングスパートより、上がり2ハロンの勝負に強い。
　1月から3月の重賞に強く、日経新春杯4勝、京都牝馬S3勝など。夏に弱い馬も見かける。

2020 RANK 6
ルーラーシップ
RULERSHIP

種牡馬ランク　2020年度／第6位　2019年度／第5位　2018年度／第8位

サンデー系牝馬との大物が期待されるエアグルーヴ一族の切り札

2007年生　鹿毛　2021年種付け料▷受胎確認後400万円（FR）

現役時代

　中央18戦7勝、UAEと香港で2戦1勝。主な勝ち鞍、クイーンエリザベス2世C（香GI・芝2000M）、日経新春杯、金鯱賞、AJCC、鳴尾記念。宝塚記念2着、天皇賞・秋3着、ジャパンC3着、有馬記念3着。

　サンデーレーシングでの募集価格は総額1億8000万円。生まれ落ちた時から注目された超良血馬は角居厩舎に入厩し、ヴィクトワールピサと同厩だった。

　しかし、若い時期はエアグルーヴの仔に共通の体質の弱さがあり、1番人気の毎日杯は出遅れて敗退。春はプリンシパルS1着、ダービーは四位の騎乗でエイシンフラッシュの5着にとどまる。楽な手応えで進みながら勝負どころの一瞬の反応が鈍く、進路を失って脚を余すような負け方が目立った。

　復帰戦の鳴尾記念で重賞勝ちを飾り、4歳で日経新春杯も勝利。ドバイのシーマクラシックはスミヨン騎手との折り合いを欠いて6着に敗れる。帰国初戦の金鯱賞は雨の不良馬場を最後方からひとまくりして、力の違いを見せつける。

　ハイライトは5歳。AJCCを3馬身差で楽勝すると、4月の香港へ向かい、リスポリ騎手を鞍上にクイーンエリザベス2世Cに出走。オブライエン厩舎のトレジャービーチらを相手に、これまでの出遅れ癖や、どん詰まりが嘘のようにスムーズな競馬で世界の強豪を一蹴。3馬身以上の差をつけてGI馬に。

　その後は国内の王道路線を歩み、惜敗の繰り返し。出遅れ癖や反応の遅さは解消されず、宝塚記念2着の後は、秋の天皇賞もジャパンCも有馬記念も、レースが終わる頃にすっ飛んできて3着だった。ジャパンCは上がり32秒7の末脚を使っただけに、スタートがまともならジェンティルドンナとオルフェーヴルの激アツ勝負に割り込めたのでは、と惜しまれる。

POINT
- いい脚を長く使えるロングスパート型!
- 3歳夏秋に上昇する魅惑の成長力!
- 一瞬の切れ味弱点で惜敗大将の一面も

血統背景

父キングカメハメハは2004年の日本ダービー馬。

母エアグルーヴは1996年のオークスのほか、天皇賞・秋、札幌記念、チューリップ賞など重賞5勝。97年ジャパンCでピルサドスキーの2着もある。

半姉にアドマイヤグルーヴ(エリザベス女王杯)、半兄にフォゲッタブル(菊花賞2着)、サムライハート(種牡馬)。近親にドゥラメンテ(皐月賞、ダービー)、オレハマッテルゼ(高松宮記念)、アイムユアーズ(フィリーズレビュー)など。祖母ダイナカールは1983年のオークス優勝、桜花賞3着。

キンカメ×トニービンの配合の重賞勝ち馬は意外なことに本馬のみ。祖母の父トニービンがいい。

代表産駒

キセキ(17菊花賞)、メールドグラース(19コーフィールドC)、ダンビュライト(19京都記念)、リオンリオン(19セントライト記念)、ワンダフルタウン(21青葉賞)。

産駒解説

本馬をサンデーサイレンス牝馬に交配すると、それだけでドゥラメンテにちょっと似た血統構成の馬ができあがる。実際、社台グループの良血サンデー牝馬に多数種付けされ、活躍馬が出ている。

獲得賞金上位10頭中、母父サンデー系が8頭、祖母の父サンデーが2頭。19年に重賞を勝ったメールドグラースとリオンリオンは、ヌレイエフのクロスを持つ。これはロードカナロア産駒のアーモンドアイにも見られるキンカメ系の成功配合だ。

関係者コメント

「自身の骨格の良さは確実に産駒へ伝えられ、人気を集めています。キングカメハメハとエアグルーヴの配合馬らしく、クラシックディスタンスでの活躍はもちろん、芝短距離でも重賞馬を送り出すようなスピード能力も伝えています。種牡馬としては脂がのり切った年齢となり、馬格の良さと血統背景の双方からブルードメアサイアーとしても注目されていきそうです。

産駒は伸びやかな馬体で、跳びの大きな馬が多いですね。ロードカナロアと比較すると、カナロアの産駒はシャープな馬体で、ピッチ走法。首差しが短い。ルーラーシップ産駒は、肩の傾斜にトニービンが出てゆるやかで、ストライドは大きい。首差しは長いという違いがあります」(社台スタリオン、21年8月)

キングカメハメハ 鹿 2001	キングマンボ Kingmambo	Mr. Prospector
		Miesque
	*マンファス Manfath	*ラストタイクーン
		Pilot Bird (22-d)
エアグルーヴ 鹿 1993	*トニービン Tony Bin	*カンパラ
		Severn Bridge
	ダイナカール	*ノーザンテースト
		シャダイフェザー (8-f)

Northern Dancer 5・5×4

種付け年度	種付け頭数	血統登録頭数	種付け料
2020年	134頭	―	600／受・FR
2019年	227頭	134頭	400／受・FR
2018年	243頭	140頭	400／受・FR

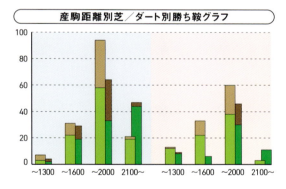

産駒距離別芝／ダート別勝ち鞍グラフ

特注馬

ワンダフルタウン／神戸新聞杯で連対すれば菊花賞のヒモに要注意。母系はドイツ血統でスタミナ十分。

ホウオウイクセル／22年中山牝馬Sはフェアリーポルカ、ディアンドルと産駒が集合か。若い馬を優先に。

エヒト／器用な馬ではないので、12頭以下の少頭数、内めの枠がいい。小倉の長距離も合いそう。

ルーラーシップ RULERSHIP

ルーラーシップ産駒完全データ

競馬場別成績

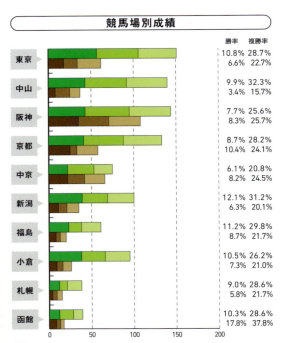

競馬場	勝率	複勝率
東京	10.8% / 6.6%	28.7% / 22.7%
中山	9.9% / 3.4%	32.3% / 15.7%
阪神	7.7% / 8.3%	25.6% / 25.7%
京都	8.7% / 10.4%	28.2% / 24.1%
中京	6.1% / 8.2%	20.8% / 24.5%
新潟	12.1% / 6.3%	31.2% / 20.1%
福島	11.2% / 8.7%	29.8% / 21.7%
小倉	10.5% / 7.3%	26.2% / 21.0%
札幌	9.0% / 5.8%	28.6% / 21.7%
函館	10.3% / 17.8%	28.6% / 37.8%

🐎 牡馬は福島と小倉、牝馬は新潟芝に良績

勝利数上位コース

順位	コース	着度数
1位	阪神ダ1800	21-23-20／244
2位	小倉芝2000	18-11-7／135
3位	東京芝1600	16-14-10／137
4位	東京芝2400	16-11-5／94
5位	京都ダ1800	15-3-10／135

🐎 東京芝2400と小倉芝2000は高勝率

距離別成績

	距離	着度数	複勝率
芝	～1200	25-18-18／267	22.8%
	1400	19-18-21／249	23.3%
	～1600	50-61-47／649	24.3%
	～1800	71-87-102／806	32.3%
	2000	88-76-86／923	27.1%
	～2400	61-51-34／433	33.7%
	2500～	16-15-12／165	26.1%
ダ	～1300	8-13-14／202	17.3%
	～1600	30-30-44／413	25.2%
	～1900	99-78-91／1168	22.9%
	2000～	11-8-18／161	23.0%

🐎 芝2200から2400は中身濃く重賞5勝

コース特徴別勝ち鞍グラフ

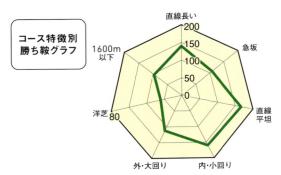

🐎 平坦・小回りで切れ不足をカバー

得意重賞ベスト3

青葉賞	2-0-0／6
福島牝馬S	2-0-0／4
中山牝馬S	1-1-1／4

不得意重賞ワースト3

ダービー	0-0-0／6
目黒記念	0-0-0／5
レパードS	0-0-0／5

🐎 牝馬の中山芝1800と芝2000は好成績

馬場状態別成績

	馬場	着度数	複勝率
芝	良	256-253-253／2686	28.4%
	稍重	50-45-34／499	25.9%
	重	17-20-24／217	28.1%
	不良	7-8-9／90	26.7%
ダ	良	91-73-97／1124	23.2%
	稍重	29-26-32／445	19.6%
	重	14-18-23／226	24.3%
	不良	14-12-15／149	27.5%

🐎 道悪成績は普通も芝の不良重賞を2勝

1番人気距離別成績

	距離	着度数	複勝率
芝	～1200	9-3-2／20	70.0%
	1400	7-4-1／25	48.0%
	～1600	15-11-4／50	60.0%
	～1800	31-17-20／90	75.6%
	2000	35-20-15／103	68.0%
	～2400	19-12-5／46	78.3%
	2500～	7-2-3／19	63.2%
ダ	～1300	2-4-1／13	53.8%
	～1600	15-8-3／38	68.4%
	～1900	37-16-15／114	59.6%
	2000～	6-2-1／13	69.2%

🐎 芝2400と芝1800の1番人気安定

RULERSHIP

血統別騎手ベスト5（3番人気以内）			
	騎手	着度数	勝率	複勝率
1位	C.ルメール	33-24-16-39／112	29.5%	65.2%
2位	武豊	19-12-8-22／61	31.1%	63.9%
3位	川田将雅	18-20-15-31／84	21.4%	63.1%
4位	戸崎圭太	18-15-8-26／67	26.9%	61.2%
5位	福永祐一	15-14-14-17／60	25.0%	71.7%

🐴 中山のルメール人気馬は2着多数

血統別騎手ベスト5（4番人気以下）			
	騎手	着度数	勝率	複勝率
1位	丸山元気	8-7-4-71／90	8.9%	21.1%
2位	松若風馬	5-4-1-75／85	5.9%	11.8%
3位	横山典弘	5-0-2-32／39	12.8%	17.9%
4位	石橋脩	4-7-2-31／44	9.1%	29.5%
5位	幸英明	4-6-1-86／97	4.1%	11.3%

🐴 丸山元気が下級条件で波乱の目

クラス別成績				
	芝 着度数	勝率	ダ 着度数	勝率
新馬	35-43-54-333	7.5%	3-7-5-70	3.5%
未勝利	125-118-99-992	9.4%	78-68-87-755	7.9%
1勝	85-93-101-711	8.6%	45-33-60-487	7.2%
2勝	41-31-22-154	16.5%	15-12-7-126	9.4%
3勝	12-17-14-103	8.2%	5-7-3-38	9.4%
OPEN(非L)	9-3-2-25	23.1%	0-1-4-11	0.0%
OPEN(L)	5-1-5-24	14.3%	2-1-0-3	33.3%
GⅢ	12-7-9-73	11.9%	0-0-1-9	0.0%
GⅡ	6-6-10-49	8.5%	0-0-0-1	0.0%
GⅠ	1-7-4-53	1.5%	0-0-0-0	─

🐴 芙蓉Sなど芝のオープン特別を狙え

条件別勝利割合			
穴率	20.0%	平坦芝率	50.3%
芝道悪率	22.6%	晩成率	36.3%
ダ道悪率	38.5%	芝広いコース率	42.2%

🐴 穴率低いが、3着の大穴多くヒモに

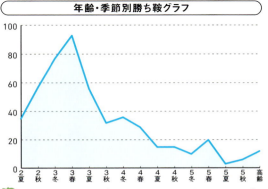

年齢・季節別勝ち鞍グラフ

🐴 5歳以上はダートの勝利割合がアップ

※「春」＝4、5、6月。「夏」＝7、8、9月。
「秋」＝10、11、12月。「冬」＝1、2、3月。高齢＝6歳以上。

勝利へのポイント

1800以下の重賞の牡馬【0-1-7-35】
芝2勝クラス41勝のうち、前走から連勝／20回

　21年はワンダフルタウンが青葉賞を完勝。リオンリオンに続く青葉賞勝利で、ほかにも福島牝馬S2勝、紫苑S3連対など、得意な重賞がはっきりしている。過去に産駒実績のあるレースは狙いどころ。牡馬は芝2200から3400のスタミナ戦、牝馬は芝1600から2000の牝馬重賞に良績が多い。

▶**2勝クラスは「連勝」を狙え**
　特記データは昨年と同じにした。1800以下の重賞は牡馬が勝てず、3着がどっさりなこと。芝2勝クラスの勝ち星は、半分が連勝であること。この2つを上手に活用したい。遅れてきた馬が3歳の後半に、1勝クラスと2勝クラスを連勝する。

▶**決め手の甘さを小回りで活かす**
　牡馬は中長距離を主戦場に、ジリ脚の弱点もあり。芝2000以上に向き、忙しい距離は向かない。牝馬は芝1200のオープン馬も出ているが、安定しているのは芝1800。決め手の甘い馬は中山や福島など小回りで上がりの遅いコースに合う。一方、東京や京都の長い直線コースで能力を全開にするタイプも多く、各馬ごとに見分けよう。

▶**一瞬のキレはいまいち、3着大将に注意**
　いい脚を長く使えるのが長所。淀みないラップや、ロングスパートに強い反面、一瞬の脚の勝負は苦手。ダンビュライトのような「相手が強くても弱くても3着」のタイプは、条件馬にも多数いる。惜敗続きの馬が人気を背負ったら危ない。逆にスローの上がり勝負で不発だった馬は、展開によって巻き返せるから着順は無視していい。

▶**ダートは関西圏で優秀、中山は不振**
　ダートもJRA重賞勝ちはないが、ダンツキャッスルの大沼S、アディラートのグリーンチャンネルCなど、相手の弱いオープンなら勝負になる。
　5歳以上は勝利数が芝に迫り、阪神、京都、中京が好成績。ダ2000以上に妙味あり。中山はダート1200がさっぱりなこともあって不振だ。

ダイワメジャー
DAIWA MAJOR

種牡馬ランク　2020年度／第7位　2019年度／第7位　2018年度／第6位

いきなりGI馬を送り出したスカーレット一族の真打ち

2001年生　栗毛　2021年種付け料▷PRIVATE

現役時代

　中央27戦9勝、UAE1戦0勝。主な勝ち鞍、皐月賞、天皇賞・秋、マイルチャンピオンシップ（2回）、安田記念、毎日王冠、読売マイラーズC、ダービー卿CT。ドバイデューティフリー3着、有馬記念3着。

　新馬戦の馬体重は546キロ。お腹が痛くなったらしく、パドックで座りこんでしまうアクシデントもあったが、筋肉質の逞しい馬体が目を引いた。2戦目のダート1800をぶっちぎり、スプリングSで3着すると、皐月賞の手綱はミルコ・デムーロに委ねられた。芝0勝の戦績から10番人気の低評価も、2番手につけるとコスモバルクの追撃を封じて1分58秒6で優勝。単勝3220円の波乱のクラシック・ホースが誕生した。

　ダービーはハイペースを追いかけて失速。その後、ノド鳴りで不振に陥る。手術を経て復帰した中山のダービー卿CTは完勝するが、マイルCSはハットトリックにハナ差の惜敗。5歳になってもマイラーズC1着、安田記念4着と、じれったい結果が続いた。

　スピードの持続勝負には強いが、切れ味の勝負では足りない——そんな評価を覆したのが新コンビの安藤勝己だった。老練な名手は前をつつく巧みな競馬でペースをコントロールし、上がりだけの勝負に持ち込ませない。毎日王冠、天皇賞・秋、マイルCSと怒涛の3連勝。GIタイトルを2つ追加し、有馬記念も3着に善戦した。この5歳秋の強さは圧巻だった。

　6歳初戦は海外遠征のドバイデューティフリー。こはアドマイヤムーンの差し脚に屈して3着どまりも、帰国後、安田記念を快勝して4つ目のGI制覇。秋の天皇賞は道悪もあって敗れたが、マイルCSはスーパーホーネットを抑えて連覇達成。ラストの有馬記念は安藤勝が妹ダイワスカーレットに騎乗したため、デムーロに乗り替わって3着。妹に一歩及ばなかった。

POINT

- 2歳から3歳前半のマイル路線おまかせ!
- 隙間オープンのリステッド競走で存在感!
- 芝の道悪の逃げ馬、ダート道悪の牝馬特注

血統背景

父サンデーサイレンス。母父ノーザンテーストとの配合馬はマイラーが多い。

母スカーレットブーケは京都牝馬S、中山牝馬Sなど重賞4勝。1991年の桜花賞4着、オークス5着。

半妹ダイワスカーレット（桜花賞、秋華賞、エリザベス女王杯、有馬記念）、全姉ダイワルージュ（新潟3歳S）、全兄スリリングサンデー（種牡馬）。近親にヴァーミリアン（ジャパンCダート）、キングスエンブレム（シリウスS）、サカラート（東海S）、ダイワファルコン（福島記念）など。

祖母はドミノ系×テディ系という異系の血統。

代表産駒

レーヌミノル（17桜花賞）、コパノリチャード（14高松宮記念）、カレンブラックヒル（12NHKマイルC）、メジャーエンブレム（16NHKマイルC）、アドマイヤマーズ（19香港マイル）、レシステンシア（19阪神JF）、ブルドッグボス（19JBCスプリント）、ノーヴァレンダ（18全日本2歳優駿）、ソルヴェイグ（16フィリーズR）。

産駒解説

サドラーズウェルズを持つ牝馬と抜群の相性で知られる。メジャーエンブレムは母父オペラハウス。アドマイヤマーズは母母父シングスピール。アマルフィコーストとシゲルピンクダイヤは母父ハイシャパラル。デュープロセスは母父ニューアプローチ。19年の2歳女王レシステンシアも母母父はサドラー系のポリグロートだ。

また、ブラッシンググルームとも相性が良く、メジャーエンブレム、コパノリチャード、サンライズメジャー、ロジチャリス、ボンセルヴィーソなど。

関係者コメント

「種牡馬引退を発表したハーツクライと同い年ながらも、母父にノーザンテーストが入っていることもあるのか、充分な筋肉量を有した脊腰は強靭で、それが息の長い種牡馬生活につながっています。全盛期よりも受胎率は落ちてきたものの、種付けには問題がなく、今年も50頭ほどの交配を行いました。

		Hail to Reason
*サンデーサイレンス Sunday Silence 青鹿 1986	ヘイロー Halo	Hail to Reason
		Cosmah
	ウィッシングウェル Wishing Well	Understanding
		Mountain Flower (3-e)
スカーレットブーケ 栗 1988	*ノーザンテースト Northern Taste	Northern Dancer
		Lady Victoria
	*スカーレットインク Scarlet Ink	Crimson Satan
		Consentida (4-d)

Almahmoud 4×5、Lady Angela 5・4(母方)、
Royal Charger 5×5

種付け年度	種付け頭数	血統登録頭数	種付け料
2020年	112頭	—	600／受・FR
2019年	157頭	86頭	500／受・FR
2018年	136頭	81頭	500／不受返・FR

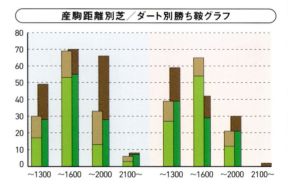

産駒距離別芝／ダート別勝ち鞍グラフ

ダイワメジャーの凄さは2歳デビューする数の多さに表れています。トレセンに入厩さえすれば順調に時計を出し、最速でデビューできます。性格も従順です」
（社台スタリオン、21年8月）

特注馬

レシステンシア／21年はスワンSが阪神開催なのでピッタリに思える。延長のマイルCSは苦しいかも。
シゲルピンクダイヤ／休み明けは良くない。道悪も割引き。今は芝1600より芝2000がベスト距離では。
シホノレジーナ／先行して粘るタイプなので他馬が差しやすい脚抜きのいい馬場より、良のダートがいい。

ダイワメジャー産駒完全データ

競馬場別成績

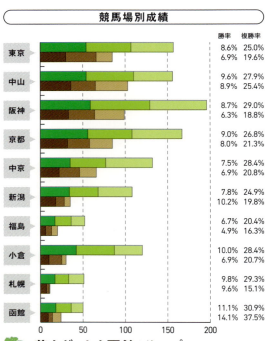

競馬場	勝率	複勝率
東京	8.6% / 6.9%	25.0% / 19.6%
中山	9.6% / 8.9%	27.9% / 25.4%
阪神	8.7% / 6.3%	29.0% / 18.8%
京都	9.0% / 8.0%	26.8% / 21.3%
中京	7.5% / 6.9%	28.4% / 20.8%
新潟	7.8% / 10.2%	24.9% / 19.8%
福島	6.7% / 4.9%	20.4% / 16.3%
小倉	10.0% / 6.9%	28.4% / 20.7%
札幌	9.8% / 9.6%	29.3% / 15.1%
函館	11.1% / 14.1%	30.9% / 37.5%

🐎 芝もダートも函館がトップ

勝利数上位コース

順位	コース	着度数
1位	小倉芝1200	29-32-28／294
2位	東京芝1400	26-22-25／266
3位	阪神芝1400	21-21-19／196
4位	中山芝1200	20-25-12／170
5位	中山芝1600	20-19-23／257

🐎 芝1200から芝1600が上位を独占

距離別成績

	距離	着度数	複勝率
芝	～1200	111-140-126／1344	28.1%
	1400	89-81-82／905	27.8%
	～1600	102-94-108／1123	27.1%
	～1800	49-57-39／551	26.3%
	2000	25-29-31／334	25.4%
	～2400	8-3-8／94	20.2%
	2500～	2-1-4／46	15.2%
ダ	～1300	66-60-57／882	20.7%
	～1600	55-53-47／815	19.0%
	～1900	75-69-61／892	23.0%
	2000～	7-4-4／78	19.2%

🐎 回収率が高いのは芝1800の単勝

コース特徴別勝ち鞍グラフ

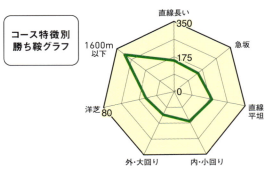

🐎 マイル以下、特に前傾ラップに強い

得意重賞ベスト3

NHKマイルC	3-1-2／16
阪急杯	3-0-1／14
ダービー卿CT	2-2-1／17

不得意重賞ワースト3

ローズS	0-0-0／10
ヴィクトリアマイル	0-0-0／10
安田記念	0-0-0／11

🐎 走れるマイルと走れないマイルに注意

馬場状態別成績

	馬場	着度数	複勝率
芝	良	293-321-313／3443	26.9%
	稍重	57-60-55／616	27.9%
	重	31-24-24／263	30.0%
	不良	5-0-6／75	14.7%
ダ	良	117-116-100／1593	20.9%
	稍重	54-44-48／613	23.8%
	重	21-17-14／297	17.5%
	不良	11-9-7／164	16.5%

🐎 ダートの重・不良は複勝率ダウン

1番人気距離別成績

	距離	着度数	複勝率
芝	～1200	40-31-29／158	63.3%
	1400	34-19-16／113	61.1%
	～1600	39-22-20／112	72.3%
	～1800	13-11-4／42	66.7%
	2000	5-7-4／24	66.7%
	～2400	1-0-1／4	50.0%
	2500～	1-0-1／3	66.7%
ダ	～1300	26-9-11／78	59.0%
	～1600	19-7-6／59	54.2%
	～1900	32-18-13／94	67.0%
	2000～	3-2-1／9	66.7%

🐎 中京と阪神の芝1番人気は堅実

DAIWA MAJOR

DAIWA MAJOR

血統別騎手ベスト5（3番人気以内）

	騎手	着度数	勝率	複勝率
1位	C.ルメール	36-22-17-56／131	27.5%	57.3%
2位	福永祐一	25-19-13-34／91	27.5%	62.6%
3位	M.デムーロ	25-16-10-56／107	23.4%	47.7%
4位	戸崎圭太	23-12-15-54／104	22.1%	48.1%
5位	川田将雅	20-23-16-39／98	20.4%	60.2%

🐎 **重賞はデムーロの5勝が1位**

血統別騎手ベスト5（4番人気以下）

	騎手	着度数	勝率	複勝率
1位	松山弘平	11-8-11-100／130	8.5%	23.1%
2位	和田竜二	7-14-10-99／130	5.4%	23.8%
3位	横山典弘	7-3-8-56／74	9.5%	24.3%
4位	北村友一	7-3-3-69／82	8.5%	15.9%
5位	三浦皇成	6-7-4-73／90	6.7%	18.9%

🐎 **松山ダントツ、特に2勝・3勝クラス**

クラス別成績

	芝 着度数	勝率	ダ 着度数	勝率
新馬	44-42-38-235	12.3%	8-7-5-58	10.3%
未勝利	93-99-98-695	9.4%	81-70-59-751	8.4%
1勝	107-101-111-923	8.6%	78-62-64-780	7.9%
2勝	62-70-49-544	8.6%	27-30-33-353	6.1%
3勝	30-35-31-300	7.6%	5-10-4-86	4.8%
OPEN(非L)	23-19-28-126	11.7%	4-5-2-49	6.7%
OPEN(L)	7-8-6-76	7.2%	0-2-0-13	0.0%
GⅢ	11-17-20-172	5.0%	0-0-2-16	0.0%
GⅡ	4-10-10-80	3.8%	0-0-0-0	—
GⅠ	5-4-7-60	6.6%	0-0-0-3	0.0%

🐎 **ダートの重賞やリステッド勝ちなし**

条件別勝利割合

穴率	22.1%	平坦芝率	47.9%
芝道悪率	24.2%	晩成率	48.5%
ダ道悪率	43.3%	芝広いコース率	40.5%

🐎 **穴率は低め、上位人気を連軸に**

年齢・季節別勝ち鞍グラフ

🐎 **2歳は単勝、ダートの高齢馬は2着に**

※「春」＝4、5、6月。「夏」＝7、8、9月。
「秋」＝10、11、12月。「冬」＝1、2、3月。高齢＝6歳以上。

勝利へのポイント

中京芝1600の1番人気【10-2-5-0】
阪神芝1600の1番人気【7-6-2-2】

桜花賞2着、NHKマイルC2着とマイル路線を歩んだレシステンシアが、古馬になって高松宮記念2着。牝馬にはこの距離シフトが多い。短縮で芝1200に戻ってきた牝馬は狙い目だ。

逆に芝2000以上に距離延長されて人気落ちの牡馬は、来ると穴になるから侮らないこと。

▶**マイルはおまかせ、道悪の逃げ馬に注目**

丸みを帯びた力感のある馬体で2歳から速さを見せ、牡馬は芝1400～2000、牝馬は芝1200～1800を中心に勝ち星を積み上げる。長く加速する末脚はないが、トップスピードに乗るまでが速く、小回りの先行押し切りや、馬群を瞬時に割る競馬ができる。NHKマイルCは通算3勝している。

▶**中京と阪神のマイルは人気馬が堅実**

マイル戦の人気馬の中でも安定感抜群なのは、中京芝1600と阪神芝1600の1番人気。坂を超えてからも止まらず、瞬間的に出るスピードがある。

この急坂や短い直線をグイッと出る「阪神・中山型」と、長い直線を伸びる「京都・東京型」を見分けたい。前者は直線が長いと詰めが甘くなるが、ときどき芝1200のGⅠでも穴をあけるのはこっち。後者はただし、京都外回りの重賞で2着が極端に多く、ロングスパート戦は不向き。

▶**19年以降に新設されたリステッドレース（重賞に近いオープン）で大活躍**

特にハンデ戦の高齢馬は要注意で、中山の春雷Sや京都の安土城Sで6歳馬が大穴をあけている。重賞では足りない古馬が、隙間のオープンで穴になる。

▶**牝馬は稍重と重のダートで浮上**

近年は最初からダートで活躍する馬も目立つ。全日本2歳優駿1着のノーヴァレンダ、ユニコーンS2着のデュープロセスなど。芝路線を他の種牡馬に譲り、ダートで実を取りに来る馬は今後も増えそう。稍重と重のダートは成績アップ。特に牝馬は良のダートより、格段に好走率が上がる。

2020 RANK
8

キズナ
KIZUNA

種牡馬ランク　2020年度／第8位　2019年度／第35位

武豊を背に直線一気でダービー制覇。ディープ×ストームキャットの成功配合

2010年生　青鹿毛　2021年種付け料▷受胎確認後1000万円（FR）

現役時代

　中央12戦6勝、フランス2戦1勝。主な勝ち鞍、日本ダービー、ニエル賞（仏GⅡ・芝2400M）、毎日杯、京都新聞杯、大阪杯。

　1998年の桜花賞や秋華賞を勝ったファレノプシス。その15歳下の半弟で、母の最後の仔となったのがキズナだった。馬名は2011年の大震災で広まった言葉「絆」にちなみ、震災直後のドバイワールドCで2着したトランセンド（同じノースヒルズ系の生産所有馬）の経験も、由来になっているという。

　佐藤哲三の手綱で新馬、黄菊賞を連勝。しかし佐藤の大怪我により、鞍上は当時不振を極めていた武豊にスイッチされた。弥生賞で敗れると、中2週で毎日杯へ向かって1着。皐月賞には出走せず、京都新聞杯を勝って、ダービーへの態勢を整える。

　13年ダービーは、皐月賞馬ロゴタイプを上回る1番人気。復興に重なる馬名や、復活を期す武豊の話題もあり、人気の高さを示すオッズとなった。レースは後方15番手に控える待機策。ここから直線一気のゴボウ抜きを決め、逃げたアポロソニックや、ライバルのエピファネイアを差し切った。

　秋はフランスへ遠征。前哨戦のGⅡニエル賞を勝ち、凱旋門賞への期待が高まるも、本番は圧勝したトレヴや、2着オルフェーヴルに離された4着まで。道悪でタフな争いになったのが不運だった。佐々木晶三調教師にとってはタップダンスシチーに続く二度目の凱旋門賞挑戦だったが、かなわなかった。

　4歳春は大阪杯を豪快に差し切って天皇賞で断然人気になるも、後方から届かずフェノーメノの4着。その後は故障と闘いながら、翌5歳も春の天皇賞で1番人気になったが、ゴールドシップの7着。芝2000〜2400向きで、ステイヤーではなかった。

POINT

 ダービー優勝のディープインパクト後継!

 牝馬は芝1600、牡馬は芝2000が得意

芝もダートも雨の日はお得な血統

血統背景

父ディープインパクトは同馬の項を参照。

母キャットクイルは英国2戦0勝。半姉ファレノプシス（桜花賞、秋華賞、エリザベス女王杯）、半兄サンデーブレイク（ピーターパンS。米国と仏国で種牡馬供用され、フランスのGI馬を出した）。

祖母パシフィックプリンセスの一族に、ビワハヤヒデ（菊花賞、天皇賞・春など）、ナリタブライアン（三冠、有馬記念など）、ラストインパクト（京都大賞典）、セダブリランテス（中山金杯）。

ディープ×ストームキャットの組み合わせは、ほかにアユサン（桜花賞）、ラキシス（エリザベス女王杯）、サトノアラジン（安田記念）など。

代表産駒

マルターズディオサ（20チューリップ賞、20紫苑S）、ディープボンド（20京都新聞杯、21阪神大賞典）、ビアンフェ（19函館2歳S、21函館スプリントS）、クリスタルブラック（20京成杯）、アブレイズ（20フラワーC）、キメラヴェリテ（19北海道2歳優駿）、バスラットレオン（21ニュージーランドT）、ソングライン（21NHKマイルC2着）。

産駒解説

重賞勝ち馬は母系の奥にニジンスキーを持つ馬が多い。マルターズディオサはジェネラス、ディープボンドはマルゼンスキー、クリスタルブラックとアブレイズはタイキシャトルを通じてカーリアン。

あとは母系にゴーンウエストを持つ馬も、マルターズディオサやスマートリアンを筆頭に勝ち上がり率が高い。ゴーンウエストとストームキャットがニックスのためと思われる。

関係者コメント

「ディープインパクトの後継種牡馬として、充分過ぎるほどの成績を残してくれています。自身のエネルギッシュさや馬力は、この父系というより、母父のストームキャットから伝えられているのかもしれません。キャリアハイの種付け料が設定されながら人気は相変わら

ディープインパクト 鹿　2002	*サンデーサイレンス Sunday Silence	Halo
		Wishing Well
	*ウインドインハーヘア Wind in Her Hair	Alzao
		Burghclere　(2-f)
*キャットクイル Catequil 鹿　1990	ストームキャット Storm Cat	Storm Bird
		Terlingua
	パシフィックプリンセス Pacific Princess	Damascus
		Fiji　(13-a)

Northern Dancer 5×4

種付け年度	種付け頭数	血統登録頭数	種付け料
2020年	242頭	―	600／受・FR
2019年	164頭	107頭	350／受・FR
2018年	152頭	111頭	350／受・FR

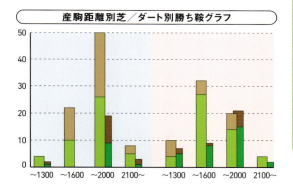

産駒距離別芝／ダート別勝ち鞍グラフ

ずで、良質の繁殖牝馬も多く交配されています。

産駒は骨格が良くて筋肉質の馬体ながら、皮膚の薄さは運動神経の良さを証明しています。蹄も強いので、ダートの力のいる馬場でもしっかりと地面を捕らえる走りができています」（社台スタリオン、21年8月）

特注馬

バスラットレオン／急坂のハイペースに強く、直線平坦のスローは合わない。札幌記念の走りが見たい。

レジェーロ／人気薄で走り、人気で沈む小柄なスプリンター。全3勝は8枠と7枠。冬の中山と小倉がいい。

マリーナ／2勝は重と不良。母父ガリレオで時計かかる馬場向き。最近は短距離中心だが、1600も走れる。

キズナ産駒完全データ

競馬場別成績

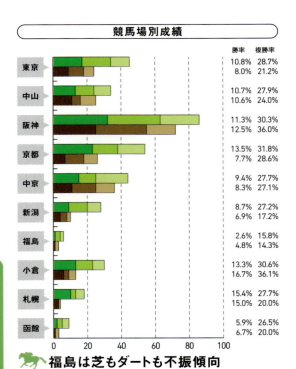

競馬場	勝率	複勝率
東京	10.8% / 8.0%	28.7% / 21.2%
中山	10.7% / 10.6%	27.9% / 24.0%
阪神	11.3% / 12.5%	30.3% / 36.0%
京都	13.5% / 7.7%	31.8% / 28.6%
中京	9.4% / 8.3%	27.7% / 27.1%
新潟	8.7% / 6.9%	27.2% / 17.2%
福島	2.6% / 4.8%	15.8% / 14.3%
小倉	13.3% / 16.7%	30.6% / 36.1%
札幌	15.4% / 15.0%	27.7% / 20.0%
函館	5.9% / 6.7%	26.5% / 20.0%

🐎 福島は芝もダートも不振傾向

勝利数上位コース

	コース	着度数
1位	阪神ダ1800	14-23-12／108
2位	阪神芝1600外	9-7-6／78
3位	中山ダ1800	9-4-5／73
4位	阪神芝2000	7-6-4／55
5位	阪神ダ1400	7-1-3／49

🐎 阪神ダート1800の複勝率45％は破格

距離別成績

		着度数	複勝率
芝	〜1200	14-17-18／182	26.9%
	1400	18-9-17／138	31.9%
	〜1600	27-28-21／275	27.6%
	〜1800	31-25-18／236	31.4%
	2000	33-28-21／283	29.0%
	〜2400	9-4-9／92	23.9%
	2500〜	3-3-1／24	29.2%
ダ	〜1300	9-8-7／135	17.8%
	〜1600	19-9-6／174	19.0%
	〜1900	45-52-42／425	32.7%
	2000〜	6-7-7／57	35.1%

🐎 芝2400は勝率も複勝率も落ち込む

コース特徴別勝ち鞍グラフ

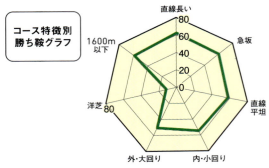

🐎 父ディープよりもやや小回り向き

得意重賞ベスト3

葵S	1-1-0／6
フラワーC	1-0-0／4
紫苑S	1-0-0／3

不得意重賞ワースト3

朝日杯FS	0-0-0／4
ローズS	0-0-0／4
フローラS	0-0-0／3

🐎 重賞12勝中、中山5勝、阪神内2勝

馬場状態別成績

		着度数	複勝率
芝	良	95-81-75／863	29.1%
	稍重	20-23-17／226	26.5%
	重	12-7-8／92	29.3%
	不良	8-3-5／49	32.7%
ダ	良	44-36-38／462	25.5%
	稍重	10-21-14／150	30.0%
	重	12-14-5／98	31.6%
	不良	12-5-5／81	27.2%

🐎 芝もダートも重・不良で勝率アップ

1番人気距離別成績

		着度数	複勝率
芝	〜1200	5-3-3／17	64.7%
	1400	10-2-3／17	88.2%
	〜1600	7-4-2／17	76.5%
	〜1800	12-2-2／27	59.3%
	2000	10-6-2／28	64.3%
	〜2400	1-0-1／2	100.0%
	2500〜	1-1-0／4	50.0%
ダ	〜1300	2-2-0／9	44.4%
	〜1600	4-0-0／9	44.4%
	〜1900	23-17-7／60	78.3%
	2000〜	3-4-0／8	87.5%

🐎 芝1400の1番人気の複勝率は88％

KIZUNA

血統別騎手ベスト5（3番人気以内）

	騎手	着度数	勝率	複勝率
1位	C.ルメール	12-3-4-7／26	46.2%	73.1%
2位	武豊	11-6-4-20／41	26.8%	51.2%
3位	川田将雅	9-6-3-8／26	34.6%	69.2%
4位	福永祐一	8-4-4-22／38	21.1%	42.1%
5位	藤岡佑介	7-9-3-10／29	24.1%	65.5%

🐎 ルメールのノーザン＆社台ファーム馬

血統別騎手ベスト5（4番人気以下）

	騎手	着度数	勝率	複勝率
1位	和田竜二	6-3-6-33／48	12.5%	31.3%
2位	田辺裕信	5-2-1-23／31	16.1%	25.8%
3位	藤岡佑介	3-4-4-18／29	10.3%	37.9%
4位	武豊	3-2-3-21／29	10.3%	27.6%
5位	吉田豊	3-1-1-19／24	12.5%	20.8%

🐎 ボンドの和田竜二、ディオサの田辺

クラス別成績

	芝 着度数	勝率	ダ 着度数	勝率
新馬	18-26-16-156	8.3%	4-4-3-23／34	11.8%
未勝利	50-31-40-414	9.3%	48-36-25-319／428	11.2%
1勝	30-29-26-138	13.5%	20-33-33-204／290	6.9%
2勝	12-7-8-36	19.0%	5-1-1-16／23	21.7%
3勝	4-5-3-19	12.9%	1-2-0-4／7	14.3%
OPEN(非L)	4-3-1-11	21.1%	0-0-0-3／3	0.0%
OPEN(L)	6-8-3-21	15.8%	0-0-0-2／2	0.0%
GⅢ	8-1-5-40	14.8%	0-0-0-4／4	0.0%
GⅡ	4-2-1-14	19.0%	0-0-0-0／0	—
GⅠ	0-3-2-31	0.0%	0-0-0-0／0	—

🐎 芝の2勝クラスと3勝クラスは高率

条件別勝利割合

穴率	24.3%	平坦芝率	43.0%
芝道悪率	29.6%	晩成率	22.9%
ダ道悪率	44.3%	芝広いコース率	45.9%

🐎 ダート道悪率が高い。雨の日は狙い目

年齢・季節別勝ち鞍グラフ

🐎 初年度産駒は4歳春に重賞2勝の好調

※「春」＝4、5、6月。「夏」＝7、8、9月。「秋」＝10、11、12月。「冬」＝1、2、3月。高齢＝6歳以上。

勝利へのポイント

右回り重賞【12-4-5-47】中山5勝、阪神3勝
左回り重賞【0-2-3-42】

産駒デビュー2年で、芝1200の函館2歳Sから芝3000の阪神大賞典まで重賞12勝。快速ストームキャットの血を持ち、短距離やダートでも多数の勝ち星をあげる万能性と、母系の血を引き出す主張の小ささがディープとの違いだ。

▶正当な評価を受けてない馬を探せ

勝ち鞍の多い距離。牡馬はダ1800、芝2000、牝馬は芝1600、芝1800がトップ2。男馬は中距離馬、女馬はマイラーを基準に考えたい。

どのデータを拾っても回収率が高い。それだけ馬券的にお得な種牡馬で、正当に評価されてない馬が多いことになる。代表産駒のマルターズディオサや、ビアンフェでさえ人気にならない。

▶右回り重賞得意、左回りは？

右回りと左回りの重賞成績がおそろしく違う。右は12勝、左は0勝。左回りは東京、新潟など長い直線コースが中心のため、最後に伸びきれないシーンを見かける。回りの問題ではなく、直線の長さが理由かもしれない。ただし東京でも、NHKマイルCのソングラインの2着や、オークスのハギノピリナの大穴3着などはある。

▶締まったラップに向き、瞬発力勝負は？

昨年版は中央4場の芝成績の違いを記したが、今はほとんど差なし。ローカルは福島だけ良くないが、これも向かないとは思えず、たまたまか。

軽いスピードを武器に前から押し切る（マルターズディオサ）か、締まったペースでしぶとく末脚を伸ばす（ディープボンド）のが好走パターン。上がりの勝負よりも、前傾ラップに強い傾向があり、これはストームキャットの長所だ。先行馬は好位を取れる内枠がプラスに働く。

▶未勝利クラスの芝→ダート替わり

ダートは未勝利クラスで勝ち星を量産。芝で勝ちきれない馬が回ってきたら、買いに出よう。阪神ダ1800が得意。ダート重不良の成績も上がる。

キズナ KIZUNA

2020 RANK 9

エピファネイア
EPIPHANEIA

種牡馬ランク　2020年度／第9位　2019年度／第46位

菊花賞、ジャパンCを圧勝！ 名牝シーザリオから産まれた最初のGI馬

2010年生　鹿毛　2021年種付け料▷受胎確認後1000万円（FR）

現役時代

中央12戦6勝、香港とドバイ2戦0勝。主な勝ち鞍、菊花賞、ジャパンC、神戸新聞杯、ラジオNIKKEI杯2歳S。皐月賞2着、ダービー2着。

新馬、京都2歳S、ラジオNIKKEI杯と、好位抜け出しの3連勝。行きたがる気性を見せつつも、一戦ごとにダービー候補の声が高まっていく。主戦は福永祐一。ラジオNIKKEI杯ではキズナも負かした。

3歳初戦の弥生賞はビュイックの手綱に折り合いを欠き、ゴール手前で失速して4着。続く皐月賞は4角先頭から抜け出すも、直線でロゴタイプに競り負けて2着惜敗。今度こそのダービーも、3角でつまずいてバランスを崩し、直線で猛然と追い込むも、外から強襲したキズナに屈して2着どまり。福永は「エピファネイアのありあまる闘志をコントロールできなかった」と悔しさを吐露した。

神戸新聞杯を楽勝して、次走は菊花賞。キズナもロゴタイプもいない中、もう負けるわけにはいかない。単勝1.6倍の断然人気に応え、2着サトノノブレスをノーステッキで5馬身突き放す独り舞台。この夏に結婚したばかりの鞍上は「初めてうまく乗れた」と、満面の笑みで正直すぎる言葉を発した。

しかし古馬になってからも、道中に力んでしまい、鞍上が制御できない走りは続く。4歳4月に遠征した香港のクイーンエリザベス2世Cは4着。秋の天皇賞は6着。手応えは抜群なのに、直線で弾けない。

たまったストレスを晴らすかのような快走を見せたのは、4歳秋のジャパンC。乗り替わったスミヨンは速めのペースに抑えることなく3番手を追走。直線は気持ち良さそうに独走して、ジャスタウェイに4馬身差。本気の能力を解放したのは、菊花賞と、このジャパンCの2戦だけだったように思う。

POINT

 1年目から無敗の三冠牝馬が誕生!
 距離延びるほど勝率アップのスタミナ
根幹距離の芝1600と2000で勝利量産!

血統背景

父シンボリクリスエスは同馬の項を参照。

母シーザリオは6戦5勝。フラワーC1着、桜花賞2着、オークス1着、アメリカンオークス1着（米GⅠ・芝10F）。半弟リオンディーズ（朝日杯FS）、半弟サートゥルナーリア（皐月賞、ホープフルS）。祖母キロフプリミエールは米GⅢラトガーズH勝ち。

シーザリオが制した05年アメリカンオークスは、3角から持ったままで先頭に立ち、4馬身差の楽勝。イスラボニータの母イスラコジーンが逃げ、シンハライトの母シンハリーズ（3着）も出走していた。

*シンボリクリスエス Symboli Kris S 黒鹿 1999	クリスエス Kris S.	Roberto
		Sharp Queen
	ティーケイ Tee Kay	Gold Meridian
		Tri Argo (8-h)
シーザリオ 青 2002	スペシャルウィーク	*サンデーサイレンス
		キャンペンガール
	*キロフプリミエール Kirov Premiere	Sadler's Wells
		Querida (16-a)

Hail to Reason 4×5

代表産駒

デアリングタクト（20桜花賞、オークス、秋華賞）、エフフォーリア（21皐月賞、ダービー2着）、アリストテレス（21アメリカJCC、20菊花賞2着）、オーソクレース（20ホープフルS2着）、シーズンズギフト（20ニュージーランドT2着）、スカイグルーヴ（20京成杯2着）、ムジカ（20ローズS2着）、クラヴェル（21マーメイドS2着）。

牝馬三冠を制したデアリングタクトは小さな牧場の生まれ、1200万円の価格も話題になった。

産駒解説

デアリングタクトは父エピファネイア×母父キングカメハメハ。この組み合わせは相性が抜群で、スカイグルーヴ、イズジョーノキセキ、クラヴェルも同じ。母父ディープインパクトとも相性が良く、アリストテレス、オーソクレース、ムジカなど。サンデー系の母とのサンデーサイレンス4×3が成功している。

関係者コメント

「クラシックホースを2年連続で輩出し、改めて種牡馬としてのポテンシャルの高さを証明しました。交配相手を見てもディープインパクト、キングカメハメハといった、ブルードメアサイアー上位の種牡馬との相性が良く、内国産で実績のある繁殖牝馬にも一度は配合してみたいと思わせる魅力があります。

父のシンボリクリスエスと母父のスペシャルウィー

種付け年度	種付け頭数	血統登録頭数	種付け料
2020年	240頭	—	500／受・FR
2019年	225頭	154頭	250／受・FR
2018年	221頭	136頭	250／受・FR

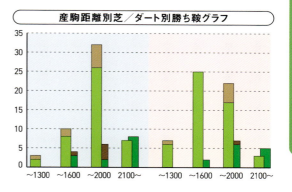

産駒距離別芝／ダート別勝ち鞍グラフ

クは、共に首が太くて伸びのある馬体という共通点があり、それが産駒の馬体にも強く遺伝されています。エピファネイア自身、普段は扱いやすい馬ですが、スイッチが入ると周りが見えなくなる激しさはあります」（社台スタリオン、21年8月）

特注馬

オーソクレース／母は宝塚記念とエリ女王杯の勝ち馬でスタミナ十分。近親のリアファルに近いのでは。
イズジョーノキセキ／前半1000Mが60秒を切る速めのペースに合う。スローと、詰まったローテは割引き。
ノルカソルカ／スタミナ血統すぎるゆえ、マイル戦を自ら飛ばして粘る個性派。中京芝2000の走りも見たい。

エピファネイア産駒完全データ

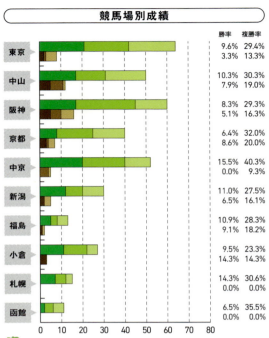

競馬場別成績

	勝率	複勝率
東京	9.6% 3.3%	29.4% 13.3%
中山	10.3% 7.9%	30.3% 19.0%
阪神	8.3% 5.1%	29.3% 16.3%
京都	6.4% 8.6%	32.0% 20.0%
中京	15.5% 0.0%	40.3% 9.3%
新潟	11.0% 6.5%	27.5% 16.1%
福島	10.9% 9.1%	28.3% 18.2%
小倉	9.5% 14.3%	23.3% 14.3%
札幌	14.3% 0.0%	30.6% 0.0%
函館	6.5% 0.0%	35.5% 0.0%

🐎「中京のエピファネイア」は必勝格言

勝利数上位コース

	コース	着度数
1位	中京芝1600	9-10-4／49
2位	東京芝1600	8-5-6／73
3位	阪神芝1600外	7-7-5／57
4位	中山芝2000	6-7-6／52
5位	中京芝2000	5-7-6／47

🐎 根幹距離の芝1600と芝2000を勝ち切る

距離別成績

		着度数	複勝率
芝	～1200	8-16-10／140	24.3%
	1400	6-10-8／117	20.5%
	～1600	32-35-30／305	31.8%
	～1800	23-24-23／245	28.6%
	2000	28-35-27／265	34.0%
	～2400	16-9-12／93	39.8%
	2500～	7-2-1／26	35.7%
ダ	～1300	2-3-4／88	10.2%
	～1600	3-5-6／96	14.6%
	～1900	15-8-9／190	16.8%
	2000～	1-1-1／17	17.6%

🐎 距離が延びるほど上昇。芝2400強い

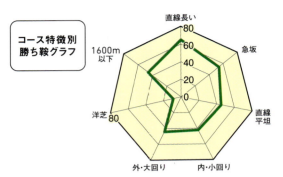

コース特徴別勝ち鞍グラフ

🐎 芝1600m以上の信頼度はかなり高い

得意重賞ベスト3

オークス	1-0-0／2
ニュージーランドT	0-1-1／3
金鯱賞	0-1-0／1

不得意重賞ワースト3

チューリップ賞	0-0-0／4
青葉賞	0-0-0／3
アーリントンC	0-0-0／2

🐎 中山芝2000と東京芝2400で馬券内7回

馬場状態別成績

		着度数	複勝率
芝	良	90-91-74／838	30.4%
	稍重	20-26-26／207	34.8%
	重	7-10-9／109	23.9%
	不良	3-4-2／39	23.1%
ダ	良	12-12-9／233	14.2%
	稍重	1-2-3／72	8.3%
	重	5-1-6／49	24.5%
	不良	3-2-2／37	18.9%

🐎 芝の重・不良は成績大幅ダウン

1番人気距離別成績

		着度数	複勝率
芝	～1200	3-3-2／18	44.4%
	1400	3-1-2／9	66.7%
	～1600	12-5-4／31	67.7%
	～1800	11-3-3／23	73.9%
	2000	7-8-3／25	72.0%
	～2400	5-1-1／9	77.8%
	2500～	5-1-1／9	77.8%
ダ	～1300	0-0-0-／0	―
	～1600	1-1-1／5	60.0%
	～1900	4-1-2／10	70.0%
	2000～	1-0-0-／1	100.0%

🐎 芝2200以上の1番人気は連軸向き

EPIPHANEIA

血統別騎手ベスト5（3番人気以内）

	騎手	着度数	勝率	複勝率
1位	C.ルメール	13-6-2-14／35	37.1%	60.0%
2位	松山弘平	8-3-2-5／18	44.4%	72.2%
3位	福永祐一	7-5-4-6／22	31.8%	72.7%
4位	川田将雅	5-5-2-3／15	33.3%	80.0%
5位	戸崎圭太	5-1-3-6／15	33.3%	60.0%

🐎 **ルメールの継続騎乗に信頼感**

血統別騎手ベスト5（4番人気以下）

	騎手	着度数	勝率	複勝率
1位	幸英明	3-5-3-27／38	7.9%	28.9%
2位	福永祐一	3-3-1-8／15	20.0%	46.7%
3位	吉田豊	3-0-2-19／24	12.5%	20.8%
4位	松若風馬	2-4-2-23／31	6.5%	25.8%
5位	丸山元気	2-3-2-15／22	9.1%	31.8%

🐎 **幸の下級条件、福永の牝馬**

クラス別成績

	芝 着度数	勝率	ダ 着度数	勝率
新馬	28-22-26-145	12.7%	0-1-0-28	0.0%
未勝利	51-56-49-432	8.7%	14-10-16-243	4.9%
1勝	26-32-18-151	11.5%	5-6-3-48	8.1%
2勝	7-4-7-27	15.6%	2-0-0-10	16.7%
3勝	0-5-1-9	0.0%	0-0-1-3	0.0%
OPEN(非L)	0-0-0-4	0.0%	0-0-0-1	0.0%
OPEN(L)	2-4-2-13	9.5%	0-0-0-0	―
GⅢ	1-2-5-24	3.1%	0-0-0-0	―
GⅡ	1-3-2-20	3.8%	0-0-0-0	―
GⅠ	4-3-1-6	28.6%	0-0-0-0	―

🐎 **ダートの勝ち鞍は現状2勝クラスまで**

条件別勝利割合

穴率	19.1%	平坦芝率	37.5%
芝道悪率	25.0%	晩成率	13.5%
ダ道悪率	42.9%	芝広いコース率	54.2%

🐎 **穴率は低いが、大穴のヒモはあり**

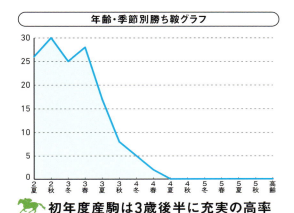

年齢・季節別勝ち鞍グラフ

🐎 **初年度産駒は3歳後半に充実の高率**

※「春」＝4、5、6月。「夏」＝7、8、9月。
「秋」＝10、11、12月。「冬」＝1、2、3月。高齢＝6歳以上。

勝利へのポイント

重賞の馬券22回中、前走3着以内／20回
中京の芝／複勝率40%、単勝回収率238%

初年度から無敗の三冠牝馬デアリングタクト、2年目は皐月賞1着、ダービー2着のエフフォーリアが登場。父系のイメージとは異なるキレキレの瞬発力と、反応の速さで大舞台の主役になる。ほかに菊花賞2着とホープフルS2着が出た。

▶**根幹距離と距離延長でプラス確定**
左表の通り、距離が延びるほど勝率が上がっていき、芝2200から2400は複勝率4割。重賞で2頭以上が馬券になったコースは、中山芝2000、東京芝2400、京都芝2000、中京芝2000など。牝馬はマイラーも多いが、本質はスタミナ豊富な血統だ。
距離延長の好走も多く、芝の延長の単勝回収率は172%。2歳戦や下級条件はこれを拾うだけで利益が出る。忙しい距離で追走に苦労しつつ、ラストで差を詰めた馬の次走、距離延長は買い。

▶**ジリ脚ステイヤーはスロー危険**
1年目は瞬発力ある牝馬に対して、牡馬はジリ脚のステイヤーが多かった。エフフォーリアでイメージが打ち消されつつあるとはいえ、切れ味のない牡馬はスローの瞬発力勝負で不発がち。
中京の芝成績は圧巻。もともとロベルト系が強いコースで「中京のエピファネイア」は必勝格言。1600以上はどの距離も高率で、重賞なら芝2000。

▶**重賞は「前走3着以内」の馬を**
5番人気以下の伏兵が走るのは、中京と阪神の芝。逆に東京の芝は【0-5-4-108】と1着なし。
重賞の馬券絡みは前走3着以内の馬がほとんど。その割に人気薄も来て、ローズSで14番人気2着のムジカは前走2着からの格上げ挑戦だった。

▶**ダートは不向きなのか**
現時点でダートは不振。勝ち鞍は2勝クラスまで、ダ1800の勝ち鞍が中心。ダ1400以下の忙しい距離は、2、3着が増える。シンボリクリスエスの父系にダートが向かないとは思えないが、好んで狙うこともない。芝の重不良も得意とは言えず。

ヘニーヒューズ
HENNY HUGHES

種牡馬ランク　2020年度／第10位　2019年度／第12位　2018年度／第19位

世界でブレイクするヘネシー系。産駒の活躍で日本へ

2003年生　栗毛　アメリカ産　2021年種付け料▷受胎確認後500万円（FR）

現役時代

　北米で通算10戦6勝。主な勝ち鞍、キングズビショップS（GI・7F）、ヴォスバーグS（GI・6F）、サラトガスペシャル（GII・6F）、ジャージーショアBCS（GIII・6F）。BCジュヴェナイル（GI・8.5F）2着、シャンペンS（GI・8F）2着。

　2歳6月にデビュー。ここを6馬身差で制し、続くステークスを15馬身差で圧勝。サラトガスペシャルは逃げ切ってここまで3連勝。しかし、夏の2歳王者決定戦ホープフルS、東海岸代表決定戦シャンペンSの2戦とも先に抜け出したファーストサムライを捉えられずの2着。2歳王者決定戦BCジュヴェナイルは早めに先頭に立ち、ファーストサムライに先着するもののスティーヴィーワンダーボーイの強襲に屈し、GI3連戦は全て2着に敗れた。

　3歳になって春は調整不足で全休を余儀なくされ、初夏の短距離路線から始動。手始めのジャージーショアBCSは早めに先手を奪うと他馬を離す一方。最後は10馬身の差をつけていた。トラヴァーズSの短距離版キングズビショップSも早めに抜け出しての5馬身1／4差勝ち。古馬相手のヴォスバーグSでも定石どおりの戦法を用い、2着ウォーフロントに2馬身3／4差をつけ、そのまま押し切った。

　最大目標のBCスプリントは単勝2.6倍の圧倒的人気もスタートで後手を踏む予想外の展開。先手を取れずに後方のまま最下位14着に敗れ、生涯で唯一の連対を外した。ベルモント競馬場、サラトガ競馬場、モンマス競馬場と東海岸での経験しかなく、BCスプリントの行われたチャーチルダウンズ競馬場の砂が合わなかったのか、あるいは遠征疲れか。10戦6勝、2着3回。最長勝ち距離は7F。2着につけた着差の合計は42馬身3／4。先行力に秀でたスプリンターだった。

POINT
- 筋肉質な馬体でダートを押し切るスピード
- 2歳から全開。芝ダート両重賞制覇も
- 内枠成績ダウンの気性と一本調子が弱点

血統背景
父ヘネシー。産駒のヨハネスブルグを経たスキャットダディが米三冠馬ジャスティファイを出すなど父系を発展させている。

母系は、祖母ショートレイは米GⅢ勝ち馬。母の父メドウレイクはリアルインパクトの母の父。

代表産駒
モーニン（16フェブラリーS）、アジアエクスプレス（13朝日杯FS）、ワイドファラオ（20かしわ記念）、アランバローズ（20全日本2歳優駿）、ウェルドーン（21関東オークス）、レピアーウィット（21マーチS）。

産駒解説
交流重賞の勝ち馬ワイドファラオ、アランバローズ、ウェルドーンの3頭は母父がSS系。加えて母は米国血統色が薄く、ワイドファラオ、ウェルドーンは非ミスプロで、アランバローズは6代目と遠い。いずれにしても頼りになるのはSS系ということ。

関係者コメント
「今年で18歳になりましたけど、種付けも問題なくこなせますし、衰えを感じるところはひとつもないですね。元気にやっています。この歳で種付け頭数が150頭を超えるというのは負担になりますので、シンジケート以外のお申し込みはあまりたくさん取らないという程度にこちらで種付け頭数が多くなりすぎないようにコントロールしているくらいでしょうか。そのぶん長く活躍してもらえるよう、大事にしています。

おかげさまで産駒が幅広い活躍をしてくれているので、去年までJRAのダートではトップということもありまして、相変わらずの人気ですね。リピーターもいますし、質の高い繁殖牝馬が集まっていると思います。サンデー系牝馬にダートの良い種馬を付けるとなると、やはりヘニーヒューズだろうという認識をしてくださっているのはありがたいことです。

後継種牡馬のモーニンもものすごい人気になっていますし、"ヘニーヒューズ系"と言うにはまだ早いかもしれませんが、後継馬の種付け頭数が増えているの

*ヘネシー Hennessy 栗 1993	ストームキャット Storm Cat	Storm Bird
		Terlingua
	アイランドキティ Island Kitty	Hawaii
		T.C.Kitten (8-c)
メドウフライヤー Meadow Flyer 鹿 1989	メドウレイク Meadowlake	Hold Your Peace
		Suspicious Native
	ショートレイ Shortley	Hagley
		Short Winded (25)

種付け年度	種付け頭数	血統登録頭数	種付け料
2020年	132頭	—	400／受・FR
2019年	170頭	101頭	400／受・FR
2018年	192頭	111頭	350／受・FR

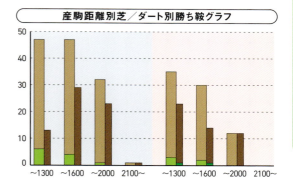
産駒距離別芝／ダート別勝ち鞍グラフ

はヘニーヒューズのイメージの良さだと思いますので、これからもこのまま元気で息の長い活躍をしてもらえればと思います。あと1頭、2頭、後継が増えるように大きなレースで活躍できる馬が出てきてくれれば言うことなしですね」（優駿スタリオン、21年9月）

特注馬
タガノビューティー／西園厩舎のヘニー産駒に石橋脩が乗ると超高率。東京ダ1400ベストで根岸S向き。
レピアーウィット／564キロで重賞制覇の大型馬。暖かくなると調子を上げ、毎年3月から5月は好調。
サダムスキャット／脚抜きのいいダートは決め手のある馬に差されて2、3着多め。良のほうが1着あり。

ヘニーヒューズ産駒完全データ

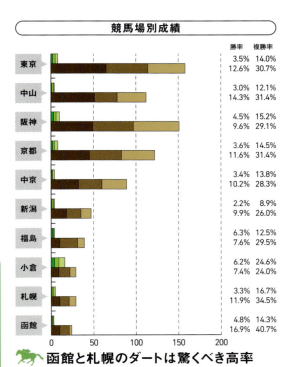

函館と札幌のダートは驚くべき高率

勝利数上位コース

1位	中山ダ1200	36-14-21／221
2位	東京ダ1400	30-19-18／221
3位	東京ダ1600	28-23-21／217
4位	京都ダ1400	24-16-13／156
5位	阪神ダ1200	19-15-19／145

中山ダ1200なら枠順問わず好調

距離別成績

		着度数	複勝率
芝	～1200	10-10-12／197	16.2%
	1400	4-5-9／89	20.2%
	～1600	3-5-3／99	11.1%
	～1800	1-2-2／40	12.5%
	2000	0-0-0／12	0.0%
	～2400	0-0-0／4	0.0%
	2500～	0-0-0／1	0.0%
ダ	～1300	108-93-84／912	31.3%
	～1600	113-88-83／965	29.4%
	～1900	76-82-71／751	30.5%
	2000～	3-0-0／29	10.3%

ダート短距離から中距離までムラなし

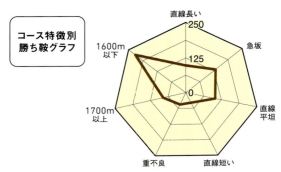

マイル以下ならどこでも走る

得意重賞ベスト3

ユニコーンS	1-0-1-8
レパードS	0-0-1-3
マーチS	1-0-1-2

不得意重賞ワースト3

みやこS	0-0-0-2
平安S	0-0-0-1
小倉2歳S	0-0-0-2

中山の重賞はダートも芝も穴が多い

馬場状態別成績

		着度数	複勝率
芝	良	13-20-20／339	15.6%
	稍重	4-2-4／68	14.7%
	重	1-0-2／32	9.4%
	不良	0-0-0／4	0.0%
ダ	良	185-147-143／1523	31.2%
	稍重	69-61-51／588	30.8%
	重	31-40-26／357	27.2%
	不良	16-15-18／195	25.1%

ダートの重不良は勝率・複勝率ダウン

1番人気距離別成績

		着度数	複勝率
芝	～1200	2-2-1／9	55.6%
	1400	1-3-0／4	100.0%
	～1600	1-0-0／3	33.3%
	～1800	1-0-0／1	100.0%
	2000	0-0-0／0	-
	～2400	0-0-0／0	-
	2500～	0-0-0／0	-
ダ	～1300	40-17-13／97	72.2%
	～1600	36-21-12／104	66.3%
	～1900	36-22-17／112	67.0%
	2000～	1-0-0／1	100.0%

ダ1600とダ1200は他の距離より優秀

HENNY HUGHES

血統別騎手ベスト5（3番人気以内）

	騎手	着度数	勝率	複勝率
1位	C.ルメール	14-7-7-22／52	26.9%	53.8%
2位	川田将雅	12-5-4-13／34	35.3%	61.8%
3位	M.デムーロ	11-7-1-12／31	35.5%	61.3%
4位	和田竜二	9-6-5-14／34	26.5%	58.8%
5位	石橋脩	9-3-4-12／30	30.0%	53.3%

🐎 下級条件の乗り替わりルメール

血統別騎手ベスト5（4番人気以下）

	騎手	着度数	勝率	複勝率
1位	石橋脩	7-4-3-25／39	17.9%	35.9%
2位	内田博幸	5-4-4-47／60	8.3%	21.7%
3位	岩田康誠	4-3-2-25／36	11.1%	25.0%
4位	松山弘平	3-5-3-29／40	7.5%	27.5%
5位	武豊	3-1-1-9／14	21.4%	35.7%

🐎 石橋脩がダ1400からダ1800で大暴れ

クラス別成績

	芝 着度数	勝率	ダ 着度数	勝率
新馬	4-4-8-81	4.1%	29-27-27-143	12.8%
未勝利	5-14-9-138	3.0%	121-106-96-658	12.3%
1勝	6-1-3-72	7.3%	81-80-63-622	9.6%
2勝	2-2-3-40	4.3%	39-34-25-241	11.5%
3勝	0-0-1-12	0.0%	15-9-14-98	11.0%
OPEN（非L）	0-1-2-9	0.0%	9-2-9-53	12.3%
OPEN（L）	0-0-0-5	0.0%	3-4-1-18	11.5%
GⅢ	0-0-0-10	0.0%	3-0-3-19	12.0%
GⅡ	1-0-0-4	20.0%	0-0-0-0	-
GⅠ	0-0-0-5	0.0%	1-0-0-7	12.5%

🐎 芝も2勝クラスまではちらほら勝つ

条件別勝利割合

穴率	17.6%	平坦芝率	61.1%
芝道悪率	27.8%	晩成率	30.1%
ダ道悪率	38.5%	芝広いコース率	22.2%

🐎 穴率低い、晩成率も低い早熟血統

年齢・季節別勝ち鞍グラフ

🐎 2歳ダート、特に10月以降は圧倒的

※「春」＝4、5、6月。「夏」＝7、8、9月。
「秋」＝10、11、12月。「冬」＝1、2、3月。高齢＝6歳以上。

勝利へのポイント

重賞5勝中、中9週以上の休み明け／3勝
ダート1番人気、1枠2枠の勝率／31%

21年はレピアーウィットがマーチSを休み明けの8番人気で勝利。モーニンやワイドファラオも休み明けで重賞を制すなど、鉄砲はプラス材料。

▶揉まれない外枠で買い、内枠危険
ダートの上級馬を続々と輩出し、砂の短距離ならどこでも走る。ただし、繊細な気性を持ち、それを示すのが上記の1番人気の枠順成績。7、8枠なら勝率は60%近いのに、1、2枠は30%台。イレコミのきつい馬はパドックでもわかるから、観察すること。揉まれない枠順で走力を上げる。

▶2歳なら芝でも走るダート血統
アジアエクスプレスは朝日杯とレパードSに勝ち、ワイドファラオも芝とダートの両重賞を制覇。基本はダートのマイラー血統だが、2歳から3歳前半は芝ダート両方で高い能力を示す馬が出る。

▶ダ1600以下は1着、ダ1700以上は2着が多い
筋肉質のマッチョな馬体を揺らし、ダ1200、ダ1400を中心にスピードで押し切る。ハイペースで粘れる長所を持つ反面、末脚をためて切れ味を使うタイプではない。前で勝負する騎手が合う。
ダ1600以下は1着が多いのに、ダ1700以上になると2着や3着が多い傾向も知っておきたい。

▶調子のいい時期にまとめて稼ぐ
好調期と不調期が分かれ気味。連勝が多い一方、調子を崩すと立ち直りが難しく、早熟で終わってしまう例も多々あり。旬の時期に乗り、勢いがなくなったら深追いは禁物だ。馬体が立派すぎて絞れない弱点もあり、冬は馬体重の変動に注目。

▶人気馬なら東京と京都のダート
単勝回収率が100を超える条件がいくつもあり、2歳のダ1200〜ダ1400は　197%の破壊力！1番人気が優秀なのは京都と東京のダ1600以下。
ダートの中距離を持ち場にするのは主に牡馬。短距離で不振の続いた馬が、距離を延ばしたらスローの逃げを打てるようになり、復活の例も。

2020 RANK
11
キンシャサノキセキ
KINSHASA NO KISEKI

種牡馬ランク　2020年度／第11位　2019年度／第11位　2018年度／第12位

スプリンター王国南半球産。逆輸入のフジキセキ後継一番星

2003年生　鹿毛　オーストラリア産　2021年種付け料▷受胎確認後250万円

現役時代

　中央で31戦12勝。主な勝ち鞍、高松宮記念2回、阪神C2回、スワンS、オーシャンS、函館スプリントS。スプリンターズS2着2回。

　オーストラリア生まれの異色のサラブレッド。誕生日が9月のため、同期生の中では半年ほど遅生まれのハンデがありながら、新馬から2連勝。NHKマイルCでは安藤勝己を背に、ロジックの3着に入った。

　4歳でオープン特別を2勝。5歳の高松宮記念は岩田康誠を迎え、4番手から直線で先頭に躍り出ると、ゴール寸前でファイングレインに差されたものの2着好走。フジキセキ産駒のワンツーだった。続く函館スプリントSで重賞初勝利をあげると、スプリンターズSは前半やや折り合いを欠きながら、スリープレスナイトの2着に食い込む。テン33秒台の軽やかなスピードと、ピリッと切れる一瞬の末脚が持ち味だった。

　しかしキンシャサノキセキが本物になったのは、この後である。6歳秋のスワンSから、阪神C、7歳のオーシャンSと3連勝を決めて、10年高松宮記念は堂々の1番人気。四位洋文を背に中団で折り合い、直線は馬場の三分どころから抜け出しを図る。外から強襲するビービーガルダンとエーシンフォワード、内から迫るサンカルロらを抑え、5着まで0秒1差の大接戦をハナ差でしのぎ切った。

　秋のスプリンターズSはウルトラファンタジーの2着（3位入線）。阪神Cで連覇を果たすと、8歳の高松宮記念もリスポリを鞍上に連覇達成。年齢が嫌われたか3番人気にとどまったが、サンカルロ以下に1馬身1／4差をつける危なげない完勝だった。

　ここで突然の引退発表。父のフジキセキが種付け中止という緊急事態を受けての、急遽の社台スタリオン入りだったと思われる。

POINT

- 2歳と3歳のマイル以下で稼ぐ早熟スピード！
- 伸び悩み→ダートやローカル芝で復活
- 古馬はダートの上級条件でヒモの大穴

血統背景

　父フジキセキは4戦4勝、朝日杯3歳S、弥生賞の勝ち馬。オーストラリアでもシャトル供用され、キンシャサノキセキは当地での生産馬になる。最後の種付けは2010年で、たすきを渡すように11年から本馬が種付けを開始した。

　母ケルトシャーンは不出走。半姉の仔にアブソリュートリー（ATCオークス）。祖母フェザーヒルの子に、種牡馬グルームダンサー（リュパン賞）。

　母父プレザントコロニーはケンタッキー・ダービーとプリークネスSの米国二冠馬。タップダンスシチーの父の父でもあり、晩熟の成長力を与える。リボー系。

代表産駒

　ガロアクリーク（20スプリングS）、ルフトシュトローム（20ニュージーランドT）、シュウジ（16阪神C）、モンドキャンノ（16京王杯2歳S、16朝日杯FS2着）、カシアス（函館2歳S）、ベルーガ（17ファンタジーS）、サクセスエナジー（18さきたま杯）、ヒラボクラターシュ（19佐賀記念）、カッパツハッチ（アイビスSD）。

産駒解説

　獲得賞金の上位馬には、母父ミスプロ系や、祖母の父ミスプロ系の馬が多い。勝ち上がり率が高く、2勝以上した産駒の割合も高いので、クラブ馬として初心者が楽しむ分には、ハズレが少なくてピッタリかも。母父ストームキャット系（ロードシャリオなど）や、母父サクラバクシンオー（モンドキャンノなど）なら、ハズレの心配はさらに下がる。

関係者コメント

「18歳という年齢もあってか、以前より受胎率も落ちているので、今シーズンは一日一回の種付けに限定しました。現在は功労馬厩舎で繋養していますが、馬は非常に元気です。フジキセキにとって初期の後継種牡馬でしたが、2歳戦から古馬まで、ダート、芝と条件を問わない産駒の活躍が、その後、スタッドインした後継種牡馬の信ぴょう性を高めてくれた印象もあります。1頭でも多くの産駒を残して欲しいです。

フジキセキ 青鹿　1992	*サンデーサイレンス Sunday Silence	Halo
		Wishing Well
	*ミルレーサー Millracer	Le Fabuleux
		Marston's Mill (22-d)
*ケルトシャーン Keltshaan 鹿　1994	プレザントコロニー Pleasant Colony	His Majesty
		Sun Colony
	フェザーヒル Featherhill	Lyphard
		Lady Berry　(14)

種付け年度	種付け頭数	血統登録頭数	種付け料
2020年	100頭	―	250／受・FR
2019年	156頭	88頭	200／受・FR
2018年	128頭	84頭	250／受・FR

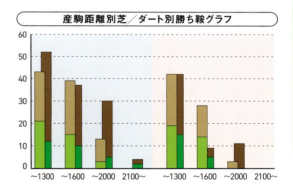

産駒距離別芝／ダート別勝ち鞍グラフ

　産駒は芝よりダートの勝ち鞍がずっと多くて、これは意外でした。プレザントコロニーの血なんでしょうか。ロケットスタートでスピードがあって勝ち上がり率が高いので、馬主さんに喜ばれる種牡馬ですね」
（社台スタリオン、21年8月）

特注馬

テーオーターゲット／祖母ファストフレンド。良以外の脚抜きいいダートで安定、良馬場はだいぶ落ちる。
ガロアクリーク／あっさり中山金杯を勝っても不思議はないが、オープン特別の芝1800が似合うのかも。
ブルベアイリーデ／昨年も指摘したように「騎手を選ぶ馬」。テン乗りだと御せず、デムーロ騎乗の東京で。

キンシャサノキセキ産駒完全データ

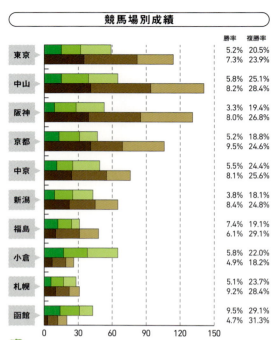

競馬場別成績

競馬場	勝率	複勝率
東京	5.2%	20.5%
	7.3%	23.9%
中山	5.8%	25.1%
	8.2%	28.4%
阪神	3.3%	19.4%
	8.0%	26.8%
京都	5.2%	18.8%
	9.5%	24.6%
中京	5.5%	24.4%
	8.1%	25.6%
新潟	3.8%	18.1%
	8.4%	24.8%
福島	7.4%	19.1%
	6.1%	29.1%
小倉	5.8%	22.0%
	4.9%	18.2%
札幌	5.1%	23.7%
	9.2%	28.4%
函館	9.5%	29.1%
	4.7%	31.3%

🐎 直線長い東京や阪神外回りは3着多め

勝利数上位コース

順位	コース	着度数
1位	中山ダ1200	33-38-38／381
2位	東京ダ1400	20-23-18／261
3位	京都ダ1200	19-9-20／178
4位	新潟ダ1200	17-20-16／201
5位	小倉芝1200	15-18-23／255

🐎 ダ1200とダ1400ならどこでも走る

距離別成績

	距離	着度数	複勝率
芝	〜1200	67-94-86／1107	22.3%
	1400	26-24-52／472	21.6%
	〜1600	18-40-38／394	24.4%
	〜1800	5-5-9／134	14.2%
	2000	3-5-3／85	12.9%
	〜2400	0-0-3／23	13.0%
	2500〜	2-1-2／17	29.4%
ダ	〜1300	112-122-125／1303	27.6%
	〜1600	69-74-57／824	24.3%
	〜1900	46-75-55／729	24.1%
	2000〜	5-11-7／77	29.9%

🐎 牡馬は1800や2000でも侮れない

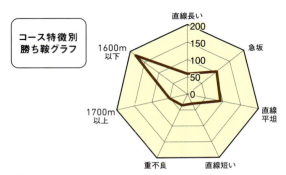

コース特徴別 勝ち鞍グラフ

🐎 ダートだけではなく芝1200も要チェック

得意重賞ベスト3

京王杯2歳S	1-1-0／5
函館2歳S	1-2-0／8
ファンタジーS	1-0-1／3

不得意重賞ワースト3

ファルコンS	0-0-0／5
ユニコーンS	0-0-0／4
プロキオンS	0-0-0／2

🐎 2歳重賞の芝1200と芝1400は抜群

馬場状態別成績

	馬場	着度数	複勝率
芝	良	101-138-138／1720	21.9%
	稍重	13-19-42／337	22.0%
	重	3-11-7／127	16.5%
	不良	4-1-6／48	22.9%
ダ	良	141-159-150／1742	25.8%
	稍重	56-69-57／663	27.5%
	重	20-32-26／336	23.2%
	不良	15-22-11／192	25.0%

🐎 ダート稍重ちょいアップ。馬場不問

1番人気距離別成績

	距離	着度数	複勝率
芝	〜1200	25-26-12／101	62.4%
	1400	7-7-5／33	57.6%
	〜1600	4-6-6／22	72.2%
	〜1800	0-0-1／2	50.0%
	2000	0-0-0／0	―
	〜2400	0-0-0／0	―
	2500〜	0-0-0／0	―
ダ	〜1300	39-33-25／142	68.3%
	〜1600	31-22-12／98	66.3%
	〜1900	17-23-6／60	76.7%
	2000〜	1-1-3／9	55.6%

🐎 函館芝1200の1番人気は堅実

KINSHASA NO KISEKI

血統別騎手ベスト5（3番人気以内）

	騎手	着度数	勝率	複勝率
1位	戸崎圭太	15-14-7-28／64	23.4%	56.3%
2位	松山弘平	13-7-6-11／37	35.1%	70.3%
3位	福永祐一	12-14-3-15／44	27.3%	65.9%
4位	C.ルメール	11-15-11-30／67	16.4%	55.2%
5位	川田将雅	11-4-7-30／52	21.2%	42.3%

🐎 東の戸崎、西の松山がトップ

血統別騎手ベスト5（4番人気以下）

	騎手	着度数	勝率	複勝率
1位	松山弘平	6-3-6-55／70	8.6%	21.4%
2位	吉田隼人	5-8-6-70／89	5.6%	21.3%
3位	三浦皇成	4-5-4-40／53	7.5%	24.5%
4位	幸英明	4-1-4-51／60	6.7%	15.0%
5位	和田竜二	3-5-7-55／70	4.3%	21.4%

🐎 松山はダート中距離の穴も要注意

クラス別成績

	芝 着度数	勝率	ダ 着度数	勝率
新馬	23-29-32-163	9.3%	10-12-8-63	10.8%
未勝利	37-48-50-525	5.6%	81-88-74-762	8.1%
1勝	34-47-53-619	4.5%	81-102-89-849	7.2%
2勝	17-26-32-225	5.7%	37-43-35-284	9.3%
3勝	3-4-10-88	2.9%	12-24-23-128	6.4%
OPEN(非L)	1-7-9-47	1.6%	7-8-12-51	9.0%
OPEN(L)	0-2-2-13	0.0%	4-4-2-14	16.7%
GⅢ	2-4-2-43	3.9%	0-1-1-20	0.0%
GⅡ	4-1-2-14	19.0%	0-0-0-0	—
GⅠ	0-1-1-14	0.0%	0-0-0-4	0.0%

🐎 ダートのリステッドは全部買え！

条件別勝利割合

穴率	24.9%	平坦芝率	58.7%
芝道悪率	16.5%	晩成率	47.0%
ダ道悪率	39.2%	芝広いコース率	23.1%

🐎 芝の平坦率が高め。ただし中山は得意

年齢・季節別勝ち鞍グラフ

🐎 芝は2歳断然、ダートは高齢まで走る

※「春」＝4、5、6月。「夏」＝7、8、9月。
「秋」＝10、11、12月。「冬」＝1、2、3月。高齢＝6歳以上。

勝利へのポイント

重賞3着内19回中、2歳／7回、3歳／10回
ダート、オープン特別／11勝、重賞／0勝

勝ち鞍のほぼ半数が1200以下、8割が1600以下という短距離血統。ただし、20年にはガロアクリークがスプリングS1着、セントライト記念3着などして先入観をくつがえした。繁殖牝馬の質が上がり、父フジキセキに近付いたとも言える。

▶距離に限界のある馬は折り合いがカギ

2歳の短距離で速さを見せつけ、小倉2歳Sのワンツー、函館2歳Sの2年連続連対、京王杯2歳Sは4年連続の連対など、完成の早さが売り。しかし距離が延びると止まってしまう夏の線香花火もいて、中距離もこなすマイラーと、短距離専門スプリンターの見分けが肝心。母系で判断するより、折り合いや追って伸びるかのレースぶりで見極めたい。古馬はダート馬も多く、新潟ダ1200のNST賞は5年連続で3着以内に来ている。

▶直線の短いコースの芝1200が得意

2歳重賞をにぎわせた後、NHKマイルCは伸びず、短距離で復活したシュウジが代表モデル。

芝で頭打ちになった馬が、ダートに転じて新境地を見出すか、久々のローカルで復活する。小倉や福島や新潟の短距離で多数の勝ち鞍をあげ、特に小倉芝1200と函館芝1200の勝利数が目をひく。前傾ラップの得意な先行馬と、芝1400で後方から鋭く差してくる馬がいるから、各馬の得意な流れを観察したい。総じて直線の短いコースが合う。

▶前走で展開不向きの大敗馬が一変！

ダートも1200、1400中心に、牡馬は中距離型も少なくない。穴の狙いは展開による出し入れだ。前有利のスローで不発だった差し馬や、前崩れのハイペースで沈んだ先行馬が、展開の違いで着順を一変させる。前走の着順だけ見ないこと。

ダートのオープン特別と重賞の違いにも注目。オープンは11勝と大活躍なのに、ダ重賞は【0-1-1-24】と不振。コツコツと力をつけて上昇した古馬が、オープン特別や3勝クラスで穴になる。

ゴールドアリュール
GOLD ALLURE

種牡馬ランク　2020年度／第12位　2019年度／第10位　2018年度／第10位

サンデーサイレンス帝国のダート担当大将

1999年生　栗毛　2017年死亡

現役時代

　中央、地方交流で16戦8勝。主な勝ち鞍、フェブラリーS、ジャパンダートダービー、ダービーグランプリ、東京大賞典、アンタレスS。

　芝の名馬を輩出し続けたサンデーサイレンスが、晩年に送り出した砂の金看板。ダートに限れば9戦7勝、GIを4勝。池江泰郎調教師が育てた。

　新馬勝ちは京都の芝1800だったが伸び悩み、ダートに転戦すると軽々2連勝。この賞金を持って駒を進めたダービーは、上村洋行を背に先行3番手からしぶとく粘り込み、タニノギムレットの5着に健闘する。この一戦を最後に交流重賞のダート路線へ本格的に乗り出し、鞍上も武豊に交代。本領を発揮してゆく。

　7月のジャパンダートダービー（大井ダ2000）はインタータイヨウに7馬身差、9月のダービーグランプリ（盛岡ダ2000）はスターキングマンに10馬身差の楽勝。持ったままのクルージングだった。JCダート（中山ダ1800）は2番人気に評価されるが、さすがに3歳馬には荷が重かったか、4角先頭の強気すぎる競馬が裏目に出たか、直線で後続に飲み込まれ、イーグルカフェの5着に敗れる。この年は中山開催で、もしも砂の軽い東京開催なら結果も違っていただろう。

　暮れの東京大賞典（大井ダ2000）と、明けて4歳のフェブラリーSはどちらもビワシンセイキを負かして優勝。わずか8ヶ月の間に中央と地方でGIタイトルを4つ奪取。名実ともにダート界の頂点に立った。

　次なる目標は世界の強豪が集うドバイワールドC…のはずだったが、03年3月のイラク戦争勃発により、渡航中止。仕方なくアンタレスSを8馬身差の単勝140円でぶっちぎり、鬱憤を晴らすも、かえってドバイ回避の無念がつのる結果でもあった。帝王賞で大敗後、喘鳴症が発覚、引退した。

POINT

- 東京ダート1600得意の砂の覇王！
- コーナー4回の右回りは信頼低下
- ダートの内枠凡走→外枠替わりで穴！

血統背景

父サンデーサイレンスにとって、本馬は初の中央ダートGIの勝ち馬。

母ニキーヤはフランスで3勝。祖母リラクタントゲストはビヴァリーヒルズH（GI）。全妹オリエントチャーム（マーメイドS3着）、半弟ゴールスキー（マイルCS3着）。近親ペルシアンナイト（マイルCS。母は本馬の全妹）、ダウアリー（コティリオンS）、ミーターメイド（ガーデニアS）など。

母父ヌレイエフは仏のリーディング・サイアー、英のリーディング・ブルードメア・サイアーにもなった大種牡馬。サンデー×ヌレイエフの配合はトゥザヴィクトリー（ドバイWC2着）、サイレントディール（武蔵野S）などダートに強い馬が多い。

代表産駒

エスポワールシチー（10フェブラリーS）、コパノリッキー（14・15フェブラリーS）、ゴールドドリーム（17フェブラリーS）、スマートファルコン（10・11東京大賞典）、クリソライト（13ジャパンDダービー）、クリソベリル（19チャンピオンズC）。

産駒解説

配合的にはマルゼンスキーとのニックスが特筆される。トウカイパラダイス、タケミカヅチ（ともに母父マルゼンスキー）など、芝の重賞で活躍した産駒は、母の父か祖母の父にマルゼンスキーを持つ例が多い。

この配合だとニジンスキーのクロスが生まれ、フーラブライドやトップカミングもこれ。新しいところでは、エピカリスやゴールドドリームもニジンスキーのクロスがある。鉄板配合だ。

関係者コメント

「18年生まれ（21年3歳）の4頭が最後の産駒になります。まだまだチャンピオン級のダート馬が出ていますから、亡くなったのは残念。後継では、エスポワールシチーが結果を残しそうに思います。うちにいたスマートファルコンは、18年からレックススタッドへ移動しました。

*サンデーサイレンス Sunday Silence 青鹿 1986	ヘイロー Halo	Hail to Reason
		Cosmah
	ウィッシングウェル Wishing Well	Understanding
		Mountain Flower (3-e)
*ニキーヤ Nikiya 鹿 1993	ヌレイエフ Nureyev	Northern Dancer
		Special
	リラクタントゲスト Reluctant Guest	Hostage
		Vaguely Royal (9-h)

Northern Dancer 3・5（母方）、Almahmoud 4×5

種付け年度	種付け頭数	血統登録頭数	種付け料
2020年	−	−	−
2019年	−	−	−
2018年	−	−	−

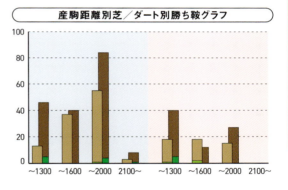

産駒距離別芝／ダート別勝ち鞍グラフ

産駒はダートの勝ち上がりが圧倒的で、我慢強く、最後までバテないのが長所です。身のこなしがサンデー系のちょこちょこした感じではなく、のっしのっしと歩く大きな歩様です。サンデー系では異質のタイプでした」（社台スタリオン、19年7月）

特注馬

ナランフレグ／連対7回はすべて左回りの中京、新潟、東京。ただし京都芝1200重賞の3着はある。

シェダル／コーナー4回のダート中距離を前から粘るタイプ。中央重賞は壁あるが、交流重賞に向きそう。

ラストマン／休み明けは人気で敗退→叩き2戦目に間隔詰めて1着が好走パターン。クリソベリル近親。

ゴールドアリュール GOLD ALLURE

ゴールドアリュール産駒完全データ

競馬場別成績

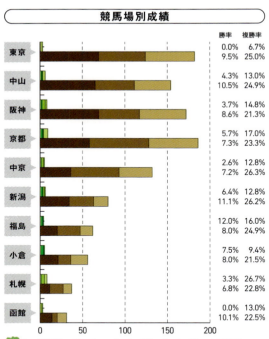

競馬場	勝率	複勝率
東京	0.0% / 9.5%	6.7% / 25.0%
中山	4.3% / 10.5%	13.0% / 24.9%
阪神	3.7% / 8.6%	14.8% / 21.3%
京都	5.7% / 7.3%	17.0% / 23.3%
中京	2.6% / 7.2%	12.8% / 26.3%
新潟	6.4% / 11.1%	12.8% / 26.2%
福島	12.0% / 8.0%	16.0% / 24.9%
小倉	7.5% / 8.0%	9.4% / 21.5%
札幌	3.3% / 6.8%	26.7% / 22.8%
函館	0.0% / 10.1%	13.0% / 22.5%

🐎 新潟、東京、中京ダートの率が優秀

コース特徴別勝ち鞍グラフ

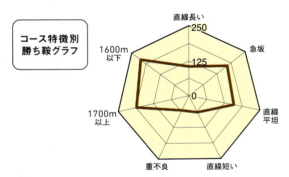

🐎 ワンターンのコースでより良績

得意重賞ベスト3
	着度数
チャンピオンズC	2-2-1／13
武蔵野S	2-1-0／7
フェブラリーS	1-2-1／11

不得意重賞ワースト3
	着度数
エルムS	0-0-0／6
マーチS	0-0-0／6
東海S	0-0-0／4

🐎 コーナー4回の右回りは不振傾向

勝利数上位コース

順位	コース	着度数
1位	東京ダ1600	38-23-19／314
2位	中山ダ1800	36-25-22／343
3位	阪神ダ1800	32-15-23／310
4位	京都ダ1800	28-22-20／307
5位	中山ダ1200	27-20-18／253

🐎 東京ダ1600と中山ダ1800は単勝おいしい

馬場状態別成績

		着度数	複勝率
芝	良	14-11-15／338	11.8%
	稍重	2-6-3／57	19.3%
	重	3-2-1／16	37.5%
	不良	0-0-0／4	0.0%
ダ	良	238-227-183／2665	24.3%
	稍重	101-80-85／1058	25.1%
	重	33-46-45／543	22.6%
	不良	25-16-13／300	18.0%

🐎 ダートの重・不良は好走率ダウン

距離別成績

	距離	着度数	複勝率
芝	～1200	11-6-4／147	14.3%
	1400	1-2-0／44	6.8%
	～1600	1-4-7／75	16.0%
	～1800	4-3-4／64	17.2%
	2000	1-2-4／47	14.9%
	～2400	0-0-0／20	0.0%
	2500～	1-2-0／18	16.7%
ダ	～1300	106-105-80／1206	24.1%
	～1600	105-92-92／1219	23.7%
	～1900	172-157-136／1952	23.8%
	2000～	14-15-18／189	24.9%

🐎 芝1200は意外な穴ゾーン

1番人気距離別成績

	距離	着度数	複勝率
芝	～1200	3-1-1／9	55.6%
	1400	1-0-0／1	100.0%
	～1600	1-1-0／4	50.0%
	～1800	1-0-1／2	100.0%
	2000	0-0-0／1	0.0%
	～2400	0-0-0／0	―
	2500～	1-0-0／1	100.0%
ダ	～1300	38-22-9／122	56.6%
	～1600	40-31-11／138	59.4%
	～1900	67-29-22／176	67.0%
	2000～	9-4-6／25	76.0%

🐎 新潟ダ1800の1番人気【9-4-3-2】

GOLD ALLURE

血統別騎手ベスト5（3番人気以内）

	騎手	着度数	勝率	複勝率
1位	C.ルメール	27-16-12-34／89	30.3%	61.8%
2位	戸崎圭太	24-20- 7-31／82	29.3%	62.2%
3位	川田将雅	18-11- 7-28／64	28.1%	56.3%
4位	武豊	11- 5- 4-14／34	32.4%	58.8%
5位	福永祐一	10-13- 8-26／57	17.5%	54.4%

🐎 ルメール1位も馬券妙味はなし

血統別騎手ベスト5（4番人気以下）

	騎手	着度数	勝率	複勝率
1位	松若風馬	6-1-5-78／90	6.7%	13.3%
2位	幸英明	5-11-7-83／106	4.7%	21.7%
3位	和田竜二	5-6-7-66／84	6.0%	21.4%
4位	松山弘平	4-4-6-59／73	5.5%	19.2%
5位	三浦皇成	4-4-6-40／54	7.4%	25.9%

🐎 松若風馬、特に小倉ダートに注目

クラス別成績

	芝 着度数	勝率	ダ 着度数	勝率
新馬	1-2-2-33	2.6%	38-30-27-175	14.1%
未勝利	4-1-7-95	3.7%	111-118-89-933	8.9%
1勝	8-8-7-92	7.0%	143-123-110-1193	9.1%
2勝	4-5-1-87	4.1%	56-50-54-679	6.7%
3勝	1-0-0-20	4.8%	24-19-27-272	7.0%
OPEN(非L)	0-2-0-11	0.0%	13-15-10-123	8.1%
OPEN(L)	1-1-1-5	12.5%	2-4-4-26	5.6%
GⅢ	0-0-1-7	0.0%	6-6-3-50	9.2%
GⅡ	0-0-0-7	0.0%	0-0-0-4	0.0%
GⅠ	0-0-0-1	0.0%	4-4-2-19	13.8%

🐎 ダートのGⅠと新馬が高勝率

条件別勝利割合

穴率	25.5%	平坦芝率	73.7%
芝道悪率	26.3%	晩成率	52.9%
ダ道悪率	40.1%	芝広いコース率	31.6%

🐎 穴率は低め、晩成率は高め

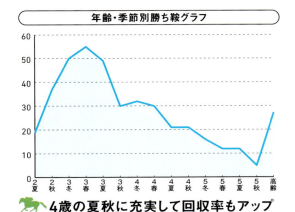

🐎 4歳の夏秋に充実して回収率もアップ

※「春」＝4、5、6月。「夏」＝7、8、9月。
「秋」＝10、11、12月。「冬」＝1、2、3月。高齢＝6歳以上。

勝利へのポイント

ダ重賞／東京【5-4-1-22】、中山【0-1-0-14】
重賞10勝中、6歳以上／4勝

フェブラリーSを4勝、チャンピオンズCを2勝している砂の覇王血統。ゴールドドリームは種牡馬入りしたが、クリソベリルは復帰して海外をにらむ。2021年3歳の4頭がラストクロップ。

▶**東京ダ1600はゴールドアリュールの庭!**
過去5年で2連対以上のダート重賞が4つあり、そのうち3つはフェブラリーS、ユニコーンS、武蔵野Sの東京ダ1600。ほかに同コースのヒヤシンスSや、2歳のプラタナス賞も得意レースだ。東京ダ1600では距離短縮の好走率が高い。

▶**阪神重賞は不振。コーナーの数に注意**
中央4場のダート成績に大きな差はないが、重賞は阪神ダートが良くない。クラスが上がると、スピードに乗りやすいコーナー2回のコースに比べて、コーナー4回の坂コースは割引きになる。逆に下級条件は、コーナー4回のほうが安定して走るダラッとした馬力型もいるから要注目。

▶**穴はダートの外枠。1400以下は3着で**
ダ1000〜ダ1400と、ダ1700〜2000は複勝率がほとんど同じだが、回収率はだいぶ違う。短距離は単勝の妙味が薄く、中距離は単勝のうまみあり。
ダート5番人気以下の伏兵に目を向けると「牝馬の枠順」成績に偏りが見つかる。内枠は全般に低調で、6枠から8枠がいい。穴を買うなら外枠を推奨、特に牝馬はそう。内枠で揉まれて凡走した馬を、外枠替わりで狙おう。
競馬場では福島と新潟のダートに穴が多い。

▶**芝は小回りローカルか、道悪で**
芝もたまに中長距離の重賞級が出るが、現役馬ではスプリンターのナランフレグくらい。ステイヤーは瞬発力勝負が苦手で、時計の掛かる馬場や上がりの遅い小回りコースを勝ち切る。
ダートは重、不良まで悪化すると連対率が低下する一方、1着の穴は増加。人気がアテにならない。通算の重賞成績も重・不良のダートは0勝。

2020 RANK
13
ハービンジャー
HARBINGER

種牡馬ランク　2020年度／第13位　2019年度／第8位　2018年度／第5位

"キングジョージ"をレコードで圧勝！欧州を席巻するデインヒル系

2006年生　鹿毛　イギリス産　2021年種付け料▷受胎確認後400万円（FR）

現役時代

　イギリスで通算9戦6勝。主な勝ち鞍、キングジョージ6世＆クイーンエリザベスS（GI・12F）、ハードウィックS（GⅡ・12F）、ゴードンS（GⅢ・12F）、オーモンドS（GⅢ・13F）、ジョンポーターS（GⅢ・12F）。

　3歳4月のデビューとあってクラシックは不出走。3戦目となる3歳7月のゴードンSで重賞初制覇を果たすも、続くGⅡ、GⅢを連敗。その後に軟口蓋の手術を受け、そのまま休養に入った。これが功を奏したのか、半年ぶりの出走となった4歳4月のジョンポーターSで重賞2勝目。返す刀でオーモンドSも制し、続くロイヤルアスコット開催のハードウィックSもフォワ賞でナカヤマフェスタを破るダンカンに3馬身半差をつけ、重賞3連勝とした。

　これにより"キングジョージ"の有力候補に浮上。この年は6頭立てながら、英ダービーをレコードで圧勝した僚馬ワークフォース、愛ダービー馬ケープブランコの3歳2強が出走。これらを相手に4番手追走から残り2Fを過ぎると一気に加速。他馬をぐんぐんと突き放し、ゴールでは2着ケープブランコに11馬身差を付けていた。しかもコース・レコードの2分26秒78。ワークフォースは5着。2頭を管理するM・スタウト調教師はワークフォースの敗戦にこそ渋い顔をみせたが、ハービンジャーを絶賛。また、鞍上は主戦のR・ムーアがワークフォースに騎乗したため、フランスのO・ペリエに代わっていた。

　しかし好事魔多し。凱旋門賞の前哨戦、インターナショナルSへ向けての調教後に骨折が判明。そのまま電撃引退、社台ファームで種牡馬入りが決まった。金看板は"キングジョージ"の1勝ながら、その勝ち方が衝撃的で、2010年代を代表する名馬の一頭といえる。

POINT
 芝2000メートル重賞、内回りがツボ!
 牝馬は高速タイムも洋芝もおまかせ
外しか回れない差し馬が波乱を呼ぶ!

血統背景

父ダンジリ。産駒にレイルリンク（凱旋門賞GI）、フリントシャー（香港ヴァーズGI）、ダンク（BCフィリー＆メアターフGI）。デインヒル系にとって鬼門の北米でもGI勝ち馬を送り出した。

母ペナンパールは重賞未勝利。母系は近親にカインドオブハッシュ（プリンスオブウェールズSGII）、ミスイロンデル（兵庫ジュニアグランプリ）、フロンタルアタック（神戸新聞杯2着）。同牝系にクリンチャー。母の父ベーリングは仏ダービー馬。1960年代の名馬シーバードを経たネイティヴダンサー系。

代表産駒

ブラストワンピース（18有馬記念）、ディアドラ（19ナッソーS）、ペルシアンナイト（17マイルCS）、モズカッチャン（17エリザベス女王杯）、ノームコア（19ヴィクトリアマイル）、ドレッドノータス（19京都大賞典）、ニシノデイジー（18東スポ杯2歳S）、フィリアプーラ（19フェアリーS）、ヒーズインラブ（18ダービー卿CT）、ベルーフ（15京成杯）。

産駒解説

ディアドラに続いてノームコアが海外GI制覇。祖父の産駒も海外遠征に強く、その影響力は孫にも及んでいる。同時にノームコアの香港C制覇は洋芝のハービンジャーの面目躍如だ。重賞勝ち馬の大半がSS系とキングカメハメハ牝馬との配合。これにノームコアのクロフネ牝馬。母の父が非SS系でも三代母の父がSS系という馬も多数。さりげなくノーザンダンサーをクロスしているとか、ノームコアのように自身アウトクロスなど、奇をてらった強烈なクロス馬は少ない。

関係者コメント

「洋芝適性の高さはもちろんのこと、今年は2歳戦でも目立った活躍馬が出てきています。産駒は芝の中長距離で活躍を見せているだけでなく、自身が走っていた欧州でもディアドラというGI馬が誕生してくれたのは嬉しかったです。一時期より人気は落ち着きましたが、好調な2歳世代から、父にクラシックタイトル

ダンジリ Dansili 黒鹿 1996	*デインヒル Danehill	Danzig
		Razyana
	ハシリ Hasili	Kahyasi
		Kerali (11)
ペナンパール Penang Pearl 鹿 1996	ベーリング Bering	Arctic Tern
		Beaune
	グアパ Guapa	Shareef Dancer
		Sauceboat (1-k)

Northern Dancer 4×5・4、Natalma 5・5×5

種付け年度	種付け頭数	血統登録頭数	種付け料
2020年	119頭	―	600／受・FR
2019年	217頭	146頭	600／受・FR
2018年	214頭	131頭	350／受・FR

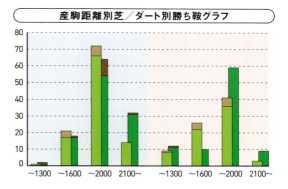
産駒距離別芝／ダート別勝ち鞍グラフ

を授けるような活躍馬が出てきてもらいたいです。

産駒はバネがあって、柔らかさもあって、堅い馬場も、時計のかかる馬場も、函館や札幌の洋芝も走る。コーナーで加速できるから、小回りもいいですね」（社台スタリオン、21年8月）

特注馬

アライバル／現時点でまだ脚元が弱く、続けて使えないとの陣営コメントあり。共同通信杯に合いそう。
ヒンドゥタイムズ／昨年版は中山金杯を推奨したら、12月の阪神チャレンジCで3着。今年もどっちかで。
クロワドフェール／トゥザヴィクトリー一族で、まだ上に行ける。距離短縮ローテは好走の傾向あり。

ハービンジャー産駒完全データ

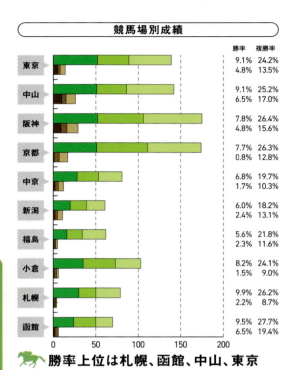

競馬場別成績

競馬場	勝率	複勝率
東京	9.1% / 4.8%	24.2% / 13.5%
中山	9.1% / 6.5%	25.2% / 17.0%
阪神	7.8% / 4.8%	26.4% / 15.6%
京都	7.7% / 0.8%	26.3% / 12.8%
中京	6.8% / 1.7%	19.7% / 10.3%
新潟	6.0% / 2.4%	18.2% / 13.1%
福島	5.6% / 2.3%	21.8% / 11.6%
小倉	8.2% / 1.5%	24.1% / 9.0%
札幌	9.9% / 2.2%	26.2% / 8.7%
函館	9.5% / 6.5%	27.7% / 19.4%

🐎 勝率上位は札幌、函館、中山、東京

勝利数上位コース

順位	コース	着度数
1位	京都芝2000	23-16-22／170
2位	阪神芝2000	17-14-25／167
3位	小倉芝2000	17-14-15／174
4位	中山芝2000	16-13-20／202
5位	東京芝1800	16-9-13／154

🐎 1位から4位まで内回りの芝2000独占

距離別成績

	距離	着度数	複勝率
芝	～1200	21-15-16／286	18.2%
芝	1400	18-18-16／274	19.0%
芝	～1600	48-49-58／683	22.7%
芝	～1800	90-75-91／1077	23.7%
芝	2000	125-105-143／1395	26.7%
芝	～2400	41-51-46／538	25.7%
芝	2500～	16-19-25／223	26.9%
ダ	～1300	3-1-6／108	9.3%
ダ	～1600	9-5-6／162	12.3%
ダ	～1900	19-31-43／633	14.7%
ダ	2000～	3-2-2／60	11.7%

🐎 牡馬の芝2000と芝2400が勝率優秀

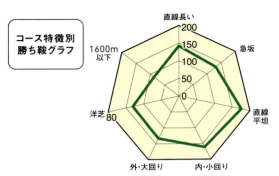

コース特徴別勝ち鞍グラフ

🐎 洋芝の北海道シリーズは大注目

得意重賞ベスト3

札幌記念	2-1-2／10
紫苑S	2-0-0／8
京成杯	1-0-1／7

不得意重賞ワースト3

函館記念	0-0-0／8
福島記念	0-0-0／6
菊花賞	0-0-0／5

🐎 小回りでも福島と函館は良くない

馬場状態別成績

	馬場	着度数	複勝率
芝	良	268-250-303／3439	23.9%
芝	稍重	68-63-57／692	27.2%
芝	重	22-17-28／277	24.2%
芝	不良	1-2-7／68	14.7%
ダ	良	26-22-34／579	14.2%
ダ	稍重	1-10-11／208	10.6%
ダ	重	7-3-7／110	15.5%
ダ	不良	0-4-5／66	13.6%

🐎 芝不良は不振。ダート稍重は2着と3着

1番人気距離別成績

	距離	着度数	複勝率
芝	～1200	1-0-3／11	36.4%
芝	1400	6-5-2／23	56.5%
芝	～1600	20-7-5／51	62.7%
芝	～1800	34-15-7／88	63.6%
芝	2000	36-11-12／102	57.8%
芝	～2400	15-6-4／37	67.6%
芝	2500～	5-2-4／21	52.4%
ダ	～1300	1-1-1／4	75.0%
ダ	～1600	3-0-0／5	60.0%
ダ	～1900	6-2-3／27	40.7%
ダ	2000～	0-1-1／2	100.0%

🐎 1番人気なら芝2200の安定感が高い

HARBINGER

血統別騎手ベスト5（3番人気以内）

	騎手	着度数	勝率	複勝率
1位	C.ルメール	32-6-15-41／94	34.0%	56.4%
2位	戸崎圭太	22-10-9-39／80	27.5%	51.3%
3位	川田将雅	16-14-6-23／59	27.1%	61.0%
4位	池添謙一	15-12-0-24／51	29.4%	52.9%
5位	福永祐一	12-7-7-21／47	25.5%	55.3%

30%超えの勝率、ルメールがダントツ

血統別騎手ベスト5（4番人気以下）

	騎手	着度数	勝率	複勝率
1位	池添謙一	7-2-10-70／89	7.9%	21.3%
2位	吉田隼人	5-6-5-54／70	7.1%	22.9%
3位	秋山真一	4-4-4-59／71	5.6%	16.9%
4位	松岡正海	4-1-2-37／44	9.1%	15.9%
5位	戸崎圭太	3-4-9-47／63	4.8%	25.4%

穴は池添の北海道、吉田隼の中京小倉

クラス別成績

	芝 着度数	勝率	ダ 着度数	勝率
新馬	28-30-34-273	7.7%	2-0-1-36	5.1%
未勝利	118-91-141-1196	7.6%	21-29-34-483	3.7%
1勝	103-104-94-953	8.2%	9-10-21-277	2.8%
2勝	56-59-69-409	9.4%	2-0-1-21	8.3%
3勝	20-23-27-216	7.0%	0-0-0-9	0.0%
OPEN(非L)	8-10-6-49	11.0%	0-0-0-6	0.0%
OPEN(L)	1-1-4-38	2.3%	0-0-0-1	0.0%
GⅢ	14-6-10-130	8.8%	0-0-0-0	—
GⅡ	6-4-5-73	6.8%	0-0-0-0	—
GⅠ	5-4-5-53	7.5%	0-0-0-0	—

ダートは3勝クラス以上で0勝

条件別勝利割合

穴率	21.9%	平坦芝率	49.0%
芝道悪率	25.3%	晩成率	43.3%
ダ道悪率	23.5%	芝広いコース率	39.6%

穴率は低め、大穴なら3着付けに

2歳戦は10月以降が買いのタイミング

※「春」＝4、5、6月。「夏」＝7、8、9月。
「秋」＝10、11、12月。「冬」＝1、2、3月。高齢＝6歳以上。

勝利へのポイント

東京重賞、牡馬【1-0-0-39】、牝馬【4-2-2-14】
1番人気複勝率、札幌芝／77％、福島芝／38％

札幌記念は20年のワンツーを含み、21年まで4年連続の馬券絡み。洋芝の2000や内回り芝2000の破壊力はすさまじく、阪神芝2000のマーメイドSも7番人気サマーセントが1着。小倉芝2000の愛知杯は11番人気レイホーロマンスが3着など。

21年2歳戦の目につく傾向として、母父ディープインパクトとの配合馬が鋭い切れ味を見せており、この配合は従来のハービンジャー産駒より長い直線でも走れそうな、スケールアップを予感させる。

▶**ハービンジャー祭に乗れ！**
産駒がまとめて馬券に絡む「祭」の週や開催がある。「ハービンジャー馬場かどうか」を、その日の結果で確かめること。17年は秋の京都で秋華賞、エ女王杯、マイルCSをぶっこ抜いた。

▶**短い直線の芝2000ベスト。外から仕掛け**
勝利数上位コースは小回り芝2000が並ぶ。得意重賞の紫苑S、京成杯などもこの条件だ。牡馬に多い無器用なタイプは、ばらける展開の4角外から動く仕掛けで能力を発揮。内からでも差せるタイプは牝馬に多い。重賞は1枠と8枠がいい。

▶**牝馬は切れ味あり、牡馬は小回りマクリ**
牝馬はGⅠで7回馬券になり、京都4回、東京3回。鋭い末脚を持ち、速いタイムの決着もこなす。一方、牡馬は東京重賞の不振に見るように、鋭く加速する末脚ではなく、ブラストワンピースのような小回りをマクる脚が持ち味。

▶**条件馬はレース間隔に要注意**
休み明けの成績がダウンし、詰まったレース間隔や、使われたローテで上昇する。重賞級なら気にしなくてもいいが、ノーザンファーム生産馬以外は休み明け割引き、叩き2、3戦目が狙い目。
芝1番人気の競馬場成績に大きな差があり、優秀なのは札幌、落ち込むのは福島。道悪は苦手ではないが、芝の不良馬場は68戦して1勝のみ。ダートは下級条件の1800や1400で走る程度。

2020 RANK **14**

スクリーンヒーロー
SCREEN HERO

種牡馬ランク　2020年度／第14位　2019年度／第20位　2018年度／第21位

グラスワンダー初のGIホース。スーパー・ホースが続出

2004年生　栗毛　2021年種付け料▷PRIVATE

現役時代

　中央23戦5勝。主な勝ち鞍、ジャパンC、アルゼンチン共和国杯。天皇賞・秋2着。

　初勝利はダ1800、2勝目もダ1800と、最初は出世コースから外れていた。3歳夏のラジオNIKKEI賞で2着、セントライト記念で3着するものの、菊花賞を前に不安発生。定年間近の矢野進調教師にとっては最後のクラシックのチャンス、無理すれば出走も可能だったが、モデルスポート一族の成長力を知る師は将来を見越して自重。引き継ぐ鹿戸雄一調教師にスクリーンヒーローの未来を託した。

　1年近い休養を経て4歳夏にカムバック。札幌日経オープン2着で長距離適性を示し、格上挑戦のアルゼンチン共和国杯をハンデ53キロで快勝する。

　続くジャパンCは単勝41倍の伏兵扱い。ダービー馬ディープスカイ、女傑ウオッカ、凱旋門賞帰りのメイショウサムソンらが顔を揃える豪華キャストを相手に、堂々の立ち回りを演じる。道中は5番手で折り合い、直線は先に抜け出したマツリダゴッホとウオッカを追い詰め、外からかわす。その外からディープスカイが迫るが、凌ぎ切って1着のゴールイン。主演映画が完成した。ひと月半前に準オープンで負けていた馬が、一足飛びにGIホースへ。ある者は「デムーロ恐るべし！」と騎手の腕に舌を巻き、父グラスワンダーを愛した者は、栗毛の馬体に父の果たせなかった勝利を重ね、血統好きのオヤジは、祖母ダイナアクトレスが世界の強豪を追い詰めた87年ジャパンCを思い起こした。

　翌5歳は阪神大賞典で59キロを背負って重馬場の消耗戦を走った反動が大きく、不振が続く。しかし人気が落ちた天皇賞・秋で、1分57秒台の高速決着に対応して7番人気2着と好走。カンパニーには敗れたが、ジャパンCの一発屋でなかったことを証明した。

POINT
- 大舞台で底力発揮するGI血統!
- 切れるマイラーか、芝2000～2500型か
- 成長力抜群、古馬の上昇に乗れ!

血統背景

父グラスワンダーは98年、99年の有馬記念を連覇。ほかに宝塚記念、朝日杯3歳SとGIを4勝。代表産駒にアーネストリー(宝塚記念)、セイウンワンダー(朝日杯FS)、サクラメガワンダー(金鯱賞)など。

母ランニングヒロインは2戦0勝。

祖母ダイナアクトレスは毎日王冠など重賞5勝、ジャパンC3着、安田記念2着。その子孫にステージチャンプ(日経賞)、プライムステージ(札幌3歳S)、アブソリュート(東京新聞杯)、マルカラスカル(中山大障害)。三代母モデルスポートは牝馬東京タイムス杯など1978年の最優秀4歳牝馬。

代表産駒

モーリス(15香港マイル)、ゴールドアクター(15有馬記念)、ウインマリリン(21日経賞)、グァンチャーレ(15シンザン記念)、ミュゼエイリアン(15毎日杯)、ジェネラーレウーノ(18セントライト記念)、トラスト(16札幌2歳S)、マイネルグリット(19小倉2歳S)、ルーカス(17東京スポーツ杯2歳S2着)、クリノガウディー(18朝日杯FS2着)。

産駒解説

代表産駒の母父が壮観だ。キョウワアリシバ(ゴールドアクター)、ディアブロ(グァンチャーレ、クリノガウディー)、エイシンサンディ(ウインオスカー)……。母の父カーネギー(モーリス)なら良血だ。

母父ディアブロに続き、母父ロージズインメイのマイネルグリットが2歳オープンを快勝。どちらもデヴィルズバッグの系統で、ニックスと思われる。グラスワンダーの4代母とデヴィルズバッグの3代母が同じなので、この効果だろうか。

関係者コメント

「21年の5歳はモーリスの活躍で種付けが激増した世代で、中小牧場もたくさん付けていました。21年の4歳は種付け料が300万円にアップして、大手の牧場が増えた世代。21年の3歳は種付け料が700万円に上がった年の産駒です。母系を引き出す種牡馬なのか、ス

	シルヴァーホーク Silver Hawk	Roberto
*グラスワンダー 栗 1995		Gris Vitesse
	アメリフローラ Ameriflora	Danzig
		Graceful Touch (12-c)
ランニングヒロイン 鹿 1993	*サンデーサイレンス Sunday Silence	Halo
		Wishing Well
	ダイナアクトレス	*ノーザンテースト
		モデルスポート (1-s)

Hail to Reason 4×4、Northern Dancer 4×4

種付け年度	種付け頭数	血統登録頭数	種付け料
2020年	121頭	―	600／受・FR
2019年	118頭	51頭	600／受・FR
2018年	110頭	58頭	600／受・FR

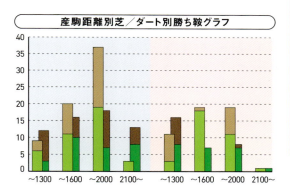

産駒距離別芝／ダート別勝ち鞍グラフ

クリーンヒーローに似た産駒が多いという印象はあまりありません。例えばモーリスは筋肉質で背丈が高い。本馬は体高よりも幅があるタイプです。体形も、毛色も、いろんな馬が走っています」(レックススタッド、18年7月)

特注馬

マイネルウィルトス／成長が見られ、札幌記念4着は価値が高い。2分以上かかる芝2000か2200がベスト。

クールキャット／母系は超スタミナ型。末脚をためる乗り方は合わず、ルメール騎乗のプラスが大きい。

ヒロイックテイル／ダートの名牝系。ダ1800でも短く、ダ2100以上の良で本領発揮。地方重賞も合うはず。

スクリーンヒーロー産駒完全データ

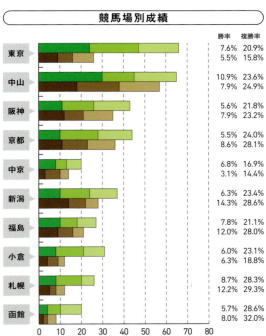

競馬場別成績

	勝率	複勝率
東京 芝	7.6%	20.9%
東京 ダ	5.5%	15.8%
中山 芝	10.9%	23.6%
中山 ダ	7.9%	24.9%
阪神 芝	5.6%	21.8%
阪神 ダ	7.9%	23.2%
京都 芝	5.5%	24.0%
京都 ダ	8.6%	28.1%
中京 芝	6.8%	16.9%
中京 ダ	3.1%	14.4%
新潟 芝	6.3%	23.4%
新潟 ダ	14.3%	28.6%
福島 芝	7.8%	21.1%
福島 ダ	12.0%	28.0%
小倉 芝	6.0%	23.1%
小倉 ダ	6.3%	18.8%
札幌 芝	8.7%	28.3%
札幌 ダ	12.2%	29.3%
函館 芝	5.7%	28.6%
函館 ダ	8.0%	32.0%

🐎 中山の芝と、札幌の芝で高勝率

勝利数上位コース

順位	コース	着度数
1位	中山ダ1800	11-10-14／134
2位	中山芝1600	10-7-8／109
3位	新潟ダ1200	9-5-3／59
4位	東京芝2000	9-3-3／39
5位	中山芝2000	8-6-2／62

🐎 中山芝1600と東京芝2000は中身が濃い

距離別成績

		着度数	複勝率
芝	～1200	20-16-18／272	19.9%
	1400	20-12-15／211	22.3%
	～1600	26-47-26／403	24.6%
	～1800	17-20-36／319	22.9%
	2000	27-23-23／314	23.2%
	～2400	8-8-7／110	20.9%
	2500～	5-3-2／42	23.8%
ダ	～1300	28-29-18／344	21.8%
	～1600	16-17-20／242	21.9%
	～1900	37-31-38／444	23.9%
	2000～	6-3-6／43	34.9%

🐎 芝1400と芝2000は人気薄の一発多め

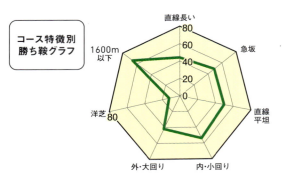

コース特徴別勝ち鞍グラフ

🐎 マイラーか中距離馬かを見極めること

得意重賞ベスト3

日経賞	2-0-0／3
フローラS	2-0-0／5
セントライト記念	1-0-0／1

不得意重賞ワースト3

ダービー	0-0-0／3
NHKマイルC	0-0-0／4
富士S	0-0-0／4

🐎 3歳春のクラシック前哨戦は要注意

馬場状態別成績

		着度数	複勝率
芝	良	87-96-98／1276	22.0%
	稍重	23-24-19／250	26.4%
	重	7-7-10／117	20.5%
	不良	6-2-0／28	28.6%
ダ	良	51-43-52／638	22.9%
	稍重	17-22-17／232	24.1%
	重	13-8-8／120	24.2%
	不良	6-7-5／83	21.7%

🐎 芝の不良とダートの重は成績上昇

1番人気距離別成績

		着度数	複勝率
芝	～1200	5-3-3／24	45.8%
	1400	5-0-2／11	63.6%
	～1600	3-10-5／26	69.2%
	～1800	4-3-3／19	52.6%
	2000	7-7-3／25	68.0%
	～2400	4-2-1／10	70.0%
	2500～	2-1-0／7	42.9%
ダ	～1300	11-5-3／29	65.5%
	～1600	5-5-2／21	57.1%
	～1900	9-2-7／24	75.0%
	2000～	3-1-1／8	62.5%

🐎 芝1200以下の1番人気は危ない

SCREEN HERO

血統別騎手ベスト5（3番人気以内）

	騎手	着度数	勝率	複勝率
1位	C.ルメール	7-5-5-8/25	28.0%	68.0%
2位	三浦皇成	7-5-3-12/27	25.9%	55.6%
3位	柴田大知	5-8-6-19/38	13.2%	50.0%
4位	吉田隼人	5-2-3-9/19	26.3%	52.6%
5位	福永祐一	5-2-1-9/17	29.4%	47.1%

🐎 三浦皇成の中山と福島は堅実

血統別騎手ベスト5（4番人気以下）

	騎手	着度数	勝率	複勝率
1位	丹内祐次	7-7-9-77/100	7.0%	23.0%
2位	勝浦正樹	5-3-3-27/38	13.2%	28.9%
3位	柴田大知	5-2-2-81/90	5.6%	10.0%
4位	横山武史	5-0-4-29/38	13.2%	23.7%
5位	和田竜二	4-2-1-31/38	10.5%	18.4%

🐎 丹内が岡田グループで穴連発

クラス別成績

	芝 着度数	勝率	ダ 着度数	勝率
新馬	20-15-15-163	9.4%	3-5-5-39	5.8%
未勝利	38-55-46-487	6.1%	47-34-36-384	9.4%
1勝	31-27-37-281	8.2%	25-30-32-257	7.3%
2勝	12-5-9-113	8.6%	6-6-6-93	5.4%
3勝	4-7-8-71	4.4%	4-3-1-14	18.2%
OPEN(非L)	5-10-4-32	9.8%	1-2-2-29	2.9%
OPEN(L)	3-0-2-27	9.4%	1-0-0-6	14.3%
GⅢ	3-3-1-55	4.8%	0-0-0-2	0.0%
GⅡ	6-3-3-31	14.0%	0-0-0-0	—
GⅠ	1-4-2-33	2.5%	0-0-0-0	—

🐎 ダート3勝クラスと芝オープンが穴場

条件別勝利割合

穴率	33.3%	平坦芝率	40.7%
芝道悪率	29.3%	晩成率	35.2%
ダ道悪率	41.4%	芝広いコース率	35.8%

🐎 人気馬より5～9番人気の効率良し！

勝利へのポイント

重賞10勝中、芝2000～2500/8勝（近5年）
中山芝、4～9番人気の単勝回収率245%

21年前半は、ウインマリリンの日経賞と、クールキャットのフローラS。どちらの重賞も、スクリーンヒーロー産駒にとって2度目の勝利だ。

▶**GⅠのハイレベル激流で底力を発揮**
モーリスとゴールドアクターの出現で種付け料が30万円から一時700万円まで上がった下剋上サイヤー。牝馬は走らない説もあったが、ウインマリリンがオークス2着。短距離は不向きと思われたが、クリノガウディーが高松宮記念1位入線。芝1200から芝2500まで、GⅠの大舞台で暴れる。

▶**マイラーは急坂の有無とペースに注目**
モーリスのような気性の勝ったマイラーと、ゴールドアクターのような決め手の甘い中長距離型。グラスワンダー産駒もそうだったように、ロベルト系は両タイプの代表産駒を出す。マイラーは直線平坦か、急坂か、どちらが得意かをチェック。速い流れで潜在能力を引き出され、穴も多い。

▶**中山得意。中長距離型は上がりに限界？**
中長距離型は上がりの脚に限界のある馬もいて、中山や洋芝が得意。上がり35秒台の脚しか使えない馬は、そのタイムで間に合うコースや馬場で買おう。データも芝の勝率が高いのは中山と札幌。中山は全般に回収率が高く、伏兵の単勝に妙味。

▶**馬が変わる驚異の成長力**
2歳から走るが、モーリスとゴールドアクターは4歳で驚異の成長力を見せ、グァンチャーレは7歳で安田記念4着。古馬の成長力が売りだ。成長するとクラスの壁なし。ダートでも3勝クラスの古馬が、高い勝率と回収率を記録している。

▶**ダートは1800より1400に激走多し**
ダートは穴の割合が高く、距離延長・距離短縮が効く。一発は「距離変化」を狙おう。1番人気はダ1800と1900で安定、ダ1600と1700で不安定。
ローテも重要。間隔を詰めて使うより、ゆったりしたレース間隔がいい。休み明けはよく走る。

🐎 6歳、7歳でも衰えない丈夫さ

※「春」＝4、5、6月。「夏」＝7、8、9月。
「秋」＝10、11、12月。「冬」＝1、2、3月。高齢＝6歳以上。

2020 RANK
15

ジャスタウェイ
JUST A WAY

種牡馬ランク　2020年度／第15位　2019年度／第15位　2018年度／第54位

4歳秋に覚醒し重賞圧勝を繰り返したハーツクライの最強後継

2009年生　鹿毛　2021年種付け料▷受胎確認後300万円（FR）

現役時代

　中央20戦5勝、UAE1戦1勝、フランス1戦0勝。主な勝ち鞍、ドバイデューティフリー（GⅠ・芝1800M）、天皇賞・秋、安田記念、中山記念、アーリントンC。ジャパンC2着。

　人気アニメ『銀魂』の脚本家である大和屋暁は、かつてハーツクライの一口馬主として、ドバイシーマクラシックの口取りにも参加。次は個人馬主としてハーツクライの子供を所有したいと思うようになったという。そして2010年のセレクトセールで1歳馬を1260万円で落札。その馬は『銀魂』に登場する謎のアイテムにあやかり、ジャスタウェイと命名された。

　新潟で新馬を楽勝、新潟2歳Sは2着。3歳になるとアーリントンCに勝ち、NHKマイルCは6着。ダービーはディープブリランテの11着だった。

　4歳でエプソムC、関屋記念、毎日王冠と連続2着して、13年の天皇賞・秋へ駒を進める。かろうじて出走枠に滑り込んだ初GIレースだったが、福永祐一を鞍上に中団より後方に待機すると、直線一気に外から末脚を爆発させる。そう、ジャスタウェイとはもともと爆弾の名前なのだ。前を行くジェンティルドンナを並ぶ間もなくかわすと、あとは突き放す一方。4馬身の差をつけて、1分57秒5。まさに"覚醒"と呼ぶにふさわしい圧勝劇だった。

　5歳になり、中山記念を勝って向かったのはドバイデューティフリー。父が世界を驚かせたのと同じ国際舞台だ。もはや覚醒したジャスタウェイに敵はいない。直線だけで6馬身以上の差をつける大楽勝でゴールへ飛び込み、馬主の大和屋は手に持っていたジャスタウェイ人形を高々と掲げてみせた。

　その後、不良馬場の安田記念1着、凱旋門賞は不完全燃焼の8着。ジャパンC2着、有馬記念4着だった。

POINT
- ハーツクライより素軽いスピード!
- 芝2000の重賞とオープンは得意
- ダートや芝1200の重賞ウイナーも登場

血統背景

父ハーツクライは同馬の項を参照。05年の有馬記念でディープインパクトを負かし、06年ドバイシーマクラシックを4馬身4分の1差で優勝。同年の"キングジョージ"もハリケーンランの3着した。ほかに日本ダービー2着、ジャパンC2着。

母シビルは5戦0勝。祖母シャロンはCCAオークス（米GⅠ・ダ10F）など、ダート重賞5勝のほか、GⅠの2着が3回。近親にトーヨーレインボー（中京記念）、フォーエバーモア（クイーンC）。

母の父ワイルドアゲインは1984年のBCクラシックを制した米国王者。トランセンドの父の父。

代表産駒

ダノンザキッド（20ホープフルS）、ヴェロックス（19皐月賞2着、ダービー3着、菊花賞3着）、アドマイヤジャスタ（20函館記念）、アウィルアウェイ（20シルクロードS）、マスターフェンサー（20名古屋GP）。マスターフェンサーは米国クラシックに挑戦。ケンタッキー・ダービー6着、ベルモントS5着。

産駒解説

父ハーツクライがダンジグ（ダンチヒ）を持つ牝馬と相性が良いように、ジャスタウェイも同じニックスが見られる。ダノンザキッドの母父はダンシリ、船橋の重賞を勝ったテオレーマの母父はシーザスターズ。ヴェロックスは祖母の父がグランドロッジ、マスターフェンサーは3代母の父がチーフズクラウンだ。

ハーツクライ父系はトモが緩くなりがちで、それが一瞬の反応の鈍さにつながるが、ダンジグの血が入ると後駆にパワーが加わり、弱点が補完される。

関係者コメント

「社台スタリオンから今年こちらに移動してきました。移動後も非常に元気に、順調に過ごしています。社台スタリオンさんから手を煩わせるような馬ではないと聞いていた通り、大人しくて扱いやすい。ものすごく頭の良い馬です。産駒は短距離からクラシック、ダートと幅広く活躍馬を出していて、繁殖のいいところを

		ハーツクライ 鹿 2001	*サンデーサイレンス Sunday Silence	Halo
				Wishing Well
			アイリッシュダンス	*トニービン
				*ビューパーダンス（6-a）
		シビル 鹿 1999	ワイルドアゲイン Wild Again	Icecapade
				Bushel-n-Peck
			*シャロン Charon	Mo Exception
				Double Wiggle（2-n）

種付け年度	種付け頭数	血統登録頭数	種付け料
2020年	86頭	—	400／受・FR
2019年	214頭	137頭	400／受・FR
2018年	151頭	97頭	300／受・FR

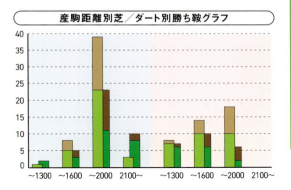

産駒距離別芝／ダート別勝ち鞍グラフ

引き出している印象です。こちらに移動後も、社台グループさんは変わらず質の高い繁殖牝馬を多く連れてきてくれていますし、セリでもいい馬が取引されています。今後も期待できる種馬の一頭だと感じています」
（ブリーダーズスタリオン、21年9月）

特注馬

ダノンザキッド／秋はマイル路線と聞くが、判断が難しい。芝2000の内枠がベストと思えるが、はたして。
トランスナショナル／仕掛けのタイミングが難しく、騎手を選ぶ。田辺なら3勝クラスでも通用するはず。
シングフォーユー／昨年版を再掲。好走が1回おき。好走要因は右→左回り、重→良馬場、叩き2戦目など。

ジャスタウェイ産駒完全データ

競馬場別成績

競馬場	勝率	複勝率
東京	7.4% / 10.3%	21.1% / 22.2%
中山	4.9% / 4.6%	21.0% / 22.3%
阪神	6.6% / 11.4%	25.4% / 22.9%
京都	10.5% / 3.5%	23.6% / 15.1%
中京	5.7% / 7.8%	24.8% / 20.7%
新潟	12.1% / 2.9%	29.3% / 25.0%
福島	8.7% / 2.4%	20.3% / 22.0%
小倉	7.2% / 10.2%	23.7% / 26.5%
札幌	8.1% / 0.0%	22.6% / 14.3%
函館	13.5% / 6.3%	43.2% / 15.6%

▶ 芝の勝率トップ3は函館、新潟、京都

勝利数上位コース

順位	コース	着度数
1位	阪神ダ1800	10-4-5／87
2位	東京芝1800	6-7-3／58
3位	中山ダ1800	6-6-11／95
4位	東京ダ1600	6-6-4／69
5位	小倉芝1200	5-4-6／47

▶ 芝もダートも距離1800で好調

距離別成績

	距離	着度数	複勝率
芝	～1200	16-15-14／156	28.8%
	1400	8-8-7／117	19.7%
	～1600	16-16-21／273	19.4%
	～1800	21-25-22／293	23.2%
	2000	25-25-20／262	26.7%
	～2400	6-5-12／84	27.4%
	2500～	5-5-5／40	37.5%
ダ	～1300	2-5-8／106	14.2%
	～1600	13-8-6／171	15.8%
	～1900	37-40-41／492	24.0%
	2000～	5-5-3／40	32.5%

▶ 牡馬は中長距離で活躍、牝馬は芝1200も

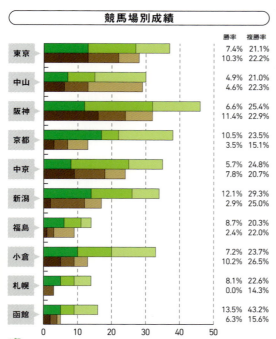

コース特徴別勝ち鞍グラフ

▶ 掴みどころがないが、総じて平坦は得意

得意重賞ベスト3

ホープフルS	1-1-0／2
東スポ杯2歳S	1-0-0／3
函館記念	1-0-0／2

不得意重賞ワースト3

小倉2歳S	0-0-0／3
平安S	0-0-0／2
小倉大賞典	0-0-0／2

▶ 意外と2歳重賞のうちに狙うべき！

馬場状態別成績

	馬場	着度数	複勝率
芝	良	78-74-71／894	24.9%
	稍重	14-13-20／206	22.8%
	重	4-8-7／90	21.1%
	不良	1-4-3／35	22.9%
ダ	良	35-33-37／450	23.3%
	稍重	14-13-11／191	19.9%
	重	5-5-6／103	15.5%
	不良	3-7-4／65	21.5%

▶ 芝もダートも重・不良は勝率がダウン

1番人気距離別成績

	距離	着度数	複勝率
芝	～1200	7-2-4／18	72.2%
	1400	1-1-1／6	37.5%
	～1600	8-2-3／20	65.0%
	～1800	10-3-0／20	65.0%
	2000	9-5-5／27	70.4%
	～2400	3-1-6／12	83.3%
	2500～	3-1-2／6	100.0%
ダ	～1300	1-0-0／4	25.0%
	～1600	2-2-0／6	66.7%
	～1900	16-11-5／50	64.0%
	2000～	1-3-0／5	80.0%

▶ 芝1200の牝馬は好調、芝1400は不振

JUST A WAY

血統別騎手ベスト5（3番人気以内）

	騎手	着度数	勝率	複勝率
1位	C.ルメール	10-5-1-15／31	32.3%	51.6%
2位	川田将雅	9-10-7-12／38	23.7%	68.4%
3位	M.デムーロ	6-5-3-6／20	30.0%	70.0%
4位	福永祐一	5-5-3-10／23	21.7%	56.5%
5位	吉田隼人	5-3-2-4／14	35.7%	71.4%

ルメール1位も下級条件は不安定

血統別騎手ベスト5（4番人気以下）

	騎手	着度数	勝率	複勝率
1位	横山武史	4-3-3-26／36	11.1%	27.8%
2位	西村淳也	3-3-2-28／36	8.3%	22.2%
3位	岩田康誠	3-2-4-27／36	8.3%	25.0%
4位	鮫島克駿	2-4-3-19／28	7.1%	32.1%
5位	田辺裕信	2-3-3-21／29	6.9%	27.6%

横山武史がローカル中心に穴

クラス別成績

	芝 着度数	勝率	ダ 着度数	勝率
新馬	15-16-20-154	7.3%	2-1-1-26	6.7%
未勝利	38-38-39-410	7.2%	30-39-44-414	5.7%
1勝	21-23-19-184	8.5%	17-7-9-143	9.7%
2勝	9-9-12-81	8.1%	5-7-4-45	8.2%
3勝	3-2-2-23	10.0%	3-1-0-5	33.3%
OPEN(非L)	1-3-1-5	10.0%	0-2-0-0	0.0%
OPEN(L)	4-3-2-14	17.4%	0-1-0-1	0.0%
GⅢ	4-1-3-30	10.5%	0-0-0-2	0.0%
GⅡ	1-2-1-14	5.6%	0-0-0-0	―
GⅠ	1-2-3-14	5.0%	0-0-0-0	―

重賞よりオープン特別で高率

条件別勝利割合

穴率	18.7%	平坦芝率	58.2%
芝道悪率	20.4%	晩成率	32.3%
ダ道悪率	38.6%	芝広いコース率	43.9%

平坦芝率が高く、急坂の苦手な馬も

年齢・季節別勝ち鞍グラフ

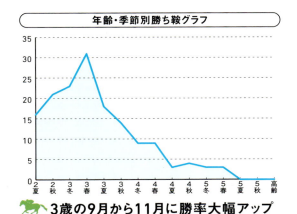

3歳の9月から11月に勝率大幅アップ

※「春」＝4、5、6月。「夏」＝7、8、9月。
「秋」＝10、11、12月。「冬」＝1、2、3月。高齢＝6歳以上。

勝利へのポイント

**重賞3着内18回、芝2000／7回、芝1200／5回
阪神ダ1800～ダ2000／13勝**

1年目ヴェロックス、2年目ダノンザキッドとダービー候補を出したが、大舞台向きの俊敏さが足りず、現状は2歳重賞の活躍と、短距離路線を賑わす牝馬アウィルアウェイが目立っている。ダートも走り、マスターフェンサーは米国GⅠで善戦の後、中長距離の交流重賞で勝利を重ねる。

▶反応の速さを観察して適性を見分けよ

産駒のタイプは多様。牡馬は芝1600から2600とダ1800、牝馬は芝1200から芝2000と書いてみたところで広すぎる。スタミナ豊富で加速は速くないハーツクライの特徴に、ダートマイラーのワイルドアゲインを加えた結果、いい感じに弱点を補われた「反応の速い中距離型」が2割、いろいろ中途半端になった「適性のわかりにくい馬」が5割、みたいな印象。反応の速さに注目しながら、長い直線向きか、短い直線向きかをまず見極めたい。

今後の重賞勝ちを予測すると、牡馬の芝2000のGⅢが多くなるのではないか。

▶前走着順のいい好調馬を狙え

ロードマイウェイは3歳夏から秋に覚醒して、芝1600から芝2000を5連勝するなど成長力はあるはずなのに、ヴェロックスやアドマイヤジャスタの印象もあって尻すぼみの産駒もちらほら。結果的に2歳の好調期に買うのが、効率はいい。

ただし、3歳秋に勝率が大幅アップするので、この時期の成長と変身はマークしたい。基本的に前走着順のいい馬を買うのが馬券のコツだ。

▶「2戦目」の変わり身に気をつけろ

勝率が高いのは函館、新潟、京都の芝。夏のローカルは優秀で、平坦コースは全般に合う。

ダートは阪神のダ2000とダ1800、中京のダ1900が好成績。ただし、不器用で3着多数のじれったい馬も多く、ダートの重不良は勝率が落ちる。

デビュー2戦目、ダート2戦目、乗り替わり2戦目など、刺激を受けた「2戦目」の穴を狙え。

2020 RANK

17

クロフネ
KUROFUNE

種牡馬ランク　2020年度／第17位　2019年度／第13位　2018年度／第9位

産駒が続々GI奪取。競馬界を震撼させた白い黒船

1998年生　芦毛　2021年死亡

現役時代

　中央10戦6勝。主な勝ち鞍、ジャパンCダート、NHKマイルC、毎日杯、武蔵野S。

　外国産馬に門戸を閉ざしていたダービーに、2001年からマル外の出走枠が設けられた。かつて鎖国を打ち破った黒船のようにに、開放元年のダービーを目指して命名されたのがクロフネ。510キロを超える馬体から繰り出すストライドは、ひと目で分かるほど他馬より大きく、白の毛色と合わせて目を引いた。

　新馬、エリカ賞をレコードで連勝して向かったラジオたんぱ杯3歳Sで、アグネスタキオン、ジャングルポケットと相まみえる。後に"伝説の一戦"と語られた豪華対決は、末脚の鋭さでやや劣り3着。

　3歳初戦の毎日杯を5馬身差で圧勝すると、NHKマイルCではフランス滞在中だった武豊が呼び寄せられ、府中の直線を後方一気の1分33秒0でGI制覇。

　開国元年01年ダービーは、後方から追い込んだものの、伸びを欠いてジャングルポケットの5着。「中2週のローテは無謀」「重馬場が敗因」などと取りざたされたが、おそらく距離に壁があったのだろう。

　秋は神戸新聞杯3着の後、天皇賞・秋に登録するも外国産馬の出走制限で除外。やむを得ずダート重賞の武蔵野Sへ矛先を向けると、1分33秒3という驚異的レコードで圧勝！　馬なりのまま、2着イーグルカフェに9馬身の差をつけた。芝も強いが、ダートはもっともっと強い。あらたな航路が広がった。

　ジャパンCダートは米国のGI馬リドパレスとの日米決戦ムードに沸いたが、期待された対決は成立しなかった。クロフネの通過順は12-10-3-1。楽々と4角先頭からぶっちぎり、7馬身差、2分5秒9の大レコード。次元が違うとはこのことだった。有馬記念前に故障発症。翌年のドバイ遠征は幻となった。

- 最後の大物ソダシが距離の壁に挑む!?
- 阪神と東京のダート1番人気は安定!
- もっさり大型牡馬は小回りカーブ割引き

血統背景

父フレンチデピュティはジェロームH（米GⅡ・8.5F）の勝ち馬。代表産駒にアドマイヤジュピタ（天皇賞・春）、エイシンデピュティ（宝塚記念）、ピンクカメオ（NHKマイルC）など。

母ブルーアヴェニューは米5勝。全妹ベラベルッチはアスタリタS（GⅡ）の勝ち馬で、クロフネの武蔵野S翌日のBCジュヴェナイルフィリーズ3着。半妹ミスパスカリはマーメイドS3着。近親ブロートツウマインド（ミレイディH・GI）も輸入され、子孫にアドマイヤメジャー（アンドロメダS）。

母の父クラシックゴーゴーは北米のノングレードのステークス勝ち馬。その父パゴパゴは豪州の2歳チャンピオンで、ダンシングブレーヴの祖母の父。

代表産駒

カレンチャン（11スプリンターズS）、スリープレスナイト（08スプリンターズS）、ホエールキャプチャ（12ヴィクトリアマイル）、クラリティスカイ（15NHKマイルC）、アエロリット（17NHKマイルC）、フサイチリシャール（05朝日杯FS）、ソダシ（21桜花賞）。

産駒解説

ホエールキャプチャ、カレンチャン、スリープレスナイト、アエロリットと、牝馬の代表産駒が多いフィリー・サイアー。東京芝1600重賞の強さは格別で、NHKマイルCは2勝、2着2回。ヴィクトリアマイルは1勝、2着2回。クイーンCは1勝、2着1回。東京新聞杯は1勝。安田記念は2着2回。母の父としても、19年ヴィクトリアマイル優勝のノームコアを出した。

関係者コメント

「19年は1頭も種付けせず、休ませました。高齢になり、種牡馬引退の可能性もあると思います（その後、正式に引退）。

産駒はワンペース・ホースというか、同じラップをずっと刻める長所があります。芝もダートも同じタイムで走れる特異体質なので、後ろで脚をためて差してくるタイプではない。フレンチデピュティ同様、母

*フレンチデピュティ French Deputy 栗　1992	デピュティミニスター Deputy Minister	Vice Regent
		Mint Copy
	ミッテラン Mitterand	Hold Your Peace
		Laredo Lass　(4-m)
*ブルーアヴェニュー Blue Avenue 芦　1990	クラシックゴーゴー Classic Go Go	Pago Pago
		Classic Perfection
	イライザブルー Eliza Blue	Icecapade
		*コレラ　(2-r)

Nearctic 5×4、Nasrullah 5×5

種付け年度	種付け頭数	血統登録頭数	種付け料
2020年	—	—	—
2019年	—	—	—
2018年	103頭	38頭	200／受・不生返

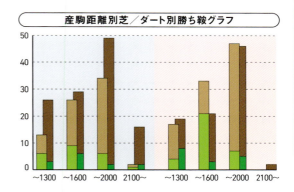

産駒距離別芝／ダート別勝ち鞍グラフ

の父として成功したので、『クロフネの牝馬が欲しい』と、繁殖にすることを見越して種付けに来る生産者が多くいます。骨格が大きくてボリュームがあり、性格もおだやかなので、畑としては優秀ですね」（社台スタリオン、19年7月）

特注馬

ソダシ／開催が進んだ阪神のエリザベス女王杯はスタミナが足りない恐れもあり、マイルCSなら買い。

ハギノアトラス／上がりタイムが37秒台で間に合うレースなら走る。小倉や阪神の前傾ラップで粘り強い。

リッターシュラーク／ズブい大型のダート馬。休み明け緒戦は差し脚が鈍く、叩き2戦目に上昇する。

クロフネ産駒完全データ

競馬場別成績

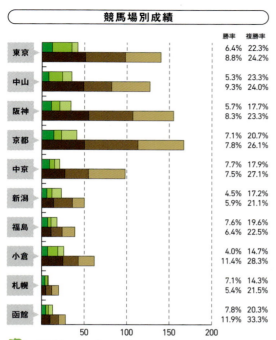

競馬場	勝率	複勝率
東京	6.4% / 8.8%	22.3% / 24.2%
中山	5.3% / 9.3%	23.3% / 24.0%
阪神	5.7% / 8.3%	17.7% / 23.3%
京都	7.1% / 7.8%	20.7% / 26.1%
中京	7.7% / 7.5%	17.9% / 27.1%
新潟	4.5% / 5.9%	17.2% / 21.1%
福島	7.6% / 6.4%	19.6% / 22.5%
小倉	4.0% / 11.4%	14.7% / 28.3%
札幌	7.1% / 5.4%	14.3% / 21.5%
函館	7.8% / 11.9%	20.3% / 33.3%

🐎 函館と小倉のダートは複勝率高い

勝利数上位コース

順位	コース	着度数
1位	中山ダ1800	37-21-32／341
2位	阪神ダ1800	27-26-21／292
3位	京都ダ1800	21-26-32／273
4位	東京ダ1400	21-23-23／222
5位	小倉ダ1700	19-15-16／175

🐎 勝ち鞍の8割ダート、2割が芝

距離別成績

	距離	着度数	複勝率
芝	〜1200	21-22-14／325	17.5%
	1400	9-11-9／172	16.9%
	〜1600	30-28-23／311	26.0%
	〜1800	14-17-17／262	18.3%
	2000	6-11-15／180	17.8%
	〜2400	2-2-5／83	10.8%
	2500〜	1-1-3／35	14.3%
ダ	〜1300	54-57-55／743	22.3%
	〜1600	70-82-70／934	23.8%
	〜1900	155-146-160／1742	26.5%
	2000〜	18-8-11／163	22.7%

🐎 芝はマイル戦に安定感、特に東京

コース特徴別勝ち鞍グラフ

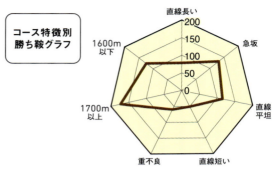

🐎 勝ち鞍数ではダートも、上級条件の好走は芝

得意重賞ベスト3

ファンタジーS	0-0-0／1
NHKマイルC	1-0-0／3
函館スプリントS	1-0-0／4

不得意重賞ワースト3

カペラS	0-0-0／3
シルクロードS	0-0-0／3
オークス	0-0-0／3

🐎 勝利は距離1800まで、2200以上は不振

馬場状態別成績

	馬場	着度数	複勝率
芝	良	67-71-62／1063	18.8%
	稍重	11-10-12／190	17.4%
	重	3-9-9／94	22.3%
	不良	2-2-3／21	33.3%
ダ	良	179-182-174／2182	24.5%
	稍重	58-58-66／740	24.6%
	重	38-34-36／428	25.2%
	不良	22-19-20／232	26.3%

🐎 「雨のクロフネ」は母父でも効く

1番人気距離別成績

	距離	着度数	複勝率
芝	〜1200	6-2-1／22	40.9%
	1400	1-3-0／8	50.0%
	〜1600	9-5-3／19	89.5%
	〜1800	7-0-2／13	69.2%
	2000	0-1-1／4	50.0%
	〜2400	1-1-0／3	66.7%
	2500〜	0-0-0／1	0.0%
ダ	〜1300	22-14-12／65	73.8%
	〜1600	24-19-14／78	73.1%
	〜1900	60-35-38／195	68.2%
	2000〜	7-3-2／17	70.6%

🐎 芝1600は安定、芝1200は不安定

KUROFUNE

血統別騎手ベスト5（3番人気以内）			
	騎手	着度数	勝率	複勝率
1位	C.ルメール	26-12-14-27／79	32.9%	65.8%
2位	川田将雅	24-13-9-25／71	33.8%	64.8%
3位	M.デムーロ	16-4-10-22／52	30.8%	57.7%
4位	松山弘平	13-5-6-23／47	27.7%	51.1%
5位	戸崎圭太	12-14-5-23／54	22.2%	57.4%

🐎 ルメールならダート2100も盤石

血統別騎手ベスト5（4番人気以下）			
	騎手	着度数	勝率	複勝率
1位	松山弘平	5-8-5-79／97	5.2%	18.6%
2位	大野拓弥	5-4-4-68／81	6.2%	16.0%
3位	幸英明	4-4-7-88／103	3.9%	14.6%
4位	石川裕紀人	4-2-6-44／56	7.1%	21.4%
5位	木幡巧也	3-4-8-42／57	5.3%	26.3%

🐎 松山がダート中心に先行粘り込み

クラス別成績	芝		ダ	
	着度数	勝率	着度数	勝率
新馬	14-15-11-127	8.4%	20-20-19-121	11.1%
未勝利	24-20-22-334	6.0%	97-78-110-930	8.0%
1勝	19-27-37-345	4.4%	107-110-90-923	8.7%
2勝	8-11-3-119	5.7%	43-52-47-431	7.5%
3勝	3-4-2-46	5.5%	19-22-19-176	8.1%
OPEN(非L)	4-1-3-36	9.1%	8-9-11-72	8.0%
OPEN(L)	0-1-0-11	0.0%	1-0-0-15	6.3%
GⅢ	5-7-5-55	6.9%	1-1-0-21	4.3%
GⅡ	3-4-1-12	15.0%	1-0-0-2	33.3%
GⅠ	3-2-2-22	10.3%	0-1-0-5	0.0%

🐎 ダートの新馬、芝オープンの効率よし

条件別勝利割合			
穴率	21.3%	平坦芝率	51.8%
芝道悪率	19.3%	晩成率	47.1%
ダ道悪率	39.7%	芝広いコース率	42.2%

🐎 仕上がり早いが晩成率は悪くない

年齢・季節別勝ち鞍グラフ

🐎 夏の複勝率は冬より5％ダウン

※「春」＝4、5、6月。「夏」＝7、8、9月。
「秋」＝10、11、12月。「冬」＝1、2、3月。高齢＝6歳以上。

勝利へのポイント

過去15年の重賞成績、芝1600以下／27勝、芝1800／7勝、芝2200以上／0勝

ソダシという最後の大物を見届けるかのように21年1月に大往生。21年の2歳馬が最終世代だ。ソダシさえオークスでは沈んだように、走れる重賞の距離に壁があり、芝1800までは勝てるが、芝2000は札幌記念が初の1着、芝2200以上は不振。エ女王杯や有馬記念で、壁を破る挑戦を見たい。

▶強気先行のスピード持続力

東京芝1600重賞はクロフネの港。NHKマイルCや安田記念など良績が多く、横山典弘の連対が多い。末脚をためない先行策で、巧みにスピード持続力を引き出す。アエロリットの戸崎もそうだったように、スローに落とすより、強気先行が合う。この個性をわかっている騎手と、わかってない騎手で差が出やすい血統とも言える。逆に末脚勝負になりやすい新潟芝1600はさっぱり。

▶2歳から3歳春のマイル路線で勝負

仕上がり早く、2歳重賞を勝った牝馬が多数。上級馬はNHKマイルCへ向かう路線を歩み、芝1400のオープンも走る。ダートの新馬も狙い。

鋭い切れ味はないため、2000以上の距離やクラシック本番では伸びが止まる。ソダシは別格として、ディープが届けばクロフネ沈み、クロフネが粘ればディープ不発の関係あり。平坦はプラス。

▶4歳牝馬の変身。牝馬限定戦は狙い目

成長力も魅力。カレンチャンやスリープレスナイトなどダートで勝ち上がった牝馬が、芝の一流スプリンターに育つなど変身。4歳牝馬が上昇。

▶大型牡馬は、小回りダート過信禁物

全体で見ればダートの勝利数が8割。交流重賞に強い特徴があり、川崎ダ2100の関東オークスを3勝。牡馬は雄大な馬格を持て余し気味の馬も目に付き、このタイプが小回りで人気を背負うと、外を回らされて届かない。ダートの人気馬が安定して走るのは、阪神ダ1400、ダ1800と、東京ダ1400、ダ1600。ダート1番人気は全般に堅実だ。

2020 RANK 18
ヴィクトワールピサ
VICTOIRE PISA

種牡馬ランク　2020年度／第18位　2019年度／第14位　2018年度／第17位

角居厩舎の執念が結実。大震災直後にドバイWC制覇!

2007年生　黒鹿毛　2021年輸出

現役時代

　中央12戦7勝、海外3戦1勝。主な勝ち鞍、ドバイワールドC（AW2000M・GI）、皐月賞、有馬記念、弥生賞、中山記念、ラジオNIKKEI杯2歳S。

　新馬でローズキングダムの2着に敗れた後、未勝利、京都2歳S、ラジオNIKKEI杯、弥生賞と4連勝。

　皐月賞で、負傷の武豊に替わって鞍上を任された岩田康誠は、後方のインで脚をため、直線も狭い最内へ馬をねじ込む。追撃するヒルノダムールを振り切り、1馬身半差の完勝。お立ち台で「ぼくは代打ですから」と、喜びを抑えるかのように語った。

　単勝2.1倍のダービーは超スローの瞬発力勝負になり、中団から上がり33秒1を使いながら3着まで。勝ったのは内を突いたエイシンフラッシュだった。秋はフランスに遠征してニエル賞4着、凱旋門賞7着。復帰した武豊が手綱をとるも、重馬場で不発に。

　帰国後、ジャパンC3着の次走は有馬記念へ。新コンビのデムーロ兄は積極策を見せ、3角で早くも先頭に並びかける。直線で押し切ろうとするところへブエナビスタが飛んでくる。ほとんど同時のゴールは、ハナ差でヴィクトワールピサに凱歌が上がった。この10年有馬記念は1～3着まで外国人騎手、1～7着まで社台グループの生産馬が独占した。

　4歳になり、中山記念を楽勝して向かったのは、UAEのメイダン競馬場。オールウェザー・トラックのドバイワールドC。2011年3月26日、日本が大震災に見舞われた2週後のこと。喪章をつけて騎乗したデムーロは、スローと見るや仕掛けて2番手まで進出。逃げるトランセンドに並ぶ形で直線のデッドヒート!

　追いすがるモンテロッソ、ケープブランコらを離して日本馬ワンツーが決まった。歴史的瞬間であり、日本に希望を与える快挙だった。

POINT

- 3歳のトライアル重賞に良績多数
- 古馬は伸び悩み、ツボの狭いムラ馬
- 人気馬も人気薄も距離1800！

血統背景

父ネオユニヴァースは同馬の項を参照。

母ホワイトウォーターアフェアはポモーヌ賞（仏GⅡ・芝2700M）の勝ち馬、ヨークシャー・オークス（英GⅠ・芝11.9F）2着、愛セントレジャー3着。

半兄アサクサデンエン（安田記念）、半兄スウィフトカレント（小倉記念）、半弟トーセンモナークも種牡馬入り。近親ロープティサージュ（阪神JF）。

母の父マキアヴェリアンは世界的な名種牡馬。シュヴァルグランやヴィルシーナの母父も同馬。

代表産駒

ジュエラー（16桜花賞）、スカーレットカラー（19府中牝馬S）、ウィクトーリア（19フローラS）、コウソクストレート（17ファルコンS）、ブレイキングドーン（19ラジオNIKKEI賞）、レッドアネモス（20クイーンS）、パールコード（16秋華賞2着）、アサマノイタズラ（21スプリングS2着）、ミッシングリンク（18TCK女王盃）、アジュールローズ（16プリンシパルS）。

産駒解説

1年目から桜花賞馬と秋華賞2着馬を送り出し、19年はオークスに3頭を出走させた。牝馬の成績が上位で、牡馬は皐月賞に4頭、ホープフルSに4頭など、2歳から3歳のGⅠに出走馬が多い。

スカーレットカラーとウィクトーリアはどちらも母父ウォーエンブレムとの配合。相性が良いのは間違いない。そのほか獲得賞金上位にはジュエラー、テラノヴァ、パールコードと、社台ファーム生産の牝馬が並ぶ。グレイソヴリンを持つ牝馬とも好相性で、コウソクストレート（母父アドマイヤコジーン）、アジュールローズ（祖母の父カルドゥン）など。

関係者コメント

「トルコジョッキークラブからのオファーで、トルコに売却されています。去年まで日本で種付けを行なって、今年の1月から向こうで過ごしています。日本での種付けは順調でしたし、馬自身も元気いっぱいで離れてしまうのは寂しかったですけれど、向こうでもい

ネオユニヴァース 鹿 2000	*サンデーサイレンス Sunday Silence	Halo
		Wishing Well
	*ポインテッドパス Pointed Path	Kris
		Silken Way (1-l)
*ホワイトウォーターアフェア Whitewater Affair 栗 1993	マキアヴェリアン Machiavellian	Mr. Prospector
		Coup de Folie
	マッチトゥーリスキー Much Too Risky	Bustino
		Short Rations (8-d)

Halo 3×4

種付け年度	種付け頭数	血統登録頭数	種付け料
2020年	64頭	—	150／受・FR
2019年	104頭	78頭	150／受・FR
2018年	60頭	39頭	200／受・FR

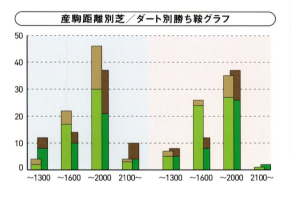
産駒距離別芝／ダート別勝ち鞍グラフ

い仔を出してくれると思います。ドバイワールドカップを勝ったこともあってトルコでも非常に人気を集めているようですね。今年は100頭以上に種付けを行なったとのこと。新天地での活躍を楽しみにしています」
（ブリーダーズスタリオン、21年9月）

特注馬

ミヤジコクオウ／前半1000M60秒を切ると不発、それより遅いと好成績。エスポワールシチーの半弟。

アクアミラビリス／高速馬場向き。芝1400ベスト、東京芝1600オープンも怖い。クイーンズリングの妹。

アサマノイタズラ／セントライト記念は田辺騎手の巧みな騎乗。菊花賞向きではなく、小回りの中距離合う。

ヴィクトワールピサ産駒完全データ

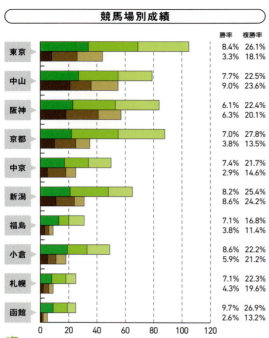

芝は東京と新潟、ダートは新潟と中山

勝利数上位コース

		着度数	
1位	中山ダ1800	17-13-15／167	
2位	東京芝1800	14-9-13／113	
3位	阪神ダ1800	9-10-10／154	
4位	新潟ダ1800	9-9-4／97	
5位	中山芝2000	9-8-6／116	

芝もダートも1800得意、特に平場は

距離別成績

		着度数	複勝率
芝	～1200	20-17-17／283	19.1%
	1400	20-22-13／238	23.1%
	～1600	39-49-49／553	24.8%
	～1800	58-42-57／580	27.1%
	2000	46-57-43／633	23.1%
	～2400	9-20-15／203	21.7%
	2500～	1-4-3／51	15.7%
ダ	～1300	11-16-8／216	16.2%
	～1600	15-23-19／364	15.7%
	～1900	49-61-55／871	18.9%
	2000～	9-11-11／116	26.7%

ダ1800の勝率はダ1700の2倍

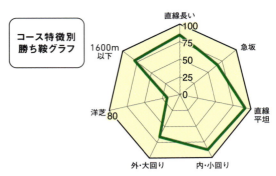

締まった流れになりやすい内・小回り得意

得意重賞ベスト3

クイーンS	1-1-1／5
スプリングS	0-2-0／2
フローラS	1-1-0／4

不得意重賞ワースト3

オークス	0-0-0／3
京都新聞杯	0-0-0／4
NHKマイルC	0-0-0／3

3歳春のクラシック前哨戦は要注意

馬場状態別成績

		着度数	複勝率
芝	良	154-171-155／1942	24.7%
	稍重	30-31-20／405	20.0%
	重	8-6-18／145	22.1%
	不良	1-3-4／49	16.3%
ダ	良	54-62-61／926	19.1%
	稍重	15-24-18／348	16.4%
	重	10-17-6／171	19.3%
	不良	5-8-8／122	17.2%

芝の良で好成績も、重賞は道悪浮上

1番人気距離別成績

		着度数	複勝率
芝	～1200	5-3-0／11	72.7%
	1400	3-3-3／19	47.4%
	～1600	11-4-6／45	46.7%
	～1800	11-5-6／28	78.6%
	2000	15-10-3／49	57.1%
	～2400	2-4-0／14	42.9%
	2500～	0-0-0／2	0.0%
ダ	～1300	5-2-0／13	53.8%
	～1600	5-3-1／22	40.9%
	～1900	20-12-8／55	72.7%
	2000～	1-2-0／6	50.0%

芝1800と芝1200の1番人気が優秀

VICTOIRE PISA

血統別騎手ベスト5（3番人気以内）

	騎手	着度数	勝率	複勝率
1位	川田将雅	14- 9- 6-19／48	29.2%	60.4%
2位	M.デムーロ	13-12- 8-28／61	21.3%	54.1%
3位	戸崎圭太	13- 9- 5-26／53	24.5%	50.9%
4位	C.ルメール	12-15- 6-26／59	20.3%	55.9%
5位	田辺裕信	6- 6- 5-14／31	19.4%	54.8%

🐎 豪腕・川田が先行策で勝たせる

血統別騎手ベスト5（4番人気以下）

	騎手	着度数	勝率	複勝率
1位	大野拓弥	5- 3- 6-61／75	6.7%	18.7%
2位	川田将雅	5- 3- 1-14／23	21.7%	39.1%
3位	吉田隼人	5- 2- 1-45／53	9.4%	15.1%
4位	横山典弘	5- 2- 0-34／41	12.2%	17.1%
5位	岩田康誠	4- 5- 6-55／70	5.7%	21.4%

🐎 下級条件ダートで大野が穴を連発！

クラス別成績

	芝 着度数	勝率	ダ 着度数	勝率
新馬	25-23-20-199	9.4%	1- 5- 2-80	1.1%
未勝利	74-75-81-700	8.0%	39-62-55-658	4.8%
1勝	59-65-51-615	7.5%	36-35-27-346	8.1%
2勝	20-21-26-183	8.0%	5- 4- 8-140	3.2%
3勝	5-10- 9-83	4.7%	2- 3- 0-36	4.9%
OPEN(非L)	2- 2- 0-26	6.7%	0- 1- 1- 7	0.0%
OPEN(L)	2- 1- 1-23	7.4%	1- 0- 0- 8	11.1%
GⅢ	3- 9- 6-55	4.1%	0- 1- 0- 4	0.0%
GⅡ	2- 4- 3-25	5.9%	0- 0- 0- 0	―
GⅠ	1- 1- 0-31	3.0%	0- 0- 0- 0	―

🐎 勝率トップは芝の新馬、ダの1勝クラス

条件別勝利割合

穴率	27.1%	平坦芝率	47.7%
芝道悪率	20.2%	晩成率	38.6%
ダ道悪率	35.7%	芝広いコース率	44.0%

🐎 穴率は高くないが二桁人気の大穴多め

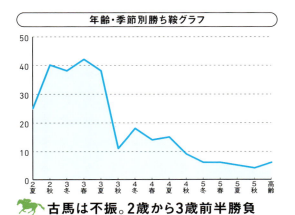

年齢・季節別勝ち鞍グラフ

🐎 古馬は不振。2歳から3歳前半勝負

※「春」＝4、5、6月。「夏」＝7、8、9月。
「秋」＝10、11、12月。「冬」＝1、2、3月。高齢＝6歳以上。

勝利へのポイント

重賞3着以内、3歳1月から6月／14回
同、3歳7月から12月／3回、2歳／5回

　産駒のバイオリズムが大事だ。3歳春の重賞路線に乗る馬は多く、21年もスプリングS2着のアサマノイタズラ、アーリントンC3着のレイモンドバローズなどが出たが、GⅠでは足りず、キャリアを重ねるほど気性の難しさが出て伸び悩む。
　牝馬はそこそこ安定して走るのに対し、牡馬は不安定なムラ馬になったり、スランプや去勢手術の後、ダートで復活するパターンも少なくない。

▶芝1800ベスト、早熟気味の中距離型
　2歳から走る早熟気味のマイラー中距離型。以前は東京と京都の芝で好成績だったが、近年は長い直線を伸びるタイプが減った。速い上がりの脚を使えない牡馬は小回りやダートに向き、時計のかかる馬場もプラス。一方、切れ味のある牝馬マイラー（ネオユニヴァース産駒よりこのタイプが多い）は、軽い芝の瞬発力勝負も問題なし。
　好走できるツボの狭い馬が目につき、低速の芝1800は得意なのに高速の芝1600はさっぱりとか、ダ1800は追い込んでくるのにダ1700は不発とか、わずかな条件の違いで走りにムラが出る。

▶伸び悩んだオープン馬の復活パターン
　クラシック路線を歩んだ馬が勝てなくなり、人気を落として、小回り芝の中距離で激走する例が多数。ジョルジュサンク、アジュールローズ、ナムラシングン、アウトライアーズなど。これらの変わり身は、福島や小倉、阪神内回りが中心。

▶中2週と、叩き2戦目が特注
　ローテに注目。重賞を別にすれば、レース間隔が詰まった時の好走率が高く「中2週」が優秀。休み明け緒戦より、叩き2、3戦目で着順を上げて馬券になる例が目につく。大型馬は特にそう。

▶牡馬と牝馬の適性距離
　牡馬は芝2000、ダ1800、芝1800の順に勝ち鞍が多い。牝馬は芝1800がダントツ、芝1600、芝2000と続く。高速マイルで人気の牝馬は危険。

サウスヴィグラス
SOUTH VIGOROUS

種牡馬ランク　2020年度／第19位　2019年度／第18位　2018年度／第23位

早世したエンドスウィープの後継。ダートの快速スプリンター

1996年生　栗毛　アメリカ産　2018年死亡

現役時代

　中央と交流競走で33戦16勝。主な勝ち鞍、JBCスプリント（GⅠ・大井ダート1190M）、根岸S（2回）、北海道スプリントC（2回。札幌ダート1000M）、黒船賞（高知ダート1400M）、かきつばた記念（名古屋ダート1400M）。ダート重賞を8勝。

　小気味よいスピードを武器に、2歳から砂の短距離戦で勝ち星を積み上げる。しかし距離の限界があり、ダ1200は勝ち切れてもダ1400は最後に止まって差されてしまう。5歳の京葉Sをトップハンデで制し、霜月Sも勝って、ここまでダ1200だけで8勝。

　6歳の根岸Sでノボトゥルーを退けて重賞勝利を飾ると、以降は柴田善臣との安定コンビで、交流競走を渡り歩きながら賞金を増やしていく。高知の黒船賞、名古屋のかきつばた記念、北海道スプリントC、盛岡のクラスターCと、3連続レコードを含む4連勝。筋骨隆々のボディは500キロの馬体重より大きく見せ、パワフルな先行力は小回りの競馬場にぴったりだった。

　7歳になると、根岸Sと北海道スプリントCを連覇して6連勝。大井の東京盃は2着に敗れるが、ラストランのJBCスプリントで名勝負を繰り広げる。2番手から直線で先頭に立ち、逃げ込みを図るところへマイネルセレクトが強襲。ちょうど並んだところがゴール！　写真判定はサウスヴィグラスのハナ差の勝利を示していた。この年は大井のスタンド改修工事のため、距離は1190M。あと10メートル長かったらマイネルセレクトが差していたと思われるだけに、競馬の神様がご褒美を与えた"幸運の10メートル短縮"だった。

　ダ1200以下に限ると【13-3-2-1】と、無類の安定感を誇った。02年のガーネットS、完璧な逃げ込み態勢に入ったところへ、ブロードアピールの鬼脚が炸裂して2着に敗れたレースも印象深い。

POINT

 地方競馬6年連続リーディング!
 ダ1400のオープン、真ん中から外の枠!
 休み明け、ローカルの小回りで単勝

血統背景

父エンドスウィープは、ジャージーショアBCH（GⅢ・7F）など18戦6勝。本馬はアメリカ生まれの初年度産駒にあたる。代表産駒にスイープトウショウ（宝塚記念、エリザベス女王杯）、ラインクラフト（桜花賞、NHKマイルC）、アドマイヤムーン（JC、ドバイデューティフリー）。

母ダーケストスターは米4勝。近親にマキバスナイパー（帝王賞）。4代母レヴェルサンズはブラックホーク（安田記念、スプリンターズS）の3代母。

母父スタードナスクラは米国のGⅡホイットニーSなどに勝った、ダート向きのマイラー。

代表産駒

ヒガシウィルウィン（17ジャパンDダービー）、コーリンベリー（15JBCスプリント）、ラブミーチャン（09全日本2歳優駿）、サブノジュニア（20JBCスプリント）、ナムラタイタン（11武蔵野S）、タイニーダンサー（16関東オークス）、テイエムサウスダン（19兵庫ジュニアC）。ラブミーチャンは09、12年のNAR年度代表馬、ヒガシウィルウィンは17年のNAR年度代表馬。

産駒解説

獲得賞金上位12頭のうち、7頭はミスタープロスペクターかレイズアネイティヴのクロスを持ち、3頭は母父ロベルト系。ヒガシウィルウィン（中央不出走のため上記データに含まず）も母父はロベルト系ブライアンズタイムだ。

地方競馬ではグランド牧場が得意とする母父アサティス、母父スマートボーイとの配合も大当たり。多数の重賞ウイナーを送り出している。

関係者コメント

「18年3月4日に22歳で死亡しました。重賞勝ちのあるスパロービート（産駒デビュー17年）と、ナムラタイタン（産駒デビュー20年）がすでに種牡馬入りしています。

最後の17年も170頭を超える種付けを無事こなしてくれて、健康で受胎率の高い、理想形の種牡馬でした。

*エンドスウィープ End Sweep 鹿 1991	*フォーティナイナー Forty Niner	Mr. Prospector
		File
	ブルームダンス Broom Dance	Dance Spell
		Witching Hour (4-r)
*ダーケストスター Darkest Star 黒鹿 1989	スタードナスクラ Star de Naskra	Naskra
		Candle Star
	ミニーリパートン Minnie Riperton	Cornish Prince
		English Harbor (5-g)

Double Jay 5×5、Nasrullah 5・5（母方）

種付け年度	種付け頭数	血統登録頭数	種付け料
2020年	ー	ー	ー
2019年	ー	ー	ー
2018年	ー	ー	ー

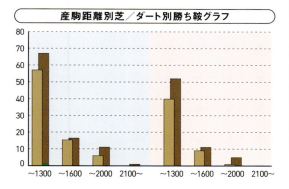

産駒距離別芝／ダート別勝ち鞍グラフ

遺伝力が強く、産駒は自身のような体形に出ることが多く、重心の低さとしっかりとしたトモを受け継いでくれています。残された産駒から一頭でも多く、父の後継が出てくれることを期待しています」（アローズタッド、18年7月）

特注馬

ウルトラマリン／レース間隔は1ヶ月以上がいい。ベストは阪神ダ1400。中山ダ1200なら外枠向き。

ジェネティクス／阪神ダート適性が高く、母父サクラバクシンオーで前傾ラップに対応。休み明け走る。

バンプトンハート／母父はナリタトップロード。東京ダート得意で、叩かれて2、3戦目に好走多い。

サウスヴィグラス産駒完全データ

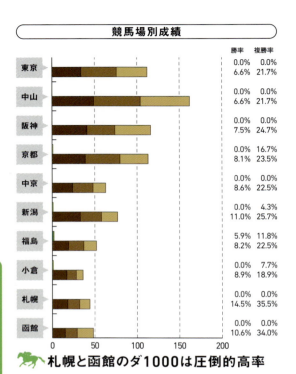

札幌と函館のダ1000は圧倒的高率

勝利数上位コース

1位	中山ダ1200	44-48-50／565	
2位	新潟ダ1200	31-24-19／265	
3位	阪神ダ1200	29-24-25／266	
4位	京都ダ1200	28-31-20／307	
5位	中京ダ1200	16-10-10／158	

トップ5は全部ダート1200が並ぶ

距離別成績

		着度数	複勝率
芝	〜1200	1-2-2／76	6.6%
	1400	0-0-0／13	0.0%
	〜1600	0-0-0／8	0.0%
	〜1800	0-0-0／4	0.0%
	2000	0-0-0／4	0.0%
	〜2400	0-0-0／0	―
	2500〜	0-0-0／0	―
ダ	〜1300	215-199-177／2208	26.8%
	〜1600	50-59-52／787	20.5%
	〜1900	23-19-28／380	18.4%
	2000〜	1-0-0／23	4.3%

ダ1000は馬券的においしい

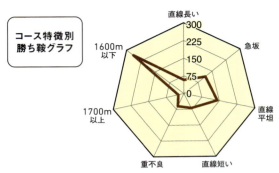

ダート短距離特化型。特にローカルは狙い目

得意重賞ベスト3

プロキオンS	0-0-0／2
武蔵野S	0-0-0／0
根岸S	0-0-1／4

不得意重賞ワースト3

フェブラリーS	0-0-0／2
カペラS	0-0-1／6
アイビスSD	0-0-0／1

ダート1400のヒモ穴に狙え

馬場状態別成績

		着度数	複勝率
芝	良	0-2-1／80	3.8%
	稍重	1-0-0／17	5.9%
	重	0-0-1／5	20.0%
	不良	0-0-0／3	0.0%
ダ	良	162-173-142／1992	23.9%
	稍重	67-54-63／764	24.1%
	重	35-33-30／418	23.4%
	不良	25-17-22／224	28.6%

不良ダートは勝率・複勝率が高い

1番人気距離別成績

		着度数	複勝率
芝	〜1200	0-1-0／1	100.0%
	1400	0-0-0／0	―
	〜1600	0-0-0／0	―
	〜1800	0-0-0／0	―
	2000	0-0-0／0	―
	〜2400	0-0-0／0	―
	2500〜	0-0-0／0	―
ダ	〜1300	80-41-26／215	68.4%
	〜1600	13-10-2／42	59.5%
	〜1900	3-1-2／12	50.0%
	2000〜	0-0-0／0	―

ダ1400以上の1番人気は安定感ダウン

SOUTH VIGOROUS

血統別騎手ベスト5（3番人気以内）

	騎手	着度数	勝率	複勝率
1位	三浦皇成	13-7-1-8／29	44.8%	72.4%
2位	松山弘平	8-2-3-8／21	38.1%	61.9%
3位	吉田隼人	7-8-2-7／24	29.2%	70.8%
4位	M.デムーロ	7-3-5-10／25	28.0%	60.0%
5位	内田博幸	6-8-7-11／32	18.8%	65.6%

🐎 **三浦皇成が中山ダ1200でダントツ**

血統別騎手ベスト5（4番人気以下）

	騎手	着度数	勝率	複勝率
1位	石橋脩	4-2-2-14／22	18.2%	36.4%
2位	津村明秀	4-2-0-28／34	11.8%	17.6%
3位	岩田康誠	4-1-2-21／28	14.3%	25.0%
4位	内田博幸	3-5-7-43／58	5.2%	25.9%
5位	北村友一	3-4-4-16／27	11.1%	40.7%

🐎 **石橋脩が乗る関西厩舎の穴をマーク**

クラス別成績

	芝 着度数	勝率	ダ 着度数	勝率
新馬	0-1-0-8	0.0%	19-26-24-178	7.7%
未勝利	0-0-0-17	0.0%	109-92-88-701	11.0%
1勝	0-1-2-53	0.0%	97-97-88-969	7.8%
2勝	0-0-0-9	0.0%	39-26-24-379	8.3%
3勝	1-0-0-2	33.3%	14-25-15-227	5.0%
OPEN(非L)	0-0-0-4	0.0%	9-11-14-98	6.8%
OPEN(L)	0-0-0-1	0.0%	2-0-2-10	14.3%
GⅢ	0-0-0-5	0.0%	0-0-2-11	0.0%
GⅡ	0-0-0-1	0.0%	0-0-0-0	—
GⅠ	0-0-0-0	—	0-0-0-2	0.0%

🐎 **ふきだまり3勝クラスは2着が多め**

条件別勝利割合

穴率	29.3%	平坦芝率	100.0%
芝道悪率	100.0%	晩成率	43.8%
ダ道悪率	43.9%	芝広いコース率	0.0%

🐎 **芝の馬券絡みはほとんどローカル**

勝利へのポイント

オープン特別11勝中、6枠から8枠／7勝 重賞【0-0-2-19】

　最終世代の21年3歳馬からも南関東の二冠牝馬ケラススヴィアが出るなど、地方競馬の実績は断然。20年まで6年連続リーディング・サイヤーに輝く。コーナーの多いコースほど、競馬上手の長所が生きる。中央ではダート1400以下を得意とする砂の快速血統で、過去5年の重賞勝ちはない。

▶「ダ1200とダ1000の逃げ馬は枠順に注目」
　下級条件はダ1200、ダ1000で勝ち星を量産。一本調子の逃げ馬は、自分より外枠に速い馬がいて被されると良くないから、枠順に注目。まんなか辺の枠がいい。ダ1000の1番人気は信頼度抜群。

▶「小回りローカルで高勝率・高回収率」
　ダートの短距離ならどこでも走るが、勝率や連対率が高いのは札幌、函館。中央4場なら阪神がいい。回収率も高いので、気になる馬を見つけたら単勝を買う適当な買い方でお小遣いが増える。

▶「阪神ダ1400のオープン特別を狙え」
　オープン特別11勝、重賞0勝。特に阪神ダ1400はオープンの勝ち鞍が多く、狙い目だ。重賞では20年根岸Sでスマートアヴァロンが人気薄で3着するなど、ダ1200よりダ1400や1600に良績あり。折り合いが付けば中距離もこなし、地方重賞ならダ2000も平気で走るので中央の感覚は捨てよう。

▶「連勝中は乗れ。止まったら疑え」
　勢いに乗ると連勝街道を進む一方、壁に当たると調子を落とす弱点もあり、これはフォーティナイナー系に共通の内弁慶な性格ゆえ。勝つときは差をつけて勝つが、派手な着差にダマされないようにしたい。勢いを失った馬は追いかけすぎないこと。3勝クラスに居場所を見つける馬も多数。

▶「休み明け、脚抜きのいいダートで穴」
　馬券の買いどころは、休み明け、内枠凡走→外枠替わり、小回りコース替わり、脚抜きのいいダート。不良馬場ダートは勝率が高い。ただし、良のダートの得意な馬も多いので各馬ごとに。

年齢・季節別勝ち鞍グラフ

🐎 **冬のダートは回収率アップ！**

※「春」＝4、5、6月。「夏」＝7、8、9月。「秋」＝10、11、12月。「冬」＝1、2、3月。高齢=6歳以上。

サウスヴィグラス　SOUTH VIGOROUS

バゴ
BAGO

種牡馬ランク　2020年度／第20位　2019年度／第47位　2018年度／第65位

名馬ナシュワン直仔の凱旋門賞馬。母系も筋金入り

2001年生　黒鹿毛　フランス産　2021年種付け料▷受胎確認後100万円

現役時代

　フランス、イギリス、アイルランド、北米、日本で通算16戦8勝。主な勝ち鞍、凱旋門賞（GI・2400M）、クリテリウムアンテルナシオナル（GI・1600M）、パリ大賞（GI・2000M）、ジャンプラ賞（GI・1800M）、ガネー賞（GI・2100M）。

　2歳時はクリテリウムアンテルナシオナルを含め4戦4勝。仏2000ギニー候補となったが、調整が遅れ、3歳初戦は仏ダービー当日のジャンプラ賞。ここを楽勝し、続くパリ大賞も勝って、デビューから6連勝。しかし、イギリスへ遠征してのインターナショナルSは好位から伸びを欠いて古馬スラマニの3着に敗れ、凱旋門賞のステップ戦ニエル賞GIIも3着と連敗。

　凱旋門賞は直前まで出否未定だったが、良馬場が望めることで出走に踏み切った。この年の凱旋門賞は"キングジョージ"GI圧勝のドワイエンをはじめ、スラマニら有力馬の回避で混戦模様。GI3勝の実績を持ちながら伏兵的存在だったが、大一番で自慢の末脚が爆発した。9番手で直線を向くと外目に持ち出し、先に抜け出したチェリーミックスをゴール前でかわし、同馬に半馬身差をつけてゴールイン。勝ち時計は歴代2位の2分25秒00だった。日本から遠征のタップダンスシチーは2番手から後退して17着。

　4歳時も現役を続け、初戦のガネー賞を制したが、サンクルー大賞GIがアルカセットの3着、"キングジョージ"GI3着、連覇を狙った凱旋門賞は3着、BCターフGIが4着。ジャパンCでアルカセットの8着が現役最後の一戦となった。

　本馬は生産、馬主ともにニアルコスファミリー。早くからサンデーサイレンスの血統に注目し、2018年にはディープインパクトの産駒スタディオブマンで仏ダービーを制している。

POINT
- 破格の成長力が売りの大物父系!
- 古馬の上昇と連勝に乗り遅れるな
- 決め手の甘い馬は道悪で着順アップ

血統背景
父ナシュワン。2000ギニー、英ダービー、"キングジョージ"のGIを無敗で制覇し、通算成績は7戦6勝。産駒にスウェイン("キングジョージ"2回)。

母系は半弟にマクシオス(ムーランドロンシャン賞GI)。祖母は全兄に名種牡馬マキアヴェリアン。ナムラクレア(小倉2歳S)の三代母。

代表産駒
クロノジェネシス(20有馬記念)、ビッグウィーク(10菊花賞)、ステラヴェローチェ(20サウジアラビアロイヤルC)、コマノインパルス(17京成杯)。

産駒解説
重賞勝ち馬全7頭中、母にSS系を持たない馬は1頭。また、4頭が北米産牝馬の流れを汲む牝系。北米血統注入が成功の鍵か。ビッグウィークは三代母がジェベル2×4を持つ欧州血統。菊花賞制覇は納得。

関係者コメント
「初年度産駒のビッグウィーク(10年菊花賞)以降はなかなか大物に恵まれませんでしたが、ここにきてクロノジェネシスという超大物が活躍してくれまして。この秋はバゴも勝っている凱旋門賞に挑戦ということで、ぜひ無事に走ってきてもらいたいですね。私も長年『凱旋門賞の最短切符はバゴだ』ということを言ってきまして、それがホラ話ではないと(笑)多少は証明されたかなと。大物が出なかった時期、バゴはステイゴールド牝馬との配合が非常に多くて気性的な問題を抱える馬も多かったんですよ。バゴ自身も気持ちが強い馬ですし、ステイゴールドだとどうしても上手く能力を発揮できない馬もいたようで。その点、クロノジェネシスは母父クロフネですからバランスが良くなって能力を活かせる方向に出ているのかなと思います。ノーザンファームさんのおかげですね(笑)。いろんな配合を試しておられるので。バゴもおかげさまで今年で20歳になりましたが、まだまだ元気に今年も105頭に種付けを行っています。クロノジェネシスの活躍でここ数年はクロフネ牝馬が多くなりましたし、あと

ナシュワン Nashwan 栗 1986	ブラッシンググルーム Blushing Groom	Red God
		Runaway Bride
	ハイトオブファッション Height of Fashion	Bustino
		Highclere (2-f)
ムーンライツボックス Moonlight's Box 鹿 1996	ヌレイエフ Nureyev	Northern Dancer
		Special
	クードジェニー Coup de Genie	Mr. Prospector
		Coup de Folie (2-d)

Natalma 4·5(母方)、Nearco 5×5、Native Dancer 5·5(母方)

種付け年度	種付け頭数	血統登録頭数	種付け料
2020年	118頭	—	50／受
2019年	110頭	64頭	50／受
2018年	37頭	32頭	80／受・FR

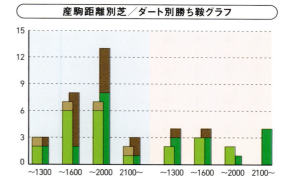

産駒距離別芝／ダート別勝ち鞍グラフ

はステラヴェローチェが出たのでディープインパクト牝馬が増えましたね。ディープインパクトの肌だとナシュワンの祖母ハイクレアのクロスが発生しますので、それがまた配合の妙と言いますか、期待できると思います」(日本軽種馬協会、21年9月)

特注馬
ステラヴェローチェ／菊花賞を勝つかもしれないし、スタミナ不足かもしれない。宝塚記念は合うはず。
トップウイナー／来るときはいつも穴。前走から距離変化が大きいと激走確率アップ。単騎逃げ注意。
オシリスブレイン／成績ムラな短距離馬。開催後半の芝1200で届き、開催前半は届かない。小倉合う。

バゴ産駒完全データ

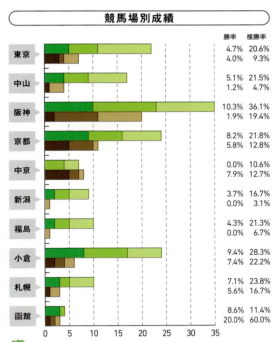

競馬場別成績

	勝率	複勝率
東京	4.7% / 4.0%	20.6% / 9.3%
中山	5.1% / 1.2%	21.5% / 4.7%
阪神	10.3% / 1.9%	36.1% / 19.4%
京都	8.2% / 5.8%	21.8% / 12.8%
中京	0.0% / 7.9%	10.6% / 12.7%
新潟	3.7% / 0.0%	16.7% / 3.1%
福島	4.3% / 0.0%	21.3% / 6.7%
小倉	9.4% / 7.4%	28.3% / 22.2%
札幌	7.1% / 5.6%	23.8% / 16.7%
函館	8.6% / 20.0%	11.4% / 60.0%

🐴 阪神芝が得意、東京芝は3着

勝利数上位コース

		着度数
1位	阪神芝1600外	4-7-1／25
2位	京都ダ1400	4-2-0／33
3位	小倉芝1800	3-4-2／23
4位	東京芝1600	3-4-1／36
5位	京都芝2000	3-2-2／30

🐴 阪神芝1600と小倉芝1800が双璧

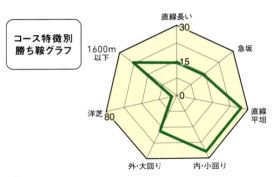

コース特徴別勝ち鞍グラフ

🐴 中距離ベストも、産駒数増加による変化に注意

得意重賞ベスト3

宝塚記念	2-0-0／2
京成杯	1-0-0／1
菊花賞	0-0-0／0

不得意重賞ワースト3

共同通信杯	0-0-0／1
シンザン記念	0-0-0／0
目黒記念	0-0-0／1

🐴 通算重賞12勝のうちGIを5勝

馬場状態別成績

		着度数	複勝率
芝	良	33-40-54／578	22.0%
	稍重	9-8-7／92	26.1%
	重	3-4-1／42	19.0%
	不良	1-1-1／10	30.0%
ダ	良	12-13-12／311	11.9%
	稍重	5-4-5／121	11.6%
	重	1-1-3／43	11.6%
	不良	2-2-4／35	22.9%

🐴 芝の稍重、ダートの不良で好成績

距離別成績

		着度数	複勝率
芝	〜1200	9-13-16／160	23.8%
	〜1400	2-6-5／80	16.3%
	〜1600	12-15-10／135	27.4%
	〜1800	5-7-12／128	18.9%
	〜2000	12-9-12／136	24.3%
	〜2400	5-2-8／66	22.7%
	2500〜	1-1-0／17	11.8%
ダ	〜1300	3-1-5／125	7.0%
	〜1600	8-8-2／143	12.6%
	〜1900	6-10-14／207	14.5%
	2000〜	3-1-3／31	22.6%

🐴 芝1200も勝てる持久力血統

1番人気距離別成績

		着度数	複勝率
芝	〜1200	5-2-2／10	90.0%
	〜1400	2-1-0／6	50.0%
	〜1600	5-1-0／9	66.7%
	〜1800	1-2-1／7	57.1%
	〜2000	1-0-0／1	100.0%
	〜2400	2-1-1／4	100.0%
	2500〜	1-0-0／1	100.0%
ダ	〜1300	1-0-0／3	33.3%
	〜1600	2-0-0／4	50.0%
	〜1900	2-2-2／9	66.7%
	2000〜	0-0-0／0	―

🐴 芝1200の1番人気は盤石

BAGO

血統別騎手ベスト5（3番人気以内）

	騎手	着度数	勝率	複勝率
1位	北村友一	6-1-4-3／14	42.9%	42.9%
2位	川田将雅	3-3-0-2／8	37.5%	37.5%
3位	勝浦正樹	3-1-1-2／7	42.9%	42.9%
4位	C.ルメール	3-0-2-1／6	50.0%	50.0%
5位	和田竜二	2-3-0-2／7	28.6%	28.6%

クロノ主戦の北村友一がトップ

血統別騎手ベスト5（4番人気以下）

	騎手	着度数	勝率	複勝率
1位	和田竜二	2-3-3-23／31	6.5%	25.8%
2位	丸山元気	2-1-1-14／18	11.1%	22.2%
3位	松田大作	2-0-3-9／14	14.3%	35.7%
4位	松山弘平	1-3-1-15／20	5.0%	25.0%
5位	太宰啓介	1-2-3-32／38	2.6%	15.8%

和田竜、丸山、松田の伏兵一発

クラス別成績

	芝 着度数	勝率	ダ 着度数	勝率
新馬	6-9-6-62	7.2%	0-0-0-19	0.0%
未勝利	12-20-24-213	4.5%	7-6-13-217	2.9%
1勝	9-12-7-154	4.9%	7-11-9-137	4.3%
2勝	6-5-10-58	7.6%	4-3-2-26	11.4%
3勝	2-4-6-34	4.3%	1-0-0-39	2.5%
OPEN(非L)	3-0-3-13	15.8%	1-0-0-3	25.0%
OPEN(L)	0-0-0-1	0.0%	0-0-0-4	0.0%
GⅢ	3-0-2-12	17.6%	0-0-0-1	0.0%
GⅡ	1-0-0-10	9.1%	0-0-0-0	—
GⅠ	4-3-5-3	26.7%	0-0-0-0	—

1勝クラスは△、2勝クラスは▲に

条件別勝利割合

穴率	31.8%	平坦芝率	58.7%
芝道悪率	28.3%	晩成率	48.5%
ダ道悪率	40.0%	芝広いコース率	30.4%

ダートは道悪勝利率が高め

年齢・季節別勝ち鞍グラフ

4歳、5歳は回収率も急上昇！

※「春」＝4、5、6月。「夏」＝7、8、9月。
「秋」＝10、11、12月。「冬」＝1、2、3月。高齢＝6歳以上。

勝利へのポイント

芝2000の回収率／単勝103%、複勝137%
ダ1400／16連対、ダ1600／0連対

クロノジェネシスとステラヴェローチェの出現により、種牡馬ランクも大きく上昇。すでに20歳の高齢となったが、種付け数は19年、20年と100頭を超えている。最初からノーザンファームの牝馬に多数付けていたら…は、言っちゃいけない。

▶上昇期に連勝する破格の成長力

ブラッシンググルーム系を表す格言はたくさんある。「強い馬はとことん強くなる成長力」「連勝中の馬には迷わず乗れ」「100頭のうち1頭、大物が出る」「短距離馬から長距離馬まで多様」などなど。かつてはテイエムオペラオーやマヤノトップガンの母父としても、その血の威力を見せつけたブラッシング系から、久しぶりに出たスーパー成長力の超大物がクロノジェネシスだ。

産駒が年間10勝ちょっとの種牡馬だから、データは多くない。勝ち鞍の多い距離は、芝2000、芝1600。続くのが芝1200、ダ1400。いわゆる根幹距離は1着が多く、半端な距離は2、3着が増える傾向もあるが、そこは各馬ごとに考えるべき。自身は凱旋門賞馬であり、代表産駒はやや時計のかかる中長距離がベストとしておこう。牝馬にはクリスマスのような早熟スプリンターも出る。

▶決め手の甘い馬は道悪や軽ハンデで激走

馬券のツボは、好調期と不調期が分かれやすいこと。条件戦で着を重ねていた馬が、古馬になって急上昇。鋭い脚を使って連勝する例がよくある。この期間は黙って買おう。ただし、決め手の甘いまま入着を続ける馬も多いから、このタイプは道悪で着順アップしたり、軽ハンデで突き抜けたり、何かのプラス要素があるときだけ狙いたい。

▶その距離しか走らない条件馬をマーク

勝率が高いのは、阪神と小倉の芝。東京の芝は3着が多い。得意は芝2000。ダートは1400と1800で走り、ダ1600とダ1200は不振。条件馬はツボが狭いため、実績のある距離やコースだけ買い。

2020 RANK 21
パイロ
PYRO

種牡馬ランク　2020年度／第21位　2019年度／第25位　2018年度／第22位

母系は異系色が濃い、注目のエーピーインディ系

2005年生　黒鹿毛　アメリカ産　2021年種付け料▷産駒誕生後250万円

©Darley

現役時代

　北米で通算17戦5勝。フォアゴーS（GI・7F）、ルイジアナ・ダービー（GII・8.5F）、リズンスターS（GIII・8.5F）、ノーザンダンサーS（GIII・8.5F）。BCジュヴェナイル（GI・8.5F）2着。

　2歳時は4戦1勝。重賞未勝利もシャンペンSとBCジュヴェナイルのGI各2着がある。その実績から3歳春は真一文字にケンタッキー・ダービー路線へ。初戦のリズンスターSで直線一気の末脚を決めて重賞初制覇。続くルイジアナ・ダービーは好位から抜け出しての3馬身差勝ち。この連勝で一躍ケンタッキー・ダービーの有力候補に浮上。しかし、最終ステップ戦のブルーグラスSGIは初のオールウェザーに手こずったのか10着大敗。それでもケンタッキー・ダービーGIでは3番人気に支持されたが、ビッグブラウンの8着に終わった。残りの二冠を回避して臨んだノーザンダンサーSで勝利すると、再度3歳王道路線に復帰するも、ジムダンディSGII2着、"真夏のダービー"トラヴァーズSGI3着と勝ち切れなかった。秋には未格付けのBCダートマイルに出走。やはりオールウェザーが合わず6着に敗れている。

　4歳時は7月の一般戦が初戦。ここで2着となり、続くフォアゴーSは本命馬コディアックカウボーイとの末脚勝負を制し、待望のGI制覇を果たした。この後は2年連続サンタアニタ競馬場でのブリーダーズC開催へ。前年同様に新たにGI昇格となったダートマイルに挑んだが、相性の悪いオールウェザー馬場を克服できずに最下位の10着に終わった。現役最後の一戦、ダートに戻ってのシガーマイルHはコディアックカウボーイの5着。17戦5勝、2着5回、3着2回、5着1回。ケンタッキー・ダービーを除く3度の大敗は全てオールウェザーでのもの。

POINT

 激しい気性のダート向きマイラー
 内枠→外枠替わりの穴は絶好！
 牝馬は京都と東京のマイル以下！

血統背景

父プルピット。産駒にタピット（同馬の項参照）。

母系は半妹に北米GII勝ち馬ウォーエコー。同牝系にアンタパブル（BCディスタフGI）、ラウダシオン（NHKマイル）ら。母の父ワイルドアゲインは第1回BCクラシック馬。ジャスタウェイの母の父。

代表産駒

ケンシンコウ（20レパードS）、ビービーバーレル（16フェアリーS）、シゲルカガ（15北海道スプリントC）、ラインカリーナ（19関東オークス）、ミューチャリー（21大井記念）、デルマルーヴル（19名古屋GP）。

産駒解説

勝利数こそ母父SS系が上位を占めるが、地方を含めた重賞勝ち馬は多くがSS系を全く持たない牝馬との交配による産駒、なおかつミスプロのクロスを持つ。

関係者コメント

「いつも通りに元気に過ごしています。体調の変動がない馬で、すこぶる元気（笑）。毛艶も年中ピカピカで、16歳の今も衰えは一切感じません。種付けも何頭でもこなせるという雰囲気を出していますよ。年齢のことも考えてあまり無理をさせずに少数精鋭で進めていますが、それでも126頭に種付けしています。産駒は高齢でも安定して走りますし、距離や中央、地方にかかわらず活躍してくれていますので、スタリオン側はなにもサポートする必要がないくらい（笑）。質の高い繁殖牝馬が集まってくれています。

パイロの体調の浮き沈みの少なさや身体の強さが産駒にもうまく伝わっているので、歳を重ねても堅実に走る馬が多いのかなと思います。それとパイロ自身、負けん気が非常に強いように、産駒もレースに行ってファイトしてくれる馬が多いというのも大きいですね。本馬の馬格自体はダートのサイアーラインのなかに入ると、決して重厚感があるダート馬という感じではなく、むしろ軽いほうの部類に入るんじゃないかと思います。見栄えのする馬ですね。産駒もそれを受け継いで見栄えのする馬体が多いんですけど、良い意味で硬さも持っている。そこが強靭な筋肉だとか、ダートを走るうえでの重要なポイントとなっていますね。今後もダートでの活躍を期待しつつ、軽い走りからも芝馬が出てきてもおかしくないなとは思っています」（ダーレー・ジャパン、21年9月）

プルピット Pulpit 鹿 1994	エーピーインディ A.P. Indy	Seattle Slew
		Weekend Surprise
	プリーチ Preach	Mr. Prospector
		Narrate (2-f)
ワイルドヴィジョン Wild Vision 鹿 1998	ワイルドアゲイン Wild Again	Icecapade
		Bushel-n-Peck
	キャロルズワンダー Carol's Wonder	Pass the Tab
		Carols Christmas (8-d)

Native Dancer 5×5

種付け年度	種付け頭数	血統登録頭数	種付け料
2020年	141頭	―	250／出生条件
2019年	126頭	66頭	250／出生条件
2018年	151頭	79頭	200／出生条件

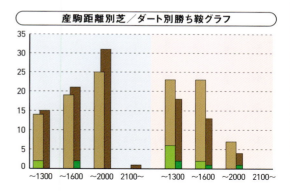

産駒距離別芝／ダート別勝ち鞍グラフ

特注馬

ケンシンコウ／ハマると強いので単勝向き。良と不良が良くて、稍重と重いまいち。速くない馬場向き。

ケイアイパープル／昨年版の外枠推奨を引き続き。4月～10月に良績集中し、冬はどうなのか要観察。

ファイアランス／ゴドルフィンの良血。前で粘るタイプで切れる脚はないため、上がり掛かる馬場向き。

パイロ産駒完全データ

競馬場別成績

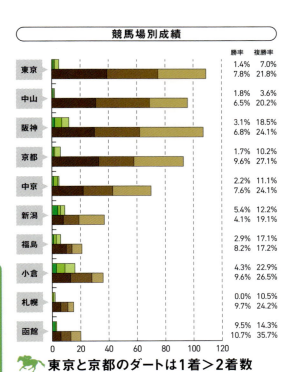

東京と京都のダートは1着＞2着数

コース特徴別勝ち鞍グラフ

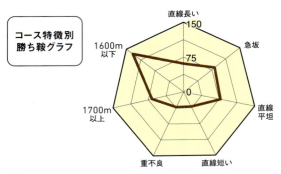

ダートなら条件を問わず良績

得意重賞ベスト3

レパードS	1-1-1／5
武蔵野S	0-1-0／3
マーチS	0-1-0／2

不得意重賞ワースト3

フェブラリーS	0-0-0／4
東海S	0-0-0／2
函館2歳S	0-0-0／3

8番人気以下は【0-0-1／36】

勝利数上位コース

順位	コース	着度数
1位	東京ダ1400	18-18-18／237
2位	東京ダ1600	17-15-13／197
3位	中山ダ1200	16-22-17／271
4位	京都ダ1200	16-8-9／117
5位	中山ダ1800	15-16-10／197

牝馬は1400以下、牡馬は中距離も

馬場状態別成績

		着度数	複勝率
芝	良	12-18-23／428	12.4%
	稍重	0-1-4／51	9.8%
	重	4-2-1／30	23.3%
	不良	0-1-0／6	16.7%
ダ	良	115-106-125／1537	22.5%
	稍重	48-44-46／611	22.6%
	重	28-21-25／307	24.1%
	不良	7-23-16／168	27.4%

芝は重が優秀、ダートも重不良で上昇

距離別成績

		着度数	複勝率
芝	～1200	10-13-18／223	18.4%
	1400	1-6-3／113	8.8%
	～1600	4-2-6／91	13.2%
	～1800	1-1-0／56	3.6%
	2000	0-0-1／20	5.0%
	～2400	0-0-0／8	0.0%
	2500～	0-0-0／4	0.0%
ダ	～1300	60-63-68／891	21.4%
	～1600	71-65-66／804	25.1%
	～1900	65-65-74／877	23.3%
	2000～	2-1-4／51	13.7%

ダ1700、ダ1400は勝率アップの距離

1番人気距離別成績

		着度数	複勝率
芝	～1200	0-4-1／9	55.6%
	1400	0-0-0／2	0.0%
	～1600	0-0-0／0	―
	～1800	0-0-0／0	―
	2000	0-0-0／0	―
	～2400	0-0-0／0	―
	2500～	0-0-0／0	―
ダ	～1300	27-12-12／76	65.4%
	～1600	23-13-14／70	71.4%
	～1900	19-7-6／47	68.1%
	2000～	0-0-0／0	―

ダ1600とダ1700の1番人気は堅実

PYRO

血統別騎手ベスト5（3番人気以内）			
	騎手	着度数	勝率	複勝率
1位	戸崎圭太	12-7-6-12／37	32.4%	67.6%
2位	C.ルメール	8-3-4-8／23	34.8%	65.2%
3位	松山弘平	7-4-10-8／29	24.1%	72.4%
4位	吉田隼人	7-2-2-8／19	36.8%	57.9%
5位	内田博幸	7-2-1-7／17	41.2%	58.8%

🐎 戸崎の人気馬は信頼度が高い！

血統別騎手ベスト5（4番人気以下）			
	騎手	着度数	勝率	複勝率
1位	幸英明	6-2-3-42／53	11.3%	20.8%
2位	松山弘平	4-5-2-27／38	10.5%	28.9%
3位	小牧太	3-3-2-23／31	9.7%	25.8%
4位	丸山元気	3-3-1-16／23	13.0%	30.4%
5位	川又賢治	3-1-0-13／17	17.6%	23.5%

🐎 幸が関西の新馬と平場で荒稼ぎ

クラス別成績

	芝 着度数	勝率	ダ 着度数	勝率
新馬	6-5-6-57	8.1%	17-22-12-111	10.5%
未勝利	2-3-4-138	1.4%	73-51-80-735	7.8%
1勝	5-5-8-104	4.1%	72-74-67-655	8.3%
2勝	2-4-7-83	2.1%	25-33-30-356	5.6%
3勝	0-1-1-22	0.0%	8-8-12-74	7.8%
OPEN(非L)	0-4-1-23	0.0%	2-2-5-58	3.0%
OPEN(L)	0-0-0-1	0.0%	0-1-1-8	0.0%
GⅢ	1-0-1-12	7.1%	1-3-5-16	4.0%
GⅡ	0-0-0-5	0.0%	0-0-0-2	0.0%
GⅠ	0-0-0-4	0.0%	0-0-0-4	0.0%

🐎 ダートの新馬は馬券的にも妙味

条件別勝利割合

穴率	22.2%	平坦芝率	68.8%
芝道悪率	25.0%	晩成率	42.1%
ダ道悪率	42.0%	芝広いコース率	31.3%

🐎 4〜6番人気の中穴ゾーンを狙え

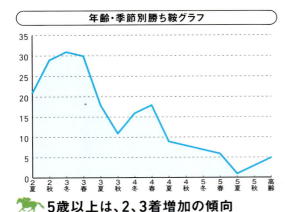

年齢・季節別勝ち鞍グラフ

🐎 5歳以上は、2、3着増加の傾向

※「春」＝4、5、6月。「夏」＝7、8、9月。
「秋」＝10、11、12月。「冬」＝1、2、3月。高齢＝6歳以上。

勝利へのポイント

東京ダ1600の1番人気【7-2-3-3】
ダート重賞3着以内9回中、良以外／6回

　交流重賞も含めて、ダート重賞で名前を見る機会が増えた。20年はレパードSで1、3着。川崎の関東オークスも2年連続で連対馬を出し、ダートの天下獲りを視野に入れる。アメリカで繁栄するエーピーインディ系の日本の大将格だ。

▶**単騎逃げや、揉まれない外枠を狙え**
　激しい気性の馬が多く、気分よくハナを切れた時や、外めの枠から出て揉まれない時に、高い能力を発揮する。ダートの1枠〜4枠は連対率13%前後、5枠〜8枠は15%から19%と明確な差がある。21年の阿蘇Sもケイアイパープルが大外枠から圧勝するなど、内枠→外枠替わりはゴン攻め！

▶**牝馬は東京と京都のダート大得意**
　勝利数が多いのは東京と京都のダート。牡馬と牝馬で分けると、さらに偏る。牝馬は東京ダ1300と1400、京都ダ1200と1400を狙おう。一方、牡馬は中距離型も多く、札幌と函館のダートが良い。

▶**小回りダート1700は単勝向き**
　ダ1700の勝率は、ダ1800の2倍近く高い。ダ1700は小回りコースに多く、先行馬が押し切りやすいため。ダ1800は3着が多いが、苦手ではないから気にしすぎることはない。折り合いを付けて、中距離を鮮やかに差す上級馬も増えている。

▶**2歳のスピード競馬なら芝でも走る**
　勝利の90%以上はダート。2歳から走る早熟性とスピードを持ち、3歳前半までなら芝で勝つ馬もちらほら。牝馬の芝1600の重賞勝ちもある。

▶**穴は休み明け初戦か2戦目**
　人気薄の好走は、休み明け初戦か、2戦目の一発が目立つ。これは気性の勝ったスピードタイプによく見られる傾向で、リフレッシュした後の数戦が勝負だ。深いダート向きか、脚抜きのいいダート向きかの見分けも大事。重賞レベルでは雨降りの道悪ダートのほうが馬券絡みは多い。芝スタートのダートが苦手な馬も見つけたい。

パイロ PYRO

2020 RANK 22
ブラックタイド
BLACK TIDE

種牡馬ランク　2020年度／第22位　2019年度／第21位　2018年度／第18位

ディープインパクトの全兄。"お祭り男"登場!!

2001年生　黒鹿毛　2021年種付け料▷受胎確認後200万円（FR）／産駒誕生後300万円

現役時代

中央22戦3勝。主な勝ち鞍、スプリングS。

ディープインパクトのひとつ年上の全兄で、管理する池江泰寿調教師、金子真人オーナーも同じ。01年セレクトセールでついた価格はディープより高い9700万円。馬格はひとまわり大きい。本馬の存在が、ディープの評価やイメージにも少なからず影響を与えた。

阪神芝2000の新馬を武豊で2番手から楽勝。2戦目のラジオたんぱ杯2歳Sでは、単勝1.4倍の断然人気を集めるも伸びを欠き、コスモバルクの4着に敗れる。

年が明けると若駒Sを制し、きさらぎ賞は単勝1.5倍でマイネルブルックの2着。いまいちスパッと切れる脚がないため、突き抜けそうで突き抜けない。

関東初見参のスプリングSでは、横山典弘に乗り替わり。これまでの先行策から一転、最後方待機の作戦をとる。マイネルゼストやダイワメジャーが引っ張る展開を、4角手前から徐々に進出して、中山の直線を一気に弾けて優勝。15頭ぶっこ抜きのド派手な勝ち方を決めて、クラシック主役の1頭となった。

5戦3勝で進んだ04年皐月賞は、再び武豊の手綱に戻り、コスモバルクに次ぐ2番人気。ところがスタートで出遅れ、しかも当日の中山コースは高速タイムの前残り馬場という運のなさ。後方待機のまま末脚不発に終わり、ダイワメジャーから離された16着に大敗した。レース後に屈腱炎が判明して、輝かしいキャリアは実質的にここでピリオドが打たれた。

2年以上の長期ブランクを経て復帰後は、中山金杯3着、オーストラリアT2着など、7歳まで走ったが勝ち鞍はなし。休養中に全弟ディープインパクトが華々しく登場。兄は肝心なところで不発に終わったため、「弟もどこかでやらかすのでは？」という空気もあったが、それは見当違いに終わった。

POINT

 早熟マイラー牝馬と詰めの甘い中距離牡馬

 牡のダート中距離、牝の芝短距離に妙味！

 万馬券は1800、1400、休養明け、乗り替わり

血統背景

父サンデーサイレンスは同馬の項を参照。

母ウインドインハーヘアはアラルポカル（独GI・芝2400M）1着、英オークス2着、ヨークシャー・オークス3着。

全弟ディープインパクト（三冠ほか）、全弟オンファイア（種牡馬）、半妹トーセンソレイユ（エルフィンS）。近親にレイデオロ（ダービー）、ウインクリューガー（NHKマイルC）、ルフトシュトローム（ニュージーランドT）、ソリッドプラチナム（マーメイドS）、ゴルトブリッツ（帝王賞）。

3代母ハイクレアはエリザベス女王の持ち馬で英1000ギニー、仏オークスに優勝。一族に種牡馬ナシュワン、ネイエフ、アンフワイン、ミルフォード。

母の父アルザオはエリントン賞（伊GIII・芝2400M）の勝ち馬。母系はスタミナ豊富な欧州血統。

代表産駒

キタサンブラック（16ジャパンC）、マイネルフロスト（毎日杯）、ライジングリーズン（フェアリーS）、タガノエスプレッソ（14デイリー杯2歳S）。

産駒解説

キタサンブラックにも見られる丈夫さ、健康さが長所。6歳、7歳で現役を続ける馬がたくさんいる。

獲得賞金1億円超えは7頭。相性が良いのは、母父ロベルト系（マイネルフロスト、サイモンラムセス、プランスペスカ）と、母父ミスプロ系（タガノエスプレッソ、コメート）などだ。

関係者コメント

「ブラックタイドはもう20歳ですので、種付け頭数も自然に減ってきていますね。同期のハーツクライが種牡馬を引退しましたし、この馬もあとどれだけ種付けできるかわかりませんが、元気に1年、1年を過ごしてくれればと思っています。キタサンブラックという超大物の後継種牡馬が出てくれましたし。キタサンブラックの仔は最初から走ると思っていたので、良かったなという思いで今年の競馬を見ています。サイアー

＊サンデーサイレンス Sunday Silence 青鹿　1986	ヘイロー Halo	Hail to Reason
		Cosmah
	ウィッシングウェル Wishing Well	Understanding
		Mountain Flower (3-e)
＊ウインドインハーヘア Wind in Her Hair 鹿　1991	アルザオ Alzao	Lyphard
		Lady Rebecca
	バーグクレア Burghclere	Busted
		Highclere　(2-f)

種付け年度	種付け頭数	血統登録頭数	種付け料
2020年	73頭	ー	200／受・FR
2019年	80頭	53頭	250／受・FR
2018年	90頭	64頭	250／受・FR

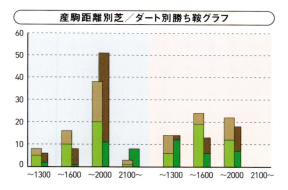

産駒距離別芝／ダート別勝ち鞍グラフ

ラインを繋げる馬は確実に出てくるでしょう。ブラックタイドの仔も、金子オーナーのバックアップでかなり良い繁殖牝馬に付けて、その仔たちが来年デビュー。もうひと花、ふた花咲かせてくれる可能性はあります。楽しみですね」（ブリーダーズスタリオン、21年9月）

特注馬

エブリワンブラック／キタサンブラック全弟。阪神ダ2000得意。エンジンのかかり遅いので距離延長いい。
アカノニジュウイチ／タイド産駒の快速牝馬は5歳以降の成績落ちる傾向あるが、果たして。道悪は割引き。
ブラックアーメット／3勝はすべて二桁馬番に入った時。内枠も走るはずだが、現状不振のため要観察。

ブラックタイド産駒完全データ

競馬場別成績

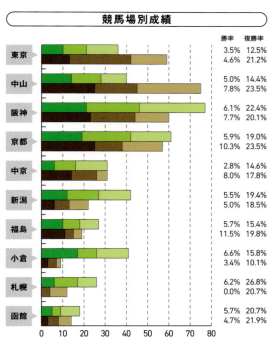

競馬場	勝率	複勝率
東京	3.5% / 4.6%	12.5% / 21.2%
中山	5.0% / 7.8%	14.4% / 23.5%
阪神	6.1% / 7.7%	22.4% / 20.1%
京都	5.9% / 10.3%	19.0% / 23.5%
中京	2.8% / 8.0%	14.6% / 17.8%
新潟	5.5% / 5.0%	19.4% / 18.5%
福島	5.7% / 11.5%	15.4% / 19.8%
小倉	6.6% / 3.4%	15.8% / 10.1%
札幌	6.2% / 0.0%	26.8% / 20.7%
函館	5.7% / 4.7%	20.7% / 21.9%

🐎 中山と京都のダートは回収率が高い

コース特徴別勝ち鞍グラフ

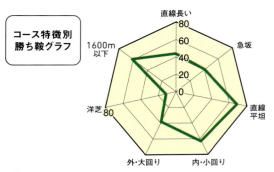

🐎 兄ディープと違い小回り向きで、ダートも走る

得意重賞ベスト3

デイリー杯2歳S	0-0-0／1
毎日杯	0-0-0／1
天皇賞・春	2-0-0／2

不得意重賞ワースト3

朝日杯FS	0-0-0／2
阪神JF	0-0-0／4
武蔵野S	0-0-0／1

🐎 キタサン以外は2歳から3歳春に勝利

勝利数上位コース

順位	コース	着度数
1位	京都ダ1800	21-12-14／145
2位	中山ダ1800	18-13-20／211
3位	阪神ダ1400	8-5-6／89
4位	福島ダ1700	8-4-3／74
5位	阪神ダ1800	7-11-6／151

🐎 ダート中距離ズラリ。牝馬は芝1200も

馬場状態別成績

	馬場	着度数	複勝率
芝	良	89-100-113／1767	17.1%
芝	稍重	19-21-26／331	19.9%
芝	重	7-4-8／140	13.6%
芝	不良	5-5-2／41	29.3%
ダ	良	70-68-71／1006	20.8%
ダ	稍重	28-29-22／386	20.5%
ダ	重	15-15-14／206	21.4%
ダ	不良	10-7-9／142	18.3%

🐎 芝の不良は特注。ダートは差なし

距離別成績

	距離	着度数	複勝率
芝	～1200	25-30-33／449	19.6%
芝	1400	17-13-12／207	20.3%
芝	～1600	19-23-21／425	14.8%
芝	～1800	24-30-25／458	17.2%
芝	2000	26-24-40／495	18.2%
芝	～2400	5-8-14／192	14.1%
芝	2500～	4-2-4／53	18.9%
ダ	～1300	17-16-23／294	19.0%
ダ	～1600	25-27-22／384	19.3%
ダ	～1900	75-64-64／949	21.4%
ダ	2000～	6-12-7／113	22.1%

🐎 芝の勝率・複勝率トップは芝1400

1番人気距離別成績

	距離	着度数	複勝率
芝	～1200	9-3-4／23	69.6%
芝	1400	4-1-2／9	77.8%
芝	～1600	5-0-0／7	71.4%
芝	～1800	9-2-0／23	47.8%
芝	2000	8-2-3／20	65.0%
芝	～2400	2-0-1／7	42.9%
芝	2500～	3-0-0／4	75.0%
ダ	～1300	6-3-2／13	84.6%
ダ	～1600	6-5-3／19	73.7%
ダ	～1900	18-16-3／58	63.8%
ダ	2000～	3-6-1／11	90.9%

🐎 芝1800の未勝利クラスは危険

BLACK TIDE

血統別騎手ベスト5（3番人気以内）

	騎手	着度数	勝率	複勝率
1位	武豊	12- 7- 9-20／48	25.0%	58.3%
2位	C.ルメール	10- 9- 1-16／36	27.8%	55.6%
3位	戸崎圭太	8- 4- 4- 8／24	33.3%	66.7%
4位	吉田隼人	6- 6- 1-11／24	25.0%	54.2%
5位	和田竜二	6- 5- 3-10／24	25.0%	58.3%

▶ キタサン武豊と、その他ルメール

血統別騎手ベスト5（4番人気以下）

	騎手	着度数	勝率	複勝率
1位	浜中俊	4- 4- 1-32／41	9.8%	22.0%
2位	松山弘平	4- 3- 5-54／66	6.1%	18.2%
3位	北村宏司	4- 3- 2-37／46	8.7%	19.6%
4位	太宰啓介	4- 2- 1-45／52	7.7%	13.5%
5位	岩田望来	4- 1- 1-13／19	21.1%	31.6%

▶ 岩田望来が過去2年、違う馬で4勝！

クラス別成績

	芝 着度数	勝率	ダ 着度数	勝率
新馬	20-18-19-211	7.5%	4-2-7-58	5.6%
未勝利	44-41-55-647	5.6%	54-54-49-579	7.3%
1勝	22-39-44-594	3.1%	43-38-31-455	7.6%
2勝	13-15-14-195	5.5%	15-18-17-162	7.1%
3勝	5-6-2-59	6.9%	6-5-9-63	7.2%
OPEN(非L)	7-4-7-49	10.4%	1-2-2-47	1.9%
OPEN(L)	1-0-3-23	3.7%	0-0-1-9	0.0%
GⅢ	1-5-3-61	1.4%	0-0-0-8	0.0%
GⅡ	1-1-0-27	3.4%	0-0-0-1	0.0%
GⅠ	6-1-2-17	23.1%	0-0-0-0	—

▶ 重賞の馬券絡みはほぼ全部、芝

条件別勝利割合

穴率	24.3%	平坦芝率	57.5%
芝道悪率	25.8%	晩成率	39.1%
ダ道悪率	43.1%	芝広いコース率	36.7%

▶ 晩成率と芝広いコース率が低め

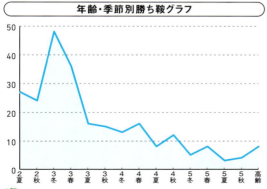

年齢・季節別勝ち鞍グラフ

▶ やや早熟、特に牝馬は2歳3歳で勝負

※「春」＝4、5、6月。「夏」＝7、8、9月。
「秋」＝10、11、12月。「冬」＝1、2、3月。高齢＝6歳以上。

勝利へのポイント

中山の1番人気、ダ【6-7-0-3】、芝【6-0-2-3】
2歳から3歳3月／重賞5勝（過去10年）

　後継のキタサンブラックが産駒デビュー。代替わりのタイミングになり、オープン級は減ったが、1勝クラスと2勝クラスに多数の産駒がいる。
　芝とダートの勝ち鞍はほぼ半々。芝は1200から2000まで多様な距離適性を示し、ダートは1400から1800を中心にコツコツと賞金を稼ぐ。直線の短いコースのほうが安定感はあり、中山は芝もダートも1番人気の信頼度が高め。不良馬場もいい。

▶**男はダ1800、女は芝1200で穴**
　4番人気以下の穴が多いコース、牡馬は京都ダ1800と中山ダ1800が双璧。ダートが並ぶ。牝馬は中京芝1200と小倉芝1200など、芝のマイル以下が並ぶ。この違いは知っておきたい。条件戦の穴を狙うなら、男はダート中距離、女は芝短距離だ。

▶**重賞の4、5着が多数**
　キタサンブラックを除く重賞成績（2015年以降）は、1着1回に対して、2着3着が計9回、4着5着が計20回！　毎年2歳重賞をにぎわせる馬は出ているが、詰めの甘さがあり、勝ち切れない。

▶**2歳から走る牝馬は早熟傾向**
　12年と14年にデイリー杯2歳Sを勝つなど、以前は2歳戦が得意だった。最近は微妙だが、早い時期から走るスピード牝馬は、芝1600や芝1400の時計の速い馬場や平坦に向き、早熟の傾向あり。
　クラシック前哨戦に良績が多く、牡馬は毎日杯やスプリングS、牝馬はエルフィンSやスイートピーSを勝っている。中距離を先行して二の脚を使うタイプ（阪神や中山得意）と、スローで切れ味を使うタイプ（京都や東京得意）を見分けたい。
　牝馬はローカル向きの短距離馬を量産しつつ、オープン級は芝1400から1800のマイラー。牝馬は冬の成績が落ち込み、3月から5月に好成績。

▶**休養明け、乗り替わりで大穴一変！**
　二桁人気の激走多数の万馬券血統。大穴は2～3ヶ月の短期休養明けや、乗り替わりの一変。

2020 RANK 26
ゴールドシップ
GOLD SHIP

種牡馬ランク　2020年度／第26位　2019年度／第85位

GI6勝。ステイゴールド×メジロマックイーンの個性派ステイヤー

2009年生　芦毛　2021年種付け料▷受胎確認後200万円(FR)

現役時代

中央27戦13勝、フランス1戦0勝。主な勝ち鞍、皐月賞、菊花賞、有馬記念、宝塚記念(2回)、天皇賞・春、阪神大賞典(3回)、神戸新聞杯など。

パドックで他馬を威嚇したり、ゲートで隣の馬にケンカを売って出遅れたり、ライオンのような声で吠えたりと、豪放なエピソード満載の芦毛の番長ホース。舌をベロベロと回す仕草も人気を集めた。

札幌2歳S2着、ラジオNIKKEI杯2歳Sから、共同通信杯1着。5戦3勝で向かった12年皐月賞は、内田博幸を背に最後方18番手から進出。ガラリと空いた稍重のインコースをショートカットして快勝。鞍上の思い切ったコース取りと、道悪の上手さが目立った。

しかしダービーは中団後方で待ちすぎ、上がり33秒8の末脚で追い込むも5着止まり。高速馬場のスローの上がり勝負では、モロさのあるところを露呈した。

完成の秋。後方からのロングスパートが型になり、神戸新聞杯を楽勝。単勝1.4倍の一本かぶりになった菊花賞は17-17-4-2という、坂の登りからの破天荒な仕掛け。ダービー馬ディープブリランテもいない相手では勝負にならず、スタミナお化けの二冠達成となった。さらに続く有馬記念でルーラーシップらの古馬を一蹴すると、翌年の阪神大賞典まで4連勝。

長距離路線に敵なしと思われたが、単勝1.3倍の天皇賞・春はマクり不発の5着。宝塚記念は初対決の三冠牝馬ジェンティルドンナに快勝するも、ジャパンCは15着大敗。オルフェーヴルに挑んだ有馬記念は離された3着。レースごとに気難しさが目立っていく。

5歳時は横山典弘が主戦。宝塚記念を連覇して、凱旋門賞へ遠征するも、トレヴの14着。6歳で阪神大賞典3連覇の後、春の天皇賞で横山典の芸術的な二段噴射が決まったのが、最後の勝ち鞍になった。

POINT

- 芝1800以上への距離延長を狙え！
- 道悪と洋芝の鬼。タフな馬場で上昇！
- 上がりの速い長い直線も走れる

血統背景

父ステイゴールドは同馬の項を参照。

母ポイントフラッグは01年のチューリップ賞2着、桜花賞13着、オークス11着。半姉の仔ダイメイコリーダは20年のジャパンダートダービー2着。

父ステイゴールド×母父メジロマックイーンの配合は、オルフェーヴルやドリームジャーニーと同じ。高確率で名馬が誕生して「黄金配合」と呼ばれた。

代表産駒

ユーバーレーベン（21オークス）、ウインキートス（21目黒記念）、ブラックホール（19札幌2歳S）、サトノゴールド（19札幌2歳S2着）、ウインマイティー（20オークス3着、20忘れな草賞）、マカオンドール（21京都新聞杯3着）。

産駒解説

獲得賞金上位に牝馬が多い。牡馬はジリ脚の勝ち切れないタイプに出てしまう場合が多いため。

ニックスとして認知されつつあるのは、母父ロージズインメイとの組み合わせ。オークス馬ユーバーレーベンを筆頭に、ウインピクシス、マイネルソラス、スウィートブルームなど勝ち上がり率が高い。ロージズインメイと同じデヴィルズバッグ系のタイキシャトルを母父に持つ馬にも、ヴェローチェオロが出ている。

ブライアンズタイムとも相性がいい。ユーバーレーベンの祖母の父、エドノフェリーチェやクロノメーターの母の父がブライアンズタイムだ。

関係者コメント

「初年度産駒から札幌2歳S、目黒記念の勝ち馬を送り出し、2世代目にはオークス馬のユーバーレーベンを送り出すなど、仕上がりも早く、春のクラシックで活躍でき、古馬になっての成長力を見せてくれています。特に芝の中長距離での大レースに強い傾向は、夢を持たせてくれる種牡馬の1頭であると思います。

種牡馬生活は6年目のシーズンを終えたところですが、本年も体調を崩すこともなくシーズンオフに入りました。競走馬時代とは異なり、穏やかで愛嬌のある表情を見せてくれることが多く、ビッグレッドファームで育成してきた産駒は比較的扱いやすい傾向が見られます。父ステイゴールドとの比較では、容姿や体格は異なるものの、柔軟さと頭の賢さは共通点です」（ビッグレッドファーム、21年8月）

		Halo
ステイゴールド 黒鹿 1994	*サンデーサイレンス Sunday Silence	Wishing Well
	ゴールデンサッシュ	*ディクタス
		ダイナサッシュ　(1-t)
ポイントフラッグ 芦 1998	メジロマックイーン	メジロティターン
		メジロオーロラ
	パストラリズム	*プルラリズム
		トクノエイティー (16-h)

Northern Dancer 5×5、Princely Gift 5×5

種付け年度	種付け頭数	血統登録頭数	種付け料
2020年	95頭	—	300／受・FR
2019年	107頭	85頭	250／受・FR
2018年	93頭	64頭	300／受・FR

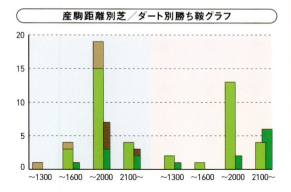

産駒距離別芝／ダート別勝ち鞍グラフ

特注馬

マカオンドール／中京の芝2000や2200なら重賞でも上位争い。12月の中日新聞杯か、中山芝2500も合いそう。

ウインキートス／得意はスローの長距離戦。締まった流れは良くないので、道中のペースに注意。

エドノフェリーチェ／堅実派も、レース間隔が中5週以上あくと【0-0-0-3】。使われて良化する。

ゴールドシップ産駒完全データ

競馬場別成績

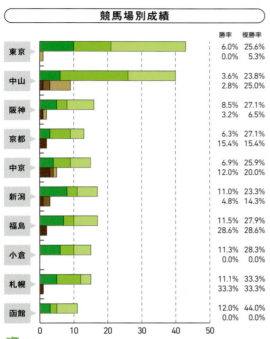

競馬場	勝率	複勝率
東京	6.0% / 0.0%	25.6% / 5.3%
中山	3.6% / 2.8%	23.8% / 25.0%
阪神	8.5% / 3.2%	27.1% / 6.5%
京都	6.3% / 15.4%	27.1% / 15.4%
中京	6.9% / 12.0%	25.9% / 20.0%
新潟	11.0% / 4.8%	23.3% / 14.3%
福島	11.5% / 28.6%	27.9% / 28.6%
小倉	11.3% / 0.0%	28.3% / 0.0%
札幌	11.1% / 33.3%	33.3% / 33.3%
函館	12.0% / 0.0%	44.0% / 0.0%

🐎 東京の芝は3着、中山の芝は2着多数

勝利数上位コース

順位	コース	着度数
1位	中京芝2000	3-3-3／35
2位	東京芝2000	3-2-7／36
3位	札幌芝1800	3-2-1／14
4位	阪神芝2000	3-1-1／16
5位	福島芝2000	3-1-0／22

🐎 トップ5のうち、芝2000が4つ

距離別成績

	距離	着度数	複勝率
芝	～1200	3-4-4／30	36.7%
	1400	1-5-2／25	32.0%
	～1600	4-5-12／86	24.4%
	～1800	15-12-26／190	27.9%
	2000	18-21-19／258	22.5%
	～2400	10-11-13／126	27.0%
	2500～	6-6-5／43	39.5%
ダ	～1300	1-0-2／16	18.8%
	～1600	1-0-0／26	3.8%
	～1900	8-5-5／109	16.5%
	2000～	1-0-2／14	21.4%

🐎 芝2500以上は複勝率40%近い超高率

コース特徴別勝ち鞍グラフ

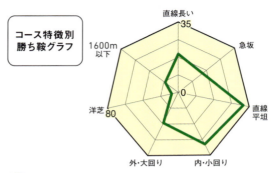

🐎 洋芝、長距離、内回りで買い。

得意重賞ベスト3

札幌2歳S	1-2-0／7
オークス	1-0-1／2
目黒記念	1-0-0／1

不得意重賞ワースト3

きさらぎ賞	0-0-0／1
紫苑S	0-0-0／2
皐月賞	0-0-0／2

🐎 牡は根幹、牝は非根幹距離の傾向

馬場状態別成績

		着度数	複勝率
芝	良	37-39-53／529	24.4%
	稍重	12-16-14／141	29.8%
	重	6-4-7／53	32.1%
	不良	2-5-7／35	40.0%
ダ	良	7-3-6／95	16.8%
	稍重	2-2-0／34	11.8%
	重	1-0-0／15	6.7%
	不良	1-0-3／21	19.0%

🐎 芝は悪化するほど率が上昇する道悪巧者

1番人気距離別成績

	距離	着度数	複勝率
芝	～1200	2-0-0／4	50.0%
	1400	1-1-1／3	100.0%
	～1600	4-1-0／8	62.5%
	～1800	2-3-3／8	88.9%
	2000	6-6-2／18	77.8%
	～2400	3-0-1／8	50.0%
	2500～	2-1-1／7	57.1%
ダ	～1300	0-0-0／1	0.0%
	～1600	0-0-0／0	―
	～1900	3-0-0／4	75.0%
	2000～	0-0-1／1	100.0%

🐎 芝1800と2000の1番人気は連の軸向き

GOLD SHIP

血統別騎手ベスト5（3番人気以内）

	騎手	着度数	勝率	複勝率
1位	丹内祐次	5-5-6-7／23	21.7%	69.6%
2位	川田将雅	4-5-0-4／13	30.8%	69.2%
3位	田辺裕信	3-1-1-1／6	50.0%	83.3%
4位	横山武史	3-1-0-1／5	60.0%	80.0%
5位	M.デムーロ	3-0-2-2／7	42.9%	71.4%

▶ マイネル&ウインの丹内が3着内確保

血統別騎手ベスト5（4番人気以下）

	騎手	着度数	勝率	複勝率
1位	柴田大知	3-5-3-67／78	3.8%	14.1%
2位	丹内祐次	3-4-7-63／77	3.9%	18.2%
3位	松山弘平	2-0-0-6／8	25.0%	25.0%
4位	津村明秀	1-2-2-10／15	6.7%	33.3%
5位	石川裕紀人	1-2-1-13／17	5.9%	23.5%

▶ 柴田大知なら下級条件で穴

クラス別成績

	芝 着度数	勝率	ダ 着度数	勝率
新馬	7-6-13-88	6.1%	0-0-0-10	0.0%
未勝利	30-33-37-295	7.6%	7-4-8-88	6.5%
1勝	12-15-19-110	7.7%	2-1-1-33	5.4%
2勝	3-6-2-27	7.9%	1-0-0-5	16.7%
3勝	1-2-0-2	20.0%	1-0-1-0	100.0%
OPEN(非L)	0-0-3-3	0.0%	0-0-0-2	0.0%
OPEN(L)	1-0-1-4	16.7%	0-0-0-1	0.0%
GⅢ	1-2-2-11	6.3%	0-0-0-1	0.0%
GⅡ	1-0-2-7	10.0%	0-0-0-0	—
GⅠ	1-0-2-9	8.3%	0-0-0-0	—

▶ ダートは意外なほど走らず新馬0勝

条件別勝利割合

穴率	25.0%	平坦芝率	56.1%
芝道悪率	35.1%	晩成率	16.2%
ダ道悪率	36.4%	芝広いコース率	33.3%

▶ 芝はローカル率高め、洋芝も合う

▶ 7、8月は活躍増えて馬券うまみ十分

※「春」＝4、5、6月。「夏」＝7、8、9月。
「秋」＝10、11、12月。「冬」＝1、2、3月。高齢＝6歳以上。

勝利へのポイント

芝の距離延長／19勝、単勝回収率／132%
牝馬の芝1600【1-0-6-33】

1年目の札幌2歳Sワンツー以降、重賞では3着が続いていたが、21年のオークスをユーバーレーベンが優勝してGⅠ馬誕生。目黒記念もウインキートスが上がり32秒5で制し、「牝馬なら切れ味もあるゴールドシップ」を天下に示した。ビッグレッドの岡田繁幸総帥の訃報の後だった。

▶距離延長で浮上するスタミナ

勝ち鞍の中心は芝2000と芝1800。もっと距離が延びる芝2200以上はさらに成績が上昇し、芝2500以上の複勝率は約4割。中山芝2500も合う。
わかりやすい狙いは「芝1800以上への距離延長」。オークスも当てはまるが、該当馬を全部買っても回収率はプラスになるほど。逆にマイル以下はいまひとつで、牝馬マイラーも少ない。
父の荒くれ者の気性の悪さはあまり感じない。

▶切れる牝馬もいるが、道悪は鬼

札幌2歳Sのワンツーで洋芝適性と重賞向きの底力を示し、芝2400のGⅠも格負けせず。牡馬はいかにもスタミナ番長のズブいタイプがいて、遅い上がりを歓迎するが、牝馬は瞬発力を備え、父が苦手だった東京の高速芝で速い上がりを使う。
と、ジリ脚の先入観を持たないほうがいいことを押さえた上で、道悪は鬼。馬場が悪化するほど好走率が上がっていく。雨の日は黙って買いだ。

▶夏のローカルでマイネルグループを

細かい違いを言えば、東京の芝は3着が多く、中山の芝は2着が多い。意外と急坂で止まる産駒も少なくないので、そこは注意が必要だ。
2歳馬も3歳馬も7月と8月の成績が優秀で、夏は狙い目の季節。ローカルに強いマイネルやウインの馬が多いためと、平坦や洋芝が多い影響もありそう。長い直線で加速する馬と、短い直線で上がりの遅い競馬に向く馬を見分けたい。
ダートは3勝以上しているのがマリオマッハーのみ。下級条件のダ1800でちょっと走る程度だ。

ドゥラメンテ
DURAMENTE

種牡馬ランク　2020年度／第41位

トニービン・サンデー・キンカメと続くチャンピオン血統

2012年生　鹿毛　2021年死亡　2021年種付け料▷受胎確認後1000万円（FR）

現役時代

　中央8戦5勝、UAE1戦0勝。主な勝ち鞍、日本ダービー、皐月賞、中山記念。ドバイシーマクラシック2着（嗤GⅠ・芝2410）、宝塚記念2着。

　母アドマイヤグルーヴは本馬を出産した年に急逝。名牝の忘れ形見としても注目を集め、サンデーレーシングの募集価格は総額1億円。堀宣行厩舎。

　新馬は出遅れて2着に敗れたが、2戦目はムーアにしごかれて東京芝1800を6馬身差の圧勝。3歳になると、石橋脩でセントポーリア賞を5馬身差の勝利し、共同通信杯は断然人気でリアルスティールの2着。折り合いを欠き、最後の伸びが鈍った。

　2ヶ月の休み明けぶっつけの皐月賞はデムーロに乗り替わり、サトノクラウン、リアルスティールに続く3番人気。後方に控えて徐々に進出し、4角では馬群の内へ外へ進路を取ろうとする…が、そこで外へ吹っ飛ぶように大きく斜行。立て直して、先に抜け出したリアルスティールを捉えると、ゴール前はミルコが左の拳を握る余裕のゴールインだった。鞍上は4日間の騎乗停止。ドゥラメンテは母、祖母、3代母に続く母子4代のGⅠ制覇を達成した。

　単勝1.9倍のダービーは中団から差し切る危なげない勝利。皐月賞と同じ上がり33秒9の切れ味で、他馬を圧した。二冠制覇にも堀調教師は「完成はまだまだ先」と将来を見据えたが、秋は骨折で休養。

　4歳。復帰戦の中山記念を制して向かったドバイシーマクラシック。末脚をためて最後はよく伸びたが、ポストポンドに及ばず2着。帰国後の宝塚記念も稍重の中、直線は鋭く伸びたが、マリアライトに届かず2着。ゴール後にデムーロが下馬して、これが最後のレースになった。カミソリの切れ味はあったが、タフな馬場になると欧州血統が上だった。

POINT

- 1年目から皐月賞2着馬が登場！
- 芝の中距離で安定、短距離はいまいち
- 阪神と中山の急坂をしぶとく勝ち切る

血統背景

父キングカメハメハは同馬の項を参照。

母アドマイヤグルーヴは03、04年のエリザベス女王杯を連覇。ローズS、マーメイドSと重賞4勝。桜花賞3着、秋華賞2着、天皇賞・秋3着。

祖母エアグルーヴはオークス、天皇賞・秋の勝ち馬で、その仔にルーラーシップ（種牡馬）、フォゲッタブル（ダイヤモンドS）のいる日本を代表する名牝系。近親にグルーヴィット（中京記念）など。

3代母ダイナカールは1983年のオークス馬。

代表産駒

タイトルホルダー（21弥生賞、21皐月賞2着）、キングストンボーイ（21青葉賞2着）、ジュンブルースカイ（20東京スポーツ杯2歳S3着）、アスコルターレ（21マーガレットS）、アドマイヤザーゲ。

20年の2歳種牡馬ランキング（中央）はディープインパクトに次ぐ2位。

産駒解説

獲得賞金1位2位のタイトルホルダー、キングストンボーイは、祖母の父がシャーリーハイツとシェイディハイツ。3位のアルコルターレも母系にリヴァーマンを持つから、ネヴァーベンドやミルリーフの血と相性が良いのだろう。

もっとシンプルに母父フォーティナイナー系も好成績。キングストンボーイ、フォルヴォーレ、クリーンスイープなど。ミスタープロスペクターやレイズアネイティヴのクロスを持つ活躍馬は多い。

関係者コメント

「初年度からクラシック戦線を沸かせるような活躍馬を送り出しただけでなく、2年目産駒も好調で、2歳リーディングの上位にランキングされています。骨格の良さが遺伝した産駒たちは、見た目からしても大人びた印象があり、父譲りと言えるやんちゃな性格も、早い時期からの活躍につながった印象を受けます。

今年は種付け料を1000万円に上げたこともあって、交配頭数は減っていますが、より質の高い繁殖牝馬が

	キングカメハメハ 鹿 2001	キングマンボ Kingmambo	Mr. Prospector
			Miesque
		*マンファス Manfath	*ラストタイクーン
			Pilot Bird (22-d)
アドマイヤグルーヴ 鹿 2000		*サンデーサイレンス Sunday Silence	Halo
			Wishing Well
		エアグルーヴ	*トニービン
			ダイナカール (8-f)

Northern Dancer 5・5×5

種付け年度	種付け頭数	血統登録頭数	種付け料
2020年	178頭	—	700／受・FR
2019年	184頭	122頭	600／受・FR
2018年	294頭	201頭	400／受・FR

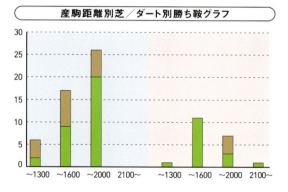

産駒距離別芝／ダート別勝ち鞍グラフ

集まってきました。社台グループの歴史とも言える血統馬だけに、ドゥラメンテに血を伝えてきたチャンピオンサイアーたちに近づくような成績を期待しています」（社台スタリオン、21年8月）

特注馬

タイトルホルダー／半姉メロディーレーンは菊花賞5着。母系にサドラーを持つ馬は阪神の長距離に良績。

キングストンボーイ／半兄エポカドーロ。藤沢和雄調教師の最後のGIも懸かるが、芝2000がベストの印象。

バーデンヴァイラー／ダ1800を圧勝の2連勝。このタイプも出ることを頭に入れたい。コーナー4つ向き。

ドゥラメンテ産駒完全データ

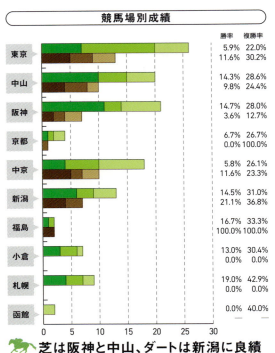

芝は阪神と中山、ダートは新潟に良績

勝利数上位コース

	コース	着度数
1位	東京ダ1600	5-3-4／28
2位	中山ダ1800	4-2-2／27
3位	中山芝1600	4-0-4／23
4位	中山芝2000	3-2-1／21
5位	阪神芝1600外	3-1-0／24

今後はダート馬の登場もありそう

距離別成績

		着度数	複勝率
芝	～1200	3-6-2／35	31.4%
	1400	8-2-4／56	25.0%
	～1600	12-11-8／116	26.7%
	～1800	12-10-11／111	29.7%
	2000	11-7-9／101	26.7%
	～2400	1-2-3／25	24.0%
	2500～	0-0-0／0	―
ダ	～1300	4-2-0／44	13.6%
	～1600	8-5-5／67	26.9%
	～1900	10-9-7／97	26.8%
	2000～	0-0-0／3	0.0%

芝2400以上で0勝は今後の推移に注目

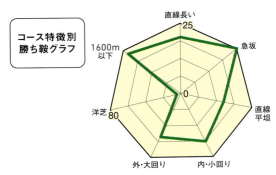

急坂コースでしぶとさ発揮

得意重賞ベスト3

弥生賞	1-0-0-1
東スポ杯2歳S	0-1-1-2
青葉賞	0-1-0-3

不得意重賞ワースト3

朝日杯FS	0-0-0-3
ファルコンS	0-0-0-3
ニュージーランドT	0-0-0-3

春のクラシックの前哨戦に向く!?

馬場状態別成績

		着度数	複勝率
芝	良	35-28-29／343	26.8%
	稍重	9-3-7／55	34.5%
	重	2-7-1／31	32.3%
	不良	1-0-0／15	6.7%
ダ	良	17-10-9／134	26.9%
	稍重	1-4-2／44	15.9%
	重	2-1-1／17	23.5%
	不良	2-1-0／16	18.8%

芝の稍重で好成績、重も悪くない

1番人気距離別成績

		着度数	複勝率
芝	～1200	2-0-0／3	66.7%
	1400	3-0-3／9	66.7%
	～1600	6-3-3／18	66.7%
	～1800	7-3-1／13	84.6%
	2000	2-1-1／5	80.0%
	～2400	0-1-2／3	100.0%
	2500～	0-0-0／0	―
ダ	～1300	1-0-0／1	100.0%
	～1600	3-1-1／8	62.5%
	～1900	3-1-2／10	60.0%
	2000～	0-0-0／0	―

芝1800、2000の1番人気は安定感抜群

DURAMENTE

血統別騎手ベスト5（3番人気以内）			
	騎手	着度数	勝率	複勝率
1位	C.ルメール	9-5-5／29	31.0%	65.5%
2位	川田将雅	5-1-2／13	38.5%	61.5%
3位	松山弘平	3-3-3／15	20.0%	60.0%
4位	福永祐一	3-2-1／7	42.9%	85.7%
5位	北村友一	3-0-1／5	60.0%	80.0%

🐎 ルメールの東京は軸として堅実

血統別騎手ベスト5（4番人気以下）			
	騎手	着度数	勝率	複勝率
1位	亀田温心	3-0-0／10	30.0%	30.0%
2位	横山武史	2-2-0／14	14.3%	28.6%
3位	北村宏司	2-2-0／11	18.2%	36.4%
4位	藤岡佑介	1-2-1／9	11.1%	44.4%
5位	池添謙一	1-1-1／12	8.3%	25.0%

🐎 新潟の亀田ハート、中山の横山武史

クラス別成績

	芝 着度数	勝率	ダ 着度数	勝率
新馬	15-11-6-84	12.9%	2-4-4-13	8.7%
未勝利	18-12-22-160	8.5%	19-11-7-124	11.8%
1勝	11-10-7-26	20.4%	1-1-1-24	3.7%
2勝	0-0-1-2	0.0%	0-0-0-0	―
3勝	0-0-0-0	―	0-0-0-0	―
OPEN(非L)	1-0-0-6	14.3%	0-0-0-0	―
OPEN(L)	1-2-0-10	7.7%	0-0-0-0	―
GⅢ	0-1-1-19	0.0%	0-0-0-0	―
GⅡ	1-1-0-11	7.7%	0-0-0-0	―
GⅠ	0-1-0-6	0.0%	0-0-0-0	―

🐎 ダートは勝ち鞍の9割が未勝利クラス

条件別勝利割合

穴率	21.7%	平坦芝率	31.9%
芝道悪率	25.5%	晩成率	0.0%
ダ道悪率	22.7%	芝広いコース率	42.6%

🐎 急坂OK、平坦芝率は低い

🐎 3歳1月から6月の勝利数は伸びず

※「春」=4、5、6月。「夏」=7、8、9月。
「秋」=10、11、12月。「冬」=1、2、3月。高齢=6歳以上。

勝利へのポイント

芝1600の重賞【0-0-0-13】
芝1800～2000の1番人気【9-4-2-3】

　1年目の産駒はタイトルホルダーが弥生賞1着、皐月賞2着。キングストンボーイが青葉賞2着。牝馬は2勝が最高で、まだ重賞の3着以内なし。ルーラーシップ近親で父キングカメハメハも同じだから、ルーラーの特徴をベースに考えたい。

▶**芝1600重賞は不振。中長距離に向く**
　産駒デビュー直後の昨年版で「朝日杯FSよりホープフルSが似合う。芝2400以上を得意とする馬も多く出るだろう」と書いたが、現状、芝2400以上は0勝。そもそも出走が少ない。青葉賞で2頭が掲示板に載ったくらいだから合わないはずはないと思うが、芝1600重賞に使われる馬が多く、そっちは全滅している。マイルを走らせたくなる気性や軽さがあるのだろうか。キンカメ系だから距離適性は幅広くとらえればいいとしても、もっと長い距離に使ってくださいとお願いしておく。

▶**急坂コースを勝ち切るしぶとい末脚**
　芝の勝率や勝利数上位は阪神と中山。どちらも急坂コースだ。タイトルホルダーのようにバテない長所を活かして、しぶとい末脚を持続させる。
　1番人気が安定しているのは芝1800と芝2000。ただし、2歳のほうが人気馬の1着は多く、3歳になると人気で2、3着を繰り返すじれったい馬が目立つ。ドゥラメンテが内包しているはずの成長力が目を覚ますのは、3歳夏秋以降の期待か。

▶**芝→ダート替わりは2歳のうちが有効**
　芝1600以下を勝つ馬も多く、芝1400と芝1200のオープンを制したアスコルターレなど、2歳から軽快なスピードを見せる。同馬は母父ダンジグ系で、母系を引き出すのもキンカメ系の特徴だ。
　ダートの勝利は全体の3割を占め、現時点ではほとんど下級条件だが、最初からダートを使う馬が増えれば、もっと強い馬が出る血統背景はある。東京ダ1600と中山ダ1800が好成績。芝→ダ替わりは2歳戦の好走多数も、3歳以降は良くない。

モーリス
MAURICE

種牡馬ランク　2020年度／第43位

2020 RANK 43

1600〜2000Mで日本と香港を制圧したメジロ血統の遺宝

2011年生　鹿毛　2021年種付け料▷受胎確認後800万円（FR）

現役時代

　中央15戦8勝、香港3戦3勝。主な勝ち鞍、安田記念、マイルCS、天皇賞・秋、香港マイル（香GⅠ・芝1600）、チャンピオンズマイル（香GⅠ・芝1600）、香港C（香GⅠ・芝2000）、ダービー卿CT。

　1歳のサマーセールにて150万円で大作ステーブルに購入され、2歳のセールでは破格のタイムを出してノーザンファームに1000万円で転売された。

　2歳の新馬をレコード勝ち、3歳のスプリングSで4着など素質を見せるが、まだ開花の手前。栗東から美浦の堀宣行厩舎へ転厩すると馬が変わった。

　4歳からマイルを中心に使われ、3連勝でダービー卿CTを勝利。中山で上がり33秒0の後方一気という、めったにお目にかかれない勝ち方でドギモを抜く。続く安田記念は3番手から抜け出す横綱相撲、休養後のマイルCSもぶち抜いて、5連勝と古馬マイル二冠を達成。もはや国内に敵はいなかった。

　初の海外遠征となった12月の香港マイルは、地元スターのエイブルフレンドに次ぐ2番人気に甘んじたが、直線でライバルを競り落として優勝。ムーアとモレイラの叩き合いも見応えがあった。

　5歳の始動戦も香港のチャンピオンズマイル。コンテントメントを2馬身突き放して、これで7連勝、GⅠを4連勝。続く安田記念はロゴタイプの逃げ切りを許して2着に敗れるも、陣営は次なる照準を中距離の2000Mに合わせる。

　札幌記念2着を叩いて向かった16年の天皇賞・秋。先行策から難なく抜け出して1着。リアルスティールを寄せ付けなかった。引退レースは3度めの香港遠征となる芝2000の香港C。逃げ馬エイシンヒカリとの対決も注目されたが、スタートの出遅れから、直線は内の狭いところを抜けて3馬身突き放した。

POINT
- 緩急のある流れよりワンペース向き！
- 中京得意、マイル重賞ワンツーも
- 芝2000とダ1400で勝利を量産！

血統背景

父スクリーンヒーローは08年のジャパンC、アルゼンチン共和国杯に勝ち、09年天皇賞・秋2着。

母メジロフランシスは0勝。全弟ルーカス（東スポ杯2歳S2着）。祖母メジロモントレーはアルゼンチン共和国杯、AJCC、中山金杯、クイーンSの勝ち馬。メジロボサツの牝系で、近親にメジロドーベル（オークス、秋華賞、エリザベス女王杯）。

母の父カーネギーは1994年の凱旋門賞を優勝。

代表産駒

シゲルピンクルビー（21フィリーズレビュー）、ピクシーナイト（21シンザン記念）、ルークズネスト（21ファルコンS）、ルペルカーリア（21京都新聞杯2着）、インフィナイト（20サウジアラビアRC2着）、テンバガー（21京成杯3着）、ストゥーティ（21チューリップ賞3着）、ノースブリッジ（21ラジオNIKKEI賞3着）、カイザーノヴァ（20クローバー賞）。

産駒解説

獲得賞金上位10頭に、母父スペシャルウィークの馬が3頭ランクインしているのが目をひく。ルペルカーリア、テンバガー、カイザーノヴァだ。

母系にサドラーズウェルズを持ち、サドラーのクロスのある馬が、シゲルピンクルビー、ストゥーティ、ルペルカーリア。現状はマイラータイプに出ている。

21年は2年ぶり4回目のシャトルに出発。アドマイヤマーズと同じ豪州のアローフィールドスタッドに繋養され、種付け料は4万4000オーストラリアドル。

関係者コメント

「20年は2歳リーディングサイアー争いをドゥラメンテと繰り広げましたが、モーリス自身の成長過程からすると、時間をかけながら完成していく印象があります。2年目産駒はその特徴をつかんだ上で、デビューをさせていることもあるのか、早い時期から順調に勝ち鞍を重ねてきています。

約100年もの年月を日本の環境に慣れ親しんできた母系からは、適応力と生命力の強さが感じられます。

スクリーンヒーロー 栗 2004	*グラスワンダー	Silver Hawk
		Ameriflora
	ランニングヒロイン	*サンデーサイレンス
		ダイナアクトレス（1-s）
メジロフランシス 鹿 2001	*カーネギー Carnegie	Sadler's Wells
		Detroit
	メジロモントレー	*モガミ
		メジロクインシー（10-d）

Northern Dancer 5·5×4·5、Hail to Reason 5·5（父方）

種付け年度	種付け頭数	血統登録頭数	種付け料
2020年	165頭	—	400／受·FR
2019年	212頭	137頭	400／受·FR
2018年	245頭	163頭	400／受·FR

産駒距離別芝／ダート別勝ち鞍グラフ

柔軟さのある下回りがしっかりとしてきた時に、競走馬としての完成を迎えることになりそうです。先日、シャトルサイアーとしてオーストラリアに渡りましたが、現地の人気も高く、向こうで誕生した産駒も高い評価を受けています」（社台スタリオン、21年8月）

特注馬

ピクシーナイト／母系にサクラバクシンオーを持ち、モーリス牡馬の中では短距離適性あり。中京得意。
ルークズネスト／ファルコンSは前半33秒7のハイペースで逃げ切り。スワンSに出てくれば要注目。
アルビージャ／母は重のエリザベス女王杯3着。ロングスパート利くので来年は目黒記念めざして欲しい。

モーリス MAURICE

モーリス産駒完全データ

競馬場別成績

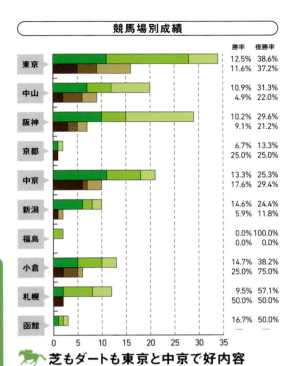

芝もダートも東京と中京で好内容

コース特徴別勝ち鞍グラフ

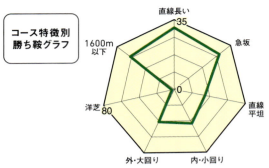

エンジンのかかり遅く、急坂、長い直線で好走

得意重賞ベスト3

シンザン記念	1-1-0／3
ファルコンS	1-0-0／2
フィリーズレビュー	1-0-0／1

不得意重賞ワースト3

阪神JF	0-0-0／3
NHKマイルC	0-0-0／2
共同通信杯	0-0-0／2

ハイペースの上がり35秒台に良績

勝利数上位コース

1位	中京ダ1400	5-0-2／16
2位	中京芝2000	4-0-1／29
3位	東京芝1600	3-7-1／34
4位	東京芝2000	3-4-1／12
5位	中山芝2000	3-2-2／22

芝2000がベストテンに5つランクイン

馬場状態別成績

		着度数	複勝率
芝	良	43-37-29／335	32.5%
	稍重	7-7-10／65	36.9%
	重	3-3-2／31	25.8%
	不良	1-3-1／21	23.8%
ダ	良	13-6-8／114	23.7%
	稍重	6-4-7／37	45.9%
	重	3-3-1／23	30.4%
	不良	0-1-1／12	16.7%

芝の重・不良は好走率ダウン

距離別成績

		着度数	複勝率
芝	～1200	7-5-3／58	25.9%
	1400	7-6-6／62	30.6%
	～1600	13-14-12／129	30.2%
	～1800	8-10-7／72	34.7%
	2000	16-12-10／98	38.8%
	～2400	3-3-4／33	30.3%
	2500～	0-0-0／0	―
ダ	～1300	5-6-5／56	28.6%
	～1600	13-3-10／66	39.4%
	～1900	4-4-2／58	17.2%
	2000～	0-1-0／6	16.7%

ダートは1400の勝利数が突出

1番人気距離別成績

		着度数	複勝率
芝	～1200	2-1-2／7	71.4%
	1400	3-1-2／8	75.0%
	～1600	7-2-1／11	90.9%
	～1800	2-2-2／9	66.7%
	2000	5-4-1／17	58.8%
	～2400	2-1-2／5	100.0%
	2500～	0-0-0／0	―
ダ	～1300	1-0-1／4	50.0%
	～1600	2-0-2／6	66.7%
	～1900	1-0-0／3	33.3%
	2000～	0-0-0／0	―

1番人気の信頼度は芝1600＞芝2000

MAURICE

血統別騎手ベスト5（3番人気以内）

	騎手	着度数	勝率	複勝率
1位	C.ルメール	9-7-5-9／30	30.0%	70.0%
2位	川田将雅	5-0-1-7／13	38.5%	46.2%
3位	松山弘平	4-2-1-2／9	44.4%	77.8%
4位	M.デムーロ	4-1-3-4／12	33.3%	66.7%
5位	北村友一	3-2-0-3／8	37.5%	62.5%

🐎 芝の良馬場のルメールは盤石

血統別騎手ベスト5（4番人気以下）

	騎手	着度数	勝率	複勝率
1位	岩田康誠	2-0-0-9／11	18.2%	18.2%
2位	坂井瑠星	2-0-0-2／4	50.0%	50.0%
3位	鮫島克駿	1-3-1-9／14	7.1%	35.7%
4位	石橋脩	1-2-0-8／11	9.1%	27.3%
5位	和田竜二	1-1-1-10／13	7.7%	23.1%

🐎 伏兵の連対数は鮫島克駿がトップ

クラス別成績

	芝 着度数	勝率	ダ 着度数	勝率
新馬	16-18-10-76	13.3%	0-0-1-14	0.0%
未勝利	27-24-15-154	12.3%	19-11-16-103	12.8%
1勝	6-3-14-39	9.7%	3-3-0-14	15.0%
2勝	1-0-0-1	50.0%	0-0-0-1	0.0%
3勝	0-0-0-0	─	0-0-0-0	─
OPEN(非L)	1-1-0-1	33.3%	0-0-0-1	0.0%
OPEN(L)	0-1-1-8	0.0%	0-0-0-0	─
GⅢ	2-1-2-13	11.1%	0-0-0-0	─
GⅡ	1-1-1-7	10.0%	0-0-0-0	─
GⅠ	0-0-0-8	0.0%	0-0-0-0	─

🐎 GⅡとGⅢで好調、GⅠは壁あり？

条件別勝利割合

穴率	14.5%	平坦芝率	27.8%
芝道悪率	20.4%	晩成率	0.0%
ダ道悪率	40.9%	芝広いコース率	57.4%

🐎 芝広いコース率が高い

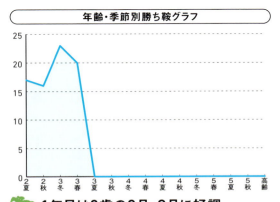

🐎 1年目は2歳の8月、9月に好調

※「春」＝4、5、6月。「夏」＝7、8、9月。
「秋」＝10、11、12月。「冬」＝1、2、3月。高齢＝6歳以上。

勝利へのポイント

重賞連対6回のうち、中京の芝／4回
稍重ダートの1～3番人気【6-2-4-5】

1年目産駒はシンザン記念でピクシーナイトとルークスネストがワンツー。フィリーズレビューでシゲルピンクルビーが差し切りなど。しかし、GIの上位入線はなく、評判馬の不振も話題に。

▶**ハイペースの上がり35秒台で重賞好走**

好走した重賞には共通点があり、道中は締まったペースで流れ、上がり35秒以上かかったレースがほとんど。上がり34秒台の重賞で馬券になったのは、チューリップ賞3着のストゥーティだけだ。

上がりが速いとダメということではなく、マイラー型は締まったペースのほうが能力を出せる。緩急のある流れより、ワンペースの流れで買い。

▶**芝2000とダ1400で勝利を積み重ねる**

全体のデータでは、勝ち鞍が多いのは芝2000。勝利数上位コースのベストテンのうち、芝2000が5つを占め、テンバガーの京成杯3着もある。次に多いのは芝1600。牡馬と牝馬でいえば、牡馬は1400から2200、牝馬は1200から2000が主戦場だ。

ダートは1400の勝利数が突出し、回収率も高い。これも締まった流れになりやすい距離だからだろう。1200からの延長、1800からの短縮も走る。

▶**芝の重・不良は苦手、湿ったダートは歓迎**

1年目は2歳夏の新馬で評判馬がなかなか勝てず、気をもむ時期もあったが、8、9月になると勝ち馬が続々と登場。早熟の父系ではないから、あまり早い段階からジャッジを下さないこと。モーリス自身の本格化も古馬になってからだった。

競馬場は、中京と東京の芝で好調。重賞の連対も中京が多い。「中京のロベルト系」という格言があり（エピファネイアも得意）、新潟を含めた左回りの芝は全般に好成績。ダートも中京と東京で好成績を残しているが、新潟ダートは人気馬がよくコケているので左回りが理由ではないか。

芝の重・不良は苦手な馬が多く、ダートは稍重と重が優秀。脚抜きのいいダートはプラスだ。

リオンディーズ
LEONTES

種牡馬ランク　2020年度／第73位

朝日杯FSを豪脚で制した名牝シーザリオの6番仔

2013年生　黒鹿毛　2021年種付け料▷受胎確認後300万円（FR）

現役時代

　中央5戦2勝。主な勝ち鞍、朝日杯FS。

　2005年のオークスとアメリカンオークスを制したシーザリオの6番仔として、母と同じ角居厩舎からデビュー。半兄エピファネイア、キャロットファームの募集価格は総額1億2000万円の評判馬だった。

　11月の京都芝2000の新馬を上がり33秒4で勝ち上がり、2戦目にGIの朝日杯FSへ駒を進める異例のローテーション。絶好調のミルコ・デムーロを鞍上に2番人気の支持を集めるが、マイルの忙しい流れについていけず、最後方16番手の追走。しかし、4角で悠々と外を回し、直線は大外に出すと、弾けるように伸びる。先に抜けた武豊のエアスピネルをあっという間に追い詰めて捕まえ、先頭でゴールイン。わずかキャリア2戦でのGI戴冠となった。2着エアスピネルの母エアメサイアは、現役時代にオークスでシーザリオの2着に敗れた因縁もある。ミルコは勝利インタビューで「この馬はすごいパワーある。賢くて跳びが大きいです」と、上達した日本語で讃えた。

　3歳緒戦の弥生賞は先行策から抜け出すも、後方から差したマカヒキのクビ差2着に敗れる。

　16年皐月賞は、リオンディーズ、サトノダイヤモンド、マカヒキで3強を形成。8枠16番を引き、強風の中、ミルコの手綱さばきが注目されたが、スタートから2番手につけ、向こう正面では折り合いを欠き気味に先頭に立つ展開。直線は逃げ込みを図るも、追い出すと苦しがって外にヨレ、エアスピネルの進路を妨害。そのロスの間にディーマジェスティが後方の外から突き抜け、本馬は4位入線の5着降着となった。

　続く日本ダービーは4番人気。スタート直後に折り合いを欠いて口を割り、15番手待機の苦しい位置取りになる。最後はよく伸びたが5着までだった。

POINT

 穴馬が何度も激走する万馬券血統!
 牝馬はキレキレ、牡馬は難儀なパワー型
 変わり身なら距離延長か距離短縮!

血統背景

父キングカメハメハは同馬の項を参照。

母シーザリオは05年のオークス、アメリカンオークス(米GⅠ・芝10F)の勝ち馬で、桜花賞はラインクラフトの2着。米オークスの「ジャパニーズ・スーパースター、シーザリオ!」の実況で知られる。

半兄エピファネイア(菊花賞、ジャパンC)、半弟サートゥルナーリア(皐月賞、ホープフルS)、全弟グローブシアター(ホープフルS3着)、近親オーソリティ(青葉賞)。祖母キロフプリミエールはアメリカのGⅢラトガーズHの勝ち馬。

母の父スペシャルウィークは1998年の日本ダービー馬、99年の天皇賞の春秋制覇など。

キングカメハメハ 鹿 2001	キングマンボ Kingmambo	Mr. Prospector
		Miesque
	*マンファス Manfath	*ラストタイクーン
		Pilot Bird (22-d)
シーザリオ 青 2002	スペシャルウィーク	*サンデーサイレンス
		キャンペンガール
	*キロフプリミエール Kirov Premiere	Sadler's Wells
		Querida (16-a)

Northern Dancer 5·5×4、Special 5×5

種付け年度	種付け頭数	血統登録頭数	種付け料
2020年	142頭	—	250/受・FR
2019年	153頭	111頭	200/受・FR
2018年	161頭	106頭	1500/受・FR

代表産駒

リプレーザ(21兵庫ChS・GⅡダ1870M)、アナザーリリック(21アネモネS)、ピンクカメハメハ(21サウジダービー・OPENダ1600M)、ブッシュガーデン(21クローバー賞2着)、ヴェールクレール(20ききょうS3着)。

産駒解説

牡馬の代表産駒は、サウジダービーを勝ったピンクカメハメハ(スイープトウショウの半弟)に、交流重賞を勝ったリプレーザと、ダートの活躍が目立つ。一方、牝馬はアナザーリリック、タガノディアーナなど、芝で鋭い末脚を見せている。

兵庫ChSを勝ったリプレーザは母父マンハッタンカフェで、サンデーサイレンスとミスタープロスペクターのクロスを持つ。同じ母父マンハッタンカフェとの配合では、3勝馬テーオーラフィットや、青葉賞4着のテーオーロイヤルも出て、相性が良さそう。

関係者コメント

「4歳から種馬をやっていて、若いときはかなりやんちゃでしたけど、徐々に落ち着いて来ました。とはいえ、気性的にはかなりキツいところはあります。でもそれが産駒の前向きさだったり、いい方に出ていますからね。地方交流重賞も勝って、亡くなってしまい

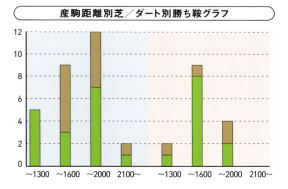

産駒距離別芝/ダート別勝ち鞍グラフ

ましたけど、ピンクカメハメハがサウジダービーを勝ってくれたようにダートで走れるのも強みです。この馬は安定していい成績を残していくと思います。いい馬が控えているので秋からも楽しみです」(ブリーダーズスタリオン、21年9月)

特注馬

アナザーリリック/ハマれば牝馬のGⅠでも不気味な注目株。叔父ポップロックで距離2000も大丈夫なはず。
リプレーザ/芝1200とダ1870を連勝したリオンディーズ産駒らしい馬。中央の重賞なら阪神ダート向きか。
アビッグチア/単騎逃げなら粘り強く、絡まれると伸びを欠く。真ん中より外めの枠で買いたい。

リオンディーズ産駒完全データ

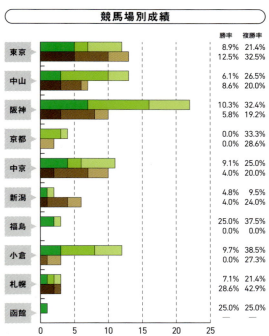

競馬場別成績

競馬場	勝率	複勝率
東京	8.9% / 12.5%	21.4% / 32.5%
中山	6.1% / 8.6%	26.5% / 20.0%
阪神	10.3% / 5.8%	32.4% / 19.2%
京都	0.0% / 0.0%	33.3% / 28.6%
中京	9.1% / 4.0%	25.0% / 20.0%
新潟	4.8% / 4.0%	9.5% / 24.0%
福島	25.0% / 0.0%	37.5% / 0.0%
小倉	9.7% / 0.0%	38.5% / 27.3%
札幌	7.1% / 28.6%	21.4% / 42.9%
函館	25.0% / —	25.0% / —

🐎 阪神と中京の芝好調、ダートは東京

勝利数上位コース

順位	コース	着度数
1位	中山芝1600	2-6-1／21
2位	阪神芝1800外	2-4-1／14
3位	小倉芝1200	2-3-3／20
4位	東京ダ1400	2-2-1／14
5位	阪神ダ1400	2-2-0／21

🐎 3勝以上のコースなし多様なバラつき

距離別成績

		着度数	複勝率
芝	～1200	6-6-7／60	31.7%
	1400	4-4-3／42	26.2%
	～1600	7-9-10／100	26.0%
	～1800	6-8-4／54	33.3%
	2000	3-2-3／39	20.5%
	～2400	1-0-0／12	8.3%
	2500～	0-0-0／0	—
ダ	～1300	1-7-3／44	25.0%
	～1600	7-6-4／70	24.3%
	～1900	7-9-7／112	20.5%
	2000～	1-1-1／4	75.0%

🐎 芝1800が優秀、連対率は特に

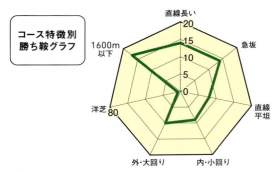

コース特徴別勝ち鞍グラフ

🐎 キンカメ系らしい多様さ。各馬の適性を掴むこと

得意重賞ベスト3

サウジダービー	1-0-0／1
チューリップ賞	0-0-0／1
青葉賞	0-0-0／1

不得意重賞ワースト3

ユニコーンS	0-0-0／2
ファルコンS	0-0-0／1
アーリントンC	0-0-0／1

🐎 チューリップ賞4着、青葉賞4着あり

馬場状態別成績

		着度数	複勝率
芝	良	21-26-21／227	30.0%
	稍重	1-2-4／47	14.9%
	重	4-1-1／22	27.3%
	不良	1-0-1／11	18.2%
ダ	良	10-11-9／150	20.0%
	稍重	5-5-2／36	33.3%
	重	0-3-1／18	22.2%
	不良	1-4-3／26	30.8%

🐎 芝の重は穴多め、湿ったダートも優秀

1番人気距離別成績

		着度数	複勝率
芝	～1200	1-2-0／3	100.0%
	1400	1-1-0／3	66.7%
	～1600	1-1-1／5	60.0%
	～1800	3-1-0／4	100.0%
	2000	0-1-1／3	66.7%
	～2400	0-0-0／0	—
	2500～	0-0-0／0	—
ダ	～1300	1-3-0／6	66.7%
	～1600	4-1-0／5	100.0%
	～1900	3-2-1／11	54.5%
	2000～	0-1-1／2	100.0%

🐎 芝1800、ダ1400と1600は連対率100%

LEONTES

血統別騎手ベスト5（3番人気以内）			
	騎手	着度数	勝率	複勝率
1位	池添謙一	4-2-5-9／20	20.0%	55.0%
2位	武豊	3-2-1-3／9	33.3%	66.7%
3位	津村明秀	3-0-0-1／4	75.0%	75.0%
4位	福永祐一	2-4-4-3／13	15.4%	76.9%
5位	C.ルメール	2-2-0-1／5	40.0%	80.0%

🐎 **池添と武豊のダート人気馬は安定**

血統別騎手ベスト5（4番人気以下）			
	騎手	着度数	勝率	複勝率
1位	内田博幸	2-0-0-7／9	22.2%	22.2%
2位	菱田裕二	1-1-1-6／9	11.1%	33.3%
3位	嶋田純次	1-1-0-1／3	33.3%	66.7%
4位	鮫島克駿	1-0-1-4／6	16.7%	33.3%
5位	菅原明良	1-0-1-3／5	20.0%	40.0%

🐎 **内田博幸の中山ダートで波乱**

クラス別成績

	芝 着度数	勝率	ダ 着度数	勝率
新馬	7-7-12-52	9.0%	3-1-1-20	12.0%
未勝利	13-16-10-123	8.0%	9-19-14-139	5.0%
1勝	5-6-4-24	12.8%	4-3-0-11	22.2%
2勝	1-0-0-1	50.0%	0-0-0-0	―
3勝	0-0-0-1	0.0%	0-0-0-0	―
OPEN(非L)	0-0-1-6	0.0%	0-0-0-3	0.0%
OPEN(L)	1-0-0-6	14.3%	0-0-0-1	0.0%
GⅢ	0-0-0-7	0.0%	0-0-0-2	0.0%
GⅡ	0-0-0-3	0.0%	0-0-0-0	―
GⅠ	0-0-0-2	0.0%	0-0-0-0	―

🐎 **出世は遅めで2勝クラスに壁あり**

条件別勝利割合

穴率	27.9%	平坦芝率	29.6%
芝道悪率	22.2%	晩成率	0.0%
ダ道悪率	37.5%	芝広いコース率	51.9%

🐎 **穴率は高め、巻き返し一変に注意**

🐎 **3歳夏に軌道に乗った馬がちらほら**

※「春」＝4、5、6月。「夏」＝7、8、9月。
「秋」＝10、11、12月。「冬」＝1、2、3月。高齢＝6歳以上。

勝利へのポイント

**5番人気以下／8勝（新馬を除く）
そのうち距離延長か短縮／7勝、同距離／1勝**

産駒デビュー1年が経過し、重賞はタガノディアーナのチューリップ賞4着、テーオーロイヤルの青葉賞4着が最高。番外でピンクカメハメハのサウジダービー（ダ1600）勝利。派手さはないが、1度2度と穴をあけながらクラスを上がってくる馬が多く、3歳夏に上昇する馬も出始めた。

▶**穴をあけた馬が再び穴をあける**

牡馬は1200から2400まで。牝馬は1000から2000までバラつき、ダート馬も含めて多様。厩舎側も適性を把握しかねているのような使い方が多く、穴の割合は高い。複数回、波乱を生んだ馬も目につき、1度人気薄で馬券に絡んだ馬はマークしておき、また激走があると準備したい。逃げ切りの一発も多いので、先行力のある馬は特に注意。

▶**人気薄の1着は距離延長か距離短縮**

激走のヒントは距離変化。5番人気以下の勝利はほとんど「距離延長」か「距離短縮」のどちらか。前走と「同距離」でも2着の穴はあるが、1着に勝ち切るのは距離変化の刺激を受けた時だ。どっち向きかを血統で見分けられると楽だが、母父ロベルト系が芝1200で走ったりするので、母系を重視するよりも気性やレースで判断したい。

ほかにもダートをはさんだ後の芝戻りや、芝をはさんだ後のダート戻りというカマシが効く。前走着順は度外視して、刺激のある馬を狙おう。

▶**牡馬はジリ脚、牝馬はキレキレマイラーも**

新潟や東京の長い直線の人気馬がアテにならない、とのデータもあるが、牝馬のアナザーリリックは新潟芝1800をキレキレの瞬発力で快勝。リオンディーズの兄エピファネイアの産駒も、キレキレの牝馬マイラーと、ジリっぽい牡馬がいるように、女馬と男馬で素軽さや切れ味にだいぶ差がある。牝馬は道悪が良くない（芝11勝のうち良10勝）のに、牡馬は芝16勝のうち道悪5勝、穴3勝。長い直線で伸びない人気馬も、牡馬が多い。

放牧地を嬉しそうに駆け回るクリエイターⅡ

注目の
有力種牡馬

2020 RANK 16
ステイゴールド
STAY GOLD

**三冠馬の父!!
産駒減も質は向上**

1994年生 黒鹿毛 2015年死亡

POINT
**高齢でも衰え知らず。得意重賞で復活
中山、阪神、福島の中距離がツボ
オルフェやゴルシ産駒と親子丼!**

*サンデーサイレンス Sunday Silence 青鹿 1986	ヘイロー Halo	Hail to Reason
		Cosmah
	ウィッシングウェル Wishing Well	Understanding
		Mountain Flower (3-e)
ゴールデンサッシュ 栗 1988	*ディクタス Dictus	Sanctus
		Doronic
	ダイナサッシュ	*ノーザンテースト
		*ロイヤルサッシュ (1-t)

ステイゴールド産駒完全データ

●最適コース
牡／中山芝2000、福島芝2000
牝／東京芝1800、東京芝1600

●距離別・道悪
芝10〜12 ── 17-7-19／245　D10〜13 ── 3-5-5／89
芝14〜16 ── 67-63-67／822　D14〜16 ── 9-10-11／178
芝17〜20 175-174-169／2025　D17〜19 ── 44-47-47／580
芝21〜 ── 101-97-89／1021　D20〜 ── 12-7-8／104
芝道悪 ── 57-67-61／825　D道悪 ── 21-22-33／399

●人気別回収率
1人気　── 単96%・複90% ── 149-68-47／377
2〜4人気 ── 単83%・複79% ── 175-185-154／1239
5人気以下 ── 単59%・複76% ── 104-157-214／3448

●条件別・勝利割合
穴率 ── 24%　平坦芝率 ── 45%
芝道悪率 ── 16%　晩成率 ── 71%
ダ道悪率 ── 31%　芝広いコース率 ── 48%

●コース別成績
東京　芝／69-79-66／777　D／11-6-5／145
中山　芝／58-54-51／603　D／6-7-6／108
京都　芝／50-44-41／524　D／11-11-10／159
阪神　芝／37-37-38／472　D／11-15-18／200
ローカル 芝／146-127-148／1737　D／29-30-32／339

現役時代
　中央、UAE、香港で50戦7勝。主な勝ち鞍、香港ヴァーズ（GI・2400M）、ドバイシーマクラシック（GⅡ・2400M）、目黒記念、日経新春杯。GIの2着4回。
　ある時期までは「最強の重賞未勝利馬」と呼ばれ、愛された。4歳の春天、宝塚記念、秋天と、何度も人気薄で大一番の2着に飛び込んでくるのに、人気の目黒記念や京都大賞典は3着や4着。熊沢騎手の"仕事人"の役回りもハマり、個性派として人気沸騰する。
　6歳の目黒記念で鞍上が武豊にスイッチされ、重賞を初制覇すると、これを境にキャラ変。7歳、日経新春杯を勝って向かったドバイシーマクラシックはファンタスティックライトに襲いかかり、大接戦勝ち! 京都大賞典もテイエムオペラオーをねじ伏せるが、進路妨害で失格。50戦目の香港ヴァーズは目の覚めるような瞬発力を披露し、黄金旅程を締めくくった。

血統背景
　父サンデーサイレンスは同馬の項を参照。
　母ゴールデンサッシュの全兄サッカーボーイ（マイルCS）。全妹レクレドール（ローズS）の仔にベルーフ（京成杯）、半妹の仔にショウナンパンドラ（ジャパンC、秋華賞）、ドリームパスポート（神戸新聞杯）、近親にバランスオブゲーム（毎日王冠）、タマモベストプレイ（きさらぎ賞）。

代表産駒
　オルフェーヴル（三冠）、ゴールドシップ（有馬記念）、フェノーメノ（天皇賞・春）、インディチャンプ（安田記念）。

特注馬
ステイフーリッシュ／ピンポイントで挙げるならアメリカJCCの3着付けでどうか。目黒記念もスムーズだった。
ソーグリッタリング／低速の芝1800向きなのに高速の芝1600に使われることも多く、そこで負けた後がおいしい。
マイネルファンロン／中山の中距離ベストと思われるが、最近ほとんど中山に使わない。ディセンバーSでどうだ。

勝利へのポイント
16年以降、福島芝2000重賞【4-2-0-14】

　6歳以上の産駒しか残ってないが、21年もインディチャンプやステイフーリッシュが健在。年齢を重ねると気性が落ち着き、以前こなせなかった長距離も走るなど安定感が増す。7、8歳でも衰え知らず。ステイ産駒に年齢の常識は通用しない。
　近5年で重賞勝ちの多いコースは福島芝2000。もともと宝塚記念5勝、有馬記念4勝の内回り巧者として名を馳せ、小回りの急坂や短い直線で機動力を使えるのが最大の長所。オルフェ産駒やゴルシ産駒との親子丼も狙える。古馬の1番人気は信頼度が高く、東京と中山の芝1800以上は複勝率ほぼ8割。1600以下になると信頼性が低下する。
　巻き返し能力が高く、クロコスミアは2年連続、前哨戦で負けた次走にエ女王杯で馬券になった。

2020 RANK 23

エイシンフラッシュ EISHIN FLASH

一瞬の脚で輝いたスローの王者
東京のイン突きでGI2勝

2007年生　黒鹿毛
2021年種付け料▷受胎確認後80万円(FR)

POINT
道悪は特注！ タフな馬場で出番
芝2000、芝1400、芝1800の隙間レースで
人気薄の逃げ馬はローカル小回り！

*キングズベスト King's Best 鹿　1997	キングマンボ Kingmambo	Mr. Prospector
		Miesque
	アレグレッタ Allegretta	Lombard
		Anatevka　(9-h)
*ムーンレディ Moonlady 黒鹿　1997	プラティニ Platini	Surumu
		Prairie Darling
	ミッドナイトフィーヴァー Midnight Fever	Sure Blade
		Majoritat　(8-a)

Birkhahn 5×5

エイシンフラッシュ産駒完全データ

●最適コース
牡／中京芝2000、東京ダ1400
牝／小倉芝2000、中京芝1600

●距離別・道悪
芝10～12　──　22-15-16／332　　D10～13　──　14-10-9／296
芝14～16　──　33-33-32／590　　D14～16　──　13-18-10／233
芝17～20　──　53-46-42／762　　D17～19　──　22-32-23／404
芝21～　　──　6-7-15／158　　D20～　　──　3-6-6／52
芝道悪　　──　35-29-26／452　　D道悪　　──　21-22-33／399

●人気別回収率
1人気　　──　単69％・複74％　──　34-19-14／112
2～4人気　──　単79％・複69％　──　78-63-52／506
5人気以下　──　単71％・複68％　──　54-85-87／2209

●条件別・勝利割合
穴率　　　　──　33％　　平坦芝率　　──　45％
芝道悪率　　──　31％　　晩成率　　　──　27％
ダ道悪率　　──　40％　　芝広いコース率　──　44％

●コース別成績
東京　　芝／18-19-18／323　　D／10-12-9／182
中山　　芝／13-16-10／238　　D／5-10-5／213
京都　　芝／11-10-11／208　　D／4-3-5／73
阪神　　芝／15-17-14／259　　D／10-15-7／166
ローカル　芝／57-29-52／814　　D／23-26-22／351

現役時代

国内25戦6勝、海外2戦0勝。主な勝ち鞍、日本ダービー、天皇賞・秋、毎日王冠、京成杯。有馬記念2着、天皇賞・春2着、皐月賞3着。

黒々と均整の取れた馬体で、まずは京成杯を勝利。皐月賞はヴィクトワールピサの3着に追い込む。7番人気のダービーは前年のリーディング内田博幸を鞍上に、1600M1分41秒1の超スロー。1枠1番を活かしてインで脚をため、上がり32秒7の瞬発力でローズキングダムとの競り合いを制した。4歳は春天2着、宝塚記念3着、有馬記念2着。5歳でドバイワールドC6着。

天覧競馬となった5歳秋の天皇賞。シルポートが20馬身近い大逃げを打つなか、ダービーの再現のように直線はインを突き、上がり33秒1の快勝。ウイニングランのデムーロは緑のキャップを脱いで下馬。両陛下に向かってひざまずき、深々と一礼した。

血統背景

父キングズベストは同馬の項を参照。代表産駒にワークフォース（英ダービー、凱旋門賞）など。

母ムーンレディはドイツセントレジャー（独GⅡ・芝2800M）、ロングアイランドH（米GⅡ・ダ11F）など重賞4勝。母の父プラティニはメルクフィンク銀行賞、ミラノ大賞など、芝2400のGIを勝ったドイツの一流馬。93年JCで4着。

代表産駒

カリオストロ（橘S）、ココロノトウダイ（中山金杯2着）、エイムアンドエンド（共同通信杯3着）、コスモイグナーツ（アイビーS）。

特注馬

アーデントリー／内回りの芝1800と2000向きの基本形の中距離馬。小倉特注も、冬の中山も合いそう。道悪プラス。
デルマセイシ／走りにムラがあるが、牝系優秀で好位に折り合うと強いマイラー。中京芝1600ベスト。
タマモメイトウ／半年に一度大穴をあける爆弾差し馬。時計かかる芝、軽ハンデ、外枠が激走の要素。小倉芝1200特注。

勝利へのポイント

重賞【0-1-1-56】オープン【4-4-2-41】

穴メーカーの個性派が目につく。中山金杯2着のココロノトウダイが代表産駒のモデルだが、直千の韋駄天Sを勝ったタマモメイトウなど、芝の短距離を主戦場にする馬も多く、一度穴をあけた馬は二度三度と激走するのでマークしよう。

芝で勝率が高い距離は2000と1400、ダートなら1700と1400。少々のハイペースでも単騎なら粘る逃げ馬、道悪で浮上する馬、展開次第で飛んでくる差し馬、一度の凡走で不当に人気落ちの馬などが穴になる。オープン特別で通用しても、重賞になるとさっぱりなのは同父系キングズベストと同じ特徴。人気薄は札幌、小倉、福島の率がいい。

道悪の鬼で、稍重、重、不良と悪化するほど勝率も回収率も上がる。タフなレース向きの欧州型。

2020 RANK 24

ノヴェリスト NOVELLIST

近年、日本でも重要度が増している
ドイツ血統の結晶

2009年生　黒鹿毛　アイルランド産
2021年種付け料▷受胎確認後50万円(FR)

POINT
ドイツ血統なのに軽い芝コース向き
牝馬はマイラー中心、牡馬は2400型も!
左回り巧者や洋芝巧者を見つけよ

モンズン Monsun 黒鹿 1990	ケーニッヒシュトゥール Konigsstuhl	Dschingis Khan
		Konigskronung
	モゼラ Mosella	Surumu
		Monasia (8-a)
ナイトラグーン Night Lagoon 黒鹿 2001	ラグナス Lagunas	*イルドブルボン
		Liranga
	ネヌファー Nenuphar	Night Shift
		Narola (4-r)

Literat 4×4、Northern Dancer 5·4(母方)

ノヴェリスト産駒完全データ

●最適コース
牡　阪神ダ1800、阪神芝2400
牝　東京芝1800、新潟芝1600

●距離別・道悪
芝10〜12　　10-15-14／213　　D10〜13　　14-16-14／263
芝14〜16　　38-36-45／590　　D14〜16　　7-11-10／191
芝17〜20　　42-45-46／762　　D17〜19　　15-15-16／297
芝21〜　　　10-13-12／124　　D20〜　　　1-2-2／30
芝道悪　　　16-31-34／336　　D道悪　　　18-22-16／323

●人気別回収率
1人気　　　　　単80%・複82%　　　42-18-19／125
2〜4人気　　　単70%・複82%　　　54-83-66／485
5人気以下　　　単64%・複60%　　　41-52-74／1540

●条件別・勝利割合
穴率　　　　　30%　　平坦芝率　　　38%
芝道悪率　　　16%　　晩成率　　　　29%
ダ道悪率　　　49%　　芝広いコース率　51%

●コース別成績
東京　　　　　芝／23-23-22／233　　D／7-10-6／148
中山　　　　　芝／16-16-16／181　　D／9-11-8／177
京都　　　　　芝／11-12-13／161　　D／4-5-5／85
阪神　　　　　芝／14-8-11／183　　　D／6-6-11／116
ローカル　　　芝／36-50-55／611　　D／11-12-12／255

勝利へのポイント

芝1800の1番人気【8-3-1-3】

欧州2400血統らしく、重賞連対は京成杯、青葉賞、アルゼンチン共和国杯など、芝の中長距離が並ぶ。しかし、牡馬の勝利数トップは阪神ダ1800、牝馬は芝1400と芝1600。カオスすぎて全体像をまとめにくい。ドイツ血統なのに道悪は苦手だ。

速いタイムに良績が多く、軽い芝の締まったペースが合う。モンズン父系のイメージと違い、時計のかかる馬場向きの馬は少数派。特に牝馬は東京と新潟の速いタイムや、速い上がりが得意。左回り巧者や、洋芝巧者もいるので、各馬で判断すること。ダートは当初ちっとも走らなかったが、ゴッドセレクションが伏竜Sを勝つなど、牡馬のダート中距離型も増え始めた。ただし、ダートの人気馬は信頼度が低い。人気馬は芝1800が安定。

現役時代

ドイツ、イタリア、フランス、イギリスで通算11戦9勝。主な勝ち鞍、キングジョージ6世&クインエリザベスS(GⅠ・12F)、サンクルー大賞(GⅠ・2400M)、バーデン大賞(GⅠ・2400M)、ジョッキークラブ大賞(GⅠ・2400M)他、重賞3勝。

3歳時はジョッキークラブ大賞勝ちや独ダービー2着があるものの、バーデン大賞で前年の凱旋門賞馬デインドリームの4着に敗れる準A級馬に過ぎなかった。それが4歳になって仏、英への遠征で一変。サンクルー大賞を中団から抜け出して快勝。キングジョージ6世&クインエリザベスSは4番手追走から直線を向くと残り2Fで突き抜け、2分24秒60のレコードで圧勝した。秋はバーデン大賞を勝利し、凱旋門賞を目指すも、本番2日前に熱発し無念の回避。日本で種牡馬入りが決まり、そのまま現役を退くことになった。

血統背景

父モンズンはドイツの大種牡馬。産駒にシロッコ(BCターフGⅠ)。メルボルンCGⅠ3勝もある。父系は世界遺産級のブランドフォード系。ソウルスターリングの母の父。

母ナイトラグーンはGⅢ勝ち馬。近親に名種牡馬ネッカーがいる"N"ライン系。母の父ラグナスは独ダービー馬。

代表産駒

ラストドラフト(京成杯)、ゴッドセレクション(伏竜S)、ヴァルコス(青葉賞2着)、アウトウッズ(昇竜S2着)、ヴェスターヴァルト(ファルコンS3着)。

特注馬

ヴェスターヴァルト／休み明け2戦目は4戦走って【2-2-0-0】。距離は芝1400ベストも重賞では厳しいか。
リーヴル／ダート馬だったが、東京芝2400の上がり36秒7の持久戦を穴で完勝。スローは不発、ハイだけハマるタイプ。
ダイワクンナナ／母ダイワスカーレット。出遅れから大外強襲が芸のため、長い直線のスロー歓迎、少頭数もいい。

2020 RANK 25

アイルハヴアナザー I'LL HAVE ANOTHER

フォーティナイナー系の米二冠馬
父の兄弟が日本のGIでも活躍

POINT
- 4歳で充実する晩成ダート血統
- 中山ダートの人気馬は安定感抜群
- 湿ったダートの重賞で波乱の目!

2009年生　栗毛　アメリカ産　2018年輸出

フラワーアリー Flower Alley 栗　2002	ディストーテッドユーモア Distorted Humor	*フォーティナイナー Danzig's Beauty
	*プリンセスオリビア Princess Olivia	Lycius Dance Image (17-b)
アーチズギャルイーディス Arch's Gal Edith 黒鹿　2002	アーチ Arch	Kris S. Aurora
	フォースファイヴギャル Force Five Gal	Pleasant Tap Last Cause　(23-b)

Mr. Prospector 4・4(父方)、Danzig 4×4、Northern Dancer 5・5×5

現役時代

　北米で通算7戦5勝。主な勝ち鞍、ケンタッキー・ダービー（GⅠ・10F）、プリークネスS（GⅠ・9.5F）、サンタアニタ・ダービー（GⅠ・9F）、他GⅡ1勝。
　1歳時に1万1000ドルで売却され、翌年の調教セールで3万5000ドルで転売された安馬ながら二冠を制してアメリカン・ドリームを果たした。単勝16.5倍だったケンタッキー・ダービーは中団よりやや前方追走から直線で末脚炸裂。逃げ込みを図る1番人気馬ボードマイスターを差し切った。プリークネスSも1番人気ボードマイスターが逃げ、直線では一騎打ちを展開。これにクビ差競り勝っての優勝だった。三冠の期待がかかったベルモントSだが、左前脚に屈腱炎を発症、前日に出走取り消し。そのまま引退。その後に同馬の関係者からビッグレッドファームへの売却が発表され、日本で種牡馬生活に入ることが決まった。

血統背景

　父フラワーアリーはトーセンラー、スピルバーグの半兄。現役時はトラヴァーズSなど北米重賞3勝。
　母系は半弟にゴールデンアワード（シューヴィーHなど北米GⅢ2勝）。一族にイントゥミスチーフ（同馬の項参照）。母の父アーチは産駒にブレイム（同馬の項参照）。

代表産駒

　アナザートゥルース（アンタレスS）、サヴァ（ユニコーンS2着）、マイネルサーパス（福島民報杯）、マイネルユキツバキ（仁川S）、オメガレインボー（アハルテケS）。

特注馬

オメガレインボー／いつも人気にならない。暑い時期に調子を上げるので冬は過信禁物も、重不良ダートは一段増し。
マイネルユキツバキ／レース間隔があくと良くないタイプ。中2週や中3週で使われながら上昇する。冬は得意。
エヴァーガーデン／貴重な芝馬。小倉や中山の小回りコース、上がり36秒以上のレースに向く。マイルは不向き。

アイルハヴアナザー産駒完全データ

●最適コース
牡／中山ダ1800、阪神ダ1800
牝／中山ダ1200、東京ダ1600

●距離別・道悪

芝10～12	10-11-11/179	D10～13	26-24-30/402
芝14～16	10-13-16/291	D14～16	32-28-29/435
芝17～20	18-36-31/459	D17～19	81-101-86/1020
芝21～	3-5-2/57	D20～	7-6-6/103
芝道悪	11-18-12/234	D道悪	63-70-61/812

●人気別回収率

1人気	単76%・複90%	47-33-21/148
2～4人気	単77%・複84%	63-103-90/618
5人気以下	単83%・複84%	57-88-100/2181

●条件別・勝利割合

穴率	31%	平坦芝率	59%
芝道悪率	27%	晩成率	42%
ダ道悪率	43%	芝広いコース率	27%

●コース別成績

東京	芝/6-5-13/176	D/26-20-24/360
中山	芝/7-15-10/182	D/39-37-23/414
京都	芝/2-6-0/67	D/17-17-21/242
阪神	芝/2-5-4/76	D/20-23-20/279
ローカル	芝/24-34-33/486	D/44-62-63/665

勝利へのポイント

1番人気、中山ダ1800【10-9-6-4】

　アンタレスSで2年連続の穴をあけたアナザートゥルースなど、ダートの中距離が持ち場。まず湿ったダートが特注。重賞も良馬場【0-0-2-8】、良以外【1-3-0-5】。脚抜きのいいダートで上昇するのはフォーティナイナー系全般の特徴だ。
　中山ダートと相性が良く、牡馬はダ1800、牝馬はダ1200で勝ち星を量産する。1番人気の安定感も高く、中山ダ1800なら複勝率は86%。小回りを先行して立ち回る競馬のうまさは、さすが米国の二冠馬。それでいて穴も多く、叩き3、4戦目の変わり身や、軽い斤量、初ブリンカーに要注意。重賞で馬券になったのはすべて5番人気以下だった。芝は小回りコースの中距離と、2歳牝馬の短距離なら走る。上がり35秒台で粘り込む。

2020 RANK 27

ディープブリランテ
DEEP BRILLANTE

バブル、ザッツの近親。
ディープ産駒初のダービー馬

2009年生 鹿毛
2021年種付け料▷受胎確認後50万円 (FR) ／産駒誕生後80万円

POINT
ワンペース向きの持続スピード！
ローカル中京と小倉得意、北海道は不振
「得意な上がりタイム」になれば穴

ディープインパクト 鹿 2002	*サンデーサイレンス Sunday Silence	Halo
		Wishing Well
	*ウインドインハーヘア Wind in Her Hair	Alzao
		Burghclere (2-f)
*ラヴアンドバブルズ Love And Bubbles 鹿 2001	ルウソバージュ Loup Sauvage	Riverman
		Louveterie
	*バブルドリーム Bubble Dream	Akarad
		*バブルプロスペクター(1-b)

Lyphard 4×5、Busted 4×5、Northern Dancer 5×5

ディープブリランテ産駒完全データ

●**最適コース**
牡 阪神ダ1400、中山芝1600
牝 新潟芝1600、福島芝1200

●**距離別・道悪**
芝10〜12 ─ 27-25-30／368   D10〜13 ─ 10-16-25／298
芝14〜16 ─ 47-42-61／756   D14〜16 ─ 18-13-12／271
芝17〜20 ─ 32-39-28／563   D17〜19 ─ 19-22-24／414
芝21〜 ─ 13-13-15／118   D20〜 ─ 1- 2- 2／25
芝道悪 ─ 23-27-23／417   D道悪 ─ 18-25-29／403

●**人気別回収率**
1人気 ─ 単80%・複74% ─ 52-21-18／157
2〜4人気 ─ 単74%・複72% ─ 64-75-64／549
5人気以下 ─ 単68%・複74% ─ 51-77-115／2108

●**条件別・勝利割合**
穴率 ─ 31%   平坦芝率 ─ 47%
芝道悪率 ─ 19%   晩成率 ─ 29%
ダ道悪率 ─ 38%   芝広いコース率 ─ 49%

●**コース別成績**
東京 ─ 芝／17-21-23／310   D／7-8-8／175
中山 ─ 芝／15-6-12／211   D／9-12-14／215
京都 ─ 芝／17-18-17／232   D／8-6-6／99
阪神 ─ 芝／15-16-25／255   D／11-6-10／147
ローカル ─ 芝／55-59-57／798   D／13-21-25／372

現役時代

中央6戦3勝、イギリスで1戦0勝。主な勝ち鞍、日本ダービー、東京スポーツ杯2歳S。

パカパカファームの生産、矢作芳人厩舎。岩田康誠を背に阪神芝1800の新馬と、不良馬場の東京スポーツ杯2歳Sを連勝。3歳になると共同通信杯は逃げて2着、スプリングSも2着。稍重の皐月賞は3番手から伸びるが、イン強襲のゴールドシップに屈して3着。

2012年ダービーは単勝8.5倍の3番人気。ゼロスが飛ばす展開の中、内の4番手で息を潜める。後ろで牽制し合うゴールドシップとワールドエースを尻目に、直線早めに先頭に立つと岩田得意のお尻トントン、末脚全開！ 強襲するフェノーメノをハナ差のいでゴール。ウイニングランは、馬の背に突っ伏して号泣する岩田の姿があった。7月に英国の"キングジョージ"出走もデインドリームの8着。最後のレースに。

血統背景

父ディープインパクトの2年目の産駒。
母ラヴアンドバブルズはフランスのGⅢクロエ賞勝ち。3代母の半兄バブルガムフェロー（天皇賞・秋）、近親ザッツザプレンティ（菊花賞）、ショウナンパントル（阪神JF）。
母の父ルウソバージュはイスパーン賞（仏GI・芝1850M）優勝、仏2000ギニー2着。ネヴァーベンド系。

代表産駒

モズベッロ（日経新春杯）、セダブリランテス（ラジオNIKKEI賞）、ディーパワンサ（中京2歳S）。

特注馬

ラプタス／ダート短距離の快速馬。関東に遠征すると不振続きなのは輸送のせいか否か。重賞なら湿ったダート歓迎。
ミッキーブリランテ／条件云々よりGⅢやオープンなら通じて、GIやGⅡだと足りない馬に思える。一桁馬番はいい。
ショーヒデキラ／ローテに注目。20年以降は中1週か中2週だと【0-0-0-5】。間隔あけて、左回りがベスト。

勝利へのポイント

芝の勝率トップ3／中京、小倉、福島

モズベッロが重の大阪杯で2着、ラプタスはダ1400のオープン勝ち。活躍馬が出るほど、産駒全体の傾向が多様化していく。父としての影響力が小さく、母系を引き出すタイプの種牡馬だ。

ほかにも重賞3〜5着に入った馬なら多数。詰めの甘さも特徴のひとつ。牡馬は芝1600、芝1800、ダ1400。牝馬は芝1200、芝1600、芝1400が勝利数のトップ3。スローの瞬発力勝負より、全体にワンペースの流れに向く。芝1600で勝てるのも締まった流れになりやすいから。ペースや展開で着順が上下するため、近走の着順だけで判断しないこと。得意コースや「得意な上がり」になれば一変も期待できる。中京の芝は優秀。札幌と函館の芝は不振。ダートの勝ち鞍はほとんど下級条件。

2020 RANK 28

シニスターミニスター
SINISTER MINISTER

**父系が日本でも炸裂!
期待のエーピーインディ系**

2003年生　鹿毛　アメリカ産
2021年種付け料▷受胎確認後250万円

POINT
**3勝クラスとオープン特別に馬券うまみ
良のダートは1着、稍重以上は2着が多い
叩かれた高齢馬の一変に警戒**

オールドトリエステ Old Trieste 栗　1995	エーピーインディ A.P. Indy	Seattle Slew
		Weekend Surprise
	ラヴリアーリンダ Lovlier Linda	Vigors
		Linda Summers（14-c）
スウィートミニスター Sweet Minister 鹿　1997	ザプライムミニスター The Prime Minister	Deputy Minister
		Stick to Beauty
	スウィートブルー Sweet Blue	Hurry Up Blue
		Sugar Gold　（4-m）

Hail to Reason 5・5（母方）

シニスターミニスター産駒完全データ

●最適コース
牡／中山ダ1800、阪神ダ1400
牝／東京ダ1400、京都ダ1200

●距離別・道悪
芝10〜12	3-2-7／86	D10〜13	52-49-4／674
芝14〜16	0-1-1／39	D14〜16	62-52-52／646
芝17〜20	0-0-0／17	D17〜19	67-63-37／736
芝21〜	0-0-0／0	D20〜	5-4-1／49
芝道悪	0-1-1／27	D道悪	65-81-49／834

●人気別回収率
1人気	単100%・複88%	54-28-10／133
2〜4人気	単92%・複80%	69-64-60／465
5人気以下	単68%・複74%	66-79-72／1649

●条件別・勝利割合
穴率	35%	平坦芝率	67%
芝道悪率	0%	晩成率	48%
ダ道悪率	35%	芝広いコース率	0%

●コース別成績
東京	芝／0-1-0／20	D／34-30-25／390
中山	芝／0-0-1／14	D／37-22-23／354
京都	芝／1-0-1／13	D／24-27-15／294
阪神	芝／1-1-0／9	D／32-21-23／332
ローカル	芝／1-1-6／86	D／59-68-48／735

現役時代

北米で通算13戦2勝。主な勝ち鞍、ブルーグラスS（GⅠ・9F）。

3歳初戦で未勝利戦を脱し、重賞初挑戦となったサンヴィセンテSGⅡは6着。続くカリフォルニア・ダービーも2着に敗れたが、ケンタッキー・ダービーへ向け、ケンタッキー地区の最重要ステップ戦、ブルーグラスSで2勝目をあげた。スタート良く飛び出し、2着馬に12馬身3／4差をつける逃げ切りの圧勝だった。史上2位の観客を集めた第132回ケンタッキー・ダービーは2番手追走も最終コーナーで失速。20頭立ての16着に終わった。勝ったのはバーバロ。残りの二冠は回避し、秋に1戦して3歳シーズンを終えた。

4歳時は初戦から5戦目までアローワンス競走に出走するも2着が最高。ロングエーカーズマイルHGⅢも8着に敗れ、この一戦を最後に現役を退いた。

血統背景

父オールドトリエステは03年死亡。わずか3世代の産駒からシルヴァートレイン（BCスプリントGⅠ・6F）、マルターズヒート（フェアリーS）らを出した。
母系は近親にプロスペクターズフラッグ（ディスカヴァリーHGⅢ）。母の父ザプライムミニスターは米GⅡ勝ち馬。

代表産駒

テーオーケインズ（帝王賞）、ヤマニンアンプリメ（JBCレディスクラシック）、インカンテーション（レパードS）、キングズガード（プロキオンS）。

特注馬

テーオーケインズ／連勝でGⅠの帝王賞まで登りつめた。鋭い末脚はないため、フェブラリーSは合わないのでは。
スリーグランド／ダ1400の安定株も、二桁馬番は成績が落ちる。母系はスタミナ十分で、ダ1800も走れそうに見える。
アシャカトブ／少なめの頭数でペースが落ち着く方が走れる。コーナーの多い交流重賞の長距離に向きそう。

勝利へのポイント

重賞3着以内10回のうち、6歳以上／8回

テーオーケインズのアンタレスSは、産駒3年半ぶりの重賞勝ち。地味めの晩成型で少しずつ階段を登っていく。勝利の98%がダート。エーピーインディ系は全般に軽いダートを得意にするが、本産駒はパワー十分で良のダート勝率が高い。ピリピリしたパイロ産駒に比べると、もっさりタイプも目につく。良のダートは全馬の単勝を買ってもプラスの計算で、稍重以上は2着が増える。

牡馬はダ1400とダ1800。牝馬はダ1200とダ1400が勝利数の上位。3勝クラスとオープン特別の勝率や回収率がきわめて高く、この辺のクラスにたまっている馬の効率がいい。展開頼みの後方一気型も多く、スローで負けていた馬が速いペースで穴になったり、叩かれた高齢馬の一変が怖い。

2020 RANK 29

タートルボウル
TURTLE BOWL

最新流行の血統を持たず
異系色の強いヨーロピアン

2002年生　鹿毛　アイルランド産　2017年死亡

POINT
- 短い直線の芝2000と芝1800を先行抜け出し
- ダート中距離で堅実、ダート長距離は穴
- 末脚をためない強気ジョッキー向き

ダイムダイヤモンド Dyhim Diamond 栗　1994	ナイトシフト Night Shift	Northern Dancer
		Ciboulette
	ハッピーランディング Happy Landing	Homing
		Laughing Goddess (1-w)
クララボウ Clara Bow 鹿　1990	トップヴィル Top Ville	High Top
		Sega Ville
	カミヤ Kamiya	Kalamoun
		Shahinaaz　(16-d)

Prince Bio 5・5（母方）

タートルボウル産駒完全データ

●最適コース
牡／阪神ダ1800、京都ダ1800
牝／中山ダ1800、阪神ダ1400

●距離別・道悪
芝10～12　　3-4-7／101　　D10～13　　11-9-15／230
芝14～16　　14-14-17／273　D14～16　　18-22-17／287
芝17～20　　26-20-12／272　D17～19　　41-40-54／538
芝21～　　　5-8-3／56　　　D20～　　　2-8-1／31
芝道悪　　　14-5-11／149　　D道悪　　　24-27-42／466

●人気別回収率
1人気　　　　単85%・複77%　　31-11-12／91
2～4人気　　単90%・複85%　　58-56-43／354
5人気以下　　単62%・複80%　　31-56-71／1343

●条件別・勝利割合
穴率　　　　26%　　　平坦芝率　　60%
芝道悪率　　29%　　　晩成率　　　33%
ダ道悪率　　33%　　　芝広いコース率　29%

●コース別成績
東京　　芝／4-5-8／117　　D／10-16-10／204
中山　　芝／6-3-2／83　　 D／14-6-18／190
京都　　芝／6-7-5／92　　 D／10-14-14／129
阪神　　芝／6-9-3／69　　 D／16-15-14／165
ローカル　芝／26-22-21／341　D／22-26-31／398

現役時代

フランス、イギリスで通算21戦7勝。主な勝ち鞍、ジャンプラ賞（GI・1600M）、ジョンシェール賞（GIII・1600M）。

デビューから3戦目で勝ち上がり、重賞初挑戦の3歳フォンテンブロー賞GIII3着。仏2000ギニーも8着に敗れたが、次走のジョンシェール賞で重賞初制覇を果たすと、フランスの3歳マイル路線を締めくくるジャンプラ賞を後方からの追い込みを決めて優勝した。結局これが最後の重賞勝ちとなり、4歳まで現役を続け、イスパーン賞2着、クイーンアンS3着、ジャックルマロワ賞3着などGIでの好走があるものの、勝ち切れないレースを続けた。イスパーン賞、ジャックルマロワ賞の勝ち馬は無事なら凱旋門賞もといわれた逸材のマンデュロ。相手が悪かった。21戦7勝2着6回3着3回。勤勉だけれど係長どまりだった。

血統背景

父ダイムダイヤモンドはフランス、ドイツの短距離GIII2勝。スペインのリーディング・サイアーとなり、フランスでは長距離GIカドラン賞の勝ち馬バナビーを出す、マニアック度いっぱいの種牡馬。母系は半弟にアスコットGC2着のエイジオブアクエリアス、近親に仏オークス馬カーリーナ。一族にカレンミロティック（金鯱賞）。

代表産駒

トリオンフ（小倉記念）、タイセイビジョン（京王杯2歳S）、アンデスクイーン（エンプレス杯）、ベレヌス。

特注馬

ベレヌス／トリオンフに似た中距離の先行馬。福島、小倉、中京の芝2000で2分1秒以上の決着が合う。
ココニアル／夏の札幌の芝2000がベスト。他で狙うなら、中山芝2000の良馬場。母の全兄スクリーンヒーロー。
ネリッサ／昨年版でハマった「左回り、52キロ」をもう一度、秋の東京開催で。ただし前が止まらない馬場は無理。

勝利へのポイント

芝2000／17勝、単勝回収率152%

勝利数はダート6割、芝4割。ただし重賞の連対9回はすべて芝。ダートの中距離を中心に活躍し、一流馬は芝でも走るというのが全体像。ダートなら1800、芝なら2000の勝ち鞍が突出する。

21年の3歳がラストクロップ。小回りの中距離重賞を3勝したトリオンフが代表モデル。先行して早め抜け出しが得意で、末脚の鋭さ比べは割引き。強気の騎乗が合う。ダ1800を前で粘るベストタッチダウンも代表モデル。ダートは阪神、中山がいい。逆に異色のタイプは芝1600以下の重賞2勝のタイセイビジョン。芝のマイラーは少数派だ。2歳より3歳、3歳より4歳が好成績で、徐々に力をつけていく。芝2400～2600やダ2100以上も伏兵の好走が多く、スタミナ十分。稍重に合う。

2020 RANK 30

マジェスティックウォリアー MAJESTIC WARRIOR

**ベストウォーリアを出し日本で成功済み
エーピーインディ系のマイラー血統**

2005年生　鹿毛　アメリカ産
2021年種付け料▷受胎確認後180万円（FR）

POINT
**淡白さもある堅実なダート中距離型
1着は上位人気。2、3着のヒモに穴馬
牝馬は稍重と重のダートで成績急上昇**

エーピーインディ A.P. Indy 黒鹿　1989	シアトルスルー Seattle Slew	Bold Reasoning
		My Charmer
	ウィークエンドサプライズ Weekend Surprise	Secretariat
		Lassie Dear　(3-l)
ドリームシュプリーム Dream Supreme 黒鹿　1997	シーキングザゴールド Seeking the Gold	Mr. Prospector
		Con Game
	スピニングラウンド Spinning Round	Dixieland Band
		Take Heart　(7-f)

Secretariat 3×4、Bold Ruler 5・4×5、Buckpasser 4×4

マジェスティックウォリアー産駒完全データ

●**最適コース**
牡／阪神ダ1800、中京ダ1800
牝／京都ダ1400、札幌ダ1700

●**距離別・道悪**
芝10〜12 ── 2-0-0／25　D10〜13 ── 7-9-9／119
芝14〜16 ── 2-1-2／52　D14〜16 ── 14-16-15／172
芝17〜20 ── 3-0-8／56　D17〜19 ── 30-39-32／295
芝21〜　── 0-0-5／9　　D20〜　── 3-6-1／31
芝道悪　── 3-1-3／43　D道悪　── 27-21-25／254

●**人気別回収率**
1人気　── 単90%・複92%　── 26-17-9／75
2〜4人気 ── 単61%・複68%　── 22-27-26／202
5人気以下 ── 単62%・複80%　── 13-27-32／478

●**条件別・勝利割合**
穴率　── 19%　平坦芝率　── 40%
芝道悪率 ── 30%　晩成率　── 27%
ダ道悪率 ── 52%　芝広いコース率 ── 60%

●**コース別成績**
東京　　芝／1-0-2／20　D／8-7-9／94
中山　　芝／1-0-1／19　D／4-6-7／72
京都　　芝／0-0-1／8　　D／11-8-6／70
阪神　　芝／1-0-1／18　D／12-23-8／147
ローカル 芝／4-1-5／73　D／19-26-27／234

現役時代

　北米で通算7戦2勝。主な勝ち鞍、ホープフルS（GI・7F）。

　2歳8月のデビュー戦を勝利。サラトガ夏開催の2歳チャンピオン決定戦、ホープフルSはゴール前で抜けだし、1番人気レディズイメージに2馬身1／4差を付け、4頭立て3番人気の評価を覆す快勝だった。続く東海岸の重要2歳戦シャンペンSGIは中団のまま6着に敗れ、2歳時は3戦2勝の成績で終えた。3歳時はケンタッキー・ダービー路線を歩むも、ルイジアナ・ダービーGIIがパイロの7着、フロリダ・ダービーが二冠馬となるビッグブラウンの6着。この後は裏街道路線に向かい、名ばかりのダービートライアルが4着。ベルモントS当日のウッディスティーヴンスSGIIも4着に終わり、エーピーインディ系が得意とする夏を待たずに、この一戦を最後に現役を退いた。

血統背景

　父エーピーインディ。孫のパイロ、シニスターミニスター、カジノドライヴらは重賞勝ち馬を輩出。

　母ドリームシュプリームはバレリーナH、テストSのサラトガ夏開催のGI2勝含め重賞6勝。祖母スピニングラウンドはバレリーナSGIなど重賞4勝。母の父シーキングザゴールドの産駒にマイネルラヴ。

代表産駒

　ベストウォーリア（南部杯）、スマッシャー（ユニコーンS）、エアアルマス（東海S）、サンライズホープ（三宮S）。

特注馬

スマッシャー／ゆるみのない流れで末脚が切れる。コーナー4つのコースはどうなのか、要観察。割引きかも。
サンライズホープ／1番人気で【2-0-0-4】、それ以外で【3-2-0-2】。スローなら走るがマークされると危ない。
シゲルタイタン／斤量54キロ以下に良績が多い。福島ダ1700合う。関東馬で3勝以上しているのはこの馬だけ。

勝利へのポイント

ダートの牝馬、良／5勝、稍重と重／8勝

　エーピーインディ系の中で地味な条件馬を量産するダート血統かと思われたが、21年の3歳馬はユニコーンS勝ちのスマッシャーや、ハンディーズピークなどオープン級が出ている。同父系シニスターミニスターに近い。牡馬はダ1800、牝馬はダ1400が勝利数上位。芝の勝ち鞍は2割くらい。

　堅実さはあるが、レースを見て気になるのは、最後に競り負けたり、相手が骨っぽくなると淡白に負けたりと番長の血統ではない。助さん格さんとして水戸黄門に仕えるようなポジション。1着に来るのは上位人気馬が多く、穴を買うなら2、3着のヒモがいい。京都と札幌のダート勝率が突出しているが、京都は当分ないので実績あるコースを狙おう。稍重と重はダートも芝も好成績。

2020 RANK 31

ダンカーク
DUNKIRK

13年の北米新種牡馬リーディング。
母系は南米ゆかりの血統

POINT
- ダート1400型とダート1800型
- 好調期間が明確で連勝も多い
- 脚抜きのいいダート得意なアメリカン

2006年生　芦毛　アメリカ産
2021年種付け料▷受胎確認後100万円（FR）

アンブライドルズソング Unbridled's Song 芦 1993	アンブライドルド Unbridled	Fappiano
		Gana Facil
	トロリーソング Trolley Song	Caro
		Lucky Spell （4-m）
シークレットステイタス Secret Status 栗 1997	エーピーインディ A.P. Indy	Seattle Slew
		Weekend Surprise
	プライヴェートステイタス Private Status	Alydar
		Miss Eva （8-g）

Raise a Native 5×4

現役時代

北米で通算5戦2勝。主な勝ち鞍、未勝利（7F）、アローワンス競走（9F）。ベルモントS（GI・12F）2着、フロリダ・ダービー（GI・9F）2着。

キーンランドの1歳市場にて370万ドルの高値で落札。3歳1月のデビュー戦、アローワンス競走を2連勝。続くフロリダ・ダービーは重賞初挑戦にもかかわらず本命に推されての2着。ドロドロの不良馬場で行われたケンタッキー・ダービーは中団のまま11着に終わった。プリークネスSを回避して臨んだ三冠の最終戦、ベルモントSでは一転して逃げの手。まくってきたケンタッキー・ダービー馬マインザットバードにかわされるが、これを差し返し、サマーバードの強襲に屈したものの2着に粘った。マインザットバードは3着。この後、左後脚に骨折が判明。手術には成功したがそのまま引退。翌年から種牡馬入りした。

血統背景

父アンブライドルズソング。産駒にアロゲート（ドバイワールドCGI・10F）、アグネスソニック（NHKマイル2着）。
母シークレットステイタスはケンタッキー・オークスGI、マザーグースSGIなど重賞3勝。近親にチリのGI馬マリアカンデラ（エル・ダービーGI）。

代表産駒

メイショウテンスイ（グリーンチャンネルC）、タケルペガサス（鳳雛S2着）、マイネルアルケミー（福島2歳S3着）、シークレットラン、ハヴァナ（シャンペンSGI・8F）。

特注馬

マイネルアルケミー／時計の速くない芝1200、枠は真ん中より外枠が好走の二大条件。稍重は【3-2-1-2】と絶好。
シークレットラン／ダイナカール一族。もう一度好調期が来ればオープンでも通用するはず。中山の田辺騎乗で。
メタスペクター／ダ1400で出世しそうなスカーレット一族。レース間隔をあけると走り、詰めると良くなさそう。

ダンカーク産駒完全データ

● 最適コース
牡／東京ダ1400、阪神ダ1800
牝／東京芝1400、中京ダ1800

● 距離別・道悪
芝10～12	6-12-9／105	D10～13	10-8-13／205
芝14～16	5-5-5／146	D14～16	14-11-10／195
芝17～20	6-8-6／156	D17～19	28-24-22／369
芝21～	4-7-2／40	D20～	2-0-1／22
芝道悪	8-13-5／110	D道悪	33-19-20／319

● 人気別回収率
1人気 ― 単91%・複95% ― 26-15-7／69
2～4人気 ― 単92%・複71% ― 28-27-25／218
5人気以下 ― 単60%・複60% ― 21-33-36／951

● 条件別・勝利割合
穴率 ― 28%　　平坦芝率 ― 62%
芝道悪率 ― 38%　　晩成率 ― 33%
ダ道悪率 ― 62%　　芝広いコース率 ― 48%

● コース別成績
	芝	D
東京	4-6-5／104	14-7-8／141
中山	4-7-5／71	7-3-7／135
京都	3-0-0／33	7-9-4／90
阪神	0-4-0／39	12-8-8／171
ローカル	10-15-12／200	14-16-19／254

勝利へのポイント

ダート良の勝率／4.4%、良以外／10.3%

北米血統らしくダート向きのスピードを持ち、概ね1400型と1800型に分かれる。データで目を引くのは、ダ1800／23勝、ダ1700／3勝と、大差が付いていること。小回りで先行有利なコースが多いダ1700は不振で、差し脚を発揮できるダ1800とダ1400がいい。競馬場でいえば東京と中京のダートが好成績なのは、米国血統の左回り適性も関係あるかも。好調期間が明確で、下級条件では連勝する馬も多い一方、メイショウテンスイやペオースのように悩みに入ると、馬券から遠ざかる。

ダートの道悪の上昇は全種牡馬でもトップクラス。重、不良と悪化するほど数字が上がる。芝でもマイネルアルケミーのような1200型から、シークレットランの2400型まで。時計かかる芝向き。

2020 RANK 32

ドリームジャーニー
DREAM JOURNEY

"黄金配合"の先駆
三冠馬オルフェーヴルの全兄

POINT
高齢馬の重賞一発が不気味!
コーナー4つの中距離戦が主戦場
スローで不発→ハイペースで届く

2004年生　鹿毛
2021年種付け料▷PRIVATE

ステイゴールド 黒鹿　1994	*サンデーサイレンス Sunday Silence	Halo
		Wishing Well
	ゴールデンサッシュ	*ディクタス
		ダイナサッシュ　(1-t)
オリエンタルアート 栗　1997	メジロマックイーン	メジロティターン
		メジロオーロラ
	エレクトロアート	*ノーザンテースト
		*グランマスティーヴンス(8-c)

ノーザンテースト 4×3

ドリームジャーニー産駒完全データ

●最適コース
牡／小倉芝2000、中山芝2200
牝／京都芝2000、福島芝2000

●距離別・道悪
芝10〜12	7-12-10／150	D10〜13	2-2-1／75
芝14〜16	13-16-15／228	D14〜16	2-4-2／67
芝17〜20	31-32-48／367	D17〜19	9-7-6／143
芝21〜	11-14-15／166	D20〜	4-1-4／34
芝道悪	17-22-24／193	D道悪	4-4-6／120

●人気別回収率
1人気	単79%・複87%	20-15-7／66
2〜4人気	単70%・複72%	36-33-39／270
5人気以下	単75%・複78%	23-40-55／894

●条件別・勝利割合
穴率	29%	平坦芝率	57%
芝道悪率	27%	晩成率	44%
ダ道悪率	24%	芝広いコース率	31%

●コース別成績
東京	芝／5-7-9／121	D／4-2-3／77
中山	芝／12-12-13／127	D／2-4-3／73
京都	芝／14-10-14／130	D／2-1-3／39
阪神	芝／6-16-11／141	D／1-2-0／35
ローカル	芝／25-29-41／192	D／8-5-4／95

現役時代

　31戦9勝。主な勝ち鞍、宝塚記念、有馬記念、朝日杯FS、神戸新聞杯、大阪杯、朝日CC、小倉記念。
　初GIは朝日杯FS、馬体重416キロ。粘るローレルゲレイロを後方一気で捕らえ最優秀2歳牡馬に。
　皐月賞は8着、ダービーは5着。神戸新聞杯を快勝し、菊花賞で2番人気を集めるがアサクサキングスの5着。ヤンチャな気性とモタれ癖が大成を阻んだ。
　4歳で小倉記念と朝日CCを連勝。新コンビの池添謙一と手が合い、5歳で大阪杯1着、天皇賞・春3着。宝塚記念は後方からコーナーを回りながら加速するという、ステイゴールド産駒最大の武器を活かして優勝。馬体重424キロは宝塚史上最軽量だった。有馬記念はブエナビスタとの叩き合いを制し、グランプリ二冠。7歳まで現役を続け、弟のオルフェーヴルが三冠馬になった年に、夢の旅路を終えた。

血統背景

　父ステイゴールド。本馬がステイ×メジロマックイーンの黄金配合の最初の例であり、自身はノーザンテースト4×3。
　母オリエンタルアートはダート3勝。全弟オルフェーヴル(三冠)、アッシュゴールド、リヤンドファミュなど、目つきの鋭さや、人を振り落とす癖で知られるわんぱく兄弟。

代表産駒

　ミライヘノツバサ(ダイヤモンドS)、ヴェルトライゼンデ(ホープフルS2着)、トゥラヴェスーラ(淀短距離S)、アルメリアブルーム(愛知杯2着)、エスティタート(シルクロードS2着)。

特注馬

ヴェルトライゼンデ／復帰戦はどこになるのか。アメリカJCCに間に合えば買い。順調なら春の天皇賞も不気味。
トゥラヴェスーラ／全弟トオヤリトセイトは道悪巧者だが、こちらは道悪【0-0-0-6】。良馬場で一桁馬番がいい。
ザイツィンガー／芝1400巧者だが、いっそ芝2000まで距離延長を試して欲しい。マイラーズCの走りに可能性を感じた。

勝利へのポイント

芝2000／24勝、芝1800／7勝

　重賞は2着が9回に対して、1着はミライヘノツバサのダイヤモンドSのみ。弟のオルフェーヴル産駒よりも、瞬時の反応の鈍さがある。それでも少ない産駒から重賞級を出す能力はさすが。スタミナに優れ、芝1800は短いけれど芝2000や2200に延びれば走る馬や、スローの上がり勝負は合わないけど締まった流れなら浮上する馬を拾いたい。21年はトゥラヴェスーラが10番人気の京王杯SCで後方一気の2着した。年齢を重ねるほど走れる距離が拡がるのは、ステイ系の恐るべき長所だ。
　芝なら東京より中山、新潟より福島や小倉を得意とし、コーナー4つの中距離戦がベスト。スローで不発続きの差し馬も、展開が向けば届く。ダートは下級条件のダ1700とダ1800で走る程度。

2020 RANK 33

キングズベスト
KING'S BEST

**産駒が英日でダービー制覇
キングマンボ産駒の超良血**

©Darley

1997年生　鹿毛　アメリカ産　2019年死亡

POINT
**道悪の鬼。馬場とペース次第の穴血統
福島と中山の芝得意。短い直線を粘る！
オープン特別は○、重賞は△**

キングマンボ Kingmambo 鹿　1990	ミスタープロスペクター Mr. Prospector	Raise a Native
		Gold Digger
	ミエスク Miesque	Nureyev
		Pasadoble　(20)
アレグレッタ Allegretta 栗　1978	ロムバルド Lombard	Agio
		Promised Lady
	アナテフカ Anatevka	Espresso
		Almyra　(9-h)

Alchimist 5・5（母方）

キングズベスト産駒完全データ

●**最適コース**
牡／中山芝1600、福島芝1200
牝／福島芝1200、新潟芝1000

●**距離別・道悪**
芝10～12 ──── 29-24-30／427　　D10～13 ──── 8-13-10／306
芝14～16 ──── 11-7-19／337　　D14～16 ──── 2-4-6／182
芝17～20 ──── 18-21-11／337　　D17～19 ──── 9-12-13／270
芝21～ ──── 0-1-0／56　　D20～ ──── 0-0-0／14
芝道悪 ──── 17-12-9／278　　D道悪 ──── 7-8-15／328

●**人気別回収率**
1人気 ──── 単76%・複88%　　17-11-9／59
2～4人気 ──── 単57%・複62%　　28-26-38／269
5人気以下 ──── 単75%・複78%　　32-36-42／1540

●**条件別・勝利割合**
穴率 ──── 42%　　平坦芝率 ──── 56%
芝道悪率 ──── 29%　　晩成率 ──── 42%
ダ道悪率 ──── 37%　　芝広いコース率 ──── 17%

●**コース別成績**
東京 ──── 芝／5-3-8／137　　D／1-3-1／92
中山 ──── 芝／12-8-8／127　　D／5-7-3／142
京都 ──── 芝／2-2-6／129　　D／4-1-5／132
阪神 ──── 芝／6-4-9／126　　D／2-4-6／160
ローカル ──── 芝／33-27-29／577　　D／7-14-14／246

現役時代

イギリス、アイルランドで通算6戦3勝。主な勝ち鞍、英2000ギニー（GI・8F）。

2歳時は3戦2勝。デビュー2連勝後に英2000ギニーの本命との声も聞かれたが、デューハーストSGIは鞍上との折り合いを欠き最下位5着に敗れた。3歳初戦のクレイヴァンSGⅢでも気の悪さを出して2着。しかし、英2000ギニーはハイペースとあってしっかりと折り合い、本命馬ジャイアンツコーズウェイを瞬時にかわし、同馬に3馬身半差をつけて圧勝した。この勝利で英ダービーの本命に浮上するも筋肉痛で回避。矛先を変えての愛ダービーはレース中に右前脚を骨折して競走中止。そのまま引退となった。「キングズベストを知っているか」「ああ、ギニーでジャイアンツコーズウェイをぶっ千切った馬な」そんな会話をつまみに英国オヤジらは酒場で一杯やっていることだろう。

血統背景

父キングマンボ。16年死亡。産駒にキングカメハメハ。
母系は半姉にアーバンシー（凱旋門賞GI）。その仔にガリレオ、シーザスターズ兄弟。もとはドイツで発展した母系で、ドイツの重賞勝ち馬が多数出ている。母の父ロムバルドはベルリン大賞などを制したドイツの名馬。タンティエームを経たテディ系のスタミナ血統。

代表産駒

エイシンフラッシュ（ダービー）、ワークフォース等の種牡馬他、トーラスジェミニ（東風S）、ショウナンバルディ（鳴尾記念2着）。

特注馬

トーラスジェミニ／父も母父もドイツ血統、高齢でも走れる。短い直線、道悪、単騎逃げなら、重賞でもしぶとい。
ミスニューヨーク／同条件の女トーラスジェミニ。福島、中山、小倉の芝1800で、時計かかる馬場ならオープンでも。
ショウナンバルディ／この馬も適性は近いがトーラスジェミニより走れるツボは広く、堅実。中日新聞杯で狙いたい。

勝利へのポイント

重賞【0-1-3-41】オープン【5-0-6-18】

日英のダービー馬を出した種牡馬なのに、輸入後の産駒の勝ち鞍が多いのは、福島芝1200を筆頭とした芝の短距離。近5年のデータでは2100以上の勝ち鞍はない。短距離の忙しい流れを差すか、理想はトーラスジェミニのように芝1600～2000の淀みない流れを踏ん張るか。「オープン特別はよく勝つのに重賞ではさっぱり」というデータもあるが、集計期間後の21年7月の七夕賞は1、3着を決めたから、無思考で消すのも良くない。

芝58勝中、福島12勝、中山12勝と、両コースが飛び抜けている。短い直線を踏ん張るレースが得意。スローの上がり勝負は不向き。新潟直千もいい。道悪は大得意で、重と不良は成績がグンと上がる。馬場とペースで着順が大きく動く穴血統。

146

2020 RANK **34**

ネオユニヴァース NEO UNIVERSE

初年度産駒からダービー馬が。
ドバイWCも制覇!!

POINT	ダ1800とダ1400で高齢馬が元気 各馬の「狭いツボ」を見つけよう 芝は洋芝や急坂コースで着順上昇

2000年生 鹿毛 2021年死亡
2021年種付け料▷受胎確認後60万円（FR）

*サンデーサイレンス Sunday Silence 青鹿 1986	ヘイロー Halo	Hail to Reason
		Cosmah
	ウィッシングウェル Wishing Well	Understanding
		Mountain Flower (3-e)
*ポインテッドパス Pointed Path 栗 1984	クリス Kris	Sharpen Up
		Doubly Sure
	シルクンウェイ Silken Way	Shantung
		Boulevard (1-l)

現役時代

中央13戦7勝。主な勝ち鞍、皐月賞、日本ダービー、きさらぎ賞、スプリングS、大阪杯。

5戦4勝で向かった皐月賞は小雨の中、1番人気。4角で行き場を失う苦しい展開も、ミルコ・デムーロは狭いスペースをこじ開けて瞬時に抜け出す。サクラプレジデントとのマッチレースを制した陽気なイタリア人はスタンドに向かって吠え、競り負かした田中勝春の頭を叩いて喜びを爆発させた。

03年ダービーは重馬場。内は荒れ、コース取りが命運を分ける条件の中、直線は三分どころのギリギリ荒れていない境界線に進路を取ってスパート。会心の騎乗に、デムーロは「イタリア・ダービーを5回勝つより、日本ダービーを1回勝つ方がうれしい」と顔を紅潮させた。菊花賞で三冠を狙ったが、ザッツザプレンティのスタミナに屈して3着。

血統背景

父サンデーサイレンスは同馬の項を参照。
母ポインテッドパスはフランス0勝。全兄チョウカイリョウガ（京成杯2着）。3代母ブールヴァードの一族に、ヘレンストリート（愛オークス）、ストリートクライ（ドバイワールドC）、シャマーダル（仏ダービー）。母の父クリスはサセックスS。オーソーシャープなど牝駒の活躍馬が多い。

代表産駒

ヴィクトワールピサ（ドバイワールドC）、ネオリアリズム（クイーンエリザベス2世C）、ロジユニヴァース（ダービー）。

特注馬

スナークスター／中山ダ1200のハイペースで粘るが、阪神ダートは不振。良はいいが重不良は良くない。冬の中山特注。
メイショウムラクモ／ダート王者に名乗り……と思わせて、すんなりいかないのがネオ産駒の難しさ。不振期が来るかも。
エマージングロール／牝系はステイゴールドやショウナンパンドラと同じ。成長力あるが、強さとモロさが同居。

ネオユニヴァース産駒完全データ

●最適コース
牡／新潟ダ1800、小倉ダ1700
牝／中山ダ1800、東京芝1800

●距離別・道悪
芝10～12	―	10-10-8／225	D10～13	27-30-31／480
芝14～16	―	15-14-20／385	D14～16	31-32-34／556
芝17～20	―	30-38-35／590	D17～19	77-71-79／923
芝21～	―	10-13-10／149	D20～	―	7-14-4／86
芝道悪	―	12-18-12／268	D道悪	―	57-60-55／853

●人気別回収率
1人気	単73%・複89%	60-44-32／194
2～4人気	単67%・複76%	78-95-71／618
5人気以下	単75%・複78%	69-83-118／2584

●条件別・勝利割合
穴率	33%	平坦芝率	60%
芝道悪率	19%	晩成率	56%
ダ道悪率	40%	芝広いコース率	45%

●コース別成績
東京	芝／11-16-11／229	D／21-21-17／342
中山	芝／7-7-12／200	D／25-27-26／346
京都	芝／11-10-12／178	D／19-24-36／319
阪神	芝／4-8-4／151	D／21-28-23／349
ローカル	芝／32-34-34／593	D／56-47-46／689

勝利へのポイント

ダ1番人気／新潟【9-5-2-1】小倉【7-2-2-1】

芝の重賞では見かけなくなったが、ダートの中距離で高齢馬が元気。各馬の得意なツボはそれぞれ狭くても、条件が揃えば能力を出す。その狭いツボを見つけるのがネオユニのコツだ。内枠向きか外枠向きか、力のいるダート得意か、脚抜きのいいダート得意か、夏馬か冬馬かをチェック。冬のダートは全般に好成績で、条件馬は時計の遅いダートがいい。そのほかだと小倉ダ1700と新潟ダ1800の勝率や回収率が高く、絶好の漁場だ。ダート1番人気の競馬場成績に激しい差があり、東京と京都は不振。小回りで一瞬の脚を活かす。

ダート寄り血統の宿命として、芝は2、3着を繰り返す例が多く、サウンズオブアースもこれだった。函館、札幌の洋芝で着順を上げる。

2020 RANK 35

スマートファルコン SMART FALCON

地方交流重賞を勝ちまくった
SS系ダート・ライン最強後継

2005年生 栗毛
2021年種付け料▷受胎確認後50万円(FR) /産駒誕生後80万円

POINT
牡馬はダート中長距離、牝馬は短距離
ダートの重不良で成績上昇馬を探せ!
穴は牝馬の中山ダ1200、牡馬の小倉ダ1700

ゴールドアリュール 栗 1999	*サンデーサイレンス Sunday Silence	Halo
		Wishing Well
	*ニキーヤ Nikiya	Nureyev
		Reluctant Guest(9-h)
ケイシュウハーブ 芦 1988	*ミシシッピアン Mississipian	Vaguely Noble
		Gazala
	キョウエイシラユキ	*クラウンドプリンス
		*アリアーン (9-c)

Vaguely Noble 5×3

スマートファルコン産駒完全データ

●最適コース
牡 阪神ダ1800、小倉ダ1700
牝 中山ダ1200、阪神ダ1800

●距離別・道悪
芝10〜12 — 4-6-6/112　D10〜13 — 35-33-26/472
芝14〜16 — 0-0-2/45　D14〜16 — 18-16-21/348
芝17〜20 — 0-0-1/24　D17〜19 — 45-42-50/581
芝21〜 — 1-0-1/6　D20〜 — 5-4-1/39
芝道悪 — 3-2-3/51　D道悪 — 50-45-43/589

●人気別回収率
1人気 — 単90%・複78% — 39-15-8/103
2〜4人気 — 単77%・複70% — 39-33-38/299
5人気以下 — 単75%・複78% — 30-53-62/1225

●条件別・勝利割合
穴率 — 28%　平坦芝率 — 100%
芝道悪率 — 60%　晩成率 — 40%
ダ道悪率 — 49%　芝広いコース率 — 0%

●コース別成績
東京 — 芝/0-0-1/20　D/17-13-15/252
中山 — 芝/0-0-1/11　D/15-16-14/257
京都 — 芝/0-0-0/9　D/10-12-13/151
阪神 — 芝/0-0-1/15　D/22-15-16/235
ローカル — 芝/5-6-7/132　D/39-39-40/545

勝利へのポイント

重・不良のダート/複勝率28.2%

　父ゴールドアリュールの後を継ぐサンデー系のダート血統。21年はオーヴェルニュが、ダ1800とダ1900の重賞を2勝。初の重賞ウイナーになった。まず重・不良のダートで能力アップする馬の多さを強調したい。オーヴェルニュの東海Sは不良、平安Sも重のレコード勝ちだった。条件馬にもこのタイプはよくいるので、良のダートとの成績の違いを確認すること。牡馬は中距離、牝馬は短距離のダートに勝ち鞍が多いが、距離の守備範囲は広く、ダ2100以上の成績も優秀だ。競馬場データでは、高額条件の勝利が多いのは中京と阪神。穴が多いのは中山と小倉のハイペースの差し馬。
　全般に走りは堅実だから、前走2着から4着の好調馬は馬券に入れたい。ただし1枠は割引き。

現役時代

　国内33戦23勝、UAE1戦0勝。主な勝ち鞍、JBCクラシック(2回)、東京大賞典(2回)、帝王賞、川崎記念など、GIを6勝、重賞19勝! 皐月賞で18着に大敗した後、交流重賞を転戦して快進撃を始める。岩田康誠とのコンビで浦和記念、名古屋大賞典など6連勝。帝王賞はフリオーソに敗れるも、5歳秋以降は武豊に乗り替わって再び連勝街道。船橋ダ1800のJBCクラシックを7馬身差で逃げ切ると、ここから1年3ヶ月、無敗の9連勝。東京大賞典の連覇、JBCの連覇など、フリオーソ、トランセンドらを負かし続けた。ハイペースの逃げで後続を脱落させる暴力的な勝ち方が魅力だった。6歳の帝王賞はエスポワールシチーに9馬身差で逃げ切り。7歳で12年ドバイワールドCに出走するも、ゲートに顔をぶつけ、はさまれる不利もあって10着の不完全燃焼。勝ち馬はモンテロッソだった。

血統背景

　父ゴールドアリュールは同馬の項を参照。
　母ケイシュウハーブは地方2勝。半兄ワールドクリークは1999年東京大賞典の優勝馬。近親キョウエイコロナ(小倉3歳S2着)、ニシャプール(仏2000ギニー)。
　母の父ミシシッピアンはダート馬や長距離馬を多く送り出したハイペリオン系のスタミナ型。

代表産駒

　オーヴェルニュ(東海S)、リヴェルディ(鳳雛S2着)、アシャカダイキ、リワードアンヴァル、ワンダーウマス。

特注馬

オーヴェルニュ/馬場状態のほかジョッキーにも注目。テン乗りだと好成績で、継続騎乗は成績が落ちるのは偶然か。
リワードアンヴァル/良のダートは2、3着どまりに対して、湿ったダートは4勝。母父オペラハウスで長距離も合う。
メイショウヨカゼ/いつも人気薄で馬券的においしい。この馬は阪神と小倉の良のダート向き、ハイペースがいい。

2020 RANK 36

ヨハネスブルグ   JOHANNESBURG

全欧&米2歳チャンピオン　ヘネシー直仔の快速型

POINT
- 最近の稼ぎどころはダート1200！
- 穴になりやすいダート中距離の牡馬
- 芝馬は平坦ローカルに戻って復活！

1999年生　鹿毛　アメリカ産　2019年引退

*ヘネシー Hennessy 栗　1993	ストームキャット Storm Cat	Storm Bird
		Terlingua
	アイランドキティ Island Kitty	Hawaii
		T. C. Kitten　(8-c)
ミス Myth 鹿　1993	*オジジアン Ogygian	Damascus
		Gonfalon
	ヤーン Yarn	Mr. Prospector
		Narrate　(2-f)

現役時代

　アイルランド、イギリス、フランス、北米で通算10戦7勝。主な勝ち鞍、BCジュヴェナイル（GI・8.5F）、フェニックスS（GI・6F）、モルニ賞（GI・1200M）、ミドルパークS（GI・6F）。

　2歳5月のデビューから、欧州、北米を渡り歩き、シーズン無敗の7連勝。圧巻はBCジュヴェナイル。初ダート、初距離とあって3番人気に甘んじたが、5番手から突き抜けて快勝した。3歳時はケンタッキー・ダービーを目標としたが、初戦のGIIIで初黒星を喫しての2着に敗れた。それでも予定どおりケンタッキー・ダービーへ挑んだが、当初から懸念されていた距離への不安が現実のものとなり、ウォーエンブレムの8着に完敗した。欧州へ戻りロイヤルアスコット開催の短距離GIゴールデンジュビリーSに出走。得意の距離とあって本命に推されるも9着に終わり、現役を退いた。

血統背景

　父ヘネシー。産駒にサンライズバッカス（フェブラリーS）、ヘニーヒューズ（同馬の項参照）。
　母系は近親にプルピット（タピットの父）、ハッピーアワー（ファルコンS）。母の父オジジアンは日本で供用され、エイシンワシントン（CBC賞）を出した。

代表産駒

　スキャットダディ（同馬の項参照）、エイティーンガール（キーンランドC）、ネロ（京阪杯）、ナムラカメタロー（佐賀記念）、タガノブルグ（NHKマイルC2着）。

特注馬

ナムラカメタロー／冬の乾いたダートの成績がいい。12月と1月の中山ダ1800は特注。真ん中より外めの枠なおよし。
タガノプレトリア／昨年版で「獲りました！」の報告が多かった「11月から3月のダートの2、3着付け」を今年も。
ヨハン／13番人気で馬券になったことが3回ある爆弾ホース。オープンで馬券になるとしたら脚抜きのいいダ1400。

ヨハネスブルグ産駒完全データ

●最適コース
牡／中山ダ1200、阪神ダ1800
牝／小倉ダ1000、函館芝1200

●距離別・道悪
芝10～12	46-20-21／451	D10～13	55-42-46／600
芝14～16	14-16-25／329	D14～16	16-34-36／351
芝17～20	2-1-2／87	D17～19	29-21-23／293
芝21～	0-0-0／9	D20～	0-0-0／7
芝道悪	15-2-10／184	D道悪	36-35-41／477

●人気別回収率
1人気	単84%・複80%	42-21-13／124
2～4人気	単109%・複92%	83-59-62／439
5人気以下	単57%・複70%	37-54-78／1564

●条件別・勝利割合
穴率	23%	平坦芝率	68%
芝道悪率	24%	晩成率	46%
ダ道悪率	36%	芝広いコース率	18%

●コース別成績
東京	芝／5-4-9／128	D／8-16-18／200
中山	芝／7-2-3／97	D／23-21-17／233
京都	芝／8-3-7／9	D／15-19-17／212
阪神	芝／3-4-4／94	D／16-17-18／194
ローカル	芝／39-24-25／473	D／38-24-35／412

勝利へのポイント

ダート勝率、中山／9.9%、東京／4.0%

　以前は2歳夏の短距離からスピードを見せる早熟タイプだったが、近年はダートの勝利が増え、2歳の活躍も目立たなくなった。芝1200のスプリンターを代表産駒に思い浮かべつつ、現在の稼ぎどころはダ1200。牡馬はダート中距離馬も出る。ダートは短距離ならどこでも走るが、ダ1800は不当な人気薄になりやすいため、来ると穴が多い。特に阪神ダートは1800も1200も回収率がいい。関東圏では東京ダートは3着が多く、中山ダートは1着が多いという違いあり。先行して粘る競馬が得意で、東京向きの切れる差し脚はないため。
　芝は「平坦率」が高く、函館、小倉、新潟のローカル短距離は強気に狙い撃ち。夏馬も目につくので1年前の成績をチェックすること。

2020 RANK 37

エンパイアメーカー EMPIRE MAKER

孫が米三冠馬に！
底力のあるアンブライドルド系

2000年生　黒鹿毛　アメリカ産　2020年死亡

POINT
- 阪神のダ1800、2000は馬券のうまみ
- ワンペース得意、緩急と内枠は苦手！
- 芝なら小回りの中距離で一発あり

アンブライドルド Unbridled 鹿　1987	ファピアノ Fappiano	Mr. Prospector
		Killaloe
	ガナファシル Gana Facil	Le Fabuleux
		Charedi　(1-r)
トゥサード Toussaud 黒鹿　1989	エルグランセニョール El Gran Senor	Northern Dancer
		Sex Appeal
	イメージオブリアリティ Image of Reality	In Reality
		Edee's Image (6-d)

In Reality 4×3、Buckpasser 5×4、Native Dancer 5×5、
Rough'n Tumble 5×5、Aspidistra 5·5（父方）

エンパイアメーカー産駒完全データ

● 最適コース
牡／阪神ダ1800、京都ダ1800
牝／京都ダ1800、阪神ダ1400

● 距離別・道悪
芝10～12　——　12-5-11／174　　D10～13　——　24-28-37／482
芝13～16　——　14-13-5／235　　D14～16　——　62-62-52／736
芝17～20　——　17-11-18／305　　D17～19　129-146-125／1523
芝21～　　——　1-0-4／54　　　　D20～　——　11-7-6／136
芝道悪　——　9-10-4／158　　　 D道悪　——　100-114-96／1182

● 人気別回収率
1人気　　　　単64%・複79%　　　71-60-36／267
2～4人気　　単94%・複81%　　131-108-99／810
5人気以下　 単77%・複76%　　68-104-123／2568

● 条件別・勝利割合
穴率　　　　——　25%　　平坦芝率　——　46%
芝道悪率　——　21%　　晩成率　　——　56%
ダ道悪率　——　44%　　芝広いコース率　——　64%

● コース別成績
東京　　芝／7-2-1／98　　D／28-26-34／408
中山　　芝／2-3-6／80　　D／20-31-23／347
京都　　芝／13-6-6／122　D／57-57-44／560
阪神　　芝／6-8-4／108　D／55-51-39／599
ローカル　芝／16-10-21／360　D／66-78-80／963

勝利へのポイント

阪神ダ1800～2000／単勝回収率217%

　アメリカでは10頭以上のGⅠ馬を出し、三冠馬アメリカンファラオの父の父にもなった名種牡馬。内国産の産駒は21年5歳が最終世代になる。

　勝ち鞍の8割以上はダートも、愛知杯を勝ったエテルナミノルや七夕賞3着のパワーポケットなど、上級馬は芝も走るのがこの父系の怖さ。アメリカンファラオ産駒も同様の傾向が予想される。ワンペースの流れに向き、緩急は不得手。芝なら上がりの速くない小回りの中距離戦に向く。

　ダートは阪神の単勝回収率が高く、特に牡馬の阪神ダ1800とダ2000は破格の数字。力のいるダート向きか、軽いダート向きかを見分けつつ、狙いたい。全体データでは稍重のダートを得意にしている。枠順も注意。内枠の苦手な馬がいる。

現役時代

　北米で通算8戦4勝。主な勝ち鞍、ベルモントS（GI・12F）、フロリダ・ダービー（GI・9F）、ウッドメモリアルS（GI・9F）。ケンタッキー・ダービー（GI・10F）2着。

　東海岸の重要ステップ戦を連勝してのケンタッキー・ダービーは直前に一頓挫あって2着に敗れたが、プリークネスSを回避して臨んだベルモントSで真価発揮。二冠を制して三冠が懸かっていたファニーサイドを最終コーナー手前でかわして先頭に立ち、そのまま押し切った。ファニーサイドは3着。管理するR・フランケル調教師はクラシック初制覇。この後はトラヴァーズSのステップ戦ジムダンディSで2着に敗れ、追い打ちをかけるように脚部を負傷。そのまま引退となった。中産階級の人たちの共同馬主とあって競馬ファンに人気を博したファニーサイド。その三冠を阻んだ敵役を演じるための現役時代だった。

血統背景

　父アンブライドルドはケンタッキー・ダービー、BCクラシックのGI制覇。異なる産駒で三冠制覇を果たした。

　母トゥサードはゲイムリーHGIなど重賞4勝。チェスターハウス（アーリントンミリオンGI）など本馬を含め5頭のGI馬を産んだ。母の父エルグランセニョールは英2000ギニー馬。

代表産駒

　フェデラリスト（中山記念）、エテルナミノル（愛知杯）、イジゲン（武蔵野S）、タガノディグオ（兵庫チャンピオンシップ）、ヒストリーメイカー、スマートダンディー。

特注馬

ピクシーメイデン／2着を繰り返す超堅実な成績は名人芸の域。母は重のエリザベス女王杯3着だから、芝も走るかも。
レトロフィット／ダ1800で前の馬が崩れた時だけ飛んでくる後方一気の差し馬。このタイプは冬の中山ダ1800が怖い。
ダノンロイヤル／19年10月を最後に馬券になってないが、得意の単騎逃げに持ち込めたら一発ありそう。小倉ダ1700で。

2020 RANK **38**

マンハッタンカフェ MANHATTAN CAFE

長距離GIを3勝
産駒は高齢で再充実

POINT
小回りコース、時計かかる馬場で復活
得意季節によみがえるシーズンホースを探せ！
5歳がラストクロップ。穴は中山ダート

1998年生　青鹿毛　2015年死亡

*サンデーサイレンス Sunday Silence 青鹿 1986	ヘイロー Halo	Hail to Reason
		Cosmah
	ウィッシングウェル Wishing Well	Understanding
		Mountain Flower (3-e)
*サトルチェンジ Subtle Change 黒鹿 1988	ローソサイアティ Law Society	Alleged
		Bold Bikini
	サンタルチアナ Santa Luciana	Luciano
		Suleika　(16-c)

現役時代

中央11戦6勝、フランス1戦0勝。主な勝ち鞍、菊花賞、有馬記念、天皇賞・春。重賞3勝は全部GⅠ。
弥生賞でアグネスタキオンの4着に敗れ、春のクラシックは断念。夏の札幌で芝2600を連勝して注目を浴びるが、セントライト記念は伸びずに4着。
01年菊花賞。スローの内で折り合い、淀の下り坂を越えると、蛯名正義が手綱を押して進出。逃げ込みを図るマイネルデスポットを鋭く差し切った。
続く有馬記念も"中山苦手説"を吹き飛ばすように、上がり33秒9で古馬を一蹴。ラストランのテイエムオペラオーは5着に敗れ、世代交代を強く印象づけた。
古馬になり、日経賞は単勝1.2倍で6着にとぼけるも、天皇賞・春はジャングルポケットやナリタトップロードを抑えて優勝。秋は凱旋門賞に挑戦するが、体調の問題もあって13着。レース後、屈腱炎が判明した。

血統背景

父サンデーサイレンスは同馬の項を参照。
母サトルチェンジは英国3勝。半兄エアスマップ（オールカマー）。祖母がビワハイジ（阪神3歳牝馬S）と同じで、近親ブエナビスタ（JC）、ジョワドヴィーヴル（阪神JF）、スリップアンカー（英ダービー）、スタイヴァザント（独ダービー）。

代表産駒

ヒルノダムール（天皇賞・春）、ジョーカプチーノ（NHKマイルC）、クイーンズリング（エリザベス女王杯）、グレープブランデー（フェブラリーS）。

特注馬

ウインイクシード／高齢ながら、まだまだ走れる。得意の中山金杯はもちろん、GⅢの芝2000なら不気味。
レッドアンシェル／CBC賞1着は不良、北九州記念1着は稍重。時計のかかる芝1200がベスト。11月阪神の京阪杯で。
ローザノワール／先行力があるから、まだ見限れない。ダート1700か1800の単騎逃げ、湿った馬場、軽ハンデなら。

マンハッタンカフェ産駒完全データ

●最適コース
牡／阪神ダ2000、中山ダ1800
牝／東京芝1800、福島芝1800

●距離別・道悪
芝10～12	25-26-26／337	D10～13	20-11-14／216
芝14～16	47-34-36／530	D14～16	14-25-20／267
芝17～20	84-78-94／970	D17～19	69-63-71／794
芝21～	26-35-21／354	D20～	16-9-13／132
芝道悪	38-29-38／491	D道悪	39-48-58／537

●人気別回収率
1人気	単82%・複87%	108-58-41／313
2～4人気	単72%・複80%	120-133-117／897
5人気以下	単79%・複65%	73-91-137／2392

●条件別・勝利割合
穴率	24%	平坦芝率	52%
芝道悪率	21%	晩成率	58%
ダ道悪率	33%	芝広いコース率	45%

●コース別成績
東京	芝／27-21-18／298	D／19-20-20／225
中山	芝／20-25-31／252	D／18-15-11／175
京都	芝／35-27-24／379	D／18-29-25／264
阪神	芝／22-26-33／326	D／22-13-29／274
ローカル	芝／78-75-71／938	D／42-31-33／471

勝利へのポイント

重賞、芝1800／5勝、芝2200／4勝

21年5歳が最終世代。ウインイクシードやレッドアンシェルらの高齢馬が、重賞で健在を示している。年齢を重ねても衰えず、しばらく凡走が続いても得意条件でよみがえる怖さがある。一年前の成績を確認しよう。重賞では1800、2200、1400の非根幹距離が得意な傾向もあるが、残った産駒を見る限り、あまり気にしないほうが良さそう。
それぞれタイプが違うから、各馬のツボを見つけること。特定の距離だけ走る馬、冬になると調子を上げる馬、外枠で一変する馬、スローの展開だけ走る馬など。1月の重賞に好走例が多い。牡馬はダート、牝馬は芝馬が中心で、ダートは中山、函館、阪神に良績、芝は函館と福島がいい。あまり切れ味のいらないコースで一瞬、伸びる。

2020 RANK
39

マツリダゴッホ MATSURIDA GOGH

サンデーサイレンスのラスト・クロップ
中山の鬼神

POINT
- 岡田グループの2歳馬は黙って買い
- 中山とローカル芝が得意、直千も!
- 丹内、ノルマンディーに大穴あり

2003年生　鹿毛
2021年種付け料▷受胎確認後50万円(FR)

*サンデーサイレンス Sunday Silence 青鹿　1986	ヘイロー Halo	Hail to Reason
		Cosmah
	ウィッシングウェル Wishing Well	Understanding
		Mountain Flower (3-e)
*ペイパーレイン Paper Rain 栗　1991	ベルボライド Bel Bolide	Bold Bidder
		Lady Graustark
	*フローラルマジック Floral Magic	Affirmed
		Rare Lady　(18)

Nasrullah 5・5(母方)

現役時代

　中央26戦10勝、香港1戦0勝。主な勝ち鞍、有馬記念、オールカマー(3回)、AJCC、日経賞。
　重賞6勝は中山芝2500か中山芝2200という、下総のスペシャリスト。中山のマクリの鬼だった。
　4歳でAJCCとオールカマーを勝利するも、秋の天皇賞は15着に大敗。暮れの有馬記念は、9番人気の伏兵扱いだった。レースは稍重のスローで流れ、ダイワスカーレットが持ったまま4角先頭に立とうとした時、その内を鮮やかなコーナリングで瞬時に前へ出て、かわして行ったのが蛯名正義のマツリダゴッホ。単勝5230円の大穴だった。
　5歳で日経賞とオールカマーを勝ち、中山の成績を【7-1-1-1】とするも、ジャパンC4着、有馬記念12着。翌6歳はオールカマーを楽勝して3連覇。ラストラン有馬記念は4角先頭も息切れして7着だった。

血統背景

　父サンデーサイレンス最後の世代の1頭。
　母ペイパーレインは米国6勝。母の半妹ナリタトップロード(菊花賞)。近親にダノンプラチナ(朝日杯FS)、ダノンヨーヨー(富士S)。母の父ベルボライドはジムクラックS(英GⅡ・芝6F)、デルマー招待H(米GⅡ・ダ10F)。

代表産駒

　ロードクエスト(スワンS)、マイネルハニー(チャレンジC)、ウインマーレライ(ラジオNIKKEI賞)、クールホタルビ(ファンタジーS)、エントリーチケット(タンザナイトS)。

特注馬

ウインアグライア／道悪の消耗戦だった若駒Sを勝った、スタミナ牝馬。中京芝2000の重賞か、福島牝馬Sで見たい。
チェアリングソング／いつも人気ないが、時計の速い芝1200で負け→時計の遅い芝1200で穴。秋の福島は狙い目。
リンゴアメ／復活があるのか。21年は函館の出走がなかったが、母は中山芝1200のオープン勝ち馬。中山で一考。

マツリダゴッホ産駒完全データ

● 最適コース
牡／中山芝1600、函館芝1200
牝／小倉芝1200、中山芝1200

● 距離別・道悪
芝10〜12	51-36-55／756	D10〜13	12-21-11／330
芝14〜16	33-35-45／719	D14〜16	6-4-5／144
芝17〜20	20-22-18／448	D17〜19	7-1-7／171
芝21〜	0-0-4／53	D20〜	0-0-0／13
芝道悪	30-24-35／473	D道悪	13-7-11／265

● 人気別回収率
1人気	単77%・複87%	23-15-10／74
2〜4人気	単106%・複89%	65-56-46／374
5人気以下	単59%・複56%	41-48-89／2187

● 条件別・勝利割合
穴率	32%	平坦芝率	59%
芝道悪率	29%	晩成率	40%
ダ道悪率	52%	芝広いコース率	21%

● コース別成績
東京	芝／12-16-15／339	D／3-1-1／100
中山	芝／20-14-26／318	D／6-7-7／156
京都	芝／8-9-6／135	D／4-2-0／55
阪神	芝／7-7-6／115	D／3-1-3／69
ローカル	芝／57-47-69／1070	D／9-15-12／278

勝利へのポイント

重賞3着以内21回中、2歳と3歳／18回

　複数回、馬券になった重賞は、函館2歳S、京王杯2歳S、スプリングS。仕上がり早く、特に牝馬は芝1200、牡馬は芝1800でスピードや一瞬の切れ味を活かす。20年夏はリンゴアメとウインアグライアの岡田グループ所属の2歳馬が北の大地で暴れたように、早期育成のマイネルやウインの2歳産駒は積極的に買いたい。函館、中山、小倉は得意コースだ。長い直線の瞬発力勝負は不得手も、3歳までなら東京でも勝ち負けできる。早熟の分、成長力はいまひとつで、重賞の馬券もほぼ3歳まで。頭打ちになったら過度な期待は禁物。
　特別勝ちの上位は中山芝1600と新潟芝1000。直千は狙い目だ。馬主別ではラフィアンよりノルマンディーに穴が多い。ダートは下級クラスだけ。

2020 RANK **40**

フランケル
FRANKEL

**14戦無敗、GI10勝の怪物
産駒初のGI馬は日本で誕生**

2008年生　鹿毛　イギリス産

POINT
ガリレオ三分にデインヒル七分を知って臨め
1着馬は次走も買い。負けるまで追いかけろ
距離適性は気性を吟味

ガリレオ Galileo 鹿 1998	サドラーズウェルズ Sadler's Wells	Northern Dancer Fairy Bridge
	アーバンシー Urban Sea	Miswaki Allegretta　(9-h)
カインド Kind 鹿 2001	*デインヒル Danehill	Danzig Razyana
	レインボウリール Rainbow Lake	Rainbow Quest Rockfest　(1-k)

Northern Dancer 3×4、Natalma 4×5·5、Buckpasser 5×5

フランケル産駒完全データ

●最適コース
牡／阪神芝1600、阪神芝2000
牝／阪神芝1600、東京芝1800

●距離別・道悪
芝10〜12　　8-8-17／89　　D10〜13　　1-0-0／13
芝14〜16　　18-12-11／120　D14〜16　　3-0-2／15
芝17〜20　　13-13-5／93　　D17〜19　　3-0-0／18
芝21〜　　　1-1-2／12　　　D20〜　　　0-0-0／5
芝道悪　　　9-11-7／83　　 D道悪　　　5-0-0／21

●人気別回収率
1人気　　　　単68%・複75%　　27-12-8／78
2〜4人気　　単43%・複69%　　13-17-17／135
5人気以下　　単128%・複84%　　7-5-12／152

●条件別・勝利割合
穴率　　　　　15%　　平坦芝率　　45%
芝道悪率　　　23%　　晩成率　　　32%
ダ道悪率　　　71%　　芝広いコース率　53%

●コース別成績
東京　　芝／10-3-3／43　　D／2-0-0／7
中山　　芝／1-3-5／25　　 D／0-0-0／2
京都　　芝／5-7-3／44　　 D／1-0-8／9
阪神　　芝／10-5-4／58　　D／2-0-2／15
ローカル　芝／14-16-20／144　D／2-0-0／18

現役時代

イギリスで通算14戦14勝。主な勝ち鞍、英2000ギニー（GI・8F）、セントジェームズパレスS（GI・8F）、サセックスS（GI・8F）2回、インターナショナルS（GI・約10F）、チャンピオンS（GI・10F）などGI10勝を含む重賞12勝。

2歳8月のデビュー戦から4歳10月のチャンピオンSまで、無人の野を行くが如く無敗の14連勝。ただ、常に盤石の強さで勝利を収めたわけではなく、掛かり気味に進出して他馬に詰め寄られたセントジェームズパレスS、出遅れてヒヤリとさせたチャンピオンSなど、天才少年ゆえに秘める、"危うさ"も垣間見せた。ワールド・サラブレッド・ランキングのレイティングは140。141から見直されて138に下がったダンシングブレーヴ、同じく140から136のシャーガーらを抑え、"堂々"の歴代最強馬と認定された。

血統背景

父ガリレオは同馬の項参照。デインヒル牝馬との配合から、テオフィロ（英ダービー）、ハイランドリール（"キングジョージ"）、ジャパン（パリ大賞）などGI馬多数輩出。

母系は全弟にノーブルミッション（21年から日本で種牡馬）、近親にパワーズコート（アーリントンミリオンGI）。

代表産駒

ソウルスターリング（オークス）、モズアスコット（安田記念）、グレナディアガーズ（朝日杯FS）、ミスエルテ（ファンタジーS）、アダイヤー（英ダービーGI）。

特注馬

グレナディアガーズ／もともと1600は長いのか。それとも左回りが苦手なのか。スワンSや阪神Cは試金石。
サトノセシル／牝馬は早熟っぽいながら、休み休み使われているので成長の余地あり。牝馬限定のハンデ重賞狙い。
ダノンバジリア／欧州黄金クロス、サドラーズウェルズ3×3を持つ。母はカナダA級馬。注目に値する。

勝利へのポイント

1着馬の次走成績【12-5-5／46】、勝率26.1%

8月末現在、英愛リーディングの首位を独走。通算13度目の首位を狙う父ガリレオを蹴落とす勢いだ。オセアニアでもGI馬を輩出。欧州では選手権距離に無類の強さを誇るガリレオを前面に出し、オセアニアではデインヒルの持つスピードに五分の働きをさせている。日本ではガリレオ三分、デインヒル七分に、現役時に垣間見せた"危うさ"が味付けされているといったところか。重賞全8勝のうち、オークス以外はワンターンのマイル以下であることもそれを物語る。産駒によって適距離は異なり、短距離向きか中距離向きかは気性の影響が大きいと思われる。1着馬の次走1着率は高く「負けるまでは追いかけろ」は有効な馬券戦術。逆にジリ脚の牡中距離馬の深追いは禁物。

フランケル FRANKEL

153

2020 RANK 42

リアルインパクト REAL IMPACT

日豪でGI制覇。母は異なる父から活躍馬を多数出す名牝

2008年生 鹿毛
2021年種付け料▷受胎確認後150万円(FR)

POINT
2歳から走る早熟マイラー、道悪得意!
前走着順がいいのに人気薄の馬を狙え
小倉は芝もダートも成績優秀

ディープインパクト 鹿 2002	*サンデーサイレンス Sunday Silence	Halo
		Wishing Well
	*ウインドインハーヘア Wind in Her Hair	Alzao
		Burghclere (2-f)
*トキオリアリティー Tokio Reality 栗 1994	メドウレイク Meadowlake	Hold Your Peace
		Suspicious Native
	ワットアリアリティ What a Reality	In Reality
		What Will Be (3-l)

Nothirdchance 5×5

現役時代

中央28戦4勝、豪州2戦1勝。主な勝ち鞍、安田記念、ジョージライダーS(豪GI・芝1500M)、阪神C(2回)。朝日杯FS2着、ドンカスターマイル2着(豪GI・芝1600M)。ディープインパクトの初年度産駒としてデビュー。新馬を楽勝、京王杯2歳Sは2着、朝日杯FSは中団から差を詰めるもグランプリボスの2着。NHKマイルCもグランプリボスの3着どまりで、同世代の対決ではセカンドクラスの評価だった。しかし、戸崎圭太を鞍上に迎え、異例の3歳馬挑戦となった安田記念であっと言わせる。ハイペースの3番手から抜け出し、ストロングリターンの強襲をクビ差のいでマイル路線の頂点に立った。古馬になって阪神Cを連覇。7歳で豪州遠征をすると、ジョージライダーSを逃げ切って海外GI制覇。さらに中1週で臨んだドンカスターマイルでカーマデックの2着。

血統背景

父ディープインパクトは同馬の項を参照。母トキオリアリティーは短距離で3勝。半弟ネオリアリズム(クイーンエリザベス2世C、中山記念)、半兄アイルラヴァゲイン(オーシャンS)。近親インディチャンプが19年の安田記念を勝利。同馬の母がリアルインパクトの半姉という関係。母の父メドウレイクはプリンスキロからセントサイモンにのぼる父系。

代表産駒

ラウダシオン(NHKマイルC)、Lunar Impact(豪WATCWAオークス)、Sky Lab(豪ATCローズヒルギニーズ2着)

特注馬

ラウダシオン/21年秋のマイル路線は阪神が舞台も、阪神コースはいまひとつ。得意の東京マイル、富士Sで勝負。
ピーエムピンコ/成長力のある薔薇一族。締まったマイル戦が得意なため、牡馬と混合レースのほうが安定感ある。
エンプティチェア/阪神と中山向きのダート短距離馬。二桁馬番に入ると【2-1-1-1】の外枠巧者。

リアルインパクト産駒完全データ

● 最適コース
牡/東京芝1400、小倉芝1800
牝/東京芝1600、中山芝1600

● 距離別・道悪
芝10～12	6-7-12/118	D10～13	7-7-7/95
芝14～16	17-19-9/187	D14～16	4-3-3/76
芝17～20	4-5-5/93	D17～19	9-3-15/107
芝21～	0-0-0/6	D20～	0-0-0/3
芝道悪	8-5-7/108	D道悪	7-7-9/121

● 人気別回収率
1人気	単72%・複80%	14-7-9/48
2～4人気	単74%・複92%	21-21-26/144
5人気以下	単73%・複59%	12-16-16/493

● 条件別・勝利割合
穴率	26%	平坦芝率	41%
芝道悪率	30%	晩成率	23%
ダ道悪率	35%	芝広いコース率	44%

● コース別成績
東京	芝/8-10-5/79	D/2-3-2/48
中山	芝/5-3-7/68	D/3-0-4/36
京都	芝/2-1-0/30	D/1-2-2/27
阪神	芝/1-1-2/35	D/5-3-3/59
ローカル	芝/11-16-12/192	D/9-5-14/111

勝利へのポイント

芝1800【4-5-5-51】芝2000【0-0-0-28】

19年に初年度産駒が2歳夏から勝ちまくり、ラウダシオンがNHKマイルCを快勝。その後、勢いは薄れたが、22年にまた良質の産駒がデビューするはずだ。勝利数は芝6割、ダート4割。早熟のスピードを武器に2歳から走り、上級馬はフジキセキ産駒との近さを思わせる器用さ、無駄のなさがある。現状、芝1800と芝2000の成績に大きな差があり、距離に上限のあるマイラーが中心。

5番人気以下の穴を調べると、中山芝1600と東京芝1600の成績がいい。前走の着順が良かったのに、なぜか人気にならなかった馬が続けて好走する穴が目につく。近走好調馬を狙おう。芝の重が得意で小倉の芝1800でワンツーを決めた例もあり。ダートも1800まではこなし、阪神と小倉に良績。

メイショウボーラー
MEISHO BOWLER

芝&ダートで活躍
タイキシャトル産駒の名マイラー

POINT
牡馬はダート短距離、牝馬は芝の短距離
逃げ馬や後方一気馬は展開次第で一発!
高齢馬がしぶとく活躍のパワー型

*タイキシャトル Taiki Shuttle 栗　1994	デヴィルズバッグ Devil's Bag	Halo
		Ballade
	*ウェルシュマフィン Welsh Muffin	Caerleon
		Muffitys　(4-d)
*ナイスレイズ Nice Raise 黒鹿　1994	ストームキャット Storm Cat	Storm Bird
		Terlingua
	ナイストラディション Nice Tradition	Search Tradition
		Nice Dancing　(10)

Northern Dancer 5×4

2001年生　黒鹿毛
2021年種付け料▷受胎確認後50万円（FR）／産駒誕生後70万円

現役時代

29戦7勝。主な勝ち鞍、フェブラリーS。
　ゲートが開いた瞬間に、ピンクのメンコが前に出ている抜群のスタート・ダッシュで4連勝。小倉2歳Sは2F目に10秒2の超速ラップを記録した。朝日杯FSは不利な8枠から逃げてコスモサンビームの2着。皐月賞はダイワメジャーの3着。NHKマイルCは先行馬総崩れのなか、キングカメハメハの3着。
　4歳、ガーネットSを3馬身、根岸Sは7馬身差の楽勝。ダートでも速さは変わらなかった。05年フェブラリーSは小雨の不良馬場、1番人気。アドマイヤドン、ユートピアらの強者を相手にロケット・スタートを決め、4角を回った時点で5馬身のリード。シーキングザダイヤが猛追するも1分34秒7のレコードで勝利した。5歳のスプリンターズSでテイクオーバーターゲットの2着もある。

血統背景

父タイキシャトルは同馬の項を参照。
　母ナイスレイズは米国1勝。祖母はアルゼンチンのGI馬。半弟メイショウトッパー（北九州短距離S）、半妹メイショウキトリ（洛陽S）はどちらも父が長距離馬なのに、短距離オープン勝ち。いかに母系のスピードが強力か。母父ストームキャットの配合はレッドスパーダ、ツルマルオトメなど。

代表産駒

ニシケンモノノフ（JBCスプリント）、ラインミーティア（アイビスSD）、エキマエ（兵庫CS）、メイショウパワーズ（端午S）。

特注馬

メイショウオーパス／現時点では中京ダート得意、阪神ダート不振だが、阪神か1400で外枠を引けば走れるかも。
デンコウリジエール／休み明け凡走→叩き2戦目の激走がパターン。ローテも中1週や連闘など詰まった間隔がいい。
キタノヴィジョン／3代母の父シカンブルという昭和親父バンザイのスタミナ型。この馬は長い距離ほど向く。

メイショウボーラー産駒完全データ

●最適コース
牡／京都ダ1400、阪神ダ1400
牝／小倉芝1200、東京芝1400

●距離別・道悪

芝10〜12	20-16-15／444	D10〜13	50-55-58／970
芝14〜16	18-33-15／379	D14〜16	39-32-40／604
芝17〜20	6-6-2／133	D17〜19	22-25-29／514
芝21〜	0-0-0／15	D20〜	4-2-1／19
芝道悪	8-5-7／108	D道悪	7-7-9／121

●人気別回収率

1人気	単60%・複73%	32-26-11／124
2〜4人気	単93%・複78%	74-72-44／475
5人気以下	単70%・複64%	53-71-105／2479

●条件別・勝利割合

穴率	33%	平坦芝率	61%
芝道悪率	32%	晩成率	47%
ダ道悪率	45%	芝広いコース率	32%

●コース別成績

東京	芝／3-10-2／105	D／9-7-16／223
中山	芝／1-2-1／78	D／10-6-17／245
京都	芝／8-8-7／127	D／25-33-24／441
阪神	芝／10-7-0／139	D／30-24-23／460
ローカル	芝／22-28-22／522	D／41-44-48／738

勝利へのポイント

芝の重不良／勝率7.6%（芝の良は4.0%）

　牡馬はダ1400とダ1200で稼ぎ、その次がダ1800。牝馬は芝1200と芝1400で稼ぎ、その次がダ1200。タイキシャトルの父系をつなぐパワー型スプリンター血統。21年はメイショウオーパスが6歳にしてダート路線へ転じ、ダ1400の栗東Sを人気薄で快勝した。このように芝→ダート、1200→1400、1400→1700などの変化による変わり身も多数。飛ばして粘るか、後方一気かの脚質の馬も多いため、展開の影響を受けやすく、展開が向かなかったら着順は度外視。全般に人気になりにくい血統で、穴馬は3着にこっそり拾う感じがいい。
　メイショウの馬が多いため関西圏の活躍が中心も、ローカルでは芝もダートも札幌と新潟がいい。デヴィルズバッグ系は、芝の道悪はみんな得意。

2020 RANK 45

カレンブラックヒル
CURREN BLACK HILL

ダイワメジャー×ミスプロ系の
マイルGI馬

2009年生　黒鹿毛
2021年種付け料▷受胎確認後70万円（FR）／産駒誕生後100万円

POINT
- 牡馬はダート、牝馬は芝向きマイラー！
- 芝は2着3着どっさりで3連系向き
- 繊細な牝馬はローテや乗り替わりで穴

ダイワメジャー 栗 2001	*サンデーサイレンス Sunday Silence	Halo
		Wishing Well
	スカーレットブーケ	*ノーザンテースト
		*スカーレットインク (4-d)
*チャールストンハーバー Charleston Harbor 鹿 1998	グラインドストーン Grindstone	Unbridled
		Buzz My Bell
	ペニーズバレンタイン Penny's Valentine	Storm Cat
		Mrs. Penny (25)

Northern Dancer 4×5、Le Fabuleux 5·5（母方）

カレンブラックヒル産駒完全データ

●最適コース
牡／中京ダ1200、中山ダ1800
牝／東京芝1400、中山芝1600

●距離別・道悪
芝10〜12	2-12-6／71	D10〜13	17-10-13／111
芝14〜16	8-9-8／120	D14〜16	8-10-13／115
芝17〜20	2-7-2／68	D17〜19	8-5-18／107
芝21〜	0-0-0／6	D20〜	0-0-0／2
芝道悪	4-10-4／80	D道悪	15-6-17／131

●人気別回収率
1人気	単75%・複83%	13-6-8／46
2〜4人気	単93%・複78%	25-25-26／151
5人気以下	単70%・複64%	7-22-26／423

●条件別・勝利割合
穴率	16%	平坦芝率	33%
芝道悪率	33%	晩成率	29%
ダ道悪率	46%	芝広いコース率	50%

●コース別成績
東京	芝／4-6-5／46	D／6-5-8／57
中山	芝／3-4-1／34	D／5-3-7／50
京都	芝／0-2-0／21	D／4-3-1／39
阪神	芝／0-4-3／52	D／4-3-7／51
ローカル	芝／5-12-7／132	D／14-11-21／138

現役時代

中央22戦7勝。主な勝ち鞍、NHKマイルC、ニュージーランドT、毎日王冠、ダービー卿CT、小倉大賞典。

デビューから無傷の4連勝でNHKマイルCに優勝。古馬に混じった毎日王冠で5連勝を飾るも、秋の天皇賞は5着だった。ダイワメジャー産駒らしいスタートの上手さと、折り合いの心配のなさが武器で、他に速い馬がいないNHKマイルCは、自分から逃げてマイペースに持ち込み突き放す。シルポートがハイペースで逃げた毎日王冠は、離れた3番手で様子をうかがい、直線で差し切る。秋山真一郎の意のままに動く操縦性の高さが強みだった。

その後は、これもダイワメジャー産駒らしく勢いが止まり、安田記念やマイルCSでは不振が続いたが、小回りの中山と小倉のGⅢを2勝した。

血統背景

父ダイワメジャーは同馬の項を参照。
母チャールストンハーバーは米国6戦0勝。半弟にレッドアルヴィス（ユニコーンS）。カレンブラックヒルが最後に勝った小倉大賞典の日、弟はフェブラリーSに出走。
母の父グラインドストーンは96年のケンタッキー・ダービー優勝。その父アンブライドルド。母父ミスプロ系のダイワメジャー産駒はほかにアドマイヤマーズ（NHKマイルC）。

代表産駒

ラヴケリー（ファンタジーS3着）、セイウンヴィーナス（クイーンC3着）、アザワク（エーデルワイス賞2着）。

特注馬

オヌシナニモノ／切れ味はないため、3着OKの馬券が無難。休み明けか、2戦目、どっちかで来る。
セイウンヴィーナス／母父ダンスで中距離を得意にする唯一の牝馬。田辺騎乗は【2-2-0-0】と完璧。冬も良さそう。
カイトゲニー／堅実な馬なのに、右回りは【0-0-0-2】。たまたまか、必然か要観察。芝1400の外枠がベスト。

勝利へのポイント

ダート33勝中、1〜3番人気／29勝

重賞で馬券になったのはラヴケリーの函館2歳SとファンタジーS、セイウンヴィーナスのクイーンC。すべて3着。牝馬の芝1600以下ばかりだ。牡馬は芝で勝ち切れず、勝利の大半はダートに集中。ダ1800も走る。ダイワメジャー産駒をぐっとダート寄りにした印象で、牡馬の芝→ダート替わりはよく馬券になる。芝は2着がどっさり。

穴っぽさも芝とダートでかなり違う。ダートの勝利はほとんど3番人気以内の人気馬。芝は穴の2、3着が多く、距離変化の好走や、乗り替わり、新馬や休み明けで負けた後の2戦目の一変など。芝で走る牝馬は繊細なスピード馬が多いため、それが穴を生む。条件戦ならダートの上位人気の牡馬を3連の軸に買うのが、正しい付き合い方か。

2020 RANK

46

ワークフォース WORKFORCE

コース・レコードでダービー制覇
大レースで底力発揮の本格血統

2007年生　鹿毛　イギリス産　2017年輸出

POINT
- 牡馬は中距離以上で本領発揮
- 重賞、OPの格上げ初戦に大駆けあり
- 古馬になって勝率を上げる

*キングズベスト King's Best 鹿　1997	キングマンボ Kingmambo	Mr. Prospector
		Miesque
	アレグレッタ Allegretta	Lombard
		Anatevka （9-h）
ソヴィエトムーン Soviet Moon 鹿　2001	サドラーズウェルズ Sadler's Wells	Northern Dancer
		Fairy Bridge
	イーヴァルナ Eva Luna	Alleged
		Media Luna （14-c）

Northern Dancer 5×3、Special 5×4、Native Dancer 5×5

ワークフォース産駒完全データ

●最適コース
牡／東京ダ2100、阪神芝2400
牝／中京ダ1800、中山ダ1200

●距離別・道悪
芝10～12　　　14-15-11／186　　D10～13　　　8-3-8／170
芝14～16　　　18-20-23／320　　D14～16　　　8-9-16／247
芝17～20　　　29-41-34／612　　D17～19　　　32-29-47／723
芝21～　　　　17-25-20／250　　D20～　　　　10-11-7／128
芝道悪　　　　18-27-16／310　　D道悪　　　　25-17-27／514

●人気別回収率
1人気　　　　単60%・複77%　　34-27-25／142
2～4人気　　　単78%・複79%　　71-66-69／504
5人気以下　　　単2%・複9%　　36-72-92／2122

●条件別・勝利割合
穴率　　　　　26%　　平坦芝率　　　63%
芝道悪率　　　23%　　晩成率　　　　42%
ダ道悪率　　　43%　　芝広いコース率　42%

●コース別成績
東京　　　芝／9-9-6／164　　　D／7-12-12／216
中山　　　芝／1-8-5／110　　　D／14-10-11／213
京都　　　芝／13-23-12／207　　D／6-2-8／193
阪神　　　芝／13-16-18／223　　D／9-13-11／219
ローカル　芝／42-45-47／664　　D／22-15-36／427

勝利へのポイント

古馬3勝クラス成績【5-3-7／40】、勝率12.5%

紅梅Sのメイショウケイメイに菊花賞4着のディバインフォース。日本のスピード競馬に対応出来ない本格的欧州血統によくある、力任せに走る短距離かスタミナを活かせる中長距離を仕事場とするが、牝馬は1200から2000以上と幅広く、牡馬は中距離以上で多くの勝ち鞍を稼いでいる。ダートは1800中心。東京ダ2100も狙える。アドマイヤウイナーやディバインフォースなど勝ち味に遅い馬が目立つものの、アトミックフォースやパルティアーモらのように格上げ初戦の重賞、OPでいきなり勝ち負けする産駒もいる。現4歳が最後の産駒だが、古馬になっての衰えはなく、むしろ年齢を重ねるごとに力をつけてくる晩成型。古馬3勝クラスの突破率は高い。芝の道悪は好材料。

現役時代

　イギリス、フランスで通算9戦4勝。主な勝ち鞍、英ダービー（GⅠ・12F）、凱旋門賞（GⅠ・2400M）、ブリガディアジェラードS（GⅢ・10F）。

　3歳初戦のダンテSGⅡこそ2着も、英ダービーでは紫電一閃。末脚鋭く、ラムタラのコース・レコードを0秒98更新する2分31秒33で圧勝した。ところが期待された"キングジョージ"GⅠは僚馬ハービンジャーの前に為す術もなく6頭立ての5着。この敗戦で凱旋門賞の出否は直前まで決まらず、しかもぶっつけでの出走だったが、陣営の決断に応えて復活。中団内目追走からゴール前で抜け出し、ナカヤマフェスタをアタマ差振り切った。予定していたBCターフは硬い馬場を嫌って出走取り消し。4歳時も現役を続け、"キングジョージ"GⅠ2着。前年同様にぶっつけで臨んだ凱旋門賞は12着に敗れ、現役を退いた。

血統背景

　父キングズベストは同馬の項参照。
　母ソヴィエトムーンは未出走。母の全兄ブライアンボル（セントレジャーGⅠ）、半弟にシーモン（BCターフGⅠ2着）。キングマンボ系×サドラーズウェルズ系の配合はコスモメドウ（ダイヤモンドS）と同じで、エルコンドルパサー（JC）、ヘンリーザナヴィゲーター（英2000ギニーGⅠ）と似る。

代表産駒

　メイショウケイメイ（紅梅S）、アドマイヤウイナー（青葉賞3着）、パルティアーモ（メトロポリタンS2着）。

特注馬

ディバインフォース／3勝クラスは大仕事の前の駄賃。狙うは目黒記念。その前にダイヤモンドSがある。
パルティアーモ／左回り2000の愛知杯で狙わない手はない。目黒記念だとディバインフォースと被ってしまう。
アトミックフォース／マイルは合わない。左回りの2000に戻ってきたら再考。2000超も可だ。

157

2020 RANK 47

スウェプトオーヴァーボード
SWEPT OVERBOARD

早世したエンドスウィープの最強後継馬 待望のGI馬も登場

1997年生　芦毛　アメリカ産　2017年死亡

POINT
- 産駒の適性は個々に判断
- ストライクゾーンを見逃すな
- 外目の枠から好走多し

*エンドスウィープ End Sweep 鹿　1991	*フォーティナイナー Forty Niner	Mr. Prospector
		File
	ブルームダンス Broom Dance	Dance Spell
		Witching Hour　(4-r)
シアーアイス Sheer Ice 芦　1982	カットラス Cutlass	Damascus
		Aphonia
	ヘイドリーエイ Hey Dolly A.	Ambehaving
		Swift Deal　(8-f)

Native Dancer 5×5, My Babu 5・5(母方)

現役時代

北米で通算20戦8勝。主な勝ち鞍、メトロポリタンH（GI・8F）、アンシェントタイトルBCH（GI・6F）、ハリウッドターフエクスプレスH（GⅢ・5.5F）、サンミゲルS（GⅢ・6F）。

20戦8勝、2着5回、3着3回、4着2回、5着1回の堅実派スプリンターとして鳴らし、3歳時のサンミゲルSで重賞初制覇を果たすと4歳時には完全本格化。アンシェントタイトルBCHでは4.6キロ軽かったにせよ、前年のBCスプリントの勝ち馬コナゴールドを破りGI初制覇。5歳時にはマイル戦のメトロポリタンHにも挑戦。ここを2着アルデバランに4馬身3／4差を付け、1分33秒34の好時計で圧勝した。日本での供用が決まっての出走だったBCスプリントGIはオリエンテイトの8着。日本流に言うとこれが初めて掲示板を外したレースだった。他に芝のGⅢ勝ちもある。

血統背景

父エンドスウィープの産駒にアドマイヤムーン。
母シアーアイスは北米で走り、重賞未勝利ながら5.5〜8.5Fのステークス10勝。本馬は母からも短距離適性を受け継いだのだろう。母の父カットラスはケイアイドウソジン（ダイヤモンドS）の母の父でもある。

代表産駒

レッドファルクス（スプリンターズS2回）、オメガパフューム（東京大賞典3回）、リッジマン（ステイヤーズS）、パドトロワ（キーンランドC）、アーバンストリート（シルクロードS）。

特注馬

オメガパフューム／東京大賞典4連覇の偉業なるか。世界中が固唾を呑む。3歳勢が強敵とみた。
スウィープザボード／祖母はリボー4×5。常に一発の可能性を秘める。ハイラップの時計勝負で一考。
ワンスカイ／1400＆1600路線に浮気したが、元の鞘の1200に戻って好走。2勝クラス、3勝クラスは軽く突破。

スウェプトオーヴァーボード産駒完全データ

●最適コース
牡／中山ダ1200、新潟ダ1200
牝／新潟芝1000、福島芝1200

●距離別・道悪

芝10〜12	—	30-17-33／436	D10〜13 —	52-40-42／779
芝14〜16	—	7-3-8／218	D14〜16 —	10-10-21／310
芝17〜20	—	1-0-0／35	D17〜19 —	14-9-9／179
芝21〜	—	4-3-0／19	D20〜 —	1-1-1／6
芝道悪	—	8-5-10／168	D道悪 —	40-23-29／514

●人気別回収率

1人気	—	単103%・複83%	31-9-9／81
2〜4人気	—	単97%・複73%	51-33-34／327
5人気以下	—	単64%・複67%	37-41-71／1574

●条件別・勝利割合

穴率	31%	平坦芝率	64%
芝道悪率	19%	晩成率	40%
ダ道悪率	52%	芝広いコース率	17%

●コース別成績

東京	芝／3-2-3／83	D／7-6-14／212
中山	芝／6-2-3／89	D／22-20-15／330
京都	芝／2-3-5／69	D／8-5-5／105
阪神	芝／2-2-3／65	D／9-12-6／137
ローカル	芝／29-14-27／402	D／31-17-33／490

勝利へのポイント

OP＆重賞12勝のうち、5歳以上11勝

産駒の多くが早熟なスプリンターながら、OP＆重賞の勝ち鞍の大半が5歳以上で、なおかつオメガパフューム、リッジマンといった重賞級の中、長距離馬が出るわ、データ集計期間後のレパードSでスウィープザボードが2着に突っ込むわで一筋縄ではいかない。それでも芝は短距離、ダートは1200＆1800が中心であることを押さえつつ、規格外の産駒も出ることを頭に入れて馬券に臨むのが肝要だ。21年3歳が最後の世代となるが、もう一暴れも二暴れも期待する。芝、ダートの行き来や距離伸縮などの紆余曲折を経つつ、ストライクゾーンをみつけて激走するのが出世馬の型。中山＆新潟ダ1200が勝ち鞍上位コース。スピードが活きる道悪ダートは買い材料。外目枠での好走多し。

2020 RANK 48

カジノドライヴ
CASINO DRIVE

日本調教馬初の北米ダート重賞制覇
エーピーインディ系のマル外

2005年生　栗毛　アメリカ産　2019年死亡

POINT
ダ1400&1800で勝ち鞍量産
1400、1800の二刀流馬に注意
馬場が悪化するほど連対率上昇

マインシャフト Mineshaft 黒鹿　1999	エーピーインディ A.P. Indy	Seattle Slew
		Weekend Surprise
	プロスペクターズディライト Prospectors Delite	Mr. Prospector
		Up the Flagpole（1-s）
ベターザンオナー Better Than Honour 鹿　1996	デビュティミニスター Deputy Minister	Vice Regent
		Mint Copy
	ブラッシュウィズプライド Blush With Pride	Blushing Groom
		Best in Show　（8-f）

現役時代

　中央、北米、UAEで通算11戦4勝。主な勝ち鞍、ピーターパンS（GⅢ・9F）。フェブラリーS2着。
　3歳2月のデビュー戦を圧勝し、半兄ジャジル、半姉ラグズトゥリッチズに続く兄弟によるベルモントS三連覇という快挙を果たすべくアメリカへ遠征。ステップ戦のピーターパンSを楽勝すると、二冠を制して三冠にリーチが懸かったビッグブラウンの最大の敵と見なされたが、ベルモントS当日の朝、挫跖を理由に出走回避という運のなさ。この後は矛先をブリーダーズCに向け、秋に再遠征。本番と同じサンタアニタ競馬場の一般戦を勝って臨んだBCクラシックは先手を取るも最下位の12着。日本に戻ってのJCダートは6着。4歳時はフェブラリーS2着。ドバイに遠征してのワールドCは8着。その後、重度の屈腱炎を発症。2年近い休養後に復帰するも3戦未勝利に終わった。

血統背景

　父マインシャフトは同馬の項を参照。
　母ベターザンオナーは他に本馬の半弟にあたるマンオブアイアン（BCマラソン）を産んでいる。祖母ブラッシュウィズプライドはケンタッキー・オークスGI優勝。近親にピーピングフォーン（愛オークスGI）。一族にエルグランセニョール（愛ダービーGI）など活躍馬多数のベストインショウ系。

代表産駒

　カジノフォンテン（かしわ記念・川崎記念）、ヴェンジェンス（みやこS）、ドライヴナイト（すばるS）。

特注馬

カジノフォンテン／21年JBCクラシックは先行力が活かせる金沢。母父ベストタイアップの産駒に金沢重賞勝ち馬。
メイショウカズサ／脚質に幅が出てきただけに、原点回帰ではないが、1400でも勝ち負けとみた。
ヤマニンビオローネ／1800路線に行くのか1400路線か。その動向に注目。どちらにしても左回りで積極買い。

カジノドライヴ産駒完全データ

●最適コース
牡／阪神ダ1400、京都ダ1800
牝／阪神ダ1800、小倉ダ1700

●距離別・道悪

芝10～12	1-0-1／42	D10～13	19-22-16／280
芝14～16	1-1-1／63	D14～16	49-22-33／420
芝17～20	0-1-2／51	D17～19	64-54-56／692
芝21～	1-0-1／13	D20～	1-3-0／39
芝道悪	0-0-1／38	D道悪	69-47-50／632

●人気別回収率

1人気	単115%・複88%	51-14-10／108
2～4人気	単87%・複83%	52-47-40／326
5人気以下	単81%・複89%	33-42-60／1166

●条件別・勝利割合

穴率	24%	平坦芝率	67%
芝道悪率	0%	晩成率	46%
ダ道悪率	52%	芝広いコース率	67%

●コース別成績

東京	芝／1-0-1／29	D／23-17-22／257
中山	芝／0-1-0／21	D／12-8-12／194
京都	芝／0-1-0／16	D／24-25-22／249
阪神	芝／0-0-0／18	D／29-22-19／273
ローカル	芝／2-0-4／85	D／45-29-30／458

勝利へのポイント

ダート1400／41勝、ダート1800／45勝

　地方で大駒カジノフォンテンが出現。データ集計期間後にメイショウカズサがプロキオンS勝ち。ヴェンジェンスが長期休養から復帰。21年3歳が最後の世代となるが、カジノフォンテンの川崎記念制覇が5歳、中央の2頭の重賞勝ちも4歳以降であり、今後も地方、中央ともども重賞戦線を賑わすに違いない。勝ち鞍上位コースにはダ1400、ダ1800が並び、阪神、京都、東京が好成績。1400から1800、その逆と目先を変えてきても注意。ローカルダ1700は極端な傾向があり、メイショウカズサの重賞も含め小倉で荒稼ぎする反面、函館はさっぱり。夏（暑さ）に強い？エーピーインディ系らしいが。馬場が悪化するごとに、勝率、連対率を上げ、不良馬場のそれは14%超、25%超。

2020 RANK 49

ジャングルポケット JUNGLE POCKET

**東京2400のGIを2勝
トニービンの最強後継**

POINT
**トニービン譲りの長い末脚が武器
展開と馬場の読みが馬券に直結
2200&2600は隠れ得意距離**

*トニービン Tony Bin 鹿　1983	*カンパラ Kampala	Kalamoun
		State Pension
	セヴァーンブリッジ Severn Bridge	Hornbeam
		Priddy Fair（19-b）
*ダンスチャーマー Dance Charmer 黒鹿　1990	ヌレイエフ Nureyev	Northern Dancer
		Special
	スキルフルジョイ Skillful Joy	Nodouble
		Skillful Miss（11-g）

1998年生　鹿毛　2021年死亡

ジャングルポケット産駒完全データ

●最適コース
牡／東京芝2400、中京芝2000
牝／新潟芝1800、中京芝1400

●距離別・道悪
芝10〜12 — 10-19-20／267　　D10〜13 — 4-9-11／182
芝14〜16 — 22-35-18／431　　D14〜16 — 1-6-7／172
芝17〜20 — 40-46-42／730　　D17〜19 — 23-25-24／486
芝21〜 — 20-30-25／316　　D20〜 — 4-1-2／67
芝道悪 — 20-33-28／411　　D道悪 — 11-17-19／379

●人気別回収率
1人気　　　単57%・複79%　　28-29-16／123
2〜4人気　　単66%・複72%　　53-59-53／430
5人気以下　　単81%・複74%　　42-82-80／2098

●条件別・勝利割合
穴率 — 34%　　平坦芝率 — 48%
芝道悪率 — 22%　　晩成率 — 61%
ダ道悪率 — 34%　　芝広いコース率 — 51%

●コース別成績
東京　　芝／18-20-15／303　　D／3-5-6／148
中山　　芝／5-16-12／212　　D／6-11-7／182
京都　　芝／10-21-15／201　　D／4-2-5／103
阪神　　芝／12-13-11／211　　D／4-3-6／130
ローカル　芝／47-60-52／817　　D／15-20-20／344

現役時代

　中央13戦5勝。主な勝ち鞍、日本ダービー、ジャパンC、共同通信杯、札幌3歳S。天皇賞・春2着、皐月賞3着。2001年の年度代表馬。
　札幌3歳Sと共同通信杯を制するも、皐月賞はスタートで出遅れ、4角で大外をぶん回す不器用な競馬でアグネスタキオンの3着に敗退。
　タキオン不在のダービーは単勝2.3倍の1番人気。重馬場の大外18番から出ると、後方に控えた角田晃一は斜行癖のある悍馬を巧みに操り、ダンツフレームに1馬身半の差をつける完勝。ウイニングランではしきりに首を振り、勝利の雄叫びを挙げた。
　菊花賞は折り合いを欠き、マンハッタンカフェの4着。ペリエに乗り替わったジャパンCは、王者テイエムオペラオーとの叩き合いになり、クビ差の勝利。左回りの東京は動きがスムーズだった。

血統背景

　父トニービンは凱旋門賞、ミラノ大賞典などに勝ち、1988年ジャパンCはペイザバトラーの5着。代表産駒にウイニングチケット、ジャングルポケットのダービー馬2頭、ベガ、エアグルーヴ、レディパステルのオークス馬3頭。母ダンスチャーマーは不出走。祖母は米GⅡデビュータントSの勝ち馬。

代表産駒

　オウケンブルースリ（菊花賞）、ジャガーメイル（天皇賞・春）、トーセンジョーダン（天皇賞・秋）、トールポピー（オークス）、アヴェンチュラ（秋華賞）。

特注馬

サンレイポケット／21年4着の日経新春杯。22年はさらなる上の着順。阪神2400でも良しとする。
サクラヴァルール／母父サクラプレジデント、近親サクラアンブルールとくればローカル重賞一発血統。
シュプリーム／時計のかかる長距離戦なら勝ち負けに持ち込めないか。再度のブリンカー装着には注意。

勝利へのポイント

芝勝ち鞍上位競馬場／東京、新潟、中京

　末脚の長さを最大の武器とし、芝勝ち鞍上位競馬場に共通するのは左回りもそうだが、直線の長さ。かといって小回りを全く不得手としているわけでなく、3コーナーからロングスパートでのマクリを決めたりする。下手に脚をためるより、強気に自ら動いた方が好結果に繋がる。ハイペース必至の展開か、外伸びする馬場かなど、十分に吟味して馬券に臨むことが肝要。モズアトラクションが5歳、サンレイポケットは6歳でそれぞれ重賞初制覇を果たし、高齢になってジワッと成長するのも強味。何気に2200&ローカル2600で勝ち鞍を稼いでいるのに注目。連対率も高い。芝でこその血統ながら、アウォーディーやモズアトラクションらの重賞勝ち馬が出るのだから油断は出来ない。

2020 RANK

50

アドマイヤムーン　ADMIRE MOON

国内外のGIを3勝
斬れるエンドスウィープの真打ち

©Darley

2003年生　鹿毛
2021年種付け料▶産駒誕生後100万円

POINT
急坂に強いスプリンター
開催増の阪神、中京は追い風
4歳以降の充実期を見逃すな

*エンドスウィープ End Sweep 鹿　1991	*フォーティナイナー Forty Niner	Mr. Prospector
		File
	ブルームダンス Broom Dance	Dance Spell
		Witching Hour（4-r）
マイケイティーズ 黒鹿　1998	*サンデーサイレンス Sunday Silence	Halo
		Wishing Well
	*ケイティーズファースト Katies First	Kris
		Katies（7-f）

Nearctic 5×5

現役時代

　中央14戦9勝、海外3戦1勝。主な勝ち鞍、ドバイデューティフリー、宝塚記念、ジャパンC、弥生賞、札幌記念、京都記念、共同通信杯、札幌2歳S。
　新馬から3連勝。6戦5勝で向かった皐月賞は、1番人気で後方一気が届かず4着。ダービーも届かず7着。二冠を制したのはメイショウサムソン。
　札幌記念で古馬を一蹴。天皇賞・秋3着、香港C2着を経て、年明けの京都記念を59キロで制す。
　07年ドバイDF（GⅠ・1777M）はゴール前で手綱を抑える余裕の1着。香港のクイーンエリザベス2世C（GⅠ）も3着の後、宝塚記念は武豊から岩田康誠へ乗り替わりの勝利が騒がれた。そして、大馬主ゴドルフィンへ40億円でトレード。5番人気のジャパンCは岩田がインから抜け出し、上がり33秒9の優勝。ダーレーの勝負服でのGⅠ勝利となった。

血統背景

　父エンドスウィープの代表産駒にサウスヴィグラス、ラインクラフト（桜花賞）、スイープトウショウ（宝塚記念）。
　母マイケイティーズは不出走。半弟プレイ（弥生賞2着）。三代母ケイティーズ（愛1000ギニー）の一族にヒシアマゾン（エリザベス女王杯）、スリープレスナイト（スプリンターズS）、ヒシピナクル（ローズS）、ヒシナイル（フェアリーS）。

代表産駒

　ファインニードル（スプリンターズS）、セイウンコウセイ（高松宮記念）、ハクサンムーン（セントウルS）。

特注馬

ムーンチャイム／直線の長いコースで切り、小回り、内回り買い。休み明け、叩き2戦目も注意。夏馬っぽいが。
シャンデリアムーン／外枠から先行させるとうるさい。阪神での勝利があり、中山での一発にも期待する。
ゼログラヴィティ／シャーペンアップ系クリスの4×5。将来的な重賞級とする。

アドマイヤムーン産駒完全データ

●最適コース
牡／阪神芝1200、中京芝1400
牝／中山芝1200、新潟芝1400

●距離別・道悪
芝10～12	65-61-51／740	D10～13	17-11-17／369
芝14～16	66-41-55／809	D14～16	4-9-11／218
芝17～20	20-20-35／402	D17～19	12-20-18／286
芝21～	5-5-4／87	D20～	2-3-2／23
芝道悪	28-28-30／424	D道悪	8-18-15／362

●人気別回収率
1人気	単83%・複78%	59-25-24／185
2～4人気	単88%・複89%	83-78-77／546
5人気以下	単55%・複57%	49-67-85／2203

●条件別・勝利割合
穴率	26%	平坦芝率	49%
芝道悪率	18%	晩成率	62%
ダ道悪率	23%	芝広いコース率	34%

●コース別成績
東京	芝／19-13-26／273	D／6-7-7／159
中山	芝／21-20-19／267	D／9-6-3／172
京都	芝／20-12-19／302	D／2-5-4／102
阪神	芝／27-19-21／288	D／8-8-8／139
ローカル	芝／69-63-53／908	D／10-17-26／324

勝利へのポイント

中山・阪神芝1200m、1番人気の勝率50%

　末脚の反応が鋭く、短い直線や坂のある直線でグイッと伸びるパンチャー型スプリンター。中山、阪神、福島の芝1200の1番人気では高勝率を誇り、数値的には目立つほどではないが、中京芝1200もセイウンコウセイの高松宮記念優勝があるように、悪いはずがない。京都の代替として阪神、中京の開催が増えるのは産駒にとって追い風となるはず。抑えが利けば距離をこなすが、短距離戦こそで、距離短縮は好材料。2歳から走る仕上がりの早さがある一方、3歳時は案外と低迷し、4歳になって再上昇という成長曲線を描く。重賞全9勝中、4歳2勝、5歳6勝、6歳1勝。ファインニードル、ムーンクレストはシャーペンアップ系のクロスを持つ。ダート1勝クラスが壁。地方でもひと息。

2020 RANK 51

モンテロッソ MONTEROSSO

産駒が世界中のGIを席巻する ドバウィ直仔のドバイワールドC馬

©Darley

2007年生　鹿毛　イギリス産
2021年種付け料▶産駒誕生後50万円

POINT
- 競馬場替わりに穴を連発
- ダートは稍重が鬼、重不良さっぱり
- 産駒の適性は個々に判断

ドバウィ Dubawi 鹿 2002	ドバイミレニアム Dubai Millennium	Seeking the Gold
		Colorado Dancer
	ゾマラダー Zomaradah	Deploy
		Jawaher (9-e)
ポルトローカ Porto Roca 鹿 1996	バラシア Barathea	Sadler's Wells
		Brocade
	アンテリエール Antelliere	Salieri
		Anntelle (28)

Northern Dancer 5×4

モンテロッソ産駒完全データ

●最適コース
牡／中山ダ1200、中山芝2000
牝／中山ダ1200、新潟芝1200

●距離別・道悪
芝10～12　　6-8-15／138　　D10～13　　7-6-5／142
芝14～16　　7-7-7／132　　D14～16　　3-1-4／116
芝17～20　　12-13-11／176　D17～19　　15-15-19／246
芝21～　　　3-7-5／61　　　D20～　　　2-1-1／28
芝道悪　　　2-12-6／120　　D道悪　　　15-10-10／217

●人気別回収率
1人気　　　　単85%・複94%　　14-7-8／40
2～4人気　　単69%・複93%　　18-27-24／139
5人気以下　　単89%・複69%　　23-24-35／860

●条件別・勝利割合
穴率　　　　42%　　平坦芝率　　61%
芝道悪率　　 7%　　晩成率　　　36%
ダ道悪率　　56%　　芝広いコース率　29%

●コース別成績
東京　　芝／3-2-9／84　　D／3-3-4／112
中山　　芝／5-7-4／80　　D／8-9-6／131
京都　　芝／6-4-7／50　　D／4-2-6／55
阪神　　芝／2-6-3／57　　D／3-2-5／63
ローカル　芝／12-16-15／236　D／9-7-8／171

現役時代

イギリス、アイルランド、ドイツ、UAEで通算17戦7勝。主な勝ち鞍、ドバイワールドC（GI・2000M）、キングエドワード7世S（GⅡ・12F）など。

2011年のドバイワールドCはヴィクトワールピサの項の現役時代から引用すると"日本に希望を与える快挙のワンツー"。そのレースで3着だったのが4歳時のモンテロッソ。5歳時にもドバイワールドCに挑戦。トランセンド、エイシンフラッシュ、スマートファルコンの日本馬、欧州中距離GI3勝のソーユーシンクらを相手に、中団追走から直線で抜け出し、2着カッポーニに3馬身差をつける快勝だった。勝ち時計は前年より3秒以上速いレコードの2分02秒67。ドバイワールドC後はエクリプスSGI8着。これでシーズンを終え、翌年もドバイワールドC制覇を目指したが、前哨戦で9着に終わり、そのまま引退となった。

血統背景

父ドバウィは同馬の項参照。
母ポルトローカはオーストラリアでGIを含め重賞2勝、近親にブルーバードザワード（インターナショナルS新GI）。オーストラリアで発展した牝系で、三代母の父は第10回ジャパンC優勝馬ベタールースンアップを出したルースンアップ。母の父バラシアはBCマイルなどマイルGI2勝。

代表産駒

リュヌルージュ（中山牝馬S2着）、ラセット（中京記念2着）、リンゾウチャネル（北海優駿）、ビリーバー（アイビスSD3着）。

特注馬

ラセット／まだまだ終わっちゃいない。間隔を空けての出走や、叩き2戦目に大駆け。例に漏れず芝道悪は割引。
リュヌルージュ／何度も穴を出すのがモンテロッソの産駒。コーナー4つの牝馬中距離重賞では常に注意だ。
モンテグロッソ／3年連続の特注馬。ドバウィ系黄金配合のミルリーフ系5×5。OP入りしないでどうする。

勝利へのポイント

競馬場替わり全34勝のうち、5人気以下／16勝

ドバウィ系の後継としてはマクフィに水をあけられた格好だが、穴血統としては黙っていない。高穴率を誇り、競馬場替わりには穴を連発。ちなみに同競馬場では全19勝のうち、5人気以下5勝。以前に好走した競馬場、コースに戻った時は近走の着順を無視して買いの手だ。その他斤量減での穴も多く、減量騎手に乗り替わった平場戦は注意。人気に関わらず、阪神芝1600のラセット、小倉芝2600の鬼姫だったヒラボクメルローなど、得意コースがハッキリしている産駒も多く、過去の成績の確認を怠らないこと。芝道悪は冴えず、ダートは稍重が得意な反面、重・不良がさっぱり。あらゆる距離で活躍馬を送り込んでいるドバウィ系。器の大きさが違っても、適性は個々によって判断。

シンボリクリスエス SYMBOLI KRIS S

有馬記念を9馬身差で独走。
ロベルト系の雄

1999年生　黒鹿毛　アメリカ産　2020年死亡

POINT
- 中長距離&東京1600が仕事場
- 締まった流れに強い
- 人気で買うより、穴狙いに妙味

クリスエス Kris S. 黒鹿　1977	ロベルト Roberto	Hail to Reason
		Bramalea
	シャープクイーン Sharp Queen	Princequillo
		Bridgework　(10-a)
ティーケイ Tee Kay 黒鹿　1991	ゴールドメリディアン Gold Meridian	Seattle Slew
		Queen Louie
	トライアーゴ Tri Argo	Tri Jet
		Hail Proudly　(8-h)

Royal Charger 5×5

シンボリクリスエス産駒完全データ

●最適コース
牡／東京ダ2100、中山ダ1800
牝／新潟ダ1800、中京ダ1800

●距離別・道悪
芝10～12　　　　6-7-3／153　　D10～13　　　8-16-17／293
芝14～16　　　14-18-21／317　　D14～16　　23-29-32／477
芝17～20　　　32-46-47／653　　D17～19　　81-91-85／1188
芝21～　　　　14-19-12／236　　D20～　　　10-10-18／145
芝道悪　　　　13-19-16／294　　D道悪　　　56-60-56／860

●人気別回収率
1人気　　　　　　単68%・複81%　　　53-35-29／192
2～4人気　　　　単65%・複78%　　　75-99-95／632
5人気以下　　　　単60%・複65%　　60-102-111／2638

●条件別・勝利割合
穴率　　　　　　　32%　　平坦芝率　　　　56%
芝道悪率　　　　　20%　　晩成率　　　　　55%
ダ道悪率　　　　　46%　　芝広いコース率　38%

●コース別成績
東京　　　芝／6-13-16／219　　D／24-24-28／358
中山　　　芝／12-15-13／203　　D／16-27-22／346
京都　　　芝／10-9-9／145　　　D／16-20-27／363
阪神　　　芝／8-15-7／159　　　D／16-20-27／318
ローカル　芝／30-38-38／633　　D／42-51-56／718

現役時代

　中央15戦8勝。主な勝ち鞍、有馬記念（2回）、天皇賞・秋（2回）、青葉賞、神戸新聞杯。日本ダービー2着、ジャパンC3着（2回）。デビュー時点で540キロという武骨な馬格。青葉賞を勝ち、3番人気のダービーはタニノギムレットの2着。秋は神戸新聞杯で皐月賞馬ノーリーズンを一蹴すると、中山開催の天皇賞・秋へ。岡部幸雄を背に馬群を突き抜け、ナリタトップロードらの古馬に完勝。GⅠを手にした。中山芝2200のジャパンCは3着に敗れたが、有馬記念は逃げ込みを図るタップダンスシチーを、直線の一完歩ごとに追い詰めてジャストの差し切り。4歳時も、秋天はペリエを背に新装府中のレコード勝ちの連覇。ジャパンCは3着。引退戦の有馬記念。直線は離す一方となり、ゴールでは9馬身の差を付けたレコード勝ち。02年、03年と2年連続でJRAの年度代表馬に選出された。

血統背景

　父クリスエスはブラッドベリーS（ダ9F）など、5戦3勝。93年の米リーディング・サイアー。ロベルト系。代表産駒にクリスキン（英ダービー）、プライズド（BCターフ）など。
　母ティーケイは米国のGⅢ重賞馬。母の父ゴールドメリディアンはロイヤルウィップS（GⅢ）2着のパワー型。

代表産駒

　エピファネイア（菊花賞）、ストロングリターン（安田記念）、アルフレード（朝日杯FS）、サクセスブロッケン（フェブラリーS）、ルヴァンスレーヴ（チャンピオンズC）。

特注馬

コルテジア／前年版に続いて、復帰後には芝1800から芝2000のGⅢなら。「死んだ種牡馬の産駒」は走る格言もある。
ハイエストポイント／コルテジアの全弟ながら、芝からダートに路線変更して活路が開けた。東京ダ2100で注意。
ボルサリーノ／コーナー4つの忙しい競馬より、ワンターンのコース。距離変更後に激走の傾向あり。

勝利へのポイント

東京ダ2100【7-4-7／67】、勝率10.4%

　ロベルト系らしくスタミナを活かせる中長距離を主な仕事場にしながら、芝、ダートに関係なくコーナー2つの東京1600も得意コース。もっさり感と不器用な面がある産駒が多く、大箱のコースの方が走りやすく、東京ダ2100もサトノティターンの計4勝があるにしても狙って損はない。締まった流れに強い一方、緩急にもろく、上がりだけの勝負になると取りこぼしが多々ある。1番人気単勝回収率も2～4番人気、5番人気以下と大きな差はない。穴狙いに徹するのも一考。前走出遅れて大敗した先行馬の次走、得意のコースに戻っての一発、底力のある血統だけに昇級初戦での激走など。春めいてくると勢いづく「春のロベルト系」。きさらぎ賞もマーチSも春開催だ。

2020 RANK 53

メイショウサムソン

MEISHO SAMSON

サンデー軍団を一蹴した
サドラー系のクラシック二冠馬

2003年生　鹿毛
2021年種付け料▷産駒誕生後30万円

POINT
- 中長距離や消耗戦で出番
- 古馬になって成長する晩成型
- 高齢牝馬の大駆けを狙い撃て

*オペラハウス Opera House 鹿　1988	サドラーズウェルズ Sadler's Wells	Northern Dancer
		Fairy Bridge
	カラースピン Colorspin	High Top
		Reprocolor　(13-e)
マイヴィヴィアン 鹿　1997	*ダンシングブレーヴ Dancing Brave	Lyphard
		Navajo Princess
	ウイルプリンセス	*サンプリンス
		エール　(3-l)

Northern Dancer 3×4

メイショウサムソン産駒完全データ

●最適コース
牡／函館芝2000、福島芝1800
牝／福島芝1800、中山芝1800

●距離別・道悪
芝10〜12　　　7-13-10／195　　D10〜13　　　 8-14-7／168
芝14〜16　　10-20-22／262　　D14〜16　　15-8-10／223
芝17〜20　　38-43-32／569　　D17〜19　　25-26-33／550
芝21〜　　　　 4-13-5／142　　D20〜　　　　　4-6-9／83
芝道悪　　　　11-22-13／259　　D道悪　　　20-23-26／445

●人気別回収率
1人気　　　　単60%・複76%　　　21-24-6／90
2〜4人気　　単77%・複81%　　　51-60-49／363
5人気以下　　単98%・複69%　　　39-59-73／1739

●条件別・勝利割合
穴率　　　　　　　　35%　　平坦芝率　　　　　59%
芝道悪率　　　　　　19%　　晩成率　　　　　　61%
ダ道悪率　　　　　　39%　　芝広いコース率　　42%

●コース別成績
東京　　芝／10-14-8／149　　D／ 7-6-3／137
中山　　芝／ 5-15-15／150　　D／ 6-1-11／135
京都　　芝／ 6-9-6／163　　D／ 8-9-12／175
阪神　　芝／ 5-8-9／147　　D／11-12-13／200
ローカル　芝／33-43-31／559　　D／20-26-20／377

現役時代

　中央26戦9勝、フランス1戦0勝。主な勝ち鞍、ダービー、皐月賞、天皇賞・春、天皇賞・秋、スプリングS、大阪杯。宝塚記念2着（2回）。

　小さな牧場に生まれ、700万円で買われた馬が良血馬を蹴散らすという、下剋上の物語を実演した。2歳で中京2歳Sをレコード勝ち。3歳でスプリングSを好位から完勝するが、相棒・石橋守の地味さもあって、皐月賞は6番人気。しかしバテない長所をよく知る鞍上は、早めの仕掛けで本馬の能力を引き出し、皐月賞、ダービーの二冠達成。22年目のGIジョッキーを、敗れた騎手が笑顔で祝福した。三冠を狙った菊花賞は軽い馬場が合わずに4着。4歳で天皇賞・春を勝利し、凱旋門賞への準備が進められたが、馬インフルエンザの感染で渡航中止。以降は武豊に手替わりし、秋天1着、JC3着。5歳で凱旋門賞に出走。他馬と接触して10着だった。

血統背景

　父オペラハウスはキングジョージ6世&QES、コロネーションCなど、英国の芝12FのGIを3勝。産駒にテイエムオペラオー（ジャパンC）、ミヤビランベリ（目黒記念）。
　母マイヴィヴィアンは10戦0勝。四代母ガーネットは昭和34年の天皇賞と有馬記念に優勝。フロリースカップ牝系。

代表産駒

　デンコウアンジュ（福島牝馬S。ヴィクトリアマイル2着）、ルミナスウォリアー（函館記念）、キンショーユキヒメ（福島牝馬S）、フロンテアクイーン（中山牝馬S）。

特注馬

タイセイサムソン／サドラーズウェルズ、ヌレイエフの4分の3同血クロス。ダートの出世頭に期待する。
メイショウハボタン／全姉にフロンテアクイーン。差し脚を身につければ上のクラスでも。古馬になって注目。
ツーエムアロンソ／前年版同様に2000を超える距離で注意だが、適レースがない。ならば22年の丹頂Sでどうだ。

勝利へのポイント

芝1800&2000【38-43-32／569】、単回収率117%

　父サドラーズウェルズ系に母父がダンシングブレーヴという血統は欧州の本格派。中長距離戦や時計のかかる馬場、厳しい流れの消耗戦では持ち味のスタミナと末脚の長さを駆使して勝利を収める。上級馬は芝、下級馬はダートと、棲み分けがはっきりし、コーナー4つの中距離が最も得意とするところ。その中で牝馬は意外とキレる脚を使ったりするので、東京1600でも狙える。年を重ねるごとに勝率、連対率を上げ、4歳時を頂点とし、その後も大きく落ち込むことはない。デンコウアンジュが7歳になっても重賞制覇を果たし、メイショウグロッケが6歳にして重賞初連対。初年度産駒以降の重賞全6勝のうち、5勝が牝馬であることと相まって、年増ざかりの大穴一発に注意。

ベーカバド

BEHKABAD

グリーンデザート系×クリスは成功の方程式

2007年生　鹿毛　フランス産
2021年種付け料▷受胎確認後20万円(FR)　/産駒誕生後30万円

POINT
- 短距離と中距離以上が仕事場
- 1800は安定感のある走り
- 古馬になって勝率を上げる

ケープクロス Cape Cross 黒鹿　1994	グリーンデザート Green Desert	Danzig
		Foreign Courier
	パークアピール Park Appeal	Ahonoora
		Balidaress　(14-c)
ベーカラ Behkara 鹿　2000	クリス Kris	Sharpen Up
		Doubly Sure
	ベヘーラ Behera	Mill Reef
		Borushka　(9-e)

Never Bend 5×4

現役時代

フランス、北米で通算11戦6勝。主な勝ち鞍、パリ大賞(GI・2400M)、ニエル賞(GII・2400M)、シェーヌ賞(GII・1600M)、ギシュ賞(GIII・1800M)。

2歳時にシェーヌ賞、3歳春にギシュ賞を制しての仏ダービーGIは、結果4着も、勝負所で窮屈な場面がありながら、そこから差し脚を伸ばす見所十分な内容だった。次走のパリ大賞を制すると、凱旋門賞の有力候補に浮上。ヴィクトワールピサが参戦したニエル賞をアタマ差競り勝って、中心馬不在の下馬評で迎えた凱旋門賞GIは押し出されるような1番人気。レースでは中団内目追走も伸びひと息。ワークフォース、ナカヤマフェスタらの末脚の前に4着に終わった。北米へ遠征してのBCターフGIも本命に推されての3着。4歳時も現役を続行したが、初戦のシャンティイ大賞GII2着後に故障。そのまま現役引退となった。

血統背景

父ケープクロスの産駒にシーザスターズ(同馬の項参照)。
母ベーカラはショードネイ賞(GII・3000M)を制し、ロイヤルオーク賞(GI・3100M)2着など長距離路線で活躍。祖母ベヘーラはサンタラリ賞(GI・2000M)優勝や凱旋門賞GI2着がある。母の父クリスは欧州におけるネイティヴダンサー系の主流父系として一時代を築いた種牡馬。

代表産駒

デアフルーグ(伏竜S)、ハングリーベン(兵庫ジュニアグランプリ2着)、ダブルシャープ(札幌2歳S3着)。

特注馬

ダブルシャープ／三代母ケイツナミの孫に天皇賞馬メジロブライト。相性の良い札幌。芝2600を走らせたい。
サイヤダンサー／祖母ロジータ。ダート短距離に使われているが、血統は中距離向き。道悪のダートが得意。
タイセイアベニール／重賞は越すに越されぬ大井川か。2勝クラスを勝ち上がった中山。オーシャンSでどうだ。

ベーカバド産駒完全データ

●最適コース
- 牡／中山ダ1800、阪神ダ1400
- 牝／東京芝1400、新潟ダ1200

●距離別・道悪

芝10~12	14-24-16/290	D10~13	16-13-19/292
芝14~16	10-19-16/267	D14~16	7-11-10/158
芝17~20	15-17-17/237	D17~19	12-14-9/215
芝21~	4-1-4/41	D20~	0-1-1/14
芝道悪	8-17-11/195	D道悪	14-13-20/279

●人気別回収率

1人気	単73%・複81%	17-16-4/62
2~4人気	単75%・複81%	34-32-37/266
5人気以下	単75%・複83%	27-52-51/1186

●条件別・勝利割合

穴率	35%	平坦芝率	54%
芝道悪率	19%	晩成率	50%
ダ道悪率	40%	芝広いコース率	37%

●コース別成績

東京	芝／9-8-8/136	D／1-4-6/100
中山	芝／7-8-7/107	D／12-11-8/193
京都	芝／3-7-4/82	D／2-5-7/83
阪神	芝／2-5-4/81	D／5-4-2/68
ローカル	芝／22-33-30/429	D／15-15-16/235

勝利へのポイント

全78勝のうち、4歳以上／32勝、勝率6.2%

本格的欧州血統ながら日本ではありがちな、芝、ダートとも力任せに走れる短距離かスタミナを活かせる中距離以上を仕事場としている。2歳後半から3歳夏に未勝利を脱し、4歳で1、2勝クラスを突破する成長曲線を描き、その中からOP入りを果たす産駒が何頭か出るのは芝、ダート共通。将来のOP級は昇級数戦で勝ち上がる。ダブルシャープの若葉S2着やデアフルーグの伏竜S勝利があり、一概に晩成と決め付けられないが、古馬の勝率は2~3歳時を上回る。1800は人気の信頼性が高く、1200は1800程の安定性を欠く。芝道悪はデータ上、得意とまでいえないが、スタミナ自慢の欧州血統で走らないわけがない。ダートは馬場状態を問わない。隠れ最適コースに芝2600を推奨。

2020 RANK 55

エスポワールシチー
ESPOIR CITY

ダートのGIを勝ちまくったゴールドアリュール産駒のスピード型

2005年生 栗毛
2021年種付け料▷受胎確認後120万円（FR）

POINT
- ダート1800が最大の仕事場
- 好、不調の波を見極めろ
- ダート重は穴の宝庫

ゴールドアリュール 栗 1999	*サンデーサイレンス Sunday Silence	Halo Wishing Well
	*ニキーヤ Nikiya	Nureyev Reluctant Guest（9-h）
エミネントシチー 鹿 1998	*ブライアンズタイム Brian's Time	Roberto Kelley's Day
	ヘップバーンシチー	*ブレイヴェストローマン コンパルシチー（4-m）

Hail to Reason 4×4

現役時代

国内39戦17勝、米国1戦0勝。主な勝ち鞍、ジャパンCダート、フェブラリーS、マイルCS南部杯（3回）、かしわ記念（3回）、JBCスプリントなど、ダートGIを9勝、重賞12勝。

佐藤哲三が素質を見込み、付きっきりで調教をつけた馬。4歳のマーチS勝利を皮切りに、かしわ記念、南部杯、JCダート、5歳のフェブラリーSなど、ダートGIを5連勝。ハイペースでもバテないスピードと、荒々しい気性が魅力だった。

5歳秋には米国のBCクラシックに出走。19連勝中のゼニヤッタらを向こうに回して、直線では先頭に立ったが10着。初距離の2000Mも長かった。

6歳以降も勝ち星を積み重ね、8歳で南部杯とJBCスプリント（金沢ダ1400）を連勝。帝王賞でも2年連続2着など、GIの2着が5回ある。

血統背景

父ゴールドアリュールはフェブラリーS、東京大賞典などダートGIを4勝。代表産駒にスマートファルコン、ゴールドドリームなど、高速ダートを得意にする馬が多い。

母は中央3勝。近親にゴールドシチー（皐月賞と菊花賞でサクラスターオーの2着）。母母父ブレイヴェストローマンはダートの鬼を多数輩出した。

代表産駒

メモリーコウ（東海S3着）、ショーム（バレンタインS）、ヤマノファイト（羽田盃）、コーナスフロリダ（兵庫ダービー）。

特注馬

スペロデア／ポスト、メモリーコウ候補。どの競馬場でも走るのが強み。現状は先行した方が持ち味が活きる。
マリオ／母は芝、ダート、交流の各重賞制覇。実績からもダート中距離の重馬場で狙わない手はない。
ケイアイドリー／半兄に阿蘇S圧勝のケイアイパープル。休み休み使われているので、伸び代は大きい。

エスポワールシチー産駒完全データ

●最適コース
牡／阪神ダ1800、東京ダ1600
牝／阪神ダ1800、京都ダ1800

●距離別・道悪
芝10〜12	2-3-0／26	D10〜13	20-19-21／251
芝14〜16	0-0-1／32	D14〜16	13-14-15／187
芝17〜20	2-0-1／24	D17〜19	35-24-17／296
芝21〜	0-0-0／2	D20〜	0-0-2／12
芝道悪	0-0-2／20	D道悪	28-18-25／320

●人気別回収率
1人気	単68%・複75%	19-11-7／62
2〜4人気	単106%・複78%	33-24-17／177
5人気以下	単74%・複63%	20-25-33／589

●条件別・勝利割合
穴率	28%	平坦芝率	25%
芝道悪率	0%	晩成率	40%
ダ道悪率	41%	芝広いコース率	0%

●コース別成績
東京	芝／0-0-0／20	D／12-13-15／151
中山	芝／1-1-0／12	D／12-14-11／155
京都	芝／0-0-0／4	D／7-4-3／63
阪神	芝／2-0-1／12	D／11-1-7／88
ローカル	芝／1-2-1／34	D／26-25-19／289

勝利へのポイント

ダ重の5人気〜【6-2-0／65】、勝率9.2%

ゴールドアリュール×ブライアンズタイムの豪腕ダート血統。この手の種牡馬は勝ち鞍の多くが牡駒に偏るものだが、牝駒も負けてはなく、ダート72勝のうち、牝駒が30勝だ。牡、牝ともダ1800を最大の仕事場とし、牡馬の東京ダ1600、牝馬の新潟1200にも注意。この血統らしく叩き良化型で3歳春にこぞって未勝利を脱するが、2歳シーズン終盤のダ1800新馬戦で勝ち上がる馬もちらほらいる。メモリーコウのようにオープン級は安定した走りをするが、条件級は好、不調の波がはっきりしている。見方を変えれば、大敗からの巻き返しがあり、人気薄での勝ち鞍は多い。穴はダートの重馬場。目を瞑って頭買い。羽田盃の勝ち馬を出しており、地方単独重賞の中距離戦でも狙える。

2020 RANK

56

トゥザグローリー　TO THE GLORY

**GIには惜しくも届かなかったキンカメ産駒
母は名牝トゥザヴィクトリー**

2007年生　鹿毛
2021年種付け料▷産駒誕生後30万円

POINT
- 牡馬は1600以上、牝馬は1200
- 成長曲線がゆっくりの晩成型
- ダートは人気馬の連軸が堅い

キングカメハメハ 鹿　2001	キングマンボ Kingmambo	Mr. Prospector
		Miesque
	*マンファス Manfath	*ラストタイクーン
		Pilot Bird　(22-d)
トゥザヴィクトリー 鹿　1996	*サンデーサイレンス Sunday Silence	Halo
		Wishing Well
	*フェアリードール Fairy Doll	Nureyev
		Dream Deal　(9-f)

Nureyev 4×3、Northern Dancer 5・5×4

トゥザグローリー産駒完全データ

●最適コース
牡／東京ダ1400、中山芝1600
牝／福島芝1200、新潟ダ1200

●距離別・道悪
芝10～12　　4-3-3／66　　D10～13　　10-12-10／149
芝14～16　　4-3-5／77　　D14～16　　4-16-16／145
芝17～20　　6-1-5／116　 D17～19　　9-18-14／211
芝21～　　　1-1-0／26　　D20～　　　0-0-2／17
芝道悪　　　6-0-3／71　　D道悪　　　12-20-18／213

●人気別回収率
1人気　　　　単65%・複100%　　10-9-9／35
2～4人気　　 単61%・複76%　　 16-20-18／147
5人気以下　　単36%・複66%　　 12-25-28／625

●条件別・勝利割合
穴率　　　　32%　　平坦芝率　　46%
芝道悪率　　40%　　晩成率　　　32%
ダ道悪率　　52%　　芝広いコース率　40%

●コース別成績
東京　　芝／3-0-2／41　　D／4-12-14／112
中山　　芝／4-1-2／44　　D／3-10-5／103
京都　　芝／1-0-2／20　　D／2-2-4／43
阪神　　芝／0-1-1／31　　D／2-6-4／77
ローカル 芝／7-6-6／149　 D／12-16-15／187

現役時代

中央33戦8勝。主な勝ち鞍、京都記念、日経賞、日経新春杯、鳴尾記念、中日新聞杯。有馬記念3着。

エリザベス女王杯を制したトゥザヴィクトリーは繁殖入り後、子供が競走馬になれない例が続いた。ようやく登場したのがキンカメ産駒の本馬。キャロットの募集価格1億2000万円の期待馬だった。

3歳春は青葉賞2着、ダービー7着。12月の中日新聞杯で重賞勝ちをすると、14番人気の有馬記念で好位からヴィクトワールピサとブエナビスタに続く3着。

4歳で京都記念、日経賞を連勝して、春の天皇賞は1番人気に祭り上げられるが、距離が長すぎたか13着に失速。暮れの有馬記念で2年連続の3着に入ると、5歳で日経新春杯と鳴尾記念に勝利。冬の中長距離重賞にはめっぽう強い馬だった。日経新春杯は池江泰郎調教師にとって、定年前最後の重賞勝ちだった。

血統背景

父キングカメハメハは同馬の項を参照。

母トゥザヴィクトリーは01年エリザベス女王杯優勝、ドバイワールドC2着、桜花賞3着、オークス2着。全弟トゥザワールド（弥生賞）、全妹トーセンビクトリー（中山牝馬S）、近親デニムアンドルビー（ローズS）、メドウラーク（七夕賞）、クラージュゲリエ（京都2歳S）、リオンリオン（青葉賞）。

代表産駒

ゲンパチルシファー（わらび賞）、エターナルヴィテス（ホンコンJCT）。おっとりした性格で晩成傾向との評判。

特注馬

カラテ／マイルでは競馬場、馬場状態を問わずに縦横無尽の活躍。唯一の死角は人気で走ったことがないことか。
オルクリスト／牡馬では数少ない短距離巧者。東京、中山を問わず、追い込みの決まる展開と馬場かを重視。
ゲンパチルシファー／調子を崩していた期間が長かったが、5歳になって再上昇。ダート中距離以上の道悪で。

勝利へのポイント

牡馬の〜1500／6勝、1500〜／21勝

地方では重賞勝ち馬を出していたものの、カラテの東京新聞杯がJRAでの重賞初制覇。2000以上／7勝とステイヤーとしての資質を見せながらマイルでも勝ち負け出来るスピードを備え、なおかつ芝、ダートともこなすところはさすがキングカメハメハ系。ただ、牡馬は1600以上、牝馬は1200向きの傾向が顕著だ。成長曲線はゆっくりで、3歳春に未勝利を勝ち上がり、秋に1勝クラス、4歳になって2勝クラスを突破。そして5歳で重賞制覇だ。ダートは堅実に走るものの、詰めの甘さから2、3着の山を築き、また穴も少ないので、人気馬を連軸とするのが賢明な馬券作戦。芝は全15勝のうち、9勝が5番人気以下。カラテのように勝っても勝っても人気にならない馬を見つけると蔵が建つ。

2020 RANK 57

エスケンデレヤ　ESKENDEREYA

Kダービー前に無念の引退。
ストームキャット系の中距離型

POINT
- 仕事場はダ1800～2100M
- スタミナを活かせる展開は注意
- 狙っておいしい2番人気馬

2007年生　栗毛　アメリカ産
2021年種付け料▷受胎確認後50万円

ジャイアンツコーズウェイ Giant's Causeway 栗　1997	ストームキャット Storm Cat	Storm Bird
		Terlingua
	マライアズストーム Mariah's Storm	Rahy
		*イメンス　(11)
アルデバランライト Aldebaran Light 鹿　1996	シアトルスルー Seattle Slew	Bold Reasoning
		My Charmer
	アルテア Altair	Alydar
		*ステラーオデッセイ(2-d)

Northern Dancer 4×4、Bold Ruler 5×5、Hail to Reason 5×5

エスケンデレヤ産駒完全データ

●最適コース
牡／中山ダ1800、阪神ダ1800
牝／中山ダ1200、福島ダ1150

●距離別・道悪

芝10～12	1-0-1／24	D10～13	4-2-3／59
芝14～16	0-1-0／40	D14～16	1-8-7／100
芝17～20	0-1-2／21	D17～19	21-17-15／191
芝21～	0-0-0／5	D20～	5-7-1／38
芝道悪	0-1-1／26	D道悪	13-15-12／149

●人気別回収率

1人気	単63%・複86%	7-6-3／23
2～4人気	単115%・複91%	20-16-8／88
5人気以下	単61%・複77%	5-14-18／367

●条件別・勝利割合

穴率	16%	平坦芝率	100%
芝道悪率	0%	晩成率	28%
ダ道悪率	42%	芝広いコース率	0%

●コース別成績

東京	芝／0-0-0／12	D／5-9-7／111
中山	芝／0-0-0／9	D／10-8-4／106
京都	芝／0-0-1／11	D／4-4-3／26
阪神	芝／0-0-0／7	D／6-8-3／46
ローカル	芝／1-2-2／51	D／6-5-9／99

現役時代

　北米で6戦4勝。主な勝ち鞍、ウッドメモリアルS（GⅠ・9F）、ファウンテンオブユースS（GⅡ・9F）。
　ケンタッキー・ダービーへ向け、フロリダ地区ステップ戦ファウンテンオブユースSを8馬身半差をつけて重賞初制覇を果たし、東海岸の最終ステップ戦ウッドメモリアルSは直線入り口で先頭に立って9馬身3／4差の圧勝。ファウンテンオブユースS5着のアイスボックスがフロリダ・ダービーGⅠを勝ったこともあり、ケンタッキー・ダービーの最有力候補に急浮上した。ところが本番直前に脚部不安を発症。同時に引退が発表された。ダートでは4戦4勝。2着につけた着差の合計は39馬身3／4。2度の敗戦は芝のデビュー戦2着とオールウェザーでのBCジュヴェナイルGⅠ9着。ケンタッキー・ダービーは同厩舎のスーパーセーヴァーが勝ち、2馬身半差の2着にアイスボックス。

血統背景

　父ジャイアンツコーズウェイは同馬の項参照。BCターフ優勝の産駒ブリックスアンドモルタルは20年から日本で供用。
　母系は半兄弟にバルモント（ミドルパークSGⅠ）、ゴドリー（JRA2勝）。5代母コスマーの仔にヘイロー。一族にノーザンダンサー、デインヒルがいる名門アルマームード系。

代表産駒

　ミトル（BCスプリントGⅠ・6F）、モアスピリット（メトロポリタンHGⅠ・8F）、ダイメイコリーダ（ジャパンダートダービー2着）、スズカデレヤ（中京2歳S2着）。

特注馬

ダイメイコリーダ／22年の船橋ダイオライト記念でどうだ。その前に阪神11月のカノープスSで賞金加算だ。
シンゼンデレヤ／母父ティンバーカントリーに、530キロの馬体重。実績どおり阪神ダ2000。母は関東オークス2着。
トミケンベレムド／近親に秋華賞を狙うかのエイシンチラー。何戦か揉まれて先行力を身につけるとうるさい。

勝利へのポイント

牡馬ダ、～1700／3勝、1800～／23勝

　北米でBCスプリントの勝ち馬を出した実績とは裏腹に、ストームキャット系ではスタミナのあるジャイアンツコーズウェイ系らしくダート中距離を仕事場としている。特に牡馬は顕著で、勝ち鞍上位には1800～2100が並ぶ。雄大な馬格から繰り出すパワーを武器に、逃げ、先行で押し切る競馬が得意。ただし、現状は2勝クラスが壁で、集計期間後も加えて勝ち上がりは2頭。ジャパンダートダービー、鳳雛Sで2着のダイメイコリーダが出ていることから、スタミナを活かせる展開にでもなれば上のクラスでも通用するはずだが。時計のかかる馬場も走るが、脚抜きのいい稍重は勝率、連対率が上昇。ダート人気馬は安定感があり、配当的に2番人気がおいしい。単回収率は200%。

2020 RANK 58

トーセンホマレボシ
TOSEN HOMAREBOSHI

**きらめくクラフティワイフ一族の
ディープ産駒**

2009年生　鹿毛
2021年種付け料▷PRIVATE

POINT
**勝ち鞍の大半は3歳春まで
前走2、3着馬の勝率は高い
騎手替わりに穴を連発**

ディープインパクト 鹿　2002	*サンデーサイレンス Sunday Silence	Halo Wishing Well
	*ウインドインハーヘア Wind in Her Hair	Alzao Burghclere　(2-f)
エヴリウィスパー 栗　1997	*ノーザンテースト Northern Taste	Northern Dancer Lady Victoria
	*クラフティワイフ Crafty Wife	Crafty Prospector Wife Mistress　(9-a)

Northern Dancer 5×3、Lady Angela 5・4(母方)、Almahmoud 5×5

トーセンホマレボシ産駒完全データ

●最適コース
牡／中山芝2200、阪神ダ1800
牝／東京芝1400、新潟芝1000

●距離別・道悪
芝10～12　　　6-8-5／101　　D10～13　　　2-4-4／113
芝14～16　　16-17-11／275　　D14～16　　4-11-2／158
芝17～20　　14-13-25／352　　D17～19　　18-18-25／365
芝21～　　　　6-4-5／86　　　D20～　　　　2-4-2／40
芝道悪　　　　9-8-5／187　　　D道悪　　　13-20-15／275

●人気別回収率
1人気　　　　単67%・複77%　　　12-10-7／50
2～4人気　　単63%・複77%　　　27-35-32／88
5人気以下　　単134%・複64%　　29-34-40／1207

●条件別・勝利割合
穴率　　　　　43%　　平坦芝率　　　48%
芝道悪率　　　21%　　晩成率　　　　27%
ダ道悪率　　　50%　　芝広いコース率　36%

●コース別成績
東京　　芝／8-11-11／176　　D／4-9-3／125
中山　　芝／8-7-10／142　　D／4-6-3／134
京都　　芝／4-3-4／71　　　D／4-2-10／108
阪神　　芝／3-4-3／81　　　D／5-3-4／82
ローカル　芝／19-17-18／344　　D／9-17-13／227

勝利へのポイント

全68勝のうち、2～3歳春／44勝

6歳になっても一線級だったミッキスワローは例外的存在。多くの産駒が3歳夏以降は伸び悩み、3勝クラスが壁となっている。牡馬は中距離型で勝ち鞍上位コースに中央＆中京のダ1800が並び、東京ダ1600も得意とする。芝は中山＆ローカル中距離を中心としつつ、2400も守備範囲。牝馬は短距離から中距離で万遍なくこなし、個々によって適距離が違う。ピカピカが新潟千直で2勝。他の牝馬も出走した時は多少の注意。前走2、3着馬の勝率が高い一方、6着以下の巻き返しも目立ち、ミッキースワローはまさに当てはまった。着順を上げてきた時や、直前の着順に関係なく以前に好走したコースに戻ったら狙いが立つ。騎手が替わってこれまでと違った面を引き出した時に穴が多い。

現役時代

中央7戦3勝。主な勝ち鞍、京都新聞杯。ダービー3着。

当歳セレクトセールで1億6275万円（税込）。秋の天皇賞馬トーセンジョーダンの半弟という売りもあり、同期のディープブリランテより高額だった。

3戦目の小倉芝2000を差し切り、中京の大寒桜賞で重馬場の持久戦を制して2勝目。京都新聞杯ではウィリアムズ騎手の先行策に応えて、2分10秒0のレコード勝ち。池江調教師は「ディープ産駒にしては大型馬で体のゆるさが抜けなかったが、適した条件でこの馬らしい走りができた」と、胸を張った。ダービーは7番人気。逃げるゼロスの後ろにつけて、早仕掛け気味の先行策。止まってもおかしくない速いペースだったが、しぶとく粘ってディープブリランテとフェノーメノに次ぐ3着。ラップを考慮すれば一番強い内容だったともいえ、騎手の積極性が仇になったか。

血統背景

父ディープインパクトの2世代目の産駒。
母エヴリウィスパーで中央0勝。半兄にトーセンジョーダン（天皇賞・秋）、ダークメッセージ（日経新春杯2着）。近親にカンパニー（天皇賞・秋、マイルCS）、ヒストリカル（毎日杯）、トーセンスターダム（きさらぎ賞）、レニングラード（アルゼンチン共和国杯）など活躍馬多数のクラフティワイフ一族。

代表産駒

ミッキースワロー（日経賞）、ハイヒール（小倉日経OP3着）、セグレドスペリオル（萩S3着）、カレングロリアーレ。

特注馬

ダディーズマインド／近親にエフフォーリア。21年中に3勝クラス突破し、22年に七夕賞制覇の成長曲線を描く。
セグレドスペリオル／20年以降は馬券圏内に届いてないが、中京コースなら差は少ない。時計遅めの中京注意。
シュッドヴァデル／無理筋ながら母父トニービンで、ミッキスワローと似る。湿ったダートの1600＆1800狙い。

2020 RANK 59

ゼンノロブロイ ZENNO ROB ROY

秋天→JC→有馬記念を完全制覇。
SS産駒初の年度代表馬

2000年生　黒鹿毛　2020年引退

POINT
- 東京ダ1600は四の五の言わず買い
- 新潟&中京ダ1800も狙っておいしい
- 芝の中長距離重賞でも少しは注意

*サンデーサイレンス Sunday Silence 青鹿 1986	ヘイロー Halo	Hail to Reason
		Cosmah
	ウィッシングウェル Wishing Well	Understanding
		Mountain Flower(3-e)
*ローミンレイチェル Roamin Rachel 鹿 1990	*マイニング Mining	Mr. Prospector
		I Pass
	ワンスマートレディ One Smart Lady	Clever Trick
		Pia's Lady (2-b)

現役時代

　日本とイギリスで20戦7勝。主な勝ち鞍、天皇賞・秋、ジャパンC、有馬記念、青葉賞、神戸新聞杯。

　2月の遅いデビューから、青葉賞を勝って4戦3勝でダービーへ。重馬場を2番手から抜け出すが、その内をネオユニヴァースにかわされ2着。横山典弘、藤沢和雄調教師、両者悲願のダービーにまたも届かず。

　秋は神戸新聞杯をデザーモで勝ち、菊花賞はペリエで4着、有馬記念は柴田善臣で3着。翌年の天皇賞・春はオリヴァーを呼ぶも2着。本格化は4歳秋。再びペリエをパートナーに迎え、天皇賞・秋、ジャパンC、有馬記念と進撃の3連勝。有馬記念は逃げるタップダンスシチーを完全マークして制した。翌5歳は、宝塚記念3着をステップに英国遠征。インターナショナルS（GI・芝2080M）でエレクトロキューショニストとクビ差の2着。世界レベルの実力は示した。

血統背景

　父サンデーサイレンス。同産駒初の年度代表馬（04年）。
　母ローミンレイチェルはバレリーナH（GI・ダ7F）など米9勝。近親にキャットコイン（クイーンC）、タガノエリザベート（ファンタジーS）、キャッツクレイドル（エイコーンSGI）。
　母父マイニングはGIヴォスバーグSの勝ち馬。

代表産駒

　サンテミリオン（オークス）、マグニフィカ（ジャパンダートダービー）、ペルーサ（青葉賞）、ルルーシュ（アルゼンチン共和国杯）、タンタアレグリア（AJCC）、グリム（レパードS）。

特注馬

サンアップルトン／左膝剥離骨折で戦線離脱。復帰が待たれる。柴田善臣に最年長重賞制覇の更新を。
サトノフェイバー／勝ち鞍は1～3月に集中。先行有利な馬場、平均ラップを刻めるかの条件はつく。
グリム／長期休養明けから黒船賞で復帰。中長距離の交流重賞でならもう一花咲かせられるとみた。まだ若い。

ゼンノロブロイ産駒完全データ

●最適コース
牡／東京ダ1600、阪神ダ1800
牝／東京ダ1600、東京芝1400

●距離別・道悪
芝10～12	10-12-15／235	D10～13	9-11-12／203
芝14～16	21-22-22／363	D14～16	26-23-23／391
芝17～20	38-37-40／709	D17～19	60-59-67／969
芝21～	14-20-21／273	D20～	2-6-6／114
芝道悪	16-16-25／360	D道悪	39-50-46／673

●人気別回収率
1人気	単58%・複70%	36-25-24／161
2～4人気	単79%・複79%	81-95-75／644
5人気以下	単92%・複77%	63-70-107／2452

●条件別・勝利割合
穴率	35%	平坦芝率	47%
芝道悪率	19%	晩成率	60%
ダ道悪率	40%	芝広いコース率	53%

●コース別成績
東京	芝／19-17-18／264	D／24-20-18／317
中山	芝／9-8-10／172	D／13-17-20／280
京都	芝／13-13-13／186	D／12-10-18／234
阪神	芝／8-13-13／184	D／12-19-17／241
ローカル	芝／34-40-44／774	D／36-33-35／605

勝利へのポイント

東京ダ1600【18-16-12／175】、単回収率170%

　近年はもっぱらダートのマイル、中距離を仕事場とし、中でも東京ダ1600は他のコースを圧倒する勝ち鞍数で、種牡馬別勝ち鞍順位でも4位の好成績だ。しかも東京ダ1600を大得意としているのが世間に知れ渡ってないのか、人気になることが少なく、グリムの青竜Sなど穴が多く、単勝回収率は上記のとおり。格上げ初戦や他のコースで大敗しての東京ダ1600で人気を落とした時は絶好の買い時だ。単勝回収率でいえば、東京ダ1600の他、新潟ダ1800、中京ダ1800と、左回りでの高率が目を引く。ダ道悪は鬼。牝馬は東京芝1400も走る。オークスやアルゼンチン共和国杯など芝重賞を賑わしたかつての勢いは薄れたものの、年に一度は好走馬が出るのでまだまだ中長距離では侮れない。

2020 RANK 60

ダノンシャンティ DANON CHANTILLY

フジキセキのGIマイラー
母系はダーレーが誇る世界的名牝系

2007年生　黒鹿毛　2020年引退

POINT
- 距離短縮、ダート転向で新境地
- 短距離の格上げ初戦を狙え
- 穴は目先を変えての出走

フジキセキ 青鹿　1992	*サンデーサイレンス Sunday Silence	Halo
		Wishing Well
	*ミルレーサー Millracer	Le Fabuleux
		Marston's Mill (22-d)
*シャンソネット Chansonnette 鹿　2000	マークオブエスティーム Mark of Esteem	Darshaan
		Homage
	グローリアスソング Glorious Song	Halo
		Ballade (12-c)

Halo 3×3

現役時代

8戦3勝。主な勝ち鞍、NHKマイルC、毎日杯。
　ダーレー・グループが本格的に日本での生産に参入したのが2004年。本馬もダーレーが誇る良血牝系の出身で、母の兄はジャパンCを勝ったシングスピールだ。
　京都芝1800の新馬で1着すると、2戦目のラジオNIKKEI杯2歳Sはヴィクトワールピサの3着。年明けて共同通信杯は後方から上がり33秒5で2着。毎日杯は安藤勝己に乗り替わり、上がり33秒4で差し切る。ここからは松田国英厩舎得意のマックニ・ローテ。皐月賞をパスして、NHKマイルCへ。1番人気のNHKマイルCは史上最速のハイペース。前半56秒3の縦長の展開を、後方16番手で我慢して機をうかがい、直線は外から上がり33秒5の鬼脚炸裂。15頭をゴボウ抜きして、1分31秒4の超絶レコードでGI馬に。
　ダービーは前日に骨折が判明して出走取消だった。

血統背景

　父フジキセキは同馬の項を参照。
　母シャンソネットは0勝。母の兄にシングスピール、グランドオペラ、ラーイ、ラキーンの種牡馬4兄弟。祖母グローリアスソング（米GIを4勝）の全兄にデヴィルズバッグ。
　母の父マークオブエスティームは、英2000ギニーとクイーンエリザベス2世S（英GI・8F）に優勝。ミルリーフ系。

代表産駒

　スマートオーディン（阪急杯）、サイタスリーレッド（オーバルスプリント）、ガンサリュート（京成杯2着）。

特注馬

ジョーフォレスト／母の父がオペラハウスで、1400もこなせないか。ズブさが出てきたので追走は楽になるはず。
グロリユーノワール／祖母ベラミロードは地方在籍ながらユニコーンS2着に交流重賞2勝。ダートに転じたら一考。
ダノンボヌール／名牝グローリアスソング3×4のクロス。湿ったダートは勝ち負け。減量騎手の平場戦も注意。

ダノンシャンティ産駒完全データ

● 最適コース
牡／阪神ダ1200、阪神芝1400
牝／福島芝1200、阪神芝1200

● 距離別・道悪
芝10〜12	25-21-33／348	D10〜13	15-23-16／311
芝14〜16	18-33-24／374	D14〜16	12-6-19／225
芝17〜20	26-33-23／324	D17〜19	9-10-10／198
芝21〜	3-2-7／55	D20〜	0-0-1／13
芝道悪	17-24-16／254	D道悪	14-14-16／308

● 人気別回収率
1人気	単65%・複74%	28-22-7／100
2〜4人気	単57%・複76%	38-62-56／384
5人気以下	単88%・複65%	42-50-70／1364

● 条件別・勝利割合
穴率	39%	平坦芝率	56%
芝道悪率	24%	晩成率	42%
ダ道悪率	39%	芝広いコース率	28%

● コース別成績
東京	芝／7-24-12／166	D／7-2-11／153
中山	芝／10-13-8／132	D／3-10-5／142
京都	芝／6-7-12／121	D／6-8-7／78
阪神	芝／11-9-7／116	D／9-5-9／126
ローカル	芝／38-42-48／566	D／11-14-14／248

勝利へのポイント

1勝クラス以上の1600【2-9-7／98】。勝率2%

　フジキセキ系らしく小気味よい脚を駆使して、牡馬は1200＆1400＆1800を主体としながら2000＆2200も守備範囲とし、牝馬も1200を得意としつつ2000もこなす。芝、ダートともにマイルは冴えない。勝ち鞍でこそ芝がダートの倍数となるが、芝、ダートに関係なく上級馬が出る。距離短縮しても一花咲かせたり、芝で頭打ちとなった馬がダートに転向して新境地を開いたりするのは同父系のキンシャサノキセキ産駒と似る。大半が短距離ながら、クラスに関わらず、格上げ初戦で即通用するのが強み。芝の良、道悪を問わずに走るが、ダートはスピードが活かせる稍重の成績が良い。穴率は高く、距離短縮に競馬場、騎手など目先を変えてきた時は注意。同じ馬が何度も穴を出す。

2020 RANK 61

ロージズインメイ
ROSES IN MAY

**ヘイロー系のドバイWCウイナー
多様な産駒を輩出**

POINT
- 牡馬のダート中距離型中心
- 東京ダ2100の特別戦を狙え
- 叩いて叩いて勝率上昇

2000年生　青鹿毛　アメリカ産
2021年種付料▷受胎確認後50万円(FR)／産駒誕生後70万円

デヴィルヒズデュー Devil His Due 黒鹿 1989	デヴィルズバッグ Devil's Bag	Halo
		Ballade
	プレンティオトゥール Plenty O'Toole	Raise a Cup
		Li'l Puss (2-h)
テルアシークレット Tell a Secret 黒鹿 1977	スピークジョン Speak John	Prince John
		Nuit de Folies
	シークレットリトリート Secret Retreat	Clandestine
		Retirement (1-a)

Double Jay 5×4

現役時代

　北米、UAEで通算13戦8勝。主な勝ち鞍、ドバイWC（GⅠ・2000M）、ホイットニーH（GⅠ・9F）、ケンタッキーCクラシックH（GⅡ・9F）、コーンハスカーBCH（GⅢ・9F）。

　デビューは"5月の薔薇"（ケンタッキー・ダービー優勝馬にかけるレイが薔薇）の馬名らしく、ケンタッキー・ダービー当日の最終レース。当然ながらクラシックと無縁だったが、4歳になると薔薇は満開。ホイットニーHなど重賞3勝を含め5連勝。BCクラシックではベルモントS馬バードストーン、前年の二冠馬ファニーサイドらの実績馬相手に2着に好走した。5歳時は初戦のドンHGⅠこそ2着に敗れるも、ドバイワールドCを制し、ダート界の頂点に立った。秋にはジャパンCダートを目標としていたが、左前脚の腱を痛め、5歳時は2戦1勝のまま引退となった。

血統背景

　父デヴィルヒズデューは北米ダート中距離GⅠ5勝、祖父デヴィルズバッグの産駒にタイキシャトル。

　母テルアシークレットはGⅢ2着2回、23歳の時に10番仔として産んだのが本馬、母の父スピークジョンは北米名種牡馬プリンスキロに遡れる父系。異系色が濃い。

代表産駒

　ドリームバレンチノ（JBCスプリント）、コスモオオゾラ（弥生賞）、ローズプリンスダム（レパードS）、マイネルバイカ（白山大賞典）、ウインムート（さきたま杯）。

特注馬

バンクオブクラウズ／前年版に続いて推奨。交流重賞では見逃せない。マスターフェンサーがいない名古屋GP。
ウインダークローズ／力のいる良馬場のダート中長距離型。過去に好走した阪神ダ2000でも注意。
グレートサークル／芝一流馬に期待。母はレインボークエスト×シアトリカルの芝中距離血統。復帰が待たれる。

ロージズインメイ産駒完全データ

●最適コース
牡／東京ダ2100、新潟ダ1800
牝／新潟ダ1200、東京ダ1400

●距離別・道悪

芝10〜12	7-6-12／142	D10〜13	20-17-28／318
芝14〜16	9-7-8-2／201	D14〜16	19-13-14／308
芝17〜20	10-11-11／216	D17〜19	42-36-53／669
芝21〜	2-2-5／56	D20〜	12-7-7／99
芝道悪	5-8-6／134	D道悪	33-26-42／564

●人気別回収率

1人気	単80%・複68%	21- 8- 8／70
2〜4人気	単106%・複87%	53-41-49／310
5人気以下	単92%・複66%	45-51-75／1629

●条件別・勝利割合

穴率	38%	平坦芝率	58%
芝道悪率	19%	晩成率	43%
ダ道悪率	36%	芝広いコース率	27%

●コース別成績

東京	芝／5-4-4／118	D／20-15-19／273
中山	芝／4-5-4／87	D／14-16-18／302
京都	芝／3-2-3／53	D／11-11-16／183
阪神	芝／0-3-1／51	D／10-6-14／201
ローカル	芝／14-13-18／306	D／38-25-35／435

勝利へのポイント

牡馬の東京ダ2100【8-3-5／48】、勝率16.7%

　かつては芝重賞勝ち馬にスプリンターや牝馬の活躍もあったが、近年は父譲りのパワーとスタミナを前面に押し出した牡馬のダート中距離型が中心。ダート中距離が勝ち鞍上位を占めるなか、東京ダ2100の特別戦を最も得意としている。早い時期に稼ぐマイネル系軍団にあっても晩成型で、ローズプリンスダムのレパードSは例外的存在。4歳になって3勝クラスを突破し、5歳になってOP勝ちという成長曲線が本道。無骨な男前血統らしく、叩けば叩くほど勝率を上げ、連闘や間隔を詰めての出走でもへこたれないタフさを備えている。馬場状態に関しては速い時計で決着する稍重の成績は若干落ちる。寒い1〜3月に最も稼ぎ、10〜12月は勝ち鞍、勝率とも一息。

2020 RANK 62

フリオーソ　FURIOSO

中央勢と互角に戦った南関東の雄

©Darley

2004年生　栗毛
2021年種付け料▷産駒誕生後100万円

POINT
活躍馬の大半が牡のダート中長距離馬
叩くほど勝率は上昇
穴を狙うより素直に人気馬を買え

*ブライアンズタイム Brian's Time 黒鹿　1985	ロベルト Roberto	Hail to Reason
		Bramalea
	ケリーズデイ Kelley's Day	Graustark
		Golden Trail　(4-r)
*ファーザ Fursa 栗　1995	ミスタープロスペクター Mr. Prospector	Raise a Native
		Gold Digger
	バーヤ Baya	Nureyev
		Barger　(4-n)

Hail to Reason 3×5、Nashua 4×4

フリオーソ産駒完全データ

●最適コース
牡／阪神ダ1800、東京ダ2100
牝／中山ダ1200、札幌ダ1700

●距離別・道悪
芝10～12	0-4-2／34	D10～13	10-14-16／234
芝14～16	0-1-0／53	D14～16	9-9-8／238
芝17～20	0-2-1／45	D17～19	41-28-25／408
芝21～	0-0-0／5	D20～	9-5-2／66
芝道悪	0-1-0／26	D道悪	25-23-24／391

●人気別回収率
1人気	単97%・複84%	15-5-5／40
2～4人気	単125%・複95%	37-33-13／169
5人気以下	単29%・複50%	17-25-36／874

●条件別・勝利割合
穴率	25%	平坦芝率	0%
芝道悪率	0%	晩成率	49%
ダ道悪率	36%	芝広いコース率	0%

●コース別成績
東京	芝／0-0-0／21	D／13-9-6／211
中山	芝／0-0-0／11	D／9-11-11／208
京都	芝／0-1-0／12	D／10-8-3／106
阪神	芝／0-0-1／23	D／11-10-12／127
ローカル	芝／0-6-2／70	D／26-18-19／294

現役時代

　南関東公営を中心に39戦11勝。主な勝ち鞍、帝王賞（2回）、川崎記念、ジャパンダートダービー、全日本2歳優駿、かしわ記念など、交流GIを6勝、交流GIIを3勝。フェブラリーS2着。2007年、08年、10年、11年のNAR年度代表馬。

　船橋の名伯楽、故・川島正行調教師の代表馬で、中央移籍前の戸崎圭太が主戦ジョッキーだった。オーナーのダーレー・ジャパンは当時、中央馬主の反対もあってJRAの馬主資格が取れず、良血馬を地方競馬で走らせていた。船橋や大井の中長距離ダートで2歳から8歳まで王者に君臨。上記のほか、JBCクラシックの2着2回、東京大賞典の2着2回、東京ダービー2着など。中央のGIは勝てず、11年フェブラリーSは芝スタートのコースにとまどって先行策を取れず、猛然と追い込んだものの2着だった。

血統背景

　父ブライアンズタイムのダートの代表産駒。
　母ファーザは不出走。半妹ルナフォンターナ（鞍馬S）、半弟トーセンルーチェ（大井金盃）。
　牝系はフランスの名門ファミリー。祖母バーヤはフランス・オークス2着。三代母の全姉は鉄の女トリプティク（GIを9勝）、近親に凱旋門賞でオルフェーヴルを負かしたトレヴ。

代表産駒

　タイキフェルヴール（師走S）、テルペリオン（仁川S）、ヒカリオーソ（東京ダービー）、エイコーン（みやこS3着）。

特注馬

エイコーン／京都だけじゃないとばかりに中京、阪神の重賞で好走。強い馬が前を掃除する展開の2、3着付けに。
ネオブレイブ／OPの壁に阻まれているが、岩田康ら豪腕騎手への乗り替わりは一考。中京1900でも。
リュードマン／2勝クラスを突破したら上級条件に中山ダ2400がないのでこまる。ならば東京ダ2100でどうだ。

勝利へのポイント

4歳牡馬ダート特別戦【9-6-6／48】、勝率18.8%

　活躍馬の多くがダート中長距離牡馬のバンカラ血統。芝は未勝利の潔さだ。勝ち鞍上位コースには中央＆新潟のダ1800が並び、加えて東京ダ2100も得意コース。リュードマンらダ2400を飯の種とする産駒も複数いる。ローカルのダ1700に関しては出走回数を含めほぼ小倉専属。バンカラ野郎の常として、3歳1～3月のダート戦で未勝利を脱し、3歳後半から4歳前半に2勝クラスを勝ち上がる晩成の成長曲線。昇級初戦での勝ち負けには注意。4歳時が最も充実し、特別戦においても高い勝率を保っている。スタミナとともに連戦に耐えるタフさを備え、叩き3戦目、4戦目、5戦目と勝率を上げ、間隔を詰めても走る。下手に穴を狙うより、人気馬を素直に買った方が費用対効果は高い。

2020 RANK 63

ヴァーミリアン

VERMILION

スカーレット一族の
ダート大王

POINT
- 年齢を重ねるごとにクラスを上げる
- 東京ダ1600は十八番
- 距離延長、減量騎手に穴あり

2002年生　黒鹿毛　2017年引退

*エルコンドルパサー El Condor Pasa 黒鹿　1995	キングマンボ Kingmambo	Mr. Prospector Miesque
	*サドラーズギャル Saddlers Gal	Sadler's Wells Glenveagh　(5-h)
スカーレットレディ 黒鹿　1995	*サンデーサイレンス Sunday Silence	Halo Wishing Well
	スカーレットローズ	*ノーザンテースト *スカーレットインク(4-d)

Northern Dancer 5·4×4、Special 5·5(父方)

ヴァーミリアン産駒完全データ

●最適コース
牡／東京ダ1600、中山ダ1800
牝／東京ダ1400、中京ダ1400

●距離別・道悪
芝10〜12　　2-4-0／65　　D10〜13　　12-31-23／294
芝14〜16　　6-5-4／109　　D14〜16　　30-45-27／418
芝17〜20　　2-3-5／118　　D17〜19　　34-55-64／765
芝21〜　　　0-1-0／21　　D20〜　　　7-5-6／96
芝道悪　　　1-6-2／71　　D道悪　　　33-51-35／622

●人気別回収率
1人気　　　　単56%・複85%　　26-37-18／119
2〜4人気　　 単60%・複74%　　35-56-40／339
5人気以下　　単88%・複82%　　32-56-71／1429

●条件別・勝利割合
穴率　　　　34%　　平坦芝率　　30%
芝道悪率　　10%　　晩成率　　　61%
ダ道悪率　　40%　　芝広いコース率　60%

●コース別成績
東京　　芝／4-2-2／52　　D／25-29-17／304
中山　　芝／2-2-1／41　　D／11-23-23／260
京都　　芝／0-0-1／26　　D／6-30-18／254
阪神　　芝／0-1-0／22　　D／11-20-23／226
ローカル 芝／4-8-5／173　D／30-34-39／529

現役時代

国内32戦15勝、ドバイ2戦0勝。主な勝ち鞍、フェブラリーS、ジャパンCダート、ラジオたんぱ杯2歳S、JBCクラシック3連覇、帝王賞、東京大賞典、川崎記念2回。7年連続の重賞勝利も光る。

皐月賞12着などを経てダート路線に転じ、化けたのは5歳。川崎記念でアジュディミツオーを6馬身ちぎり捨て、大井のJBCはフリオーソに4馬身、東京のJCダートはレコード、東京大賞典で再びフリオーソに4馬身差。容赦のない勝ち方を続けた。

6歳、距離を不安視されたフェブラリーSも突破するが、JCダート3着、東京大賞典2着。ルメールのカネヒキリと武豊のヴァーミリアンが叩き合った08年東京大賞典は史上最高レベル。7歳で帝王賞と名古屋のJBC、8歳で川崎記念を制し、テイエムオペラオーを上回る9つ目のGIを勝利した。

血統背景

父エルコンドルパサーはジャパンC、NHKマイルC、サンクルー大賞などに勝ち、凱旋門賞2着。

母スカーレットレディは1勝。半兄サカラート（東海S）、半弟キングスエンブレム（シリウスS）、半弟ソリタリーキング（東海S）と、兄弟4頭がダート重賞勝ち。祖母の全妹の仔にダイワメジャー、ダイワスカーレットなど。

代表産駒

ノットフォーマル（フェアリーS）、ビスカリア（TCK女王盃）、ノブワイルド（オーバルスプリント）。

特注馬

リュウノユキナ／大目標のJBCスプリント。21年はコーナー4つの1400の金沢。心を鬼にして切る。
サンロックランド／サドラーズウェルズ4×4など、スタミナ血統盛り沢山。目指すは暮れと年始の中山ダ2400。
アイムポッシブル／半姉に川崎エンプレス杯のワンミリオンズ。左回り巧者だけに、東京での狙いは立つ。

勝利へのポイント

東京ダ1600の1人気【7-4-1／14】

4歳で2勝クラス、5歳で3勝クラスを突破し、6歳になって大仕事をする晩成のダート血統で、この成長曲線をリュウノユキナが見事に実践した。21年4歳が最終世代となるが、今後もリュウノユキナに続く重賞級が出ることを期待する。エーピーインディ系やアンブライドルド系のお株を奪うかのように東京ダ1600を得意とし、人気での信頼性が高く、上級クラスの勝ち鞍も多い。おしなべて東京ダは良く1400も仕事場。2100も勝ち鞍数こそ2勝に留まっているが、そのうちの1勝が旧1600万条件のもので、出走してきたら侮れない。穴は中山&新潟ダ1800、距離延長、減量騎手。この条件が揃った時は四の五の言わず買いの手だ。芝なら、ダート馬が好走する新潟千直で狙えそうだ。

トランセンド TRANSCEND

世界の大舞台でも
実力を証明した砂の王者

2006年生　鹿毛
2021年種付け料▷受胎確認後50万円(FR)

POINT
- ダート1200&1800が仕事場
- 東京ダ1600は穴馬に注意
- 古馬は春に稼ぐ季節労働者

*ワイルドラッシュ Wild Rush 鹿　1994	ワイルドアゲイン Wild Again	Icecapade
		Bushel-n-Peck
	ローズパーク Rose Park	Plugged Nickle
		Hardship　(1-w)
シネマスコープ 栗　1993	*トニービン Tony Bin	*カンパラ
		Severn Bridge
	ブルーハワイ	*スリルショー
		*サニースワップス (A4)

Khaled 4×5、Hyperion 5×5

トランセンド産駒完全データ

●最適コース
牡／京都ダ1800、阪神ダ1800
牝／中山ダ1200、中山ダ1800

●距離別・道悪
芝10～12	3-6-5／42	D10～13	17-9-11／167
芝14～16	2-3-3／47	D14～16	6-6-12／150
芝17～20	4-1-3／43	D17～19	25-30-28／317
芝21～	0-0-0／10	D20～	5-5-6／47
芝道悪	4-1-2／33	D道悪	22-17-22／284

●人気別回収率
1人気	単76%・複74%	15-7-8／54
2～4人気	単89%・複93%	31-31-31／199
5人気以下	単70%・複80%	16-22-29／570

●条件別・勝利割合
穴率	26%	平坦芝率	44%
芝道悪率	44%	晩成率	32%
ダ道悪率	42%	芝広いコース率	67%

●コース別成績
	芝	D
東京	2-2-1／17	6-9-12／131
中山	0-0-1／10	13-9-10／125
京都	0-0-0／13	9-10-6／104
阪神	0-2-1／22	9-7-17／120
ローカル	7-6-8／80	16-15-12／201

現役時代

国内22戦10勝、UAE2戦0勝。主な勝ち鞍、ジャパンCダート(2回)、フェブラリーS、南部杯、レパードS。ドバイワールドカップ2着。

ダート1600～1900で重賞5勝をあげた砂の王者。4歳のJCダート(阪神ダ1800)と、5歳のフェブラリーSを続けて逃げ切り、GIを連勝すると、向かったのはドバイの頂上決戦。2011年の大震災からわずか2週後という日程のなか、藤田伸二を背に逃げを打ち、中東の風を受ける。道中でポジションを上げたヴィクトワールピサと直線の叩き合いになり、2着に粘って日本馬ワンツーを決めた。

この年、JCダートをワンダーアキュート以下に逃げ切り2連覇のほか、大井のJBCクラシックでスマートファルコンとのハイペース一騎打ちの2着も名勝負。高速ダートに強かった。

血統背景

父ワイルドラッシュはメトロポリタンH優勝など、米国のダートGIマイラー。飛ばして粘る競馬に向き、代表産駒にパーソナルラッシュ(エルムS)。母シネマスコープは中央5勝。近親にダンディコマンド(北九州記念)、パルスビート(京都新聞杯2着)。三代母サニースワップスは米国の名馬スワップス(ケンタッキー・ダービー)の全妹。

代表産駒

プロバーティオ(ヒヤシンスS2着)、トランセンデンス(JBC2歳優駿2着)、エングローサー(ユニコーンS3着)。

特注馬

プロバーティオ／大駆け血統リボー系キートゥザミントの5×5。常に匕首を懐に忍ばしているのを忘れずに。
コスモインペリウム／古馬の芝馬は買いづらいのを承知で、あえて狙う。時計のかかる芝中距離でどうだ。
エクロール／祖母はオークス馬ロープデコルテ。マイルもこなすとみた。あわよくばフェアリーS。

勝利へのポイント

全ダート53勝のうち、1200／14勝、1800／20勝

力強い走りを持ち味にダートで勝ち鞍を積み上げている。1200型と1800型に分かれ、牡馬は1900以上も守備範囲というより、高連対率を誇る。スピードと鋭さを要求される東京1600は未勝利ながら、エングローサーのユニコーンS3着やプロバーティオのヒヤシンスS2着があり、油断は出来ない。案外と仕上がりが早く、2歳前半から走り、しかも芝の短、マイルでの勝利が多いのは驚き。ただ、芝を走るのは3歳まで。古馬はダートだが、4歳、5歳、6歳以上とも春に勝ち鞍集中。夏、冬はさっぱり。叩き4戦目が走り頃。穴は中山ダ1200。最適コースに大井1800を追加する。20年ゴールドホイヤー、21年はトランセンデンスが羽田盃制覇。大井1800限定20年リーディングは首位だ。

スパイツタウン
SPEIGHTSTOWN

ミスプロ系×ストームキャット系の一流スプリンター

1998年生 栗毛 アメリカ産

POINT
- 古馬の急上昇を見逃すな
- 牡馬はダート、牝馬は芝で大仕事
- 海外遠征は二割、三割増し

ゴーンウエスト Gone West 鹿 1984	ミスタープロスペクター Mr. Prospector	Raise a Native
		Gold Digger
	セクレテーム Secrettame	Secretariat
		Tamerett (2-f)
シルケンキャット Silken Cat 栗 1993	ストームキャット Storm Cat	Storm Bird
		Terlingua
	シルケンドール Silken Doll	Chieftain
		Insilca (9-b)

Secretariat 3×4、Bold Ruler 4×5・4、Nasrullah 5・5×5、Tom Fool 5×5

スパイツタウン産駒完全データ

●最適コース
牡／東京ダ1400、新潟ダ1200
牝／小倉芝1200、中山芝1200

●距離別・道悪
芝10～12	16-10-5／71	D10～13	14-15-5／80
芝14～16	2-1-2／29	D14～16	11-11-7／66
芝17～20	0-0-0／2	D17～19	1-5-1／22
芝21～	0-0-0／0	D20～	0-0-0／0
芝道悪	3-2-1／20	D道悪	8-13-4／66

●人気別回収率
1人気	単79%・複83%	20-10-7／59
2～4人気	単85%・複79%	18-21-8／111
5人気以下	単93%・複130%	6-11-5／100

●条件別・勝利割合
穴率	14%	平坦芝率	72%
芝道悪率	17%	晩成率	50%
ダ道悪率	31%	芝広いコース率	17%

●コース別成績
東京	芝／1-1-1／9	D／7-7-4／36
中山	芝／3-3-1／19	D／1-6-0／16
京都	芝／1-0-1／12	D／4-4-1／24
阪神	芝／0-1-0／7	D／5-3-3／26
ローカル	芝／13-6-4／55	D／9-11-5／66

現役時代

北米で通算16戦10勝。主な勝ち鞍、BCスプリント（GⅠ・6F）、チャーチルダウンズH（GⅡ・7F）、トゥルーノースBCH（GⅡ・6F）、アルフレッドGヴァンダービルトH（GⅡ・6F）。

4歳時に全休とあって重賞初制覇は6歳5月のチャーチルダウンズHだが、続くトゥルーノースBCH、アルフレッドGヴァンダービルトHとも早めに先頭に立って押し切り、重賞3連勝とした。アルフレッドGヴァンダービルトHは1分08秒00のレコード。しかも他馬より5ポンド以上重いハンデでの勝利だった。本命に推されたヴォスバーグSGⅠ3着もBCスプリントでは復権。3番手から残り300Mで先頭に立ち、本命馬ケラに1馬身1／4差をつけて快勝、引退の花道を飾った。16戦10勝。2着、3着各2回。6着以下はデビュー戦と8FのGⅢ戦の2回だけだった。

血統背景

父ゴーンウエスト。産駒にケイムホーム、孫にイフラージ、レイヴンズパス。
母はカナダ2歳GⅠなど4戦3勝。半弟にアイラップ（ブルーグラスSGⅡ）、近親にタークパッサー（ターフクラシック招待SGⅠ）。

代表産駒

モズスーパーフレア（高松宮記念）、フルフラット（サウジダービーC）、マテラスカイ（プロキオンS）、リエノテソーロ（全日本2歳優駿）、モルトアレグロ（紅梅S）。

特注馬

ピンシャン／ポスト、マテラスカイ。森厩舎だけに22年春はサウジ、ＵＡＥ遠征か。1200も克服可能とみた。
ララクリュサオル／裸馬でも二枚腰を発揮して先頭でゴールイン。その根性気に入った。一気にＯＰ入りへ。
デトロイトテソーロ／小倉での2勝クラスを翌日の3勝クラスより速い時計で勝利。スピードの活きる良馬場でこそ。

勝利へのポイント

1400以下【43-34-19／226】、勝率19.4%

ミスプロ系の軽いスピードとストームキャット系のハイペース上等張りのスピードが相まって、出きってしまえば二枚腰、三枚腰の粘りを発揮して、そのままゴールを先頭で駆け抜ける。全44勝のうち43勝が1400以下という徹底ぶり。2歳初っぱなから走る仕上がりの早さと、なおかつ古馬になっての急上昇がある。1勝クラスでモタモタしていたのに、そこを勝ち上がると、昇級初戦を難なく突破し、あっという間にOPまで上り詰めるのが出世馬の成長曲線。上級馬に限ると、パワーも備える牡馬がダート、より軽いスピードを持つ牝馬が芝に仕事場は分かれる。距離短縮、競馬場替わり、外枠発走などに大駆けあり。海外遠征では日本以上に力を出すので、馬券発売の際は要注意。

2020 RANK **66**

ローエングリン LOHENGRIN

伝説の03年天皇賞・秋　激しい気性に泣いた個性派

1999年生　栗毛　2018年引退

POINT
- 距離適性は個々に判断
- 着順上昇と叩き3戦目が勝利の符牒
- 苦手のコースでの大駆けがあるぞ

シングスピール Singspiel 鹿 1992	インザウイングス In the Wings	Sadler's Wells
		High Hawk
	グロリアスソング Glorious Song	Halo
		Ballade (12-c)
*カーリング Carling 鹿 1992	ガルドロワイヤル Garde Royale	Mill Reef
		Royal Way
	コラレハ Corraleja	Carvin
		Darling Dale (4-p)

Mill Reef 5×3

現役時代

　中央45戦10勝、海外3戦0勝。主な勝ち鞍、中山記念(2回)、読売マイラーズC(2回)。ムーランドロンシャン賞2着(仏GI・芝1600)。

　皐月賞は抽選にハズれて除外。若草Sを逃げ切り3勝目をあげるが、ダービーも抽選で除外。駒草賞を勝ち、宝塚記念でダンツフレームの3着に逃げ粘る。

　4歳で重の中山記念、マイラーズCと連勝。安田記念は3着惜敗も、フランス遠征してムーラン賞2着。

　03年天皇賞・秋、ゴースデディに競られるとハナを譲らず2頭で暴走。鞍上の後藤と吉田豊はいさかいのあった間柄だけに批判も多く、後藤は主戦から降板。その後、香港マイル3着、毎日王冠2着などを経て、6歳のマイラーズCで2年ぶりの勝利。そして8歳の中山記念。久々に後藤とのコンビ復活で逃げ切り。後藤は涙を流し、伊藤正調教師への感謝を言葉にした。

血統背景

　父シングスピールはジャパンC、ドバイワールドCなど芝2000～2400MのGIを5勝。

　母カーリングは95年の仏オークス、ヴェルメイユ賞の勝馬でジャパンCにも出走。半弟エキストラエンド(京都金杯)、半弟リベルタス(若駒S)。

代表産駒

　ロゴタイプ(皐月賞)、トーセンスーリヤ(新潟大賞典)、カラクレナイ(フィリーズレビュー)、ヴゼットジョリー(新潟2歳S)、ゴットフリート(共同通信杯2着)。

特注馬

トーセンスーリヤ／いまやハンデ戦に出走するレベルではない。さらなる上を目指せ。大阪杯とぶち上げる。

アルピニズム／春2戦の大敗は内枠。函館スプリントSは速い時計。時計のかかる馬場に外枠なら乾坤一擲の勝負。

フォースオブウィル／1分35秒台の中山芝1600で勝ち負け。母父ステイゴールドなら中山芝1800での一発。

ローエングリン産駒完全データ

●最適コース
牡／中山芝1600、函館芝2000
牝／東京芝1800、新潟芝1600

●距離別・道悪
芝10～12	16-16-17／277	D10～13	10-7-9／193
芝14～16	23-29-29／396	D14～16	5-11-9／155
芝17～20	25-22-33／396	D17～19	10-16-18／227
芝21～	0-1-2／58	D20～	0-0-0／8
芝道悪	10-14-19／257	D道悪	9-16-17／246

●人気別回収率
1人気	単63%・複82%	21-13-11／69
2～4人気	単72%・複78%	38-48-34／290
5人気以下	単74%・複64%	30-41-72／1351

●条件別・勝利割合
穴率	34%	平坦芝率	50%
芝道悪率	16%	晩成率	44%
ダ道悪率	36%	芝広いコース率	31%

●コース別成績
東京	芝／12-14-14／201	D／6-10-7／123
中山	芝／13-14-12／207	D／7-12-10／140
京都	芝／5-7-10／93	D／1-0-1／47
阪神	芝／5-0-4／98	D／2-0-6／67
ローカル	芝／29-33-41／528	D／9-12-12／206

勝利へのポイント

叩き3戦目【16-4-5／109】、勝率14.7%

　新潟大賞典後は勝ちきれないでいたトーセンスーリヤが6歳になって函館記念を制し、続く新潟記念で2着。皐月賞以来、勝ち鞍から遠ざかっていたロゴタイプは6歳になって安田記念制覇。カラクレナイの5歳時のOP勝ちは3歳春以来の勝利だった。父の現役時同様に復活があるのが最大の売り。徐々に着順を上げて2着、3着と走ってきた時や叩き3戦目が勝利への符牒となる。マイル、1800を中心に1200、2000を守備範囲にし、距離適性は個々に判断するが、実績に乏しかったコースでも突然勝ち負けするから油断できない。根っこがサドラーズウェルズ系とあって北の洋芝との相性は良い。芝不良でも勝利しているが、稍重、重は勝率を落としている。ダートは2勝クラスが壁。

ベルシャザール BELSHAZZAR

2020 RANK **67**

ダービー3着、ジャパンCダート1着
芝ダ兼用のキンカメ×サンデー

2008年生　青鹿毛
2021年種付け料▷受胎確認後30万円（FR）／産駒誕生後50万円

POINT
- 牡馬は中距離、牝馬は短距離のダート血統
- 東京ダ1600得意馬もちらほら
- 前走2着馬の勝率高し

キングカメハメハ 鹿　2001	キングマンボ Kingmambo	Mr. Prospector
		Miesque
	*マンファス Manfath	*ラストタイクーン
		Pilot Bird　（22-d）
マルカキャンディ 青鹿　1996	*サンデーサイレンス Sunday Silence	Halo
		Wishing Well
	*ジーナロマンティカ Gina Romantica	*セクレト
		Waya　（1-e）

Northern Dancer 5・5×4

ベルシャザール産駒完全データ

●最適コース
牡／小倉ダ1700、東京ダ1600
牝／東京ダ1400、福島ダ1150

●距離別・道悪
芝10～12　　2-0-1／38　　D10～13　　8-9-10／132
芝14～16　　2-3-1／58　　D14～16　　8-11-16／167
芝17～20　　1-4-4／70　　D17～19　　16-21-33／376
芝21～　　　0-0-0／6　　 D20～　　　3-6-4／52
芝道悪　　　1-3-0／44　　D道悪　　　16-12-25／284

●人気別回収率
1人気　　　　単55%・複78%　　12-6-16／58
2～4人気　　 単49%・複77%　　13-29-27／153
5人気以下　　単43%・複52%　　15-19-26／688

●条件別・勝利割合
穴率　　　38%　　平坦芝率　　60%
芝道悪率　20%　　晩成率　　　28%
ダ道悪率　46%　　芝広いコース率　20%

●コース別成績
東京　　芝／0-1-0／18　　D／12-11-15／158
中山　　芝／0-0-0／24　　D／4-9-13／153
京都　　芝／1-1-1／19　　D／1-8-7／72
阪神　　芝／2-1-4／29　　D／5-8-10／109
ローカル　芝／2-4-1／82　　D／13-11-18／235

勝利へのポイント

牡馬ダ全24勝のうち、1400以下／4勝、1700以上／17勝

勝ち味に遅いダート血統で、牡馬はダ1700以上、牝馬はダ1400以下で糊口をしのいでいる。それでも単勝買いや頭から勝負と行かなくとも、3連複の一頭には加えられる安定した走りをみせる。前走2着馬だけは勝率20%超。牡馬はスタミナがあるだけに東京ダ2100でも狙える。東京ダ1600だが、セイヴァリアントなどが飯の種にしているコースでもあり、一概に捨てられない。仕上がりは遅く、3歳4～6月に未勝利戦を脱し、3歳夏から4歳にかけて1勝クラスを勝ち上がるも、2勝クラスを突破するのには苦労している。芝だが、数少ない2勝クラスを突破したシャイニーロックが出て、そこは多様性のあるキングカメハメハ系。全く無視するわけにはいかない。芝全5勝とも5番人気以下。

現役時代

中央17戦6勝、UAE1戦0勝。主な勝ち鞍、ジャパンCダート、武蔵野S。日本ダービー3着、フェブラリーS3着。2013年最優秀ダートホース。

当初はクラシック路線を歩み、大震災の年に阪神のスプリングS2着、東京の皐月賞11着、ダービー3着。勝ったのはいずれもオルフェーヴル。不良馬場のダービーの鞍上は後藤浩輝だった。骨折による14ヶ月の長期休養後は、ダート路線へ転身。連勝して、阪神ダ1800のジャパンCダートへ向かった。鞍上はルメール、3番人気。中団から徐々にポジションを上げると、直線で外から差し切り勝ち。1番人気のホッコータルマエの騎手が当時流行のお尻トントン騎乗をしたものの、馬にブレーキがかかったようにしか見えなかったという幸運にも恵まれた。翌年2月のフェブラリーSは出遅れる不利があって3着。ドバイWCは11着に沈んだ。

血統背景

父キングカメハメハ。キンカメ×サンデーの代表馬にドゥラメンテ、ローズキングダム、トゥザグローリー。
母マルカキャンディは01年府中牝馬S1着。ほかに京都芝1800のレコード勝ちなど7勝。半姉ライムキャンディ（クイーンC2着）。3代母ワヤは米国のGIを4勝。

代表産駒

エキサイター（野路菊S3着）、グラビテーション（ハイセイコー記念3着）、シェナキング（菊水賞）、シャイニーロック。

特注馬

シャイニーロック／切れ味勝負は分が悪い。時計のかかる馬場を強気に先行して活路を開け。
ソルトイブキ／芝からダートに転向して成功。1700から1800、その逆と距離変更時に好走例多し。
マイコレット／母父サウスヴィグラスの軽いスピードが伝われはしめたもの。東京ダ1400&1600で狙おう。

ローズキングダム ROSE KINGDOM

無敗で朝日杯FSを制覇　"薔薇一族"悲願のGI馬

POINT
勝ち上がりにはクラス慣れが必要
好走しても人気にならない馬を拾え
芝1600は他距離より信頼性あり

キングカメハメハ 鹿 2001	キングマンボ Kingmambo	Mr. Prospector
		Miesque
	*マンファス Manfath	*ラストタイクーン
		Pilot Bird (22-d)
ローズバド 青 1998	*サンデーサイレンス Sunday Silence	Halo
		Wishing Well
	ロゼカラー	Shirley Heights
		*ローザネイ (1-w)

Mill Reef 5×4、Northern Dancer 5・5×5

2007年生　黒鹿毛　2018年引退

●ローズキングダム産駒完全データ

●最適コース
牡／東京芝1400、東京芝2000
牝／中山芝1600、中山芝1800

●距離別・道悪
芝10〜12　　2-5-10／113　　D10〜13　　0-5-8／77
芝14〜16　　12-10-10／131　D14〜16　　2-1-3／62
芝17〜20　　9-13-11／141　D17〜19　　4-14-12／143
芝21〜　　　1-0-2／34　　　D20〜　　　1-1-0／18
芝道悪　　　8-9-5／98　　　D道悪　　　3-4-5／114

●人気別回収率
1人気　　　　単60%・複89%　　　7-7-5／27
2〜4人気　　単55%・複75%　　　12-23-21／129
5人気以下　　単36%・複65%　　　12-19-30／563

●条件別・勝利割合
穴率　　　　39%　　平坦芝率　　33%
芝道悪率　　33%　　晩成率　　　23%
ダ道悪率　　43%　　芝広いコース率　42%

●コース別成績
東京　　芝／8-5-7／70　　D／1-2-3／54
中山　　芝／6-7-6／64　　D／1-5-3／65
京都　　芝／1-2-3／40　　D／2-0-2／27
阪神　　芝／2-0-2／43　　D／1-1-0／27
ローカル　芝／7-14-15／202　D／2-13-15／127

現役時代

　中央25戦6勝。主な勝ち鞍、ジャパンC、朝日杯FS、神戸新聞杯、京都大賞典、東京スポーツ杯2歳S。日本ダービー2着、菊花賞2着。

　新馬、東スポ杯2歳S、朝日杯FSと、小牧太を背に大人びた競馬で3連勝。無傷のまま、GIホースになる。皐月賞4着の後、後藤浩輝に手替わりしたダービーは、直線で先頭に立つが、エイシンフラッシュの切れ味にクビ差の2着に惜敗する。

　秋は神戸新聞杯1着、菊花賞は2着。いい脚が一瞬しか使えないため、勝ち切れない。続くジャパンCはギリギリまで追い出しを我慢すると、外から飛んできたブエナビスタが前を横切るように先頭に立つ。不利を受けた本馬は追い出しが遅れ、また2着…と思われたが、ブエナビスタの降着で繰り上がりの優勝。薔薇の王国に、幸運の花束が贈られた。

血統背景

　父キングカメハメハは同馬の項を参照。

　母ローズバドはフィリーズレビュー、マーメイドSの勝ち馬。オークス2着、秋華賞2着、エリザベス女王杯2着。祖母ロゼカラーはデイリー杯3歳Sの勝ち馬。近親にロサード（オールカマーなど重賞5勝）、ヴィータローザ（セントライト記念など重賞3勝）、ローゼンクロイツ（金鯱賞など重賞3勝）。愛称は"薔薇一族"。

代表産駒

　ロザムール（中山牝馬S2着）、アンブロジオ（クロッカスS2着）。

特注馬

ロザムール／一発をやらかすのは競馬場替わり。穴としてなら良いが、人気の途端にコケるんだよな、この手の馬。
フォワードアゲン／地味に成長力がありそうで、あわよくば22年七夕賞。近親に現3歳の上がり馬エイシンチラー。
ケルンキングダム／5歳にして初勝利。遅れてきた中堅級か。SS3×4・4のクロス。爆発力はありそう。

勝利へのポイント

芝1600【8-5-6／78】、勝率10.3%

　勝ち味の遅さは相変わらずで、昇級初戦での勝利はもとより、連勝も皆無といって良い。それでもロザムールの重賞連対やフォワードアゲンのクラス慣れしての勝利と、地味ながらそれなりに存在感をみせている。ちなみにロザムールの中山牝馬S2着は産駒の重賞初連対。芝での最多勝ち距離は1600で、勝率も芝全体が5.7%に対し10%と高い。関西圏と出走回数の違いこそあるが、東京、中山の関東圏とは相性が良い。全体的に時計がかかる馬場が向く。4歳から5歳が充実期。勝ち味が遅いだけに、人気馬は買いづらいが、ロザムールのように好走しても人気にならない馬を拾うのが有効な馬券戦略。ダートは買えても1勝クラスのヒモ付けまで。大半が穴だからおいしいが。

2020 RANK 69

リーチザクラウン
REACH THE CROWN

**スペシャルウィークの後継
産地で人気沸騰**

POINT
- 仕上がりの早さが最大の売り
- 3歳春までなら昇級初戦でも狙える
- 大敗からの巻き返しに網を張れ

2006年生 青鹿毛
2021年種付け料▷受胎確認後50万円（FR）

スペシャルウィーク 黒鹿 1995	*サンデーサイレンス Sunday Silence	Halo
		Wishing Well
	キャンペンガール	マルゼンスキー
		レディーシラオキ（3-l）
クラウンピース 鹿 1997	シアトルスルー Seattle Slew	Bold Reasoning
		My Charmer
	*クラシッククラウン Classic Crown	Mr. Prospector
		Six Crowns（23-b）

Hail to Reason 4×5、Bold Ruler 5・5（母方）

リーチザクラウン産駒完全データ

●最適コース
牡／小倉芝1200、中山芝1600
牝／新潟芝1400、札幌芝1200

●距離別・道悪
芝10～12 ── 14-16-7／204　D10～13 ── 9-4-5／111
芝14～16 ── 13-11-17／264　D14～16 ── 5-2-6／86
芝17～20 ── 3-3-6／132　D17～19 ── 7-7-12／138
芝21～ ── 0-2-1／11　D20～ ── 1-0-0／9
芝道悪 ── 8-7-4／142　D道悪 ── 9-3-8／136

●人気別回収率
1人気 ── 単107%・複94%　8-3-4／21
2～4人気 ── 単102%・複69%　26-18-21／177
5人気以下 ── 単71%・複68%　18-24-29／757

●条件別・勝利割合
穴率 ── 35%　平坦芝率 ── 67%
芝道悪率 ── 27%　晩成率 ── 17%
ダ道悪率 ── 41%　芝広いコース率 ── 23%

●コース別成績
東京 ── 芝／3-3-6／108　D／4-2-6／71
中山 ── 芝／5-5-4／96　D／6-6-5／90
京都 ── 芝／2-1-1／46　D／1-1-0／33
阪神 ── 芝／2-3-5／79　D／2-1-0／35
ローカル ── 芝／18-20-15／282　D／9-3-12／115

勝利へのポイント

芝1400以下【21-20-15／301】

　2歳初っぱなから勝ち鞍を量産し、2歳から3歳春には格上げ初戦でも即通用する仕上がりの早さが最大の売り。スプリンターとマイラーが中心で、芝馬は小倉、函館、新潟、福島のローカルが勝ち鞍上位コースを占める。ダート馬は短距離型と中距離型に分かれ、東京ダ1600や中山ダ1800でも走る。前走の着順を信頼できるのは3歳春まで。逆に以降は大敗からの巻き返しがあり、数字以上に穴血統としての印象が強く、距離短縮、平坦替わり、道悪での激走などには網を張りたい。問題は伸び悩む産駒が多いことで、ローカルでの復活、ダートへ変更しての勝ち上がりなどを待つのが現状。西山茂行所有のニシノアジャストやニシノガブリヨリなどはシックスクラウンズのクロスを持つ。

現役時代

　中央26戦4勝。主な勝ち鞍、きさらぎ賞、読売マイラーズC。日本ダービー2着。
　2戦目の京都芝1800で、2着に2秒以上の差をつける大差勝ち。千両賞は1.1倍、きさらぎ賞も1.5倍に応えて楽な逃げ切り。クラシックへ乗り込むも、皐月賞は折り合いの難しさを出して13着。人気を落としたダービーは泥んこ不良馬場の中、2番手からロジユニヴァースの2着に踏ん張る。鞍上は武豊。
　秋は神戸新聞杯2着の後、1番人気の菊花賞も果敢な逃げに徹したが、最後に止まって5着。ジャパンCは9着。行きたがる気性が解消されず、その後はマイル路線へ転向。4歳でマイラーズCを制するも、安田記念は1番人気で14着に大敗。レース後に骨折が判明した。その後は脚元との戦いになり、7歳まで走って勝てなかった。中山記念3着がある。

血統背景

　父スペシャルウィークはダービー、天皇賞・春秋、ジャパンCなど。代表産駒はブエナビスタやシーザリオなど牝馬が多いため、本馬は実質的な後継種牡馬1号になる。
　母クラウンピースは中央1勝。祖母クラシッククラウンはフリゼットS（米GⅠ・ダ8F）、ガゼルH（米GⅠ・ダ9F）に優勝。三代母シックスクラウンズは、父セクレタリアトと母クリスエバートがどちらも三冠馬でこの名前がついた。

代表産駒

　キョウヘイ（シンザン記念）、サヤカチャン（アルテミスS2着）。

特注馬

スイートクラウン／近親にディープボンド。マルゼンスキー4×4のクロスは泣かせる。血統だけは奥が深い。
ニシノガブリヨリ／新馬を勝った小倉芝1200で1勝クラス突破。母はリボー系5×4。大物喰いの血が騒がないか。
ニシノタマユラ／全兄2頭は3歳春までに2勝。あわよくば福島2歳S。シックスクラウンズの4×5。

2020 RANK 70

ディープスカイ DEEP SKY

東京の長い直線で豪脚炸裂！ダービー＆NHKマイルCの春二冠馬

©Darley

2005年生　栗毛
2021年種付け料▷受胎確認後20万円（FR）／産駒誕生後40万円

POINT
- 中長距離ダートの鬼血統
- 叩き4、5戦目を狙え
- 高齢になっても高値安定

アグネスタキオン 栗 1998	*サンデーサイレンス Sunday Silence	Halo
		Wishing Well
	アグネスフローラ	*ロイヤルスキー
		アグネスレディー （1-l）
*アビ Abi 栗 1995	チーフズクラウン Chief's Crown	Danzig
		Six Crowns
	カーミライズド Carmelized	Key to the Mint
		Carmelize （23-b）

Miss Carmie 5・4（母方）、Bold Ruler 5×5・5

ディープスカイ産駒完全データ

●最適コース
牡／中山ダ1800、阪神ダ1800
牝／函館ダ1700、函館ダ1000

●距離別・道悪
芝10〜12	2-1-0／46	D10〜13	8-1-8／177
芝14〜16	10-8-2／89	D14〜16	4-5-9／187
芝17〜20	9-5-6／121	D17〜19	34-33-39／471
芝21〜	5-1-6／55	D20〜	9-7-4／97
芝道悪	8-5-2／73	D道悪	24-18-19／358

●人気別回収率
1人気	単88%・複87%	19-12-6／59
2〜4人気	単108%・複90%	32-26-28／187
5人気以下	単156%・複85%	30-23-40／997

●条件別・勝利割合
穴率	37%	平坦芝率	42%
芝道悪率	31%	晩成率	57%
ダ道悪率	44%	芝広いコース率	42%

●コース別成績
東京	芝／3-2-0／41	D／7-9-8／187
中山	芝／3-2-2／38	D／8-12-10／182
京都	芝／4-2-3／51	D／11-3-5／130
阪神	芝／7-2-3／43	D／7-4-5／108
ローカル	芝／9-7-6／138	D／22-18-32／325

現役時代

中央17戦5勝。主な勝ち鞍、日本ダービー、NHKマイルC、神戸新聞杯、毎日杯。

未勝利脱出まで6戦。騎手も次々に交替。毎日杯から四位洋文に手替わりして1着すると、栗毛の馬体と白い鼻面が一気に弾けて快進撃を開始。

稍重のNHKマイルCは、他馬が外めに持ち出すなか、芝の良い内目を通って上がり33秒9。ブラックシェルをかわして優勝。中2週のダービーは1番人気で、今度は外から突き抜けて快勝。イン突きと大外強襲、四位のコース取りの冴えも目を引いた。

秋は神戸新聞杯を勝ち、天皇賞・秋へ向かうが、ウオッカとダイワスカーレットの名勝負に及ばずの3着。ジャパンCはスクリーンヒーローの2着。4歳の安田記念2着、宝塚記念3着の後、浅屈腱炎が判明。父の急死を受けて、種牡馬入りが決まった。

血統背景

父アグネスタキオンは4戦4勝の皐月賞馬。
母アビは英国5戦1勝。母父チーフズクラウンも同牝系で、アビはミスカーミーの4×3を持つ。四代母ミスカーミーの一族に、タップダンスシチー（ジャパンC）、チーフズクラウン（BCターフ）、ウイニングカラーズ（ケンタッキー・ダービー）など。

代表産駒

クリンチャー（京都記念）、キョウエイギア（ジャパンダートダービー）、モルトベーネ（アンタレスS）、タマノブリュネット（TCK女王盃）、サウンドスカイ（全日本2歳優駿）。

特注馬

クリンチャー／今や交流重賞の重鎮。名古屋、佐賀の交流重賞圧勝の実績から金沢JBCは有力だ。
シャフトオブライト／6〜7月に穴を連発。近親にエドノフェリーチェ。ローカル2600でも走らないか。
セイウンクモアシ／21年6月末現在未出走の2歳馬。ディープスカイの祖母カーミライズド3×4のクロスを持つ。

勝利へのポイント

明け4〜5戦【17-9-19／161】、勝率10.6%

パワーとスタミナを武器に中長距離を仕事場とし、上級馬の大半が牡馬の男前血統。ダートは言うまでもなく、芝もかつての勢いこそないが、中長距離では侮れなく、舐めてかかると痛い目に遭う。ダート1800では競馬場を問わずに勝ち鞍を量産。中京ダ1800の実績は乏しいものの、京都の代替開催により出走回数が増えるに従い勝ち鞍を積み上げてくるはず。出走回数の関係で勝ち鞍数こそ少ないが、2000以上での勝率は1800と大差がなく、下級条件ながら1番人気の信頼率も高い。叩かれながら調子を上げ、明け4、5戦目が狙い頃。高齢になっても力の衰えはなく、3歳以降は高値安定。芝の重不良は鬼。クリンチャーもそうなように、リボー系のクロスを持つ馬に大物感。

2020 RANK 71

ジョーカプチーノ　JO CAPPUCCINO

**異色の戦績でマイルGIを制覇
初年度産駒が重賞勝ち**

POINT
- 2歳夏からエンジン全開
- 函館芝1200は黙って買え
- 競馬場、距離替わりは穴の山

マンハッタンカフェ 青鹿　1998	*サンデーサイレンス Sunday Silence	Halo
		Wishing Well
	*サトルチェンジ Subtle Change	Law Society
		Santa Luciana(16-c)
ジョープシケ 芦　2000	フサイチコンコルド	Caerleon
		*バレークイーン
	ジョーユーチャリス	トウショウボーイ
		ジョーバブーン　(2-f)

Northern Dancer 5・5(母方)

2006年生　芦毛
2021年種付け料▷受胎確認後30万円／不出生時返

現役時代

　中央23戦6勝。主な勝ち鞍、NHKマイルC、ファルコンS、シルクロードS。初勝利は中京ダ1700の未勝利戦という、のちのGIホースとしては異色のスタート。2勝目は距離短縮の芝1200、3勝目はファルコンS・中京芝1200。ここまで逃げの競馬を続けていたのに、ハイペースの前崩れの展開を中団から差し切った。鞍上は藤岡康太。続くニュージーランドTで3着に入り、NHKマイルCへ。当時スプリンターは不振とされていたことや、若い鞍上の実績のなさも加わり、10番人気の低評価。しかし、多くの人の目が節穴だったことが、府中の高速馬場のもとにさらされる。前半1000M57秒2の激流の2番手につけたジョーカプチーノは、直線に入っても脚色が衰えず、後続を突き放す。2着のレッドスパーダを抑えて、1分32秒4のレコードタイム。5歳でシルクロードS1着、スワンS2着などがある。

血統背景

　父マンハッタンカフェは同馬の項を参照。後継のガルボやラブイズブーシェの産駒が2019年デビュー。
　母ジョープシケは中央1勝。近親に特記すべき活躍馬なし。母父フサイチコンコルドは日本ダービー馬。

代表産駒

　ジョーストリクトリ（ニュージーランドT）、ジョーアラビカ（京阪杯3着）、ジョーマンデリン（函館スプリントS3着）。

特注馬

ナムラリコリス／母父がマツリダゴッホでもあり、ファンタジーSはギリギリか。福島2歳Sはただ貰いとみた。
ネクストストーリー／小回りコースで、被されずに先行させるとうるさい。コースより枠順と展開重視。
ジョーアラビカ／小回りの1200＆1400、ハイペース、追い込みの利く馬場。この3条件が揃えばもう一丁いける。

ジョーカプチーノ産駒完全データ

●最適コース
牡／中山芝1600、中山ダ1200
牝／函館芝1200、阪神ダ1200

●距離別・道悪

芝10～12	── 11-7-13／146	D10～13	── 8-12-10／124
芝14～16	── 13-8-6／163	D14～16	── 4-3-3／66
芝17～20	── 1-4-2／46	D17～19	── 2-4-2／53
芝21～	── 0-0-0／3	D20～	── 0-0-0／3
芝道悪	── 6-7-5／96	D道悪	── 6-7-3／86

●人気別回収率

1人気	単80%・複73%	8-3-2／24
2～4人気	単85%・複76%	19-19-15／133
5人気以下	単80%・複57%	12-16-19／447

●条件別・勝利割合

穴率	31%	平坦芝率	44%
芝道悪率	24%	晩成率	23%
ダ道悪率	43%	芝広いコース率	32%

●コース別成績

東京	芝／4-1-3／61	D／3-2-2／53	
中山	芝／6-3-1／62	D／5-9-4／73	
京都	芝／0-3-2／18	D／2-2-3／18	
阪神	芝／2-2-4／21	D／2-4-4／37	
ローカル	芝／13-10-11／196	D／2-2-2／65	

勝利へのポイント

全39勝のうち、2歳／14勝、3歳～6月／15勝

　逃げ、先行して粘り込むスピード持続型スプリンター、マイラーが中心で、2歳夏から走る早熟性が最大の売り。それを証明するかのようにデータ集計後にナムラリコリスが函館2歳Sを制している。そもそも函館芝1200は十八番とし、函館スプリントSでジョーマンデリンの3着もある。ジョーストリクトリのニュージーランドTをはじめ、大穴連発の中山芝1600や未勝利戦で荒稼ぎする中山ダ1200も得意コース。函館とは対照的に、全く奮わないのが札幌。芝、ダート兼用馬も多く、芝ダート替わりでも安易に軽視しないこと。穴は場所替わりや距離の短縮など目先を変えた時に連発する。7歳になっても重賞で気を吐くジョーアラビカがいるものの、成長力はあまり期待できない。

ストロングリターン STRONG RETURN

**古馬になり急上昇した
シンボリクリスエスの最強マイラー**

2006年生　鹿毛
2021年種付け料▷受胎確認後80万円(FR)　／産駒誕生後120万円

POINT
- 仕上がりの早いスプリンター血統
- 芝馬は3歳春までの勝負
- ダート馬は3歳〜4歳が旬

*シンボリクリスエス Symboli Kris S 黒鹿　1999	クリスエス Kris S.	Roberto
		Sharp Queen
	ティーケイ Tee Kay	Gold Meridian
		Tri Argo　(8-h)
*コートアウト Caught Out 鹿　1998	スマートストライク Smart Strike	Mr. Prospector
		Classy'n Smart
	*アザール Azhaar	Nijinsky
		Smart Heiress (A13)

Smartaire 5・4(母方)、Nashua 5×5

ストロングリターン産駒完全データ

●最適コース
牡／新潟ダ1200、中山ダ1200
牝／中京ダ1200、中山芝1200

●距離別・道悪
芝10〜12　　　6-3-11／126　　D10〜13　　18-13-23／273
芝14〜16　　10-21-11／222　　D14〜16　　4-10-5／155
芝17〜20　　　0-4-4／97　　　D17〜19　　9-14-8／179
芝21〜　　　　1-0-0／8　　　D20〜　　　0-0-0／13
芝道悪　　　　5-3-3／113　　D道悪　　11-8-12／249

●人気別回収率
1人気　　　　単79%・複84%　　　11-3-10／37
2〜4人気　　　単64%・複72%　　19-27-24／193
5人気以下　　単39%・複54%　　18-35-28／843

●条件別・勝利割合
穴率　　　　　　38%　　平坦芝率　　　53%
芝道悪率　　　　29%　　晩成率　　　　27%
ダ道悪率　　　　36%　　芝広いコース率　29%

●コース別成績
東京　　芝／5-10-5／61　　　D／2-8-3／130
中山　　芝／2-2-0／54　　　D／6-10-14／138
京都　　芝／2-2-3／40　　　D／2-1-3／58
阪神　　芝／1-0-6／51　　　D／4-6-3／82
ローカル　芝／7-14-12／215　　D／17-12-13／212

現役時代

中央21戦7勝。主な勝ち鞍、安田記念、京王杯スプリングC。

当初はスタートが下手。コーナーでもたつき、エンジンの掛かりも遅い。出世は遅れた。

軌道に乗ったのは5歳。京王杯SCを上がり33秒1で差し切って重賞を手にすると、安田記念も33秒台の末脚を繰り出し、リアルインパクトを追い詰めるクビ差の2着。堀厩舎のワンツーは、新進気鋭の調教師の名を知らしめた。ゆったりしたレース間隔と、東京コース中心のローテが功を奏した。

1年後の安田記念、大願成就の日がやってくる。新パートナーの福永祐一を背に、課題のスタートを決め、1000M56秒3のハイペースを後方で折り合う。直線はグランプリボスとの一騎打ち。競り合いを制して、1分31秒3のレコード勝ちを飾った。

血統背景

父シンボリクリスエスは、有馬記念と天皇賞・秋を連覇。代表産駒にエピファネイア、サクセスブロッケンなど。

母コートアウトは北米6勝、マザリンブリーダーズCS2着(加GI・ダ8.5F)。半妹レッドオーヴァル(桜花賞2着)、半兄ダイワマックワン(クリスマスローズS)。

代表産駒

プリンスリターン(シンザン記念2着・函館2歳S3着)、ツジミモン(シンザン記念2着)、ペイシャルアス(カンナS)、フラリオナ(ききょうS2着)、キーフラッシュ、ヤマニンレジスタ。

特注馬

キーフラッシュ／近親に浦和記念のマイネルバサラ。コース替わり、距離替わり時に好走多し。
セイウンパワフル／初の4歳の芝勝ち馬となるか。東京1400の好成績を残しているのだから、新潟1400でも。
プリンスリターン／上記馬以上に芝での勝利を期待。原点に戻って阪神1400でどうだ。

勝利へのポイント

芝17勝は全て2歳〜3歳春

仕上がりの早さとスプリント能力に長け、2歳初っぱなから短距離を賑わし、2歳OP&重賞での好走もある。ただし旬の時期は短く、芝に限ると全17勝の全てが3歳春までのもの。この時期までなら前走2着の1番人気の信頼性は高く、逆らわない方が賢明。穴は地味な血統だけに人気の盲点となる新馬戦。ローカル芝1200ではSS系に目を奪われて軽視しないこと。ダートは芝ほど早熟ではなく、3歳になって勝ち鞍をごっそり稼ぐ。3歳で未勝利、4歳で1勝クラス、2勝クラスを勝ち上がるのがダート馬の成長曲線。ただ、それでも4歳までか。短距離を主とするのは芝同様だが、1800も守備範囲。函館&福島芝1200、新潟ダ1200では網を張っておきたい。

2020 RANK **74**

バトルプラン
BATTLE PLAN

日本で実績のあるエンパイアメーカー直仔
芝ダート兼用の中距離型

2005年生　鹿毛　アメリカ産
2021年種付け料▷受胎確認後30万円（FR）

POINT
- 重賞、OP級は芝馬
- ダート馬は中堅級がごっそり
- ダート馬の中1週は黙って買い

*エンパイアメーカー Empire Maker 黒鹿 2000	アンブライドルド Unbridled	Fappiano
		Gana Facil
	トゥサード Toussaud	El Gran Senor
		Image of Reality（6-d）
フランダース Flanders 栗 1992	シーキングザゴールド Seeking the Gold	Mr. Prospector
		Con Game
	スターレットストーム Starlet Storm	Storm Bird
		Cinegita（25）

Mr. Prospector 4×3、Northern Dancer 4×4、In Reality 5・4（父方）、
Buckpasser 5×4

バトルプラン産駒完全データ

●最適コース
牡／中山ダ1800、中京ダ1400
牝／阪神ダ1400、札幌ダ1700

●距離別・道悪
芝10〜12	5-4-9／94	D10〜13	14-28-28／285
芝14〜16	2-6-5／97	D14〜16	9-12-16／207
芝17〜20	1-7-3／98	D17〜19	18-26-24／387
芝21〜	1-1-0／16	D20〜	3-5-4／43
芝道悪	5-3-5／76	D道悪	16-21-27／342

●人気別回収率
1人気	単65%・複85%	17-14-10／65
2〜4人気	単57%・複75%	21-28-35／213
5人気以下	単37%・複102%	15-47-44／949

●条件別・勝利割合
穴率	28%	平坦芝率	56%
芝道悪率	56%	晩成率	49%
ダ道悪率	36%	芝広いコース率	33%

●コース別成績
東京	芝／3-6-3／60	D／9-13-12／130
中山	芝／1-4-4／47	D／8-18-12／195
京都	芝／0-0-1／31	D／3-6-10／96
阪神	芝／0-2-1／19	D／9-8-12／133
ローカル	芝／5-6-8／148	D／15-26-26／321

勝利へのポイント

ダートの中1週【18-17-19／181】、勝率9.9%

　ダートを主戦場としながら、重賞、OPの勝ち鞍が全て芝という異彩の血統。もっとも地方では重賞好走馬を何頭も出し、20年の南部杯ではモジアナフレイバーが3着に入って3連単10万馬券を提供したりしている。日本ではダート、海外（地方と比較するのはともかく）では芝の重賞勝ち馬を出す、同父系アメリカンファラオの逆をいっている。2歳前半からいきなりはないが、2歳後半から存在感を見せ、3歳、4歳になって本格化という成長曲線。牡馬は1800を中心に短距離から2000以上と幅広い距離をこなし、牝馬は1400以下を得意としつつ、ポツリと中距離馬も出る。牡牝共通するのが東京ダ1600はからきしなこと。ダートの中1週は黙って買い。芝は若干湿った稍重が走る。

現役時代

　北米で通算6戦4勝。主な勝ち鞍、ニューオリンズH（GⅡ・9F）。
　骨に問題があり初出走が3歳11月と遅く、3歳時は1戦、4歳時も関節を痛め1戦しか使えなかった。5歳になると1年ぶりの出走となった一般戦で2勝目をあげると、続く一般戦も快勝し、これでデビュー2戦目から3連勝。重賞初挑戦にもかかわらず圧倒的人気に支持されたニューオリンズHは早めに先頭に立って優勝した。ダート中距離路線の前半を締めくくるスティーヴンフォスターHGⅠも本命に推され、レースは先手を取り後続に4馬身差をつけて直線。このまま楽勝かと思えたが、この年のBCクラシックで鬼姫ゼニヤッタを破るブレイムにかわされ、同馬の3／4差2着に惜敗した。レース後に右前脚の繋靱帯に故障が判明。そのまま引退、日本で種牡馬入りすることが決まった。

血統背景

　父エンパイアメーカーは同馬の項参照。
　母フランダースは骨折により2歳時のみ走り、BCジュヴェナイルフィリーズなどGⅠ3勝を含め5戦4勝。唯一の敗戦メイトロンSは禁止薬物検出での1着失格。他にサンタアニタ・オークスなどGⅠ4勝のサーフサイドを産んでいる。祖母スターレットストームの半妹にショウリノメガミ（中山牝馬S）。

代表産駒

　ライオンボス（アイビスサマーダッシュ）、ブレスジャーニー（東京スポーツ杯）、マイネルシュバリエ（札幌2歳S2着）。

特注馬

ライオンボス／下手な邪推は捨てて、夏の新潟千直では素直に買おう。7歳で勝った産駒は皆無でも。
アッシェンプッテル／JRA、地方を問わず、道悪馬場は走る。OPなら牡馬相手でも勝ち負け。
シュルードアイズ／半兄にプロキオンSのメイショウカズサ。左回りのダート中距離で一考。

フェノーメノ FENOMENO

春の天皇賞を2連覇!
ステイゴールド×デインヒルのステイヤー

2009年生 青鹿毛
2021年種付け料 ▷ 受胎確認後50万円 (FR)

POINT
- 中距離以上の勝ち鞍増加
- 牡馬はダートと時計のかかる芝
- 牝馬は切れる脚が使える

ステイゴールド 黒鹿 1994	*サンデーサイレンス Sunday Silence	Halo
		Wishing Well
	ゴールデンサッシュ	*ディクタス
		ダイナサッシュ (1-t)
*ディラローシェ De Laroche 鹿 1999	*デインヒル Danehill	Danzig
		Razyana
	シーポート Sea Port	Averof
		Anchor (11-d)

Northern Dancer 5×4、Natalma 5・5(母方)、Ribot 5・5(母方)

フェノーメノ産駒完全データ

●最適コース
牡／東京ダ1600、中山ダ1800
牝／阪神芝1600、函館芝1800

●距離別・道悪
芝10〜12	0-2-2／35	D10〜13	4-7-0／85
芝14〜16	3-4-3／98	D14〜16	6-8-3／81
芝17〜20	6-6-8／154	D17〜19	7-4-4／103
芝21〜	0-2-6／36	D20〜	0-0-0／8
芝道悪	4-2-11／101	D道悪	6-8-2／122

●人気別回収率
1人気	単70%・複60%	7-3-2／24
2〜4人気	単81%・複70%	10-14-8／84
5人気以下	単45%・複55%	9-16-16／492

●条件別・勝利割合
穴率	35%	平坦芝率	44%
芝道悪率	44%	晩成率	8%
ダ道悪率	35%	芝広いコース率	56%

●コース別成績
東京	芝／1-0-3／61	D／3-5-2／62
中山	芝／1-2-1／46	D／2-2-0／61
京都	芝／0-3-3／29	D／3-4-0／26
阪神	芝／1-2-2／33	D／4-2-4／46
ローカル	芝／6-7-10／154	D／5-6-1／82

現役時代

中央18戦7勝。主な勝ち鞍、天皇賞・春(2回)、青葉賞、セントライト記念、日経賞。ダービー2着、天皇賞・秋2着。

青葉賞に勝ち、ダービーはディープブリランテのハナ差2着。蛯名正義のダービー勝利ならず。秋は菊花賞へ向かわず、天皇賞・秋でエイシンフラッシュの2着。ステイヤーの本質が判明したのは古馬になってからだった。日経賞を勝って向かった13年天皇賞・春。ゴールドシップが1.3倍の断然人気の中、中団から進出。4角では外のトーセンラーに並びかけられるも、直線で突き放して先頭ゴールイン。

翌5歳の天皇賞・春も、キズナが1.7倍の断然人気に支持され、フェノーメノは4番人気。ゴールドシップが大きく出遅れる展開の中、隙のない競馬でウインバリアシオンを封じて優勝。2連覇を飾った。

血統背景

父ステイゴールドは同馬の項を参照。

母ディラローシェは愛国と米国で10戦2勝。母の半兄にインディジェナス(99年ジャパンC2着、香港ヴァーズ1着)。祖母の父アヴェロフはハイペリオン系のマイラー。

母はリボー4×4のクロスとデインヒルを持ち、同じステイゴールド産駒で、母がリボー系ヒズマジェスティのクロスとデインヒルを持つナカヤマフェスタに似る。

代表産駒

キタノオクトパス(ジャパンダートダービー3着)。

特注馬

キタノオクトパス／スタミナ豊富な血統構成。一度惨敗の東京ダ2100で再考。高い湿度と湿った馬場は合う。
ケッツァー／母父グラスワンダーで、上記馬と同配合。母が短距離重賞勝ち馬でも、中距離以上で一変しないか。
ナギサ／間隔を空けた方が走る。北の大地も良いけれど、米どころ新潟でもおもしろそう。

勝利へのポイント

3歳以上全19勝のうち、1800以上／11勝

産駒デビューから1年余りまでの頃こそ短距離での勝利が多かったが、2年を経た現在、1800以上の勝ち鞍が増え、中長距離血統としての様相が現れ始めた。といってもOP馬は皆無で、2勝クラスを突破するのに四苦八苦しているのが現状。走りに安定感がなく、好走からの惨敗、あるいはその逆など、つかみ所がなく、出世頭のキタノオクトパスにしても然り。穴は多く、距離の短縮、競馬場替わりなどが狙いの指標となりそうだ。牡馬は決め手がなく、ダートと時計のかかる芝中距離以上が仕事場。将来的には北の芝2600が適コースになるとみた。牝馬は34秒前後の切れる脚を使え、ワンターンの1600&1800やローカル中距離で勝ち負けしている。それでも安定感を欠くのは同じ。

2020 RANK 76

ワールドエース WORLD ACE

ディープ×ドイツ血統の活躍馬のさきがけ

POINT
中長距離血統の姿を見せ始めた
芝牡馬は距離を延ばしてクラスを突破
前走3着馬の次走1着は異常に高率

2009年生 鹿毛
2021年種付け料▷受胎確認後70万円（FR）

ディープインパクト 鹿 2002	*サンデーサイレンス Sunday Silence	Halo
		Wishing Well
	*ウインドインハーヘア Wind in Her Hair	Alzao
		Burghclere (2-f)
*マンデラ Mandela 栗 2000	アカテナンゴ Acatenango	Surumu
		Aggravate
	マンデリヒト Mandellicht	Be My Guest
		Mandelauge (3-d)

Northern Dancer 5×4

ワールドエース産駒完全データ

● 最適コース
牡 小倉芝2000、阪神芝1800
牝 中山芝1600、東京芝1400

● 距離別・道悪
芝10～12　　5-6-8／74　　D10～13　　4-2-7／102
芝14～16　　10-7-21／193　D14～16　　0-1-3／68
芝17～20　　8-5-10／122　D17～19　　4-5-5／83
芝21～　　　2-1-4／30　　D20～　　　0-2-1／10
芝道悪　　　10-6-14／135　D道悪　　　3-2-8／105

● 人気別回収率
1人気　　　単99%・複60%　　9-2-1／25
2～4人気　　単55%・複78%　　14-13-27／131
5人気以下　　単58%・複85%　　10-14-31／526

● 条件別・勝利割合
穴率　　　　30%　　平坦芝率　　20%
芝道悪率　　40%　　晩成率　　　12%
ダ道悪率　　38%　　芝広いコース率　48%

● コース別成績
東京　　芝／5-2-7／75　　D／0-3-4／62
中山　　芝／6-3-5／69　　D／3-1-5／76
京都　　芝／0-2-4／30　　D／0-1-0／13
阪神　　芝／6-2-4／79　　D／1-2-2／33
ローカル　芝／8-10-23／166　D／4-3-5／79

勝利へのポイント

前走3着【10-4-6／54】、勝率18.5%

初年度産駒がデビューしてから2年。中長距離血統としての姿を徐々に見せ始めた。前版で「合いそうな重賞は京都新聞杯」としたが、同じダービーのステップ戦、青葉賞でレッドヴェロシティが3着に入った。短距離での勝ち負けはほぼ2歳時で、年齢を重ねると中距離に傾倒する。そこそこに仕上がりは早く、2歳の秋頃からは続々と勝ち名乗りを上げ、芝2000の新馬戦での勝利もある。距離を延ばしながらクラスを突破していくのが出世する牡馬の道程だろう。芝の道悪は好材料。牝馬は1400～1600が中心。ダート馬は芝馬ほど仕上がりの早さはなく、3歳4月以降に未勝利を脱するのが多い。前走3着馬の次走1着が高率。覚えていても損はない。3着→1着を繰り返す馬が複数いる。

現役時代

中央14戦4勝、豪州と香港で3戦0勝。主な勝ち鞍、きさらぎ賞、マイラーズC。皐月賞2着。

サンデーレーシングの募集価格は総額1億円。きさらぎ賞、若葉Sを差し切り、12年皐月賞は2番人気。しかしスタートでつまずき、福永祐一が落馬寸前の後方17番手から。稍重の中山の大外をぶん回して猛然と追い込んだが、ゴールドシップの2着まで。

この末脚が評価され、ダービーは2.5倍の1番人気。今度はゴールドシップと牽制し合いすぎて仕掛けが遅れ、ディープブリランテに届かずの4着。上がり33秒8は最速だっただけに騎乗に批判の声も出たが、瞬時に動けない不器用さ、外しか回れない乗りづらさも目立った。1年8ヶ月の長期休養をはさみ、5歳のマイラーズCで1分31秒4のレコード復活勝利。香港と豪州のマイルGⅠにも参戦した。

血統背景

父ディープインパクトは同馬の項を参照。

母マンデラはドイツオークス3着。全弟ワールドプレミアは19年菊花賞優勝、有馬記念3着。半弟ヴェルトライゼンデは20年日本ダービー3着。母の半弟マンデュロはイスパーン賞、ジャックルマロワ賞など欧州GⅠを3勝。

母の父アカテナンゴはドイツの芝2400のGⅠを6勝などの、ドイツの大種牡馬。ジャパンCを勝ったランドの父。

代表産駒

レッドヴェロシティ(青葉賞3着)、オータムレッド(クローバー賞)。

特注馬

レッドヴェロシティ／近親に天皇賞馬アドマイヤジュピタ。ダイヤモンドSで買わずにいられるか。

ワールドスケール／距離を延ばしながらクラス突破。中央の2000以上でも好勝負とみた。半妹に新馬R勝ちのロン。

スペードエース／シュヴァルグランと同牝系。このまま終わるとは思えない。若干時計のかかる馬場が良い。

トゥザワールド　TO THE WORLD

GIにはあと一歩届かず
キンカメ×トゥザヴィクトリー系

2011年生　鹿毛
2021年種付け料／受胎確認後30万円（FR）／産駒誕生後50万円

POINT
1200&1800が得意距離
ローカルでの復活に注意
連闘と中1週の回収率は高い

キングカメハメハ 鹿 2001	キングマンボ Kingmambo	Mr. Prospector
		Miesque
	*マンファス Manfath	*ラストタイクーン
		Pilot Bird　(22-d)
トゥザヴィクトリー 鹿 1996	*サンデーサイレンス Sunday Silence	Halo
		Wishing Well
	*フェアリードール Fairy Doll	Nureyev
		Dream Deal　(9-f)

Nureyev 4×3、Northern Dancer 5・5×4

トゥザワールド産駒完全データ

●最適コース
牡／中京ダ1200、中山ダ1800
牝／函館芝1200、中山ダ1200

●距離別・道悪
芝10〜12	6-6-6／75	D10〜13	7-8-9／95
芝14〜16	2-3-1／73	D14〜16	0-3-4／53
芝17〜20	3-3-1／52	D17〜19	5-8-7／80
芝21〜	0-0-0／7	D20〜	0-1-0／2
芝道悪	7-2-4／57	D道悪	5-9-13／102

●人気別回収率
1人気	単38%・複62%	5-6-4／31
2〜4人気	単91%・複90%	10-17-5／67
5人気以下	単45%・複84%	8-9-19／526

●条件別・勝利割合
穴率	35%	平坦芝率	73%
芝道悪率	64%	晩成率	17%
ダ道悪率	42%	芝広いコース率	18%

●コース別成績
東京	芝／1-3-0／33	D／0-4-3／45
中山	芝／0-3-2／27	D／3-8-5／61
京都	芝／1-0-0／12	D／0-1-4／18
阪神	芝／1-0-0／22	D／0-1-3／25
ローカル	芝／8-6-6／113	D／9-6-5／81

現役時代

　中央10戦4勝、豪州2戦0勝。主な勝ち鞍、弥生賞。皐月賞2着、有馬記念2着、ザBMW2着。
　キャロットクラブの募集価格は総額1億円。名牝トゥザヴィクトリーの息子として注目され、新馬こそ敗れたが4連勝で弥生賞を快勝。1番人気の14年皐月賞は川田将雅を背に、3番手からソツなく抜け出すも、イスラボニータの末脚に屈して2着。ダービーはワンアンドオンリーの5着、セントライト記念2着、菊花賞16着。母も兄もクラシックレースにはあと一歩届かなかった。その血の宿命かと思われたが、ビュイックに乗り替わりの有馬記念は9番人気2着。内の狭いところをこじ開け、ジェンティルドンナのラストラン優勝に続いた。4歳で豪州に遠征。ザBMW（GⅠ・芝2400M）は一旦先頭に立って2着。中1週のクイーンエリザベスS（GⅠ・芝2000M）は12着だった。

血統背景

　父キングカメハメハは同馬の項を参照。
　母トゥザヴィクトリーは桜花賞3着、オークス2着、エリザベス女王杯1着、ドバイワールドC2着、有馬記念3着。
　全兄トゥザグローリーは京都記念、日経賞など重賞5勝。全妹トーセンビクトリー（中山牝馬S）、近親デニムアンドルビー（ローズS）、プロフェット（京成杯）、リオンリオン（青葉賞）、フェアリーポルカ（中山牝馬S）。

代表産駒

　ゴールドチャリス（中京2歳S）、ワールドリング（優駿スプリント）。

特注馬

ペルセウスシチー／芝からダートへの転向とブリンカー装着が成功。左回りの中距離以上では安定感あり。
ゴールドチャリス／差し脚が板について来ただけに、1400でも。新潟1400でどうだ。母系はスタミナがある。
ミエノワールド／半姉ディアンドルと比較するのはおこがましいが、距離を延ばして新鮮味がでないか。

勝利へのポイント

全23勝中、1200／9勝、1800／6勝

　兄トゥザグローリーの産駒より仕上がりの早さと軽いスピードを持ち味に、2歳から走り、ローカル平坦コースを中心に勝ち鞍を稼いでいる。見方を変えると、非力な産駒が多いのが現状。マイルは、ローカル平坦が新潟だけで、1勝に留まっているのもそれを物語る。勝ち鞍上位距離は1200と1800。ローカルを飯の種にしながらダ1700は冴えない。中央では中山のダート1200&1800に注意。「連闘」と「中1週」の回収率が高いのと、叩き2、3戦目が勝負どころ。ゴールドチャリスのように中央で頭打ちとなった馬のローカル復活は今後もあるはず。地方南関東のワールドリングは東京ダービー8着後の優駿スプリントを勝利。これはJRAでも馬券の手がかりとなりそうだ。

78 アメリカンファラオ AMERICAN PHAROAH

37年ぶり米三冠
アンブライドルド系の本流

2012年生　鹿毛　アメリカ産

POINT
- 隠れストームキャット系
- 勝つも負けるも展開次第
- 頭固定の馬単勝負血統

パイオニアオブザナイル Pioneerof the Nile 黒鹿 2006	*エンパイアメーカー Empire Maker	Unbridled
		Toussaud
	スターオブゴーシェン Star of Goshen	Lord at War
		Castle Eight （21-a）
リトルプリンセスエマ Littleprincessemma 栗 2006	ヤンキージェントルマン Yankee Gentleman	Storm Cat
		Key Phrase
	イクスクルーシヴロゼット Exclusive Rosette	Ecliptical
		Zetta Jet （14）

Northern Dancer 5×5

アメリカンファラオ産駒完全データ

●最適コース
牡／東京ダ1600、中山ダ1800
牝／阪神ダ1800、中京ダ1800

●距離別・道悪
芝10～12　　0-0-0／1　　D10～13　　1-1-0／6
芝14～16　　3-1-1／10　D14～16　　5-1-1／22
芝17～20　　0-0-0／4　　D17～19　　13-4-4／46
芝21～　　　0-0-0／1　　D20～　　　0-0-0／1
芝道悪　　　1-0-0／3　　D道悪　　　6-3-2／24

●人気別回収率
1人気　　　　単170%・複93%　　14-0-0／20
2～4人気　　単68%・複85%　　　4-6-5／37
5人気以下　　単323%・複179%　4-1-1／34

●条件別・勝利割合
穴率　　　　18%　　平坦芝率　　67%
芝道悪率　　33%　　晩成率　　　14%
ダ道悪率　　32%　　芝広いコース率　67%

●コース別成績
東京　　芝／1-1-0／4　　D／5-1-1／16
中山　　芝／0-0-0／3　　D／2-0-0／5
京都　　芝／0-0-0／1　　D／5-0-1／13
阪神　　芝／0-0-1／3　　D／3-2-1／16
ローカル　芝／2-0-0／5　　D／4-3-2／25

現役時代

北米で通算11戦9勝。主な勝ち鞍、米三冠、BCクラシック（GⅠ・10F）、他GⅠ4勝、GⅡ1勝。
1978年のアファームド以来、37年ぶり、史上12頭目の米三冠を達成。ケンタッキー・ダービーは3番手から直線で先頭に立ち、不良馬場でのプリークネスSは7馬身差の逃げ切り圧勝。ベルモントSも先手を取り、ゴールでは2着に5馬身半差をつけていた。この後はハスケル招待Sを制し、トラヴァーズSこそキーンアイスの2着に不覚を取ったが、BCクラシックで王者の走り。2着に6馬身半差をつけてコースレコード2分00秒07での優勝。三冠にBCクラシック制覇という史上初の偉業を果たし、引退の花道を飾った。本来はAmerican Pharoahのはずが、登録時のミスでAmerican Pharoahの綴りとなったのはよく知られるところ。通算11戦9勝2着1回。2歳デビュー戦は5着だった。

血統背景

父パイオニアオブザナイルは同馬の項参照。
母リトルプリンセスエマは未出走。半妹にチェイシングイエスタディ（スターレットSGⅠ）。

代表産駒

カフェファラオ（フェブラリーS）、ダノンファラオ（ジャパンダートダービー）、ハーヴェイズリルゴイル（クイーンエリザベス2世チャレンジCGⅠ・9F）、ヴァンゴッホ（クリテリウムアンテルナシオナルGⅠ・1600M）、ピスタ（パークヒルSGⅡ・14.5F）、エイシンアメンラー、リフレイム。

特注馬

カフェファラオ／一にも二にも揉まれないことが勝利への道。後方ポツンからの大マクリも妙手じゃないか。
ダノンファラオ／GⅠ級にはだらしないが、GⅢ級にはめっぽう強い、昭和30年代の外国人レスラー的キャラとする。
リフレイム／母はGⅠアラバマSなど北米ダート重賞3勝。普通に条件戦のダート中距離を走らせたらどうだ。

勝利へのポイント

ダート全成績【19-6-5-4-4／75】

アンブライドルド系というより母の父系ストームキャットそのもの。揉まれずに逃げ、先行を打つとペースに関係なく圧勝したかと思えば、次走では出入りの激しい展開に飲み込まれて惨敗する。1着数に比べて2～5着が少なく、牡馬はこの傾向がより顕著。頭固定の馬単勝負血統だ。極端さは着順だけに留まらず、すんなり先行可能な内枠や揉まれない外枠が良く、中枠はいまひとつ。前走の1、2着か大敗からの1着が目立ち、中途半端な3、4着馬に妙味なし。勝ち鞍上位コースには父系、母の父系の両方が得意とする東京ダ1600を筆頭に、ダート血統王道の京都、阪神、中山、中京1800が並ぶ。海外の重賞勝ち馬の大半が芝であることを押さえつつ、日本での上級馬はダートとする。

2020 RANK 79

ミッキーアイル   MIKKI ISLE

**マイルのみならず1200もこなした
スピード型のディープ後継種牡馬**

2011年生　鹿毛
2021年種付け料▷受胎確認後250万円(FR)

POINT
- 驚きの仕上がりの早さとスプリント適性
- 無法松も惚れる小倉芝1200娘
- 牡馬はダート、牝馬は芝で勝ち鞍量産

ディープインパクト 鹿 2002	*サンデーサイレンス Sunday Silence	Halo
		Wishing Well
	*ウインドインハーヘア Wind in Her Hair	Alzao
		Burghclere (2-f)
*スターアイル Star Isle 鹿 2004	*ロックオブジブラルタル Rock of Gibraltar	*デインヒル
		Offshore Boom
	*アイルドフランス Isle de France	Nureyev
		*ステラマドリッド (6-a)

Northern Dancer 5×5・5・4

ミッキーアイル産駒完全データ

●最適コース
牡／阪神ダ1200、中京ダ1400
牝／小倉芝1200、阪神芝1400

●距離別・道悪
芝10〜12 ──── 5-2-4／56　　D10〜13 ──── 6-4-3／49
芝14〜16 ──── 8-7-7／85　　D14〜16 ──── 3-2-2／30
芝17〜20 ──── 0-3-0／17　　D17〜19 ──── 2-3-1／20
芝21〜 ──── 0-0-0／3　　D20〜 ──── 1-0-0／1
芝道悪 ──── 4-4-4／44　　D道悪 ──── 6-2-4／42

●人気別回収率
1人気 ──── 単97%・複87% ──── 13-3-3／28
2〜4人気 ──── 単51%・複63% ──── 8-9-8／37
5人気以下 ──── 単106%・複87% ──── 4-9-6／169

●条件別・勝利割合
穴率 ──── 16%　　平坦芝率 ──── 46%
芝道悪率 ──── 31%　　晩成率 ──── 0%
ダ道悪率 ──── 50%　　芝広いコース率 ──── 31%

●コース別成績
東京 ──── 芝／0-2-1／18　　D／1-1-1／10
中山 ──── 芝／0-1-0／15　　D／3-2-1／17
京都 ──── 芝／1-2-1／9　　D／0-0-0／4
阪神 ──── 芝／6-0-4／37　　D／4-2-0／28
ローカル ──── 芝／6-7-5／87　　D／4-4-4／41

現役時代

中央19戦8勝、香港1戦0勝。主な勝ち鞍、NHKマイルC、マイルCS、スワンS、シンザン記念、阪急杯。

デビュー2戦目に京都芝1600で1分32秒3の2歳レコードをマーク。シンザン記念とアーリントンCも天賦の速さで逃げ切り、NHKマイルCは前半46秒6ー後半46秒6という精密機械のようなラップを刻んで勝利。猛追したタガノブルグを封じた。鞍上は浜中俊。

次走の安田記念は不良馬場にスタミナ切れを起こして16着。秋はスワンSを逃げ切り、マイルCSで1番人気になるもハナを切れず、失速。気難しさをのぞかせた。16年、5歳の高松宮記念、スプリンターズSは2着。マイルCSは最後の直線でネオリアリズムと叩き合う中、右ムチ連打に斜行して後続を巻き込む審議の走り。浜中は騎乗停止となったが、ミッキーアイルの1着は変わらず、マイル王に復権した。

血統背景

父ディープインパクトは同馬の項を参照。

母スターアイルはダ1000を2勝の外国産馬。半弟タイセイスターリー（シンザン記念2着）。近親アエロリット（NHKマイルC）とは祖母が同じ。ラッキーライラック（阪神JF、エリザベス女王杯）とは3代母が同じ。祖母アイルドフランスは重賞2勝。3代母ステラマドリッドは米国GⅠ4勝の名牝。

代表産駒

メイケイエール（チューリップ賞）、デュアリスト（兵庫ジュニアGP）、ミニーアイル（フィリーズR3着）。

特注馬

ナムラクレア／ためが利きそうなので、マイルはこなすとみた。それでも揉まれた時は心配。
スリーパーダ／小倉2歳Sで若干覗かせたピリピリ感。不良少女にならないことを願う。
デュアリスト／スピードを活かせる脚抜きの良い馬場では捨てたものではない。天敵はマクフィ産駒。

勝利へのポイント

小倉芝1200【5-1-2／21】、勝率23.8%

仕上がりの早さとスプリント向きのスピードを持ち味に縦横無尽に走りまくり、2歳初っぱなから短距離戦で勝利を積み重ねている。小倉芝1200での強さは言わずもがなで、小倉2歳S2連覇を果たし、21年はワンツーときた。ただ、牡馬と牝馬では仕事場が全く違い、牡馬は芝2勝、ダート10勝、牝馬は芝11勝、ダート2勝だ。牝馬は芝のスプリント戦、牡馬は交流重賞を制したデュアリストなどダートが活躍の場だが、勝ち味が遅く、安定感を欠く。初年度、2年目と大成功で、今後は平坦向きなのか、洋芝や坂のあるコースでも走るスピードなのか、距離延長などの見極めが重要。気性の"危ない"女の子も。南半球にシャトル供用。短距離王国オーストラリアからの吉報を待つ。

2020 RANK 80

マクフィ   MAKFI

全盛期の鬼姫
ゴルディコヴァを破った本命殺し

POINT
- 仕上がりの早さと軽いスピードが売り
- 中距離をこなせる資質も備える
- 間隔を空けての臨戦過程で好結果

2007年生　鹿毛　イギリス産
2021年種付け料▷250万円（不受返）

ドバウィ Dubawi 鹿　2002	ドバイミレニアム Dubai Millennium	Seeking the Gold
		Colorado Dancer
	ゾマラダー Zomaradah	Deploy
		Jawaher　　（9-e）
デラール Dhelaal 鹿　2002	グリーンデザート Green Desert	Danzig
		Foreign Courier
	アイリッシュヴァレイ Irish Valley	Irish River
		Green Valley (16-c)

Northern Dancer 5×4、Never Bend 5・5（母方）

現役時代

　フランス、イギリスで通算6戦4勝。主な勝ち鞍、英2000ギニー（GⅠ・8F）、ジャックルマロワ賞（GⅠ・1600M）、ジェベル賞（GⅢ・1400M）。
　フランス調教馬ながら果敢に挑んだ英2000ギニーは後方待機策からゴール前で抜けだして優勝した。続くセントジェームズパレスSで7着に敗れたが、フランスへ戻ってのジャックルマロワ賞ではマイルの鬼姫ゴルディコヴァを破る大金星。1999年の祖父ドバイミレニアム、2005年の父ドバウィに続く、三代にわたるジャックルマロワ賞制覇を果たした。再びイギリスへ遠征してのクイーンエリザベス2世Sは5着。この後は北米へ遠征してのBCマイルを選択肢としていたが、完全な体調で臨める保証がないことで現役引退。英2000ギニーは34倍、ジャックルマロワ賞は8倍での勝利。本命殺しの一方、2度の敗戦は本命での出走だった。

血統背景

　父ドバウィは同馬の項参照。
　母デラールの半兄にアルハース（デューハーストSGⅠ）。近親にケープリズバーン（TCK女王盃）、ジェダイト（忘れな草賞）、グリーンダンサー（名種牡馬）。一族にオーソライズド（英ダービーGⅠ）、ソレミア（凱旋門賞GⅠ）。

代表産駒

　オールアットワンス（アイビスSD）、ルーチェドーロ（端午S）、カレンロマチェンコ（昇竜S）、ヴィジュネル（橘S2着）、メイクビリーヴ（同馬の項参照）。

特注馬

ルーチェドーロ／ダート&芝1400&1600、JRA&地方と対応能力は高い。JBCスプリントは賞金が足りないか。
オールアットワンス／前年版の「マイルをこなす」とは真逆の重賞制覇。今後だが、季節性など課題は多い。
インコントラーレ／母ピースオブワールドはダート新馬戦から阪神JFまで4連勝。母に倣って芝を走らせたい。

マクフィ産駒完全データ

●最適コース
牡／中京ダ1400、東京ダ1600
牝／中山芝1200、東京芝1800

●距離別・道悪
芝10〜12	3-2-7／40	D10〜13	3-6-4／65
芝14〜16	6-6-4／73	D14〜16	7-3-8／87
芝17〜20	2-3-5／43	D17〜19	7-6-6／85
芝21〜	0-0-0／2	D20〜	0-0-0／2
芝道悪	4-3-7／41	D道悪	8-3-6／88

●人気別回収率
1人気	単94%・複76%	8-2-3／22
2〜4人気	単87%・複92%	14-14-12／93
5人気以下	単32%・複87%	6-10-19／282

●条件別・勝利割合
穴率	21%	平坦芝率	36%
芝道悪率	36%	晩成率	7%
ダ道悪率	47%	芝広いコース率	36%

●コース別成績
東京	芝／2-2-3／39	D／4-2-5／56
中山	芝／3-2-2／20	D／1-3-3／40
京都	芝／1-1-0／7	D／0-0-0／5
阪神	芝／0-0-0／14	D／2-2-5／49
ローカル	芝／5-6-11／78	D／10-8-5／89

勝利へのポイント

OP3勝はダ1400／2勝、芝1200／1勝

　初年度産駒がデビューして1年。OP3勝に、データ集計後のアイビスSDをオールアットワンスが勝利。世界を股に掛けるドバウィ系が日本ではいまいちと言わせない。仕上がりの早さと軽いスピードを持ち味に、2歳初っぱなから走り、1勝クラスの勝率も20%と高率。短距離能力は高く、距離短縮時の勝利が目立つ。しかしながら、あらゆる領域に活躍馬を送り込むドバウィ系。マイルはもとより、中距離も守備範囲とし、勝利へのポイントで特記しておいて何だが、重賞、OP実績だけで短距離血統と決め付けると火傷をする。ダートはすでに1600以上の勝ち鞍が多い。ゆったり目の臨戦過程の方が良く、明け2、3戦目が勝負どころ。あとはミルリーフ系のクロス馬を待つ。

2020 RANK 90

トーセンラー

TOSEN RA

1600～3200までのGIをこなした京都外回りの鬼

POINT
前走3着以内の好調馬を買え！
上級産駒はディープに似た鋭い末脚
長い直線得意、短い直線は不振

ディープインパクト 鹿 2002	*サンデーサイレンス Sunday Silence	Halo
		Wishing Well
	*ウインドインハーヘア Wind in Her Hair	Alzao
		Burghclere (2-f)
*プリンセスオリビア Princess Olivia 栗 1995	リシウス Lycius	Mr. Prospector
		Lypatia
	ダンスイメージ Dance Image	Sadler's Wells
		Diamond Spring (17-b)

Lyphard 4×4、Northern Dancer 5×5・4、Goofed 5×5・5

2008年生　黒鹿毛
2021年種付け料●受胎確認後50万円(FR)　／産駒誕生後80万円

トーセンラー産駒完全データ

●最適コース
牡／東京芝1800、中京芝2000
牝／阪神芝1400、京都芝1200

●距離別・道悪
芝10～12	5-10-9/99	D10～13	0-3-3/33
芝14～16	8-4-2/110	D14～16	0-0-0/12
芝17～20	8-1-4/83	D17～19	0-0-0/32
芝21～	0-0-1/6	D20～	0-0-0/3
芝道悪	5-4-7/80	D道悪	0-2-1/29

●人気別回収率
1人気	単111%・複87%	7-2-1/16
2～4人気	単75%・複85%	8-8-7/53
5人気以下	単55%・複55%	6-8-11/309

●条件別・勝利割合
穴率	29%	平坦芝率	43%
芝道悪率	24%	晩成率	33%
ダ道悪率	0%	芝広いコース率	43%

●コース別成績
東京	芝/6-0-2/62	D/0-0-0/11
中山	芝/2-2-1/46	D/0-3-2/28
京都	芝/3-2-2/21	D/0-0-0/7
阪神	芝/3-2-0/17	D/0-0-0/8
ローカル	芝/7-9-11/152	D/0-0-1/26

勝利へのポイント

福島芝【0-0-2-27】、小倉芝【0-3-2-24】

ザダルがエプソムCを鋭い切れ味で差し切り。一方、牝馬のアイラブテーラーもキレキレの末脚で芝1200のオープンを快勝。これら代表産駒はディープ産駒に近いイメージで把握すればいい。牡馬は中距離型、牝馬はマイラーが基本だ。芝の勝利数トップは東京で、福島と小倉の芝は0勝。

課題は勝ち上がる馬の少なさで、デビューから数戦の間に馬券に絡まなかった馬はキャリアを重ねても良化は見られず、出世する馬は新馬から能力を示す。この辺もディープ産駒に似ている。馬券は「前走3着以内」の好調馬を買うこと。芝の人気馬は連対率が高い。高速タイム向きか、低速タイム向きかを、成績と母系から見分けよう。

ダートは未だ0勝。人気馬の成績も良くない。

現役時代

中央25戦4勝。主な勝ち鞍、マイルチャンピオンシップ、京都記念、きさらぎ賞。天皇賞・春2着。

きさらぎ賞で上がり33秒4の切れ味を使い、オルフェーヴルやウインバリアシオンを負かして1着。蛯名正義を鞍上に迎えた皐月賞は7着、ダービーは11着と伸び悩んだが、秋になるとセントライト記念2着の後、菊花賞は3番人気。三冠達成の懸かったオルフェーヴルをマークして、一緒に上がっていく強気の騎乗で京都競馬場を沸かせ、3着に入った。完成は5歳。武豊に乗り替わり、京都記念で久々の重賞勝利を飾り、天皇賞・春はフェノーメノの2着。やはりベストは長距離かと思わせながら、秋は京都大賞典からマイルCSへ向かう異例のローテ。策士・藤原英昭調教師の狙いが功を奏し、初めてのマイル戦を後方15番手から直線一気。33秒3の鬼脚で差し切り、マイル王のタイトルを獲得した。

血統背景

父ディープインパクトの初年度産駒。
母プリンセスオリビアは米国で3勝。ひとつ下の全弟スピルバーグは天皇賞・秋に優勝、ジャパンC3着。半姉ブルーミングアレーはフローラS3着。
母の父リシウスはミドルパークS1着、英2000ギニー2着、ジャックルマロワ賞2着。

代表産駒

ザダル（エプソムC）、アイラブテーラー（淀短距離S）、グルアーブ。

特注馬

ザダル／「テンが速くない中距離の長い直線で末脚が炸裂」とした昨年版の通りエプソムCを快勝。次は新潟大賞典で。
トーセンスカイ／得意な条件は、芝2000、前半スロー、叩き2戦目。ステイインシアトルの半弟でまだいける。
グルアーブ／前崩れの展開だけ飛んでくるムラな穴馬。芝の重不良など時計かかる馬場で、多頭数のときに要注意。

2020 RANK 93

ダノンバラード
DANON BALLADE

世界的名牝系　バラード一族のディープ産駒

2008年生　黒鹿毛
2021年種付け料▷受胎確認後100万円(FR)／産駒誕生後150万円

POINT
故・岡田総帥が海外から買い戻し！
時計かかる芝、道悪、小回りプラス
ダートも走るパワー型のディープ後継

ディープインパクト 鹿　2002	*サンデーサイレンス Sunday Silence	Halo	Wishing Well
	*ウインドインハーヘア Wind in Her Hair	Alzao	Burghclere (2-f)
*レディバラード 黒鹿　1997	アンブライドルド Unbridled	Fappiano	Gana Facil
	アンジェリックソング Angelic Song	Halo	Ballade (12-c)

Halo 3×3

現役時代

中央26戦5勝。主な勝ち鞍、AJCC、ラジオNIKKEI杯2歳S。宝塚記念2着。

ディープインパクトの初年度産駒で、ラジオNIKKEI杯2歳Sに勝利。父の重賞勝ち第1号となった。

皐月賞は中団からオルフェーヴルの3着に食い込むも、ダービーを前に左前脚の故障が判明して離脱。半年間の休養後は、日経新春杯や中日新聞杯などの中長距離重賞で2、3着を繰り返し、復活の重賞Vは5歳のAJCC。F・ベリー騎手の巧みな手綱さばきもあって、冬の中山を好位から抜け出した。

あらためて能力の高さを示したのは5歳の宝塚記念。5番人気ながら、1着ゴールドシップ、3着ジェンティルドンナという断然人気馬の間にはさまり、馬連5千円台の波乱を演出。鋭く切れるタイプではないだけに、阪神の内回りが得意だった。

血統背景

父ディープインパクトの産駒重賞勝ち第1号。
母レディバラードは交流GⅢを2勝。近親にシングスピール、ラーイ、デヴィルズバッグ、ダノンシャンティなどのバラード牝系。母の父アンブライドルドはケンタッキー・ダービー、BCクラシックに優勝。ディープ×アンブライドルド系の組み合わせは、コントレイルやダノンプラチナと同じ。

代表産駒

ロードブレス（日本TV盃）、ナイママ（札幌2歳S2着）、ウィンターフェル（北海道2歳優駿2着）。15、16年は日、17年は伊、18年は英で供用。ビッグレッドファームに買い戻されて19年から再び日本で供用。

特注馬

ナイママ／函館と札幌の洋芝に向き、高速馬場やスローの瞬発力勝負は苦手。それ以外なら冬の中山でヒモに注意。
モンブランテソーロ／近親に重賞ウイナー多数の牝系で、オープン特別なら勝てるか。ベストは芝1800、内枠。

ダノンバラード産駒完全データ

●最適コース
牡／札幌芝1800、京都ダ1900
牝／函館芝1200、札幌芝1200

●距離別・道悪
芝10～12	2-5-1／36	D10～13	0-0-0／3
芝14～16	1-2-3／33	D14～16	0-0-0／3
芝17～20	7-6-6／65	D17～19	4-2-2／18
芝21～	1-0-2／19	D20～	0-0-1／2
芝道悪	3-4-3／38	D道悪	1-0-1／10

●人気別回収率
1人気	単92%・複110%	5-3-1／11
2～4人気	単102%・複93%	7-8-3／35
5人気以下	単59%・複63%	3-4-11／133

●条件別・勝利割合
穴率	20%	平坦芝率	73%
芝道悪率	27%	晩成率	47%
ダ道悪率	25%	芝広いコース率	18%

●コース別成績
東京	芝／2-1-1／23	D／0-0-0／4
中山	芝／1-3-3／32	D／0-0-0／2
京都	芝／1-0-0／6	D／3-2-0／7
阪神	芝／0-1-2／13	D／0-0-3／5
ローカル	芝／7-8-6／79	D／1-0-0／8

勝利へのポイント

札幌芝【3-3-1-5】京都ダート【3-2-0-2】

ダノンバラード自身が中山と阪神の内回りを得意とした特徴は産駒にも受け継がれている。つまり、小回りや時計のかかる芝を積極先行すると持ち味を活かし、長い直線で末脚をためると合わない。ナイママは札幌や函館の洋芝で先行策をとれば好走し、一時の脚をためる競馬では不振が続いた。ロードブレスも芝ではジリ脚だったが、ダートに活路を求めたら、たちまち連勝街道を進んだ。いかに持ち味を引き出せるか、騎手を選ぶ血統でもある。芝なら上がり35秒台で間に合うかどうかが目安になる。道悪もいい。

札幌、函館、福島の芝が得意。ディープ系の中ではダートも走り、京都ダが好成績。ウィンターフェルは交流GⅠで4着。ダートの人気馬は堅実。

スピルバーグ SPIELBERG

5歳で覚醒 ディープ産駒の秋の天皇賞馬

2009年生　鹿毛
2021年種付け料▷受胎確認後30万円（FR）／産駒誕生後50万円

POINT
- 芝は3着多数のジリ脚血統
- ズブいダート馬は外めの枠で好走！
- ダートも芝も「センハチ」を狙え！

ディープインパクト 鹿 2002	*サンデーサイレンス Sunday Silence	Halo
		Wishing Well
	*ウインドインハーヘア Wind in Her Hair	Alzao
		Burghclere　（2-f）
*プリンセスオリビア Princess Olivia 栗 1995	リシウス Lycius	Mr. Prospector
		Lypatia
	ダンスイメージ Dance Image	Sadler's Wells
		Diamond Spring（17-b）

Lyphard 4×4、Northern Dancer 5×5・4、Goofed 5×5・5

スピルバーグ産駒完全データ

●最適コース
牡／中京ダ1800、中山ダ1800
牝／京都ダ1800、東京芝1800

●距離別・道悪
芝10～12	1-2-3／38	D10～13	2-0-3／45
芝14～16	1-3-1／67	D14～16	1-5-2／3
芝17～20	2-6-10／111	D17～19	8-8-5／97
芝21～	0-1-0／17	D20～	0-0-4／4
芝道悪	0-2-5／73	D道悪	5-1-4／67

●人気別回収率
1人気	単79%・複91%	7-6-4／24
2～4人気	単86%・複85%	7-12-8／65
5人気以下	単59%・複63%	1-7-12／325

●条件別・勝利割合
穴率	7%	平坦芝率	25%
芝道悪率	0%	晩成率	20%
ダ道悪率	46%	芝広いコース率	75%

●コース別成績
東京	芝／3-2-3／48	D／2-5-2／29
中山	芝／0-0-3／39	D／2-1-2／39
京都	芝／0-0-1／14	D／1-3-1／26
阪神	芝／0-1-1／18	D／1-2-3／30
ローカル	芝／1-9-6／114	D／5-2-2／57

現役時代

中央17戦6勝、英国1戦0勝。主な勝ち鞍、天皇賞・秋。ジャパンC3着。

3歳時は毎日杯3着、プリンシパルSは後方一気の1着、12年ダービーはディープブリランテの14着。長期休養をはさんで4歳秋にノベンバーSを勝利し、オープンに復帰。この翌週に全兄トーセンラーがマイルCSを差し切り、GIホースの全弟になった。

5歳秋、毎日王冠3着から始動して、次走は天皇賞・秋。5番人気の伏兵評価だったが、北村宏司は道中、内の経済コースの中団を進み、直線は大外へ持ち出す思い切った騎乗。これが鮮やかに決まり、ジェンティルドンナやイスラボニータを差し切り。藤沢和雄厩舎の天皇賞・秋での強さも見せつけた。

6歳の15年6月にはイギリスのプリンスオブウェールズSに出走。スミヨン騎乗で6着だった。

血統背景

父ディープインパクトは同馬の項を参照。
母プリンセスオリビアは米国3勝。半兄フラワーアレイ（米GIトラヴァーズS1着、BCクラシック2着。アイルハヴアナザーの父）、全兄トーセンラー（マイルCS）、近親ランブリングアレー（フラワーC3着）。母の父リシウスはミドルパークS1着（英GI・芝6F）、英2000ギニー2着。

代表産駒

ウインドジャマー、ラブスピール。
「兄のトーセンラーは体形がディープそっくりで、しなやかな作りだけど、スピルバーグは幅があって筋肉質。立派な馬体をしています」（ブリーダーズスタリオン、19年7月）

特注馬

ウインドジャマー／いつも人気で堅実に走るが、良のダートの単勝勝負は危険。稍重と重のダート【2-1-0-0】
デルマカンノン／距離短縮ローテは好走率が高く、距離延長は良くない。タイムは芝1200で1分9秒台が合う。

勝利へのポイント

1番人気、ダ【7-4-3-4】芝【0-2-1-3】

芝は1着が4回に対して、2着12回、3着14回。トーセンラーの産駒は鋭い末脚を持つのに、こちら弟のスピルバーグ産駒は切れ味がなく、ズブめのダ1800タイプだ。テンの遅い馬は内枠だと走れず、外枠で着順を上げ、揉まれずにポジションを取れる真ん中より外めの枠がいい。ほかにも脚抜きのいいダートと、砂の深いダートで着順が上下したり、馬場や展開の微妙な違いで馬券内に入ったり、入らなかったり。最初からダートに使われる馬は堅実で、1番人気の信頼度も悪くない。

芝は1800と2000の「3着か2着付け」がいい。芝もダートも距離1800が合うセンハチ血統だ。現時点では東京の芝が良績で、直線に急坂のある中山と阪神の芝は1着なし。1番人気は危ない。

2020 RANK 103

トーセンジョーダン TOSEN JORDAN

ジャンポケ産駒の期待の後継。
重賞勝ち馬多数のクラフティワイフ系

2006年生 鹿毛
2021年種付け料▶PRIVATE

POINT
- 新潟や小倉のローカルダート好成績
- 牡馬はダート中距離を先行して粘る!
- 牝馬は芝1200やダ1600タイプもいる

ジャングルポケット 鹿 1998	*トニービン Tony Bin	*カンパラ Severn Bridge
	*ダンスチャーマー Dance Charmer	Nureyev Skillful Joy (11-g)
エヴリウィスパー 栗 1997	*ノーザンテースト Northern Taste	Northern Dancer Lady Victoria
	*クラフティワイフ Crafty Wife	Crafty Prospector Wife Mistress (9-a)

Northern Dancer 4×3、Lady Angela 5・4(母方)、Hyperion 5×5

現役時代

中央30戦9勝。主な勝ち鞍、天皇賞・秋、AJCC、札幌記念、アルゼンチン共和国杯。ジャパンC2着、3着、天皇賞・春2着。

3連勝でホープフルSを勝ち、クラシック候補になるが、裂蹄に悩まされ、皐月賞は回避。ダービーも回避、菊花賞も回避。裂蹄との闘いが続く。4歳夏に復帰すると、アルゼンチン共和国杯1着、明けて5歳、内田博幸でAJCCを単勝1.9倍で完勝。札幌記念は福永祐一の先行抜け出し1着。2011年天皇賞・秋。ブエナビスタ、エイシンフラッシュら豪華メンバーが集う中、シルポートの引っ張る激流がトーセンジョーダンの潜在能力を引き出す。イタリアの若手ピンナが中団で我慢させ、鋭く伸びて1分56秒1の超レコード勝ち。単勝3330円の波乱になった。ジャパンCもブエナビスタの2着。翌年春の天皇賞はビートブラックの2着した。

血統背景

父ジャングルポケットは2001年の日本ダービーとジャパンCの勝ち馬。トニービンの代表産駒。同馬の項を参照。

母エヴリウィスパーは0勝。半弟トーセンホマレボシ(京都新聞杯)、半兄ダークメッセージ(日経新春杯2着)。

祖母クラフティワイフの一族にカンパニー(天皇賞・秋)、レニングラード(アルゼンチン共和国杯)、トーセンスターダム(きさらぎ賞)、ヒストリカル(毎日杯)など多数。

代表産駒

アズマヘリテージ(小倉2歳S2着)、キタノインディ。

特注馬

キタノインディ／2勝はどちらも小倉ダ1700の稍重、減量ジョッキー。中央開催で負けた後のローカル替わりを買い。
バンクショット／ダート2勝クラスで壁に当たっているが、湿ったダ1700で先手を取れる外枠なら一発あるかも。
エイシンティップス／ダ2000を楽勝した持久型のダート馬。ただし切れる脚がないため、東京より阪神や中京向き。

トーセンジョーダン産駒完全データ

● 最適コース
牡／小倉ダ1700、函館ダ1700
牝／東京ダ1600、小倉芝1200

● 距離別・道悪

芝10～12	1-2-2／58	D10～13	3-3-3／80
芝14～16	1-0-0／74	D14～16	2-4-4／81
芝17～20	1-5-6／110	D17～19	8-16-15／200
芝21～	0-0-1／23	D20～	2-0-2／18
芝道悪	0-1-2／79	D道悪	7-14-9／161

● 人気別回収率

1人気	単37%・複80%	5-6-4／23
2～4人気	単96%・複73%	11-12-7／75
5人気以下	単11%・複45%	2-12-22／546

● 条件別・勝利割合

穴率	11%	平坦芝率	33%
芝道悪率	0%	晩成率	17%
ダ道悪率	47%	芝広いコース率	67%

● コース別成績

東京	芝／2-2-1／43		D／2-3-2／73	
中山	芝／0-1-3／50		D／1-1-6／71	
京都	芝／0-0-1／33		D／1-0-4／41	
阪神	芝／0-1-0／26		D／2-5-3／58	
ローカル	芝／1-3-4／113		D／9-14-9／136	

勝利へのポイント

ダート複勝率、ローカル23.5%、中央12.3%

1年目に小倉2歳Sの2着馬は出たものの、苦戦が続いている。トニービンの良さはスタミナといい脚を長く使えるところ、短所は一瞬のスピードがないこと。本馬の産駒も瞬間的な速さや立ち回りの器用さがないため、ダート馬に落ち着く。

牡馬はダ1700からダ2000で先行して粘る競馬が得意。牝馬はダ1600や芝1200で走れるタイプも加わる。切れ味不足をカバーしながら持久力を活かす条件に合い、新潟や小倉や北海道の小回りダートの成績がいい。全般にローカルダート向き。

芝の1、2番人気は計10回あって【0-3-2-5】。人気馬を買うならダートの中長距離がいい。スローで不発の馬を、ハイペースの持久戦やマクリ勝負で見直すのがトニービン持ち血統のコツだ。

ディスクリートキャット DISCREET CAT

**UAEダービーを圧勝した
2006年の3歳ワールドチャンピオン**

POINT
早熟長所のダート向きパワーマイラー
2歳から3歳は芝のマイル路線も注意
左回りプラスの馬を見つけよ！

©Darley

フォレストリー Forestry 鹿　1996	ストームキャット Storm Cat	Storm Bird
		Terlingua
	シェアードインタレスト Shared Interest	Pleasant Colony
		Surgery　（13-c）
プリティディスクリート Pretty Discreet 鹿　1992	プライヴェートアカウント Private Account	Damascus
		Numbered Account
	プリティパースウェイシヴ Pretty Persuasive	Believe It
		Bury the Hatchet (2-n)

Northern Dancer 4×5、Buckpasser 4・5（母方）、
Bold Ruler 5・5（父方）、Ribot 5×5

2003年生　鹿毛　アメリカ産
2021年種付け料▷産駒誕生後150万円

ディスクリートキャット産駒完全データ

●最適コース
牡／東京ダ1400、阪神ダ1200
牝／中山ダ1200、中京ダ1400

●距離別・道悪
芝10〜12 —— 2-6-1／67　　D10〜13 —— 11-13-12／115
芝14〜16 —— 5-5-3／41　　D14〜16 —— 7-3-5／80
芝17〜20 —— 1-3-2／25　　D17〜19 —— 2-3-0／44
芝21〜　—— 0-0-0／1　　D20〜　—— 1-1-0／5
芝道悪　—— 2-3-3／33　　D道悪　—— 5-10-4／83

●人気別回収率
1人気　—— 単84%・複70%　　13-5-2／36
2〜4人気 —— 単68%・複77%　　9-21-9／83
5人気以下 —— 単66%・複49%　　7-8-12／259

●条件別・勝利割合
穴率　—— 24%　　平坦芝率 —— 38%
芝道悪率 —— 25%　　晩成率 —— 3%
ダ道悪率 —— 24%　　芝広いコース率 —— 75%

●コース別成績
東京　芝／1-3-1／17　　D／4-3-5／41
中山　芝／0-2-3／19　　D／4-6-3／40
京都　芝／0-1-0／5　　D／0-0-0／16
阪神　芝／1-3-0／19　　D／6-2-2／64
ローカル 芝／6-3-2／56　　D／7-9-7／83

現役時代

　北米、UAEで通算9戦6勝。主な勝ち鞍、シガーマイルH（GⅠ・8F）、ジェロームBCH（GⅡ・8F）、UAEダービー（GⅡ・1800M）。

　2歳8月のデビューから3戦目で挑戦したUAEダービーは、無敗のウルグアイ三冠馬インヴァソール、日本馬フラムドパシオンらを相手に、4番手追走から直線残り400Mで抜け出し、2着テスティモニーに6馬身差を付けて楽勝。3着フラムドパシオン、4着インヴァソール。

　米三冠は回避し、夏のサラトガを叩かれて参戦したジェロームBCHでは他馬より8ポンド以上重い124ポンドのハンデながら2着に10馬身以上の差を付けて逃げ切った。続くシガーマイルHもトップハンデで勝利。ここまで2着馬に付けた着差の合計は38馬身。

　4歳時のドバイ遠征で呼吸器系の疾患が判明。北米に戻り復帰するも、緒戦、そして新設されたBCダートマイルともに3着に終わり、現役を退くこととなった。

血統背景

　父フォレストリー。産駒にプリークネスS馬シャクルフォード。母系は母プリティディスクリートがGⅠアラバマS、半兄ディスクリートマインがGⅠキングズビショップSの勝ち馬。

代表産駒

　ダッズキャップス（カーターHGⅠ・7F）2回、ディスクリートマーク（デルマー・オークスGⅠ・9F）、シークレットスパイス（ビーホルダーマイルSGⅠ・8F）、エアハリファ（根岸S）。

特注馬

クリーンスレイト／バンブーエールの近親で、牝系は欧州の名門。ダートの重賞でも展開がハマれば穴になる。

ワールドバローズ／半姉ネリッサは左回り巧者だったが、本馬も中京がベスト。ダートの1400、1600も走れるはず。

ヴァガボンド／今のところ休み明けで走り、2戦目は凡走のリズム。もまれずに逃げを打てる外寄りの枠がいい。

勝利へのポイント

ダート単勝回収率、東京284%、中京134%

　日本での初年度産駒はルチェカリーナがアネモネS3着（ストームキャット系得意の中山マイル）、ワールドバローズがアーリントンC5着。全体ではダ1200やダ1400で勝利を稼ぎつつ、2歳から走るマイラーが芝の重賞路線もにぎわせる。

　ただし、このタイプもいずれダート馬に落ち着くのがキャット系の特徴で、代表産駒のイメージはエアハリファ。守備範囲のダートなら走りは安定し、気性が成長すれば中距離も問題なし。気性が幼いままなら、ダ1400以下や芝1200専門の早熟タイプで終わる馬も出るだろう。ヘニーヒューズをスケールダウンさせたような印象。穴の比率は低いが、東京と中京のダートの回収率が高く、新潟も好成績だから左回りの上積みがあるのかも。

2020 RANK
105

アジアエクスプレス ASIA EXPRESS

芝・ダート不問の
2歳牡馬チャンピオン

POINT
- ダート1400以下で稼ぐヘニーヒューズ後継
- 叩き2、3戦目、詰まったローテで穴!
- 勝ち切るのは阪神と中山と福島のダート

2011年生　栗毛　アメリカ産
2021年種付け料▷受胎確認後150万円（FR）

*ヘニーヒューズ Henny Hughes 栗　2003	*ヘネシー Hennessy	Storm Cat
		Island Kitty
	メドウフライヤー Meadow Flyer	Meadowlake
		Shortley　(25)
*ランニングボブキャッツ Running Bobcats 鹿　2002	ランニングスタッグ Running Stag	Cozzene
		Fruhlingstag
	バックアットエム Backatem	Notebook
		Deputy's Mistress (4-m)

現役時代

中央、地方交流で12戦4勝。主な勝ち鞍、朝日杯FS、レパードS。

アメリカ生まれ、2歳3月のフロリダのセールにおいてノーザンファームに23万ドルで購入された。

デビュー時の馬体重は534キロ。新馬、オキザリス賞を2連勝して、「ダートの怪物登場！」と評判になる。3戦目は全日本2歳優駿を除外になり、初芝となる朝日杯FSへ。この年は中山で開催される最後の朝日杯。ストームキャット系が得意とする中山マイルのGⅠに間に合ったのも、この馬の運だろう。ライアン・ムーアを鞍上に中団のやや後ろの内で折り合い、直線は外へ持ち出すと、一完歩、一完歩、加速をつけて差し切った。単勝870円。

その後は芝のクラシック路線へ進み、スプリングS2着、皐月賞6着。ダートに戻ってレパードSを快勝したが、脚元の不安で全盛期の能力は戻らず。4歳のアンタレスSで逃げて2着がある。

血統背景

父ヘニーヒューズは同馬の項を参照。アジアエクスプレスがセリで買われた後、父も日本への導入が決定。

母ランニングボブキャッツは米国のリステッドレースを3勝。全9勝。母の父ランニングスタッグはブルックリンH（米ダートGⅡ・9F）など重賞4勝のグレイソヴリン系。

代表産駒

ソロユニット（エーデルワイス賞）、キモンブラウン、ノーリス。

特注馬

キモンブラウン／福島ダ1150と新潟の直千を勝った、産駒唯一の芝の勝ち馬。直千競馬はもっと勝てそう。
ノーリス／堅実でいつも人気になるが勝ち切れず、2着の多い馬。田辺騎乗のダ1400がベスト。間隔あくと割引き。
キミワテル／アジアエクスプレス産駒は母系にフレンチデピュティを持つ活躍馬が多い。本馬も母父クロフネで期待十分。

アジアエクスプレス産駒完全データ

●最適コース
牡／阪神ダ1400、中山ダ1200
牝／中山ダ1200、福島ダ1150

●距離別・道悪
芝10～12	1-1-2／29	D10～13	12-10-4／105
芝14～16	0-0-1／17	D14～16	6-11-12／105
芝17～20	0-0-0／8	D17～19	2-1-2／45
芝21～	0-0-1／4	D20～	0-0-1／4
芝道悪	0-1-0／17	D道悪	7-3-9／92

●人気別回収率
1人気	単91％・複84％	5-3-3／17
2～4人気	単67％・複102％	9-13-11／75
5人気以下	単92％・複69％	7-7-8／221

●条件別・勝利割合
穴率	33％	平坦芝率	100％
芝道悪率	0％	晩成率	0％
ダ道悪率	35％	芝広いコース率	0％

●コース別成績
東京	芝／0-0-0／5	D／3-7-8／75
中山	芝／0-0-0／5	D／7-7-4／65
京都	芝／0-0-0／1	D／0-0-0／3
阪神	芝／0-0-0／1	D／4-3-4／32
ローカル	芝／1-1-3／42	D／6-5-3／84

勝利へのポイント

ダート20勝のうち、ダ1400以下／17勝

「馬体が長めで中距離型も多いのでは」という前評判もあったが、産駒デビュー1年経過の時点では、ダ1400以下の勝ち鞍が大部分を占め、牝馬は短距離がほとんど。芝は1勝のみで、ここがヘニーヒューズとの違い。仕上がり早というほどの早熟性は感じられず、3歳春から一気に勝ち星が増えた。短距離型の割に使われながら良くなる馬が多く、中1週や中2週の詰まったローテがいい。

穴の内訳は、叩き2戦目の一変や、芝→ダート替わり、ダ1200→ダ1000の距離短縮など。先行してダラッと粘るタイプは、2、3着を繰り返すため、人気馬の勝率は低く、脚抜きがいいダートになるとかえって後ろの馬に差される危険もある。勝率が優秀なのは阪神と中山と福島のダート。

2020 RANK 113

ダノンレジェンド
DANON LEGEND

**ダート1200〜1400の重賞を9勝！
ヒムヤーにさかのぼる異系**

2010年生　黒鹿毛　アメリカ産
2021年種付け料▷受胎確認後100万円（FR）

POINT
- ダート短距離中心も延長の穴に注意
- 堅実型は連軸に、穴は「変化」を狙え！
- 2020年の種付け数は143頭に増加

マッチョウノ Macho Uno 芦　1998	ホーリーブル Holy Bull	Great Above
		Sharon Brown
	プライマルフォース Primal Force	Blushing Groom
		Prime Prospect（1-c）
*マイグッドネス My Goodness 黒鹿　2005	ストームキャット Storm Cat	Storm Bird
		Terlingua
	カレシング Caressing	Honour and Glory
		Lovin Touch　（9-f）

Raise a Native 5×5

ダノンレジェンド産駒完全データ

●最適コース
牡／阪神ダ1800、東京ダ1600
牝／札幌ダ1000、東京ダ1400

●距離別・道悪
芝10〜12　　2-3-0/29　　D10〜13　　7-4-6/51
芝14〜16　　0-1-1/14　　D14〜16　　4-1-7/51
芝17〜20　　0-0-0/4　　D17〜19　　5-0-0/18
芝21〜　　　0-0-0/0　　D20〜　　　0-0-1/1
芝道悪　　　0-2-0/16　　D道悪　　　6-2-6/54

●人気別回収率
1人気　　　単103％・複70％　　4-0-1/9
2〜4人気　 単189％・複101％　11-5-3/38
5人気以下　単62％・複107％　 3-4-10/121

●条件別・勝利割合
穴率　　　17%　　平坦芝率　　50%
芝道悪率　0%　　晩成率　　　0%
ダ道悪率　38%　　芝広いコース率　0%

●コース別成績
東京　　芝/0-1-1/6　　D/4-1-6/29
中山　　芝/0-0-0/9　　D/1-0-3/21
京都　　芝/0-0-0/4　　D/0-0-0/3
阪神　　芝/1-0-0/8　　D/4-0-1/22
ローカル　芝/1-3-0/20　D/7-4-3/46

現役時代

中央、地方交流で30戦14勝。主な勝ち鞍、JBCスプリント（GⅠ・川崎ダ1400）、東京盃（GⅡ・大井ダ1200）、カペラS、クラスターC（2回）、黒船賞（2回）など、ダート1200と1400の重賞を9勝。

米国バレッツの2歳セールにて38万5000ドルで購入され、2歳秋にデビュー。3歳時は伸び悩むも、4歳を迎えるとカペラSを人気薄で逃げ切って重賞制覇。

翌5歳は高知の黒船賞、大井の東京スプリントと東京盃、盛岡のクラスターCなど、全国のダート短距離重賞を勝ちまくり、大井開催のJBCスプリントも2着に好走。6歳になっても能力は衰えず、黒船賞、北海道スプリントCなどに勝利。そして川崎開催の距離1400で行われた16年のJBCスプリント、鞍上はM.デムーロ。前年とは逆にコーリンベリーのハナを叩き、そのまま逃げ切り。雪辱を果たし、引退戦を飾った。

血統背景

父マッチョウノはBCジュヴェナイル（米GⅠ・ダ8.5F）、グレイBCSなど、北米の重賞4勝、2歳GⅠを2勝。2000年の米国2歳王者。ヒムヤーにさかのぼる異系のサイアーライン。

母マイグッドネスは米国1勝。祖母カレシングは2000年のBCジュヴェナイルフィリーズ勝ち馬。

半弟にダノンキングリー（安田記念）。

代表産駒

ジュディッタ、シンヨモギネス、テセウス。

特注馬

ジュディッタ／母メリーウィドウも同じシルクレーシングのダート中距離活躍馬。牝馬同士なら重賞級では。
コモレビキラリ／牝馬限定戦のほうが安定して走るのは、偶然かどうか。レース間隔も詰めたほうがいい。
ミカンサン／祖母プリエミネンス。ダート1勝で終わるとは思えないので、どこかで穴あけそう。減量騎手狙い。

勝利へのポイント

中1週か中2週／7勝、勝率14.3％

20年の新馬が始まるや、函館ダ1000で産駒がいきなりワンツーを決めるなど好スタート。地方競馬も含めると、初年度産駒は62頭がデビューして36頭が勝ち上がり（21年7月20日まで）。ダート短距離馬が中心も、ジュディッタのようなダート中距離の3勝馬や、芝1200向きの牝馬も出ている。むしろ距離延長は回収率が高く、よく穴になる。

全18勝のうち15勝が4番人気以内で、1着に来るのは人気馬が多い。ただし穴が少ないわけではなく、2、3着は大穴多数。堅実にコツコツと上位の着順を重ねるタイプと、中1週や中2週の詰まったローテ、減量騎手への乗り替わりなどで一変するタイプ。堅実型は連軸に買い、ムラ馬は「変化」を狙おう。阪神のダートの成績がいい。

ホッコータルマエ HOKKO TARUMAE

日本競馬初のGI10勝を果たした
キンカメ産駒の最強ダート馬

POINT
牡馬はダ1800以上のズブい持久型
スピード母系の牝馬は1600以下OK
湿ったダートは成績2倍増し！

2009年生 鹿毛
2021年種付け料▷受胎確認後150万円（FR）

キングカメハメハ 鹿 2001	キングマンボ Kingmambo	Mr. Prospector
		Miesque
	*マンファス Manfath	*ラストタイクーン
		Pilot Bird (22-d)
マダムチェロキー 鹿 2001	チェロキーラン Cherokee Run	Runaway Groom
		Cherokee Dame
	*アンフォイルド Unfoiled	Unbridled
		Bold Foil (9-e)

Mr. Prospector 3×5、Northern Dancer 5・5（父方）

現役時代

　中央、地方交流で36戦17勝、UAE3戦0勝。主な勝ち鞍、チャンピオンズC、JBCクラシック、東京大賞典（2回）、帝王賞（2回）、川崎記念（3回）、かしわ記念。ダートGIを10勝、重賞を14勝。

　まず5歳、6歳、7歳と3度のドバイワールドC出走の敢闘を讃えよう。1度目の14年は最下位に敗れ、レース後にストレス性の腸炎を発症。15年は「内を走るカメラを気にして、顔は横向きながら走り」5着に善戦した。

　国内では無敵を誇り、ダートの中長距離GIを計10勝という偉業だけでも本馬を語るに十分。上記の重賞のほかにも、5歳のフェブラリーS2着。ジャパンCダートでも3着2回。39戦中34戦で幸英明が手綱をとった。

　名勝負と謳われるのが3連覇を達成した16年の川崎記念。前走の東京大賞典で敗れたサウンドトゥルーと人気を分け合い、直線は2頭の一騎打ち。頭差で内のホッコータルマエが凌いだ。

血統背景

　父キングカメハメハは同馬の項を参照。後継種牡馬となったダートのGIホースは他にベルシャザール、ハタノヴァンクール、タイセイレジェンドなど。

　母マダムチェロキーは中央4勝。母の父チェロキーランはブラッシンググルームの父系で、北米のダート重賞を5勝。

代表産駒

　レディバグ（ヒヤシンスS3着）、ギャルダル（東京ダービー2着）、ディアリッキー（東京プリンセス賞2着）。

特注馬

レディバグ／良のダートで牡馬のオープン馬と張り合えるのだから、牝馬限定の交流重賞を勝てそう。たぶん川崎に合う。
ホッコーハナミチ／小倉ダ1700をレコード勝ちした牡馬の出世頭。中京ダートが不振なのは左回りの影響かどうか観察。
ダッシュダクラウン／ズブくて3着の多い牡馬。ダ1800では短く、ダ2400がいい。豪腕騎手に乗り替わりを買いたい。

ホッコータルマエ産駒完全データ

● 最適コース
牡／中山ダ1800、阪神ダ1800
牝／阪神ダ1400、東京ダ1600

● 距離別・道悪

芝10〜12	0-0-0/7	D10〜13	4-5-9/61
芝14〜16	0-0-1/8	D14〜16	6-7-2/58
芝17〜20	0-0-0/5	D17〜19	11-11-16/130
芝21〜	0-0-0/1	D20〜	1-1-1/9
芝道悪	0-0-10/11	D道悪	13-9-11/102

● 人気別回収率

1人気	単73%・複76%	8-2-4/23
2〜4人気	単33%・複89%	5-12-13/66
5人気以下	単132%・複120%	9-10-12/180

● 条件別・勝利割合

穴率	41%	平坦芝率	0%
芝道悪率	0%	晩成率	0%
ダ道悪率	59%	芝広いコース率	0%

● コース別成績

東京	芝/0-0-1/8	D/5-4-3/39
中山	芝/0-0-0/0	D/4-4-5/45
京都	芝/0-0-0/2	D/0-1-1/5
阪神	芝/0-0-0/3	D/7-5-6/65
ローカル	芝/0-0-0/8	D/6-10-13/104

勝利へのポイント

ダート勝率、良／5.8%　良以外／12.7%

　現役時代と同様のダート専門血統。牡馬と牝馬でデータがかなり違う。牡馬は15勝のうち、ダ1800以上が12勝。ズブくてスタミナのいるレースに向く中長距離型が中心だ。堅実さはあるが、軽いスピードのなさが弱点で、勝ち上がりにも時間がかかる。一方、牝馬は全7勝がダ1600以下で、馬券になる率が高いのはダ1400〜1600。レディバグは牝馬に混じってオープンの上位に来ている。

　そのうち牝馬の中長距離型も出るだろうが、早めに活躍するのはスピードを持ち、ズブくないタイプ。そんな牡馬が出てくれば出世を見込める。

　馬場の違いも馬券になる。良のダートは2、3着が多いのに対して、湿ったダートは勝率や連対率が倍以上になり、一気に成績アップ。狙い目。

2020 RANK 124

ラブリーデイ
LOVELY DAY

**5歳で覚醒し、宝塚記念、
天皇賞・秋を含む、年間重賞6勝！**

2010年生　黒鹿毛
2021年種付け料 ▷ 受胎確認後120万円（FR）／産駒誕生後170万円

POINT
**得意なはずの芝の中長距離は大不振
芝もダートも低速馬場の1200で活躍
ハマりにくいダンスの血がいつか開花？**

キングカメハメハ 鹿　2001	キングマンボ Kingmambo	Mr. Prospector
		Miesque
	*マンファス Manfath	*ラストタイクーン
		Pilot Bird　（22-d）
ポップコーンジャズ 鹿　2000	ダンスインザダーク	*サンデーサイレンス
		*ダンシングキイ
	グレイスルーマー	*トニービン
		ディスクジョッキー（19）

Northern Dancer 5・5×5

ラブリーデイ産駒完全データ

●最適コース
牡／東京芝1600、中京ダ1900
牝／阪神芝1400、東京ダ1400

●距離別・道悪
芝10～12 ―― 3-2-2／36　D10～13 ―― 3-1-2／54
芝14～16 ―― 3-2-3／59　D14～16 ―― 1-2-0／38
芝17～20 ―― 0-1-4／50　D17～19 ―― 1-1-3／57
芝21～ ―― 0-0-0／1　D20～ ―― 0-0-1／15
芝道悪 ―― 2-2-5／38　D道悪 ―― 2-3-1／68

●人気別回収率
1人気 ―― 単89%・複81%　4-1-2／11
2～4人気 ―― 単95%・複85%　4-5-4／34
5人気以下 ―― 単38%・複40%　3-3-11／271

●条件別・勝利割合
穴率 ―― 27%　平坦芝率 ―― 50%
芝道悪率 ―― 33%　晩成率 ―― 0%
ダ道悪率 ―― 40%　芝広いコース率 ―― 17%

●コース別成績
東京　芝／1-1-2／28　D／1-1-1／45
中山　芝／1-0-1／22　D／1-0-2／41
京都　芝／0-0-1／6　D／0-0-0／1
阪神　芝／1-1-2／23　D／1-1-1／29
ローカル　芝／3-3-5／73　D／2-2-2／48

勝利へのポイント

芝1800～2000【0-1-4-45】
　初年度の代表産駒はダリア賞3着、もみじS3着の芝1400巧者ジャカランダレーン。2勝以上してる馬はまだ2頭しかいない。勝ち鞍が多いのは芝もダートも1200だが、これが本来の姿とは思えず、ダンスインザダークという長所を発揮しづらいスタミナ血統を持つ難しさが出ている。
　「代表産駒は芝の中距離馬のはず」と書きたくても、この距離は不振で、データ通りに「下級条件の1600以下で狙い」が正しいのか。21年9月に芝2000で2頭が勝利した。芝1200なら、高速馬場より低速馬場向き。道悪はいい。ダートと芝の勝利数は五分で、芝→ダート替わりの一変もある。各馬の好走ゾーンが狭いタイプのため、1400専門馬や、低速1200専門馬などを見分けること。

現役時代

　中央31戦9勝、香港2戦0勝。主な勝ち鞍、宝塚記念、天皇賞・秋、京都記念、京都大賞典、中山金杯、鳴尾記念。
　2歳時は4戦2勝。皐月賞15着、ダービー7着。この頃、本馬の未来を正しく見通していた人はいなかっただろう。5歳から快進撃が始まる。中山金杯をレコード勝ちすると、京都記念でキズナやハープスターを負かして重賞連勝。好位で折り合い、ロスなく抜け出す競馬は安定感抜群ながら、強さがわかりにくい。天皇賞・春で完敗したため、なおさら評価が難しくなった。
　中距離に戻ると、鳴尾記念を楽勝。宝塚記念で同じ金子オーナーのデニムアンドルビーを抑えてGⅠ初勝利。秋、京都大賞典を上がり32秒3で制すると、天皇賞・秋も完勝。この年だけで7人の騎手が乗って重賞6勝。ジャパンCは3着、有馬記念は5着に敗れたが、年間、王道路線フル参戦の丈夫さも近年の名馬にはない長所だった。6歳で香港に2度遠征。QE2世Cと香港Cで、ともに4着した。

血統背景

　父キングカメハメハは同馬の項を参照。
　母ポップコーンジャズは1勝、03年スイートピーS2着。近親クーデグレイス（ローズS3着）、4代母シャダイチャッターの一族にアリゼオ（スプリングS）、スマートギア（中日新聞杯）。

代表産駒

　ジャカランダレーン（もみじS3着）、ロンギングバース。

特注馬

ジャカランダレーン／母はマイル重賞馬、母の全兄マカヒキ。勝ち鞍は重馬場か洋芝に集中しており、高速芝は不安。
ロンギングバース／芝1200で走っているが、血統構成はスタミナ豊富。路線変更してダート中距離に出てきたら不気味。
マイネルアルザス／祖母の父マックイーンでステイヤー寄り。叔父はセントライト勝ち、中山の中長距離向き。

2020 RANK 135

ウインバリアシオン

WIN VARIATION

オルフェーヴル世代のナンバー2
青森の牝馬を集めて下剋上!

POINT
- ダートのオープン馬誕生、古馬成長!
- 芝は不振で4着が多数
- 中京と新潟のダート得意なパワー型

2008年生 鹿毛 2021年種付け料▷30万円（FR）／
受胎確認後50万円（FR）／産駒誕生後70万円

ハーツクライ 鹿 2001	*サンデーサイレンス Sunday Silence	Halo
		Wishing Well
	アイリッシュダンス	*トニービン
		*ビューパーダンス(6-a)
*スーパーバレリーナ Super Ballerina 鹿 1994	ストームバード Storm Bird	Northern Dancer
		South Ocean
	*カウントオンアチェンジ Count On a Change	Time for a Change
		Count On Kathy(19-c)

Northern Dancer 5×3・5、Almahmoud 5×5

ウインバリアシオン産駒完全データ

●最適コース
牡／中京ダ1900、新潟ダ1200
牝／中京ダ1200、阪神ダ1800

●距離別・道悪
芝10～12	0-0-0/6	D10～13	3-1-0/7
芝14～16	0-0-0/21	D14～16	1-2-0/8
芝17～20	0-0-0/13	D17～19	4-1-7/27
芝21～	0-0-0/2	D20～	0-0-1/2
芝道悪	0-0-0/13	D道悪	2-0-5/15

●人気別回収率
1人気	単225%・複115%	5-0-0/6
2～4人気	単130%・複118%	2-2-5/15
5人気以下	単62%・複47%	1-2-3/65

●条件別・勝利割合
穴率	13%	平坦芝率	0%
芝道悪率	0%	晩成率	38%
ダ道悪率	25%	芝広いコース率	0%

●コース別成績
東京	芝/0-0-0/11	D/0-1-0/6
中山	芝/0-0-0/2	D/0-1-0/4
京都	芝/0-0-0/7	D/0-0-3/7
阪神	芝/0-0-0/6	D/1-1-2/6
ローカル	芝/0-0-0/16	D/7-1-3/21

現役時代

中央23戦4勝。主な勝ち鞍、青葉賞、日経賞。ダービー2着、菊花賞2着、有馬記念2着、天皇賞・春2、3着、宝塚記念4着、ジャパンC5着。
オルフェーヴル世代のナンバー2ホース。ハーツクライの初年度産駒で、無尽蔵のスタミナを示した。
安藤勝己を主戦に、11年の青葉賞を上がり33秒6の後方一気で勝利。不良馬場のダービーは10番人気の評価を跳ね返すかのように、3着に7馬身差の銀メダル。秋の神戸新聞杯も菊花賞も、オルフェーヴルの2着。シルバーコレクターの異名が定着していく。
1年半の長期ブランクを乗り越えた5歳の有馬記念も2着。いつも前にはオルフェーヴルがいた。6歳の日経賞では岩田康誠のマクリが決まり、久々の1着。青葉賞以来となる3年ぶりの重賞勝利だった。

血統背景

父ハーツクライ。本馬は初年度の代表産駒。
母スーパーバレリーナは4戦0勝。4代母ウォーエクスチェンジの子孫に米国王者カーリン（ドバイワールドC、BCクラシック）。母父ストームバードは名種牡馬でストームキャットの父。

代表産駒

ドスハーツ（鈴鹿S）、カミノホウオー、オタクインパクト（北海優駿3着）。引退後、青森で種牡馬入り。青森じゅうの牝馬を集め、成績を伸ばしている。

特注馬

ドスハーツ／オープンでは苦戦覚悟も、軽ハンデ、前崩れなどの条件が揃えば一発ある。中京か阪神のダートで。
カミノホウオー／藤田菜七子で新潟ダ1200を連勝。減量騎手が合うのか。懐かしきスワンズウッドグローヴの牝系。
メイクマイデイ／9ヶ月の休み明けで、中京ダ1400を単勝40倍の逃げ切り。休み休みにしか使えず、出たとこ勝負。
フォレスタブル／ドスハーツの全弟。デビューを待つ2歳牡馬。根本厩舎なので藤田菜七子の騎乗もありそう。

勝利へのポイント

2歳【0-0-1-23】3歳【6-4-6-41】

青森に繋養という環境の中で、徐々に成績アップ。ドスハーツはダ1800と1900で3着の多いズブい差し馬だったが、4歳になって末脚が破壊力を増し、ダートのオープン馬に成長した。これが代表産駒のモデルで、本格化のパターンか。
現状は芝の3着以内なし。馬券になったのは全部ダート。中京ダート得意で、東京ダートは不振。ドスハーツ以外はダ1200やダ1400で活躍しており、全般にスピード不足というわけではない。注目すべきは年齢別の成績。2歳は連対率0%、3歳は同17.5%、4歳は母数が少ないが同40%。年齢を重ねるごとに良化していく様が明確に出ている。
まだ計8勝しかしていないのに、2連勝がふたつあり、勢いのある馬は買い。前走3着以内がいい。

2020 RANK 140

エイシンヒカリ
A SHIN HIKARI

香港C、イスパーン賞を連勝し、
世界ランキング1位を記録!

2011年生　芦毛
2021年種付け料▷受胎確認後160万円（FR）

POINT
上位人気は2、3着だらけ
穴は乗り替わりの強気先行ジョッキー
意外と消耗戦向きの持久型!?

ディープインパクト 鹿 2002	*サンデーサイレンス Sunday Silence	Halo
		Wishing Well
	*ウインドインハーヘア Wind in Her Hair	Alzao
		Burghclere (2-f)
*キャタリナ Catalina 芦 1994	ストームキャット Storm Cat	Storm Bird
		Terlingua
	カロライナサガ Carolina Saga	Caro
		Key to the Saga (16-g)

Northern Dancer 5×4

エイシンヒカリ産駒完全データ

● 最適コース
牡／中山芝2000、阪神ダ1800
牝／阪神芝2000、小倉芝1200

● 距離別・道悪
芝10〜12　　　2-1-0／19　　D10〜13　　2-1-1／21
芝14〜16　　　2-6-5／46　　D14〜16　　0-0-2／12
芝17〜20　　　1-3-4／27　　D17〜19　　1-3-1／23
芝21〜　　　　0-2-0／5　　 D20〜　　　0-0-0／2
芝道悪　　　　2-3-3／23　　D道悪　　　1-3-1／21

● 人気別回収率
1人気　　　　単27%・複83%　　1-4-2／11
2〜4人気　　 単27%・複80%　　1-6-7／34
5人気以下　　単156%・複135%　 6-6-4／110

● 条件別・勝利割合
穴率　　　　　75%　　平坦芝率　　　40%
芝道悪率　　　40%　　晩成率　　　　0%
ダ道悪率　　　33%　　芝広いコース率　40%

● コース別成績
東京　　　芝／0-1-2／21　　D／0-0-1／11
中山　　　芝／1-1-3／14　　D／1-0-0／14
京都　　　芝／0-0-0／4　　 D／0-0-0／2
阪神　　　芝／1-2-0／15　　D／0-3-0／7
ローカル　芝／3-8-4／43　　D／2-1-3／24

現役時代

中央11戦8勝、海外4戦2勝。主な勝ち鞍、イスパーン賞（仏G I・芝1800M）、香港C（香G I・芝2000M）、毎日王冠、エプソムC。

3歳4月の未勝利デビューから5連勝でアイルランドTを逃げ切り。直線で外ラチまでヨレるヤンチャぶりを見せながらも、速いペースで逃げて後続を突き放すスタイルが確立された。4歳でエプソムCと毎日王冠を逃げ切り。武豊が乗る逃げ馬から「サイレンススズカ2世」の呼び名も生まれるが、2番人気の天皇賞・秋はクラレントの2番手に控え、9着敗退。

しかし12月の香港Cを逃げ切り、G I 制覇。さらに2016年5月のイスパーン賞で不利と思われたフランスの重馬場で10馬身差の圧勝。ワールドサラブレッドランキングの1位に輝いた。5歳秋の天皇賞は逃げて失速し、引退戦となった香港カップも果敢な逃げを打ったがモーリスの10着に敗退。芝1800がベストで、芝2000になると脚が鈍った。

血統背景

父ディープインパクトは同馬の項を参照。
母キャタリナは米国3勝。半兄エーシンピーシーはスプリングS3着、全妹エイシンティンクルは関屋記念3着。近親で血統構成の近いスマイルカナは桜花賞を逃げて3着。

代表産駒

エイシンヒテン（忘れな草賞2着）、エイシンイナズマ。

特注馬

エイシンヒテン／馬券になった5回中4回は、相手にも同じディープインパクト系の馬が絡んでいる。阪神得意。
クープドクール／母父はサニーズヘイローの父系で、半兄はダートで活躍した。ダート1400あたりに向く可能性も。
エイシンリヒト／初ダートを楽勝、次走は最下位という、波の大きな逃げ馬。軽いダートの単騎逃げで一発。

勝利へのポイント

芝の稍重【2-3-3-7】複勝率53.3%

1年目の代表産駒は牝馬エイシンヒテン。まず小倉芝1200を逃げ切り、スプリンターかと思われたが、阪神芝1600で2勝目をあげ、オープンでは阪神芝2000の忘れな草賞をそこそこ速いペースで逃げて2着に残った。牡馬は芝2200や2600で2、3着を重ねるジリ脚のシャイニングライトがいて、イメージよりも持久力が前に出ている印象。同父系ならキズナよりディープブリランテに近い。

すごいのは人気別。1〜3番人気【1-8-9-14】と勝ちきれず、6番人気以下【6-4-3-90】。人気薄のほうが勝率が高い。穴の中身は、デビューして不振後しばらく休んで出てきた復帰戦の大穴や、乗り替わりの一変が目につく。強気先行の騎乗に合う。道悪も得意で、欧州血統っぽさがある。

2020 RANK 168

クリエイターⅡ CREATOR

ラニが参戦した
2016年ベルモントSの勝ち馬

2013年生　芦毛　アメリカ産
2021年種付け料▷産駒誕生後100万円

POINT
- 気性の難しいダート中長距離タイプ
- 良のダートと不良のダートで好成績
- 高速馬場と休み明けはマイナス

タピット Tapit 芦 2001	プルピット Pulpit	A.P. Indy
		Preach
	タップユアヒールズ Tap Your Heels	Unbridled
		Ruby Slippers (3-o)
モレナ Morena 黒鹿 2004	プライヴェートリーヘルド Privately Held	Private Account
		Aviance
	チャリティン Charytin	Summing
		Crownit (2-o)

Mr. Prospector 4・5(父方)、Northern Dancer 5×5

クリエイターⅡ産駒完全データ

●最適コース
牡／中山ダ1800、中京ダ1600
牝／東京ダ1600、阪神ダ1800

●距離別・道悪
芝10〜12	0-1-1/10	D10〜13	0-1-1/21
芝14〜16	0-0-0/5	D14〜16	2-4-3/33
芝17〜20	0-0-0/13	D17〜19	4-5-3/89
芝21〜	0-0-0/4	D20〜	0-1-2/16
芝道悪	0-0-0/11	D道悪	2-2-5/54

●人気別回収率
1人気	単31% 複35%	1-0-1/7
2〜4人気	単29% 複58%	2-5-3/33
5人気以下	単99% 複84%	3-7-6/151

●条件別・勝利割合
穴率	50%	平坦芝率	0%
芝道悪率	0%	晩成率	0%
ダ道悪率	33%	芝広いコース率	0%

●コース別成績
東京	芝/0-0-0/6	D/1-4-5/38
中山	芝/0-0-0/5	D/3-2-2/48
京都	芝/0-0-0/0	D/0-0-0/2
阪神	芝/0-0-0/5	D/1-4-0/25
ローカル	芝/0-1-1/16	D/1-1-2/46

勝利へのポイント

ダート1番人気【1-0-1-5】

輸入種牡馬の1年目としては苦戦。新馬3勝、未勝利クラス3勝。まだ2勝以上の馬はいない。気性の激しさから、逃げを打てないと大敗してしまったり、内枠で揉まれて凡走したりのケースが見受けられる。1番人気は上記の通り不振だ。

エーピーインディ系らしく、ほぼダート専門。エーピー系は時計のかかるダート向きか、時計の速いダート向きかの見極めが大事。クリエイター産駒は良のダートと不良のダートに良績を残し、稍重と重のダートは成績ダウン。力のいる馬場に向く。競馬場でいうと東京ダ1600より、中山ダ1800に合うタイプが多い。ダ2400も良いはず。

新馬以外の休み明けがさっぱりなのも、面白い傾向。2ヶ月以上の休み明けは【0-0-1-33】。

現役時代

北米で通算12戦3勝。主な勝ち鞍、ベルモントS（GⅠ・12F）、アーカンソー・ダービー（GⅠ・9F）。

2歳秋にデビューし、未勝利脱出は6戦目の3歳2月と勝ち味に遅かった。その後アーカンソー・ダービーを制し、日本からラニが参戦した2016年の米三冠に挑戦。ケンタッキー・ダービーは末脚不発の13着。プリークネスSは回避。最終戦ベルモントSを制したのがラニと同じタピット産駒のクリエイターだった。同厩ゲティスバーグをラビット役に、後方の内目追走から徐々に進出し、直線を向くと末脚爆発。逃げるデスティンをゴール寸前でハナ差かわして勝利した。ラニは猛然と追い込むも3着まで。

ベルモントS後はジムダンディS6着、トラヴァーズS7着と連敗したところで日本売却が決定。現役引退となった。日本輸入後は、ミルリーフを父に持つ同名の種牡馬が91年から供用されていたため、馬名にⅡが付く表記となった。

血統背景

父タピットは同馬の項参照。

母モレナはダマスカス系×プリンスジョン系の配合に加え、昭和の競馬オヤジが懐かしさで涙をこぼすダイアトム（天皇賞・春のクシロキングの父）を持つという異系色の濃い血統構成。

代表産駒

コトブキアルニラム、マツリダジョオー、リコーヴィクター。

特注馬

クインズバジル／祖母ケイアイベローナで父エーピー系なら、クインズサターンと似る。力のいる冬のダート合う。

コトブキアルニラム／不良のダートは【1-0-1-0】と得意。良のダートは【0-1-0-5】と人気でも詰めが甘い。

メイショウイッコン／函館ダ1700で突然の大差ぶっちぎり。晩成血統の本領発揮か、輸送なしの現地競馬が合うのか。

その他の種牡馬

アーネストリー

2005年生●ロベルト系

- *グラスワンダー
  - *トニービン
- レットルダムール
  - ダイナチャイナ

29戦10勝／宝塚記念、金鯱賞、札幌記念、オールカマー、中日新聞杯。
代表産駒／コールストーム、サツキワルツ、プリカジュール。

| 距離 | 中長 | 馬場 | 万 | 性格 | 普 | 成長力 | 晩 |

同じ父のスクリーンヒーローが成功した効果で、種付け数は15年の5頭から、16年は50頭へ。交配相手にはノースヒルズの良血牝馬も含まれる。現役時代は先行2番手から4角先頭がスタイル。5歳で金鯱賞と札幌記念を制するも、宝塚記念と天皇賞・秋は3着まで。6歳で完成して宝塚記念をレコード勝ち。ブエナビスタの末脚を封じて父の物語を再現した。

＊アグネスデジタル

1997年生／米●ミスタープロスペクター系

- Crafty Prospector
  - Chief's Crown
- Chancey Squaw
  - Alliance

32戦12勝／香港C、天皇賞・秋、マイルCS、安田記念、フェブラリーS、南部杯。
代表産駒／ヤマニンキングリー（札幌記念）、アスカノロマン（東海S）、グランプリエンゼル（函館SS）。

| 距離 | 短中 | 馬場 | 万 | 性格 | 普 | 成長力 | 普 |

3歳秋のマイルCSを13番人気の後方一気。4歳で地方のダートGI、天皇賞・秋、香港カップを制し、芝もダートも国内も海外も全部勝ってしまう異能のオールラウンダーとして競馬史に名を刻んだ。父はミスプロ系のマイラー型。3代母ラナウェイブライドはブラッシンググルームの母。産駒も芝ダート兼用。芝は急坂と洋芝、ダートは湿った馬場が得意。

アサクサキングス

2004年生、16年引退●リファール系

- *ホワイトマズル
  - *サンデーサイレンス
- クルーピアスター
  - *クルーピアレディー

23戦6勝／菊花賞、阪神大賞典、京都記念、きさらぎ賞。
代表産駒／キーグラウンド、クリノヴィクトリア、オンザウェイ。

| 距離 | 中長 | 馬場 | 万 | 性格 | 堅 | 成長力 | 晩 |

左記の勝ち鞍のほか、ダービーは逃げてウオッカの2着、4歳春の天皇賞は1番人気3着、5歳の春天も1番人気9着。ロングスパートには強かったが、人気を背負って脚を温存するとモロかった。父ホワイトマズルはイタリアダービー馬。母の全兄にジェニュイン。産駒は芝2500や2600、ダ1800の堅実タイプ。スタミナ豊富もジリ脚で2着が多い。重特注。

アッミラーレ

1997年生●サンデーサイレンス系

- *サンデーサイレンス
  - Carr de Naskra
- *ダジルミージョリエ
  - Mawgrit

18戦6勝／欅S、春待月S。
代表産駒／ハッピースプリント（全日本2歳優駿）、トキノエクセレント（さきたま杯2着）、サクラサクラサクラ（クイーン賞2着）、ニシオボヌール。

| 距離 | マ中 | 馬場 | ダダ | 性格 | 普 | 成長力 | 普 |

ホクトベガがドバイに散った悲劇の2日前、同馬と同じ酒井牧場に産まれた。サンデー産駒には珍しく、勝ち星6つはすべてダート。ダ1400とダ2300のオープン特別を勝利した。産駒は道悪のダートや、東京ダ1400＆1600など、スピードを活かせる馬場向き。大井の名馬ハッピースプリントが出て、産駒急増したのが17年2歳の世代。もうひと花咲かせるか。

アドマイヤオーラ

2004年生、15年死亡●サンデーサイレンス系

- アグネスタキオン
  - Caerleon
- ビワハイジ
  - *アグサン

16戦4勝／弥生賞、京都記念、シンザン記念。
代表産駒／ノボバカラ（プロキオンS）、アルクトス（プロキオンS）、クロスクリーガー（レパードS）。

| 距離 | マ中 | 馬場 | 万 | 性格 | 普 | 成長力 | 普 |

1年目からダート重賞の勝ち馬2頭と、芝のオープン馬1頭が出て、これからという矢先に早世。20年4歳が最後の世代になる。産駒は芝馬とダート馬が半々で、個々の馬の得意距離がはっきりしているタイプ。ダートの道悪が抜群に良い。現役時代は弥生賞などに勝ち、皐月賞4着、ダービーはウオッカの3着。母ビワハイジは2歳女王、半妹ブエナビスタ。

アドマイヤコジーン

1996年生、17年死亡●グレイソヴリン系

- Cozzene
  - *ノーザンテースト
- アドマイヤマカディ
  - *ミセスマカディー

23戦6勝／朝日杯3歳S、安田記念、阪急杯、東京新聞杯、東スポ杯3歳S。
代表産駒／アストンマーチャン（スプリンターズS）、スノードラゴン（スプリンターズS）、マジンプロスパー（CBC賞）。

| 距離 | 短中 | 馬場 | 芝 | 性格 | 普 | 成長力 | 早 |

無敗で98年の2歳王者になった後、2度の骨折でボルトを入れて復帰。6歳、後藤浩輝を背に安田記念を快勝した。後藤にとって11年目の涙のGI初勝利だった。上記の勝ち鞍のほか、6歳の高松宮記念とスプリンターズSで2着。父コジーンはBCマイル優勝、祖母は英1000ギニー優勝。産駒は芝ダートとも1200、1400が得意。夏の平坦コースで穴激走。

アドマイヤマックス

1999年生●サンデーサイレンス系

```
┌*サンデーサイレンス        ┌*ノーザンテースト
└ダイナシュート            └シヤダイマイン
```

23戦4勝／高松宮記念、東スポ杯2歳S、富士S。
代表産駒／ケイティブレイブ（JBCクラシック）、モンストール（新潟2歳S）、ショウナンアポロン（マーチS）。

4歳からマイル路線へ進み、安田記念でアグネスデジタルの2着。スプリンターズSはデュランダルの3着。5歳で富士Sに勝ち、6歳の高松宮記念で頂点に立った。母ダイナシュートは新潟3歳S、近親にラインクラフト（桜花賞）。産駒は穴率が高く、牝馬は芝の短距離、牡馬はダート寄りの中距離馬も出る。得意コースだけ走る馬の変わり身に注意。

| 距離 | 短中 | 馬場 | 万 | 性格 | 狂 | 成長力 | 普 |

---

* アポロキングダム

2003年生／米●キングマンボ系

```
┌Lemon Drop Kid          ┌Storm Cat
└Bella Gatto             └Winter Sparkle
```

11戦2勝。
代表産駒／アポロスターズ（カンナS）、シャインカメリア（ダリア賞2着）、アポロユッキー。

現役時代はダート2勝。脚抜きのいい馬場が得意だった。父レモンドロップキッドはキングマンボのアメリカでの代表産駒で、フューチュリティS（ダ8F）、ベルモントS（ダ12F）などGIを5勝。カリズマティックの三冠を阻止した。本馬の近親にカポウティ。産駒は2歳戦向きのスプリンター、2歳の夏秋にさっさと稼ぐアポロ所属のクラブ馬が中心。

| 距離 | 短 | 馬場 | 万 | 性格 | 普 | 成長力 | 早 |

---

* アポロソニック

2010年生／米●ダンジグ系

```
┌Big Brown               ┌Pure Prize
└Purely Surprized        └Raise the Prize
```

7戦2勝。／ダービー3着。

青葉賞2着を経て、キズナとエピファネイアの競り合いになった2013年ダービーを逃げて、人気薄で3着に粘った外国産馬。530キロ前後の雄大な馬格を誇った。ダンジグ系の父ビッグブラウンは、ケンタッキー・ダービー、プリークネスSに勝った米国の二冠馬。2頭しかいなかった初年度産駒からダート1800の2勝馬アポロアベリアが出て、評価上昇中。

| 距離 | マ中 | 馬場 | ダ | 性格 | 普 | 成長力 | 普 |

---

* アルデバランⅡ　　Aldebaran

1998年生／米●ミスタープロスペクター系

```
┌Mr. Prospector          ┌Private Account
└Chimes of Freedom       └Aviance
```

25戦8勝／メトロポリタンH（GI・8F）、フォアゴーH（GI・7F）、サンカルロスH（GI・7F）、トムフールH（GI・7F）。
代表産駒／ダンスディレクター（シルクロードS）、ダノンゴーゴー（ファルコンS）、トーセンラーク（兵庫ジュニアGP）、レジーナフォルテ（ルミエールオータムD）。

イギリスからアメリカへ移籍後の5歳に本格化。GI5勝を含め5重賞を制した。5歳時は8戦5勝。2着、3着各1回。唯一の大敗が本命に推されたBCスプリントGIの6着。父の産駒にフォーティナイナー。母系近親にスピニングワールド（BCマイルGI）。ダートが勝ち鞍数で上回るものの、上位級は芝馬。たたき2戦目とダートの道悪に妙味あり。

| 距離 | 短中 | 馬場 | 万 | 性格 | 普 | 成長力 | 普 |

アンライバルド

2006年生●サンデーサイレンス系

```
┌ネオユニヴァース          ┌Sadler's Wells
└*バレークイーン          └Sun Princess
```

10戦4勝／皐月賞、スプリングS。
代表産駒／トウショウドラフタ（ファルコンS）。

ダービー馬フサイチコンコルドと13歳違いの半弟。近親にヴィクトリー（皐月賞）。新馬でリーチザクラウンやブエナビスタを負かし、若駒Sから、スプリングS、皐月賞まで3連勝。岩田康誠の絶妙な待ちと仕掛けが目立った。ダービーは不良馬場で12着。産駒はダ1800のズブいタイプと、気性の繊細な芝1200〜1400タイプに分かれる。稍重ダートを狙え。

| 距離 | 短中 | 馬場 | 万 | 性格 | 狂 | 成長力 | 早 |

ヴァンセンヌ

2009年生●サンデーサイレンス系

```
┌ディープインパクト        ┌ニホンピロウイナー
└フラワーパーク           └ノーザンフラワー
```

16戦6勝／東京新聞杯。安田記念2着。
代表産駒／イロゴトシ、ロードベイリーフ。

母が高松宮杯とスプリンターズSを制したフラワーパーク。6歳の東京新聞杯を制し、京王杯SC2着の後、15年安田記念は上がり33秒7の末脚でモーリスとクビ差の2着に迫った。母の父ニホンピロウイナーは84、85年のマイルCS連覇など、ハビタット系の昭和の伝説マイラー。産駒は道悪が上手で、時計の遅い芝1200から2000や、ダートで着を重ねるタイプ。

| 距離 | 短中 | 馬場 | 芝 | 性格 | 堅 | 成長力 | 普 |

* ヴィットリオドーロ

2009年生／米●サドラーズウェルズ系

```
┌ Medaglia d'Oro      ┌ *アフリート
└ Preeminence         └ Agitation
```

12戦4勝、重賞勝ちはなし。

母プリエミネンスは関東オークス、エルムSなどダート重賞を8勝の後、アメリカのサンタマリアHで5着。そのまま繁殖入りして、米国で産んだのが本馬。父メダグリアドーロは米国のサドラー系の大種牡馬で、18年の種付け料は25万ドル。産駒はグランド牧場の生産馬が大半も、初年度8頭のうち2頭が早々と地方の2歳ダート短距離戦を勝ち上がった。

距離	短中	馬場	ダダ	性格	普	成長力	普

---

* エイシンアポロン

2007年生／米●ストームバード系

```
┌ Giant's Causeway    ┌ Sadler's Wells
└ Silk And Scarlet    └ Danilova
```

19戦4勝／マイルCS、京王杯2歳S、富士S。
代表産駒／エイシンオズ。

2歳から王道路線を走り、京王杯2歳S（稍重）1着後、朝日杯FSはローズキングダムの2着、弥生賞（重）はヴィクトワールピサの2着。故障後はマイル路線に絞り、4歳で富士S（不良）とマイルCS（稍重）を連勝した道悪の鬼。父は欧州のGIを6勝した中距離王者で、アメリカ型の早熟傾向が強かったストームキャット産駒のイメージを覆した。

距離	マ中	馬場	万	性格	普	成長力	普

---

* エーシンフォワード

2005年生、18年輸出／米●ストームキャット系

```
┌ Forest Wildcat      ┌ Cure the Blues
└ Wake Up Kiss        └ Good Morning Smile
```

31戦6勝／マイルチャンピオンシップ、阪急杯。高松宮記念3着。
代表産駒／ロードエース。

新馬戦でディープスカイを破り、NZトロフィーで2着。5歳で阪急杯を制し、秋に大仕事を果たす。1番人気のスワンSを負けて評価を落としたマイルCSで、岩田騎手の得意技イン強襲によって1分31秒8のレコード勝ち。父フォレストワイルドキャットは世界各国でGIマイラーを輩出した、ストームキャット直仔。産駒はダートの短距離狙いが無難。

距離	短	馬場	ダ	性格	普	成長力	早

エキストラエンド

2009年生●サンデーサイレンス系

```
┌ ディープインパクト   ┌ Garde Royale
└ *カーリング          └ Corraleja
```

38戦6勝／京都金杯。
代表産駒／マツリダスティール（盛岡ジュニアGP）。

角居厩舎の良血ディープ産駒。弥生賞5着、京都新聞杯3着と一線級では足りなかったが、中長距離路線からマイル路線に転じると5歳の京都金杯を差し切り、東京新聞杯も2着した。母カーリングは仏オークス。半兄ローエングリン、全兄リベルタスは朝日杯FS3着。海外で種牡馬入りの記事も出たが破談になり、国内供用。盛岡の重賞芝マイラーが出た。

距離	マ中	馬場	芝	性格	堅	成長力	普

オウケンブルースリ

2005年生●トニービン系

```
┌ ジャングルポケット   ┌ Silver Deputy
└ *シルバージョイ      └ Joy of Myrtlewood
```

27戦5勝／菊花賞、京都大賞典。JC2着、3着。
代表産駒／オウケンムーン（共同通信杯）。

同期生のダービーが終わった後に未勝利を脱出。そこから快進撃で菊花賞を制覇して頂点に立った。主戦は内田博幸。4歳のジャパンCでは直線一気の脚で、ウオッカとハナ差の2着。京都大賞典は4度出走して、1、2、3、2着だった。3代母はミスタープロスペクターの半妹。初年度産駒に母オウケンサクラの牝馬などもいたが、全般にスピード不足。

距離	中長	馬場	芝	性格	普	成長力	晩

オーシャンブルー

2008年生●サンデーサイレンス系

```
┌ ステイゴールド       ┌ Dashing Blade
└ *プアプア            └ Plains Indian
```

30戦7勝／金鯱賞、中山金杯。有馬記念2着。
代表産駒／ダンシングリッチー。

ステイゴールド×ミルリーフ系の晩成ステイヤー。4歳の秋にオープン入りして金鯱賞をレコード勝ちの後、10番人気の有馬記念でもゴールドシップの2着に差して、波乱を演出した。6歳で中山金杯を勝利。代表産駒ダンシングリッチーはナカヤマフェスタの弟で、芝2400の道悪が得意。軽さはないがスタミナを活かす条件で買い。ダート中距離もこなす。

距離	中長	馬場	芝	性格	普	成長力	晩

その他の種牡馬

縦書き：その他の種牡馬

* オールステイ

2011年生／米●ダンジグ系

```
┌ Cape Cross ─────── ┌ Victory Gallop
└ Flowerette ──────── └ *プリンセスオリビア
```

18戦3勝。
代表産駒／ラヴォラーレ。

父ケープクロスの外国産馬。函館と福島の芝1800と芝2000で逃げ切りの3勝をあげた。単騎ならしぶといが、絡まれるともろかった。祖母プリンセスオリビアは、トーセンラーとスピルバーグの母という良血。初年度産駒3頭の中から、中央2勝のラヴォラーレが登場。同馬は東京ダート2100を2勝している。同父系の種牡馬にベーカバド、シーザスターズ。

距離	マ中	馬場	ダ	性格	普	成長力	早

カネヒキリ

2002年生、16年死亡●サンデーサイレンス系

```
┌ フジキセキ ──────── ┌ Deputy Minister
└ *ライフアウトゼア ── └ Silver Valley
```

23戦12勝／ジャパンCダート2回、フェブラリーS、東京大賞典、川崎記念、ジャパンダートダービー。
代表産駒／ミツバ（川崎記念）、ロンドンタウン（エルムS）、アルタイル（オアシスS）。

3歳から東京のJCダートをレコード勝ちするなど、砂の王者として君臨。フェブラリーSを完勝後、ドバイワールドCはエレクトロキューショニストの4着。屈腱炎で2年の長いブランクを経るも、幹細胞の移植手術で復活。6歳の東京大賞典でヴァーミリアンを下し、川崎記念はフリオーソを一蹴した。産駒はダート専門で、得意コースの明確な馬が多い。

距離	マ中	馬場	ダダ	性格	堅	成長力	普

カルストンライトオ

1998年生●マンノウォー系

```
┌ *ウォーニング ─────── ┌ *クリスタルグリッターズ
└ オオシマルチア ─────── └ オオシマスズラン
```

36戦9勝／スプリンターズS、アイビスサマーダッシュ（2回）。
代表産駒／メイショウテンセイ。

不良馬場の04年スプリンターズSを4馬身差で逃げ切ったタイトルもさることながら、02年アイビスSDで記録した53秒7のレコードは、今も輝く"日本一速い馬"の勲章。生涯を通してほとんどハナを譲らなかった。大流星の鼻面も記憶に残る。父ウォーニングは英のGIマイラーで、マンノウォー系の雄。祖母オオシマスズランは桜花賞トライアル優勝。

距離	短マ	馬場	芝	性格	普	成長力	早

カンパニー

2001年生、18年死亡●グレイソヴリン系

```
┌ ミラクルアドマイヤ ── ┌ *ノーザンテースト
└ ブリリアントベリー ── └ *クラフテイワイフ
```

35戦12勝／天皇賞・秋、マイルCS、中山記念（2回）、大阪杯、マイラーズC、毎日王冠、京阪杯、関屋記念。
代表産駒／ウインテンダネス（目黒記念）、イェッツト（京成杯3着）。

7歳で横山典弘とコンビを組むと、後方一気から先行馬へモデルチェンジ。8歳の天皇賞・秋でスクリーンヒーローとウオッカを負かし、マイルCSもぶっこ抜いた。近親にトーセンジョーダン。父ミラクルアドマイヤ（その父トニービン）は本馬の登場で一躍、人気種牡馬に。産駒は多様も、高額条件では芝1800から2500の上がりのかかる馬場がいい。

距離	中長	馬場	芝	性格	普	成長力	晩

キャプテントゥーレ

2005年生、16年引退●サンデーサイレンス系

```
┌ アグネスタキオン ──── ┌ *トニービン
└ エアトゥーレ ──────── └ *スキーパラダイス
```

20戦5勝／皐月賞、デイリー杯2歳S、朝日チャレンジC（2回）。
代表産駒／カシノマスト（小倉2歳S3着）、クロスケ、ヴォーガ。

川田将雅22歳の初GI勝利となったのが、この馬の皐月賞。前年の朝日杯FSは3着。弥生賞は4着。しかし7番人気の皐月賞でハナに立ち、早めの仕掛けからリードを広げて逃げ切った。母エアトゥーレは阪神牝馬Sの勝ち馬。祖母スキーパラダイスは欧州のGIマイラー。産駒は決め手が甘いため、ダートのほうが馬券になる。芝なら時計かかる中距離で。

距離	マ中	馬場	万	性格	普	成長力	普

キングヘイロー

1995年生、19年死亡●リファール系

```
┌ *ダンシングブレーヴ ── ┌ Halo
└ *グッバイヘイロー ──── └ Pound Foolish
```

27戦6勝／高松宮記念、中山記念、東京スポーツ杯3歳S、東京新聞杯。
代表産駒／カワカミプリンセス（オークス、秋華賞）、ローレルゲレイロ（高松宮記念、スプリンターズS）、クリールカイザー（AJC杯）、ゴウゴウキリシマ（シンザン記念）。

スペシャルウィーク、セイウンスカイと3強のクラシックは、皐月賞2着、ダービー14着、菊花賞5着。折り合いを欠いて逃げたダービーの福永の騎乗は批判の的に。柴田善に乗り替わり、紆余曲折の末に5歳の高松宮記念でタイトル奪取。父は凱旋門賞など80年代の欧州名馬。母は米GIを7勝。近年の産駒は牡馬がダート、牝馬は芝が主戦場。5歳で充実。

距離	マ長	馬場	芝	性格	普	成長力	強

＊グラスワンダー

1995年生／米●ロベルト系

┌ Silver Hawk
│ ┌ Danzig
└ Ameriflora
　└ Graceful Touch

15戦9勝／有馬記念2回、宝塚記念、朝日杯3歳S、毎日王冠、京王杯SC、京成杯3歳S。
代表産駒／スクリーンヒーロー（ジャパンC）、アーネストリー（宝塚記念）、セイウンワンダー（朝日杯FS）、ビッグロマンス（全日本2歳優駿）、サクラメガワンダー（金鯱賞）。

97年朝日杯3歳Sを1分33秒6のレコードで4戦4勝。的場均は「自分が巡り合った最高の馬」と称賛した。99年の宝塚記念でスペシャルウィークを3馬身突き離し、同年有馬記念もライバルにハナ差勝ちして2連覇。安田記念2着もある。父は愛ダービー2着。近年の産駒は芝2000、ダ1200、ダ1400で好成績。短距離馬は内枠、中距離馬は古馬の成長を狙え。

距離	マ中	馬場	芝	性格	普	成長力	普

グランデッツァ

2009年生●サンデーサイレンス系

┌ アグネスタキオン
│ ┌ Marju
└ ＊マルバイユ
　└ Hambye

19戦5勝／スプリングS、七夕賞、札幌2歳S。
代表産駒／ラルゲッツァ。

札幌2歳Sでゴールドシップを負かし、重のスプリングSはディープブリランテを差し切り。皐月賞は1番人気になったが、後方待機から5着だった。ほかに5歳のマイルCS3着、6歳の七夕賞1着がある。ひとつ上の半姉マルセリーナは11年の桜花賞馬。産駒はダ1700や芝1600の連対はあるものの不振。アグネスタキオン父系はダート寄りマイラーに出る。

距離	マ中	馬場	ダ	性格	堅	成長力	普

グランプリボス

2008年生●テスコボーイ系

┌ サクラバクシンオー
│ ┌ ＊サンデーサイレンス
└ ロージーミスト
　└ ＊ビューティフルベーシック

28戦6勝／朝日杯FS、NHKマイルC、京王杯2歳S、スワンS、マイラーズC。安田記念2着、マイルCS2着。
代表産駒／モズナガレボシ（小倉記念）。

10年朝日杯FSはデムーロでリアルインパクトを差し切り、11年NHKマイルCはウィリアムズで優勝。安田記念は4歳と6歳で2着。英国と香港にも遠征し、6歳の香港マイルで3着した。父の父サクラユタカオーは86年の天皇賞・秋を優勝。テスコボーイ系の貴重な父系。産駒はダート馬が8割。ダ1200だと3着が多く、距離延長で良さを見せる馬も多い。

距離	短中	馬場	ダ	性格	堅	成長力	普

クリーンエコロジー

2008年生●キングマンボ系

┌ キングカメハメハ
│ ┌ Unbridled's Song
└ ＊スパークルジュエル
　└ Golden Jewel Box

50戦9勝／アクアマリンS。
代表産駒／ディープエコロジー。

アクアマリンS（中山芝1200の1600万条件）など、中央の芝1200から芝1800で5勝をあげた後、ホッカイドウ競馬へ転厩。北海道スプリントC（GⅢ・門別ダ1200）でダノンレジェンドの4着。道営スプリント1着。血統は11年のBCクラシックを勝ったドロッセルマイヤーと祖母が同じ。産駒は軽快なスピードを持ち、数は少ないが勝ち上がり率は高い。

距離	短マ	馬場	万	性格	普	成長力	早

＊ケイムホーム

Came Home

1999年生、21年死亡／米●ゴーンウエスト系

┌ Gone West
│ ┌ Clever Trick
└ Nice Assay
　└ ＊インフルヴュー

12戦9勝／パシフィッククラシック（GI・10F）、サンタアニタ・ダービー（GI・9F）、ホープフルS（GI・7F）など重賞8勝。
代表産駒／インティ（フェブラリーS）、サウンドリアーナ（ファンタジーS）、タガノトルネード（武蔵野S）、カチューシャ（オアシスS）。

ケンタッキー・ダービーでウォーエンブレムの6着に敗れたが、夏の大一番パシフィッククラシックでは同馬や古馬を一蹴した。同父系のスパイツタウンに負けじと産駒はスピードに任せた先行力が持ち味。ダートに限ると上級クラスでも即通用する。湿ったダートは好材料。使われてよりも明け2、3戦目が馬券の勝負どころ。古馬になっての復活に注意。

距離	短マ	馬場	ダ	性格	普	成長力	普

＊ケープブランコ

Cape Blanco

2007年生／愛●サドラーズウェルズ系

┌ Galileo
│ ┌ Presidium
└ Laurel Delight
　└ Foudroyer

15戦9勝／愛ダービー（GI・12F）、愛チャンピオンS（GI・10F）、アーリントンミリオンS（GI・10F）などGI5勝、他GⅡ2勝。
代表産駒／ランスオブプラーナ（毎日杯）、ベアナチュラル（高知優駿2着）、ドウドウキリシマ、アイブランコ、チビラーサン。

3歳時は愛ダービー、愛チャンピオンSを制し、ハービンジャーに千切られたが、"キングジョージ"2着もある。4歳時はアーリントンミリオンSなど米GI3連勝。愛、北米とは裏腹にフランスとの相性が悪く、本命に推された仏ダービー、凱旋門賞とも10着、13着だった。産駒はジリ脚で、クラスが上がると苦労している。力のいる馬場やダートで一考。

距離	中	馬場	万	性格	普	成長力	晩

その他の種牡馬

ゴールドヘイロー

1997年生●サンデーサイレンス系

```
┌*サンデーサイレンス ──┬ Seeking the Gold
└*ニアーザゴールド ─────┴*ニヤー
```

8戦5勝。
代表産駒／トウケイヘイロー（札幌記念）、モエレカトリーナ（紫苑S）、プロモントーリオ（目黒記念3着）、モエレビクトリー（京成杯3着）、アポロラムセス（葵S2着）。

大井所属のサンデーサイレンス産駒として、脚部不安と戦いながら5勝。20世紀最後の2000年12月31日に行われたハイセイコー像の除幕式の記念レースを制した。一時は100頭を超える種付けを集め、地方競馬の活躍馬も多数。4代母フォアシーアはカーリアンの母。晩年の産駒はダート馬が中心で、牡馬はダ1700から2000、牝馬はダ1200から1400が得意。

距離	短中	馬場	ダ	性格	堅	成長力	早

*ゴスホークケン

2005年生、18年死亡／米●ストームキャット系

```
┌ Bernstein ──────┬ Grand Slam
└ Allthewaybaby ──┴ Lustily
```

15戦2勝／朝日杯FS。
代表産駒／マルターズアポジー（福島記念）。

数少ない産駒の1頭マルターズアポジーがローカル重賞を大逃げで制覇。ゴスホークケン自身も07年朝日杯FSで1枠1番から逃げを打ち、前半58秒3のハイラップを踏んで1分33秒5の快時計で優勝した。しかし、使うほどに折り合いの難しい暴走特急となり、以降、馬券絡みはなし。父はアメリカとアルゼンチンで成功したストームキャット産駒。

距離	短中	馬場	万	性格	狂	成長力	早

コパノリチャード

2010年生●サンデーサイレンス系

```
┌ ダイワメジャー ──┬ トニービン
└ ヒガシリンクス ───┴ ビッグラブリー
```

22戦6勝／高松宮記念、スワンS、アーリントンC、阪急杯。
代表産駒／コパノキャリー（盛岡ビギナーズC）。

ダイワメジャー産駒らしい速さを持ち、4戦3勝でアーリントンCを勝利。スワンS、阪急杯とタイトルを増やし、初の芝1200出走となった14年高松宮記念をM・デムーロの手綱で2番手から快勝した。不良馬場が向いた幸運もあり、馬主のDr.コバ氏の"運を呼び込む力"を知らしめた。半姉コパノオーシャンズ（朱鷺S）。産駒も2歳から走るマイラー。

距離	短マ	馬場	万	性格	普	成長力	早

*コンデュイット   Conduit

2005年生、20年死亡／愛●ミルリーフ系

```
┌ Dalakhani ───┬ Sadler's Wells
└ Well Head ───┴ River Dancer
```

15戦7勝／BCターフ（GI・12F）2回、キングジョージ&クインエリザベスS（GI・12F）、セントレジャー（GI・14.5F）など重賞5勝。
代表産駒／ダイイチターミナル（小倉2歳S2着）、キネオペガサス（プリンシパルS2着）。

セントレジャー馬として1959年以来の"キングジョージ"制覇を果たしたほか、3、4歳時にBCターフを制した。ジャパンCはウオッカの4着。父は凱旋門賞などGI4勝。母系一族にダービー馬フサイチコンコルド。欧州本格的中長距離血統の種牡馬の産駒を日本で走らせるとどうしても重くなり、消耗戦になれば出番はあるが、上がり勝負に弱い。

距離	中長	馬場	万	性格	普	成長力	晩

*サウンドボルケーノ

2008年生／米●ストームバード系

```
┌*ヘニーヒューズ ──┬ Halo
└ Cosmic Wing ─────┴ Ziggy's Act
```

19戦3勝。
代表産駒／ヤサカリベルテ。

競走成績は平凡。ダート1400を3勝、中京ダ1400の鈴鹿特別で1分23秒4のレコードを記録した。父ヘニーヒューズの代用種牡馬のような評価だったが、種付け数は1頭→6頭→13頭に増加。フローレンスが笠松のダート800Mの新馬を楽勝するなどして、中央入りの産駒も増えている。2歳戦や、ダート短距離向きのスピード型。近親キーンランドスワン。

距離	短マ	馬場	ダ	性格	普	成長力	早

サクラオリオン

2002年生●ミスタープロスペクター系

```
┌*エルコンドルパサー ──┬ Danzig
└*サクラセクレテーム ───┴ Secrettame
```

41戦6勝／中京記念、函館記念。
代表産駒／カイザーメランジェ（函館スプリントS）。

7歳で重の中京記念を単勝5680円の大穴勝利。中京の名手・秋山真一郎のロスのない騎乗が光った。同年、札幌開催の函館記念では大外枠から内にもぐりこんで1着。札幌記念も3着。時計の遅いローカルに強かった。母サクラセクレテームの半兄に種牡馬ゴーンウエスト、ライオンキャヴァーン。祖母の半兄にノウンファクト。父エルコンの貴重な後継。

距離	短中	馬場	万	性格	普	成長力	晩

サクラプレジデント

2000年生●サンデーサイレンス系

```
┌*サンデーサイレンス      ┌マルゼンスキー
└セダンフォーエバー       └サクラセダン
```

12戦4勝／中山記念、札幌記念、札幌2歳S。皐月賞2着、朝日杯FS2着。
代表産駒／サクラゴスペル（京王杯SC）、サクラプレジール（フラワーC）。

03年の皐月賞。外のサクラプレジデントと、内のネオユニヴァース、大接戦を制したネオ騎乗のM・デムーロが、サクラの田中勝春の頭をポーンと叩いた場面は今も語り草。GⅡは2つ勝利したが、GⅠは2着止まりだった。牝系はサクラの名門で、母の兄弟にサクラチヨノオー、サクラホクトオー。産駒は東京芝1400、中山芝1200に好成績。高齢で走る。

| 距離 | 短マ | 馬場 | 芝 | 性格 | 普 | 成長力 | 晩 |

ザサンデーフサイチ

2004年生●サンデーサイレンス系

```
┌ダンスインザダーク       ┌トニービン
└エアグルーヴ          └ダイナカール
```

41戦3勝。

当歳のセレクトセールで5億1450万円（税込）の値がついたエアグルーヴの5番仔。半姉アドマイヤグルーヴ、全弟フォゲッタブル、半弟ルーラーシップ。現役時代は芝1800と芝2000で3勝。ジューンSの3着がある。産駒は少ないが、クラブ法人ライオンRHの所属馬として中央デビューする馬が多い。ダンス産駒なので持久力はあり、芝の中距離向き。

| 距離 | 中長 | 馬場 | 芝 | 性格 | 普 | 成長力 | 晩 |

サダムパテック

2008年生まれ●サンデーサイレンス系

```
┌フジキセキ            ┌*エリシオ
└サマーナイトシティ       └*ダイアモンドシティ
```

30戦6勝／マイルCS、弥生賞、京王杯SC、中京記念、東京スポーツ杯2歳2S。
代表産駒／サダムゲンヤ。

東スポ杯と、弥生賞を鋭く差して、皐月賞はオルフェーヴルの2着。ダービー7着、菊花賞は5着だった。4歳の安田記念は1番人気で9着に沈むも、マイルCSは1枠1番からロスなく快勝した。半妹ジュールポレールは18年ヴィクトリアM優勝。母父エリシオは96年凱旋門賞1着、ジャパンC3着。本馬は1年だけ日本で供用され、韓国へ輸出された。

| 距離 | 短中 | 馬場 | 万 | 性格 | 普 | 成長力 | 早 |

サムライハート

2002年生●サンデーサイレンス系

```
┌*サンデーサイレンス      ┌*トニービン
└エアグルーヴ          └ダイナカール
```

5戦3勝／ドンカスターC。
代表産駒／プレミアムブルー（シンザン記念3着）、ライトフェアリー（鞍馬S2着）。

母エアグルーヴ、父サンデー。しかも母にとって初の牡駒。生まれ落ちた時から注目を浴び、サンデーRでの募集価格は2億2000万円。しかし骨折に泣き、5戦のキャリアに終わった。全姉アドマイヤグルーヴ（エリザベス女王杯）、半弟ルーラーシップ。産駒は晩成型で、夏のローカルを境に上昇するパターンあり。ジリ脚っぽく、小回り、ダートの重で穴。

| 距離 | 中 | 馬場 | 芝 | 性格 | 普 | 成長力 | 晩 |

サンカルロ

2006年生●ロベルト系

```
┌*シンボリクリスエス      ┌Crafty Prospector
└ディーバ            └ミスセクレト
```

49戦6勝／ニュージーランドT、阪神C（2回）、阪急杯。

「阪神芝1400のスペシャリスト」と呼ばれ、後方一気の脚質で同コースの重賞を3勝。ほかに高松宮記念でキンシャサノキセキの2着と、カレンチャンの2着がある。母ディーバは短距離3勝、祖母ミスセレクトはイタリアの2歳牝馬チャンピオン。母父はミスプロ系の快速型。産駒は地方競馬のダートでそこそこ勝っているが、中央の芝では不振の傾向。

| 距離 | マ中 | 馬場 | ダダ | 性格 | 普 | 成長力 | 普 |

サンライズペガサス

1998年生、19年死亡●サンデーサイレンス系

```
┌*サンデーサイレンス      ┌*ブライアンズタイム
└ヒガシブライアン        └*アリーウイン
```

24戦6勝／毎日王冠、大阪杯（2回）。天皇賞・秋3着。
代表産駒／サンライズカラマ。

キレキレの瞬発力を持ち、大阪杯でエアシャカールを完封するなど、天皇賞トライアルを3勝。しかし、本番は秋天の3着が最高だった。天下一品の切れ味の使いどころが難しい馬だった。母系近親にストームソング（BCジュヴェナイルF）。サンデー×ブライアンズタイムの配合馬では唯一の重賞勝ち。産駒の勝利の半分近くは阪神と京都のダート1800。

| 距離 | 短中 | 馬場 | ダ | 性格 | 普 | 成長力 | 普 |

その他の種牡馬

シビルウォー

2005年生●ミスタープロスペクター系

```
┌ *ウォーエンブレム ──── Sadler's Wells
└ *チケットゥダンス ───── River Missy
```

51戦11勝／ブリーダーズゴールドC（2回）、名古屋グランプリ、白山大賞典、
マーキュリーC。
代表産駒／フーズサイド。

ダート長距離を得意とし、6歳で交流重賞2勝。7歳のJBC
クラシックはトランセンドに先着して2着。父ウォーエンブ
レムは種付け嫌いの特殊な性癖を持つアメリカ二冠馬。少な
い産駒からブラックエンブレム（秋華賞）、ロブティサージ
ュ（阪神JF）など、高確率で重賞ホースを輩出した。産駒は
ダ1800向きのズブい馬が中心。牝馬なら短距離でも。

距離	中	馬場	ダダ	性格	普	成長力	普

ショウナンカンプ

1998年生、20年死亡●プリンスリーギフト系

```
┌ サクラバクシンオー ──── ラッキーソブリン
└ ショウナングレイス ───── ヤセイコーソ
```

19戦8勝／高松宮記念、スワンS、阪急杯。
代表産駒／ショウナンアチーヴ（ニュージーランドT）、ラブカンプー（CBC賞）、
ショウナンカザン（淀短距離S）。

ダート3勝の後、4歳で芝路線へ転じると、圧倒的なスピード
を披露。逃げ切りの3連勝で02年高松宮記念を制覇した。
オーシャンSのテン3ハロンは32秒0だった。新潟開催のスプ
リンターズSは、ビリーヴ、アドマイヤコジーンとの三つ巴
になって3着。産駒は芝の短距離が主戦場で、新潟芝1000は
回収率が高い。ダートも含めて距離短縮は穴になる。

距離	短	馬場	芝	性格	普	成長力	普

シルポート

2005年生●リファール系

```
┌ *ホワイトマズル ──── *サンデーサイレンス
└ スペランツァ ───── *フジャブ
```

54戦10勝／読売マイラーズC（2回）、京都金杯。
代表産駒／ハクサンフエロ、ハクサンライラック。

小気味の良い大逃げでレースを引き締め、時に波乱を巻き
起こした逃亡者。4コーナー手前から後続を引き離し、ギリ
ギリ残る競馬でファンをつかんだ。6歳で京都金杯とマイラ
ーズCを逃げ切り、7歳でマイラーズC連覇。重賞3勝は小牧
太の手綱。近親にカフェブリリアント（阪神牝馬S）。産駒は
芝ダート兼用のマイラータイプ。単騎逃げを狙いたい。

距離	短中	馬場	万	性格	普	成長力	普

シングンオペラ

1998年生、19年死亡●サドラーズウェルズ系

```
┌ *オペラハウス ──── *ハードトゥビート
└ タケノハナミ ───── ヒカルカマタ
```

16戦1勝／アルゼンチン共和国杯3着。
代表産駒／シングンジョーカー、シングンマイケル。

生まれ故郷で種牡馬入りして、毎年オーナーの牝馬に1頭
ずつ種付け。その産駒が2年続けて中央で勝ち上がるという、
映画化したいような泣かせるサイアー。その後は産駒数も年
間3頭まで増えた。現役時代は共同通信杯でジャングルポケ
ットの4着、ハンデ49キロのアルゼンチン共和国杯で3着と
相手なりに走った。母タケノハナミは85年ローズS優勝。

距離	マ中	馬場	芝	性格	堅	成長力	晩

スウィフトカレント

2001年生●サンデーサイレンス系

```
┌ *サンデーサイレンス ──── Machiavellian
└ *ホワイトウォーターアフェア ───── Much Too Risky
```

42戦6勝／小倉記念。天皇賞・秋2着。
代表産駒／ユウチェンジ（UAEダービー3着）、サンダラス（野路菊S）。

半兄アサクサデンエン（安田記念）、半弟ヴィクトワールピ
サ（皐月賞、有馬記念）、近親ロブティサージュ（阪神JF）
と、GIホースが並ぶ名牝系。4歳で充実して、5歳で日経新
春杯2着、小倉記念1着。鋭い決め手を持ち、7番人気の天皇
賞・秋でダイワメジャーの2着に食い込んだ。産駒は芝1800
と2000の回収率が高く、芝1400と1600は不振。

距離	中	馬場	芝	性格	普	成長力	普

＊ スクワートルスクワート Squirtle Squirt

1998年生／米●ミスタープロスペクター系

```
┌ Marquetry ──── Lost Code
└ Lost the Code ───── Smarter By the Day
```

16戦8勝／BCスプリント（GI・6F）、キングズビショップS（GI・7F）。
代表産駒／シャウトライン（バーデンバーデンC）、ジェイケイセラヴィ（アイビス
サマーダッシュ2着）、ヨカヨカ（ひまわり賞）。

馬名はポケモンのキャラクター、ゼニガメ（スクワートル）
に因んだもの。デビューから短距離路線を歩み、BCスプリ
ントは前年の勝ち馬コナゴールドやスウェプトオーヴァー
ボードを破っての優勝だった。父は芝、ダートのGI勝ち馬。
軽いスピードと先行力を売りにし、芝、ダートとも1000〜
1400が得意距離。芝→ダートなど目先を変えると好走する。

距離	短	馬場	ダ	性格	普	成長力	早

スズカコーズウェイ

2004年生●ストームバード系

```
┌ Giant's Causeway ──────┬ *フレンチデピュティ
└ *フレンチリヴィエラ ────┴ Actinella
```

44戦6勝／京王杯スプリングC。
代表産駒／スズカコーズライン（北海道スプリントC2着）、バンドオンザラン（大井・優駿スプリント）、ニュータウンガール（東海ダービー）。

父ジャイアンツコーズウェイは愛チャンピオンSなど欧州のGIを6勝の名馬。その仔を受胎した母が輸入されて産んだ持ち込み馬。5歳で京王杯スプリングCを穴の快勝。鞍上の後藤浩輝は「自転車より乗りやすい馬と聞いていた通り」。半弟にカデナ（弥生賞）。産駒の勝ち鞍はダート1400以下が中心。速いダート向きか、外枠向きかなどを見極めたい。

距離	短マ	馬場	ダダ	性格	普	成長力	早

スズカフェニックス

2002年生、16年引退●サンデーサイレンス系

```
┌ *サンデーサイレンス ────┬ Fairy King
└ *ローズオブスズカ ──────┴ Rose of Jericho
```

29戦8勝／高松宮記念、阪神C、東京新聞杯。
代表産駒／マイネルホウオウ（NHKマイルC）、ウインフェニックス（ラジオNIKKEI賞3着）。

07年、重の高松宮記念を中団から差し切り、安田記念は1番人気で5着。翌6歳の高松宮記念は3着。母の全兄シンコウキングも高松宮記念を勝ち、ニュージーランドのダービー馬とオークス馬の父になった。母の半兄ドクターデヴィアスは日本供用された英ダービー馬。産駒は決め手が甘く、札幌や福島の芝1800得意。コーナー4つのローカル中距離に合う。

距離	マ中	馬場	芝	性格	普	成長力	晩

スズカマンボ

2001年生、15年死亡●サンデーサイレンス系

```
┌ サンデーサイレンス ─────┬ Kingmambo
└ スプリングマンボ ───────┴ キーフライヤー
```

19戦4勝／天皇賞・春、朝日チャレンジC。
代表産駒／メイショウマンボ（オークス）、サンビスタ（チャンピオンズC）、イッシンドウタイ（ボルックスS）。

ダービーはキングカメハメハの5着。ハンデ53キロの朝日CCで古馬を蹴散らして重賞初勝利すると、菊花賞はデルタブルースの6着。05年の天皇賞・春は13番人気の伏兵だったが、安藤勝己のイン突きで優勝。3連単は193万円台の大波乱になった。近親にダンスパートナー、ダンスインザダーク。産駒はダ1800やダ2100が得意。晩成型で高齢馬の穴が多い。

距離	中長	馬場	ダ	性格	普	成長力	晩

スターリングローズ

1997年生、18年死亡●ミスタープロスペクター系

```
┌ *アフリート ──────────┬ Danzig
└ コマーズ ────────────┴ ミドルマーチ
```

40戦14勝／JBCスプリント、かしわ記念、プロキオンS、シリウスS。
代表産駒／アスカクリチャン（アルゼンチン共和国杯）。

5歳で中央のダート1400重賞を2連勝。盛岡のJBCを制して、砂の短距離馬の頂点に立った。7歳のフェブラリーSでアドマイヤドンの3着など、息長く力を示した。父アフリートは日本にミスプロ系を根付かせた名種牡馬。全姉ゴールデンジャックは94年オークス2着。産駒はアスカクリチャンを別にすれば、ダ1400以下が主戦場。得意はダ1000だ。

距離	短マ	馬場	ダ	性格	普	成長力	普

* スタチューオブリバティ
Statue of Liberty

2000年生、2012輸出／米●ストームキャット系

```
┌ Storm Cat ─────────────┬ Seattle Slew
└ Charming Lassie ───────┴ Lassie Dear
```

7戦2勝／コヴェントリーS（GIII・6F）。サセックスS（GI・8F）2着。
代表産駒／アクティブミノル（セントウルS）、キクノストーム（カペラS）、ワンダーリーデル（武蔵野S）、カシノピカチュウ（ラジオNIKKEI賞2着）、サングラス（バレンタインS）、ラズールリッキー（福島2歳S）。

2歳4月のデビュー戦、コヴェントリーSの2連勝後に長期休養。3歳6月の復帰後は未勝利。父の産駒にジャイアンツコーズウェイ（同馬の項参照）。母系は半兄にレモンドロップキッド（ベルモントSGI）、近親にエーピーインディ（BCクラシックGI）。20年7歳が最後の世代。近走の成績より、展開、枠順、以前に好走した条件を重視。芝はローカル。

距離	短マ	馬場	万	性格	普	成長力	普

* ストーミングホーム
Storming Home

1998年生、20年引退／英●ミスタープロスペクター系

```
┌ Machiavellian ─────────┬ Shareef Dancer
└ Try to Catch Me ───────┴ It's in the Air
```

24戦8勝／チャンピオンS（GI・10F）、チャールズウイッティンガム記念H（GI・10F）、クレメント・L・ハーシュ記念ターフH（GI・10F）など。
代表産駒／ティーハーフ（函館スプリントS）、マコトブリジャール（クイーンS）、サドンストーム（京洛S）、デザートストーム（ギャラクシーS）。

4歳時にチャンピオンSを制し、5歳時には米GI2勝。アーリントンミリオンは1位入線も進路妨害で4着降着。4歳時に出走したジャパンCは15着。父は種牡馬以上に日本ではヴィルシーナ、シュヴァルグラン姉弟やヴィクトワールピサの母の父として知られる。産駒は芝、ダート兼用の晩成型。逃げ、先行より中団からの差しや後方一気の追い込みが得意。

距離	短中	馬場	万	性格	普	成長力	晩

* タイキシャトル

1994年生、17年引退／米●デヴィルズバッグ系

┌ Devil's Bag ─────┬ Caerleon
└ *ウェルシュマフィン ──┴ Muffitys

13戦11勝／ジャックルマロワ賞、安田記念、マイルCS2回、スプリンターズSなど重賞8勝。
代表産駒／メイショウボーラー（フェブラリーS）、ウインクリューガー（NHKマイルC）、サマーウインド（JBCスプリント）、レッドスパーダ（京王杯SC）。

全成績【11-1-1-0】の最強マイラー。3歳でマイルCSとスプリンターズS、4歳で不良の安田記念を完勝。1998年夏、フランスのマイルGIジャックルマロワ賞で、のちの大種牡馬ケープクロスなどを相手に優勝。鞍上は岡部幸雄。父デヴィルズバッグの父系の種牡馬は、ほかにロージズインメイ。17年の種付けを最後に引退。タテガミを切られる事件も。

| 距離 | 短マ | 馬場 | 万 | 性格 | 普 | 成長力 | 普 |

タイセイレジェンド

2007年生●キングマンボ系

┌ キングカメハメハ ──┬ メジロマックイーン
└ シャープキック ────┴ ペッパーキャロル

42戦9勝／JBCスプリント、東京盃、クラスターC。

ダートで勝ち星を積み上げ、5歳以降は交流競走で花開く。12年のJBCスプリント（GI・川崎ダ1400）はセイクリムズンやスーニを相手に逃げ切り。ドバイや韓国にも遠征するなど、ダート短距離で2歳から8歳まで長く活躍した。母シャープキックはメジロマックイーン代表産駒の1頭で、中央5勝。血統上はスタミナがあり、産駒は中距離も走れる。

| 距離 | マ中 | 馬場 | ダ | 性格 | 堅 | 成長力 | 普 |

タイムパラドックス

1998年生●ロベルト系

┌ *ブライアンズタイム ──┬ Alzao
└ *ジョリーザザ ──────┴ Bold Lady

50戦16勝／ジャパンCダート、JBCクラシック（2回）、川崎記念、帝王賞、ブリーダーズGC、平安S、アンタレスS。
代表産駒／インサイドザパーク（東京ダービー）、ソルテ（さきたま杯）、トウケイタイガー（かきつばた記念）。

初重賞は6歳の平安S。交流重賞でも勝ち鞍を積み重ね、04年のJCダート（東京ダ2100M）でアドマイヤドンを差し切って天下取り。7歳、8歳とJBCクラシックを連覇した。半姉ローラローラの仔にサクラローレル（有馬記念）。産駒のベストはダート中長距離も、ダ1200や1400もよく走る。中山と中京ダは1着が多く、東京と京都ダは2、3着が多い。

| 距離 | マ中 | 馬場 | ダダ | 性格 | 普 | 成長力 | 晩 |

タニノギムレット

1999年生●ロベルト系

┌ *ブライアンズタイム ──┬ *クリスタルパレス
└ タニノクリスタル ────┴ *タニノシーバード

8戦5勝／日本ダービー、スプリングS、アーリントンC、シンザン記念。
代表産駒／ウオッカ（ダービー）、スマイルジャック（スプリングS）、オールザットジャズ（福島牝馬S）など。

5戦4勝で向かった02年皐月賞は、後方から大外を追い込むも、内を抜け出したノーリーズンの3着。松田国調教師は前年のクロフネと同じ変則二冠を狙うローテを表明。NHKマイルCは単勝1.5倍で進路を失い、3着に敗れたが、ダービーは余裕を持って勝利した。母はアネモネS（京都芝1400M）の勝ち馬。母の父クリスタルパレスは仏ダービー馬。

| 距離 | マ中 | 馬場 | 芝 | 性格 | 堅 | 成長力 | 普 |

---

* ダノンゴーゴー

2005年生／米●ミスタープロスペクター系

┌ Aldebaran ──┬ Potrillazo
└ Potrinner ──┴ Banner Sport

9戦3勝／ファルコンS、NHKマイルC3着。

08年のファルコンSを後方一気で快勝。NHKマイルCは最後方からディープスカイの3着した。父アルデバランIIが本邦輸入される前の持ち込み馬。現在は熊本県でけい養され、産駒は軽いスピードを持ち、九州産限定の短距離戦で侮れない。19年の種付け料10万円。19年2歳世代は4頭。熊本の同じ牧場にはゴールスキーも繋養され、20年に産駒デビュー。

| 距離 | 短マ | 馬場 | 万 | 性格 | 普 | 成長力 | 早 |

ダノンシャーク

2008年生●サンデーサイレンス系

┌ ディープインパクト ──┬ Caerleon
└ *カーラパワー ──────┴ Jabali

39戦7勝／マイルCS、京都金杯、富士S。
代表産駒／テリーヌ。

ディープインパクトの初年度産駒で、古馬になってから充実した貴重なGIマイラー。5歳の京都金杯が初重賞勝ち、この年は安田記念3着、マイルCS3着。6歳のマイルCSを8番人気、岩田康誠の手綱で1分31秒5で快勝した。半妹レイカーラ（ターコイズS）、4代母Toute Cyの子孫にモンジュー（凱旋門賞）。産駒は決め手の甘いディープ中距離型。

| 距離 | 短中 | 馬場 | 万 | 性格 | 普 | 成長力 | 晩 |

トウケイヘイロー

2009年生●サンデーサイレンス系

```
┌ゴールドヘイロー        ┌ミルジョージ
└ダンスクィーン          └ハイネスポート
```

27戦8勝/札幌記念、鳴尾記念、函館記念、ダービー卿CT。
代表産駒/トウケイミラ、トウケイタンホイザ。

当初は芝1400中心に走っていたが、中距離戦を速いペースで逃げる戦法に転じたところ、急上昇。4歳の1年間だけで重賞を4勝した。圧巻は重の札幌記念の6馬身差の逃げ切り。この年、香港Cの2着もある。産駒は芝ダート兼用タイプで1600から2000M向き。父ゴールドヘイローは地方競馬で活躍馬を多数輩出して、人気サイヤーになったサンデー産駒。

距離	マ中	馬場	万	性格	普	成長力	普

トーセンファントム

2007年生●サンデーサイレンス系

```
┌ネオユニヴァース        ┌*トニービン
└バースデイローズ        └エリザベスローズ
```

4戦2勝/いちょうS。東スポ杯2歳S2着。
代表産駒/ブレイブスマッシュ（サウジアラビアRC）、マシェリガール（クローバー賞）、トーセンラムセス。

当歳セレクトセールの価格は9450万円。東京芝1600いちょうS（当時はオープン特別）を勝ち、東スポ杯2歳Sでローズキングダムのクビ差2着。祖母の仔にフサイチゼノン（弥生賞）、アグネスゴールド（スプリングS。ブラジルで種牡馬）。産駒はほとんど島川オーナーの自家生産馬。芝ダートとも1600が得意で、芝なら上がり35秒台の決着が理想か。

距離	マ中	馬場	万	性格	普	成長力	普

トーセンブライト

2001年生●ロベルト系

```
┌*ブライアンズタイム      ┌*ジェイドロバリー
└アサヒブライト          └コスモローマン
```

54戦11勝/兵庫ゴールドT、黒船賞。マーチS2着。
代表産駒/ハイランドピーク（エルムS）。

中央ではマリーンS、ペルセウスSなどダート1400～1700のオープン特別勝ちにとどまったが、園田や高知の交流重賞を4勝。ブライアンズタイム産駒らしく、9歳暮れまでタフに戦歴を重ねて、2億5000万円を稼ぎ出した。祖母コスモローマンは函館記念3着。産駒はほぼすべてエスティファームの生産で、トーセンの自家種牡馬と言って差し支えない。

距離	中	馬場	ダ	性格	普	成長力	晩

トーセンロレンス

2009年生●サンデーサイレンス系

```
┌ダイワメジャー          ┌Alzao
└*ウインドインハーヘア    └Burghclere
```

不出走。
代表産駒/トーセンクリーガー。

最大の売りはディープインパクトの半弟であること。当歳セレクトセールで1億6500万円の最高価格がついたが、競走馬としてデビューできずに、種牡馬入り。トーセンの島川オーナーの自家生産用サイヤーに近い。初年度産駒トーセンクリーガーは福島芝1800で勝ち上がり。ダイワメジャーの産駒よりはダートにも適性があり、持続スピードで粘る。

距離	マ中	馬場	芝	性格	普	成長力	早

トーホウジャッカル

2011年生●サンデーサイレンス系

```
┌スペシャルウィーク      ┌Unbridled's Song
└*トーホウガイア         └Agami
```

13戦3勝/菊花賞。
代表産駒/トーホウディアス。

未勝利を勝ち上がったのが3歳7月。神戸新聞杯3着で菊花賞の出走権利を得ると、14年菊花賞を3分1秒0のレコード勝ち。3ヶ月半で頂点に駆け上がった。鞍上は酒井学。半姉トーホウアマポーラ（CBC賞）、4代母の子孫にエーシンフォワード（マイルCS）、種牡馬クワイエットアメリカン。産駒は母父スピード型のトーホウの馬が健闘している。

距離	マ中	馬場	万	性格	普	成長力	普

*トビーズコーナー

Taby's Corner

2008年生/米●ダンジグ系

```
┌Bellamy Road           ┌Mister Frisky
└Brandon's Ride         └Mrs.Bumble
```

12戦5勝/ウッドメモリアルS（GI・9F）。
代表産駒/ソイカウボーイ（兵庫ジュニアGP3着）、サウンドマジック。

ケンタッキー・ダービーへ向け、東海岸の最終ステップ戦ウッドメモリアルSで2歳チャンピオン、アンクルモーらを破って勝利するも、脚部不安により、クラシックは棒に振った。父の産駒にバンケットスクエア。異系色が豊富な血統ながら、産駒は非力なスプリンター、マイラーばかり。東京ダ1300&1400、福島ダ1700を得意としている。芝はローカル。

距離	短マ	馬場	万	性格	普	成長力	普

その他の種牡馬

その他の種牡馬

ナカヤマフェスタ

2006年生●サンデーサイレンス系

```
┌ ステイゴールド          ┌ *タイトスポット
└ ディアウィンク ─────   └ セイレイ
```

15戦5勝／宝塚記念、セントライト記念、東スポ杯2歳S。凱旋門賞2着。
代表産駒／ガンコ（日経賞）、バビット（セントライト記念）。

東スポ杯2歳Sを勝ち、不良のダービーは大外から4着。セントライト記念1着、菊花賞12着を経て、4歳で10年宝塚記念に優勝。フランスに遠征し、フォワ賞2着をステップに挑んだ重の凱旋門賞、ワークフォースとの一騎打ちになり、頭差の2着だった。翌年もフォワ賞4着、凱旋門賞11着。産駒は洋芝や短い直線、道悪の持久戦向き。高速上がりは不向き。

距離	中長	馬場	芝	性格	普	成長力	晩

* ノボジャック

1997年生●米●デピュティミニスター系

```
┌ *フレンチデピュティ       ┌ *アフリート
└ *フライトオブエンジェルス ─ └ Intently
```

43戦11勝／JBCスプリント、東京盃、黒船賞、群馬記念、北海道スプリントC。
代表産駒／ブラゾンドゥリス（黒船賞）、ラブバレット（北海道スプリントC2着）。

京王杯3歳S2着など芝で活躍した後、ダートの交流重賞を転戦して大成功。01年の黒船賞からJBCスプリント（盛岡ダ1200）まで短距離重賞を6連勝した。その後も僚馬ノボトゥルードと共に全国行脚を続け、群馬記念連覇など重賞計8勝。ノボの印籠に地方馬がひれ伏した。産駒の勝ちはダートの短距離が中心も、時々出る芝のスプリンターに要注意。

距離	短マ	馬場	ダ	性格	堅	成長力	普

ハクサンムーン

2009年生●フォーティナイナー系

```
┌ アドマイヤムーン          ┌ サクラバクシンオー
└ チリエージェ ───────  └ メガミゲラン
```

29戦7勝／セントウルS、アイビスSD、京阪杯。スプリンターズS2着、高松宮記念2着。

レース前にぐるぐる回旋するクセで人気を集め、スタートダッシュの速さはピカイチ。セントウルSの逃げ切りなど、短距離重賞を3勝したほか、4歳のスプリンターズSは逃げてロードカナロアの2着、6歳の高松宮記念はエアロヴェロシティの2着。近親にウインブライトのゲラン一族。21年7月にゲノムが小倉芝1200を勝ち、JRAの勝ち上がり1号に。

距離	短	馬場	万	性格	普	成長力	早

パドトロワ

2007年生●ミスタープロスペクター系

```
┌ スウェプトオーヴァーボード  ┌ フジキセキ
└ グランパドゥ ───────   └ スターバレリーナ
```

35戦9勝／アイビスSD、キーンランドC、函館スプリントS。
代表産駒／エムティアン、ダンシングプリンス。

4歳のスプリンターズSは安藤勝己の4角先頭でカレンチャンの2着に残り、馬連万馬券。5歳夏にアイビスSDで復活すると、キーンランドCはダッシャーゴーゴーとハナ差の1分7秒6の逃げ切りレコード。母グランパドゥは01年中日新聞杯1着、祖母スターバレリーナ（ローズS）、近親ロゴタイプ（皐月賞）。産駒は2歳夏から走るスピード武器。

距離	短マ	馬場	万	性格	普	成長力	早

* バンデ

2010年生●愛●サドラーズウェルズ系

```
┌ Authorized    ┌ Priolo
└ Logica ─────  └ Salagangai
```

12戦5勝／札幌日経オープン。菊花賞3着。

父オーソライズドはモンジュー産駒の英国ダービー馬、母系はドイツのスタミナ型。コテコテの欧州長距離血統らしく、ギリギリで出走権を得た13年菊花賞を、逃げてエピファネイアの3着に粘り込んだ。翌年の阪神大賞典も、逃げてゴールドシップの3着。半兄Doctor Dinoは香港ヴァーズ連覇。日本で5頭の産駒を残した後、障害用の種牡馬として欧州へ。

距離	中長	馬場	芝	性格	普	成長力	晩

バンブーエール

2003年生●ミスタープロスペクター系

```
┌ *アフリート     ┌ Rainbow Quest
└ *レインボーウッド └ Priceless Fame
```

国内24戦10勝、海外1戦0勝／JBCスプリント、東京盃、クラスターC。
代表産駒／ダンツゴウユウ、サニーダンサー。

09年ドバイゴールデンシャヒーン4着（ダ1200・GI）の健闘が光る。中央では昇竜S、北陸Sなどダートのオープン5勝にとどまったが、交流重賞で活躍。08年の園田開催のJBCスプリント（ダ1400）では、スマートファルコンやブルーコンコルドを負かして逃げ切り、ダート短距離界の頂点に立った。母の兄にサラトガシックス。パワー型マイラー。

距離	短マ	馬場	ダ	性格	普	成長力	普

ヒルノダムール

2007年生●サンデーサイレンス系

┌ マンハッタンカフェ ──────┌ *ラムタラ
└ シェアエレガンス ─────────└ *メアリーリノア

21戦4勝／天皇賞・春、産経大阪杯。皐月賞2着。
代表産駒／アドレ。

皐月賞は直線一気でヴィクトワールピサの2着。ダービー9着、菊花賞7着。古馬になると好位を取れるようになり、大阪杯と春の天皇賞を連勝。そして藤田伸二とともに欧州遠征。フォワ賞2着をステップに挑んだ11年凱旋門賞はデインドリームの10着だった。日高のレガシーである母父ラムタラの血は貴重。祖母メアリーリノアはフランスのGⅠマイラー。

距離	中長	馬場	万	性格	堅	成長力	晩

* フィガロ

1995年生／米●ストームバード系

┌ Future Storm ──────┌ Air Forbes Won
└ Karamea ─────────└ Timely Table

3戦2勝／京都3歳S。朝日杯3歳S3着。
代表産駒／アンパサンド（東京ダービー）、プレティオラス（東京ダービー）、ブーラヴィーダ（東京ダービー2着）、ハーミア（関東オークス2着）。

京都芝1200の新馬を8馬身ちぎり、京都3歳Sも連勝。朝日杯3歳Sでグラスワンダー、マイネルラヴに次ぐ3着に入ったのが最後のレースになった。サンシャイン牧場中心の種付けでありながら、東京ダービー馬を2頭出すなど、高い種牡馬能力を示し、代表産駒のアンパサンドも種牡馬になっている。父はアメリカとイタリアのGⅢを2勝のマイラー。

距離	短中	馬場	ダ	性格	普	成長力	早

フサイチセブン

2006年生●ミスタープロスペクター系

┌ Fusaichi Pegasus ──────┌ Vice Regent
└ *ディボーステスティモニー ──────└ Angelic Song

19戦6勝／ダイオライト記念、阿蘇S。
代表産駒／ナイスドゥ。

当歳セレクトセールのお値段1億円、フサイチ華やかし頃の高額馬。ダートの中長距離で活躍し、阿蘇Sやダイオライト記念（船橋ダ2400）に勝利。アンタレスSとシリウスSの3着もある。産駒は芝1200の新馬を勝ち上がるなど、芝でも走る。父フサイチペガサスは日本人馬主として初めて、ケンタッキー・ダービーに優勝。牝系は名種牡馬族のバラード系。

距離	短中	馬場	万	性格	普	成長力	早

フサイチリシャール

2003年生、14年引退●デピュティミニスター系

┌ クロフネ ──────┌ *サンデーサイレンス
└ フサイチエアデール ──────└ *ラスティックベル

24戦5勝／朝日杯FS、東スポ杯2歳S、阪神C。
代表産駒／リッカルド（エルムS）。

当歳セレクトセールで1億395万円。2歳で萩S、東スポ杯、朝日杯FSなど4連勝して、2005年の最優秀2歳牡馬に選出された。しかし皐月賞5着、NHKマイルC6着と尻すぼみ。4歳でドバイにも遠征した。母フサイチエアデールはシンザン記念など重賞3勝、桜花賞2着。産駒は中山と阪神と函館のダートで好成績。小回りと重・不良のダートを狙え。

距離	短中	馬場	ダダ	性格	普	成長力	早

* プリサイスエンド

Precise End

1997年生、21年死亡／米●フォーティナイナー系

┌ エンドスウィープ ──────┌ Summing
└ Precisely ─────────└ Crisp'n Clear

9戦4勝／ベイショアS（GⅢ・7F）。
代表産駒／カフジテイク（根岸S）、グロリアスノア（根岸S）、メイショウウタゲ（アハルテケS）、トキノゲンジ（NST賞）、シェアースマイル（エーデルワイス賞）、オーバースペック（新潟2歳S2着）、ビゾンテノブファロ（ジュニアC3着）。

カナダでデビューし、アメリカには2、3歳時に遠征。クラシックの裏路線ベイショアSで重賞制覇を果たし、続くウイザーズSGⅢが2着。2歳5月デビューから1年に満たない現役生活だが、4着以下なしの堅実派だった。父の産駒にアドマイヤムーン。かつては2歳芝短距離路線を賑わしていたが、晩年の産駒はダート一辺倒。高齢になっても渋く走る。

距離	短	馬場	ダ	性格	普	成長力	普

* ブレイクランアウト

2006年生／米●ミスタープロスペクター系

┌ Smart Strike ──────┌ *フレンチデピュティ
└ *キュー ─────────└ P J Floral

10戦2勝／共同通信杯。朝日杯FS3着。
代表産駒／ロードアクシス。

東スポ杯2歳Sは鋭く差してナカヤマフェスタの2着。1番人気の朝日杯FSはスタートから行き脚がつかず、セイウンワンダーの3着まで。共同通信杯でトーセンジョーダンを差し切ったのが唯一の重賞勝ちだった。父スマートストライクはフィリップHアイズリンH（米GI・ダ9F）の勝ち馬で、代表産駒にカーリン（BCクラシック、ドバイWC）。

距離	マ中	馬場	ダ	性格	堅	成長力	普

その他の種牡馬

＊ヘニーハウンド

2008年生／米●ストームバード系

```
┌＊ヘニーヒューズ         ┌Crusader Sword
└Beautiful Moment ──────└Proud Minstrel
```

32戦4勝／ファルコンS、オパールS。
代表産駒／サンマルセレッソ。

父ヘニーヒューズが輸入される前の米国での初年度産駒。2戦目で阪神芝1200のファルコンSを勝ち、NHKマイルCは12着だった。6歳の京都芝1200のオパールSで1分6秒7のレコード勝ち。母の父クルセイダーソードはホープフルS（米2歳GI・ダ6.5F）、ダマスカスの父系。芝ダート兼用のスピード型。21年はアッミラーレらと同じ青森の牧場に。

距離	短マ	馬場	ダ	性格	狂	成長力	早

ペルーサ

2007年生●サンデーサイレンス系

```
┌ゼンノロブロイ          ┌Candy Stripes
└＊アルゼンチンスター ─────└＊ディフェレンテ
```

28戦5勝／青葉賞、若葉S。天皇賞・秋2着。
代表産駒／ラペルーズ（ヒヤシンスS）。

新馬から無傷の4連勝で2010年青葉賞1着。藤沢和雄調教師に悲願のダービーをと期待されたが、ダービーはエイシンフラッシュの6着。天皇賞・秋は3歳でブエナビスタの2着、4歳でトーセンジョーダンの3着。牝系はアルゼンチンの名門。1年目の産駒は2歳で6頭デビューし、3頭が勝ち上がり。ラペルーズがダートのオープンを勝ち、可能性を広げた。

距離	マ中	馬場	ダ	性格	普	成長力	晩

＊ホワイトマズル

White Muzzle

1990年生、17年死亡／英●リファール系

```
┌＊ダンシングブレーヴ      ┌Ela-Mana-Mou
└Fair of The Furze ──────└Autocratic
```

17戦6勝／伊ダービー（GI・2400M）、ドーヴィル大賞（GI・2500M）。
代表産駒／イングランディーレ（天皇賞・春）、アサクサキングス（菊花賞）、ニホンピロアワーズ（JCダート）、スマイルトゥモロー（オークス）。
母の父／スマートレイアー（京都大賞典）、カツジ（ニュージーランドT）。

伊ダービー後は英仏のGIに挑戦。"キングジョージ"、凱旋門賞でそれぞれ2着となった。4歳時の凱旋門賞では武豊を鞍上に迎えたが、その騎乗方法について物議を醸した。父の産駒に桜花賞馬テイエムオーシャン。母の父は"キングジョージ"の勝ち馬。逃げるにしても追い込むにしてもハイペースで持ち味を発揮した。高齢になっても衰えない。

距離	中長	馬場	万	性格	普	成長力	普

ミュゼスルタン

2012年生●キングマンボ系

```
┌キングカメハメハ        ┌＊フレンチデピュティ
└アスクデピュティ ───────└マルカコマチ
```

7戦3勝／新潟2歳S。
代表産駒／ユングヴィ（京王杯2歳S3着）。

新馬はソールインパクトを負かし、新潟2歳Sは後方一気で1分33秒4のレコード勝ち。故障で7ヶ月を棒に振ったが、それでも15年NHKマイルC3着、ダービー6着したのだから、潜在能力の高さが知れる。母アスクデピュティは07年の紫苑S3着。祖母マルカコマチは99年の京都牝馬特別1着。1年目は4頭だった種付けが、4年目の2020年は20頭に増加。

距離	マ中	馬場	芝	性格	普	成長力	普

ラブイズブーシェ

2009年生●サンデーサイレンス系

```
┌マンハッタンカフェ      ┌メジロマックイーン
└ローリエ ──────────────└ナカミシュンラン
```

32戦6勝／函館記念。

母父メジロマックイーンらしく、4歳で本格化した遅咲きの中距離馬。5歳で目黒記念2着、函館記念1着。一時は凱旋門賞遠征プランも持ち上がった。勢いに乗って秋の天皇賞でも、スピルバーグと0秒2差の4着に食い込んだ。種牡馬入り当初は熊本の本田牧場で繋養され、4年目から北海道へ。産駒は小倉の芝1200の2歳戦によく出てくるが合わない。

距離	中長	馬場	万	性格	普	成長力	晩

リヤンドファミュ

2010年生●サンデーサイレンス系

```
┌ステイゴールド          ┌メジロマックイーン
└オリエンタルアート ─────└エレクトロアート
```

24戦4勝／若駒S。

全兄オルフェーヴル（三冠）、ドリームジャーニー（有馬記念、宝塚記念）。京都芝2000の若駒Sを差し切り、クラシックに乗りかけたが故障。復帰後は準オープンの芝2000と芝2400を勝利。種牡馬入りにあたってクラウドファンディングが行われ、約387万円を集めた。ドリジャ産駒のように長距離や重馬場での一変に期待。1年めは地方で3頭が勝ち上がり。

距離	短中	馬場	万	性格	普	成長力	普

ルースリンド

2001年生●ミスタープロスペクター系

```
┌*エルコンドルパサー ──────── ┌ Deputy Minister
└*ルーズブルーマーズ ──────── └ Late Bloomer
```

45戦14勝／東京記念（2回）、金盃。浦和記念2着。
代表産駒／ストゥディウム（羽田盃）。

当初は初年度産駒8頭のみ。しかし地方でデビューした馬が高確率で勝ち上がり、ストゥディウム（19年種牡馬入り）は南関東の重賞を4勝。これで種牡馬復帰して、16、17年生まれの産駒は二桁いる。現役時代は大井のダート長距離で活躍。上記のほか、東京大賞典4着、JBCクラシック5着（勝ち馬はどちらもヴァーミリアン）。祖母は米国GI馬。

距離	短中	馬場	ダ	性格	普	成長力	普

レッドスパーダ

2006年生●ヘイロー系

```
┌ タイキシャトル ──────── ┌ Storm Cat
└*バービキャット ──────── └ Barbarika
```

27戦7勝／京王杯SC、東京新聞杯、関屋記念。NHKマイルC2着。
代表産駒／クラヴィスオレア、ソウルトレイン。

父タイキシャトルと同じ藤沢和雄調教師に育てられ、3歳でNHKマイルC2着。4歳で東京新聞杯を制するも、以後は大型馬ゆえの脚元の不安との戦いが続く。7歳でパラダイスSと関屋記念を連勝。これが3年5ヶ月ぶりの勝ち星だった。近親カーリンは米国の07、08年の年度代表馬。産駒は芝1400～2000向き。ダートも走れるはずだが、現状は不振。

距離	マ中	馬場	芝	性格	普	成長力	早

＊ロードアルティマ

2000年生／米●ミスタープロスペクター系

```
┌ Seeking the Gold ──────── ┌ Secretariat
└ Secrettame ──────── └ Tamerett
```

12戦6勝／札幌日刊スポーツ杯。
代表産駒／タイムトリップ（クロッカスS）、ヘルディン。

父シーキングザゴールド×母父セクレタリアト、半兄ゴーンウエスト。ロードHCにて総額1億1000万円で募集された良血の外国産馬。故障に悩まされ、休み休みに使われながら芝1400～1600Mを中心に6勝した。産駒は早熟の短距離型。芝とダートどちらも走るが、勝ち鞍の7割は1200以下、上限は1700。距離短縮、ローカル替わり、休み明けで狙え。

距離	短マ	馬場	万	性格	堅	成長力	早

ローレルゲレイロ

2004年生●リファール系

```
┌ キングヘイロー ──────── ┌*テンビー
└ ビッグテンビー ──────── └ モガミヒメ
```

31戦5勝／高松宮記念、スプリンターズS、阪急杯、東京新聞杯。NHKマイルC2着、朝日杯FS2着。
代表産駒／アイライン（パラダイスS3着）。

飛ばして粘るも勝ち切れず、NHKマイルCを終えて早くも重賞2着が5回。4歳でマイル重賞を2つ、5歳で芝1200のGIを両方とも制して頂点に立った。他の騎手を威圧するような藤田伸二の逃げがハマった。父キングヘイローの代表産駒。5代母クリヒデは昭和37年の天皇賞馬。産駒も1200と1400でムラ駆けの芝ダ兼用型。3着が多いので3連複向き。

距離	短マ	馬場	万	性格	狂	成長力	普

ロジユニヴァース

2006年生●サンデーサイレンス系

```
┌ ネオユニヴァース ──────── ┌ Cape Cross
└ アコースティクス ──────── └ ソニック
```

10戦5勝／ダービー、弥生賞、札幌2歳S、ラジオNIKKEI杯2歳S。
代表産駒／ロジティナ、ロジベルレスト。

新馬から弥生賞まで、ゆったりローテで4戦4勝。しかし皐月賞は単勝1.7倍で14着。ダービーは不良馬場の中、先に抜け出したリーチザクラウンをかわして優勝。横山典弘は悲願のダービージョッキーに。産駒の勝ち鞍の中心はダ1600から2100。芝は時計のかかる馬場に向き、3着の多さが特徴。近親ディアドラ、3代母ソニックレディは愛1000ギニー優勝。

距離	マ中	馬場	ダ	性格	普	成長力	普

＊ワイルドラッシュ

Wild Rush

1994年生、18年死亡／米●ワイルドアゲイン系

```
┌ Wild Again ──────── ┌ Plugged Nickle
└ Rose Park ──────── └ Hardship
```

16戦8勝／メトロポリタンH（GI・8F）、カーターH（GI・7F）。
代表産駒／トランセンド（JCダート）、パーソナルラッシュ（エルムS）、クリールパッション（エルムS）、ティアップワイルド（かきつばた記念）、ドコフクカゼ（ブラジルC）。

4歳春にはカーターHとメトロポリタンHのGI連勝。父は第1回BCクラシックの勝ち馬。ノーザンダンサーを経ないニアークティック系。産駒に京都記念のナリタキングオー。母の父はリボー系。ブルドーザーさながらにパワーで相手をねじ伏せるダート血統。使われながら良くなり、4、5歳時が最も充実する。産駒によっては得意コース、距離がある。

距離	万	馬場	ダダ	性格	普	成長力	晩

その他の種牡馬

その他の種牡馬

アスカクリチャン（父スターリングローズ）
ダート血統なのに5歳の七夕賞を14番人気、6歳のアルゼンチン共和国杯を7番人気で快勝。

アドマイヤジャパン（父サンデーサイレンス）
母は2歳女王ビワハイジ。菊花賞でディープインパクトの2着。近年は母父で存在感。

アドマイヤドン（父ティンバーカントリー）
芝で朝日杯FSを勝ち、ダートでJBCクラシック3連覇。母ベガは桜花賞とオークス。

アロマカフェ（父マンハッタンカフェ）
10年のラジオNIKKEI賞1着、祖母の半姉ブロケード。少ない産駒が短距離でスピード発揮。

エイシンサンデイ（父サンデーサイレンス）
不出走で3歳から種牡馬入り。公営の活躍馬を多数出して売れっ子に。持久力あり。

オウケンマジック（父タニノギムレット）
ユニコーンS5着のダート馬。3代母はロジータ（公営4冠）、祖母シスターソノ。

オレハマッテルゼ（父サンデーサイレンス）
06年高松宮記念を柴田善臣で勝利。最後の産駒キングハートが短距離オープンで奮戦。

ウォーターリーグ（父デヒア）
父デピュティミニスター系×ヘイロー×ミスプロの米国ダート血統。ダート1400得意なマイラー。

ガルボ（父マンハッタンカフェ）
シンザン記念、東京新聞杯など重賞4勝。冬に強い個性派で知られたが、7歳で夏の重賞も勝利。

ギンザグリングラス（父メジロマックイーン）
日本で唯一残るヘロド系の種牡馬。父系を守るべく、熱心なファンの手で種牡馬入り。

クレスコグランド（父タニノギムレット）
京都新聞杯1着、ダービー5着のオルフェーヴル世代。母はマンハッタンカフェの全妹。

コメート（父ブラックタイド）
15年ダービーを16番人気で粘り、ドゥラメンテの5着。ダービー初騎乗の嘉藤は検量室で男泣き。

ゴールスキー（父ネオユニヴァース）
半兄ゴールドアリュール。根岸S1着。芝のマイルCS3着、東京新聞杯3着がある兼用型。

サクラゼウス（父サクラバクシンオー）
中央4戦2勝、ファルコンS3着の後、屈腱炎で3年近いブランクを経て、高知で12戦12勝。

サダムパテック（父フジキセキ）
弥生賞1着、皐月賞2着、4歳のマイルCSは1枠1番から1着。1年だけ供用されて韓国へ輸出。

サニングデール（父ウォーニング）
04年の高松宮記念1着。22歳の今も現役種牡馬として、毎年1、2頭を生産。マンノウォー系。

ジャイアントレッカー（父ジャイアンツコーズウェイ）
カナダのGIIIを勝ったマイラー。産駒は芝ダート兼用で3〜5着が多数。

セレスハント（父コロナドズクエスト）
北海道スプリントCなど交流重賞を4勝。父はフォーティナイナー系で、ダート短距離向き。

ダブルスター（父シニスターミニスター）
半姉ラブミーチャンはNAR年度代表馬。門別、川崎など地方での勝ち上がり率は高い。

チチカステナンゴ（父スマドゥン）
トニービンと同系父で期待されたが国内3シーズンで早世。母父としての代表馬にヒュミドール。

トーセンモナーク（父アグネスタキオン）
ヴィクトワールピサの半兄。東京ダ2100のブリリアントS3着。産駒はダートのマイラー。

ナムラタイタン（父サウスヴィグラス）
武蔵野Sなど中央9勝、地方12勝のダートマイラー。砂の名種牡馬だった父の貴重な後継。

ニホンピロアワーズ（父ホワイトマズル）
12年JCダート、14年東海Sなどダートのスタミナ自慢。21年3歳は中央で2頭が勝利。

ハイアーゲーム（父サンデーサイレンス）
04年青葉賞勝ち。ダービーはキングカメハメハを負かしに行き3着。産駒はダートも走る。

ファスリエフ（父ヌレイエフ）
愛、仏の芝1200GIを優勝、5戦無敗で引退。ダート血統も、残された産駒が障害でしぶとく活躍。

フェデラリスト（父エンパイアメーカー）
韓国へ輸出されて成功。2021年に死亡。日本産の代表馬は地方重賞8勝のチャイヤプーン。

ミリオンディスク（父アフリート）
カペラS1着、JBCスプリント3着のダート短距離馬。脚抜きのいい稍重や重のダート得意。

メジロダイボサツ（父ディープインパクト）
母メジロドーベルはオークス、秋華賞などGIを5勝の夢配合。現役時は長距離1勝。

ワイルドワンダー（父ブライアンズタイム）
アンタレスSなど、ダート重賞を3勝、フェブラリーS3着。産駒は東京ダート得意。

ワンダーアキュート（父カリズマティック）
JBCクラシック、帝王賞に勝ち、GIの2着と3着が計15回！ 父は米三冠寸前で故障。

母系に名を残す名種牡馬

アグネスタキオン

1998年生、09年死亡●サンデーサイレンス系

```
┌ *サンデーサイレンス    ┌ *ロイヤルスキー
└ アグネスフローラ      └ アグネスレディー
```

4戦4勝/皐月賞、弥生賞、ラジオたんぱ杯3歳S。
代表産駒/ディープスカイ（ダービー）、ダイワスカーレット（桜花賞）、キャプテントゥーレ（皐月賞）。
母の父/ノンコノユメ（フェブラリーS）、ワイドファラオ（ニュージーランドT）。

00年ラジオたんぱ杯は、伝説の2歳重賞と語り継がれる。2着に翌年のダービーとジャパンCを制するジャングルポケット、3着にNHKマイルCとJCダートを制するクロフネ。この両馬をデビュー2戦目で完封したのが、アグネスタキオンだ。無敗で皐月賞を完勝、ダービーを前に引退した。産駒は1600〜2000Mが得意。晩年の産駒はダート中距離型が多い。

距離	マ中	馬場	芝	性格	堅	成長力	早

* アフリート

Afleet

1984年生、14年死亡/加●ミスタープロスペクター系

```
┌ Mr. Prospector    ┌ Venetian Jester
└ Polite Lady       └ Friendly Ways
```

15戦7勝/ジェロームH（GI・8F）など重賞5勝。
代表産駒/プリモディーネ（桜花賞）、スターリングローズ（JBCスプリント）、バンブーエール（JBCスプリント）、ドモナラズ（七夕賞）、サカラート（東海S）。
母の父/ニシケンモノノフ（JBCスプリント）モルトベーネ（アンタレスS）。

3歳夏までカナダで走り、その後はアメリカを転戦した。近親にカナダの活躍馬多数。プリモディーネ、驚きのドモナラズなど芝の重賞勝ち馬を出したが、晩年はダートに集中。格上相手の番狂わせこそ少ないが、自分の能力を常に引き出す安定感は抜群。特に湿ったダ1400では四の五の言わずに買いだ。高齢になっても一線級で走る息の長さも自慢どころ。

距離	短マ	馬場	ダ	性格	普	成長力	普

* ウォーエンブレム

War Emblem

1999年生、20年死亡/米●ミスタープロスペクター系

```
┌ Our Emblem       ┌ Lord at War
└ Sweetest Lady    └ Sweetest Roman
```

13戦7勝/ケンタッキー・ダービー（GI・10F）、プリークネスS（GI・9.5F）。
代表産駒/ブラックエンブレム（秋華賞）、ローブティサージュ（阪神JF）、オールブラッシュ（川崎記念）、シビルウォー（名古屋GP）、ウォータクティクス（アンタレスS）、ショウナンアルバ（共同通信杯）。

米二冠馬。三冠のかかったベルモントSは8着。父は名牝パーソナルエンサインの仔。母系近親に目立った活躍馬はいない。牝馬嫌いとあって、種付けに手こずり、それでも少ない産駒からGI勝ち馬を送り出したのは、ちがった意味でりっぱなものを持っていた。産駒はスピードを持続する能力に長け、芝の高速馬場に強かった。20年8歳が最後の世代。

距離	マ中	馬場	万	性格	普	成長力	普

* エルコンドルパサー

1995年生、02年死亡/米●キングマンボ系

```
┌ Kingmambo        ┌ Sadler's Wells
└ *サドラーズギャル  └ Glenveagh
```

11戦8勝/ジャパンC、NHKマイルC、サンクルー大賞（仏GI・2400M）。
代表産駒/ヴァーミリアン（JCダート）、ソングオブウインド（菊花賞）。
母の父/マリアライト（エリザベス女王杯）、リアファル（神戸新聞杯）、クリソライト（ジャパンダートダービー）、アンビシャス（ラジオNIKKEI賞）。

新馬からNHKマイルCまで5連勝。毎日王冠はサイレンススズカの逃げ切りを許すも、ジャパンCを3歳で優勝。翌年は欧州GIも制し、凱旋門賞では果敢に逃げてモンジューと一騎打ちの2着。現地メディアに「王者が2頭いた」と讃えられた。近親のサドラーズウェルズやヌレイエフが複雑に絡み合う配合。わずか3世代の産駒から一流馬を輩出した。

距離	中長	馬場	万	性格	普	成長力	強

* エンドスウィープ

End Sweep

1991年生、02年死亡/米●フォーティナイナー系

```
┌ *フォーティナイナー  ┌ Dance Spell
└ Broom Dance        └ Witching Hour
```

18戦6勝/ジャージーショアBCS（GIII・7F）。
代表産駒/アドマイヤムーン（ジャパンC）、スイープトウショウ（宝塚記念）。
母の父/トーセンスターダム（きさらぎ賞）、ナムラビクター（アンタレスS）、ゲシュタルト（京都新聞杯）。

自身は短距離路線の中堅級で、輸入前の産駒もスプリンターで占められていた。ところが日本での産駒は1600〜2400をこなすどころか、マイル、中距離の芝GIを勝つのだから、恐れ入った。アドマイヤムーンに代表されるように、ためが利いたときの差し脚は一品だ。母の父としてもトーセンスターダム、ナムラビクターを出し、俄然注目を浴びている。

距離	短マ	馬場	万	性格	普	成長力	普

＊オペラハウス Opera House

1988年生、16年死亡／英●サドラーズウェルズ系

- Sadler's Wells
  - High Top
- Colorspin
  - Reprocolor

18戦8勝／"キングジョージ"（GI・12F）など重賞6勝。
代表産駒／テイエムオペラオー（ジャパンC）、メイショウサムソン（ダービー）、ミヤビランベリ（目黒記念）、アクティブバイオ（目黒記念）。
母の父／メジャーエンブレム（NHKマイルC）、リッカルド（エルムS）。

5歳時には"キングジョージ"などイギリス前半の主要中距離のGI3レースの完全制覇を果たしている。母は愛オークス馬。本格的欧州血統らしく、アベレージよりも常にホームラン狙い。強い産駒はとことん強い。一方で、目黒記念を勝つようないぶし銀も輩出。中山＆東京芝2500、ローカル芝2600は得意コース。高齢になってもタフに走り続けた。

距離	中長	馬場	芝	性格	普	成長力	強

＊コマンダーインチーフ Commander in Chief

1990年生、07年死亡／英●リファール系

- ＊ダンシングブレーヴ
  - Roberto
- Slightly Dangerous
  - Where You Lead

6戦5勝／英ダービー、愛ダービー。
代表産駒／レギュラーメンバー（川崎記念、JBCクラシック）、ハギノハイグレイド（東海S）、スエヒロコマンダー（鳴尾記念）、イブキガバメント（鳴尾記念）。
母の父／リトルアマポーラ（エリザベス女王杯）、ミツバ（川崎記念）。

デビューから英ダービー、愛ダービーまで5連勝。本命に推された"キングジョージ"はオペラハウスの3着に敗れ、これが現役最後の一戦になった。父は欧州の名馬。半兄にウォーニング、近親レインボークエスト。中央サイアーランクは99年の5位が最高。母の父としてリトルアマポーラ（エリザベス女王杯）や、ミツバ（川崎記念）を出している。

距離	中	馬場	万	性格	堅	成長力	普

サクラバクシンオー

1989年生、11年死亡●プリンスリーギフト系

- サクラユタカオー
  - ＊ノーザンテースト
- サクラハゴロモ
  - ＊クリアアンバー

21戦11勝／スプリンターズS2回、スワンS、ダービー卿CT、クリスタルC。
代表産駒／ショウナンカンプ（高松宮記念）、グランプリボス（NHKマイルC）、ビッグアーサー（高松宮記念）、ダッシャーゴーゴー（セントウルS）、カノヤザクラ（セントウルS）。

1200Mで【7-0-0-1】。1400Mで【4-0-0-0】。1600M以上で【0-2-1-6】。引退戦の94年スプリンターズSは1分7秒1のレコードで、4馬身差の楽勝だった。父サクラユタカオーは天皇賞・秋をレコード勝ち、その父テスコボーイは70、80年代のトップ種牡馬。産駒は平坦向きか、坂コースOKか、高速馬場向きか、時計かかる馬場向きかを、見極めて取捨。

距離	短	馬場	芝	性格	堅	成長力	早

サクラユタカオー

1982年生、10年死亡●プリンスリーギフト系

- ＊テスコボーイ
  - ＊ネヴァービート
- アンジェリカ
  - スターハイネス

代表産駒／サクラバクシンオー（スプリンターズS）、エアジハード（安田記念）、サクラキャンドル（エリザベス女王杯）、ウメノファイバー（オークス）。
母の父／クイーンズプマンテ（エリザベス女王杯）、アースソニック（京阪杯）。

テスコボーイ最後の傑作とうたわれ、4歳秋に毎日王冠を1分46秒0、天皇賞・秋を1分58秒3という連続レコード・タイムで完勝。中距離のスピード勝負ならミホシンザンやニッポーテイオーを寄せ付けなかった。種牡馬入り後はサクラバクシンオーを出して父系をつなげ、母の父としてもダイタクリーヴァやロジック、タムロチェリーに瞬発力を与えた。

距離	マ中	馬場	芝	性格	普	成長力	強

サッカーボーイ

1985年生、11年死亡●ファイントップ系

- ＊ディクタス
  - ＊ノーザンテースト
- ダイナサッシュ
  - ＊ロイヤルサッシュ

11戦6勝／マイルCS、阪神3歳S、函館記念、中日スポーツ賞4歳S。
代表産駒／ヒシミラクル（菊花賞、天皇賞・春）、ナリタトップロード（菊花賞）、ティコティコタック（秋華賞）、アイポッパー（ステイヤーズS）。
母の父／マイネルキッツ（天皇賞・春）、クリールカイザー（AJCC）。

関西2歳王者決定戦・阪神3歳Sを8馬身差でレコード勝ち。栃栗毛の馬体でテンポイントの再来と騒がれ、末脚の切れ味は弾丸シュートと形容された。クラシックは不調も、古馬相手の函館記念とマイルCSを楽々と連勝。種牡馬としてはスタミナを伝え、大舞台に強いステイヤーを送り出した。父はフランスのGIマイラー。全妹はステイゴールドの母。

距離	中長	馬場	芝	性格	狂	成長力	晩

＊サンデーサイレンス Sunday Silence

1986年生、02年死亡／米●ヘイロー系

- Halo
  - Understanding
- Wishing Well
  - Mountain Flower

14戦9勝／ケンタッキー・ダービー（GI・10F）、プリークネスS（GI・9.5F）、BCクラシック（GI・10F）。
代表産駒／ディープインパクト（三冠）、ステイゴールド（香港ヴァーズ）。
母の父／アーモンドアイ（牝馬三冠、ジャパンC）、ドゥラメンテ（ダービー）。

左記のGIは全てイージーゴーアを破ったもの。産駒はキレキレの脚を武器とし、特にスロー→上がりの勝負に強く、高速馬場も得意としていた。母の父としては、エンドスウィープ産駒に2400GIを、サクラバクシンオー産駒にマイルGIを勝たせるなど、キレと底力を注入するうえ、距離の守備範囲も広げている。東京の重賞に強いのは種牡馬時代と同じ。

距離	万	馬場	万	性格	堅	成長力	強

母系に名を残す名種牡馬

スペシャルウィーク

1995年生、18年死亡●サンデーサイレンス系

- *サンデーサイレンス ── マルゼンスキー
- キャンペンガール ── レディーシラオキ

17戦10勝／ダービー、天皇賞・春、天皇賞・秋、ジャパンC、弥生賞、京都新聞杯、AJCC、阪神大賞典、きさらぎ賞。
代表産駒／ブエナビスタ（JC、天皇賞・秋）、シーザリオ（オークス）、ローマンレジェンド（東京大賞典）、ゴルトブリッツ（帝王賞）、インティライミ（京都大賞典）。

皐月賞3着、ダービー1着、菊花賞2着。武豊にダービージョッキーの称号をもたらすも、二冠をセイウンスカイに奪われた。4歳で春秋の天皇賞＋JCを勝利。締めくくりの有馬記念はグラスワンダーにハナ差敗けた。4母母はシラオキ。近年の産駒はコーナー4つの中距離や、坂のあるダートに良績、特に小倉の芝がいい。芝1200専門の牝馬も穴になる。

| 距離 | マ中 | 馬場 | 万 | 性格 | 堅 | 成長力 | 普 |

---

* ダンシングブレーヴ　Dancing Brave

1983年生、99年死亡、米●リファール系

- Lyphard ── Drone
- Navajo Princess ── Olmec

10戦8勝／凱旋門賞（GI・2400M）などGI4勝。
代表産駒／テイエムオーシャン（桜花賞、秋華賞）、キョウエイマーチ（桜花賞）、キングヘイロー（高松宮記念）。
母の父／メイショウサムソン（ダービー）、スイープトウショウ（宝塚記念）。

怒濤の末脚で制した凱旋門賞の他、英2000ギニー、"キングジョージ"などのGI優勝もある。父の産駒にモガミ。母系は全妹にジョリファ（仏オークスGI）。瞬発力勝負や緩急のある競馬を苦手とするが、淀みなく流れる展開になると距離、格に関係なく、先行しても追い込んでも無類の強さを発揮した。母の父としてもここ一番で凄みを見せる血統。

| 距離 | 万 | 馬場 | 芝 | 性格 | 普 | 成長力 | 強 |

ダンスインザダーク

1993年生、20年死亡●サンデーサイレンス系

- *サンデーサイレンス ── Nijinsky
- *ダンシングキイ ── Key Partner

8戦5勝／菊花賞、京都新聞杯、弥生賞。ダービー2着。
代表産駒／ザッツザプレンティ（菊花賞）、デルタブルース（菊花賞）、スリーロールス（菊花賞）、ツルマルボーイ（安田記念）、ダークシャドウ（毎日王冠）。

皐月賞は回避。ダービーはフサイチコンコルドの2着。伝説の菊花賞、4角で瞬時に内から外へ進路を変えて上がり33秒8でロイヤルタッチを差し切った。全姉ダンスパートナー（オークス）、全妹ダンスインザムード（桜花賞）。産駒は持久力抜群で長い末脚を使える半面、一瞬の器用な脚はない。東京や新潟、京都外回りなど、長い直線替わりが狙い目。

| 距離 | 中長 | 馬場 | 芝芝 | 性格 | 普 | 成長力 | 晩 |

---

* チーフベアハート　Chief Bearhart

1993年生、12年死亡、加●ダンジグ系

- Chief's Crown ── Bold Hour
- Amelia Bearhart ── Myrtlewood Lass

22戦12勝／BCターフ（GI・12F）など芝GI3勝。
代表産駒／マイネルキッツ（天皇賞・春）、マイネルレコルト（朝日杯FS）、マイネルクリマ（オールカマー）、ビービーガルダン（阪急杯）。
母の父／ロードクエスト（新潟2歳S）、ブラックオニキス（札幌2歳S2着）。

4歳時に完全本格化し、BCターフをレースレコードで制した。父は中距離血統として父系を延ばし、ディープスカイの母の父ともなり、母系に入っても存在感を示している。近親にミスタープロスペクター。スロー不発でもひとたび持久力やスタミナを活かせる緩みのない流れになると本領発揮。高齢まで長きにわたって走る丈夫さがある。芝道悪は得意。

| 距離 | 中 | 馬場 | 万 | 性格 | 普 | 成長力 | 晩 |

テイエムオペラオー

1996年生、18年死亡●サドラーズウェルズ系

- *オペラハウス ── Blushing Groom
- *ワンスウェド ── Noura

26戦14勝／皐月賞、天皇賞・春（2回）、宝塚記念、天皇賞・秋、ジャパンC、有馬記念。
代表産駒／ダイナミックグロウ（阿蘇S）、テイエムヒッタマゲ（昇竜S）、タカオセンチュリー（マリーンS2着）。

3歳時はアドマイヤベガ、ナリタトップロードと3強を形成し、皐月賞に優勝。しかしその後は1強となる。圧巻は4歳だった2000年。京都記念から有馬記念まで古馬の王道路線を8戦全勝。強すぎて馬券の売り上げが落ちたと言われたほど。GIを7勝は当時シンボリルドルフに並ぶ最多タイ、獲得賞金は18億円を超えた。産駒は芝もダートも小倉が得意。

| 距離 | 短中 | 馬場 | 芝 | 性格 | 普 | 成長力 | 晩 |

---

* ティンバーカントリー　Timber Country

1992年生、16年死亡、米●ミスタープロスペクター系

- Woodman ── Pretense
- Fall Aspen ── Change Water

12戦5勝／プリークネスS（GI・9.5F）、BCジュヴェナイル（GI・8.5F）。
代表産駒／アドマイヤドン（フェブラリーS）、トウショウナイト（アルゼンチン共和国杯）、ヒシアトラス（平安S）。
母の父／コパノリッキー（フェブラリーS）、ラストインパクト（京都大賞典）。

ケンタッキー・ダービーで3着に敗れたが、プリークネスSを制し、BCジュヴェナイルの勝ち馬では初のクラシック優勝を果たした。父の産駒にヘクタープロテクター。兄弟にフォートウッド（パリ大賞GI）など重賞勝ち馬多数。近親にはドバイミレニアム（ドバイWCGI）。パワーとスタミナを備え、コーナーが4つあるダート中距離を得意とする。

| 距離 | 中 | 馬場 | ダ | 性格 | 普 | 成長力 | 普 |

* デインヒル　　　Danehill

1986年生、03年死亡／米●ダンジグ系

┌ Danzig　　　　　　┌ His Majesty
└ Razyana　　　　　 └ Spring Adieu

9戦4勝／スプリントC（GI・6F）。
代表産駒／ファインモーション（エリザベス女王杯）、ロックオブジブラルタル。
母の父／フェノーメノ（天皇賞・春）、エイジアンウインズ（ヴィクトリアマイル）。

欧州、オセアニアでGI馬を多数輩出。多くの後継種牡馬を擁し、ノーザンダンサー系の主流父系として発展している。日本でも1年だけリース供用されたが、海外ほど成功しなかった。きっかけをつかむと上昇気流に乗り、一気に出世する。後継のダンジリ、リダウツチョイスらが各国・地域で首位サイアーとなり、母の父としてもフランケルを送り出した。

| 距離 | ▶ マ中 | 馬場 | ▶ 芝 | 性格 | ▶ 普 | 成長力 | ▶ 普 |

デュランダル

1999年生、13年死亡●サンデーサイレンス系

┌ *サンデーサイレンス　　　┌ *ノーザンテースト
└ サワヤカプリンセス　　　 └ *スコッチプリンセス

18戦8勝／マイルチャンピオンシップ（2回）、スプリンターズS。高松宮記念2着。
代表産駒／エリンコート（オークス）、フラガラッハ（中京記念）、プレイアンドリアル（京成杯）、ジュエルオブナイル（小倉2歳S）。

サンデー×ノーザンテースト配合で初のGIホース。マイルCSを4歳、5歳で連覇。スプリンターズSは4歳から1着、2着、2着。中世を舞台とした叙事詩に登場する聖剣の名前を頂き、後方一気の戦法で「名刀一閃デュランダル！」の見出しが躍った。産駒はマイラー中心。連勝の多さが特徴で、前走1着馬は無視できない。左回りの得意な馬に注目。

| 距離 | ▶ 短中 | 馬場 | ▶ 芝 | 性格 | ▶ 普 | 成長力 | ▶ 普 |

トウカイテイオー

1988年生、13年死亡●パーソロン系

┌ シンボリルドルフ　　　┌ ナイスダンサー
└ トウカイナチュラル　　└ トウカイミドリ

12戦9勝／皐月賞、ダービー、ジャパンC、有馬記念、大阪杯。
代表産駒／トウカイポイント（マイルCS）、ヤマニンシュクル（阪神JF）、トウカイパルサー（愛知杯）、タイキポーラ（マーメイドS）。
母の父／ヴィーヴァヴォドカ（フラワーC）、マイネルアウラート（リゲルS）。

希代のドラマティック・ホース。安田隆行を背に6戦6勝で父と同じ無敗のダービー馬に輝くも、骨折で菊花賞は棒に振る。二度目の骨折から復帰後、4歳のジャパンCを制し、府中の杜にテイオー・コールが響く。三度目の骨折から復帰戦の有馬記念でも常識をくつがえして優勝。田原成貴が涙を流して馬を讃えた。今は母系に入って、しぶとさを与える。

| 距離 | ▶ マ中 | 馬場 | ▶ 芝 | 性格 | ▶ 普 | 成長力 | ▶ 普 |

---

* トニービン　　　Tony Bin

1983年生、00年死亡／愛●グレイソヴリン系

┌ *カンパラ　　　　　　┌ Hornbeam
└ Severn Bridge　　　 └ Priddy Fair

27戦15勝／凱旋門賞（GI・2400M）や重賞8勝。
代表産駒／ジャングルポケット（ダービー）、ウイニングチケット（ダービー）、エアグルーヴ（天皇賞・秋）、オフサイドトラップ（天皇賞・秋）。
母の父／ハーツクライ（有馬記念）、アーネストリー（宝塚記念）。

産駒のGI13勝のうち東京／11勝。重賞61勝のうち東京／20勝、京都外回り／11勝。母の父としては万能血統。リンカーンやドリームパスポートらが長距離好走、ダイヤモンドS2勝などスタミナを、トランセンドには競っての底力を伝え、アーネストリーには成長力を、といった具合。苦手とした有馬記念も母の父としては勝ち馬ハーツクライを出した。

| 距離 | ▶ 中 | 馬場 | ▶ 芝芝 | 性格 | ▶ 普 | 成長力 | ▶ 普 |

---

* ノーザンテースト　　　Northern Taste

1971年生、04年死亡／加●ノーザンダンサー系

┌ Northern Dancer　　┌ Victoria Park
└ Lady Victoria　　　 └ Lady Angela

20戦5勝／ラフォレ賞（GI・1400M）。
代表産駒／ダイナガリバー（ダービー）、アンバーシャダイ（有馬記念）。
母の父／ダイワスカーレット（有馬記念）、ダイワメジャー（天皇賞・秋）、カンパニー（天皇賞・秋）、エアグルーヴ（天皇賞・秋）。

吉田照哉氏がアメリカのセリ市で購買。欧州で走り、英2000ギニー4着、英ダービーは5着だった。3歳秋にラフォレ賞を制した。サンデーサイレンス以前の大種牡馬。産駒は丈夫な体とミラクルな成長力を持っていた。母の父としてもダイワスカーレット、ダイワメジャー、エアグルーヴ、サッカーボーイなどを出し、種牡馬としての特徴を伝えている。

| 距離 | ▶ 万 | 馬場 | ▶ 万 | 性格 | ▶ 堅 | 成長力 | ▶ 強 |

---

* ファルブラヴ　　　Falbrav

1998年生／愛●フェアリーキング系

┌ Fairy King　　　　　┌ Slewpy
└ Gift of the Night　　└ Little Nana

26戦13勝／ジャパンC、香港C（GI・2000M）など重賞8勝。
代表産駒／エーシンヴァーゴウ（セントウルS）、トランスワープ（函館記念）、エボワス（キーンランドC）、フォーエバーマーク（キーンランドC）、アイムユアーズ（フィリーズレビュー）、ワンカラット（フィリーズレビュー）。

重賞勝ち鞍の全てがGI。その中にはサラファンと肉弾戦さながらのたたき合いの末、競り勝った第22回ジャパンCも含まれる。フェアリーキング×スルーピーの配合はエリシオ（本邦輸入種牡馬）と同じ。20年6歳が最後の世代。仕上がり早い牝馬に対し、牡馬は5歳でもまだまだ若く、6歳、7歳、8歳が働き盛り。ローカル開催の高齢馬の一発には注意。

| 距離 | ▶ 短中 | 馬場 | ▶ 万 | 性格 | ▶ 普 | 成長力 | ▶ 晩 |

* フォーティナイナー Forty Niner

1985年生、20年死亡／米●ミスタープロスペクター

```
┌ Mr. Prospector ──┬ Tom Rolfe
└ File ─────────────┴ Continue
```

19戦11勝／トラヴァーズS（GI・10F）、ハスケル招待H（GI・9F）。
代表産駒／マイネルセレクト（JBCスプリント）、シャドウスケイプ（根岸S）。
母の父／エポカドーロ（皐月賞）、トレイルブレイザー（京都記念）、マイスタイル（函館記念）、ダノンヨーヨー（富士S）、テイエムジンソク（東海S）。

クラシックはケンタッキー・ダービー2着、プリークネスS
が7着に終わるも、夏にハスケル招待H、トラヴァーズSを連
勝した。母系近親にスウェイル（ケンタッキー・ダービーGI）。
強さと脆さが同居するヤンキー不良血統。先行ぶっち切りが
ある一方、もまれての惨敗も多かった。母の父としては、父
としてほどダート一辺倒ではなく、多彩な産駒を出している。

距離	短中	馬場	ダ	性格	狂	成長力	普

フジキセキ

1992年生、15年死亡●サンデーサイレンス系

```
┌ *サンデーサイレンス ──┬ Le Fabuleux
└ *ミルレーサー ─────────┴ Marston's Mill
```

4戦4勝／朝日杯3歳S、弥生賞。
代表産駒／カネヒキリ（ジャパンCダート）、サダムパテック（マイルCS）、キンシャサノキセキ（高松宮記念2回）、ファイングレイン（高松宮記念）、ダノンシャンティ（NHKマイルC）、コイウタ（ヴィクトリアマイル）。

サンデーサイレンスの初年度産駒。無敗のまま、皐月賞を
前に引退。3歳で種牡馬入りすると、サンデー系の長男とし
て大成功した。4代母ミランミルは名馬ミルリーフの母。母
父ルファブュルーはセントサイモン系の仏ダービー馬。母の
父としてもサウンドトゥルーやパドトロワなどを輩出し、仕
上がりの早さを与えている。

距離	マ中	馬場	万	性格	堅	成長力	強

* ブライアンズタイム Brian's Time

1985年生、13年死亡／米●ロベルト系

```
┌ Roberto ──────┬ Graustark
└ Kelley's Day ─┴ Golden Trail
```

21戦5勝／フロリダ・ダービー（GI・9F）、ペガサスH（GI・9F）。
代表産駒／ナリタブライアン（三冠）、サニーブライアン（二冠）、タニノギムレット（ダービー）、マヤノトップガン（有馬記念）。
母の父／ディーマジェスティ（皐月賞）、スリーロールス（菊花賞）。

追い込み馬の宿命というか、大レースではプリークネスS2
着など、惜敗続きだった。父の産駒にリアルシャダイ、クリ
スエス。母系近親に名種牡馬ダイナフォーマーで、同馬とは
母の父系も共通し、ほぼ同じ血統構成。近年こそダート中距
離を仕事場にしているが、かつては大レースで凄みをみせた
ものだ。替わって現在は母の父としてにらみを利かせている。

距離	中	馬場	万	性格	普	成長力	強

* ブラックホーク

1994年生、15年死亡／英●ヌレイエフ系

```
┌ Nureyev ─────┬ Silver Hawk
└ *シルバーレーン ┴ Strait Lane
```

28戦9勝／安田記念、スプリンターズS、スワンS、阪急杯、ダービー卿CT。
代表産駒／チェブリタ（京都牝馬S）、クーヴェルチュール（キーンランドC）、フサイチオフトラ（萩S）、ウエスタンメルシー。
母の父／アガラス（東京スポーツ杯2歳S2着）。

5歳暮れのスプリンターズSでアグネスワールドをかわし
GI初勝利。その後は惜敗が続くが、7歳の安田記念で横山典
弘が直線強襲を決めて単勝2010円の穴を炸裂させた。父ヌ
レイエフは英2000ギニー1着失格。母はGIグロット賞に勝ち、
愛オークス3着。半妹にピンクカメオ（NHKマイルC）。産駒
はダ1200、ダ1700、ローカル芝1200が稼ぐ場所。

距離	短中	馬場	ダ	性格	普	成長力	晩

* ブレイヴェストローマン Bravest Roman

1972年生、94年死亡／米●ネヴァーベンド系

```
┌ Never Bend ──┬ Roman
└ Roman Song ──┴ Quiz Song
```

25戦9勝／サラナクS。
代表産駒／マックスビューティ（オークス）、トウカイローマン（オークス）、ランドリュウ（高松宮杯）、フジノマッケンオー（セントウルS）。
母の父／キョウエイマーチ（桜花賞）、トーシンブリザード（JDD）。

1980年から94年まで日本供用され、マックスビューティ、
トウカイローマン、オグリローマンの牝馬クラシック勝ち
馬3頭のほか、多数のダート一流馬を送り出し、中央ダート
のリーディングサイアー7度。母系に入っての影響力も強く、
キョウエイマーチ（桜花賞）の母の父、エスポワールシチー（種
牡馬）やスリーロールス（菊花賞）の祖母の父でもある。

距離	マ中	馬場	ダ	性格	普	成長力	強

* フレンチデピュティ French Deputy

1992年生／米●デピュティミニスター系

```
┌ Deputy Minister ┬ Hold Your Peace
└ Mitterand ──────┴ Laledo Lass
```

6戦4勝／ジェロームH（GII・8F）。
代表産駒／クロフネ（同馬の項参照）、アドマイヤジュピタ（天皇賞・春）、エイシンデピュティ（宝塚記念）、レジネッタ（桜花賞）、サウンドトゥルー（チャンピオンズC）、ピンクカメオ（NHKマイルC）、ノボジャック（JBCスプリント）。

2歳11月のデビューから3歳秋のジェロームHまで4連勝し
たが、その後は2連敗。生涯最初で最後の大一番、BCクラシ
ックGIは9着だった。ルールソヴァールが6歳で重賞初制覇、
サウンドトゥルーが7歳でJBCクラシックを制し、産駒は老
いてますます盛ん。近年はダート中心。母の父としてもマカ
ヒキ、ゴールドドリームを出し、存在感がある。

距離	マ中	馬場	ダ	性格	普	成長力	晩

母系に名を残す名種牡馬

* マイネルラヴ

1995年生、12年死亡／米●ミスタープロスペクター系

```
┌ Seeking the Gold      ┌ *リィフォー
└ Heart of Joy          └ Mythographer
```

23戦5勝／スプリンターズS、シルクロードS、セントウルS。朝日杯3歳S2着。
代表産駒／ゲットフルマークス（京王杯2歳S）、マイネルハーティー（ニュージーランドT）、ダブルウェッジ（アーリントンC）。

グラスワンダーと同期の外国産馬で、朝日杯は同馬の2着。3歳でセントウルSを勝ち、スワンS7着の後、人気急落のスプリンターズSを単勝3760円でタイキシャトルに快勝した。父シーキングザゴールドは米国の名種牡馬で子孫にドバウィら。母ハートオブジョイは英1000ギニーでサルサビルの2着。産駒は2歳戦、ローカルの短距離、軽ハンデの牝馬が穴。

距離	短	馬場	万	性格	普	成長力	早

マヤノトップガン

1992年生、19年死亡●ロベルト系

```
┌ *ブライアンズタイム    ┌ Blushing Groom
└ *アルプミーブリーズ    └ Swiss
```

21戦8勝／菊花賞、有馬記念、宝塚記念、天皇賞・春。
代表産駒／チャクラ（目黒記念）、バンブーユベントス（日経新春杯）、ムスカテール（目黒記念）、メイショウトウコン（東海S）、プリサイスマシーン（スワンS）。

田原成貴の手綱で菊花賞を制し、投げキス。有馬記念を逃げ切って「メリークリスマス!」。4歳は阪神大賞典でナリタブライアンと名勝負の2着、宝塚記念1着、天皇賞・秋2着。5歳の春の天皇賞ではサクラローレルとマーベラスサンデーを豪快に差し切った。産駒は目黒記念3勝、新潟記念2勝。スタミナ戦に強い。ダートも得意でダ1700の率が高い。

距離	中長	馬場	万	性格	普	成長力	晩

マルゼンスキー

1974年生、97年死亡●ニジンスキー系

```
┌ Nijinsky     ┌ Buckpasser
└ *シル        └ Quill
```

8戦8勝／朝日杯3歳S、日本短波賞。
代表産駒／サクラチヨノオー（ダービー）、ホリスキー（菊花賞）、レオダーバン（菊花賞）、スズカコバン（宝塚記念）、ニシノスキー（朝日杯3歳S）。
母の父／スペシャルウィーク（ダービー）、メジロブライト（天皇賞・春）。

圧勝続きだった無敗の黒船。中野渡騎手が「大外枠で賞金もいらないからダービーに出走させてくれ」と熱望したエピソードは有名。朝日杯で叩き出した1分34秒4のレコードは13年間破られなかった。父ニジンスキーは英三冠馬、祖母クイルは米最優秀2歳牝馬。母の父としてスペシャルウィークやメジロブライトを出し、大一番の爆発力を与える。

距離	万	馬場	万	性格	普	成長力	強

* ミルジョージ

Mill George

1975年生、07年死亡／米●ミルリーフ系

```
┌ Mill Reef        ┌ Ragusa
└ Miss Charisma    └ *マタティナ
```

代表産駒／イナリワン（有馬記念）、エイシンサニー（オークス）。
母の父／セイウンスカイ（皐月賞）、カネツフルーヴ（帝王賞）、トウケイヘイロー（札幌記念）、ヤマカツリリー（フィリーズレビュー）。

大レースでのミルリーフの怖さを教えてくれた名種牡馬。スローペースより消耗戦に強く、前走が不振だったとしても展開が厳しくなると突っ込んできたものだ。成長力があり、高齢になって蘇る馬もいた。母の父としても消耗戦での強さを伝え、セイウンスカイ、ヤマカツリリーらも強気な競馬をしてこそ持ち味が活きた。母系に入っても大レース向き。

距離	中長	馬場	万	性格	普	成長力	強

メジロマックイーン

1987年生、06年死亡●パーソロン系

```
┌ メジロティターン    ┌ *リマンド
└ メジロオーロラ      └ メジロアイリス
```

21戦12勝／菊花賞、天皇賞・春（2回）、宝塚記念、阪神大賞典（2回）。
代表産駒／ホクトスルタン（目黒記念）、ヤマニンメルベイユ（中山牝馬S）。
母の父／オルフェーヴル（三冠）、ドリームジャーニー（有馬記念）、ゴールドシップ（天皇賞・春）、ラブイズブーシェ（函館記念）、フーラブライド（中山牝馬S）。

90年の菊花賞を3角先頭で完勝し、半兄メジロデュレンに続く兄弟制覇。春の天皇賞も制して、祖父メジロアサマ、父メジロティターンに続く父子三代の大記録達成。長距離では磐石の強さを保持し春天を連覇。獲得賞金は史上初の10億円突破。ステイゴールド産駒の母父としてオルフェーヴル、ゴールドシップらの重賞勝ち馬を輩出。

距離	中長	馬場	芝芝	性格	堅	成長力	晩

* リアルシャダイ

Real Shadai

1979年生、04年死亡／米●ロベルト系

```
┌ Roberto       ┌ In Reality
└ Desert Vixen  └ Desert Trial
```

8戦5勝／ドーヴィル大賞（GI・2700M）。
代表産駒／ライスシャワー（天皇賞・春2回）。
母の父／アドマイヤジュピタ（天皇賞・春）、イングランディーレ（天皇賞・春）、トウカイポイント（マイルCS）、サンライズバッカス（フェブラリーS）。

吉田善哉氏の所有馬としてフランスで走り、ドーヴィル大賞ではノーアテンションを破った。他に仏ダービー2着、凱旋門賞5着がある。初期にはマイラーや中距離馬も出したが、晩年はステイヤー種牡馬として存在感を示した。多少のジリっぽさがあるものの、消耗戦となれば一気に台頭した。母の父としてもスタミナや消耗戦での強さを伝えている。

距離	中長	馬場	芝	性格	普	成長力	晩

海外の種牡馬

海外馬券について

20年はコロナ禍により開催中止、日程の変更に加え、日本馬の遠征の制約があり、
海外馬券の発売は6レースに留まりました。21年になってもコロナ禍は治まっていませんが、
ドバイワールドCデーは開催に漕ぎ着け、欧米はコロナ禍前、例年どおりの日程で行われています。
数多くの馬券発売が実施されるのを願ってやみません。

ダービー

英／エプソム・芝12F（20年は7月実施）

2021	Adayar	父Frankel（サドラーズウェルズ系）
2020	Serpentine	父Galileo（サドラーズウェルズ系）
2019	Anthony Van Dyck	父Galileo（サドラーズウェルズ系）
2018	Masar	父New Approach（サドラーズウェルズ系）

近年は出走馬の多くがガリレオ系で占められ、ガリレオ系が4連覇中。21年はアダイヤーがフランケル産駒として初の制覇を果たした。選手権距離に無類の強さを発揮するガリレオ系にとって高低差40Mのコースは最も得意とするところ。ガリレオ系に対抗する存在としては同様の選手権距離血統モンジュー系にシーザスターズ系。

エクリプスS

英／サンダウン・芝10F

2021	St Mark's Basilica	父Siyouni（ヌレイエフ系）
2020	Ghaiyyath	父Dubawi（ドバウィ系）
2019	Enable	父Nathaniel（サドラーズウェルズ系）
2018	Roaring Lion	父Kitten's Joy（エルプラド系）

3歳と古馬の一流どころが激突するシーズン最初のレース。古馬と約4.5キロの斤量差のある3歳勢が互角の勝負を挑み、クラシック好走馬の軽視は禁物。21年は仏二冠馬セントマークスバシリカが制した。サドラーズウェルズ系が強く、中距離とあって北米のキトゥンズジョイも2頭の勝ち馬を輩出。名馬が勝ち馬に名を連ねている。

インターナショナルS

英／ヨーク・芝10.3F

2020	Ghaiyyath	父Dubawi（ドバウィ系）
2019	Japan	父Galileo（サドラーズウェルズ系）
2018	Roaring Lion	父Kitten's Joy（エルプラド系）
2017	Ulysses	父Galileo（サドラーズウェルズ系）

中距離とあってドバウィ系がガリレオ系と互角の勝負。14年以降、ガリレオとドバウィの産駒がそれぞれ3勝としている。近4年では3頭がエクリプスSとのダブル制覇。ゼンノロブロイが2着したように、イギリスの競馬場にしては起伏が少なく、日本馬の勝機十分。凱旋門賞の重要ステップ戦でもあり、同レースに向けて見逃せない。

プリンスオブウェールズS

英／アスコット・芝10F

2021	Love	父Galileo（サドラーズウェルズ系）
2020	Lord North	父Dubawi（ドバウィ系）
2019	Crystal Ocean	父Sea the Stars（ケープクロス系）
2018	Poet's Word	父Poet's Voice（ドバウィ系）

中距離とあって近年はドバウィ系が、ガリレオ系とシーザスターズ系に割って入っている。すでに1、2戦を消化している馬とシーズン初戦の馬、さらには中距離馬と12F路線からの参戦と、それぞれの力関係の見極めが重要となる。格では若干劣っても勢いのある上がり馬には注意。ステップ戦のブリガディアジェラードSとは好相性。

キングジョージ6世＆クインエリザベスS

英／アスコット・芝12F

2021	Adayar	父Frankel（サドラーズウェルズ系）
2020	Enable	父Nathaniel（サドラーズウェルズ系）
2019	Enable	父Nathaniel（サドラーズウェルズ系）
2018	Poet's Word	父Poet's Voice（ドバウィ系）

高低差が約20mあることから、本格的欧州血統の出番となり、ガリレオ系が3連覇中。他の12FGI路線と違い、ドバウィ系が健闘し、15年以降、2勝の実績がある。クラシック馬が勢いそのままに制する一方、古馬の上がり馬にも狙いが立つ。21年は英ダービー馬アダイヤーが古馬を一蹴。良、重の時計差が大きく、道悪の巧拙は重要。

チャンピオンS

英／アスコット・芝10F

2020	Addeybb	父Pivotal（ヌレイエフ系）
2019	Magical	父Galileo（サドラーズウェルズ系）
2018	Cracksman	父Frankel（サドラーズウェルズ系）
2017	Cracksman	父Frankel（サドラーズウェルズ系）

欧州中距離GI路線を締めくくるレース。凱旋門賞との間隔が詰まっているので、同レースからの参戦は少ない。例外は使える時には使う愛国オブライエン親子。同調教師の管理馬に日程的にきつい理由での軽視は禁物。よほどの短、マイル血統でない限り、中距離での実績重視。道悪になることが多く、重巧拙が勝敗を分ける。

愛チャンピオンS

愛／レパーズタウン・芝10F

2020	Magical	父Galileo（サドラーズウェルズ系）
2019	Magical	父Galileo（サドラーズウェルズ系）
2018	Roaring Lion	父Kitten's Joy（エルプラド系）
2017	Decorated Knight	父Galileo（サドラーズウェルズ系）

中距離GⅠ路線組と凱旋門賞を睨む馬が対戦。近5年はガリレオ産駒3勝も現役時にマイル路線で活躍した種牡馬の産駒からも勝ち馬が出ている。ただ、中距離実績のないマイラーが勝てるレースではない。エクリプスSを制した馬や距離適性を考慮しての仏ダービー馬には注意。インターナショナルS敗退馬の巻き返しがある。

ムーランドロンシャン賞

仏／ロンシャン・芝1600M

2020	Persian King	父Kingman（グリーンデザート系）
2019	Circus Maximus	父Galileo（サドラーズウェルズ系）
2018	Recoletos	父Whipper（ミスタープロスペクター系）
2017	Ribchester	父Iffraaj（ゴーンウエスト系）

フランスのマイル路線を締めくくるレースだが、英、愛からの遠征馬も多数出走。ミスタープロスペクター系やグリーンデザート系のスピード型種牡馬の産駒の好走が目立つ。インヴィンシブルスピリットは勝ち馬2頭を輩出。今後は同父系キングマンの産駒に期待大。仏のマイルGⅠなら仏供用種牡馬、シユーニの産駒も侮れない。

ケンタッキー・ダービー

米／チャーチルダウンズ・ダ10F（20年は9月実施）

2021	Medina Spirit	父Protonico（ジャイアンツコーズウェイ系）
2020	Authentic	父Into Mischief（ストームキャット系）
2019	Country House	父Lookin at Lucky（スマートストライク系）
2018	Justify	父Scat Daddy（ヘネシー系）

近5年でストームキャット系は3勝。アンブライドルド系、エーピーインディ系といった底力自慢の父系に、ストームキャット系がスピードで優っているのが現状。21年勝ち馬は薬物失格の可能性があるも、2着もストームキャット系。9Fと10Fは日本の1800、2000以上に差があり、1800のステップ戦の結果だけを鵜呑みにしないこと。

ベルモントS

米／ベルモント・ダ12F（2020年はダ9F）

2021	Essential Quality	父Tapit（エーピーインディ系）
2020	Tiz the Law	父Constitution（エーピーインディ系）
2019	Sir Winston	父Awesome Again（デピュティミニスター系）
2018	Justify	父Scat Daddy（ヘネシー系）

前二冠以上に臨戦過程が重要。二冠を使っての出走か、K・ダービーから直行か、K・ダービーを見送ってプリークネスSから臨むのか、別路線からの挑戦かなど。近年、二冠馬以外、三冠を完走する馬はめっきり減った。血統からはタピットを代表とするエーピーインディ系。距離短縮の20年も勝ったのは祖父タピットの産駒。

ジャックルマロワ賞

仏／ドーヴィル・芝1600M

2020	Palace Pier	父Kingman（グリーンデザート系）
2019	Romanised	父Holy Roman Emperor（デインヒル系）
2018	Alpha Centauri	父Mastercraftsman（デインヒル系）
2017	Al Wukair	父Dream Ahead（ノウンファクト系）

98年にタイキシャトルが優勝したレースで知られる。20年はパレスピアが親子制覇を果たし、インヴィンシブルスピリット系は近10年で3勝とした。これを上回るのがデインヒル系の4勝だが、ダンジグ系に一纏めにすると都合7勝。仏GⅠながら英国ロイヤルアスコット開催の3歳マイルGⅠの勝ち馬は有力。勢いそのままに制する。

凱旋門賞

仏／ロンシャン（16、17年シャンティイ）芝2400M

2020	Sottsass	父Siyouni（ヌレイエフ系）
2019	Waldgeist	父Galileo（サドラーズウェルズ系）
2018	Enable	父Nathaniel（サドラーズウェルズ系）
2017	Enable	父Nathaniel（サドラーズウェルズ系）

ガリレオ系の5連覇を阻んだのがソットサス。結果的には愛チャンピオンS4着から狙い澄ましての勝利だった。母の父がガリレオなので、父系に限らずガリレオを持った馬は侮れない。ドイツ産でなくとも、ドイツ血統を内包している馬は穴に一考。後は地元の仏調教馬。良と重では極端に違う馬場になり、それぞれ馬場適性は重要。

プリークネスS

米／ピムリコ・ダ9.5F（20年は10月実施）

2021	Rombauer	父Twirling Candy（ファピアノ系）
2020	Swiss Skydiver	父Daredevil（ヘイロー系）
2019	War of Will	父War Front（ダンジグ系）
2018	Justify	父Scat Daddy（ヘネシー系）

血統以上に展開、脚質重視。ゴールまでの直線距離が約350Mと長いながら、コーナーがタイトとあって逃げ、先行勢は有利。それだけに先行争いが激化しやすく、下手に揉まれる内枠より中枠から外の方が競馬がしやすい。先行争いの後ろで控え、ゴール前ちょい差しの手は有効。K・ダービーを展開で泣いた馬の巻き返しに注意。

BCクラシック

米／持ち回り・ダ10F

2020	Authentic	父Into Mischief（ストームキャット系）
2019	Vino Rosso	父Curlin（スマートストライク系）
2018	Accelerate	父Lookin at Lucky（スマートストライク系）
2017	Gun Runner	父Candy Ride（ファピアノ系）

スマートストライク系、アンブライドルド系、異系マッチョウノ系に、20年の勝ち馬はストームキャット系。レコードでの決着で同父系に真骨頂のスピードが最大限に活きた。ケンタッキー・ダービー同様、選手権距離でも侮れない父系となった。エーピーインディ系からは勝ち馬が出ていない。夏を境に急上昇した馬に妙味あり。

海外馬券について

BCターフ

米／持ち回り・芝12F

2020	Tarnawa	父Shamardal（ジャイアンツコーズウェイ系）
2019	Bricks and Mortar	父Giant's Causeway（ジャイアンツコーズウェイ系）
2018	Enable	父Nathaniel（サドラーズウェルズ系）
2017	Talismanic	父Medaglia d'Oro（エルプラド系）

14年から18年はサドラーズウェルズ系の欧州勢が席巻したが、19年はジャイアンツコーズウェイ産駒の地元馬が制し、20年は同父系の欧州馬が優勝。芝でもストームキャット系が躍進している近年。12Fだけに欧州勢は、北米勢に比べて看板数で劣っていても勝負になる。北米勢は速い時計で決着するサンタアニタ競馬場が良い。

BCフィリー＆メアターフ

米／持ち回り・芝10F（開催競馬場で距離変更あり）

2020	Audarya	父Wootton Bassett（ゴーンウエスト系）
2019	Iridessa	父Ruler of the World（サドラーズウェルズ系）
2018	Sistercharlie	父Myboycharlie（デインヒル系）
2017	Wuheida	父Dubawi（ドバウィ系）

競馬場によって9〜11Fの範囲で距離を変更して実施。ウットンバセットやドバウィ系の中距離血統の他、サドラーズウェルズ系やデインヒル系から勝ち馬が出ているが、小回りの中距離レースだけに、展開重視。競馬場やペースによって先行有利か追い込みが決まるのか。最後方一気もある。近5年で欧州3歳馬は3勝。注意は必要。

ドバイシーマクラシック

UAE／メイダン・芝2410M（2020年は中止）

2021	Mishriff	父Make Believe（ドバウィ系）
2019	Old Persian	父Dubawi（ドバウィ系）
2018	Hawkbill	父Kitten's Joy（エルプラド系）
2017	Jack Hobbs	父Halling（シャーペンアップ系）

BCターフ同様に欧州勢、加えてこの距離において質量とも世界を凌駕する日本勢。A級馬を送り込めば勝ち負けは必至だ。血統的には欧州のサドラーズウェルズ系、ドバウィ系に、欧州、日本ともどものサンデーサイレンス系。休養明けも良いが、欧州勢はドバイにおける最終ステップ戦、ドバイシティオブゴールドの結果を重視。

ドバイゴールデンシャヒーン

UAE／メイダン・ダ1200M（2020年は中止）

2021	Zenden	父Fed Biz（ジャイアンツコーズウェイ系）
2019	X Y Jet	父Kantharos（ストームキャット系）
2018	Mind Your Biscuits	父Posse（デビューティミニスター系）
2017	Mind Your Biscuits	父Posse（デビューティミニスター系）

ワールドC同様にオールウェザーを除くと、北米調教馬が優勢。BCスプリントの成績を重視するのだが、勝ち馬が勝てるとは限らないのが難しい。本番を見据えて、1、2戦を軽く叩いて臨んでくる馬は注意。21年は今季3戦目のJRA発売最低人気馬ゼンデンが、ハイペース上等のストームキャット系らしく、レコードで逃げ切った。

BCマイル

米／持ち回り・芝8F

2020	Order of Australia	父Australia（サドラーズウェルズ系）
2019	Uni	父More Than Ready（ヘイロー系）
2018	Expert Eye	父Acclamation（トライマイベスト系）
2017	World Approval	父Northern Afleet（アフリート系）

創設初期のミエスク、90年代のルアー、2000年以降のゴルディコヴァにワイズダンと他のBCより連覇が多く、マイルの鬼姫、鬼太郎には逆らわない方が賢明。近走の勢いも重視。北米勢と欧州勢は互角の勝負だが、欧州勢にとって小回りをこなせるかだ。こればっかりは走ってみないとわからないので、馬券的な難しさはある。

ドバイワールドC

UAE／メイダン・ダ2000M（2020年は中止）

2021	Mystic Guide	父Ghostzapper（デビューティミニスター系）
2019	Thunder Snow	父Helmet（デインヒル系）
2018	Thunder Snow	父Helmet（デインヒル系）
2017	Arrogate	父Unbridled's Song（アンブライドルド系）

ナドアルシバ競馬場での開催を含めて、ダートでの北米勢は圧倒的に強い。A級馬が参戦したらほぼ勝ち負け。欧州勢ではゴドルフィン所有馬。先行有利なのか、差しが決まる馬場状態なのか、前哨戦を含めて要確認。父系はBCクラシック同様に多種多様ながら、ドバウィ産駒の2勝がある。ドバイ開催でのドバウィ系は2割増し。

ドバイターフ

UAE／メイダン・芝1800M（2020年は中止）

2021	Lord North	父Dubawi（ドバウィ系）
2019	アーモンドアイ	父ロードカナロア（キングカメハメハ系）
2018	Benbatl	父Dubawi（ドバウィ系）
2017	ヴィブロス	父ディープインパクト（サンデーサイレンス系）

ワンターンの左回りとくれば、シーマクラシック以上にSS系。加えてアーモンドアイのキングカメハメハ系。過去5回で日本馬は3勝。それ以前にもジャスタウェイが勝利し、日本のGⅠ級が勝ち負けするのは必然。対するは、ワールドCデー開催全てのレースで無視できないドバウィ系。地元ゴドルフィン勢の上がり馬は侮れない。

香港C

香港／シャティン・芝2000M

2020	ノームコア	父ハービンジャー（デインヒル系）
2019	ウインブライト	父ステイゴールド（サンデーサイレンス系）
2018	Glorius Forever	父Archipenko（キングマンボ系）
2017	Time Warp	父Archipenko（キングマンボ系）

近年は日本馬対香港馬の構図。香港馬は血統よりも実績重視で、3月の香港ダービーの上位馬が好走する傾向にある。また、前哨戦はあくまでも前哨戦。着順は気にしないこと。実力馬が人気を落とすようなら絶好の買い場だ。日本馬はそろそろキングカメハメハ系の出番か。ウインブライト、ノームコアとも中山2000での勝ち鞍あり。

香港マイル

香港／シャティン・芝1600M

2020	Golden Sixty	父Medaglia d'Or（エルプラド系）
2019	アドマイヤマーズ	父ダイワメジャー（サンデーサイレンス系）
2018	Beauty Generation	父Road to Rock（ノーザンダンサー系）
2017	Beauty Generation	父Road to Rock（ノーザンダンサー系）

2連覇のビューティジェネレーションや20年のゴールデンシックスティら弩弓マイラーが時として現れるが、日本のA級馬は勝負になる。ワンターンのマイル戦に、芝質はUAEメイダン競馬場と同じというのも日本馬向き。地元馬は香港Cと対照的に前哨戦ジョッキークラブマイルの好走馬は有力だが、その時の負担重量は要確認。

香港ヴァーズ

香港／シャティン・芝2400M

2020	Mogul	父Galileo（サドラーズウェルズ系）
2019	グローリーヴェイズ	父ディープインパクト（サンデーサイレンス系）
2018	Exultamt	父Teofilo（サドラーズウェルズ系）
2017	Highland Reel	父Galileo（サドラーズウェルズ系）

20年こそ日本馬の参戦はなかったが、予想の組み立ては日本勢と欧州勢の間に香港勢が割って入れるかだ。欧州勢は愛国オブライエン親子の管理馬。詰まった臨戦過程でも悪材料にならないのが強み。近5年でサドラーズウェルズ系3勝に日本馬2勝。2013以降、日本勢以外の勝ち馬は三代以内にデインヒルを持つ。フランケルの出番か。

チャンピオンズマイル

香港／シャティン・芝1600M

2021	Golden Sixty	父Medaglia d'Oro（エルプラド系）
2020	Southern Legend	父Not a Single Doubt（デインヒル系）
2019	Beauty Generation	父Road to Rock（ノーザンダンサー系）
2018	Beauty Generation	父Road to Rock（ノーザンダンサー系）

暮れの香港マイルとは同コース。ここも複数回の勝ち馬が多く、ビューティジェネレーションが2連覇。ゴールデンシックスティの連覇も堅そうだ。日本馬は16年のモーリス以降参戦なし。ヴィクトリアマイル、安田記念が迫っているので、A級馬の参戦は難しいか。少ないながらも欧州勢と南アフリカ勢はドバイからの転戦馬に妙味。

クイーンエリザベスS

豪／ランドウィック・芝2000M

2021	Addeybb	父Pivotal（ヌレイエフ系）
2020	Addeybb	父Pivotal（ヌレイエフ系）
2019	Winx	父Street Cry（マキアヴェリアン系）
2018	Winx	父Street Cry（マキアヴェリアン系）

ウインクスの3連覇に20、21年はアデイブが連覇。同一馬による独壇場だが、19年のクルーガー、20年のダノンプレミアムの日本馬がそれぞれ2着、3着だったことから、出走馬全体の質はわかろうというもの。日本のA級馬は黙って買い。良と道悪での極端な時計の違いがあり、馬場状態の巧拙による取捨選択が重要。アデイブは重の鬼。

香港スプリント

香港／シャティン・芝1200

2020	ダノンスマッシュ	父ロードカナロア（キングマンボ系）
2019	Beat the Clock	父Hinchinbrook（デインヒル系）
2018	Mr. Stunnig	父Exceed and Excel（デインヒル系）
2017	Mr. Stunnig	父Exceed and Excel（デインヒル系）

20年はダノンスマッシュが父ロードカナロアに続き日本馬として2頭目の勝利を挙げた。ただ、同馬が21年のチェアマンズスプリントプライズで敗戦を喫しているように、短距離での香港勢は質量とも一目置かざるを得ない。地元馬は前哨戦ジョッキークラブスプリントの結果とともに各馬の負担重量の差に注意。実績馬の復活はある。

クイーンエリザベス2世C

香港／シャティン・芝2000M

2021	ラヴズオンリーユー	父ディープインパクト（サンデーサイレンス系）
2020	Exultant	父Teofilo（サドラーズウェルズ系）
2019	ウインブライト	父ステイゴールド（サンデーサイレンス系）
2018	Pakistan Star	父Shamardal（ストームキャット系）

欧州勢の参戦は少なく、近年は地元勢と日本勢の争い。エイシンプレストンの1度目とウインブライトは中山記念を経由してのもので、同レースは重要なステップ戦。コース、距離とも香港Cと同じなので傾向に大差はない。香港馬に関しては同コース、同距離で行われる香港GC、香港ダービーの結果を重視。香港C以上に直結する。

チェアマンズスプリントプライズ

香港／シャティン・芝1200M

2021	Wellington	父All Too Hard（デインヒル系）
2020	Mr. Stunning	父Exceed and Excel（デインヒル系）
2019	Beat the Clock	父Hinchinbrook（デインヒル系）
2018	Ivictory	父Mossman（プリンスキロ系）

暮れの香港スプリント以上にデインヒル系が幅を利かせ、直父系の3連覇に、18年のアイヴィクトリーは母にデインヒルを持っている。アイヴィクトリーや21年のウェリントンなどハンデ戦を連勝の馬には注意だが、JRA発売でも過剰人気になるだけに、オッズとの相談か。16年に豪シャトークアが外国調教馬として初優勝した。

コックスプレート

豪／ムーニーバレー・芝2040M

2020	Sir Dragonet	父Camelot（サドラーズウェルズ系）
2019	リスグラシュー	父ハーツクライ（サンデーサイレンス系）
2018	Winx	父Street Cry（マキアヴェリアン系）
2017	Winx	父Street Cry（マキアヴェリアン系）

4連覇のウインクスは別格。14年が愛国調教馬、19年が日本馬、20年は欧州から移籍直後のサードラゴネットが優勝し、中距離は欧州、日本勢に一日の長あり。GⅠ級はもとより、GⅡ級でも勝負になるとみた。サドラーズウェルズ系にザビール系、ヌレイエフ系、加えてサンデーサイレンス系、キングカメハメハ系を有力血統とする。

アロゲート

ARROGATE

遅れてきた大器
日本実績の血統背景に大仕事の予感

2013年生　芦毛　アメリカ産　2020年死亡

アンブライドルズソング Unbridled's Song 芦 1993	アンブライドルド Unbridled	Fappiano
		Gana Facil
	トロリーソング Trolley Song	Caro
		Lucky Spell （4-m）
バブラー Bubbler 黒鹿 2006	ディストーテッドユーモア Distorted Humor	*フォーティナイナー
		Danzig's Beauty
	グレッチェル Grechelle	Deputy Minister
		Meadow Star （16-g）

Mr. Prospector 4×4、In Reality 5×5、Northern Dancer 5×5（母方）

現役時代

　北米、UAEで通算11戦7勝。主な勝ち鞍、BCクラシック（GⅠ・10F）、ドバイワールドC（GⅠ・2000M）、ペガサスワールドC（GⅠ・9F）、トラヴァーズS（GⅠ・10F）。

　デビューが遅く三冠は不出走だが、夏を境に急上昇。デビュー2戦目から3連勝で臨んだトラヴァーズSで重賞初制覇。しかも2着に13馬身半差をつけ、トラックレコードでの圧勝だった。ぶっつけでの出走となったBCクラシックはカリフォルニアクロームを半馬身交わしての優勝だった。4歳時も現役を続け、新設のペガサスワールドCを快勝。続くドバイワールドCは出遅れての後方追走からひとまくり。残り200Mで先頭に立ち、2着ガンランナーに2馬身1/4差をつけて優勝した。

　しかし勢いもここまで。北米帰国後は3戦未勝利。帰国後に5連勝のガンランナーとは明暗を分けた。

血統背景

　父アンブライドルズソング。産駒にダンカーク。
　母系は三代母メドウスターがBCジュヴェナイルフィリーズなどGⅠ6勝。母の父は同馬の項参照。

種牡馬成績

　21年新種牡馬。2020年6月体調不良のため急死。

産駒の特徴

　アメリカンファラオと同じアンブライドルド系に、母の父が日本で実績のあるフォーティナイナー系とくれば日本で重賞級の産駒を出せる血統の下地は十分。加えて配合牝馬の質も高いだろう。ダートのマイルから中距離で勝ち鞍を稼ぎ、この距離なら2歳戦から狙える。まず目指すところはヒヤシンスS、伏竜S、鳳雛SからユニコーンS、ジャパンダートダービー。アメリカンファラオ産駒も油断すると寝首を掻かれるぞ。

アンクルモー

UNCLE MO

カロ系の大将格
仕上がり早を武器に新馬注目

2008年生　鹿毛　アメリカ産

インディアンチャーリー Indian Charlie 鹿 1995	インエクセス In Excess	Siberian Express
		Kantado
	ソヴィエトソジャーン Soviet Sojourn	Leo Castelli
		Political Parfait （21-a）
プラヤマヤ Playa Maya 黒鹿 2000	アーチ Arch	Kris S.
		Aurora
	ディキシースリッパーズ Dixie Slippers	Dixieland Band
		Cyane's Slippers （8-c）

Northern Dancer 5×5・4

現役時代

　北米で通算8戦5勝。主な勝ち鞍、BCジュヴェナイル（GⅠ・8.5F）、シャンペンS（GⅠ・8F）、ケルソH（GⅡ・8F）。

　2歳時はGⅠ2勝を含め3戦3勝。BCジュヴェナイルは2番手から2着馬に4馬身1/4差をつけての快勝だった。3歳時は初戦のリステッドで4連勝とするも、ウッドメモリアルSで3着に敗れて初黒星。その後の三冠は体調不良により棒に振った。復帰戦のキングズビショップSGⅠは2着。続くケルソHを制したが、BCクラシックは10着に終わり、引退となった。

血統背景

　父インディアンチャーリー。産駒にインディンブラッシング（BCジュヴェナイルフィリーズGⅠ）、チャーリーブレイヴ（ヒヤシンスS）。
　母系は近いところに目立った活躍馬はいない。

種牡馬成績

　代表産駒／ナイキスト（同馬の項参照）、アウトワーク（ウッドメモリアルSGⅠ・9F）、セラン（UAEオークス3着）、アヴァンセ、レッチェバロック。

産駒の特徴

　北米におけるグレイソヴリン→カロ系の大将格的な種牡馬。産駒は2歳からエンジン全開。クラシックの前哨戦には何頭も駒を進めてくる。ただ、本番になると結果を出せない連続だったが、ようやくナイキストがケンタッキー・ダービー制覇を果たした。

　日本でも仕上がりの早いダートの短、中距離血統とする。新馬戦は高勝率なので、デビュー戦から狙い打ちだ。ただ、1200不振、1400好調、1600不振、1800好調と距離に関しては得手不得手の差が大きい。1番人気での信頼性は高いものの、成長力を見切っての消しの手に一考あり。芝は2、3歳時か下級条件とする。

イントゥミスチーフ　INTO MISCHIEF

早熟マイラー返上
北米首位のクラシック血統

2005年生　鹿毛　アメリカ産

ハーランズホリデイ Harlan's Holiday 鹿 1999	ハーラン Harlan	Storm Cat
		Country Romance
	クリスマスインエイケン Christmas in Aiken	Affirmed
		Dowager　　(4-m)
レスリーズレディ Leslie's Lady 鹿 1996	トリッキークリーク Tricky Creek	Clever Trick
		Battle Creek Girl
	クリスタルレディ Crystal Lady	Stop the Music
		One Last Bird (23-b)

Hail to Reason 5×4、Northern Dancer 5×5

現役時代

　北米で通算6戦3勝。主な勝ち鞍、キャッシュコールフュチュリティ（GI・8.5F）。

　2歳時は3戦2勝。シーズンを締めくくるキャッシュコールフュチュリティを2番手から抜けだし、重賞制覇を果たした。3歳時は初戦のサンヴィセンテSGII2着後に戦線離脱。秋に復帰し、リステッドを勝ち、続くマリブSGIは2着。この一戦を最後に現役を退いた。6戦3勝2着3回。全出走が西海岸のサンタアニタ競馬場とハリウッドパークのオールウェザーだった。

血統背景

　父ハーランズホリデー。産駒にシャンハイボビー（同馬の項参照）、アルビアーノ（スワンS）。

　母系は半妹弟にBCディスタフ2回など砂の鬼姫ビホルダー、BCジュヴェナイルターフのメンデルスゾーン。

種牡馬成績

　代表産駒／オーセンティック（ケンタッキー・ダービーGI・10F）、ガミーン（BCフィリー&メアスプリントGI・7F）、イモータルスモーク、ジゲン。

産駒の特徴

　19年、20年で北米首位種牡馬を獲得。20年はオーセンティックがケンタッキー・ダービーを制し、21年はマンダルーンが同レースで2着（1着馬の薬物検出により繰り上がり優勝の可能性あり）。当初は仕上がりの早いマイラーを出していたが、今やクラシック血統として、存在感のある種牡馬といえる。

　日本では21年6月末現在、14頭が出走し、13頭が勝ち馬となる、抜群の勝ち上がり率。ただ、3歳春、夏に未勝利を脱する産駒が目立つ。もっとも出世するような産駒は早い段階で勝ち上がるだろう。近走の着順より展開重視。前走大敗からの巻き返しが多い。揉まれない外枠、先手が取れる競馬などは買い材料。

ガリレオ　GALILEO

サドラーズウェルズ系の
保守本流

1998年　鹿毛　アイルランド産　2021年死亡

サドラーズウェルズ Sadler's Wells 鹿 1981	ノーザンダンサー Northern Dancer	Nearctic
		Natalma
	フェアリーブリッジ Fairy Bridge	Bold Reason
		Special　　(5-h)
アーバンシー Urban Sea 栗 1989	ミスワキ Miswaki	Mr. Prospector
		Hopespringseternal
	アレグレッタ Allegretta	Lombard
		Anatevka　　(9-h)

Native Dancer 4×5

現役時代

　アイルランド、イギリス、北米で通算8戦6勝。主な勝ち鞍、英ダービー（GI・12F）、愛ダービー（GI・12F）、キングジョージ6世&クインエリザベスS（GI・12F）など重賞4勝。

　英ダービーは3馬身半差、愛ダービーは4馬身差、"キングジョージ"は2馬身差と、全て先行抜け出しての優勝だった。しかし、勢いはここまで。"キングジョージ"の再戦となった愛チャンピオンSGIはアタマ差2着。BCクラシックGIは6着。

血統背景

　父サドラーズウェルズ。

　母アーバンシーは凱旋門賞GIなど重賞4勝。半弟にシーザスターズ（同馬の項参照）、近親にキングズベスト（同馬の項参照）。

種牡馬成績

　代表産駒／フランケル（同馬の項参照）、ナサニエル（同馬の項参照）、オーストラリア（同馬の項参照）、ラヴ（英オークスGI・12F）。左前肢負傷の慢性化に伴う衰弱により、21年7月10日死亡。同日の10日、ベルモントダービー招待Sをボリショイバレーが制し、産駒として92頭目のGI勝ち馬となった。

産駒の特徴

　20年シーズンも英・愛首位種牡馬の座に就き、これで11年連続通算12度目。父サドラーズウェルズの持つ史上最多タイまであと2回。欧州選手権距離では圧倒的な強さを誇り、他の追随を許さない。今や最大の敵は後継種牡馬のフランケルか。クラシックを頂点とする産駒がいる一方、クラシック一息でもその後に長く活躍する産駒もいる。母の父としても底力を伝え、21年の英、愛オークスを圧勝したスノーフォール、仏二冠馬セントマークスバシリカを送り出している。

海外の種牡馬

ガンランナー

GUN RUNNER

GI5連勝の底力
成長力あるホームランバッター

2013年生　栗毛　アメリカ産

キャンディライド Candy Ride 鹿　1999	ライドザレイルズ Ride the Rails	Cryptoclearance
		Herbalesian
	キャンディガール Candy Girl	Candy Stripes
		City Girl　（13-c）
クワイエットジャイアント Quiet Giant 鹿　2007	ジャイアンツコーズウェイ Giant's Causeway	Storm Cat
		Mariah's Storm
	クワイエットダンス Quiet Dance	Quiet American
		Misty Dancer　（17-b）

Fappiano 4×4、Blushing Groom 4×5、Lyphard 5×4、
Northern Dancer 5×5（母方）

現役時代

　北米、UAEで通算19戦12勝。主な勝ち鞍、BCクラシック（GI・10F）、ペガサスワールドC（GI・9F）、ホイットニーS（GI・9F）、ウッドワードS（GI・9F）、スティーヴンフォスターH（GI・9F）、クラークH（GI・9F）、他重賞4勝。

　ルイジアナ地区のGIIステップ戦リズンスターSとルイジアナ・ダービーを連勝するもケンタッキー・ダービーはナイキストの3着だった。夏のトラヴァーズSがアロゲートの3着。BCダートマイル2着とGIでは好走するも勝ち切れなかったが、シーズン終盤のクラークHでGI初制覇すると、4歳になって完全本格化。ドバイワールドCこそアロゲートの引き立て役2着だったが、帰国後にGI5連勝。BCクラシックは後方で伸びを欠くアロゲートを尻目に逃げ切り勝ちを収めた。アロゲートは5着。翌年1月のペガサスワールドCを花道に現役を退いた。

血統背景

　父キャンディライドは同馬の項参照。

　母クワイエットジャイアントは北米GII勝ち馬。近親にセイントリアム（BCクラシックGI）、ファンタスティック（ユナイテッドネーションズSGI）など。母の父ジャイアンツコーズウェイは同馬の項参照。

種牡馬成績

　代表産駒／21年新種牡馬。グランアプロウソ。

産駒の特徴

　グランアプロウソによる札幌芝1200の新馬勝ちを米競馬メディアが報じるなど、米競馬界のガンランナーへの期待の大きさがわかる。父同様に打率を稼ぐより、本塁打狙いの種牡馬とする。2歳から走り、なおかつ成長力も備えているだろう。グランアプロウソはともかく、主戦場はダートのマイル、中距離とする。

キトゥンズジョイ

KITTEN'S JOY

産駒が芝GIで大活躍
北米首位種牡馬となったサドラー系

2001年生　栗毛　アメリカ産

エルプラド El Prado 芦　1989	サドラーズウェルズ Sadler's Wells	Northern Dancer
		Fairy Bridge
	レディーキャプレット Lady Capulet	Sir Ivor
		Cap and Bells　（1-l）
キトゥンズファースト Kitten's First 鹿　1991	リアファン Lear Fan	Roberto
		Wac
	ザッツマイホン That's My Hon	L'Enjoleur
		One Lane　（2-d）

Northern Dancer 3×5、Tom Fool 4×5、Hail to Reason 5×4、
Turn-to 5×5

現役時代

　北米で通算14戦9勝。主な勝ち鞍、ターフクラシック招待S（GI・12F）など重賞7勝。

　デビュー3戦目から芝路線に転向すると一気に素質開花。セクレタリアトS、ターフクラシック招待SのGIを連勝。他にBCターフGI、アーリントンミリオンGIの各2着などがある。芝は12戦9勝2着3回。堅い馬場も柔らかい馬場もこなした。

血統背景

　父エルプラド。産駒にメダーリアドロ。

　母系は半妹にプレシャスキトゥン（ゲイムリーSGI）、近親にドリーミングオブアンナ（BCジュヴェナイルフィリーズGI）。

種牡馬成績

　代表産駒／ロアリングライオン（エクリプスSGI・10F）、ホークビル（ドバイシーマクラシックGI・2410M）、カメコ（英2000ギニーGI・8F）、ダッシングブレイズ（エプソムC）、ジャンダルム（デイリー杯2歳S）、フィールシュパース。

産駒の特徴

　重賞勝ち馬の大半が芝という徹底ぶり。ダート中心の北米ながら種牡馬ランキング上位の常連。カメコによる産駒として初の欧州クラシック制覇やホークビルのドバイシーマクラシックなど、勢力図は北米以外にも広げている。ターフ、フィリー＆メアターフ、マイルのブリーダーズCはいうに及ばず、欧州やUAEの各レースと、海外馬券発売の際には検討に値する重要種牡馬だ。距離への柔軟性、スピード競馬への対応力等、欧州サドラーズウェルズ系とは違った面を見せ、日本競馬への適応性も高い。使われつつ成長し、本格化は3歳以降。高齢になっても力の衰えは少ない。基本は中距離とし、マイルから2400までを守備範囲とする。

キャメロット

CAMELOT

初年度から愛ダービー馬を出した
モンジューの後継

2009年生　鹿毛　イギリス産

モンジュー Montjeu 鹿　1996	サドラーズウェルズ Sadler's Wells	Northern Dancer
		Fairy Bridge
	フロリペーデ Floripedes	Top Ville
		Toute Cy　(1-u)
ターファ Tarfah 鹿　2001	キングマンボ Kingmambo	Mr. Prospector
		Miesque
	フィクル Fickle	*デインヒル
		Fade　(4-o)

Northern Dancer 3×5·5、Special 4×5、Native Dancer 5×5

現役時代

　アイルランド、イギリス、フランスで通算10戦6勝。主な勝ち鞍、英2000ギニー（GⅠ・8F）、英ダービー（GⅠ・12F）、愛ダービー（GⅠ・12F）などGⅠ3勝。英セントレジャー（GⅠ・14.5F）2着。

　当初から三冠制覇を嘱望され、期待に違わず、英2000ギニー、英ダービーとも追い込み勝ちを決め、返す刀で愛ダービーも制覇。ニジンスキー以来の三冠が懸かったセントレジャーはスローペースに加え、後方の内で行き場を失う苦しい展開。そこから追い上げたものの3／4差の2着に敗れるとともに、初黒星を喫した。凱旋門賞GⅠ7着。4歳時はGⅢ1勝に終わった。

血統背景

　父モンジュー。エルコンドルパサーを破った凱旋門賞などGⅠ6勝。4頭の英ダービー馬を輩出した。

　母ターファは英GⅢ勝ち馬。母の父キングマンボの産駒にエルコンドルパサー、キングカメハメハ。

種牡馬成績

　代表産駒／ラトローブ（愛ダービーGⅠ・12F）、サードラゴネット（コックスプレートGⅠ・2040M）、ラシアンキャメロット（サウスオーストラリアン・ダービーGⅠ・2500M）。

産駒の特徴

　初年度から愛ダービー馬を送り出し、その後も愛オークス馬やオーストラリアでGⅠ勝ち馬を輩出している。選手権距離に強く、ガリレオ系ほど派手ではないが、そこはモンジュー×キングマンボの男前配合。要所要所で存在感をみせている。日本より海外馬券発売時の種牡馬というのはガリレオ系（フランケルを除く）と同じ。日本でいう格下だと軽くみられていても悔らないことだ。レーシングポストWEB版のデータによると重馬場での勝率が良い。参考までに。

キャンディライド

CANDY RIDE

アルゼンチン産のファピアノ系
底力溢れる配合で大物輩出

1999年生　鹿毛　アルゼンチン産

ライドザレイルズ Ride the Rails 黒鹿　1991	クリプトクリアランス Cryptoclearance	Fappiano
		Naval Orange
	ハーバルシアン Herbalesian	Herbager
		Alanesian　(4-m)
キャンディガール Candy Girl 栗　1990	キャンディストライプス Candy Stripes	Blushing Groom
		バブルカンパニー
	シティガール City Girl	Farnesio
		Cithara　(13-c)

Alablue 5·4(父方)

現役時代

　アルゼンチン、北米で通算6戦6勝。主な勝ち鞍、ホアキンSデアンチョレナ大賞（GⅠ・1600M）、サンイシドロ大賞（GⅠ・1600M）、パシフィッククラシック（GⅠ・10F）、アメリカンH（GⅡ・9F）。

　3歳時はアルゼンチンで走り、マイルGⅠ2勝を含め3戦3勝。北米移籍後も連勝記録を伸ばし、芝のアメリカンHを勝利し、真夏の重要ダート戦パシフィッククラシックでは1分59秒11のレコードで制した。

血統背景

　父ライドザレイルズ。産駒にグッドレポート（ラテンアメリカ大賞GⅠ）。

　母系近親にシティウエスト（亜2000ギニーGⅠ）。母の父キャンディストライプスは天皇賞馬バブルガムフェローの半兄。産駒にインヴァソール（BCクラシックGⅠ）。ペルーサ（青葉賞）の母の父。

種牡馬成績

　代表産駒／ガンランナー（同馬の項参照）、ゲームウイナー（BCジュヴェナイルGⅠ・8.5F）、シェアードビリーフ（サンタアニタHGⅠ・10F）、ヴェコマ（メトロポリタンHGⅠ・8F）、スイ。

産駒の特徴

　異系血統が濃く、底力のあるリボー、エルバジェも内包。同じファピアノの流れを汲むアンブライドルド系のように枝葉を伸ばしている父系の出身ではないが、その産駒はガンライナーの例を出すまでもなく、大レースでは油断が出来ない。芝のGⅠ勝ち馬もいるが、三冠に加え、BCならターフよりダートのクラシック。2歳から走り、古馬になってさらに成長する産駒もいる。21年6月末現在、JRAでは10頭が出走、勝ち上がったのがスイの1頭。日本での活躍云々より海外馬券発売の際の有力種牡馬ということか。それも良し。

海外の種牡馬

キングマン

KINGMAN

母系の底力魅力のマイラー
すでに日本でもブレイクの兆し

2011年生 鹿毛 イギリス産

インヴィンシブルスピリット Invincible Spirit 鹿 1997	グリーンデザート Green Desert	Danzig
		Foreign Courier
	ラファ Rafha	Kris
		Eljazzi (7-a)
ゼンダ Zenda 鹿 1999	ザミンダー Zamindar	Gone West
		Zaizafon
	ホープ Hope	*ダンシングブレーヴ
		Bahamian (19)

Northern Dancer 4×5·5、Never Bend 5×5

現役時代

　イギリス、アイルランド、フランスで通算8戦7勝。主な勝ち鞍、愛2000ギニー（GI・8F）、セントジェームズパレスS（GI・8F）、サセックスS（GI・8F）、ジャックルマロワ賞（GI・1600M）など。

　2歳7月のデビューから臨んだ英2000ギニーこそナイトサンダーの2着に敗れたが、以降はマイルGI4連勝。愛2000ギニーを5馬身差で圧勝し、セントジェームズパレスSではナイトオブサンダーを差し切り、古馬との対戦サセックスS、続くジャックルマロワ賞とも後方からの追い込みを決めて優勝した。この後はクイーンエリザベス2世SやBCマイルを目標としていたが、ノドの感染症のため現役引退となった。

血統背景

　父インヴィンシブルスピリットは同馬の項参照。

　母ゼンダは仏1000ギニー馬。近親にオアシスドリーム（同馬の項参照）など重賞勝ち馬多数。母の父ザミンダーの産駒にザルカヴァ（凱旋門賞GI）。

種牡馬成績

　代表産駒／シュネルマイスター（NHKマイルC）、ペルシンアンキング（仏2000ギニーGI・1600M）、パレスピア（クインアンSGI・8F）、エリザベスタワー（チューリップ賞）。

産駒の特徴

　日本でもちょいとしたキングマン旋風が巻き起こった21年前半の競馬。父系の仕上がりの早さと、母系に入るダンシングブレーヴとミルリーフの底力は、洋の東西を問わずに産駒に伝えている。マイルを軸としながら距離への対応力も備えている。シャーペンアップ系のクロスとは相性が良く、シュネルマイスター、エリザベスタワーに欧州のペルシンアンキングらがそう。エネイブルの初年度の交配種牡馬に指名された。

ゴールデンホーン

GOLDEN HORN

シーザスターズに続く
ケープクロス産駒の雄

2012年生 鹿毛 イギリス産

ケープクロス Cape Cross 黒鹿 1994	グリーンデザート Green Desert	Danzig
		Green Desert
	パークアピール Park Appeal	Ahonoora
		Balidaress (14-c)
フレッチェドロ Fleche D'Or 鹿 2006	ドバイデスティネーション Dubai Destination	Kingmambo
		Mysterial
	ヌリアナ Nuryana	Nureyev
		Loralane (9-c)

Nureyev 5·3、Northern Dancer 4×4、Lorenzaccio 4×5、
Sir Gaylord 5×5

現役時代

　イギリス、アイルランド、フランス、北米で通算9戦7勝。主な勝ち鞍、英ダービー（GI・12F）、凱旋門賞（GI・2400M）、エクリプスS（GI・10F）、愛チャンピオンS（GI・10F）、他GII1勝。

　2歳10月のデビュー戦からエクリプスSまで5連勝。柔らかな馬場を嫌って"キングジョージ"を回避して臨んだインターナショナルS2着で初黒星を喫したものの愛チャンピオンSで復権。凱旋門賞は鞍上デットーリの職人技が炸裂。馬群から離れた外目追走から徐々に進路を内側に寄せて2番手の好位置を確保すると直線で先頭に立ち、そのまま押し切った。この後、北米に遠征。BCターフ2着で現役を終えた。

血統背景

　父ケープクロス。産駒にシーザスターズ、ベーカバド。

　母系近親にレベッカシャープ（コロネーションSGI）。母の父ドバイデスティネーションはポストポンド（"キングジョージ"GI）の母の父。

種牡馬成績

　代表産駒／ウエストエンドガール（スウィートソレラSGIII・7F）、ターキッシュパレス。

産駒の特徴

　シーザスターズを踏襲する競走成績。違うのはマイルGIの勝ち鞍がないこと。サドラーズウェルズを持たないので、ガリレオ系を初めとするサドラーズウェルズ系牝馬との交配が可能なのだが、今やサドラーズウェルズの強いクロスは当たり前の時代。大きな強味にはならないか。19年に初年度産駒がデビュー。GIII勝ち程度でお茶を濁しているのが現状だが、選手権距離でこそだ。古馬になって急成長する産駒も期待する。日本では道悪得意のターキッシュパレスなどスタミナを活かせる芝、もしくはダートで出番。

シーザスターズ SEA THE STARS

強烈な末脚で
8、10、12FのGIを制覇

2006年生　鹿毛　アイルランド産

ケープクロス Cape Cross 黒鹿 1994	グリーンデザート Green Desert	Danzig
		Foreign Courier
	パークアピール Park Appeal	Ahonoora
		Balidaress （14-c）
アーバンシー Urban Sea 栗 1989	ミスワキ Miswaki	Mr. Prospector
		Hopespringseternal
	アレグレッタ Allegretta	Lombard
		Anatevka （9-h）

現役時代

　アイルランド、イギリス、フランスで通算9戦8勝。主な勝ち鞍、英二冠、凱旋門賞（GI・2400M）。

　デビュー戦こそ4着に敗れたが、その後は引退まで無敗を誇った。距離不安視されたこともあって2番人気に甘んじた英ダービーは好位追走からゴール前で抜け出す完勝。その後、中距離GIを3連勝。凱旋門賞は最内中団追走から直線を向くと、馬群が開く一瞬を見逃さず、鋭く突き抜けて優勝した。レース後に解説者が語ったように、"アンビリーバブル"な末脚だった。英二冠馬の凱旋門賞制覇は初。

血統背景

　父ケープクロス。産駒にゴールデンホーン。

　母アーバンシーは凱旋門賞馬。半兄にガリレオ（同馬の項参照）、近親にキングズベスト（同馬の項参照）の母系は、名馬、名種牡馬の宝庫。

種牡馬成績

　代表産駒／ハーザンド（英ダービーGI・12F）、タグルーダ（"キングジョージ"GI・12F）、ストラディヴァリウス（アスコットGCGI・20F3回）、シーザムーン（同馬の項参照）。

産駒の特徴

　同父系のデインヒル系とは違い、満遍なく走るわけではなく、大レースになってこそ凄みを発揮する。ガリレオ産駒同様に選手権距離に強く、英ダービー、"キングジョージ"、凱旋門賞では大金を張れる。長距離適性も高いが、メルボルンCが海外馬券発売対象レースから外されたのは至極残念。日本ではこれまたガリレオ同様に勝ち味が遅く、しかも産駒の勝ち上がり率は低い。良血にあおられて安易に手を出すのは禁物。本格化――すればだが――を見極めてからでも遅くない。日本よりも海外馬券の発売の際に勝負する方が賢明。

シャマーダル SHAMARDAL

産駒が香港競馬で活躍
仏2000ギニー、ダービー二冠馬

2002年生　鹿毛　アメリカ産　2020年死亡

ジャイアンツコーズウェイ Giant's Causeway 栗 1997	ストームキャット Storm Cat	Storm Bird
		Terlingua
	マライアズストーム Mariah's Storm	Rahy
		＊イメンス （11）
ヘルシンキ Helsinki 黒鹿 1993	マキアヴェリアン Machiavellian	Mr. Prospector
		Coup de Folie
	ヘレンストリート Helen Street	Troy
		Waterway （1-l）

Halo 5×4、Natalma 5×5、Hail to Reason 5×5

現役時代

　イギリス、UAE、フランスで通算7戦6勝。主な勝ち鞍、仏2000ギニー（GI・1600M）、仏ダービー（GI・2100M）などGI4勝、他GII1勝。

　3歳初戦のUAEダービーこそダートに手こずり9着大敗も芝では無敗。仏2000ギニー、この年から2100Mに短縮された仏ダービーとも逃げ切って二冠を達成した。マイルに戻ってのセントジェームズパレスSGIも逃げ切って優勝。次走に中距離GIエクリプスSの出走予定だったが、レース前日に左前脚を骨折。一年にも満たない競走生活を終えた。

血統背景

　父ジャイアンツコーズウェイは同馬の項参照。

　母ヘルシンキはストリートクライ（ドバイワールドCGI）の全妹。祖母ヘレンストリートは愛オークス馬。一族にネオユニヴァース。母の父マキアヴェリアンはヴィクトワールピサの母の父でもある。

種牡馬成績

　代表産駒／ロペデヴェガ（仏ダービーGI・2100M）、エーブルフレンド（香港マイルGI・1600M）、パキスタンスター（クイーンエリザベス2世CGI・2000M）、ライトオンキュー（京阪杯）、トリプルエース（小倉2歳S2着）。

産駒の特徴

　日本では香港競馬でおなじみの種牡馬。父以上に広範囲にわたってGI馬を輩出し、産駒の距離適性も広く、海外馬券での産駒の取捨選択に悩まされる。2歳から走り、しぶとく高齢まで活躍する。さすがに長距離は向かないだろうが、産駒の距離適性は個々に判断するしかない。日本でもクラスはともかく、短距離から中距離まで満遍なく勝ち鞍がある。ダートは全くの不振。20年4月、健康状態の悪化により死去。

海外の種牡馬

シユーニ

SIYOUNI

仏クラシック馬を続々と送り出す
ヌレイエフ系の雄

2007年生 鹿毛 フランス産

ピヴォタル Pivotal 栗 1993	ポーラーファルコン Polar Falcon	Nureyev
		Marie d'Argonne
	フィアレスリヴァイヴァル Fearless Revival	Cozzene
		Stufida (7)
シチラ Sichilla 鹿 2002	*デインヒル Danehill	Danzig
		Razyana
	スリップストリームクイーン Slipstream Queen	Conquistador Cielo
		Country Queen (12-b)

Northern Dancer 4×4、Nearctic 5×5·5、Natalma 5×5·5

現役時代

フランスで通算12戦4勝。主な勝ち鞍、ジャンリュックラガルデール賞（GⅠ・1400M）。

2歳時は6戦4勝。2歳チャンピオン決定戦のジャンリュックラガルデール賞を制し、クラシックの有力馬に浮上。しかし、本命に支持された仏2000ギニーGⅠは後方から伸びず、ロペデヴェガの9着。その後はジャンプラ賞GⅠ2着、ムーランドロンシャン賞GⅠ3着と健闘するものの、3歳時は未勝利に終わった。

血統背景

父ピヴォタルは同馬の項参照。

母系は半妹にシユーマ（サンチャリオットSなどGⅠ2勝）。その仔にブレステイキング（プリンシパルS2着）。近親にスリックリー（パリ大賞GⅠ）。

種牡馬成績

代表産駒／ソットサス（凱旋門賞GⅠ・2400M）、セントマークスバシリカ（仏二冠）、ローレンス（仏オークスGⅠ・2100M）、エルヴェディヤ（仏1000ギニーGⅠ・1600M）、ドリームアンドドゥ（仏1000ギニーGⅠ・1600M）。

産駒の特徴

毎シーズンのようにクラシック馬を出すも他の大レースは逃していたが、20年の凱旋門賞をソットサスが制覇。同年の仏種牡馬成績では、仏供用種牡馬として04年リナミックス以来の首位となった。21年はセントマークスバシリカという大物候補を送り出している。マイルから選手権距離の幅広い距離で重賞勝ち馬を出し、産駒はギニーで勝負出来る仕上がりの早さと古馬になっての成長力を備える。もっとも一点豪華主義的な傾向はあるが。日本では短距離の下級条件で勝ち負けしている程度。本格的欧州血統の産駒にありがちな速い脚を使えないのが難点。

*ストリートセンス

STREET SENSE

ジンクスを破りBCジュヴェナイル＆
ケンタッキー・ダービーを制覇

2004年生 鹿毛 アメリカ産 2014年輸出

ストリートクライ Street Cry 黒鹿 1998	マキアヴェリアン Machiavellian	Mr. Prospector
		Coup de Folie
	ヘレンストリート Helen Street	Troy
		Waterway (1-l)
ビダズル Bedazzle 鹿 1997	ディキシーランドバンド Dixieland Band	Northern Dancer
		Mississippi Mud
	マジェスティックレジェンド Majestic Legend	His Majesty
		Long Legend (22-b)

Natalma 5×4、Native Dancer 5×5

現役時代

北米で通算13戦6勝。主な勝ち鞍、ケンタッキー・ダービー（GⅠ・10F）、BCジュヴェナイル（GⅠ・8.5F）、トラヴァーズS（GⅠ・10F）など。

BCジュヴェナイルとケンタッキー・ダービーの両レースを制する史上初の快挙を達成。舞台はともにチャーチルダウンズ競馬場で、内目の後方に控える競馬から直線抜け出す戦法も同じだった。プリークネスSGⅠはカーリンの2着。その後はジムダンディS、トラヴァーズSを制し、ケンタッキーCクラシックGⅡが2着。本命で臨んだBCクラシックGⅠはカーリンの4着に終わり、そのまま引退となった。

血統背景

父ストリートクライ。産駒にウインクス（連勝女王）、ゼニヤッタ（BCクラシックGⅠ）の女傑。

母系は近親にミスターグリーリー（種牡馬）、一族にデインヒルダンサー（種牡馬）。

種牡馬成績

代表産駒／ファッショニスタ（スパーキングレディーC）、フリートストリート（エルムS）、サヴィ（サマーチャンピオン）、マッキンジー（ホイットニーHGⅠ）。

産駒の特徴

日本では13年1シーズン供用。21年7歳がその世代となる。ダ1400型とダ1800型に分かれるが、安定感、単勝回収率の高さからいえば前者に分がある。特に阪神、京都の各ダ1400での信頼性は抜群。案外なのは東京のダ1400、ダ1600。ここはアンブライドルド系、エーピーインディ系の持ち場ということか。間隔を空けた時や叩き2戦目の勝ち上がり率が良い反面、使い込むと成績を落とす。芝はローカルの短距離。ファッショニスタとサヴィが交流重賞制覇。帰国後の産駒からGⅠ馬を輩出。北米産の2歳馬が何頭か輸入されている。

タピット

TAPIT

毎年活躍馬を多数送り出す
14〜16年の北米首位種牡馬

2001年生　芦毛　アメリカ産

プルピット Pulpit 鹿　1994	エーピーインディ A.P. Indy	Seattle Slew
		Weekend Surprise
	プリーチ Preach	Mr. Prospector
		Narrate　　(2-f)
タップユアヒールズ Tap Your Heels 芦　1996	アンブライドルド Unbridled	Fappiano
		Gana Facil
	ルビースリッパーズ Ruby Slippers	Nijinsky
		Moon Glitter　(3-o)

Mr. Prospector 3×4、Nijinsky 5×3、In Reality 5×4（母方）

現役時代

　北米で通算6戦3勝。主な勝ち鞍、ウッドメモリアルS（GⅠ・9F）、他GⅢ1勝。

　2歳時にローレルフューチュリティGⅢを制し、3歳時はクラシック路線に向かい、フロリダ・ダービーGⅠ6着も、ウッドメモリアルSを中団からの追い込みを決めて優勝。ケンタッキー・ダービーGⅠは先行有利な不良馬場とあって末脚不発。スマーティージョーンズの9着に終わった。残りの二冠は回避。復帰戦のペンシルヴァニア・ダービーGⅡ9着後に引退。

血統背景

　父プルピット。産駒にパイロ（同馬の項参照）。

　母系は一族にサマーバード（同馬の項参照）。母の父アンブライドルドの産駒にエンパイアメーカー（同馬の項参照）。エーピーインディ系とアンブライドルド系の配合から重賞勝ち馬多数。

種牡馬成績

　代表産駒／テスタマッタ（フェブラリーS）、ラニ（UAEダービーGⅡ・1900M）、ラビットラン（ローズS）、ゴールデンバローズ（ヒヤシンスS）。

産駒の特徴

　東京ダ1600を得意とし、データ集計期間の成績は【12-4-2-20】、勝率32％、連対率42％。昇級初戦での勝ち鞍も多い。2歳後半から3歳春にかけて勝ち鞍を量産し、エーピーインディ系よろしく夏のローカルで未勝利を脱する産駒も多い。加えて古馬になってもしぶとく走る。前走の着順が信頼できるか、展開に左右されるのかと、産駒の特徴が極端に分かれるだけに、そこの見極めは肝要。芝は、ラビットランは例外とし、2勝クラスが壁。21年のベルモントSをエッセンシャルクオリティが制し、これで産駒は同レース5勝。いうまでもないけれど、ベルモントS発売の際には注意だ。

*デクラレーションオブウォー

DECLARATION OF WAR

19年より日本で供用
欧米で大成功ウォーフロントの後継

2009年生　鹿毛　アメリカ産

ウォーフロント War Front 鹿　2002	ダンジグ Danzig	Northern Dancer
		Pas de Nom
	スターリードリーマー Starry Dreamer	Rubiano
		Lara's Star　(4-r)
テンポウエスト Tempo West 栗　1999	ラーイ Rahy	Blushing Groom
		Glorious Song
	テンポ Tempo	Gone West
		Terpsichorist (13-b)

Northern Dancer 3×5、Mr. Prospector 5×4、Nijinsky 5×4

現役時代

　フランス、アイルランド、イギリス、北米で通算13戦7勝。主な勝ち鞍、クイーンアンS（GⅠ・8F）、インターナショナルS（10.5F）など重賞3勝。

　3歳秋にオールウェザーのGⅢダイヤモンドSで重賞初制覇。4歳時はマイル、中距離のGⅠ路線に進出。クイーンアンSで追い込みを決め、続くGⅠ3戦こそエクリプスS2着など連敗を喫したが、インターナショナルSは先行策から抜け出して優勝した。この後は米国のBCクラシックGⅠに出走。勝ったムーチョマッチョマンからハナ、アタマ差の3着惜敗だった。

血統背景

　父ウォーフロントは同馬の項参照。

　母系は全弟にウォーコレスポンデント（北米GⅢ2勝）、母の半弟にユニオングラス（ベルモントSGⅠ）。母の父ラーイの産駒にファンタスティックライト（BCターフGⅠ。ジャパンC3着）。

種牡馬成績

　代表産駒／ヴァウアンドディクレア（メルボルンCGⅠ・3200M）、オルメド（仏2000ギニーGⅠ・1600M）、デュードヴァン（ユニコーンS2着）。

産駒の特徴

　仏2000ギニー馬はともかく、メルボルンCの勝ち馬を出したのは驚き。米国でも供用されたが、活躍馬の大半は芝馬。これは父ウォーフロントと似る。かといってウォーフロントがプリークネスS馬を出したように、ダートが不得手ということはないはず。むしろ日本ではダートの方が目立つ。仕上がり早く、2歳から走り、現状は短距離、マイルで勝ち鞍を稼いでいる。デュードヴァンは東京ダ1600で結果を出している。同コースでアンブライドルド系、エーピーインディ系を脅かす種牡馬となるかに注目。19年から日本で供用。

ドバウィ

DUBAWI

ドバイミレニアムの貴重な後継
世界中で産駒が大活躍

2002年生　鹿毛　アイルランド産

ドバイミレニアム Dubai Millennium 鹿　1996	シーキングザゴールド Seeking the Gold	Mr. Prospector
		Con Game
	コロラドダンサー Colorado Dancer	Shareef Dancer
		Fall Aspen　(4-m)
ゾマラダー Zomaradah 鹿　1995	ディプロイ Deploy	Shirley Heights
		Slightly Dangerous
	ジャワハー Jawaher	*ダンシングブレーヴ
		High Tern　(9-e)

Raise a Native 4×5、Northern Dancer 4×5

現役時代

　イギリス、アイルランド、フランスで通算8戦5勝。主な勝ち鞍、愛2000ギニー（GI・芝8F）、ジャックルマロワ賞（GI・芝1600M）などGI3勝。

　2歳時はナショナルSGIを含め3戦3勝。英2000ギニーこそ3歳初戦とあって5着に敗れたが、愛2000ギニーは好位から抜け出して優勝した。英ダービーGI3着。マイルに戻ってのジャックルマロワ賞を勝ち、クイーンエリザベス2世SGIは2着。

血統背景

　父ドバイミレニアムはドバイワールドCなどGI4勝。一世代の産駒を残しただけで急逝、本馬が唯一のGI勝ち馬。

　母ゾマラダーが伊オークスGI馬。近親にハイライズ（英ダービーGI。ジャパンC3着）。

種牡馬成績

　代表産駒／ポストポンド（"キングジョージ"GI・12F）、ガイヤース（エクリプスSGI・10F）。モンテロッソ、マクフィは同馬の項を参照。

産駒の特徴

　産駒の活躍は欧州だけに留まらず、北米、UAE、香港、オセアニアと、また距離も問わずにGI勝ち馬を輩出。特にドバイ開催に強く、ワールドCの他にも勝ち馬を送り込んでいる。また、ミルリーフ系のクロスを持つ産駒の活躍が多し。シングスピール牝馬とは黄金配合。海外馬券発売ではどの地域においても重視すべき種牡馬だ。翻って日本では芝、ダートとも短距離に勝ち鞍が集中。得意コースは中山ダ1200、東京芝1400、函館芝1200。欧米の実績から日本でも中距離の重賞級を出せる潜在能力を持っていることを踏まえつつ、現状は短距離戦で買うのが賢明。大敗からの大駆けが少ない一方、前走2着馬の勝率は50%超え。

ナイキスト

NYQUIST

デビューから8連勝で
ケンタッキー・ダービーを制覇

2013年生　鹿毛　アメリカ産

アンクルモー Uncle Mo 鹿　2008	インディアンチャーリー Indian Charlie	In Excess
		Soviet Sojourn
	プラヤマヤ Playa Maya	Arch
		Dixie Slippers (8-c)
シーキングガブリエル Seeking Gabrielle 栗　2007	フォレストリー Forestry	Storm Cat
		Shared Interest
	シーキングレジナ Seeking Regina	Seeking the Gold
		Fulbright Scholar (6-f)

Northern Dancer 5×5

現役時代

　北米で通算11戦8勝。主な勝ち鞍、ケンタッキー・ダービー（GI・10F）、BCジュヴェナイル（GI・8.5F）、フロリダ・ダービー（GI・9F）などGI5勝。

　2歳6月のデビューから7連勝で臨んだケンタッキー・ダービーは2番手から直線入り口で先頭に立って優勝。プリークネスSはエグザジャレイターの末脚に屈して3着に敗れ、初黒星を喫した。その後に熱発してベルモントSは回避。なお、この年の三冠全てに日本のラニが出走していた。復帰後のナイキストは2戦連敗。BCクラシックを前に引退となった。

血統背景

　父アンクルモーは同馬の項参照。

　母系は近親にサハラスカイ（メトロポリタンHGI）。母の父フォレストリーの産駒にディスクリートキャット（同馬の項参照）。

種牡馬成績

　代表産駒／ヴィクイスト（BCジュヴェナイルフィリーズGI・8.5F）、グレツキーザグレート（サマーSGI・8F）、アリエノール。

産駒の特徴

　初年度から2頭の2歳GI勝ち馬を輩出。グレツキーザグレートのサマーSは木村和士騎手が騎乗してのもの。日本でも遅ればせながら、アリエノールが未勝利、1勝クラスのダート戦を圧勝。北米、日本とも目が離せない種牡馬だ。日本のトニービン系、フランスのケンダルジャン系とともにグレイソヴリンを現在に伝える父系。ダート一辺倒ではなく、グレイソヴリン系の原点に帰って芝馬も出しそうだ。現にサマーSは芝のレースだ。日本でも祖父インディアンチャーリーの特徴を継承し、仕上がり早く、マイル、中距離もこなすだろうが、適距離は産駒によって違ってくるはず。

ナサニエル

NATHANIEL

ガリレオ王朝の新星
初年度産駒から超大物牝馬誕生

2008年生　鹿毛　アイルランド産

ガリレオ Galileo 鹿　1998	サドラーズウェルズ Sadler's Wells	Northern Dancer
		Fairy Bridge
	アーバンシー Urban Sea	Miswaki
		Allegretta　(9-h)
マグニフィシェントスタイル Magnificient Style 黒鹿　1993	シルヴァーホーク Silver Hawk	Roberto
		Gris Vitesse
	ミアカリナ Mia Karina	Icecapade
		Basin　(9-f)

Nearctic 4×4、Hail to Reason 5×4、Nearco 5×5・5、
Native Dancer 5×5

現役時代

　イギリス、アイルランドで通算11戦4勝。主な勝ち鞍、キングジョージ6世＆クインエリザベスS（GI・12F）、エクリプスS（GI・10F）、キングエドワード7世S（GII・12F）。

　英ダービーを回避して臨んだキングエドワード7世Sで重賞初制覇を果たし、同レースと同じ舞台で行われた"キングジョージ"は2番手から抜け出し、ワークフォースに2馬身3/4差をつけて快勝した。4歳時にはエクリプスS勝ちがある。フランケルとは2歳デビュー戦、4歳時のチャンピオンSGIで対戦、それぞれ2着、3着に敗れている。

血統背景

　父ガリレオは同馬の項参照。

　母系は全妹にグレートヘヴンズ（愛オークスGI）、母の孫にレッドアンシェル（北九州記念）。母の父シルヴァーホークの産駒にグラスワンダー。

種牡馬成績

　代表産駒／エネイブル（凱旋門賞2回）、シャネル（仏オークスGI・2100M）、ゴッドギヴン（リディアテシオ賞GI・2000M）。

産駒の特徴

　エネイブルに続く大駒は未だ現れず。重賞実績を含めレーシングポスト紙のデータを参考にすると10Fから13Fの距離での勝ち馬数、勝ち鞍数が多く、中長距離血統の趣。不良馬場での成績も若干良い。底力があることは間違いないので、海外馬券発売の際には、凱旋門賞をはじめ、"キングジョージ"、愛チャンピオンSなど中距離以上のレースでは注意が必要。日本では勝ち上がりに苦労するだろうが、フランケルに及ばなくとも、ニューアプローチに負けじと、代を経たガリレオ系は日本でも走ることに期待する。

ニューアプローチ

NEW APPROACH

欧州でクラシック馬が続出
日本でも活躍馬を出すガリレオ系

2005年生　栗毛　アイルランド産

ガリレオ Galileo 鹿　1998	サドラーズウェルズ Sadler's Wells	Northern Dancer
		Fairy Bridge
	アーバンシー Urban Sea	Miswaki
		Allegretta　(9-h)
パークエクスプレス Park Express 黒鹿　1983	アホヌーラ Ahonoora	Lorenzaccio
		Helen Nichols
	マッチャー Matcher	Match
		Lachine　(19-b)

現役時代

　アイルランド、イギリスで通算11戦8勝。主な勝ち鞍、英ダービー（GI・12F）、愛チャンピオンS（GI・10F）、チャンピオンS（GI・10F）、ナショナルS（GI・7F）、デューハーストS（GI・7F）、他GII1勝。

　2歳時は5戦5勝。3歳時は英、愛2000ギニーともにヘンリーザナヴィゲーターの2着に敗れたが、中1週で臨んだ英ダービーを制覇。序盤に折り合いを欠き、直線では前が塞がる苦しい展開を克服しての勝利だった。秋は愛チャンピオンSに勝利し、凱旋門賞を回避しての一戦、チャンピオンSを圧勝した。

血統背景

　父ガリレオは同馬の項参照。

　母パークエクスプレスはフェニックスチャンピオンSGI（現愛チャンピオンSGI）の勝ち馬。本馬の半兄にシンコウフォレスト（高松宮記念）。

種牡馬成績

　代表産駒／マサー（英ダービーGI・12F）、ドーンアプローチ（同馬の項参照）、タレント（英オークスGI・12F）、マックスウィニー（愛2000ギニーGI・8F）、ダーリントンホール（共同通信杯）。

産駒の特徴

　ガリレオの後継種牡馬としては初めて英ダービー馬を出し、フランケル、ナサニエルらに負けじと気を吐いた。欧州選手権距離に強く、ダービー、オークスばかりでなく凱旋門賞でも要注意なのは他のガリレオ系と同じ。欧州の他、豪でもマイルGI馬を出し、マイルの対応力もあるが、さすがに日本のマイルはスピード的に忙しいだろう。中長距離向きとし、目黒記念や日経賞の有力血統とする。サドラーズウェルズの強いクロスを持つ活躍馬は珍しくなくなったが、愛2000ギニー馬マックスウィニーはガリレオの2×3ときた。

海外の種牡馬

239

*ハードスパン

HARD SPUN

王者カーリンの好敵手
ダンジグ系の中距離型

2004年生 鹿毛 アメリカ産 2014年輸出

ダンジグ Danzig 鹿 1977	ノーザンダンサー Northern Dancer	Nearctic
		Natalma
	パドノム Pas de Nom	Admiral's Voyage
		Petitioner (7-a)
ターキッシュトリスト Turkish Tryst 栗 1991	ターコマン Turkoman	Alydar
		Taba
	ダービーヴェイル Darbyvail	Roberto
		Luiana (16-h)

Native Dancer 4×5、Polynesian 5×5

現役時代

　北米で通算13戦7勝。主な勝ち鞍、キングズビショップS（GⅠ・7F）、レーンズエンドS（GⅡ・9F）、ケンタッキーCクラシック（GⅡ・9F）など。

　ケンタッキー・ダービーGⅠは逃げ込みを図るもストリートセンスの2着。プリークネスSGⅠはカーリン、ストリートセンスの末脚に屈しての3着だった。ベルモントSGⅠは牝馬ラグズトゥリッチズの4着。ハスケル招待SGⅠは2ポンド重いカーリンに先着も、エニーギヴンサタデーの2着。キングズビショップSをただ貰い的に勝利したが、BCクラシックGⅠはカーリンに直線でかわされての2着。堅実に走りながら、大レースでは無念の涙を呑んだ。

血統背景

　父ダンジグ。

　母系は一族にシャトーゲイ（ケンタッキー・ダービーGⅠ）、リトルカレント（米二冠）。

種牡馬成績

　代表産駒／メイケイダイハード（中京記念）、ハーディストコア（アーリントンミリオンGⅠ・10F）、スパントゥラン（BCダートマイルGⅠ・8F）。

産駒の特徴

　14年1シーズン供用で21年6歳世代が日本での最後の産駒。北米帰国後にBCダートマイルなど複数のGⅠ勝ち馬を輩出。北米での重賞級や日本での勝ち鞍はともにダートが主体ながら、アーリントンミリオンの勝ち馬を出しているのだから、メイケイダイハードの中京記念も納得しよう。ダート馬は1400型と1800型に分かれ、前者は左回りの東京、中京との相性が良い。馬場状態によって極端な差があり、良の勝率が3%に対し、やや重以上は10%を超える。不良は14%超。ストリートセンス同様に北米産の2歳馬が輸入されている。

メイクビリーヴ

MAKE BELIEVE

日本活躍の血統背景
父マクフィ同様、大物輩出の可能性も

2012年生 鹿毛 イギリス産

マクフィ Makfi 鹿 2007	ドバウィ Dubawi	Dubai Millennium
		Zomaradah
	デラール Dhelaal	Green Desert
		Irish Valley (16-c)
ロージーズポジー Rosie's Posy 鹿 1999	スワーヴダンサー Suave Dancer	Green Dancer
		Suavite
	マイブランチ My Branch	Distant Relative
		Pay the Bank (1-s)

Green Valley 4×4、Northern Dancer 5×5

現役時代

　フランスで通算7戦4勝。主な勝ち鞍、仏2000ギニー（GⅠ・1600M）、ラフォレ賞（GⅠ・1400M）。

　2歳時は2戦2勝。3歳初戦のジェベル賞で2着に敗れるも、仏2000ギニーは2着ニューベイに3馬身差をつけて逃げ切った。英国に遠征してのセントジェームズパレスSで最下位の5着の後は休養。復帰戦となったラフォレ賞を制し、現役最後の一戦となった北米へ遠征してのBCマイルは5着。成績的には内弁慶だった。

血統背景

　父マクフィは同馬の項参照。

　母系は半姉にドバウィハイツ（イエローリボンSなど北米GⅠ2勝）。その仔にリバティハイツ（フィリーズレビュー）、ランドオブリバティ（芙蓉S）姉妹。母の父スワーヴダンサーは凱旋門賞馬。

種牡馬成績

　代表産駒／ミシュリフ（ドバイシーマクラシックGⅠ・2410M）、ビリーヴインラヴ（ベルドゥニュイ賞GⅢ・2800M）、ローズオブキルデア（ムシドラSGⅢ・10.5F）、オーシャンファンタジー（ヴィンターケーニギン賞GⅢ・1600M）。

産駒の特徴

　ドバウィ、マクフィ、本馬と親子三代とも初年度からクラシック馬を輩出。中近東で大暴れした仏ダービー馬ミシュリフを筆頭に、英、独でも重賞勝ち馬を出すのも世界を股に掛けるドバウィ系の真骨頂。今後も世界各国で花火を打ち上げるに違いない。海外馬券発売の際は、芝、ダート、距離適性は個々によって判断するとして、上昇気流の乗った産駒は見逃さないことだ。日本では父マクフィ、同系モンテロッソの例にあやかって距離替わり、馬場替わりで一発かます穴血統と、お茶を濁す。大物が出る心構えはしておく。

メダーリアドロ

MEDAGLIA D'ORO

北米で開花した
サドラー系の二刀流

1999年生 黒鹿毛 アメリカ産

エルプラド El Prado 芦 1989	サドラーズウェルズ Sadler's Wells	Northern Dancer
		Fairy Bridge
	レディキャピュレット Lady Capulet	Sir Ivor
		Cap and Bells (1-l)
カプチノベイ Cappucino Bay 鹿 1989	ベイルジャンパー Bailjumper	Damascus
		Court Circuit
	デュベッドイン Dubbed In	Silent Screen
		Society Singer (9-b)

現役時代

　北米、UAEで通算17戦8勝。主な勝ち鞍、トラヴァーズS（GI・10F）、ホイットニーH（GI・9F）、ドンH（GI・9F）、他GII4勝。

　三冠はベルモントSGIの2着が最高だったが、トラヴァーズSを制覇。3歳時、4歳時のBCクラシックGIはともに本命に推されるも、最初がヴォルポニの2着、翌年がプレザントリーパーフェクトの2着だった。5歳時も現役を続け、ドンHを制して臨んだドバイWCGIはここもプレザントリーパーフェクトの2着。GI中のGIはトラヴァーズS優勝のみだが、5歳引退までダート界の名大関として名を馳せた。

血統背景

　父エルプラド。産駒にキトゥンズジョイ。

　近親にトラヴェリングミュージック（サプリングSGI）。母の父ベイルジャンパーはダマスカス系。

種牡馬成績

　代表産駒／レイチェルアレクサンドラ（プリークネスSGI・9.5F）、タリスマニック（BCターフGI・12F）、ゴールデンシックスティ（香港マイルGI・1600M）、エーシンメンフィス（愛知杯）、フィドゥーシア（アイビスSD2着）、ダノンシティ。

産駒の特徴

　レイチェルアレクサンドラに続く大駒ゴールデンシックスティが出現。香港馬だけに、海外馬券での取捨選択というより、頭から買うか、日本馬が負かせるのかの二者択一に迫られそうだ。エルプラド系のもう一頭の雄、キトゥンズジョイが芝一辺倒なのに対し、ダート、芝をこなし、距離の幅も広い。欧州サドラーズウェルズ系より柔軟性とスピードで優り、日本でも重賞で勝ち負けする産駒がいる。ダートに関しては大半が中距離馬。仕上がりの早さがある一方、晩成型も出る。

レイヴンズパス

RAVEN'S PASS

オールウェザー開催となった
BCクラシックの覇者

2005年生 栗毛 アメリカ産

イルーシヴクオリティ Elusive Quality 鹿 1993	ゴーンウエスト Gone West	Mr. Prospector
		Secrettame
	タッチオブグレートネス Touch of Greatness	Hero's Honor
		Ivory Wand (13-c)
アスカットニー Ascutney 黒鹿 1994	ロードアットウォー Lord At War	General
		Luna de Miel
	ライトワード Right Word	Verbatim
		Oratorio (17-b)

現役時代

　イギリス、フランス、北米で通算12戦6勝。主な勝ち鞍、BCクラシック（GI・10F）、クイーンエリザベス2世S（GI・8F）など重賞4勝。

　現役期間を通して最大の見せ場は3歳時に挑んだBCクラシック。初のオールウェザー開催で、以前から芝馬有利と囁かれていたが、それを現実のものとした。大外を通って突き抜け、ヘンリーザナヴィゲーターを1馬身3/4差抑えての優勝だった。欧州ではヘンリーザナヴィゲーターに3連敗。BC直前のクイーンエリザベス2世Sが初めての先着で、初のGI制覇だった。レース前に距離不安視する向きもあったが、BCはマイルよりクラシックを選択した陣営の決断が功を奏した。

血統背景

　父イルーシヴクオリティ。産駒に米二冠馬スマーティジョーンズ。

　母アスカットニーは米GIII勝ち馬。母系近親にキャッスルレディ（仏1000ギニーGI）。

種牡馬成績

　代表産駒／タワーオブロンドン（スプリンターズS）、マッターホルン（アルマクトゥームチャレンジR2GI・2000M）。

産駒の特徴

　ミスプロ系×ロードアットウォーというのはウォーエンブレム（本邦輸入種牡馬）と似る配合。自身に薄いながら帯封血統リボーの6×5のクロスを持つのは種牡馬としての強調材料。GII、GIII勝ち馬は多数出しているが、チャンピオン級はタワーオブロンドンが初めて。産駒によってはマイル、中距離をこなす。2歳から走り、3歳、4歳が充実期。同父系のスパイツタウン、ケイムホームよろしく、穴の激走には注意。上記代表産駒の2頭は母の父がミルリーフ系。参考までに。

海外の種牡馬

241

海外の種牡馬

アイアムインヴィンシブル
I AM INVINCIBLE

2004年生／豪●グリーンデザート系

┌ Invincible Spirit ──────── ┌ Canny Lad
└ Cannarelle ──────────── └ Countess Pedrille

13戦5勝／DC マッケイS（GⅢ・1100M）。
代表産駒／ブレイズボロー（ニューマーケットHGⅠ・1200M）、ラヴィングギャビー（マニカSGⅠ・1200M）、ヴィドラ（モイアSGⅠ・1000M）、アイアムアスター（エンパイアローズSGⅠ・1600M）、ジャズエチュード。

デビューから短距離路線を進み、4歳時にマッケイSで重賞制覇を果たした。父の産駒にキングマン。母系近親には短、マイラー多数。母の父はゴールデンスリッパーSGⅠの勝ち馬。グリーンデザート系自慢のスピードを武器に産駒はオセアニアの短距離路線を賑わし、サンデーサイレンス牝馬との配合からGⅠ馬も出している。リーディング上位の常連。

距離	短	馬場	芝	性格	普	成長力	早

アドラーフルーク
ADLERFLUG

2004年生／独●サドラーズウェルズ系

┌ In the Wings ──────── ┌ *ラストタイクーン
└ Aiyana ──────────── └ Alya

11戦4勝／独ダービー（GⅠ2400M）、ドイツ賞（GⅠ・2400M）。
代表産駒／インスウープ（独ダービーGⅠ・2400M）、イトウ（バイエルン大賞GⅠ・2400M）、イキイトス（バーデン大賞GⅠ・2400M）、ラカザル（独オークスGⅠ・2200M）、トルクァートルタッソ（ベルリン大賞GⅠ・2400M）。

独ダービーで重賞初制覇を果たし、4歳時にはドイツ大賞を制す。父の産駒にシングスピール（ジャパンC）。母系は近親にアーバンシー（凱旋門賞GⅠ）。ガリレオ、シーザスターズらと同一族。同父のソルジャーホロウともどもドイツにおけるサドラーズウェルズ系の雄。独国内に留まらず、欧州各国の大レースで勝ち負けする産駒を出せる血統背景を持つ。

距離	中長	馬場	芝	性格	普	成長力	晩

* アニマルキングダム
ANIMAL KINGDOM

2008年生／米●ブラッシンググルーム系

┌ Leroidesanimaux ──────── ┌ Acatenango
└ *ダリシア ──────────── └ Dynamis

12戦5勝／ケンタッキー・ダービー（GⅠ・10F）、ドバイワールドC（GⅠ・2000M）、スパイラルS（GⅢ・9F）。プリークネスS（GⅠ・9.5F）2着。
代表産駒／エンジェルオブトゥルース（オーストラリアン・ダービーGⅠ・2400M）、デュオポリー（アメリカン・オークスGⅠ10F）。20年から日本で供用。

ダート初出走ながらケンタッキー・ダービーを制覇。5歳時にはオールウェザーでのドバイワールドCを制している。父はブラジル、北米でGⅠ制覇。母の父はドイツの名馬。母は日本に輸入され、その仔にサトノキングダム、サトノダムゼル。父ブラジル産、母ドイツ産と異系色たっぷりの血統構成で、配合牝馬によって個性が分かれそうだ。成長力に期待。

距離	中	馬場	芝	性格	普	成長力	強

アルマンゾル
ALMANZOR

2013年生／仏●ゴーンウエスト系

┌ Wootton Bassett ──────── ┌ Maria's Mon
└ Darkova ──────────── └ Darkara

11戦8勝／仏ダービー（GⅠ・2100M）、愛チャンピオンS（GⅠ・10F）、チャンピオンS（GⅠ・10F）、ギョームドルナノ賞（GⅡ・2000）、ギシュ賞（GⅢ・1800M）。
代表産駒／21年新種牡馬。

仏ダービーを制し、秋の欧州中距離路線の重要レース、愛、英のチャンピオンSでは凱旋門賞馬ファウンドを破った。父の産駒にBCフィリー＆メアターフGⅠのアウダーリャ。母系は近親に仏1000ギニー馬ダルジナ。母の父の産駒にケンタッキー・ダービー馬モナーコス。欧州におけるゴーンウエスト系の主流父系で、産駒はマイルから中距離向きとする。

距離	マ中	馬場	芝	性格	普	成長力	普

イクシードアンドエクセル
EXCEED AND EXCEL

2000年生／豪●デインヒル系

┌ *デインヒル ──────── ┌ Lomond
└ Patrona ──────────── └ Gladiolus

12戦7勝／ニューマーケットH（GⅠ・1200M）、ドバイレーシングクラブC（GⅠ・1400M）、アップアンドカミングS（GⅡ・1200M）など重賞6勝。
代表産駒／ミスタースタニング（香港スプリントHGⅠ・1200M）、エクセレブレイション（クインエリザベス2世SGⅠ・8F）、ロンドンテソーロ。

オーストラリアでデビューし、3歳9月に本格化。翌年にニューマーケットHを制した後に、英ジュライCに挑戦。日本のシーキングザダイヤと共に先行するも19着。オセアニア出身のデインヒル系らしくスピードを武器に、オセアニアのみならず、欧州、香港、UAEでGⅠ馬を輩出。仕上がりは早いが、香港競馬では使われながら成長する産駒もいる。

距離	短マ	馬場	芝	性格	ムラ	成長力	早

イフラージ
IFFRAAJ

2001年生／英●ゴーンウエスト系

┌ Zafonic ──────── ┌ Nureyev
└ Pastorale ──────────── └ Park Appeal

13戦7勝／レイルウェイパークS（GⅡ・7F）などGⅡ2勝。
代表産駒／リブチェスター（クインアンSGⅠ・8F）、ジョンスノウ（オーストラリアン・ダービーGⅠ・2400M）、ジャングルキャット（アルクオーツスプリントGⅠ・1200M）、ウットンバセット（ジャンリュックラガデール賞GⅠ・1400M）。

他にジュライCGⅠ2着があるスプリンター。父の産駒にザール（本邦輸入種牡馬）。母系は母の半弟に名種牡馬ケープクロス。初年度産駒デビュー年に2歳馬勝ち上がり頭数の欧州記録を更新。さすがに2歳からアクセル全開のザフォニック系。海外での産駒はともかく、京王杯2歳S向きとし、ニュージーランドTまでもてばめっけの幸いとする。

距離	短マ	馬場	万	性格	普	成長力	早

インヴィンシブルスピリット INVINCIBLE SPIRIT

1997年生／愛●グリーンデザート系

- Green Desert
- Rafha
- Kris
- Eljazzi

17戦7勝／スプリントC（GI・6F）、ポーランドS（GⅢ・6F）など重賞3勝。
代表産駒／キングマン（同馬の項参照）、マグナグレーシア（英2000ギニー-GI・8F）、ローマン（仏ダービーGI・2100M）、ヴェールオブヨーク（BCジュヴェナイルGI・8.5F）、イッテツ（UHB賞）、パーティナシティ、ブルースピリット。

4歳で重賞初制覇を果たし、5歳時にはスプリントCを制した。母は仏オークス馬。距離に融通性のあるダンジグ系、加えて母系近親にステイヤーがいるとあって、仏ダービー馬も出しているが、有り金勝負になると短距離、マイルだろう。仕上がりの早さとスプリント能力に優れ、産駒がごそっと輸入されたら1200&1400の2歳Sは全部もっていかれそうだ。

| 距離 | 短マ | 馬場 | 芝 | 性格 | 狂 | 成長力 | 普 |

イングリッシュチャンネル ENGLISH CHANNEL

2002年生／米●スマートストライク系

- Smart Strike
- Belva
- Theatrical
- Committed

23戦13勝／BCターフ（GI・12F）など芝GI6勝。
代表産駒／ザビッツァマン（アーリントンミリオンGI・10F）、ヴィーイーデイ（トラヴァーズSGI・10F）、チャンネルメーカー（マンノウォーSGI・11F）、ハートゥハート（メーカーズ46マイルSGI・8F）。

芝の一線級として活躍。3度目の挑戦となった5歳時のBCターフは7馬身差の圧勝だった。父の産駒にカーリン（同馬の項参照）。母系は祖母が欧州短距離GI3勝。母の父はBCターフの勝ち馬で、産駒にヒシアマゾン。ダートGI馬を出しているものの、芝でこそ本領発揮。日本なら中山&東京の2500が合う。海外馬券発売レースでも頼りになる種牡馬だ。

| 距離 | 中長 | 馬場 | 芝 | 性格 | 普 | 成長力 | 晩 |

ヴァイオレンス VIOLENCE

2010年生／米●サドラーズウェルズ系

- Medaglia d'Oro
- Violent Beauty
- Gone West
- Storming Beauty

4戦3勝／キャッシュコールフューチュリティ（GI・8.5F）、ナシュアS（GⅡ・8F）。ファウンテンオブユースS（GⅡ・8.5F）2着。
代表産駒／ヴォラタイル（アルフレッドGヴァンダービルトHGI・6F）、ノーパロール（ウッディースティーヴンスSGI・7F）、ジャスパープリンス。

2歳時は3戦全勝。キャッシュコールFは中団からの差し切り勝ち。3歳初戦のファウンテンオブユースSはケンタッキー・ダービーを制するオーブの2着。これが現役最後の一戦。父は同馬の項参照。母系は三代母スカイビューティはGI9勝。北米、日本ともダート短距離戦での走りが目立つ。使われながら調子を上げてくる。芝からダート替わり注意。

| 距離 | 短マ | 馬場 | ダ | 性格 | 普 | 成長力 | 普 |

ウィルテイクチャージ WILL TAKE CHARGE

2010年生／米●アンブライドルド系

- Unbridled's Song
- Take Charge Lady
- *デリア
- Felicita

21戦7勝／トラヴァーズS（GI・10F）、クラークH（GI・9F）、レベルS（GⅡ・8.5F）、ペンシルヴァニア・ダービー（GⅡ・9F）、オークローンH（GⅡ・9F）。BCクラシック（GI・10F）2着。
代表産駒／ヘルシャフト（伏竜S）、フランスゴディナ、シアトルテソーロ。

クラシックは3戦とも完敗したが、トラヴァーズSでケンタッキー・ダービー馬オーブ、ベルモントS馬パレスマリスらを一蹴。3歳時のBCクラシックはムーチョマッチョマンのハナ差2着だった。父の産駒にドバイWCGIのアロゲート。母はGI3勝。ダートのマイル中距離向きながら、芝も小回りのマイル中距離ならこなせそうだ。3歳以降に充実。

| 距離 | マ中 | 馬場 | ダ | 性格 | 普 | 成長力 | 普 |

ヴェラザーノ VERRAZANO

2010年生／米●ヘイロー系

- More Than Ready
- Enchanted Rock
- Giant's Causeway
- Chic Shirine

13戦6勝／ウッドメモリアルS（GI・9F）、ハスケル招待S（GI・9F）、タンパベイ・ダービー（GⅡ・9F）、ペガサスS（GⅢ・8.5F）。
代表産駒／シークアンドデストロイ（ソアリングスフトリーSGⅢ・7F）、ミティル、レーシングマインド、フォートワズワース。

デビューから4連勝もケンタッキー・ダービーGIはオーブの14着。ハスケル招待Sを勝利して臨んだトラヴァーズSGIはウィルテイクチャージの7着。4歳時は英国のマイルGI2着、3着がある。父はオセアニア、北米でGI馬を多数輩出。サザンヘイロー系は北米、日本に限ると短距離指向が強く、本馬も同じとする。仕上がりは早く、2歳から全開。

| 距離 | 短マ | 馬場 | 万 | 性格 | 普 | 成長力 | 早 |

ウォーフロント WAR FRONT

2002年生／米／ダンジグ系

- Danzig
- Starry Dreamer
- Rubiano
- Lara's Star

13戦4勝／アルフレッドG・ヴァンダーヴィルトBCH（GⅡ・6F）。
代表産駒／デクラレーションオブウォー（同馬の項参照）、エアフォースブルー（同馬の項参照）、ウォーオブウイル（プリークネスSGI・9.5F）、ユーエスネイヴィーフラッグ（ジュライCGI・6F）、フォッサマグナ。

4歳時に重賞初制覇。父の産駒にグリーンデザート、デインヒル。北米、欧州、豪でマイル、中距離、香港で2400の各GI馬を輩出。産駒は一般的に仕上がりが早く2歳から活躍するが、成長力に多少の難点あり。日本でも同様に扱い、京王杯2歳S、ファンタジーSが適重賞といった感じだ。3歳、古馬はあわよくば関屋記念。ダートは中距離もこなしそう。

| 距離 | マ | 馬場 | 芝 | 性格 | 普 | 成長力 | 早 |

海外の種牡馬

243

海外の種牡馬

エアフォースブルー AIR FORCE BLUE

2013年生／米●ダンジグ系

```
┌ War Front ────┬ Maria's Mon
└ Chatham ──────┴ Circle Gold
```

9戦4勝／フェニックスS（GI・6F）、ナショナルS（GI・7F）、デューハーストS（GI・7F）。
代表産駒／スプラッシュショット、キトゥンズワルツ。

2歳時は5戦4勝。愛、英の最重要2歳戦をともに楽勝した。3歳時は初戦の英2000ギニー12着、続く愛2000ギニー7着と大敗。その後の短距離戦2戦も未勝利に終わった。父は同馬の項参照。母系は半弟にJRA3勝のソレイユドパリ。三代母はバトルプランの祖母でもある。父系からも現役時の成績からも函館2歳Sや小倉2歳Sで買わずにいられようか。

距離	短マ	馬場	万	性格	普	成長力	早

オアシスドリーム OASIS DREAM

2000年生／英●グリーンデザート系

```
┌ Green Desert ─┬ *ダンシングブレーヴ
└ Hope ─────────┴ Bahamian
```

9戦4勝／ミドルパークS（GI・6F）、ジュライC（GI・6F）などGI3勝。
代表産駒／ミッドディ（BCフィリー＆メアターフGI・10F）、パワー（愛2000ギニーGI・8F）、アクラーム（ムーランドロンシャン賞GI・1600M）、ジュワラ（ナンソープSGI・5F）、ゴールドリーム（キングズスタンドSGI・5F）。

2歳時にミドルパークSを制し、3歳時のジュライC、ナンソープSでは古馬を下した。初のマイルに挑んだBCマイルは10着。父の産駒にケープクロス。母系は半姉にゼンダ（仏1000ギニーGI）、近親にキングマン（同馬の項参照）。配合牝馬によって中距離馬を出せる血統背景も、基本は短距離、マイル。素質のある馬は早くから頭角を現わす。

距離	短マ	馬場	芝芝	性格	狂	成長力	早

オーストラリア AUSTRALIA

2011年生／英●サドラーズウェルズ系

```
┌ Galileo ──────┬ Cape Cross
└ Ouija Board ──┴ Selection Board
```

8戦5勝／英ダービー（GI・12F）、愛ダービー（GI・12F）、インターナショナルS（GI・10.5F）。
代表産駒／ガリレオクローム（セントレジャーGI・14F）、オーダーオブオーストラリア（BCマイルGI・8F）、ブルーム（サンクルー大賞GI・2400M）。

父が大種牡馬、母がGI7勝の名牝。産まれた時からクラシック制覇を義務づけられた良血で、その期待に応えた現役生活だった。2400ばかりでなく、中距離での適性も示した。産駒は2歳後半から頭角を現し、3歳になって急激に力をつけてくる成長曲線とみた。日本ではフランケル以外のガリレオ系の例に漏れず、中長距離の消耗戦になって出番か。

距離	中長	馬場	芝	性格	普	成長力	普

オーソライズド AUTHORIZED

2004年生／愛●サドラーズウェルズ系

```
┌ Montjeu ──────┬ Saumarez
└ Funsie ───────┴ Vallee Dansante
```

7戦4勝／ケンタッキー・ダービー（GI・12F）などGI3勝。
代表産駒／シールオブアプルーヴァル（英チャンピオンズフィリーズ＆メアズGI・12F）、アンビヴァレント（プリティポリーSGI・10F）、ハートネル（ザBMWGI・2400M）、バンデ（菊花賞3着）、オムニバス。

英ダービーは鞍上L・デットーリの同レース初制覇だった。父は凱旋門賞馬。母系は近親に凱旋門賞馬ソレミア。母の父も凱旋門賞馬で、レインボークエスト系。本格的欧州中長距離血統ながらオセアニアでもGI馬を複数輩出。バンデ、オムニバスとも北の2600を勝っているように、スタミナを要する消耗戦は望むところ。反面、一瞬の切れや器用さを欠く。

距離	中長	馬場	芝	性格	普	成長力	普

オーブ ORB

2010年生／米●エーピーインディ系

```
┌ Malibu Moon ──┬ Unbridled
└ Lady Liberty ─┴ Mesabi Maiden
```

12戦5勝／ケンタッキー・ダービー（GI・10F）、フロリダ・ダービー（GI・9F）、ファウンテンオブユースS（GII・8.5F）。ベルモントS（GI・12F）3着。
代表産駒／シッピカンハーバー（スピナウェイSGI・7F）、プリンセスノンコ、ニシノトランザム。

未勝利勝ちから4連勝で臨んだケンタッキー・ダービーは、本命馬を直線差し切り、エーピーインディ系初の同レース制覇を果たした。以後は4戦未勝利。父は同馬の項参照。母系一族に本邦輸入種牡馬コロナドズクエスト。17年に初年度産駒がデビューしたが、未だ大物は現れず。気長に待つ他ない。日本と相性のよい父系で、特に東京ダ1600は積極買い。

距離	マ中	馬場	ダ	性格	普	成長力	普

オナーコード HONOR CODE

2011年生／米●エーピーインディ系

```
┌ A.P.Indy ─────┬ Storm Cat
└ Serena's Cat ─┴ Serena's Tune
```

11戦6勝／メトロポリタンH（GI・8F）、ホイットニーS（GI・9F）、ガルフストリームパークH（GII8F）、レムゼンS（GII・9F）。
代表産駒／オナーエービー（サンタアニタ・ダービーGI・9F）、マックスプレイヤー（サバーバンSGII・10F）、クインズヴィヴィ。

2歳時にレムゼンSを制したが、3歳時は満足に使えず、4歳になって素質開花。メトロポリタンH、ホイットニーSで前年のベルモントS馬トーナリストを破り、BCクラシックはアメリカンファラオの3着。三代母はGI11勝のセレナゾソング。日本での実績十分のエーピーインディ系。ダートのマイル、中距離で積極買い。目指せカトレア賞、ヒヤシンスS。

距離	マ中	馬場	ダ	性格	普	成長力	普

カープディエム CARPE DIEM

2012年生／米●ストームキャット系

┌ Giant's Causeway ┌ Unbridled's Song
└ Rebridled Dreams └ Key Cents

6戦4勝／ブルーグラスS（GI・9F）、ブリーダーズフュチュリティ（GI・8.5F）、タンパベイ・ダービー（GⅡ・8.5F）。BCジュヴェナイル（GI・8.5F）2着。
代表産駒／ザバルダスト（UAE2000ギニーGⅢ・1600M2着）、アメリカンニーニャ、トレーンベアラー。

デビューから2連勝も本命で臨んだBCジュヴェナイルは2着。3歳時はタンパベイ・ダービーを3馬身差、ブルーグラスSを5馬身差でそれぞれ楽勝。しかしケンタッキー・ダービーはアメリカンファラオの10着。これが現役最後の一戦となった。父は同馬の項参照。母はGⅡ3着がある。ダート万能型か。2歳から走る仕上がりの早さはありそうだ。

| 距離 | 万 | 馬場 | ダ | 性格 | 普 | 成長力 | 普 |

カーリン CURLIN

2004年生／米●スマートストライク系

┌ Smart Strike ┌ Deputy Minister
└ Sherriff's Deputy └ Barbarika

16戦11勝／BCクラシック（GI・10F）、ドバイワールドC（GI・2000M）、プリークネスS（GI・9.5F）などGI7勝。
代表産駒／パレスマリス（同馬の項参照）、ヴィーノロッソ（BCクラシックGI・10F）、エグザジャレイター（プリークネスSGI・9.5F）。

連覇を狙った4歳時のBCクラシックはオールウェザーに手こずったのか4着。父の産駒にイングリッシュチャンネル。母系近親に京王杯SCのレッドスパーダ。大レースほど凄みを発揮し、米三冠やBCクラシックでは要注意の種牡馬だ。決め手勝負より、淀みなく流れる中距離が合い、ユニコーンSよりジャパンダートダービー、武蔵野SよりチャンピオンズC。

| 距離 | 中 | 馬場 | ダ | 性格 | 普 | 成長力 | 普 |

カラヴァッジオ CARAVAGGIO

2014年生／米●ストームキャット系

┌ Scat Daddy ┌ Holy Bull
└ Mekko Hokte └ Aerosiver

10戦7勝／コモンウェルスC（GI・6F）、フェニックスS（GI・6f）、コヴェントリーS（GⅡ・6F）、フライングファイヴ（GⅡ・5F）、ラッカンS（GⅢ・6F）。
代表産駒／21年新種牡馬。

2歳時はフェニックスSなど重賞2勝を含め4戦4勝。3歳時にはコモンウェルスSを制した短距離路線の一流馬。父は同馬の項参照。母の父がヒムヤー系、祖母の父がマンノウォー系と異系色の濃い血統。配合牝馬によって産駒の特徴は違いそうだが、スキャットダディ系らしく、まずは2歳、3歳春の短距離、マイル狙い。同系ノーネイネヴァー同様に期待大。

| 距離 | 短マ | 馬場 | 万 | 性格 | 普 | 成長力 | 早 |

＊カリフォルニアクローム CALIFORNIA CHROME

2011年生／米●エービーインディ系

┌ Lucky Pulpit ┌ Not For Love
└ Love the Chase └ Chase It Down

27戦16勝／ケンタッキー・ダービー（GI・10F）、プリークネスS（GI・9.5F）、ドバイワールドC（GI・2000M）などGI7勝。
代表産駒／21年3歳が初年度産駒。20年から日本で供用。

二冠を制し、三冠の懸かったベルモントSは4着。BCクラシックこそ3歳時が3着、5歳時が2着も、5歳時にはドバイワールドCをレコードで制し、前年2着の鬱憤を晴らした。20年から産駒を送り出しているが、21年7月現在、目立った産駒は出していない。しかし、油断はできない。父の最初の重賞勝ち馬本馬という離れ業をぶちかます父系なのだから。

| 距離 | マ中 | 馬場 | ダ | 性格 | 普 | 成長力 | 普 |

クオリティロード QUALITY ROAD

2006年生／米●ゴーンウエスト系

┌ Elusive Quality ┌ Strawberry Road
└ Kobla └ Winglet

13戦8勝／フロリダ・ダービー（GI・9F）、ウッドワードS（GI・9F）、メトロポリタンH（GI・8F）、ドンH（GI・9F）など重賞7勝。
代表産駒／シティオブライト（BCダートマイルGI・8F）、アベルタスマン（ケンタッキー・オークスGI・9F）、アイリッシュセンス。

トラック・レコードを3回も叩き出した快速馬で、勝つ時は他馬を圧倒。現役最後の一戦となった4歳時のBCクラシックは12着。初の4着以下の敗戦だった。父の産駒にレイヴンズパス。母系は近親にアジナ（BCディスタフGI）。ダート、芝のそれぞれでGI馬を輩出。母の父はジャパンC7着。日本でもダート、芝兼用のマイル、中距離血統とする。

| 距離 | マ中 | 馬場 | 万 | 性格 | 普 | 成長力 | 普 |

クラシックエンパイア CLASSIC EMPIRE

2104年生／米●アンブライドルド系

┌ Pioneerof the Nile ┌ Cat Thief
└ Sambuca Classica └ In Her Glory

9戦5勝／BCジュヴェナイル（GI・8.5F）、ブリーダーズフュチュリティ（GI・8.5F）、アーカンソー・ダービー（GI・9F）、バシフォードマナーS（GⅢ・6F）。
代表産駒／21年新種牡馬。

2歳時は5戦4勝。一度の敗戦はホープフルSの落馬競走中止。3歳時は前哨戦のアーカンソー・ダービーを制するもケンタッキー・ダービー4着、プリークネスS2着。ベルモントSは蹄の腫瘍により直前に回避。そのまま引退となった。父は同馬の項参照。母父ストームキャット系で、アメリカンファラオと同配合。本国はともかく日本で大化けの可能性あり。

| 距離 | マ中 | 馬場 | ダ | 性格 | 普 | 成長力 | 普 |

海外の種牡馬

海外の種牡馬

グレンイーグルス　GLENEAGLES

2012年生／愛●サドラーズウェルズ系

```
┌ Galileo              ┌ Storm Cat
└ You'resothrilling ──┴ Mariah's Storm
```

11戦7勝／英2000ギニー（GI・8F）、愛2000ギニー（GI・8F）、セントジェームズパレスS（GI・8F）、ナショナルS（GI・7F）他、重賞2勝。
代表産駒／ロイヤルドーノック（ロイヤルロッジSGII・8F）、ラヴィングドリーム（リブルスデイルSGII・12F）、ショックアクション（新潟2歳S）。

英、愛の2000ギニー、セントジェームズパレスSの3歳マイルGIトリプルを達成。その後は馬場悪化を理由に回避の連続。クインエリザベス2世Sで復帰するも6着。現役最後の一戦、BCクラシックは8着。父は同馬の項参照。全姉に愛1000ギニー馬マーヴェラス。母の全兄にジャイアンツコーズウェイ。芝のマイル、中距離向きとする。2歳より3歳以降。

| 距離 | ▶マ中 | 馬場 | ▶芝 | 性格 | ▶普 | 成長力 | ▶普 |

ケンダルジャン　KENDARGENT

2003年生／仏●カラムーン系

```
┌ Kendor      ┌ Linamix
└ Pax Bella ──┴ Palavera
```

13戦2勝／ボールドムサック賞（GIII・1600M）2着。
代表産駒／スカレティ（イスパーン賞GI・1850M）、トウキョウゴールド（伊ダービーGII・2200M）、ジミートゥータイムズ（ミュゲ賞GII・1600M）。プールヴィルの母の父。

3歳6月のボールドムサック賞で2着になると、強気にGIマイル路線へ向かい、ジャンプラ賞4着も、ジャックルマロワ賞は最下位の10着だった。父は仏2000ギニー馬で、産駒にチャンピオンSGIのリテラト。母系一族に秋華賞3着のカンタービレ。芝のマイル、中距離向きとするが、そこはグレイソヴリン系。配合牝馬によっては中長距離馬も出せる。

| 距離 | ▶マ中 | 馬場 | ▶芝 | 性格 | ▶普 | 成長力 | ▶普 |

ゴーストザッパー　GHOSTZAPPER

2000年生／米●デピュティミニスター系

```
┌ Awesome Again ┌ Relaunch
└ Baby Zip ─────┴ Thirty Zip
```

11戦9勝／BCクラシック（GI・10F）などGI4勝を含め重賞6勝。
代表産駒／ミスティックガイド（ドバイワールドCGI・2000M）、ジュディザビューティ（BCフィリー＆メアスプリントGI・7F）、シャーマンゴースト（サンタアニタHGI・10F）、ワイルドフラッパー（エンプレス杯）。

当初は短距離路線を歩んでいたが、4歳夏からマイル、中距離路線に転向。BCクラシックではロージズインメイらを相手に逃げ切った。父もBCクラシックの勝ち馬。母系は近親にリルイーティ（ケンタッキー・ダービーGI）。母の父はマンノウォー系。日本では骨量豊かなダート中距離馬がよく走る。仕上がりは遅く、なだらかな曲線を描きながら成長する。

| 距離 | ▶中 | 馬場 | ▶ダ | 性格 | ▶普 | 成長力 | ▶晩 |

コンスティチューション　CONSTITUTION

2011年生／米●エーピーインディ系

```
┌ Tapit      ┌ Distorted Humor
└ Baffled ──┴ Surf Club
```

8戦4勝／フロリダ・ダービー（GI・9F）、ドンH（GI・9F）。
代表産駒／ティズザロー（ベルモントSGI・9F）、ローラーズライト（サンクレメンテSGII・8F）、アマルフィサンライズ（ソレントSGII・6F）、サンライズホール。他、チリで複数のGIの勝ち馬。

3歳1月のデビューからフロリダ・ダービーまで3連勝としたが、故障でクラシックは不参戦。4歳時にドンHを制した。父は同馬の項参照。日程変更、距離短縮のベルモントSを初年度産駒が制し、父の後継種牡馬として名乗りを上げた。北米だけではなく、日本でも実勢抜群の父系とあれば期待大。東京ダート1400＆1600で買いの一手。目指せヒヤシンスS。

| 距離 | ▶マ中 | 馬場 | ▶ダ | 性格 | ▶狂 | 成長力 | ▶普 |

＊サマーバード　SUMMER BIRD

2006年生、2013年死亡／米●アンブライドルド系

```
┌ Birdstone        ┌ Summer Squall
└ Hong Kong Squall ┴ Hong Kong Jade
```

9戦4勝／ベルモントS（GI・12F）、トラヴァーズS（GI・10F）、ジョッキークラブGC（GI・10F）。
代表産駒／エーティーラッセン（日経新春杯3着）、メイショウエイコウ、フォーカード、サノサマー。

重賞初制覇はベルモントSで、その後にトラヴァーズS、ジョッキークラブGCを制した。JCダート出走のため来日したが、骨折のため回避。そのまま引退となった。父はベルモントS馬で、産駒にケンタッキー・ダービー馬マインザットバード。供用1年で死亡し、産駒は21年7歳世代のみ。パワーとスタミナを武器にダート中距離を得意とする無骨血統。

| 距離 | ▶中 | 馬場 | ▶ダ | 性格 | ▶普 | 成長力 | ▶晩 |

シーザムーン　SEA THE MOON

2011年生／独●ケープクロス系

```
┌ Sea the Stars ┌ Monsun
└ Sanwa ────────┴ Sacarina
```

5戦4勝／独ダービー（GI・2400M）、ウニオンレネン（GII・2200M）、春季賞（GIII・2000M）。バーデン大賞（GI・2400M）2着。
代表産駒／アルパインスター（コロネーションSGI・8F）、ワンダフルムーン（ウニオンレネンGII・2200M）、プリティタイガー（ユージェヌアダム賞GII・2000M）。

ステップ戦2連勝で臨んだ独ダービーは、最終コーナーで大きくふくれながらの圧勝。凱旋門賞へ向けてのバーデン大賞はまさかの2着。その後に故障が判明、引退となった。父は同馬の項参照。母系は母の全兄にサムム、スキャパレリの独ダービー馬。産駒初のGI勝ち馬こそ英マイル戦だったが、中長距離の大レースでこそ凄みを発揮する血統。成長力も有り。

| 距離 | ▶中長 | 馬場 | ▶芝 | 性格 | ▶普 | 成長力 | ▶強 |

ジミークリード　JIMMY CREED

2009年生／米●フォーティナイナー系

```
┌ Distorted Humor        ┌ Citidancer
└ Hookedonthefeelin      └ Prospective Joy
```

10戦4勝／マリブS（GI・7F）、ポトレログランデS（GII・6.5F）。
代表産駒／カーサクリード（ジャイプールSGI・6F）、カンタンカ（サンヴィセンテSGII・7F）、スペクテイター〔ソレントSGII・6.5F〕、ジャスパーウィン、アドバンスマルス。

3歳5月のデビューから短距離を歩み、年末のマリブSで重賞初制覇を果たし、4歳時にはポトレログランデSを勝っている。父は同馬の項参照。母、半妹プッシーキャットドールともマリブSの牝馬版ラブレアSGIの勝ち馬。ダートの短、マイルを基本とし、中距離も守備範囲だろう。父の競走実績からも血統からもダ1400は買いの一手か。2歳から走る。

距離	短マ	馬場	ダ	性格	普	成長力	普

ジャイアンツコーズウェイ　GIANT'S CAUSEWAY

1997年生、2018年死亡／米●ストームキャット系

```
┌ Storm Cat             ┌ Rahy
└ Mariah's Storm        └ *イメンス
```

13戦9勝／セントジェームズパレスS（GI・8F）などGI5勝。
代表産駒／シャマーダル（同馬の項参照）、ブリックスアンドモルタル（BCターフGI・12F）、エイシンアポロン（マイルCS）、スズカコーズウェイ（京王杯SC）、アスターペガサス（函館2歳S）。

英、愛の2000ギニーとも2着に敗れたが、その後はマイル、中距離のGI5連勝。接戦を物にしての勝利が多かった。母は北米重賞5勝。祖母の仔にクイーンSのエアザイオン。欧米では距離、馬場を問わずにGI馬を輩出。日本では芝、ダートとも、マイルから中距離を仕事場とし、ストームキャット系らしく締まったペースに強い。高齢馬の大駆けには注意。

距離	マ中	馬場	万	性格	普	成長力	普

シャラー　SHALAA

2013年生／愛●グリーンデザート系

```
┌ Invincible Spirit      ┌ War Chant
└ Ghurra                └ Futuh
```

8戦6勝／モルニ賞（GI・1200M）、ミドルパークS（GI・6F）、ジュライS（GII・6F）、リッチモンドS（GII・6F）、ベンゴS（GIII・6F）。
代表産駒／ノースピークアレクサンダー（アサシSGIII・7F）、シャクエロ（パゴパゴSGII・1200M）、ヒトヨギリ（もみじS2着）、ジャストコル。

デビュー戦こそ最下位8着だったが、その後は仏、英の最重要2歳短距離GIなど重賞4勝を含む5連勝。3歳時はGIII1勝。全8戦の全てが1200、6Fのレースだった。父は同馬の項参照。ダンジグ3×3に、硬質血統シャーペンアップ系全兄弟3×3を持つだけに、下手な小細工を要するより、行くだけ行ってしまえといった産駒を出しそう。2歳から全開。

距離	短	馬場	芝	性格	狂	成長力	早

＊シャンハイボビー　SHANGHAI BOBBY

2010年生／米●ストームキャット系

```
┌ Harlan's Holiday       ┌ Orientate
└ Steelin'              └ Steel Band
```

8戦6勝／BCジュヴェナイル（GI・8.5F）、シャンペンS（GI・8F）、ホープフルS（GI・7F）。
代表産駒／インフォーサー（ジョッキークラブブラジレイロGI・1600M）、スアンシャンシャン（ノーフォークSGII・5F）、マリアズハート。19年から日本で供用。

2歳4月のデビューからGI3勝を含む5連勝も、3歳時はステークス1勝に留まった。母系近親にオークリーフSGIのシティバンド。母の父はBCスプリントGIの勝ち馬。南米でGI勝ち馬複数輩出。父の産駒はアルビアーノなど日本での勝ち上がり率抜群。本馬の産駒もこれを踏襲するはず。スピード血統が濃いだけに、よりスプリント性が増すとみた。

距離	短マ	馬場	万	性格	普	成長力	早

スキャットダディ　SCAT DADDY

2004年生、2015年死亡／米●ストームキャット系

```
┌ *ヨハネスブルグ        ┌ Mr.Prospector
└ Love Style            └ Likable Style
```

9戦5勝／シャンパンS（GI・8F）、フロリダ・ダービー（GI・9F）、他GII2勝。
代表産駒／ジャスティファイ（三冠）、ノーネイネヴァー（同馬の項参照）、カラヴァッジオ（同馬の項参照）、メンデルスゾーン（BCジュヴェナイルターフGI・8F）、ミスターメロディ（高松宮記念）、他チリでGI勝ち馬多数輩出。

フロリダの三冠ステップ戦を連勝も、ケンタッキー・ダービーはレース中に脚部を痛めたこともあって18着。そのまま引退となった。父は同馬の項参照。祖母はGI馬。ジャスティファイは例外的で、欧米、日本での産駒は仕上がりの早い、短、マイラーが多数。21年5歳が最後の産駒。カレンブーケドール、ロータスランドから、今後は母の父として存在感を出す。

距離	短マ	馬場	万	性格	普	成長力	早

スクエアエディー　SQUARE EDDIE

2006年生／加●スマートストライク系

```
┌ Smart Strike          ┌ El Gran Senor
└ Forty Gran            └ Forty Weight
```

18戦3勝／ブリーダーズフューチュリティ（GI・8.5F）。BCジュヴェナイル（GI・8.F）2着。
代表産駒／ラリス（ホープフルSGI・7F）、エディハスケル（デイトナSGIII・5F）、メイクハッピー（スパーキングレディC2着）。

英国でデビューし、その後に米国へ移籍。BCジュヴェナイルは本命に支持されるも2着だった。4歳時が全休とあって、2歳以降は勝ち鞍から遠ざかり、5歳のアローワンス競走で3勝目を上げた。父の産駒にカーリン。母の父は愛ダービー馬。中距離馬を出せる血統の下地こそあるが、北米での産駒傾向は短距離、マイルでの実績が大半。日本でも同様とする。

距離	短マ	馬場	ダ	性格	普	成長力	普

海外の種牡馬

＊スニッツェル　SNITZEL

2002年生／豪●デインヒル系

┌ Redoute's Choice　　　┌ Snippets
└ Snippets' Lass　　　　└ Snow Finch

15戦7勝／オークレイプレート（GI・1100M）など重賞4勝。
代表産駒／ヤングマンパワー（富士S）、トラヴィーズアーティスト（TJスミスSGI・1200）、レッドゼル（ダーレークラシックGI・1200M）。

現役時は5着以下2回の堅実派スプリンターだった。父の産駒にフルーキー。母系は全弟にSAJCナショナルSGⅢのウイーン。母の父は短距離GI3勝。07年と11年の2シーズンは日本で供用。オーストラリアでは16/17から4シーズン連続の総合首位種牡馬。日本ではヤングマンマワーは別格として、大半が芝の軽いスプリンター。平坦向き。

距離	短マ	馬場	芝	性格	普	成長力	早

スプリングアットラスト　SPRING AT LAST

2003年生／米●デピュティミニスター系

┌ Silver Deputy　　　　┌ Dynaformer
└ Winter's Gone　　　　└ Stark Winter

13戦5勝／ドンH（GI・9F）、ゴドルフィンマイル（GⅡ・1600M）。
代表産駒／スプリングインジエア（アルシヴァイアディーズSGI・8.5F）、シーニングガール（ゴールデンロッドSGⅡ・8.5F）、スプリングヴェンチャー（GⅡ・8F）、コパノキッキング（根岸S、カペラS、リヤドダートスプリント）。

4歳春にゴドルフィンマイル、5歳春にドンHを制した。父の産駒にディバインシルバー（クラスターC）、アタゴタイショウ（函館3歳S）。15年からサウジアラビアで供用。母にヒズマジェスティ、グラウスタークのリボー系全兄弟のクロス3×2が有り、大一番では怖い種牡馬だ。ただ、現状はコパノキッキングを個別に判断するしかないのが残念。

距離	短マ	馬場	ダ	性格	普	成長力	普

セントラルバンカー　CENTRAL BANKER

2010年生／米●ゴーンウエスト系

┌ Speightstown　　　　┌ Go for Gin
└ Rhum　　　　　　　　└ Merion Miss

13戦4勝／チャーチルダウンズS（GⅡ・7F）。マリブS（GI・7F）2着。キングズビショップS（GI・7F）3着。
代表産駒／ビアシック。

ダート、芝の短距離戦、それぞれで勝ち鞍を上げ、3歳時にはトラヴァーズSの短距離版キングズビショップS3着がある。重賞初制覇は4歳時のチャーチルダウンズS。父は同馬の項参照。母系は半兄ガントリーはGⅡ勝ち馬。母の父はリボー系のケンタッキー・ダービー馬。北米での産駒はひと息も、スパイツタウンの系統だけに日本で大化けの可能性あり。

距離	短マ	馬場	ダ	性格	普	成長力	早

ソーユーシンク　SO YOU THINK

2006年生／新●サドラーズウェルズ系

┌ High Chaparral　　　┌ Tights
└ Triassic　　　　　　└ Astral Row

23戦14勝／コックスプレート（GI・2040M）2回、愛チャンピオンS（GI・10F）、エクリプスS（GI・10F）など豪、英、愛でGI10勝。
代表産駒／クイックシンカー（オーストラリアン・ダービーGI・2400M）、インファレンス（ランドウィックギニーGI・1600M）。

オーストラリアで中距離GI5勝の後に愛国へ移籍。欧州でも中距離での強さを発揮した。他にメルボルンC3着、凱旋門賞4着がある。父は欧州、北米、オセアニアでGI馬を輩出。デインヒル系が幅を利かすオセアニアだが、中長距離ではサドラーズウェルズ系も黙っていない。産駒は中距離から2400を得意とする。香港の中距離を走らせたら面白そう。

距離	中	馬場	芝	性格	普	成長力	普

ゾファニー　ZOFFANY

2008年生、2021年死亡／愛●デインヒル系

┌ Dansili　　　　　　　┌ Machiavellian
└ Tyranny　　　　　　　└ Dust Dancer

13戦5勝／フェニックスS（GI・6F）、タイロスS（GⅢ・7F）。
代表産駒／マザーアース（英1000ギニーGI・1600M）、サンダームーン（ナショナルSGI・7F）、アルビーニャ（マルセルブサック賞GI・1600M）、ヴェンチュラストーム（ジョッキークラブ大賞GI・2400M）。

2歳時は7戦5勝。2歳4月にデビューし、夏にはタイロスS、フェニックスSの重賞を連勝。3歳時は6戦未勝利ながらセントジェームズパレスSでフランケルの3/4差2着がある。父の産駒にハービンジャー。競走時代はマイラーながらも、種牡馬としては中距離馬を出せる血統構成。2歳から走り成長力もある。死亡後、産駒が英1000ギニーを制した。

距離	マ中	馬場	芝	性格	普	成長力	普

ダークエンジェル　DARK ANGEL

2005年生／愛●トライマイベスト系

┌ Acclamation　　　　　┌ Machiavellian
└ Midnight Angel　　　└ Night At Sea

9戦4勝／ミドルパークS（GI・6F）、ミルリーフS（GⅡ・6F）。
代表産駒／パースエイジヴ（クインエリザベス2世SGI・8F）、リーサルフォース（ジュライCGI・6F）、ハリーエンジェル（ジュライCGI・6F）、レイジングブル（ハリウッド・ダービーGI・9F）、シュバルツカイザー。

デビュー2戦目で勝ち上がり、秋にはミルリーフS、ミドルパークSを連勝。重要2歳戦のデューハーストSは7着に終わり、これが現役最後の一戦となった。父は短距離種牡馬ながら、BCマイルの勝ち馬を出し、柔軟性を備えているのがトライマイベスト系の特徴。本馬も短距離を中心とし、マイルをこなす産駒も出す。2歳から走る割には成長力がある。

距離	短マ	馬場	芝	性格	普	成長力	普

チャーチル　CHURCHILL

2014年生／愛●サドラーズウェルズ系

┌ Galileo ─────── ┌ Storm Cat
└ Meow ────────── └ Airwave

13戦7勝／英2000ギニー（GI・8F）、英2000ギニー（GI・8F）、デューハーストS（GI・7F）、ナショナルS（GI・7F）、フューチュリティS（GII・7F）、タイロスS（GIII・7F）。
代表産駒／21年新種牡馬。

2歳5月のデビュー戦こそ3着だったが、次走から7連勝。英、愛ギニーのダブル制覇を果たした。その後は中距離GIインターナショナルS2着など勝ち鞍を上げられなかった。父ガリレオ、母の父ストームキャットはグレンイーグルス（同馬の項参照）と同じで、若干の早熟っぽさがあり、種牡馬としても仕上がりの早い産駒を出すか。芝のマイル、中距離向き。

| 距離 | ▶マ中 | 馬場 | ▶芝 | 性格 | ▶普 | 成長力 | ▶普 |

テイクチャージインディ　TAKE CHARGE INDY

2009年生／米●エーピーインディ系

┌ A.P.Indy ─────── ┌ *デヒア
└ Thke Charge Lady ── └ Felicita

14戦3勝／フロリダ・ダービー（GI・9F）、アリシバS（GII・8.5F）。
代表産駒／ノーブルインディ（ルイジアナ・ダービーGII・9F）、ロングレンジトゥデイ（レベルGII・8.5F）、イッシン。

フロリダ・ダービーで重賞制覇を果たし、臨んだケンタッキー・ダービーは19着。4歳時にアリシバSで重賞2勝目。母はスピンスターSなどGI3勝。半弟にウィルテイクチャージ（同馬の項参照）。弟のアンブライドルド系に対し、兄はエーピーインディ系。ともに日本で実績十分の父系。ダートのマイル、中距離向き。夏のエーピーインディ系も忘れずに。

| 距離 | ▶マ中 | 馬場 | ▶ダ | 性格 | ▶普 | 成長力 | ▶普 |

ディストーテッドユーモア　DISTORTED HUMOR

1993年生／米●フォーティナイナー系

┌ *フォーティナイナー ── ┌ Danzig
└ Danzig's Beauty ───── └ Sweetest Chant

23戦8勝／コモンウェルズBCS（GII・7F）など重賞4勝。
代表産駒／ファニーサイド（ケンタッキー・ダービーGI・10F）、ドロッセルマイヤー（BCクラシックGI・10F）、フラワーアリー（トラヴァーズSGI・10F）、エニーギヴンサタデー（ハスケル招待HGI・9F）、ニュートンテソーロ。

本格化は遅く、4歳で重賞初制覇を果たし、5歳時に重賞3勝。チャーチルダウンズH（7F）でのレコード勝ちもある快速馬だった。母は米GII勝ち馬。父、母の父ともかっ飛び血統だが、海外の産駒は距離に融通性があり、オーストラリアではオークス勝ち馬がいる。日本では短、マイルを基本とする。芝もこなすだろうが、信頼性が高いのはダート。

| 距離 | ▶短マ | 馬場 | ▶ダ | 性格 | ▶ムラ | 成長力 | ▶普 |

テオフィロ　TEOFILO

2004年生／愛●サドラーズウェルズ系

┌ Galileo ─────── ┌ *デインヒル
└ Speirbhean ───── └ Saviour

5戦5勝／ナショナルS（GI・7F）、デューハーストS（GI・7F）など。
代表産駒／トレーディングレザー（愛ダービーGI・12F）、カーマディック（ドンカスターマイルHGI・1600M）、エグザルタント（香港ヴァースGI・2400M）、トワイライトペイメント（メルボルンCGI・3200M）、テリトーリアル（小倉大賞典）。

2歳時は5戦全勝も、膝を痛めたことにより3歳時は未出走のまま引退した。ガリレオ×デインヒルの配合からはフランケルをはじめGI馬多数。欧州の他、オーストラリア、香港でGI馬を送り出し、海外馬券の中には無視できない種牡馬。日本でもようやく重賞勝ち馬を送り出した。重馬場や厳しい流れの中距離以上で台頭する。北の2600でも狙って損はない。

| 距離 | ▶中長 | 馬場 | ▶芝 | 性格 | ▶普 | 成長力 | ▶晩 |

トゥワーリングキャンディ　TWIRLING CANDY

2007年生／米●ファピアノ系

┌ Candy Ride ───── ┌ Chester House
└ House of Danzing ── └ Danzing Crown

11戦7勝／マリブS（GI・7F）、デルマー・ダービー（GII・9F）、ストラブS（GII・9F）、カリフォルニアンS（GII・9F）。
代表産駒／ロンバウアー（プリークネスSGI・9.5）、コンサートローズ（ベルモント・オークス招待S（GI・10F）。

オールウェザー、芝、ダートのそれぞれで重賞制覇。父は同馬の項参照。全弟ドバイスカイはオールウェザーのGIIIスパイラルS、半弟エスニックダンスは芝GIIデルマー・ダービーを制し、母系も全馬堅型。大一番に強い父系らしく、産駒のロングバウアーが21年のプリークネスSでリーチ一発ツモの大金星。日本ではダートの短距離から中距離型とする。

| 距離 | ▶短中 | 馬場 | ▶ダ | 性格 | ▶普 | 成長力 | ▶普 |

ドーンアプローチ　DAWN APPROACH

2010年生／愛●サドラーズウェルズ系

┌ New Approach ──── ┌ Phone Trick
└ Hymn of the Dawn ── └ Colonial Debut

12戦8勝／英2000ギニー（GI・8F）、デューハーストS（GI・7F）、ナショナルS（GI・7F）、セントジェームズパレスS（GI・8F）、コヴェントリーS（GII・6F）。
代表産駒／ポエティックフレア（英2000ギニーGI・8F）、マッドムーン（英ダービーGI2着）、ファストアプローチ（札幌2歳S2着）。

2歳時は6戦6勝。3歳初戦の英2000ギニーも制し、デビューから7連勝。英ダービーは最下位の12着に敗れたが、セントジェームズパレスSを制して復権を果たした。父は同馬の項参照。ポエティックフレアの21年英2000ギニーが産駒によるGI初制覇。母の父がスピード血統なので、日本でもマイルの対応力と仕上がりの早さを期待する。勝ち味は遅いか。

| 距離 | ▶マ中 | 馬場 | ▶芝 | 性格 | ▶普 | 成長力 | ▶普 |

海外の種牡馬

249

ニューベイ　NEW BAY

2012年生／英●ドバウィ系

┌ Dubawi ─────────── ┌ Zamindar
└ Cinnamon Bay ───── └ Trellis Bay

11戦5勝／仏ダービー（GI・2100M）、ギヨームドルナノ賞（GII・2000M）、ニエル賞（GII・2400M）、ゴントビロン賞（GIII・2000M）。
代表産駒／ニューマンデイト（ロイヤルロッジSGII・8F）、サフロンビーチ（英1000ギニーGI・8F2着）。

仏2000ギニーでメイクビリーヴの2着に敗れたが、仏ダービーはハイランドリールに1馬身半差をつけて快勝。凱旋門賞はゴールデンホーンの3着だった。4歳時はGIII1勝。父は同馬の項参照。母系一族にオアシスドリーム、キングマン。期待に違わず初年度から重賞勝ち馬にクラシック2着馬を輩出。万能のドバウィ系らしく、多種多様な産駒を出すだろう。

距離	万	馬場	万	性格	普	成長力	普

ノーネイネヴァー　NO NAY NEVER

2011年生／米●ストームキャット系

┌ Scat Daddy ──────── ┌ Elusive Quality
└ Cat's Eye Witness ── └ Comical Cat

6戦4勝／モルニ賞（GI・1200M）、ノーフォークS（GII・5F）、他GIII1勝。
代表産駒／テンソヴリンズ（ジュライCGI・6F）、アルコールフリー（コロネーションSGI・8F）、ブルック（チリ・オークスGI・2000M）、ランドフォース（リッチモンドSGII・6F）、ユニコーンライオン（鳴尾記念）。

2歳時は3戦3勝。米国でのデビュー戦勝利後に欧州へ遠征。ロイヤルアスコット開催のノーフォークS、続く仏国でモルニ賞を制した。3歳時は米国で走り、本命に支持されたBCターフスプリントGIは半馬身差2着。早世した父の後継牡馬としての期待は大きく、父同様にチリでもGI馬を出している。仕上がり早く2歳から狙える。先行させると怖い。

距離	短マ	馬場	万	性格	普	成長力	早

バーナーディニ　BERNARDINI

2003年生／米●エーピーインディ系

┌ A.P.Indy ────────── ┌ Quiet American
└ Cara Rafaela ────── └ Oil Fable

8戦6勝／プリークネスS（GI・9.5F）、トラヴァーズS（GI・10F）などGIII3勝。
代表産駒／ステイサーティー（トラヴァーズSGI・10F）、アルファ（トラヴァーズSGI・10F）、キャップザーノ（アルマクトリームチャンレジR3GI・2000M）、レガーロ（全日本優駿2着）、サトノプリンシパル（レパードS2着）。

三冠で唯一出走したプリークネス、真夏のトラヴァーズSを制し、ジョッキークラブGCで古馬を一蹴した。BCクラシックGIは2着。北米ではタピットとともにエーピーインディ系の二枚看板を担ってる。タピットより中距離指向が強いが、年齢によって距離適性に変化がある。夏のサラトガ開催に強く、日本でも夏開催の新潟、小倉のダート戦で狙いたい。

距離	中	馬場	ダ	性格	普	成長力	普

ハーバーウォッチ　HARBOUR WATCH

2009年生、2019年死亡／愛●トライマイベスト系

┌ Acclamation ─────── ┌ Woodman
└ Gorband ─────────── └ Sheroog

3戦3勝／リッチモンドS（GII・6F）。
代表産駒／パイルドライヴァー（コロネーションCGI・12F）、ワイクク（スチュワーズCGI・1600M）、バロンサミディ（ベルモントGCGII・16F）、ティスマーヴェラス（ロベールパパン賞GII・1100M）

2歳3戦3勝で引退。同じ父のダークエンジェル（同馬の参照）や20年英2歳種牡馬首位のメーマスも2歳で引退。とっとと稼いで、翌春のクラシックには目もくれず、種牡馬入りというのは仕上がりの早さとスピードが"売り"のアクラメーション系らしい。ただ、種牡馬としては幅広い距離で重賞勝ち馬を輩出。これも融通性のあるトライマイベスト系らしい。

距離	短マ	馬場	芝	性格	普	成長力	早

パイオニアオブザナイル　PIONEEROF THE NILE

2006年生、2019年死亡／米●アンブライドルド系

┌ *エンパイアメーカー ── ┌ Lord At War
└ Star of Goshen ──── └ Castle Eight

10戦5勝／サンタアニタ・ダービー（GI・9F）などGI2勝、GII2勝。
代表産駒／アメリカンファラオ（同馬の項参照）、クラシックエンパイア（同馬の項参照）、ミッドナイトストーム（シュアーメーカーマイルGI・8F）、レヴァンテライオン（函館2歳S）。

2歳末のキャッシュコールフューチュリティからサンタアニタ・ダービーまでオールウェザーの重賞4連勝。ダート初挑戦だったケンタッキー・ダービーは2着。プリークネスS11着後に脚部不安を発症。そのまま引退となった。アメリカンファラオを送り出し、時の種牡馬となったが、19年3月急死。芝GI馬を出しているが、本領発揮はダートのマイル、中距離。

距離	マ中	馬場	ダ	性格	普	成長力	普

ハイランドリール　HIGHLAND REEL

2012年生／愛●サドラーズウェルズ系

┌ Galileo ─────────── ┌ *デインヒル
└ Hveger ──────────── └ Circles of Gold

27戦10勝／キングジョージ6世＆クインエリザベスS（GI・12F）、BCターフ（GI・12F）、香港ヴァーズ（GI・2400M）2回、コロネーションC（GI・12F）、プリンスオブウェールズS（GI・10F）、セクレタリアトS（GI・10F）など。
代表産駒／21年新種牡馬。

世界を股に掛けたGIハンター。香港ヴァーズは3年連続出走。3歳時、5歳時に優勝し、4歳時はサトノクラウンの2着だった。全弟に愛ダービー2着のアイダホ、コーフィールドSのケープオブグッドホープ。母系はオセアニア血統で、近親にオセアニアの重賞勝ち馬が多数いる。使われながら力を付け、ダービー直前になって話題になる産駒を出すだろう。

距離	中	馬場	芝	性格	普	成長力	強

ハヴァナゴールド　HAVANA GOLD

2010年生／愛●サドラーズウェルズ系

┌ Teofilo ┌ Desert Style
└ Jesssica's Dream ─── └ Ziffany

11戦5勝／ジャンプラ賞（GⅠ・1600M）、サマーヴィルS（GⅢ・7F）。
代表産駒／ハヴァナグレイ（GⅠ・5F）、タブディード（ハックウッドSGⅢ・6F）、トレジャリング（カラSGⅢ・5F）、ゴールデンシロップ。

仏2000ギニー、愛2000ギニーともそれぞれ5着、4着だったが、仏3歳マイル路線を締めくくるジャンプラ賞を制した。父は同馬の項参照。母は伊、愛で短距離GⅢ2勝。母の父の産駒に輸入種牡馬バチアー。母の血統が強くでたのか、サドラーズウェルズ系らしからぬ競走成績に種牡馬成績。日本でもスプリンターを出すとしてだが、力任せに走る産駒だろう。

| 距離 | 短マ | 馬場 | 万 | 性格 | 普 | 成長力 | 普 |

ハットトリック　HAT TRICK

2001年生、20年死亡／日●サンデーサイレンス系

┌ *サンデーサイレンス ┌ Lost Code
└ *トリッキーコード ─── └ Dam Clever

21戦8勝／マイルCS、香港マイル（GⅠ・1600M）、京都金杯、東京新聞杯。
代表産駒／ダビルシム（ジャンリュックラガルデール賞GⅠ・1400M）、キングデイヴィッド（ジャマイカHGⅠ・9F）、ブライトソート（サンルイレイSGⅡ・12F）、エアファンディタ、ゴールドハット。

4歳時に京都金杯、東京新聞杯を連勝。秋にはO.ペリエ鞍上に、マイルチャンピオンシップと香港マイルを紫電一閃の末脚で制した。母の父はペリエと同じく高額賞金レースに強いリボー系。産駒のブライトソートは13年のサンルイレイSで12Fの世界レコードを更新した。高速馬場にも強く、日本では東京で走らせてみたい。20年8月ブラジルで客死。合掌。

| 距離 | マ中 | 馬場 | 芝 | 性格 | 普 | 成長力 | 普 |

パレスマリス　PALACE MALICE

2010年生／米●スマートストライク系

┌ Curlin ┌ Royal Anthem
└ *パレスルーマー ─── └ Whisperifyoudare

19戦7勝／ベルモントS（GⅠ・12F）、メトロポリタンH（GⅠ・8F）、ジムダンディS（GⅡ・9F）、ニューオリンズH（GⅡ・9F）など重賞6勝。
代表産駒／ストラクター（BCジュヴェナイルターフGⅠ・8F）、ミスターモノモイ（リズンスターSGⅡ・9F）。

ケンタッキー・ダービー12着も、ベルモントSではケンタッキー・ダービー馬オーブ、プリークネスS馬オクスボウを退けて快勝した。母の父がシアトリカル系で、イングリッシュチャンネルとは父系、母の父系とも同じとあって、産駒が芝GⅠを勝つのは納得。ダートも問題なし。常時活躍馬を出すより、カーリン系だけに大レースでこそ怖い種牡馬だ。

| 距離 | 中 | 馬場 | 万 | 性格 | 普 | 成長力 | 普 |

ピヴォタル　PIVOTAL

1993年生、2021年引退／英●ヌレイエフ系

┌ Polar Falcon ┌ Cozzene
└ Fearless Revival ─── └ Stufida

6戦4勝／ナンソープS（GⅠ・5F）、他GⅡ1勝。
代表産駒／アフリカンストーリー（ドバイワールドCGⅠ・2000M）、バズワード（独ダービーGⅠ・2400M）、サリスカ（英オークスGⅠ・12F）、ファー（チャンピオンSGⅠ・10F）、ライトニングスピア（サセックスSGⅠ・8F）。

3歳初夏のキングズスタンドSGⅡで重賞初制覇。ジュライCGⅠ6着後にはナンソープSを制した。父も短距離GⅠ馬。ヌレイエフ系では最も勢いのある種牡馬で、幅広い距離でGⅠ馬を送り出している。21年2月に種牡馬引退。母の父としても優秀で、英オークスのラヴ、チャンピオンSのクラックスマンや宝塚記念のミッキーロケットらを出している。

| 距離 | マ中 | 馬場 | 芝 | 性格 | 普 | 成長力 | 強 |

ファーストサムライ　FIRST SAMURAI

2003年生／米●ストームキャット系

┌ Giant's Causeway ┌ Dixieland Band
└ Freddie Frisson ─── └ Frisson

8戦5勝／シャンペンS（GⅠ・8F）、ホープフルS（GⅠ・7F）、ファウンテンオブユース（GⅡ・9F）。
代表産駒／リー（ドンHGⅠ・9F）、ジャスティンフィリップ（アルフレッドGバンダービルトS（GⅠ・6F）、シヴァージ（シルクロードS）。

2歳時はGⅠ2勝を含め4戦3勝。圧倒的支持を集めたBCジュヴェナイルGⅠは3着だった。3歳時はファウンテンオブユースS2着繰り上がり優勝も、ブルーグラスSGⅠで5着に敗れ、三冠戦線から離脱、そのまま引退となった。父は同馬の項参照。日本での産駒はダート短、マイルを走りながら芝でも一発をかます。強引に先行させるか、後方一気の競馬が合う。

| 距離 | 短マ | 馬場 | ダ | 性格 | 普 | 成長力 | 普 |

ファストネットロック　FASTNET ROCK

2001年生／豪●デインヒル系

┌ *デインヒル ┌ *ロイヤルアカデミーⅡ
└ Piccadilly Circus ─── └ Gatana

19戦6勝／ライトニングS（GⅠ・1000M）などGⅠ2勝。
代表産駒／クオリファイ（英オークスGⅠ・12F）、ファッシネイティングロック（チャンピオンSGⅠ・10F）、メラグラーナ（オーシャンS）、フィアーノロマーノ（京阪杯）、ブラビッシモ（阪急杯3着）。

オセアニアにおけるデインヒル系の代表的な種牡馬ながら、欧州の選手権距離でも勝ち馬を輩出し、オセアニア向きの軽いスピードと、欧州向きの重厚さの両方を備えている。日本で走っている産駒はオセアニア型で、スピードを活かして短距離で勝ち鞍を積み重ねている。といってマイルを全く無視するのは危険だ。距離適性は個々に判断すること。

| 距離 | 短マ | 馬場 | 芝 | 性格 | 普 | 成長力 | 普 |

海外の種牡馬

プラクティカルジョーク PRACTICAL JOKE

2014年生／米●ストームキャット系

```
┌ Into Mischief        ┌ Distorted Humor
└ Halo Humor           └ Gilted Halo
```

12戦5勝／ホープフルS（GI・7F）、シャンペンS（GI・8F）、HアレンジャーケンズS（GI・7F）、ドワイヤーS（GIII・8F）。
代表産駒／21年新種牡馬。ウィット（サンフォードSGIII・6F）。

デビューから3連勝で臨んだBCジュヴェナイルは3着。3歳春はクラシックの王道路線を歩み、ケンタッキー・ダービーは5着だった。6着以下なしと堅実に走るも、大一番には縁がなかった。ストームキャット系×フォーティナイナー系の危険度いっぱいの配合。産駒もおしなべて知るべし。大敗後の大駆け、またその逆。穴血統として注意は怠らないこと。

距離	短マ	馬場	万	性格	狂	成長力	早

ブレイム BLAME

2006年生／米●ロベルト系

```
┌ Arch                 ┌ Seeking the Gold
└ Liable               └ Bound
```

13戦9勝／BCクラシック（GI・10F）、スティーヴンフォスターH（GI・9F）、ホイットニーH（GI・9F）、クラークH（GII・9F）など重賞6勝。
代表産駒／センガ（仏オークスGI・2100M）、ナダル（アーカンソー・ダービーGI・9F）、リゾネーター（伏竜S）、ランドネ（スイートピーS）。

3歳秋に本格化し、4歳時出走のBCクラシックでは女傑ゼニヤッタの急追をアタマ差抑えて優勝した。父の産駒にレザーク（ジュライCGI）。祖父クリスエスの産駒にシンボリクリスエス。三代母は名牝スペシャル。近親にヌレイエフ、サドラーズウェルズ。エイジアンウインズ（ヴィクトリアマイル）も一族。芝、ダートともこなすマイル、中距離血統。

距離	マ中	馬場	万	性格	普	成長力	普

フロステッド FROSTED

2012年生／米●エーピーインディ系

```
┌ Tapit                ┌ Deputy Minister
└ Fast Cookie          └ Fleet Lady
```

19戦6勝／ウッドメモリアルS（GI・9F）、ホイットニーH（GI・9F）、メトロポリタンH（GI・8F）、ペンシルヴァニア・ダービー（GII・9F）、マクトゥームチャレンジR2（GII・1900M）。
代表産駒／トラヴェルコラム（フェアグランズ・オークスGII・8.5F）。

クラシックの重要ステップ戦、ウッドメモリアルSで重賞制覇を果たし、三冠はケンタッキー・ダービー、ベルモントSともアメリカンファラオのそれぞれ4着、2着。4歳時にはGII2勝がある。父は同馬の項参照。母は北米GII勝ち馬。半妹に北米GIII勝ち馬インダルジェント。近親にBCジュヴェナイルのミッドシップマン。ダートのマイル、中距離狙い。

距離	マ中	馬場	ダ	性格	普	成長力	普

プロトニコ PROTONICO

2011年生／米●ストームキャット系

```
┌ Giant's Causeway     ┌ A.P.Indy
└ Alpha Spirit         └ Wild Spirit
```

16戦7勝／アリシバS（GII・8.5F）、スマーティジョーンズS（GIII・8.32F）ディスカヴァリーS（GIII・9F）、ベンアリS（GIII・9F）。
代表産駒／メディーナスピリット（ケンタッキー・ダービーGI・10F）。

3歳春は全休によるクラシック未出走で、秋のスマーティジョーンズSで重賞初制覇。父は同馬の項参照。祖母はチリ、北米のGI計4勝。初年度産駒のメディーナスピリットがケンタッキー・ダービー制覇。ただし、レース後の血液検査で禁止薬物の陽性反応。21年7月末現在、失格有無の裁定は下されていない。ダートマイル、中距離を先行させると怖い。

距離	マ中	馬場	ダ	性格	普	成長力	普

ヘインズフィールド HAYNESFIELD

2006年生／米●ゴーンウエスト系

```
┌ Speighstown          ┌ Tejabo
└ Nothing Special      └ Moody Maiden
```

19戦10勝／ジョッキークラブGC（GI・10F）、サバーバンH（GII・9F）、ディスカヴァリーH（GIII・9F）。
代表産駒／ヘイダコタ（コモンウェルスターフSGIII・8.5F）、アスタースウィング、リードザフィールド。

3歳11月のディスカヴァリーHで重賞初制覇を果たし、4歳時はサバーバンHやブレイムを破ったジョッキークラブGC優勝がある。BCクラシックGIはブレイムの11着。父は同馬の項参照。母系は一族にベルモントS馬タッチゴールドやカナダ三冠馬ウィズアプルーヴァル。母の父はデピュティミニスター系。ダート向きで、短距離から中距離までこなす。

距離	短中	馬場	ダ	性格	普	成長力	普

ポイントオブエントリー POINT OF ENTRY

2008年生／米●ロベルト系

```
┌ Dynaformer           ┌ Seeking the Gold
└ Matlacha Pass        └ Our Country Place
```

18戦9勝／マンノウォーS（GI・11F）、ソードダンサー招待S（GI・12F）、ターフクラシック招待S（GI・12F）、マンハッタンH（GI・10F）などGI5勝。
代表産駒／プリュクバルフェ（UAEダービーGII・1900M）、アドミッションオフィス（ルイヴィルSGIII・12F）、ロータスランド（米子S）。

芝の中心的存在として活躍。4歳時はマンノウォーSなどGI3連勝、5歳時にもGI2連勝がある。ただ、BCターフは4歳時が2着、5歳時が4着だった。父はブライアンズタイムと8分の7が同血統構成。母系は半姉にGI2勝パインアイランド。自身にリボー系ヒズマジェスティ3×4のクロスを持ち、大レースに一発大駆けの産駒を出す可能性を秘める。

距離	中	馬場	万	性格	普	成長力	晩

ポストポンド　POSTPONED

2011年生／愛●ドバウィ系

- Dubawi
  - Dubai Destination
- Ever Rigg
  - Bianca Nera

20戦9勝／キングジョージ6世＆クインエリザベスS（GI・12F）、ドバイシーマクラシック（GI・2410M）、コロネーションC（GI・12F）、インターナショナルS（GI・10.5F）、グレートヴォルテジュールS（GII・12F）など重賞7勝。
代表産駒／21年新種牡馬。

3歳夏のグレートヴォルテジュールSで重賞初制覇を果たし、4歳時に完全本格化。"キングジョージ"を制し、5歳時のドバイシーマクラシックでは日本馬ドゥラメンテ、ラストインパクトらを相手に優勝した。父は同馬の項参照。半妹に伊GI馬ゴッドギヴン。祖母は愛2歳GI馬。懐の深いドバウィ系といっても、産駒はマイルより中距離以上でこそだろう。

距離	中長	馬場	万	性格	普	成長力	普

マインシャフト　MINESHAFT

1999年生／米●エービーインディ系

- A.P.Indy
  - Mr.Prospector
- Prospectors Delite
  - Up the Flagpole

18戦10勝／ジョッキークラブGC（GI・10F）などGI4勝を含め重賞6勝。
代表産駒／ダイヤルドイン（フロリダ・ダービーGI・9F）。カジノドライヴ（同馬の項参照）、ディスクリートマイン（キングズビショップSGI・7F）、ストロングバローズ（伏竜S）、カフェクラウン、サトノムスタング。

3歳秋に欧州から米国へ移籍。4歳時にはGI4勝がある。父はBCクラシックGI の勝ち馬で、種牡馬として成功した産駒も多く、北米における一代父系を築いた。日本との相性も良好。この父系なら東京ダ1400＆1600は得意とするところで、なおかつ中距離をこなせるスタミナを備えている。湿ったダートならなお良い。ゆっくりと成長し、3～4歳時が最も充実。

距離	マ中	馬場	ダ	性格	普	成長力	普

マスタークラフツマン　MASTERCRAFTSMAN

2006年生／愛●デインヒル系

- Danehill Dancer
  - *ブラックタイアフェアー
- Starlight Dreams
  - Reves Celestes

12戦7勝／愛2000ギニー（GI・8F）、セントジェームズパレスS（GI・8F）、フェニックスS（GI・6F）、ナショナルS（GI・7F）、他GII、GIII各1勝。
代表産駒／ザグレイギャッツビー（仏ダービーGI・2100M）、キングストンヒル（英セントレジャーGI・14.5F）、アルファセントーリ（ジャックルマロワ賞GI・1600M）。

英2000ギニーはシーザスターズの5着も、続く愛2000ギニー、セントジェームズパレスSを連勝。この後は中距離GI でシーザスターズと再戦となったが、インターナショナルS、愛チャンピオンSとも同馬の2着、3着に終わった。父は欧州、オセアニアでGI馬多数輩出。本馬もデインヒル系らしく幅広い距離や南米でGI馬を送り出している。芝向き。

距離	マ中	馬場	芝	性格	普	成長力	普

マリブムーン　MALIBU MOON

1997年生、2021年死亡／米●エービーインディ系

- A.P.Indy
  - Mr.Prospector
- Macoumba
  - Maximova

2戦1勝／未勝利戦（5F）。
代表産駒／オーブ（ケンタッキー・ダービーGI・10F）、デヴィルメイケア（CCAオークスGI・9F）、ライフアットテン（ベルデイムSGI・9F）、オーブルチェフ（全日本2歳優駿）、マドラスチェック（TCK女王盃）、オーロラテゾーロ。

2歳2戦1勝で引退。同父系プルピットやマインシャフトとは母の父も同じ。三代母はノノアルコ（種牡馬）の半妹。重賞級の多くが牝駒だったが、13年にケンタッキー・ダービー馬を出し、エービーインディ系を代表する種牡馬となった。マイルから中距離が守備範囲とし、2歳後半から3歳にかけて頭角を現わしてくる。21年5月、心臓発作により死亡。合掌。

距離	マ中	馬場	ダ	性格	普	成長力	普

モアザンレディ　MORE THAN READY

1997年生／米●ヘイロー系

- *サザンヘイロー
  - Woodman
- Woodman's Girl
  - Becky Be Good

17戦9勝／キングズビショップS（GI・7F）など短距離重賞4勝。
代表産駒／ロイエイチ（BCスプリントGI・6F）、セブリング（ゴールデンスリッパーSGI・1200M）、モアジョイアス（ドンカスターHGI・1600M）、ヴェラザーノ（同馬の項参照）、リモンディ。

圧倒的スピードを持って短距離戦で活躍し、トラヴァーズSの短距離版キングズビショップSでは豪快に差し切りを決めた。父はアルゼンチンのサンデーサイレンス的大種牡馬。オーストラリア、北米で大成功し、中距離馬も出しているが、本領を発揮するのはスピードの活きる短、マイル。芝は平坦、ダートは脚抜きのいい馬場ならなお良い。カフェファラオの母の父。

距離	短マ	馬場	万	性格	普	成長力	普

モティヴェーター　MOTIVATOR

2002年生／英●サドラーズウェルズ系

- Montjeu
  - Gone West
- Out West
  - Chellingoua

7戦4勝／英ダービー（GI・12F）、レーシングポストトロフィー（GI・8F）、ダンテS（GII・10.5）。
代表産駒／トレヴ（凱旋門賞GI・2400M2回）、リダシーナ（オペラ賞GI・2000M）、パラセイター（ドンカスターCGII・18F）、メーヴェ（丹頂S）。

英ダービー快勝もその後は未勝利に終わった。父の産駒に英ダービー馬キャメロット、プールモア。凱旋門賞馬トレヴ以降、いまひとつの種牡馬成績ながら、そこはモンジュー系。いつ何時、凱旋門賞馬を出すか油断はできない。メルボルンCでも怖い。日本では決め手負で苦労するが、時計の掛かる馬場や消耗戦になると台頭。それでも活躍の場は北の2600か。

距離	中長	馬場	芝	性格	普	成長力	晩

海外の種牡馬

海外の種牡馬

ユニオンラグス　UNION RAGS

2009年生／米●ディキシーランドバンド系

```
┌ Dixie Union          ┌ Gone West
└ Tempo                 └ Terpsichorist
```

8戦5勝／ベルモントS（GI・12F）、シャンペンS（GI・8F）。
代表産駒／パラダイスウッズ（サンタアニタ・オークスGI・9F）、フリードロップビリー（ブリーダーズフューチュリティGI・8.5F）、ダンシングラグス（アルシビアデスGI・8.5F）、ユニオンストライク（デルマーデビュータントSGI・7F）。

ケンタッキー・ダービーはアイルハヴアナザーの7着に終わったが、プリークネスSを回避して臨んだベルモントSに優勝。父にとっては本馬が初のクラシック馬。母系は近親にインターナショナルSGIのデクラレーションオブウォー。北米では複数の2歳GI勝ち馬を出しており、案外と仕上がりが早い。パワーとスタミナ溢れるダート中距離血統とする。

| 距離 | 中 | 馬場 | ダ | 性格 | 普 | 成長力 | 普 |

ルアーヴル　LE HAVRE

2006年生／愛●ブラッシンググルーム系

```
┌ Noverre              ┌ Surako
└ Marie Rheinberg      └ Marie D'Argonne
```

6戦4勝／仏ダービー（GI・2100M）。仏2000ギニー（GI・1600M）2着。
代表産駒／ラクレ二ニエール（仏牝馬2冠）、アヴニールセルタン（ケンタッキー・ダービー牝馬2冠）、ワンダフルトゥナイト（英チャンピオンズフィリーズ＆メアズSGI・12F）、ヴィラマリナ（オペラ賞GI・2000M）、プールヴィル（フィリーズレビュー）。

仏2000ギニー2着も、仏ダービーは中団からの差し切りを決めた。父はサセックスSGIを勝ち、仏2000ギニー1位失格。産駒に独オークス馬エノラ（16年輸入）。母系は近親に名種牡馬ポーラーファルコン。母の父はモンズンと同じケーニヒシュトゥール系。芝向きのマイル中距離血統。「勢いのある産駒に乗れ」はブラッシンググルーム系のお約束事。

| 距離 | マ中 | 馬場 | 芝芝 | 性格 | 普 | 成長力 | 普 |

ルッキンアットラッキー　LOOKIN AT LUCKY

2007年生／米●スマートストライク系

```
┌ Smart Strike         ┌ Belong to Me
└ Private Feeling      └ Regal Feeling
```

13戦9勝／プリークネスS（GI・9.5F）、ハスケル招待S（GI・9F）などGI5勝。
代表産駒／カントリーハウス（ケンタッキー・ダービーGI・10F）、アクセラレイト（BCクラシックGI・10F）、フルオブブラック（エル・ダービーGI・2400M）、ラカニータ（ラス・オークスGI・2000M）。

本命に推されたBCジュヴェナイル、ケンタッキー・ダービーはそれぞれ2着、6着だったが、鞍上を替えての臨んだプリークネスSを制した。父の産駒にカーリン、イングリッシュチャンネル（以上、同馬の項参照）。北米二大レースの勝ち馬を出しているものの、近年はチリでの活躍の産駒が目立つ。それでも大レースでは侮れないのがスマートストライク系だ。

| 距離 | 中 | 馬場 | ダ | 性格 | 普 | 成長力 | 普 |

レモンドロップキッド　LEMON DROP KID

1996年生／米●キングマンボ系

```
┌ Kingmambo            ┌ Seattle Slew
└ Charming Lassie      └ Lassie Dear
```

24戦10勝／ベルモントS（GI・12F）、トラヴァーズS（GI・10F）などGI5勝。
代表産駒／カノックチェイス（カナダ国際SGI・12F）、リチャーズキッド（パシフィッククラシックGI・10F）、ビーチパトロール（アーリントンミリオンGI・10F）、レモンポップ（カトレアS）。

ベルモントSでは単勝30倍ながら二冠馬カリズマティックらを一蹴。夏にはトラヴァーズSも制した。4歳時はウッドワードSなどGI2勝。父の産駒にエルコンドルパサー。母系近親にサマーズコール、エーピーインディ兄弟がいる。芝、ダート兼用の中距離血統。1800＆2200は得意とするところだろう。使われながら力を付け、2歳よりも3歳、古馬になってから。

| 距離 | 中 | 馬場 | 万 | 性格 | 普 | 成長力 | 普 |

ロペデヴェガ　LOPE DE VEGA

2007年生／愛●ジャイアンツコーズウェイ系

```
┌ Shamardal           ┌ Vettori
└ Lady Vettori        └ Lady Golconda
```

9戦4勝／仏2000ギニー（GI・1600M）、仏ダービー（GI・2100M）。
代表産駒／ベラード（ロッキンジSGI・8F）、フェニックスオブスペイン（愛2000ギニーGI・8F）、ザライトマン（アルクォーツスプリントGI・1000M）、サンタアナレーン（TJスミスSGI・1200M）、ガイトラッシュ（ライトニングSGI・1000M）。

仏2000ギニーは追い込み勝ちを決め、仏ダービーでは早めに抜け出して勝利。父に続いての仏二冠制覇を果たした。母系は半妹にGIII勝ち馬レディフランケル。父の母の父、母の父の父ともマキアヴェリアン。よって本馬は同馬の3×3のクロスを持つ。欧州、UAEの他にオセアニアでGI馬を輩出。父同様に芝向きのマイル、中距離血統とし、香港でも注意。

| 距離 | マ中 | 馬場 | 芝 | 性格 | 普 | 成長力 | 普 |

ロンロ　LONHRO

1998年生／豪●サートリストラム系

```
┌ Octagonal           ┌ Straight Strike
└ Shadea              └ Concia
```

35戦26勝／マッキンノンS（GI・2000M）などGI11勝。
代表産駒／ピエロ（ゴールデンスリッパーSGI・1200M）、ケメンタリ（ランドウィックギニーGI・1600M）、デンマン（ゴールデンローズSGI・1400M）、ビーディド（ドゥーベン10000GI・1350M）、ミラアイトーン（鞍馬S）。

取りも取ったり、GI11勝の他にGII10勝もある。父はオセアニア屈指の名馬で、コックスプレートなどGI10勝。サートリストラム、ザビールと続く父系はオセアニアで大発展したが、オクタゴナルが案外だっただけに、ロンロの双肩に父系存続がかかり、期待に違わず大成功している。オセアニア血統らしく仕上がり早く、短距離、マイルを得意とする。

| 距離 | 短マ | 馬場 | 芝 | 性格 | 普 | 成長力 | 普 |

254

欧米リーディング・サイアー 2020

種牡馬名のあとのカッコ内はその父です。

	英 愛		仏		北 米
1	Galileo (Sadler's Wells)	1	Siyouni (Pivotal)	1	Into Mischief (Harlan's Holiday)
2	Dubawi (Dubai Millennium)	2	Le Havre (Noverre)	2	Tapit (Pulpit)
3	Dark Angel (Acclamation)	3	Kendargent (Kendor)	3	Uncle Mo (Indian Charlie)
4	Kodiac (*ディンヒル)	4	Wootton Bassett (Iffraaj)	4	Curlin (Smart Strike)
5	Pivotal (Polar Falcon)	5	Shamardal (Giant's Causeway)	5	Speightstown (Gone West)
6	Lope De Vega (Shamardal)	6	Kingman (Invincible Spirit)	6	Munnings (Speightstown)
7	Invincible Spirit (Green Desert)	7	Rajsaman (Linamix)	7	City Zip (Carson City)
8	Zoffany (Dansili)	8	Anodin (Anabaa)	8	Midnight Lute (Real Quiet)
9	Kingman (Invincible Spirit)	9	Dabirsim (ハットトリック)	9	*ザファクター (War Front)
10	Sea The Stars (Cape Cross)	10	*マクフィ (Dubawi)	10	Candy Ride (Ride the Rails)
11	Australia (Galileo)	11	Sea The Stars (Cape Cross)	11	*ストリートセンス (Street Cry)
12	Frankel (Galileo)	12	Intello (Galileo)	12	*ハードスパン (Danzig)
13	Dandy Man (Mozart)	13	Rio De La Plata (Rahy)	13	More Than Ready (*サザンヘイロー)
14	Camelot (Montjeu)	14	Adlerflug (In the Wings)	14	Kitten's Joy (El Prado)
15	Showcasing (Oasis Dream)	15	Make Believe (*マクフィ)	15	Goldencents (Into Mischief)
16	Exceed And Excel (*ディンヒル)	16	Penny's Picnic (Kheleyf)	16	Constitution (Tapit)
17	Mehmas (Acclamation)	17	Lope De Vega (Shamardal)	17	Medaglia d'Oro (El Prado)
18	Nathaniel (Galileo)	18	Air Chief Marshal (Danehill Dancer)	18	Malibu Moon (A.P. Indy)
19	No Nay Never (Scat Daddy)	19	Charm Spirit (Invincible Spirit)	19	Paynter (Awesome Again)
20	Shamardal (Giant's Causeway)	20	Elusive City (Elusive Quality)	20	Twirling Candy (Candy Ride)
21	Teofilo (Galileo)	21	Dubawi (Dubai Millennium)	21	English Channel (Smart Strike)
22	Siyouni (Pivotal)	22	Olympic Glory (Choisir)	22	Quality Road (Elusive Quality)
23	Dream Ahead (*ディクタット)	23	Zoffany (Dansili)	23	Bernardini (A.P. Indy)
24	Bated Breath (Dansili)	24	Camelot (Montjeu)	24	Ghostzapper (Awesome Again)
25	Footstepsinthesand (Giant's Causeway)	25	Galileo (Sadler's Wells)	25	Tapizar (Tapit)
26	Authorizef (Montjeu)	26	Sea the Moon (Sea the Stars)	26	American Pharoah (Pioneerof the Niel)
27	Mayson (Invincible Spirit)	27	Holy Roman Emperor (*ディンヒル)	27	Violence (Medaglia d'Oro)
28	Night of Thunder (Dubawi)	28	Evasive (Elusive Quality)	28	Lookin At Lucky (Smart Strike)
29	Acclamation (Royal Applause)	29	Dark Angel (Acclamation)	29	War Front (Danzig)
30	Mastercraftman (Danehill Dancer)	30	Myboycharlie (Danetime)	30	Mucho Macho Man (Macho Uno)
31	Equiano (Acclamation)	31	Galiway (Galileo)	31	*アイルハヴアナザー (Flower Alley)
32	Zebedee (Invincible Spirit)	32	Teofilo (Galileo)	32	Congrats (A.P. Indy)
33	Lawman (Invincible Spirit)	33	Style Vendome (Anabaa)	33	Cairo Prince (Pioneerof the Nile)
34	New Approach (Galileo)	34	Motivator (Montjeu)	34	Blame (Arch)
35	Golden Horn (Cape Cross)	35	Manduro (Monsun)	35	Temple City (Dynaformer)
36	Fast Company (Danehill Dancer)	36	Frankel (Galileo)	36	Kantharos (Lion Heart)
37	Champs Elysees (*ディンヒル)	37	Dream Ahead (*ディクタット)	37	*エンパイアメーカー (Unbridled)
38	Dutch Art (Medicean)	38	Whipper (Miesque's Son)	38	Union Rags (Dixie Union)
39	Lethal Force (Dark Angel)	39	Kodiac (*ディンヒル)	39	Distorted Humor (*フォーティナイナー)
40	Gleneagles (Galileo)	40	Stormy River (Verglas)	40	Flat Out (Flatter)
41	Starspanglebanner (Choisir)	41	Kheleyf (Green Desert)	41	Tapiture (Tapit)
42	Iffraaj (Zafonic)	42	Toronado (High Chaparral)	42	Lemon Drop Kid (Kingmambo)
43	Sir Prancealot (Tamayuz)	43	George Vancouver (Henrythenavigator)	43	First Samurai (Giant's Causeway)
44	Poet's Voice (Dubawi)	44	Acclamation (Royal Applause)	44	Pioneerof the Nile (*エンパイアメーカー)
45	Sea the Moon (Sea the Stars)	45	Tin Horse (Sakhee)	45	Daredevil (More Than Ready)
46	Oasis Dream (Green Desert)	46	Goken (Kendargent)	46	Midshipman (Unbridled's Song)
47	Excelebration (Exceed And Excel)	47	Zanzibari (Smart Strike)	47	Maclean's Music (Distorted Humor)
48	Dansili (*ディンヒル)	48	Amer (Wafi)	48	Mineshaft (A.P. Indy)
49	Elzaam (Redoute's Choice)	49	Bated Breath (Dansili)	49	Gemologist (Tiznow)
50	Muhaarar (Oasis Dream)	50	Sommerabend (Shamardal)	50	Giant's Causeway (Storm Cat)

『RACING POST』Web 版より　　　　　『France Galop』Web 版より　　　　　『The Blood-Horse』Web 版より

2020年度　中央平地競走サイアー・ランキング

20／19	種牡馬名	父馬名	出走回数／出走頭数	勝利回数／勝利頭数	アーニングIDX	2021年種付け料（万円）
1／1	ディープインパクト	*サンデーサイレンス	1961／468	252／181	2.76	
2／3	ロードカナロア	キングカメハメハ	1595／399	169／130	1.67	1500／受・FR
3／2	ハーツクライ	*サンデーサイレンス	1367／308	132／102	1.57	PRIVATE
4／9	オルフェーヴル	ステイゴールド	1197／282	104／71	1.44	350／受・FR
5／6	キングカメハメハ	Kingmambo	981／225	94／74	1.61	
6／5	ルーラーシップ	キングカメハメハ	1422／342	118／92	1.03	400／受・FR
7／7	ダイワメジャー	*サンデーサイレンス	1082／264	87／69	1.17	PRIVATE
8／35	キズナ	ディープインパクト	1049／244	111／87	1.17	1000／受・FR
9／46	エピファネイア	*シンボリクリスエス	830／228	71／54	1.15	1000／受・FR
10／12	*ヘニーヒューズ	*ヘネシー	903／216	86／69	1.11	500／受・FR
11／11	*キンシャサノキセキ	フジキセキ	948／207	61／46	1.14	250／受
12／10	ゴールドアリュール	*サンデーサイレンス	783／165	60／44	1.28	
13／8	*ハービンジャー	Dansili	783／200	50／44	0.99	400／受・FR
14／20	スクリーンヒーロー	*グラスワンダー	727／164	57／42	1.10	PRIVATE
15／15	ジャスタウェイ	ハーツクライ	732／173	50／41	1.00	300／受・FR
16／4	ステイゴールド	*サンデーサイレンス	298／73	19／16	2.17	
17／13	*クロフネ	*フレンチデピュティ	703／154	46／34	1.00	
18／14	ヴィクトワールピサ	ネオユニヴァース	843／193	41／37	0.78	150／受・FR
19／18	*サウスヴィグラス	*エンドスウィープ	553／132	52／39	1.03	
20／47	*バゴ	Nashwan	142／41	10／5	3.23	100／受・不生返
21／25	*パイロ	Pulpit	538／130	45／33	0.93	250／生
22／21	ブラックタイド	*サンデーサイレンス	738／171	33／30	0.68	200／受・FR
23／24	エイシンフラッシュ	*キングズベスト	841／207	43／36	0.56	80／受・FR
24／23	*ノヴェリスト	Monsun	606／151	35／26	0.75	50／受・FR
25／19	*アイルハヴアナザー	Flower Alley	642／133	42／34	0.85	
26／85	ゴールドシップ	ステイゴールド	500／116	40／33	0.91	300／受・FR
27／22	ディープブリランテ	ディープインパクト	555／133	29／27	0.77	
28／30	*シニスターミニスター	Old Trieste	443／120	37／26	0.77	250／受・不生返
29／33	*タートルボウル	Dyhim Diamond	357／80	32／27	1.09	
30／75	*マジェスティックウォリアー	A.P. Indy	405／105	32／26	0.75	180／受・FR
31／43	*ダンカーク	Unbridled's Song	457／109	25／17	0.71	100／受・FR
32／45	ドリームジャーニー	ステイゴールド	163／31	14／12	2.49	PRIVATE
33／56	*キングズベスト	Kingmambo	307／74	25／14	1.02	
34／29	ネオユニヴァース	*サンデーサイレンス	341／85	26／22	0.86	60／受・FR
35／42	スマートファルコン	ゴールドアリュール	410／98	27／20	0.73	50／受・FR
36／26	*ヨハネスブルグ	*ヘネシー	298／66	19／17	1.06	
37／17	*エンパイアメーカー	Unbridled	238／53	14／13	1.26	
38／16	マンハッタンカフェ	*サンデーサイレンス	255／60	11／10	1.10	
39／54	マツリダゴッホ	*サンデーサイレンス	420／100	22／17	0.65	50／受・FR
40／72	Frankel	Galileo	93／25	12／9	2.59	
41／－	ドゥラメンテ	キングカメハメハ	234／102	37／32	0.63	1000／受・FR
42／80	リアルインパクト	ディープインパクト	350／90	20／16	0.71	150／受・FR
43／－	モーリス	スクリーンヒーロー	260／109	31／29	0.58	800／受・FR
44／38	メイショウボーラー	*タイキシャトル	389／95	23／17	0.64	50／受・FR
45／108	カレンブラックヒル	ダイワメジャー	338／72	25／21	0.83	70／受・FR
46／34	ワークフォース	*キングズベスト	256／55	14／13	1.06	
47／49	*スウェプトオーヴァーボード	*エンドスウィープ	353／82	20／18	0.69	
48／32	*カジノドライヴ	Mineshaft	306／80	22／18	0.70	
49／27	ジャングルポケット	トニービン	307／77	15／12	0.72	
50／28	アドマイヤムーン	*エンドスウィープ	384／91	13／9	0.61	100／生

※2021年度種付け料の後の記号は、FR／不受胎、流産、死産の場合、翌年も種付できる権利付き、受／受胎確認後支払い、生／産駒誕生後支払い、不受返／不受胎時返還、牝半返／牝馬が生まれた場合、半額を返金、不生返／死産、流産等の場合返還、です。なお、種付け料にはいくつかのバリエーションがあるケースも多いのでご注意ください。

20／19	種牡馬名	父馬名	出走回数／出走頭数	勝利回数／勝利頭数	アーニングIDX	2021年種付け料（万円）
51／69	*モンテロッソ	Dubawi	298／59	16／14	0.92	50／生
52／31	*シンボリクリスエス	Kris S.	282／73	15／11	0.72	
53／41	メイショウサムソン	*オペラハウス	318／75	12／10	0.67	30／生
54／55	*ベーカバド	Cape Cross	240／50	14／11	0.98	20／受・FR
55／50	エスポワールシチー	ゴールドアリュール	244／55	25／25	0.87	120／受・FR
56／67	トゥザグローリー	キングカメハメハ	331／68	16／14	0.67	30／生
57／136	*エスケンデレヤ	Giant's Causeway	297／68	25／20	0.66	50／受
58／36	トーセンホマレボシ	ディープインパクト	272／60	5／5	0.74	PRIVATE
59／37	ゼンノロブロイ	*サンデーサイレンス	269／62	9／9	0.69	
60／39	ダノンシャンティ	フジキセキ	319／80	14／11	0.52	
61／66	*ロージズインメイ	Devil His Due	263／58	21／16	0.72	50／受・FR
62／73	フリオーソ	*ブライアンズタイム	240／58	13／10	0.70	100／生
63／58	ヴァーミリアン	*エルコンドルパサー	168／34	11／9	1.19	
64／74	トランセンド	*ワイルドラッシュ	239／54	17／14	0.74	50／受・FR
65／76	Speightstown	Gone West	52／15	8／6	2.65	
66／44	ローエングリン	Singspiel	237／56	10／6	0.70	
67／62	ベルシャザール	キングカメハメハ	300／72	11／10	0.53	30／受・FR
68／97	ローズキングダム	キングカメハメハ	165／29	9／6	1.33	
69／101	リーチザクラウン	スペシャルウィーク	194／57	16／12	0.62	50／受・FR
70／65	ディープスカイ	アグネスタキオン	109／26	8／7	1.33	20／受・FR
71／86	ジョーカプチーノ	マンハッタンカフェ	187／50	14／13	0.69	30／受・不生返
72／63	ストロングリターン	*シンボリクリスエス	282／71	13／12	0.48	80／受・FR
73／－	リオンディーズ	キングカメハメハ	209／81	14／14	0.41	300／受・FR
74／52	*バトルプラン	*エンパイアメーカー	200／44	8／8	0.73	30／受・FR
75／113	フェノーメノ	ステイゴールド	328／93	13／11	0.34	50／受・FR
76／98	ワールドエース	ディープインパクト	336／85	14／13	0.37	70／受・FR
77／148	トゥザワールド	キングカメハメハ	229／61	15／12	0.48	30／受・FR
78／156	American Pharoah	Pioneerof the Nile	42／14	13／9	2.05	
79／－	ミッキーアイル	ディープインパクト	122／46	11／8	0.62	250／受・FR
80／－	マクフィ	Dubawi	174／62	12／11	0.46	250／不受返
81／68	*プリサイスエンド	*エンドスウィープ	229／57	10／10	0.48	
82／149	レッドスパーダ	*タイキシャトル	64／13	10／6	2.04	30／生
83／78	ナカヤマフェスタ	ステイゴールド	149／31	6／3	0.84	20／受・FR
84／92	グランプリボス	サクラバクシンオー	223／58	12／10	0.44	50／受・FR
85／100	スズカコーズウェイ	Giant's Causeway	117／28	9／6	0.89	60／受・FR
86／83	*ケープブランコ	Galileo	181／43	8／7	0.57	20／生
87／53	*タイキシャトル	Devil's Bag	171／34	4／4	0.72	
88／51	キングヘイロー	*ダンシングブレーヴ	190／51	5／5	0.48	
89／60	*アグネスデジタル	Crafty Prospector	129／29	5／4	0.84	
90／89	トーセンラー	ディープインパクト	129／36	9／8	0.66	50／受・FR
91／40	カネヒキリ	フジキセキ	146／37	6／5	0.62	
92／77	*ハードスパン	Danzig	76／14	3／3	1.61	
93／112	ダノンバラード	ディープインパクト	57／11	7／3	2.03	100／受・FR
94／91	ショウナンカンプ	サクラバクシンオー	132／29	5／4	0.75	
95／95	*トビーズコーナー	Bellamy Road	76／20	6／5	1.06	20／受・FR
96／135	Uncle Mo	Indian Charlie	57／15	10／7	1.38	
97／103	サムライハート	*サンデーサイレンス	140／25	3／3	0.81	20／受
98／106	Tapit	Pulpit	60／13	7／6	1.47	
99／59	*ストーミングホーム	Machiavellian	73／13	4／4	1.47	
100／96	*ロードアルティマ	Seeking the Gold	97／23	4／3	0.83	20／受・FR

必見DATA 条件別・マルチ種牡馬ランキング

主要4場種牡馬ランク・ベスト10／芝

東京 芝~1600

順位	種牡馬	着別度数	勝率	連対率	複勝率	重賞勝
1	ディープインパクト	99 - 68 - 70 -431／668	14.8%	25.0%	35.5%	16
2	ダイワメジャー	45 - 35 - 38 -344／462	9.7%	17.3%	25.5%	4
3	ロードカナロア	41 - 35 - 31 -223／330	12.4%	23.0%	32.4%	3
4	ハーツクライ	31 - 33 - 35 -205／304	10.2%	21.1%	32.6%	5
5	キングカメハメハ	26 - 24 - 21 -159／230	11.3%	21.7%	30.9%	1
6	ルーラーシップ	21 - 16 - 13 -142／192	10.9%	19.3%	26.0%	1
7	ステイゴールド	18 - 24 - 18 -141／201	9.0%	20.9%	29.9%	3
8	アドマイヤムーン	17 - 11 - 20 -166／214	7.9%	13.1%	22.4%	1
9	キンシャサノキセキ	14 - 15 - 24 -201／254	5.5%	11.4%	20.9%	1
10	スクリーンヒーロー	14 - 15 - 14 -140／183	7.7%	15.8%	23.5%	0

MEMO▶ディープの99勝のうち80勝は1600m。1400mはダイワメジャーが26勝、ディープ19勝と逆転。

中山 芝~1600

順位	種牡馬	着別度数	勝率	連対率	複勝率	重賞勝
1	ディープインパクト	49 - 33 - 29 -282／393	12.5%	20.9%	28.2%	9
2	ダイワメジャー	40 - 44 - 35 -308／427	9.4%	19.7%	27.9%	3
3	ロードカナロア	24 - 25 - 18 -166／233	10.3%	21.0%	28.8%	3
4	ハービンジャー	20 - 13 - 14 -106／153	13.1%	21.6%	30.7%	2
5	ハーツクライ	19 - 17 - 15 -161／212	9.0%	17.0%	24.1%	2
6	アドマイヤムーン	17 - 18 - 15 -150／200	8.5%	17.5%	25.0%	1
7	キングカメハメハ	17 - 16 - 16 -119／168	10.1%	19.6%	29.2%	1
8	マツリダゴッホ	15 - 13 - 21 -188／237	6.3%	11.8%	20.7%	1
9	キンシャサノキセキ	13 - 24 - 22 -160／219	5.9%	16.9%	26.9%	1
10	スクリーンヒーロー	12 - 8 - 9 - 96 ／125	9.6%	16.0%	23.2%	0

MEMO▶1200mに限るとダイワメジャーが20勝で圧勝。2位はアドマイヤムーンの9勝。

阪神 芝~1600

順位	種牡馬	着別度数	勝率	連対率	複勝率	重賞勝
1	ディープインパクト	78 - 75 - 73 -492／718	10.9%	21.3%	31.5%	17
2	ロードカナロア	56 - 31 - 43 -288／418	13.4%	20.8%	31.1%	4
3	ダイワメジャー	49 - 55 - 53 -363／520	9.4%	20.0%	30.2%	6
4	ハーツクライ	28 - 20 - 24 -209／281	10.0%	17.1%	25.6%	2
5	キングカメハメハ	22 - 17 - 19 -170／228	9.6%	17.1%	25.4%	3
6	アドマイヤムーン	21 - 16 - 15 -157／209	10.0%	17.7%	24.9%	2
7	ステイゴールド	16 - 11 - 14 -133／174	9.2%	15.5%	23.6%	1
8	ハービンジャー	15 - 20 - 12 -173／220	6.8%	15.9%	21.4%	1
9	キズナ	14 - 16 - 13 - 97 ／140	10.0%	21.4%	30.7%	1
10	ルーラーシップ	13 - 19 - 18 -164／214	6.1%	15.0%	23.4%	0

MEMO▶ロードカナロアがディープを猛追。来年度版では逆転する勢いだ。勝率が高いのもポイント。

中京 芝~1600

順位	種牡馬	着別度数	勝率	連対率	複勝率	重賞勝
1	ディープインパクト	54 - 61 - 56 -328／499	10.8%	23.0%	34.3%	4
2	ロードカナロア	43 - 25 - 19 -195／282	15.2%	24.1%	30.9%	5
3	ダイワメジャー	30 - 34 - 46 -279／389	7.7%	16.5%	28.3%	0
4	ハーツクライ	19 - 23 - 19 -168／229	8.3%	18.3%	26.6%	0
5	オルフェーヴル	15 - 6 - 8 - 59 ／88	17.0%	23.9%	33.0%	1
6	アドマイヤムーン	13 - 5 - 7 -126／151	8.6%	11.9%	16.6%	2
7	キンシャサノキセキ	11 - 14 - 24 -140／189	5.8%	13.2%	25.9%	0
8	マンハッタンカフェ	11 - 9 - 4 - 92 ／116	9.5%	17.2%	20.7%	1
9	エイシンフラッシュ	11 - 2 - 5 - 69 ／87	12.6%	14.9%	20.7%	0
10	キングカメハメハ	10 - 12 - 13 -110／145	6.9%	15.2%	24.1%	0

MEMO▶オルフェーヴルの1400mの勝率は驚異の37.0%！ ファルコンSはオルフェ産駒の出走を要チェック。

集計期間：2016年1月1日〜2021年6月30日

東京 芝1700〜

順位	種牡馬	着別度数	勝率	連対率	複勝率	重賞勝
1	ディープインパクト	151-124-123-686／1084	13.9%	25.4%	36.7%	18
2	ハーツクライ	66 - 64 - 64 -462／656	10.1%	19.8%	29.6%	9
3	ステイゴールド	51 - 55 - 48 -422／576	8.9%	18.4%	26.7%	4
4	キングカメハメハ	48 - 34 - 22 -266／370	13.0%	22.2%	28.1%	7
5	ハービンジャー	39 - 27 - 35 -292／393	9.9%	16.8%	25.7%	3
6	ルーラーシップ	36 - 33 - 32 -233／334	10.8%	20.7%	30.2%	4
7	ヴィクトワールピサ	22 - 23 - 22 -166／233	9.4%	19.3%	28.8%	2
8	オルフェーヴル	20 - 21 - 25 -153／219	9.1%	18.7%	30.1%	2
9	ロードカナロア	15 - 17 - 16 - 94 ／142	10.6%	22.5%	33.8%	6
10	マンハッタンカフェ	15 - 15 - 13 -142／185	8.1%	16.2%	23.2%	3

MEMO▶ディープは各率も高く、しばらくは安泰。新種牡馬の中から太刀打ちできる馬が出てくるか。

中 山 芝1700〜

順位	種牡馬	着別度数	勝率	連対率	複勝率	重賞勝
1	ディープインパクト	104- 78 - 65 -451／698	14.9%	26.1%	35.4%	22
2	ステイゴールド	53 - 46 - 44 -339／482	11.0%	20.5%	29.7%	6
3	ハーツクライ	50 - 44 - 45 -363／502	10.0%	18.7%	27.7%	7
4	ルーラーシップ	33 - 39 - 38 -219／329	10.0%	21.9%	33.4%	5
5	ハービンジャー	31 - 22 - 42 -315／410	7.6%	12.9%	23.2%	5
6	キングカメハメハ	25 - 27 - 24 -220／296	8.4%	17.6%	25.7%	6
7	ロードカナロア	19 - 15 - 9 - 91 ／134	14.2%	25.4%	32.1%	3
8	スクリーンヒーロー	18 - 7 - 11 -114／150	12.0%	16.7%	24.0%	5
9	ヴィクトワールピサ	16 - 20 - 14 -171／221	7.2%	16.3%	22.6%	0
10	マンハッタンカフェ	15 - 21 - 20 -110／166	9.0%	21.7%	33.7%	4

MEMO▶勝率がディープ並みに高く、ロードカナロアが追い上げ中。距離は1800m、2000mで8勝ずつ。

阪 神 芝1700〜

順位	種牡馬	着別度数	勝率	連対率	複勝率	重賞勝
1	ディープインパクト	151-117-105-586／959	15.7%	27.9%	38.9%	18
2	ハーツクライ	54 - 51 - 56 -403／564	9.6%	18.6%	28.5%	4
3	キングカメハメハ	49 - 44 - 40 -264／397	12.3%	23.4%	33.5%	5
4	ハービンジャー	37 - 34 - 57 -316／444	8.3%	16.0%	28.8%	2
5	ルーラーシップ	30 - 33 - 31 -254／348	8.6%	18.1%	27.0%	2
6	オルフェーヴル	23 - 24 - 24 -167／238	9.7%	19.7%	29.8%	3
7	ステイゴールド	21 - 26 - 24 -227／298	7.0%	15.8%	23.8%	3
8	キズナ	18 - 15 - 10 -101／144	12.5%	22.9%	29.9%	2
9	マンハッタンカフェ	14 - 18 - 24 -142／198	7.1%	16.2%	28.3%	1
10	ロードカナロア	14 - 14 - 8 - 95 ／131	10.7%	21.4%	27.5%	1

MEMO▶他カテゴリーで勢いのあるローカナがやや低調。古参が強い中キズナがどこまで成績を伸ばせるか。

中 京 芝1700〜

順位	種牡馬	着別度数	勝率	連対率	複勝率	重賞勝
1	ディープインパクト	57 - 47 - 38 -290／432	13.2%	24.1%	32.9%	9
2	ハーツクライ	31 - 43 - 30 -240／344	9.0%	21.5%	30.2%	1
3	ステイゴールド	23 - 16 - 20 -189／248	9.3%	15.7%	23.8%	1
4	ハービンジャー	18 - 16 - 15 -193／242	7.4%	14.0%	20.2%	0
5	キングカメハメハ	16 - 18 - 27 -150／211	7.6%	16.1%	28.9%	4
6	ルーラーシップ	16 - 13 - 13 -164／206	7.8%	14.1%	20.4%	0
7	エピファネイア	10 - 8 - 8 - 38 ／64	15.6%	28.1%	40.6%	0
8	オルフェーヴル	8 - 8 - 9 - 71 ／96	8.3%	16.7%	26.0%	2
9	ヴィクトワールピサ	8 - 8 - 7 - 82 ／105	7.6%	15.2%	21.9%	0
10	ロードカナロア	8 - 8 - 2 - 47 ／65	12.3%	24.6%	27.7%	1

MEMO▶エピファネイアの各率がかなり高い。ベタ買いで単勝回収率228%、複勝回収率132%も立派。

259

必見DATA 条件別・マルチ種牡馬ランキング

主要4場種牡馬ランク・ベスト10／ダート

東京 ダ〜1600

順位	種牡馬	着別度数	勝率	連対率	複勝率	重賞勝
1	ヘニーヒューズ	64 - 49 - 44 -339／496	12.9%	22.8%	31.6%	3
2	ゴールドアリュール	62 - 46 - 46 -476／630	9.8%	17.1%	24.4%	5
3	キングカメハメハ	44 - 44 - 43 -319／450	9.8%	19.6%	29.1%	0
4	クロフネ	38 - 40 - 37 -377／492	7.7%	15.9%	23.4%	0
5	パイロ	38 - 35 - 32 -375／480	7.9%	15.2%	21.9%	0
6	サウスヴィグラス	33 - 42 - 36 -392／503	6.6%	14.9%	22.1%	0
7	キンシャサノキセキ	33 - 41 - 32 -339／445	7.4%	16.6%	23.8%	0
8	ロードカナロア	32 - 15 - 21 -175／243	13.2%	19.3%	28.0%	1
9	シニスターミニスター	29 - 26 - 25 -277／357	8.1%	15.4%	22.4%	1
10	ダイワメジャー	26 - 32 - 17 -313／388	6.7%	14.9%	19.3%	0

MEMO▶ ゴールドアリュールの牙城がついに陥落。ロードカナロアも猛追中で、1400mは単複回収率100%超え。

中山 ダ〜1600

順位	種牡馬	着別度数	勝率	連対率	複勝率	重賞勝
1	サウスヴィグラス	44 - 48 - 50 -423／565	7.8%	16.3%	25.1%	0
2	ヘニーヒューズ	36 - 14 - 21 -150／221	16.3%	22.6%	32.1%	0
3	キンシャサノキセキ	33 - 38 - 38 -272／381	8.7%	18.6%	28.6%	0
4	ゴールドアリュール	27 - 20 - 18 -188／253	10.7%	18.6%	25.7%	0
5	スウェプトオーヴァーボード	19 - 18 - 12 -243／292	6.5%	12.7%	16.8%	0
6	ヨハネスブルグ	18 - 18 - 13 -141／190	9.5%	18.9%	25.8%	0
7	ダイワメジャー	17 - 15 - 21 -172／225	7.6%	14.2%	23.6%	0
8	パイロ	16 - 22 - 17 -216／271	5.9%	14.0%	20.3%	0
9	シニスターミニスター	16 - 8 - 15 -148／187	8.6%	12.8%	20.9%	0
10	アイルハヴアナザー	16 - 5 - 2 - 96 ／119	13.4%	17.6%	19.3%	0

MEMO▶ 特別戦に限るとヘニーヒューズが逆転1位。オルフェーヴルが特別戦5戦5連対で浮上する。

阪神 ダ〜1600

順位	種牡馬	着別度数	勝率	連対率	複勝率	重賞勝
1	サウスヴィグラス	40 - 32 - 40 -323／435	9.2%	16.6%	25.7%	0
2	ヘニーヒューズ	35 - 34 - 39 -264／372	9.4%	18.5%	29.0%	0
3	ゴールドアリュール	33 - 29 - 29 -348／439	7.5%	14.1%	20.7%	1
4	キンシャサノキセキ	28 - 28 - 32 -257／345	8.1%	16.2%	25.5%	0
5	クロフネ	27 - 25 - 23 -262／337	8.0%	15.4%	22.3%	0
6	メイショウボーラー	25 - 18 - 18 -292／353	7.1%	12.2%	17.3%	0
7	ロードカナロア	24 - 15 - 22 -165／226	10.6%	17.3%	27.0%	0
8	シニスターミニスター	24 - 13 - 20 -160／217	11.1%	17.1%	26.3%	0
9	エンパイアメーカー	23 - 25 - 13 -192／253	9.1%	19.0%	24.1%	0
10	パイロ	22 - 20 - 31 -219／292	7.5%	14.4%	25.0%	0

MEMO▶ シニスターミニスター、パイロがランクイン。カジノドライヴも12位におり、APインディに注目。

中京 ダ〜1600

順位	種牡馬	着別度数	勝率	連対率	複勝率	重賞勝
1	サウスヴィグラス	23 - 22 - 14 -190／249	9.2%	18.1%	23.7%	0
2	ヘニーヒューズ	22 - 20 - 17 -155／214	10.3%	19.6%	27.6%	0
3	キンシャサノキセキ	20 - 21 - 14 -155／210	9.5%	19.5%	26.2%	0
4	ロードカナロア	20 - 18 - 11 -114／163	12.3%	23.3%	30.1%	0
5	ゴールドアリュール	19 - 29 - 26 -214／288	6.6%	16.7%	25.7%	0
6	パイロ	17 - 19 - 11 -127／174	9.8%	20.7%	27.0%	0
7	シニスターミニスター	12 - 11 - 11 -105／139	8.6%	16.5%	24.5%	1
8	ダイワメジャー	11 - 16 - 12 -168／207	5.3%	13.0%	18.8%	0
9	メイショウボーラー	11 - 9 - 11 -159／190	5.8%	10.5%	16.3%	0
10	カジノドライヴ	11 - 6 - 5 - 57 ／79	13.9%	21.5%	27.8%	0

MEMO▶ ロードカナロアがじわじわと上昇。各率も高く、前走2〜4着なら半数以上が馬券圏内に好走。

集計期間：2016年1月1日〜2021年6月30日

東京
ダ1700〜

順位	種牡馬	着別度数	勝率	連対率	複勝率	重賞勝
1	クロフネ	13 − 7 − 5 − 61 ／86	15.1%	23.3%	29.1%	−
2	キングカメハメハ	11 − 10 − 16 −114／151	7.3%	13.9%	24.5%	−
3	ロージズインメイ	8 − 3 − 5 − 35 ／51	15.7%	21.6%	31.4%	−
4	ゴールドアリュール	7 − 9 − 12 − 67 ／95	7.4%	16.8%	29.5%	−
5	シンボリクリスエス	7 − 4 − 9 − 55 ／75	9.3%	14.7%	26.7%	−
6	ハーツクライ	6 − 8 − 4 − 90 ／108	5.6%	13.0%	16.7%	−
7	アイルハヴァナザー	6 − 3 − 3 − 54 ／66	9.1%	13.6%	18.2%	−
8	ネオユニヴァース	5 − 6 − 3 − 33 ／47	10.6%	23.4%	29.8%	−
9	ディープスカイ	5 − 4 − 2 − 51 ／62	8.1%	14.5%	17.7%	−
10	シニスターミニスター	5 − 4 − 0 − 24 ／33	15.2%	27.3%	27.3%	−

MEMO▶ロージズインメイと言えば東京ダ2100m。良馬場に限定すると勝率21.4%、複勝率42.9%に上昇。

中山
ダ1700〜

順位	種牡馬	着別度数	勝率	連対率	複勝率	重賞勝
1	キングカメハメハ	45 − 39 − 27 −228／339	13.3%	24.8%	32.7%	1
2	ゴールドアリュール	38 − 26 − 25 −276／365	10.4%	17.5%	24.4%	0
3	クロフネ	38 − 21 − 34 −269／362	10.5%	16.3%	25.7%	0
4	ハーツクライ	24 − 19 − 21 −205／269	8.9%	16.0%	23.8%	1
5	アイルハヴァナザー	23 − 32 − 21 −219／295	7.8%	18.6%	25.8%	0
6	ネオユニヴァース	21 − 20 − 20 −166／227	9.3%	18.1%	26.9%	0
7	シニスターミニスター	21 − 14 − 8 −124／167	12.6%	21.0%	25.7%	1
8	ヴィクトワールピサ	20 − 13 − 16 −137／186	10.8%	17.7%	26.3%	0
9	ダイワメジャー	19 − 14 − 17 −131／181	10.5%	18.2%	27.6%	0
10	ブラックタイド	18 − 13 − 20 −167／218	8.3%	14.2%	23.4%	0

MEMO▶キングカメハメハが王座を死守。相変わらず湿った馬場得意で、稍重、重、不良なら勝率19.7%。

阪神
ダ1700〜

順位	種牡馬	着別度数	勝率	連対率	複勝率	重賞勝
1	キングカメハメハ	46 − 40 − 27 −294／407	11.3%	21.1%	27.8%	1
2	ゴールドアリュール	36 − 19 − 26 −286／367	9.8%	15.0%	22.1%	1
3	エンパイアメーカー	32 − 26 − 26 −262／346	9.2%	16.8%	24.3%	0
4	クロフネ	28 − 27 − 25 −249／329	8.5%	16.7%	24.3%	0
5	ルーラーシップ	27 − 26 − 23 −208／284	9.5%	18.7%	26.8%	0
6	カネヒキリ	22 − 14 − 13 −100／149	14.8%	24.2%	32.9%	0
7	ハーツクライ	21 − 20 − 26 −235／302	7.0%	13.6%	22.2%	1
8	オルフェーヴル	21 − 20 − 14 −119／174	12.1%	23.6%	31.6%	0
9	マンハッタンカフェ	18 − 8 − 22 −147／195	9.2%	13.3%	24.6%	0
10	カジノドライヴ	16 − 15 − 13 −109／153	10.5%	20.3%	28.8%	0

MEMO▶お得なのが母父シンボリクリスエス。勝率は15%を超え、ベタ買いでも資金倍増の単勝回収率206%。

中京
ダ1700〜

順位	種牡馬	着別度数	勝率	連対率	複勝率	重賞勝
1	キングカメハメハ	20 − 20 − 14 −168／222	9.0%	18.0%	24.3%	1
2	クロフネ	19 − 13 − 19 −140／191	9.9%	16.8%	26.7%	1
3	ゴールドアリュール	17 − 28 − 13 −155／213	8.0%	21.1%	27.2%	2
4	ルーラーシップ	17 − 15 − 18 −140／190	8.9%	16.8%	26.3%	0
5	ハーツクライ	17 − 11 − 14 −143／185	9.2%	15.1%	22.7%	0
6	ディープインパクト	17 − 7 − 7 − 95 ／126	13.5%	19.0%	24.6%	0
7	マンハッタンカフェ	15 − 7 − 13 − 80 ／115	13.0%	19.1%	30.4%	0
8	エンパイアメーカー	12 − 16 − 15 −115／158	7.6%	17.7%	27.2%	0
9	ダイワメジャー	11 − 8 − 8 − 84 ／111	9.9%	17.1%	24.3%	0
10	ステイゴールド	10 − 7 − 6 − 55 ／78	12.8%	21.8%	29.5%	0

MEMO▶ゴールドアリュールを除けば、芝のランキングと言われても納得しそうなメンツ。

261

必見DATA 条件別・マルチ種牡馬ランキング

短距離マイル率ランキング

順	馬名	全	短マ	率
1	サウスヴィグラス	290	266	91.7%
2	スウェプトオーヴァーボード	119	99	83.2%
3	キンシャサノキセキ	353	292	82.7%
4	ヨハネスブルグ	162	131	80.9%
5	メイショウボーラー	159	127	79.9%
6	アドマイヤムーン	191	152	79.6%
7	マツリダゴッホ	129	102	79.1%
8	カレンブラックヒル	45	35	77.8%
9	ロードカナロア	573	430	75.0%
10	ヘニーヒューズ	319	238	74.6%
11	リアルインパクト	47	34	72.3%
12	ダイワメジャー	598	428	71.6%
13	パイロ	216	148	68.5%
14	キングズベスト	78	50	64.1%
15	Frankel	47	30	63.8%
16	シニスターミニスター	189	117	61.9%
17	ディープブリランテ	167	102	61.1%
18	モーリス	76	45	59.2%
19	ゴールドアリュール	416	224	53.8%
20	スマートファルコン	108	57	52.8%

●短距離マイル率＝(1600m以下の勝利数)÷全体の勝利数。対象は2020年度中央平地種牡馬ランキングベスト50位内の種牡馬。

芝率ランキング

順	馬名	全	芝	率
1	ハービンジャー	393	359	91.3%
2	ディープインパクト	1351	1234	91.3%
3	Frankel	47	40	85.1%
3	エピファネイア	141	120	85.1%
5	ステイゴールド	428	360	84.1%
6	ゴールドシップ	68	57	83.8%
7	アドマイヤムーン	191	156	81.7%
8	マツリダゴッホ	129	104	80.6%
9	ドリームジャーニー	79	62	78.5%
10	キングズベスト	78	59	75.6%
11	ジャングルポケット	124	92	74.2%
12	ノヴェリスト	137	100	73.0%
13	ハーツクライ	702	512	72.9%
14	ディープブリランテ	167	119	71.3%
15	モーリス	76	54	71.1%
16	ロードカナロア	573	400	69.8%
17	バゴ	66	46	69.7%
18	ヴィクトワールピサ	277	193	69.7%
19	ルーラーシップ	480	332	69.2%
20	エイシンフラッシュ	166	114	68.7%

●芝率＝(芝の勝利数)÷全体の勝利数。対象は2020年度中央平地種牡馬ランキングベスト50位内の種牡馬。

穴率ランキング

順	馬名	全	穴	率
1	キングズベスト	78	33	42.3%
2	シニスターミニスター	189	66	34.9%
3	ジャングルポケット	124	42	33.9%
4	スクリーンヒーロー	210	70	33.3%
4	ネオユニヴァース	207	69	33.3%
4	メイショウボーラー	159	53	33.3%
7	エイシンフラッシュ	166	54	32.5%
8	バゴ	66	21	31.8%
9	マツリダゴッホ	129	41	31.8%
10	スウェプトオーヴァーボード	119	37	31.1%
11	ディープブリランテ	167	51	30.5%
12	アイルハヴアナザー	187	57	30.5%
13	ノヴェリスト	137	41	29.9%
14	サウスヴィグラス	290	85	29.3%
15	ドリームジャーニー	79	23	29.1%
16	スマートファルコン	108	30	27.8%
17	ダンカーク	76	21	27.6%
18	ヴィクトワールピサ	277	75	27.1%
19	タートルボウル	120	31	25.8%
20	アドマイヤムーン	191	49	25.7%

●穴率＝(5番人気以下の勝利数)÷全体の勝利数。対象は2020年度中央平地種牡馬ランキングベスト50位内の種牡馬。

晩成率ランキング

順	馬名	全	晩成	率
1	ステイゴールド	428	305	71.3%
2	アドマイヤムーン	191	119	62.3%
3	ジャングルポケット	124	76	61.3%
4	キングカメハメハ	686	404	58.9%
5	マンハッタンカフェ	301	173	57.5%
6	エンパイアメーカー	270	151	55.9%
7	ネオユニヴァース	207	115	55.6%
8	ゴールドアリュール	416	220	52.9%
9	ハーツクライ	702	346	49.3%
10	ダイワメジャー	598	290	48.5%
11	バゴ	66	32	48.5%
12	シニスターミニスター	189	91	48.1%
13	ディープインパクト	1351	639	47.3%
14	クロフネ	380	179	47.1%
15	キンシャサノキセキ	353	166	47.0%
16	メイショウボーラー	159	74	46.5%
17	ヨハネスブルグ	162	75	46.3%
18	カジノドライヴ	136	62	45.6%
19	ドリームジャーニー	79	35	44.3%
20	サウスヴィグラス	290	127	43.8%

●晩成率＝(3歳7月以降の勝利数)÷全体の勝利数。対象は2020年度中央平地種牡馬ランキングベスト50位内の種牡馬。

芝道悪率ランキング

順	馬名	芝全	芝道悪	率
1	サウスヴィグラス	1	1	100%
2	スマートファルコン	5	3	60.0%
3	ダンカーク	21	8	38.1%
4	ゴールドシップ	57	20	35.1%
5	カレンブラックヒル	12	4	33.3%
6	メイショウボーラー	44	14	31.8%
7	エイシンフラッシュ	114	35	30.7%
8	マジェスティックウォリアー	10	3	30.0%
9	リアルインパクト	27	8	29.6%
9	キズナ	135	40	29.6%
11	スクリーンヒーロー	123	36	29.3%
12	タートルボウル	48	14	29.2%
13	マツリダゴッホ	104	30	28.8%
14	キングズベスト	59	17	28.8%
15	バゴ	46	13	28.3%
16	ヘニーヒューズ	18	5	27.8%
17	ドリームジャーニー	62	17	27.4%
18	アイルハヴアナザー	41	11	26.8%
19	ロードカナロア	400	107	26.8%
20	オルフェーヴル	202	54	26.7%

●芝道悪率＝（芝稍重・重・不良での勝利数）÷芝の勝利数。対象は2020年度中央平地種牡馬ランキングベスト50位内の主な種牡馬。

ダート道悪率ランキング

順	馬名	ダ全	ダ道悪	率
1	Frankel	7	5	71.4%
2	ダンカーク	55	34	61.8%
3	マツリダゴッホ	25	13	52.0%
4	スウェプトオーヴァーボード	77	40	51.9%
5	カジノドライヴ	133	69	51.9%
6	マジェスティックウォリアー	58	30	51.7%
7	ノヴェリスト	37	18	48.6%
8	スマートファルコン	103	50	48.5%
9	キングカメハメハ	324	149	46.0%
10	カレンブラックヒル	33	15	45.5%
11	メイショウボーラー	115	52	45.2%
12	オルフェーヴル	134	60	44.8%
13	キズナ	79	35	44.3%
14	エンパイアメーカー	226	100	44.2%
15	サウスヴィグラス	289	127	43.9%
16	ダイワメジャー	210	91	43.3%
17	アイルハヴアナザー	146	63	43.2%
18	ワークフォース	58	25	43.1%
19	ブラックタイド	123	53	43.1%
20	エピファネイア	21	9	42.9%

●ダート道悪率＝（ダート稍重・重・不良での勝利数）÷ダートの勝利数。対象は2020年度中央平地種牡馬ランキングベスト50位内の種牡馬。

平坦芝率ランキング

順	馬名	芝全	平坦	率
1	スマートファルコン	5	5	100%
1	サウスヴィグラス	1	1	100%
3	ゴールドアリュール	19	14	73.7%
4	パイロ	16	11	68.8%
5	ヨハネスブルグ	62	42	67.7%
6	カジノドライヴ	3	2	66.7%
6	シニスターミニスター	3	2	66.7%
8	スウェプトオーヴァーボード	42	27	64.3%
9	ワークフォース	78	49	62.8%
10	ダンカーク	21	13	61.9%
11	メイショウボーラー	44	27	61.4%
12	ヘニーヒューズ	18	11	61.1%
13	タートルボウル	48	29	60.4%
14	ネオユニヴァース	65	39	60.0%
15	バゴ	46	27	58.7%
16	キンシャサノキセキ	121	71	58.7%
17	マツリダゴッホ	104	61	58.7%
18	アイルハヴアナザー	41	24	58.5%
19	ジャスタウェイ	98	57	58.2%
20	ブラックタイド	120	69	57.5%

●平坦芝率＝（中京を除くローカル ＋ 京都の芝勝利数）÷芝の勝利数。対象は2020年度中央平地種牡馬ランキングベスト50位内の種牡馬。

芝広いコース率ランキング

順	馬名	芝全	芝広い	率
1	カジノドライヴ	3	2	66.7%
2	エンパイアメーカー	44	28	63.6%
3	マジェスティックウォリアー	10	6	60.0%
4	モーリス	54	31	57.4%
5	ディープインパクト	1234	704	57.1%
6	エピファネイア	120	65	54.2%
7	キングカメハメハ	362	196	54.1%
8	Frankel	40	21	52.5%
9	ジャングルポケット	92	47	51.1%
10	ノヴェリスト	100	51	51.0%
11	ハーツクライ	512	259	50.6%
12	カレンブラックヒル	12	6	50.0%
13	ディープブリランテ	119	58	48.7%
14	オルフェーヴル	202	98	48.5%
15	ステイゴールド	360	173	48.1%
16	ダンカーク	21	10	47.6%
17	キズナ	135	62	45.9%
18	マンハッタンカフェ	182	82	45.1%
19	ネオユニヴァース	65	29	44.6%
20	リアルインパクト	27	12	44.4%

●芝広いコース率＝（京都・阪神・新潟外回り+東京＋中京の芝勝利数）÷芝の勝利数。対象は2020年度中央平地種牡馬ランキングベスト50位内の種牡馬。

田端 到（たばた・いたる）

1962年、新潟生まれ。週刊誌記者を経てフリーのライターに。競馬をはじめ、近年では野球関連の著作も多い。競馬では血統の解釈とその実践的なアプローチに斬新な手法を導入した。独自の視点による産駒のデータ収集とその実践的な活用・応用、また、辛辣ながらも軽妙な文章には定評があり、馬券初心者からベテランまで、あらゆる層のファンを虜にしている。近著に『王様・田端到の だから血統はやめられん!』（実業之日本社）、『金満血統王国』シリーズ（KADOKAWA）ほか多数。雑誌での連載ほか、『日刊スポーツ』紙上の「GIコラム」、「重賞予想コラム」も好評を博している。

加藤 栄（かとう・さかえ）

1956年、東京生まれ。馬券は窓口で買うことを常としていたが、コロナ禍によりそれもままならず、自宅で打つことを余儀なくされている。競馬だけでは飽き足らず、二台のパソコンとスマホを駆使して、モーニング競艇からミッドナイト競輪にまで手を出す博奕三昧の生活の日々。1980、90年代には頻繁に海外競馬を訪れ、幾多の大レースを、名馬を実際に観戦していた海外競馬のオーソリティにして、地方競馬、競輪、競艇、株、投資など、あらゆるオッズに賭けるギャンブラーでもある。

編集後記

▶新型コロナウイルスの猛威がなかなか収まらない。
緊急事態宣言が頻発され、世の中は自粛ムード一色。飲食店を経営する友人などは青色吐息を通り越して吐く息すら残っていないという現状だ。街全体もマスクは、ワクチンはとどこかギスギスした空気が漂っている。コロナ禍恐るべしである。
しかし、そんなコロナ禍にあっても希望は確実に見えてきた。
去年は無観客で行われたダービーが、今年は限られた人数ではあったけれども有観客となり、制限付きながら徐々に競馬場に人が戻ってきた。
また1年延期された東京オリンピック、パラリンピックが開催され、パラリンピック馬術には落馬によって引退を余儀なくされた元JRA騎手の高嶋活士選手が出場、大怪我からの復活劇に人々は大いに勇気づけられた。
そして本稿脱稿後の10月3日にはクロノジェネシス、ディープボンドが凱旋門賞に挑戦。
同レースには日本生まれのディープインパクト産駒、ヨーロッパ現役最強馬スノーフォールも出走を予定しており、日本育ちのバゴ産駒vsアイルランド育ちのディープ産駒という、非常に興味深い牝馬対決が実現することになる。ちなみにクロノジェネシスが勝てば親仔制覇、スノーフォールが勝てばディープの雪辱を果たすことになる。
結果、日本産馬の凱旋門賞初制覇となるのか、あるいは日本調教馬の初制覇なのか、はたまたディープインパクト産駒の初制覇が実現するのか……。
久々に開く友人の店で、凱旋門賞に思いを馳せつつ呑む10月3日の酒はきっと旨いに違いない。（松岡亮太）

※取材にご協力をいただいたスタリオン関係者のみなさまに、心より御礼を申し上げます。ありがとうございました。

Cover Picture
小畠直子

Photo by
神田壮亮
p131

上田美貴子
p12,14,16,28,34,38,42,50,54,58,62,66,
74,78,90,94,122,138,151,154,180

©Darley
p20,110,161,162,173,195

©Pineyrua／Juddmonte Farms
p153

Arrowfield Stud
p126,189

Special Thanks to
アイワード、アロースタッド、イーストスタッド、サラブレッドインフォメーションシステム、サラブレッド血統センター、サラブレッド・ブリーダーズ・クラブ、(株)ジェイエス、社台スタリオンステーション、スプリングファーム、ダーレー・ジャパン、ビッグレッドファーム、(有)ホースバンク、優駿スタリオンステーション、レックススタッド
&
日本軽種馬協会
JRA 日本中央競馬会

田端到・加藤栄の
種牡馬事典 2021-2022
2021年10月29日初版第一刷発行

著　者	田端到、加藤栄
発行者	雨奥雅晴
デザイン	oo-parts design
編　集	松岡亮太
取材協力	村本浩平
発行所	オーパーツ・パブリッシング 〒220-0023 神奈川県横浜市西区平沼1-1-12 ダイアパレス高島町501 電話：045-513-5891
発売元	サンクチュアリ出版 〒113-0023　東京都文京区向丘2-14-9 電話：03-5834-2507 FAX：03-5834-2508
印刷・製本	中央精版印刷株式会社

本書の内容の一部あるいは全部を無断で複写・複製することは、法律で認められた場合を除き、著作者および出版社の権利の侵害となりますので、その場合は予め発行元に許諾を求めて下さい。
©Itaru Tabata ©Sakae Kato 2021 Printed in Japan
ISBN978-4-8014-9066-6